Windows Server 2016 Hyper-V 쿡북 2/e

Korean edition copyright ⓒ 2018 by acorn publishing Co. All rights reserved.

Copyright ⓒ Packt Publishing 2017.
First published in the English language under the title
'Windows Server 2016 Hyper-V Cookbook - Second Edition - (9781785884313)'

이 책은 Packt Publishing과 에이콘출판㈜가 정식 계약하여 번역한 책이므로
이 책의 일부나 전체 내용을 무단으로 복사, 복제, 전재하는 것은 저작권법에 저촉됩니다.

Windows Server 2016 Hyper-V 쿡북 2/e

65개의 레시피로 배우는
Hyper-V 서버 핵심 가이드

패트릭 라운즈 · 차르벨 넴놈 · 레안드로 카르발류 지음
김도균 · 김명관 옮김

내가 항상 생각하는 Norman Callaghan에게
– 패트릭 라운즈

Dr. Wayne W. Dyer, 당신이 살아 있으므로 세상이 과거와 현재, 미래에 더 나은 곳이 될 거예요. 당신이 너무나 그리울 겁니다.
– 차르벨 넴놈

| 지은이 소개 |

패트릭 라운즈[Patrick Lownds]

런던을 기반으로 하는 TS Consulting WW와 휴렛팩커드 엔터프라이즈의 클라우드 전문 서비스 부문에서 일하는 마스터 레벨 솔루션 아키텍트다. 현재 클라우드 및 데이터센터 관리[CDM, Cloud and Datacenter Management] 분야의 Microsoft MVP며, 1988년부터 IT 업계에서 Windows 서버 Hyper-V, 시스템 센터, Windows Azure Pack, Microsoft Azure를 비롯한 다양한 기술 분야에서 일해 왔다.

현재는 주로 Windows 서버와 Microsoft Azure Stack, Microsoft Azure의 최신 버전을 다루고 있다. 현재 개인적인 관심 영역은 Windows 컨테이너와 도커다. Windows Server 2016과 System Center 2016 CCEP[Continuous Customer Engagement Program], Azure Stack 조기 채택 이니셔티브 프로그램에 참여하고 있다.

『Microsoft Private Cloud Computing』(2012), 『Windows Server 2012 Hyper-V Installation and Configuration Guide』(2013) 등의 책을 공동 저술했으며, 이 책들은 와일리[Wiley]와 사이벡스[Sybex]에서 출간됐다. 여유 시간에 블로그와 트위터를 즐기며, 트위터 계정은 @patricklownds다.

컨설팅이나 발표, 집필, 연구를 하지 않을 때는 다양한 연령대의 아이들에게 럭비를 가르치기 위해 럭비 경기장에서 시간을 보낸다.

차르벨 넴놈 Charbel Nemnom

클라우드 및 데이터센터 관리 분야의 Microsoft MVP며, 5nine Software와 Unidesk Corporation의 기술 전도사Technical Evangelist다. 광범위한 인프라 전문성과 Microsoft 및 VMware의 다양한 기술에 대한 폭넓은 지식을 가졌다. IT 분야와 중요 업무용 기업 시스템의 성능을 최적화하는 기술 팀을 지도하면서 15년 이상의 전문적인 경험을 했다. 시스템과 네트워크 엔지니어, 수석 컨설턴트, 지역 기술 관리자로 일했으며, IT와 은행, 교육, 출판 분야에서 성공적인 기업 프로젝트를 수행했다. MENA 지역의 가상화 컨설턴트이자 아키텍트로 일했다. 『Getting Started with Windows Nano Server』(packt, 2017)를 집필했고, 『Hyper-V Best Practices』(Packt, 2014)를 감수했다. 소프트웨어 정의 데이터센터와 클라우드 컴퓨팅에 관해 자주 블로그(https://charbelnemnom.com)에 글을 올리기도 한다. Microsoft와 Cisco, VMware 인증을 받았고, VCA-DCV와 MCP, MCSA, MCTS, MCITP, MCS, MCSD, MCSE, CCNP, ITIL®, PMP®라는 자격증명을 유지하고 있다. 트위터 계정은 @CharbelNemnom이다.

레안드로 카르발류 Leandro Carvalho

Windows 서버와 Hyper-V, 공용 및 사설 클라우드, 오피스 365, 보안, System Center, Exchange, Sharepoint, Project 서버, 클라이언트 시스템과 같은 제품에 Microsoft 전문가로 일할 뿐만 아니라, Microsoft 가상화와 클라우드 컴퓨팅 분야의 기사와 포럼, 비디오, 강좌를 비롯해 커뮤니티에 열정을 끊임없이 발산하고 있다. MMS, Teched Australia, MVP Pro Speaker Series 같은 대규모 이벤트에서 발표하고 있으며, 『Windows Server 2012 Hyper-V Cookbook』(Packt, 2012)의 저자이기도 하다. 2006년부터 Microsoft 강사로 활동 중이며, Certified Ethical Hacker/MCP/MCSA+M+S/MCSE+S/MCTS/MCITP/MCT 자격과 MVP를 획득했다. 2009년에는 올해의 MCT Awards Latin America Trainer를 수상했고, 2009년부터 가상화 전문가로 Microsoft MVP로 활동 중이다.

| 감사의 글 |

4번째 행운입니다! 집필에는 스스로도 상당한 노력과 시간을 쏟아야 하지만, 많은 지원도 필요합니다. 친구, 동료의 도움 없이는 불가능합니다. 끊임없는 도움과 모든 것을 함께 해온 아내 리사와 책을 쓰는 동안 잘 참아준 아이들에게 감사를 전합니다.

이 프로젝트를 진행하고 세상에 작품을 내놓게 만든 팩트출판사의 편집자(Rahul Nair, Mehvash Fatima, Nirant Carvalho, Narsimha Pai에게 진심으로 감사한다)에게 특별한 감사를 전합니다.

같이 책을 쓸 기회를 준 공동 저자(차르벨 넴놈)에게 감사를 전합니다. 이 책 프로젝트로 자세히 살펴볼 기회가 없었던 기능에 관해 써볼 기회를 얻었으며, 책을 쓰는 과정에서 기술을 숙련시킬 기회도 얻었습니다.

마지막으로 책을 쓰는 동안 도움을 준 Ben Armstrong, Rob Hindman, Lars Iwer, Kathy Davies, Catherine Watson, Subhasish Bhattacharya, Patrick Lang, Jim Wooldridge, Matt McSpirit에게 감사드립니다.

― 패트릭 라운즈

책을 쓰고 편집한 후 출판하는 일은 간단하지 않습니다. 지난 1년 동안 평상시보다 바쁘게 지내는 동안 내가 하고 싶은 일을 항상 지원해주고, 내 꿈을 성취하고 열정을 쫓아다닌 이유가 가족임을 알 수 있도록 전폭적인 지원과 인내를 보여준 나의 가족에게 정말 감사를 전합니다.

물론 이 프로젝트를 진행하는 동안 저자와 감수자 모두 지원해준 팩트출판 팀이 없었다면 이 책은 불가능했을 겁니다. 원고 검토 편집자 Rahul Nair, 콘텐츠 개발 팀 Mehvash

Fatima, 편집 기술자 Nirant Carvalho, Narsimha Pai에게 감사를 표합니다.

이 책을 쓰는 동안 피드백을 아끼지 않은 감수자 Leandro Carvalho와 Didier Van Hoye, Carsten Rachfahl과 공동 저자인 패트릭 라운즈에게도 감사드립니다.

마지막으로 이 책이 번듯하게 나오는 데 도움을 준 Microsoft 제품 그룹에 신뢰와 감사를 보내며, 개별적으로 이분들의 이름을 언급하고 싶습니다(혹시 누락된 분이 있다면 정말 진심으로 미안합니다).

Ben Armstrong, Mathew John, Sarah Cooley, Theo Thomson, Andy Atkinson, Chris Huybregts, Jim Wooldridge, Lars Iwer, Steven Ekren, Claus Joergensen, Cosmos Darwin, Elden Christensen, Subhasish Bhattacharya, Don Stanwyck, Andrew Mason, Anders Ravnholt, Dan Harman, Venkat Yalla, Samuel Li, Rajani Janaki Ram, Rochak Mittal, Aditi Gangwar, Neela Syam Kolli, Shon Shah, Sneha Agrawal, Swapnil Sumbe, Ravi Chivukula, Nirbhay Singh, Ashish Mehndi, Schumann Ge.

— 차르벨 넴놈

내 책을 쓰는 일이 멀고 거의 불가능한 꿈이라고 항상 생각했지만, 2012년에 이 책의 초판을 쓰는 일에 초대받았을 때 꿈이 현실이 됐고, 전문가로서의 내 삶에 커다란 성공과 성취를 안겨줬습니다. 초판은 어떻게든 해냈지만, 다른 책은 다시 결코 쓸 수 없을 것이라 생각했습니다. 이 생각이 한 번 더 틀렸음을 아는 것도 괜찮을 것 같습니다. 이번에는 아내 Juliana와 아들 Eduardo에게 감사를 전하고 싶습니다. 사랑하는 아내와 아들에게 이 책을 바칩니다. 두 번째로 2016 버전으로 책을 업데이트하는 놀라운 작업을 함께 해준 패트릭 라운즈와 차르벨 넴놈에게 감사를 전합니다. 친구들 고마워!

— 레안드로 카르발류

| 옮긴이 소개 |

김도균(kimdokyun@outlook.com)

2012년부터 독립 IT 기술자가 돼 6년째 자기 시간의 주인으로 포트폴리오 인생을 살고 있다. 2003년 처음 『Beginning Direct3D Game Programming』(정보문화사)을 번역한 이후로 지금까지 40여권의 책을 번역했다. 개발자를 위한 IT 매거진인 <마이크로소프트웨어>에 기술자와 삶에 관해 칼럼을 쓰고 있다. Microsoft의 공인 강사(MCT)며, Microsoft MVP를 6회 수상했다. 2012년에 설립한 저술/번역 상호부조 네트워크인 GoDev(www.godev.kr)에서 해적들을 이끌고 있는 선장이다.

김명관(myounggk@microsoft.com)

부산에서 태어나 경성대학교 산업공학과 석사 과정을 마쳤다. 한국 마이크로소프트 고객 기술 지원부에서 엔지니어로 Windows Server와 Exchange Server의 기술 지원을 담당했고, 현재 프리미어 사업부에서 Technical Account Manager 역할로 Telecom 및 Hi-Tech 기업체를 대상으로 프리미어 기술 지원을 담당 중이다. 옮긴 책으로는 정보문화사에서 출간한 『Mastering Windows Server 2008 R2』(2012), 『Mastering Windows Server 2012 R2』(2015)가 있다.

| 옮긴이의 말 |

불과 몇 년 전만 하더라도 클라우드 컴퓨팅에 대해 비관적이거나 유보적인 입장을 취하는 IT 전문가들도 많았다. 하지만 현시점에 클라우드 컴퓨팅으로 수렴되는 컴퓨팅 세계의 흐름에 반론을 제시할 IT 전문가는 드물 것이다. 단지 기업들이 지금 사용 중인 온프레미스의 인프라를 클라우드 컴퓨팅으로 전환하는 시점이 언제일지 시기의 문제, 즉 클라우드 도입 속도의 문제만 남아 있을 뿐이다.

마이크로소프트에서는 Azure라는 브랜드 이름으로 타 클라우드 서비스 제공업체와 경쟁을 하고 있다. 성장 가도를 달리는 시장에 후발 주자로 뛰어든 것에 비해 최근 많은 괄목할 만한 성과 및 지표를 보여 주고 있다. Hyper-V 기술은 마이크로소프트 가상화의 기본 기술이며, 마이크로소프트에서 제공하는 클라우드 서비스인 Azure의 기본 기술이기도 하다. 이 책은 다른 쿡북 시리즈와 마찬가지로 독자가 기술을 쉽게 이해하고 빠르게 설치해 운영할 수 있게 하는 특급 레시피와 같은 책으로, Windows Server 2016에서 제공되는 Hyper-V에 대해 빠르고 적절한 이해 및 접근법을 제시한다. 그리고 Azure와 연동하는 방법도 쉽게 따라갈 수 있게 했다.

이 책을 통해 Windows Server에서 Hyper-V를 운영하는 관리자를 포함해 마이크로소프트의 가상화 기술에 조금이라도 관심 있는 모든 IT인에게 도움이 됐으면 한다. 마지막으로 이번 번역 작업에 참가할 수 있도록 발단을 제공하고, 출판되는 시점까지 전 과정을 적절하게 관리해 준 공동 역자인 김도균 님과 한글 화면 캡처에 큰 도움을 준 류동철, 권순만, 최정현 님에게 다시 한 번 감사의 마음을 표하고 싶다.

2018년 7월

김명관, 김도균

| 차례 |

지은이 소개 6
감사의 글 9
옮긴이 소개 11
옮긴이의 말 12
들어가며 19

1장 전체 데스크톱 환경과 서버 코어에서 Hyper-V 설치와 관리   29

소개 30
Hyper-V 요구 사항 확인 31
Hyper-V 역할 설치 36
Windows Server 2016과 Microsoft Hyper-V 서버 2016 설치 42
sconfig를 사용한 서버 코어 설치 관리 46
Hyper-V 설치 후 구성 50

2장 물리 서버와 가상 서버 마이그레이션과 업그레이드   57

소개 58
Windows Server 2012 R2에서 Windows Server 2016로 전체 업그레이드 수행 ... 58
가상 컴퓨터 내보내기와 가져오기 65
가상 컴퓨터 마이그레이션과 통합 서비스 업데이트 ... 70
버전 간 공유 자원 없이 실시간 마이그레이션을 사용한 가상 컴퓨터 마이그레이션 .. 75
저장소 마이그레이션을 사용한 가상 컴퓨터 저장소 마이그레이션 87
VHD 파일을 VHDX로 변환 91
VM 구성 버전 업그레이드 95
물리 컴퓨터를 가상 컴퓨터로 변환 99

3장 디스크와 네트워크 설정 관리   105

소개 106
가상 하드 디스크 생성과 추가 106
IDE와 SCSI 컨트롤러 구성 114
저장소 QoS 구성 117
가상 파이버 채널 저장소 구성과 추가 121
리소스 풀 생성 124
NIC 팀 생성과 추가 129
가상 스위치 생성과 관리 140
고급 가상 컴퓨터 네트워크 설정 사용 147
vmNIC 추가와 제거 153

4장 Hyper-V 자동화를 사용한 시간과 비용 절감   157

소개 158
가상 컴퓨터 템플릿 만들기 158
PowerShell 기본 명령 배우고 활용하기 164
일상적인 작업에 PowerShell 명령 사용 169
PowerShell을 통한 원격 연결 설정과 관리 180
PowerShell 다이렉트로 가상 컴퓨터 관리 184
Hyper-V 관리와 PowerShell 향상 188

5장 Hyper-V 모범 사례, 팁과 트릭   201

소개 202
Hyper-V 모범 사례 분석기 사용 202
가상 컴퓨터의 리소스 최적화 209
중첩 가상화 사용 234
Windows Server 2016 Hyper-V의 그래픽 가상화 245
호스트와 가상 컴퓨터를 위한 안티바이러스 설치와 구성 265

6장   보안과 제어 위임 — 271

- 소개 — 272
- Hyper-V를 위한 Windows 업데이트 구성 — 272
- Hyper-V에서 제어 위임 — 281
- 포트 ACL 구성 — 287
- 데이터 보호를 위한 BitLocker 설치와 구성 — 291
- Hyper-V 감사 구성 — 298
- 가상 컴퓨터 보안 부팅 — 306
- VM 보호(vTPM) — 309
- 보호된 VM — 312
- 호스트 리소스 보안 — 322

7장   Hyper-V 고가용성 구성 — 325

- 소개 — 326
- Windows Server 2016에서 블록과 파일 저장소 설치 및 구성 — 327
- Windows 장애 조치 클러스터링 기능 설치 및 구성 — 338
- 클러스터 공유 볼륨 활성화 — 347
- 롤링 클러스터 업그레이드 — 352
- 클러스터 노드를 위한 클러스터 인식 업데이트 구성 — 358
- 클러스터 환경에서 실시간 마이그레이션 이용 — 364
- 클러스터된 가상 컴퓨터를 위한 VM 우선순위 구성 — 369
- VM 로드 부하 분산 — 372
- VM Compute 복원력 — 375

8장 Hyper-V 재해 복구 381

소개 382
Windows Server Backup을 이용한 Hyper-V와 VM 백업 382
Windows Server Backup을 이용한 Hyper-V와 VM 복원 395
HTTP 인증을 이용한 세대의 Hyper-V 호스트 간 Hyper-V 복제본 구성 402
장애 조치 클러스터를 위한 Hyper-V 복제본 브로커 구성 426
엔터프라이즈 CA를 이용한 인증서 기반 인증을 이용한 Hyper-V 복제본 구성 430
VM에서 검사점 이용 443

9장 Hyper-V를 위한 Azure 사이트 복원과 Azure 백업 453

소개 453
Azure 사이트 복원과 마이크로소프트 Azure 백업 서버를 이용한
  Hyper-V 가상 컴퓨터 보호 활성화 455

10장 Hyper-V 모니터링, 튜닝, 문제 해결 511

소개 512
실시간 모니터링 도구 이용 512
로그된 모니터링을 위한 Perfmon 이용 519
VM 모니터링 이용 530
Hyper-V 복제본 모니터링 539
리소스 계량 545
Hyper-V 튜닝 550
Hyper-V 문제 해결을 위해 이벤트 뷰어 이용 555

부록 Hyper-V 아키텍처와 구성 요소 …… 561

하이퍼바이저 이해 …… 563

VMM 하이브리드 …… 564

Hyper-V 아키텍처 …… 565

Hyper-V 아키텍처 구성 요소 …… 567

Windows Server 2016 Hyper-V, Hyper-V 서버,
   Hyper-V 클라이언트, VMWare의 차이점 …… 574

Windows Server 2016 Hyper-V와 VMware vSphere 6.5 …… 580

찾아보기 …… 586

| 들어가며 |

이 책을 선택한 건 신의 한 수다. 지금 들고 있는 책은 IT 세계에서 15년간의 경험과 Microsoft Virtual Server 2005와 Virtual PC, 지금은 Hyper-V로 시작한 10년간의 가상화 경험의 결과며, 가상화는 현대 데이터센터의 핵심이다.

Hyper-V는 Windows와 Linux/Unix 가상 컴퓨터 모두에서 동작하게 설계된 성숙하고 널리 사용되는 가상화 플랫폼이다. 게다가 세계의 많은 대기업에서 사용되고 있다. Hyper-V는 세계의 대형 클라우드 서비스 중 하나인 Microsoft Azure 공용 클라우드의 핵심 기술이며, 기업과 서비스 공급자 모두에 대한 지원을 포함해 온프레미스와 사설 클라우드 배포를 위한 Microsoft Azure Stack의 핵심 기술이다.

이 책의 목적은 Hyper-V 환경의 배포와 마이그레이션, 관리에 필요한 정보를 쉽고 빠르게 제공하는 것이다.

이 책을 읽는 동안 많은 것을 얻기 바란다.

■ 이 책의 구성

1장, 전체 데스크톱 환경과 서버 코어에서 Hyper-V 설치와 관리에서는 전체 데스크톱 환경과 서버 코어 설치 전후와 그 과정에서 Hyper-V를 설치하고 관리하는 데 필요한 모든 정보를 제공해 시간을 아껴주고 마주치는 문제들을 해결한다.

2장, 물리 서버와 가상 서버의 마이그레이션과 업그레이드에서는 가상 서버와 물리 서버를 새로운 Windows Server 2016 Hyper-V로 업그레이드하거나 마이그레이션을 성공하는 데 필요한 모든 것을 알려준다.

3장, 디스크와 네트워크 설정 관리에서는 가상 디스크와 네트워크를 위한 다양한 설정을 자세히 알아봄으로써 배포해야 하는 애플리케이션을 위한 최상의 설정을 선택할 수 있다.

4장, Hyper-V 자동화를 사용한 시간과 비용 절감에서는 PowerShell이 얼마나 쉽고 사용자에게 친화적인지 설명하고, 작업을 더 빠르게 하면서 작업을 덜 수행하게 하는 단계를 만드는 방법을 보여준다. 효과적으로 업무를 수행하고 일상적인 업무에서 프로세스를 자동화하고 자동화를 구현하는 것이 매우 중요하다.

5장, Hyper-V 모범 사례, 팁과 트릭에서는 Hyper-V에 대한 올바른 설정을 사용하고 알맞은 구성을 적용하도록 가르쳐준다. 모범 사례는 Microsoft에서 만든 일련의 규칙과 팁으로 문제와 잘못된 구성, 권장되지 않는 설정들을 파악하게 돕는다. 또한 높은 그래픽을 요구하는 워크로드를 가상화할 수 있게 Windows Server 2016 Hyper-V 중첩 가상화와 그래픽 향상에 대해서도 다룬다.

6장, 보안과 제어 위임에서는 Windows Server 2016 서버 코어용 Windows 업데이트, 데스크톱 경험 및 Windows Server 2016 서버, 권한 부여 관리자 및 단순 권한 부여를 사용한 액세스 제어, 포트 ACL을 통한 네트워크 보호, 그리고 보안 부팅을 사용한 가상 컴퓨터 보호, 디스크 암호화, 보호된 VM, Hyper-V 감사에 대해 살펴본다. 보안은 모든 인프라에서 매우 중요하며, 이는 가상화와 하이브리드 클라우드 컴퓨팅에도 적용된다.

7장, Hyper-V 고가용성 구성은 가상화하려는 모든 워크로드의 핵심 구성 요소다. 좋은 소식은 Windows Server 2016 Hyper-V에서 대부분의 시나리오를 위한 올바른 도구와 고가용성 솔루션을 제공한다는 사실이다. 사실 여러분의 환경에서 마주칠 수 있는 모든 장애에 적절하게 대처하기 위해 이번 릴리스에서는 Hyper-V와 장애 조치 클러스터링을 매우 밀접하게 통합했다.

8장, Hyper-V 재해 복구에서는 Windows Server 2016 Hyper-V에서 실행되는 가상

컴퓨터에 대해 재해 복구 온프레미스를 설정하기 위한 중요한 프로세스를 살펴본다. 고가용성은 재해 복구가 아니다. 자연재해나 화재, 침수, 바이러스, 데이터 손상, 인적 과오 등과 같은 다양한 요인으로 전체 시스템이 사용 불능 상태가 될 수 있고, 적절한 예방책을 세워놓지 않으면 모든 것을 잃을 수 있다.

9장, Hyper-V를 위한 Azure 사이트 복원과 Azure 백업에서는 온프레미스 재해 복구를 다시 검토하는 이점과 Microsoft Azure에서 제공하는 서비스로서의 재해 복구^{DRaaS}인 ASR$^{Azure\ Site\ Recovery}$과 Azure 백업을 활용해 온프레미스 투자를 보호하는 가장 중요한 프로세스들을 다룬다.

10장, Hyper-V 모니터링, 튜닝, 문제 해결에서는 Windows Server 2016의 기본 도구를 사용해 물리 서버와 가상 서버를 모니터링하는 방법과 문제를 해결하는 방법, Hyper-V 서버를 튜닝하는 방법을 보여줌으로써 인프라에서 발생할 수 있는 모든 문제를 해결하기 위해 더 빠르게 반응하고 문제 해결을 시작할 수 있다.

부록, Hyper-V 아키텍처와 구성 요소에서는 Windows 10의 Hyper-V 클라이언트와 VMware vSphere 6.5를 포함해 다른 버전과 비교되는 가장 중요한 Hyper-V 아키텍처를 설명한다. Windows Server 2016에 도입된 향상된 백업 기능과 새 라이선스 모델도 설명한다.

▌ 준비 사항

직접 해봐야 학습 효과가 높다는 사실을 굳게 믿기 때문에 이 책에서 다루는 기술과 이론들을 모두 따라 해보는 것을 권장한다. 높은 사양의 서버가 필요하지는 않다. 대부분의 실습은 Windows Server 2016이 설치돼 있고 16GB 정도의 메모리를 가진 컴퓨터 한 대면 가능하며, Hyper-V 중첩 가상화를 활성화해 여러 대의 가상머신을 동시에 실행할 수도 있다. 그러나 이상적으로는 최소 두 대 이상의 물리적 서버로 복제와 고가용성 개념을 이해하는 것이 좋다. 실제 서버가 없어도 Hyper-V 기술의 많은 부분을 탐색할 수 있다.

이 책의 독자 대상

Hyper-V 2016을 공부하며 숙련되고자 원하는 독자에게 적합한 책이다. Windows Server 2016 Hyper-V에서 제공하는 흥미로운 새 기능을 활용하고자 하는 독자에게도 추천한다. 가상화에 대한 기본적인 지식이 있다면 이 책을 보는 데 도움이 되겠지만 필수적인 것은 아니다. 아키텍트나 컨설턴트, 관리자 또는 Hyper-V에 대해 더 공부하고 싶은 독자 모두에게 이 책은 좋은 선택이 될 것이다.

일부 장에서는 좀 더 머리를 써야 하는 고급 주제를 살펴본다. 그렇더라도 걱정할 필요는 없다. 이해할 수 있는 선행 주제부터 살펴보고, 이해를 돕기 위해 기능을 구현하고 연습해보자. 그다음 완벽히 이해됐다고 느끼면 다시 고급 주제로 돌아가서 여러 번 읽어보자. 반복이 핵심이다. 반복할수록 더 잘 이해된다.

예제의 구성

이 책에서는 준비, 예제 구현, 예제 분석, 보충 설명, 참고 사항과 같이 빈번하게 나타나는 몇 가지 제목이 있다.

예제를 완료하는 방법의 명확한 단계를 보이기 위해 이러한 절들을 활용한다.

준비

이 절은 예제에서 기대할 수 있는 내용을 알려주고, 레시피에 필요한 소프트웨어나 기본 설정 방법을 설명한다.

예제 구현

이 절에서는 예제를 따라하는 데 필요한 과정을 제공한다.

예제 분석

이 절에서는 주로 '예제 구현' 절에서 나온 내용을 자세히 설명한다.

보충 설명

이 절에서는 예제를 더 잘 이해하기 위한 추가적인 정보를 제공한다.

참고 사항

이 절에서는 예제에 대한 유용한 외부 정보의 링크를 제공한다.

▌편집 규약

이 책에서는 독자의 이해를 돕고자 다루는 정보에 따라 글꼴 스타일을 다르게 적용했다. 이러한 스타일의 예제와 의미는 다음과 같다.

텍스트에서 코드 단어와 데이터베이스 테이블 이름, 폴더 이름, 파일 이름, 파일 확장자, 경로, 더미 URL, 사용자 입력, 트위터 핸들은 다음과 같이 표시한다.

"변환 후 만들어진 vhd 파일을 가상 컴퓨터를 가져오려는 Hyper-V 서버로 복사한다."

코드 블록은 다음과 같이 표시한다.

```
MB";Expression={$_.MemoryDemand/1048576}}, MemoryStatus

    Write-Output "Updated Memory Demand" $VMMemory
    }
}
```

커맨드라인 입력이나 출력은 다음과 같이 표시한다.

```
Move-VM Win-2012R2-02 HV-Host-P01 -IncludeStorage -DestinationStoragePath
D:\VMs
```

새로운 용어나 중요한 단어는 고딕체로 표시한다. 애플리케이션의 메뉴나 대화상자에 나오는 텍스트는 다음과 같이 표시한다.

"디스크 구성 옵션은 VHDX 파일 경로를 지정하고 마침을 클릭해 변환을 시작한다."

 경고나 중요한 내용은 이와 같이 나타낸다.

 팁이나 요령은 이와 같이 나타낸다.

▌독자 의견

독자로부터의 피드백은 항상 환영한다. 이 책에 대해 무엇이 좋았는지 또는 좋지 않았는지 소감을 알려주길 바란다. 독자 피드백은 앞으로 더 좋은 책을 발행하는 데 매우 중요하다.

일반적인 피드백을 보낼 때는 간단하게 feedback@packtpub.com으로 이메일을 보내면 되고, 메시지의 제목에 책 이름을 적으면 된다.

여러분이 전문 지식을 가진 주제가 있고, 책을 내거나 책을 만드는 데 기여하고 싶다면 www.packtpub.com/authors에서 저자 가이드를 참고하길 바란다.

▌고객 지원

팩트출판사의 구매자가 된 독자에게 도움이 되는 몇 가지를 제공하고자 한다.

예제 코드 다운로드

이 책에 사용된 예제 코드는 http://www.packtpub.com의 계정을 통해 다운로드할 수 있다. 다른 곳에서 구매한 경우에는 http://www.packtpub.com/support를 방문해 등록하면 파일을 이메일로 직접 받을 수 있다.

예제 코드 다운로드 방법은 다음과 같다.

1. 팩트출판사 웹사이트(http://www.packtpub.com)에서 이메일 주소와 암호를 이용해 로그인하거나 계정을 등록한다.
2. 맨 위에 있는 SUPPORT 탭으로 마우스 포인터를 이동한다.
3. Code Downloads & Errata 항목을 클릭한다.
4. Search 입력란에 책 이름을 입력한다.

5. 코드 파일을 다운로드하려는 책을 선택한다.
6. 드롭다운 메뉴에서 이 책을 구매한 위치를 선택한다.
7. Code Download 항목을 클릭한다.

팩트출판사 웹사이트의 책 페이지에서 Code Files 버튼을 클릭해서도 코드를 받을 수 있다. 이 페이지는 Search 박스에 책 이름을 검색해서 접근할 수 있다. 팩트 계정으로 로그인해야 코드를 받을 수 있다는 점에 유의하라.

파일을 다운로드한 후에는 다음과 같은 압축 프로그램의 최신 버전을 이용해 파일의 압축을 해제한다.

- **윈도우** WinRAR, 7-Zip
- **맥** Zipeg, iZip, UnRarX
- **리눅스** 7-Zip, PeaZip

코드는 https://github.com/PacktPublishing/Windows-Server-2016-Hyper-V-Cookbook-Second-Edition에서도 다운로드할 수 있다.

다음 주소에서 팩트출판사의 다른 책과 동영상 강좌의 코드도 다운로드할 수 있다.

https://github.com/PacktPublishing/

또한 에이콘출판사의 도서정보 페이지인 http://www.acornpub.co.kr/book/hyper-v-cookbook-2에서도 예제 코드를 다운로드할 수 있다.

정오표

내용을 정확하게 전달하기 위해 최선을 다했지만, 실수가 있을 수 있다. 팩트출판사의 도서에서 문장이든 코드든 간에 문제를 발견해서 알려준다면 매우 감사하게 생각할 것이다. 독자의 참여를 통해 다른 독자에게 도움을 주고, 다음 버전의 도서를 더 완성도 높게 만들 수 있다. 오탈자를 발견한다면 http://www.packtpub.com/submiterrata를 방문해 책을 선택하고, 구체적인 내용을 입력해주길 바란다. 보내준 오류 내용이 확인되면 웹사이트에 그 내용이 올라가거나 해당 서적의 정오표 부분에 그 내용이 추가될 것이다. http://www.packtpub.com/support에서 해당 도서명을 선택하면 기존 정오표를 확인할 수 있다.

한국어판은 에이콘출판사의 도서정보 페이지 http://www.acornpub.co.kr/book/hyper-v-cookbook-2에서 찾아볼 수 있다.

저작권 침해

인터넷에서의 저작권 침해는 모든 매체에서 벌어지고 있는 심각한 문제다. 팩트출판사에서는 저작권과 사용권 문제를 매우 심각하게 인식한다. 어떤 형태로든 팩트출판사 서적의 불법 복제물을 인터넷에서 발견한다면 적절한 조치를 취할 수 있도록 해당 주소나 사이트명을 알려주길 부탁한다.

의심되는 불법 복제물의 링크는 copyright@packtpub.com으로 보내주길 바란다. 저자와 더 좋은 책을 위한 팩트출판사의 노력을 배려하는 마음에 깊은 감사의 뜻을 전한다.

질문

이 책과 관련해 질문이 있다면 questions@packtpub.com으로 문의하길 바란다. 최선을 다해 질문에 답하겠다. 한국어판에 관한 질문은 이 책의 옮긴이나 에이콘 출판사 편집 팀(editor@acornpub.co.kr)으로 문의해주길 바란다.

01
전체 데스크톱 환경과 서버 코어에서 Hyper-V 설치와 관리

1장에서는 다음과 같은 내용을 다룬다.

- Hyper-V 요구 사항 확인
- Hyper-V 역할 설치
- Windows Server 2016과 Microsoft Hyper-V 서버 2016 설치
- sconfig를 사용한 서버 코어 설치 관리
- Hyper-V 설치와 구성

▎소개

Microsoft는 Hyper-V로 상당히 선전했다. 2008년에 첫 번째 버전이 소개된 후 기업들은 Hyper-V가 좋은 가상화 솔루션이라는 것을 깨달았다. 두 번째 버전은 실시간 마이그레이션과 동적 메모리, RemoteFX 지원 같은 이동성을 제공하는 몇 가지 새로운 기능을 포함해 Windows Server 2008 R2 SP1과 함께 출시됐다. Windows Server 2016 Hyper-V는 모든 기대를 뛰어넘어 기업이나 서비스 제공자가 사설 클라우드나 하이브리드 클라우드를 구축하기 위한 요소까지 갖추고 있다.

Hyper-V의 기능은 꾸준히 개선돼 왔으며, 오늘날 데이터센터를 관리하고 배포하는 방법을 변화시킬 많은 뛰어난 기능을 제공한다. 알다시피 이제 모든 워크로드를 예외 없이 가상화할 수 있고, 가상화를 넘어 새로운 기능을 배포할 수 있다. 보호된 가상 컴퓨터, 버전 간 PowerShell 지원, PowerShell 다이렉트, 정적 메모리 즉시 추가$^{Hot-Add}$와 제거, 중첩된 가상화, SMB 3.1, 새로운 제한 사항은 Windows Server 2016 Hyper-V를 서버에 필요한 고가용성과 저비용, 탄력성, 신뢰성 등의 핵심 구성 요소로 만드는 예다.

Hyper-V의 여정은 설치에서 시작한다. 설치 단계는 아주 간단하지만, 서버 사전 요구 사항과 사후 구성 작업에는 주의를 기울여야 한다. 하드웨어 사전 요구 사항과 설치, 서버를 관리하는 데 사용하는 관리 방법도 모두 꼭 확인해야 한다.

바로 물리 하드웨어를 구매하고 Hyper-V 설치를 시작하기 전에 가상 환경 구축의 가장 중요한 단계인 계획 단계를 시작해야 한다. 계획 단계에서는 적절한 하드웨어 구성과 필요에 따른 전제 조건을 모두 확인해야 한다. 기본적으로 Windows Server 2016의 Hyper-V에는 프로세서 요구 사항이 있고, 이 때문에 Hyper-V를 실행하는 모든 서버에는 이러한 구성 요소가 있어야 한다.

1장에서는 Hyper-V 설치 전후에 알아야 할 모든 정보를 제공해, 시간을 아끼고 마주치게 될 문제를 해결할 수 있게 한다.

■ Hyper-V 요구 사항 확인

Hyper-V를 설치하려면 서버가 Hyper-V를 지원할 수 있는지 사전 요구 사항을 확인해야 한다. 요구 사항을 만족하지 못한다면 설치 과정에서 오류가 발생한다.

Windows나 Hyper-V 자체적으로는 사전 요구 사항을 확인하는 도구를 제공하지 않지만, 'AMD-V System Compatibility Check'나 'INTEL Processor Identification Utility'처럼 프로세서 제조사들이 확인 도구를 제공한다.

이 예제에서는 이러한 도구와 MachineSLATStatusCheck 도구의 사용법을 배워 설치 과정을 수월하게 만든다.

준비

프로세서의 사전 요구 사항을 확인할 때 인텔 프로세서라면 다음 링크에서 Intel Processor Identification Utility^{인텔 프로세스 식별 유틸리티}를 다운로드한다.

http://downloadcenter.intel.com/Detail_Desc.aspx?ProductID=1881&DwnldID=7838&lang=eng&i

AMD 프로세서를 사용하고 있다면 다음 링크에서 AMD 가상화 기술과 Microsoft Hyper-V 시스템 호환성 검사 유틸리티를 다운로드한다.

http://download.amd.com/techdownloads/AMD-VwithRVI_Hyper-V_Compatibility Utility.zip

프로세서 브랜드를 파악하기 위해서는 DirectX 진단 도구(dxdiag)를 열고 프로세서 정보를 확인할 수 있다.

Windows Server 2016에서 Hyper-V를 설치하는 데 필요한 두 번째 수준 주소 변환^{SLAT, Second-Level Address Translation}을 지원하는지 여부를 확인하기 위해 https://slatstatuscheck.

codeplex.com/에서 MachineSLATStatusCheck 도구도 다운로드해야 한다. Hyper-V 첫 번째 버전이 Windows 8에서 사용 가능해진 이후로 SLAT는 항상 필수 요구 사항이다.

 Sysinternals에서 제공하는 Coreinfo 도구(https://technet.microsoft.com/en-us/sysinternals/cc835722)를 사용해 프로세스 고급 기능을 검사하려면 Coreinfo를 하이퍼바이저를 실행하지 않는 시스템에서 실행해야 정확한 결과를 얻을 수 있다.

예제 구현

다음 단계에서 컴퓨터가 Windows Server 2016과 Windows 10에서 Hyper-V를 설치하는 요구 사항을 만족하는지 여부를 확인하는 방법을 안내한다.

1. '준비' 절에서 설명한 대로 프로세서에 맞는 유틸리티를 다운로드하고 설치한다.
2. AMD 프로세서에서 Hyper-V를 지원하는 경우 AMD-V System Compatibility Check를 실행한 결과는 다음 화면과 같다.

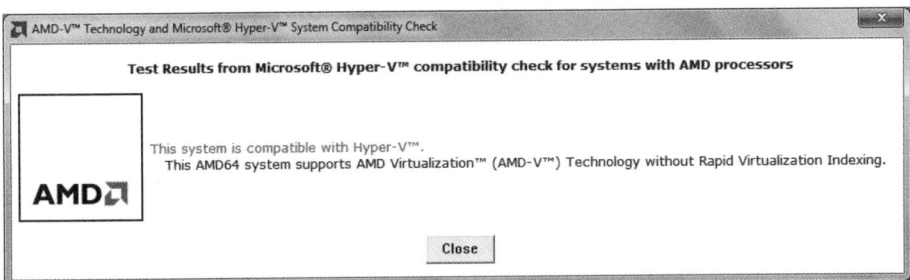

3. 인텔 프로세서라면 인텔 프로세서 식별 유틸리티를 설치한 후 실행하면 세 개의 탭이 표시된다.

4. 첫 번째 주파수 테스트 탭에서 프로세서에서 처리할 수 있는 최대 주파수와 속도를 표시한다.
5. 두 번째 탭인 CPU 기술을 선택해서 결과에서 '가상화 기술'이나 '하이퍼스레딩'처럼 프로세서 모델이 지원하는 기술인지 여부를 확인하자.
6. 마지막으로 CPUID 데이터 탭을 선택해서 '프로세서 종류'와 '프로세서 분류', '프로세서 정보', '기타 인텔 프로세서 기능'과 같은 정보를 확인한다.
7. 인텔 프로세서의 경우 결과는 다음 화면과 비슷하다.

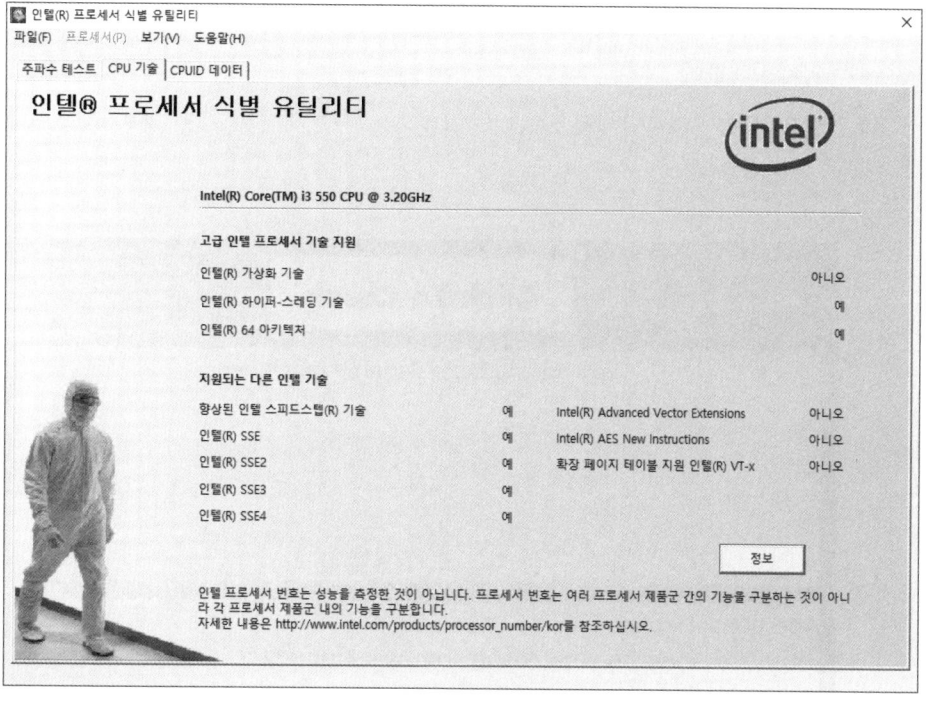

> 앞의 화면에서 보다시피 '인텔 가상화 기술 지원' 칸이 '아니오'로 표시돼 있다. 이 컴퓨터에 Hyper-V가 이미 설치됐다며 hypervisorlaunchtype이 자동으로 설정돼 있다. Hyper-V는 부팅 시 VT-x를 잠근다(하이퍼바이저는 부모/관리 파티션보다 먼저 로드된다). 이런 이유로 Hyper-V가 활성화된 시스템이 실행 중이면 '확장 페이지 테이블 지원 인텔(R) VT-x'에 대해 '아니오'를 표시한다.

8. 프로세서에서 두 번째 수준 주소 변환^{SLAT, Second Level Address Translation} 지원 여부를 확인하려면 MachineSLATStatusCheck라는 무료 도구를 사용한다.
9. 이 도구를 다운로드한 후 Windows 탐색기에서 선택한 디렉터리로 복사한 다음 실행한다.
10. 다음 화면은 컴퓨터에서 SLAT를 지원하는 프로세서를 사용 중인 예다.

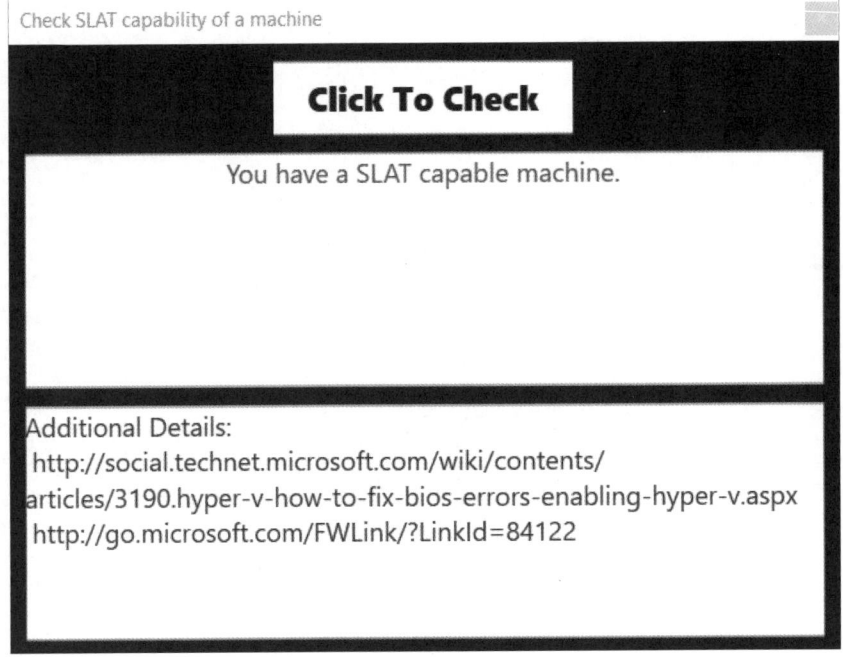

11. 이러한 단계들을 거쳐 Hyper-V를 설치하려는 서버에서 모든 필수 조건을 만족하는지 확인했다.

예제 분석

앞서 언급한 도구는 Hyper-V를 설치하는 데 필수적인 기능을 가졌는지 알기 위해 프로세서 속성을 간단히 확인한다. 이러한 기능 중 하나는 하드웨어 기반 가상화다. 이 기능은 Hyper-V에서 프로세서의 특별한 계층을 통해 권한 있는 액세스로 실행할 수 있게 한다. 어떤 경우에는 BIOS$^{Basic\ Input-Output\ System}$를 통해 활성화해야 한다.

이들 도구는 데이터 실행 방지$^{DEP,\ Data\ Execution\ Prevention}$가 있는지 여부도 확인한다. 인텔에서는 이 기능을 Intel XD bit$^{eXecute\ Disable\ Bit}$, AMD에서는 AMD NX bit$^{No\ Excute\ Bit}$라고 한다. 이 기능은 BIOS를 통해 활성화돼야 한다.

`MachineSLATStatusCheck` 도구를 사용해 확인할 수 있는 SLAT라는 특정 사전 요구사항이 있다. SLAT는 Windows Server 2016부터 설치 시 필수다. 앞서 언급한 것처럼 SLAT는 Windows 8 이상의 클라이언트 OS에 위해 필수적이다. Hyper-V는 이 기능을 사용해 더 나은 VM 메모리 관리 기능을 수행하고, 게스트 물리 주소를 실제 물리 주소로 변환하는 오버헤드를 줄인다. 이렇게 함으로써 하이퍼바이저 CPU 시간은 큰 폭으로 감소되고, 각 VM의 메모리는 더욱 절약된다.

SLAT 기능이 있는 프로세서는 가상에서 물리 메모리로의 주소 변환을 지원하는 변환 색인 버퍼$^{TLB,\ Translation\ Lookaside\ Buffer}$를 포함하고 있다. TLB는 페이지 테이블에서 최근에 사용된 매핑을 포함하는 프로세서의 캐시다. 가상에서 물리 메모리로의 주소 변환이 필요할 때 TLB에서는 매핑된 정보를 포함하는지 여부를 확인하기 위해 TLB를 검사한다. TLB에서 매핑된 정보를 포함한다면 물리 메모리 주소가 제공되고 데이터에 액세스할 수 있다. TLB에 해당 레코드가 없다면 페이지 오류가 발생해 Windows에서 매핑 정보에 대한 페이지 테이블을 검사한다. Windows에서 매핑 정보를 찾으면 TLB

에 작성하고, 주소 변환이 일어난 후 데이터를 액세스할 수 있다. 하지만 이 버퍼로 인해 하이퍼바이저 오버헤드는 이 버퍼로 인해 상당히 감소된다.

참고 사항

- 부록 A, Hyper-V 아키텍처와 구성 요소

Hyper-V 역할 설치

기본적으로 Windows Server는 Hyper-V가 설치돼 있지 않다. 가상 환경을 사용하려면 Hyper-V를 활성화해야 한다. 과정은 간단하지만, 설치한 후 어떻게 동작하고 Windows 아키텍처에 무슨 변화가 있는 알아야 한다.

준비

Hyper-V 설치에는 다양한 방법이 있다. 보통은 그래픽 인터페이스로 설치한다. Hyper-V를 설치하려면 관리자 특권으로 로그인해야 한다.

예제 구현

다음의 단계는 Windows 서버용 Hyper-V를 활성화하는 방법과 설치 후 Windows 아키텍처가 어떻게 바뀌는지 보여준다.

1. 시작 화면에서 서버 관리자를 선택한다.
2. 서버 관리자 대시보드에서 역할 및 기능 추가를 클릭한다.
3. 역할 및 기능 추가 마법사에서 다음을 세 번 클릭한다.

4. 다음 화면에서처럼 서버 역할 페이지에서 Hyper-V를 선택하고 다음을 세 번 클릭한다.

5. 기능 페이지에서 다음을 클릭한다.

6. 가상 스위치 창에서 다음 화면에서처럼 Hyper-V에서 사용하고 싶은 네트워크 어댑터를 선택한다. Hyper-V를 설치한 후 Hyper-V 관리자에서 가상 스위치를 추가 및 제거, 변경할 수도 있다.

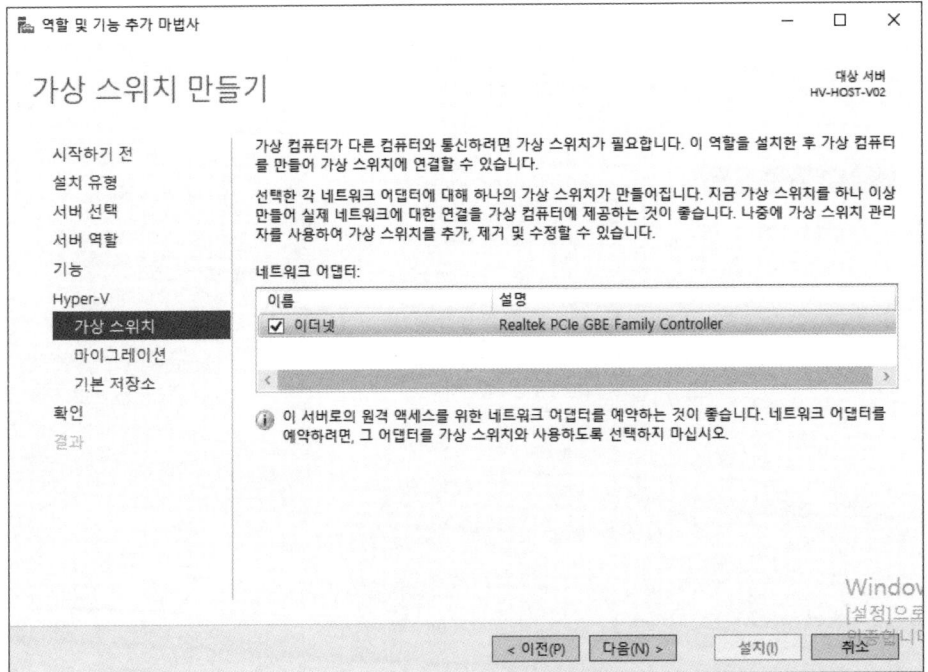

7. 다음 화면에서처럼 가상 컴퓨터 마이그레이션 페이지에서 실시간 마이그레이션 요청을 사용하고 싶다면 이 서버에서 가상 컴퓨터의 실시간 마이그레이션을 보내고 받도록 허용 옵션을 선택한다. 이 서버가 Hyper-V 클러스터의 일부가 된다면 실시간 마이그레이션을 활성화하지 않게 한다. 다음을 클릭한다.

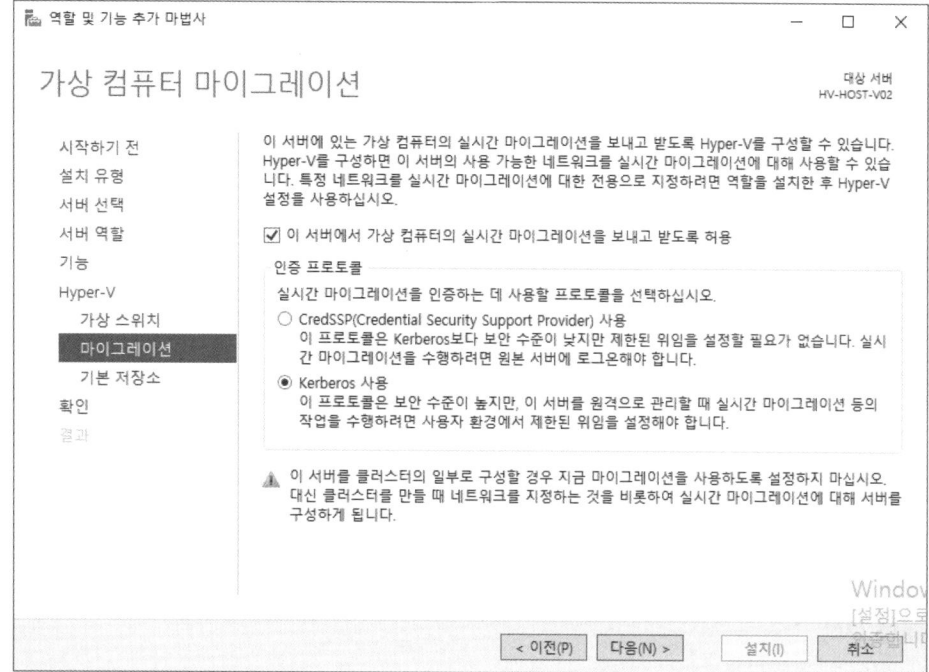

8. 마지막 Hyper-V 설치 페이지인 기본 저장소에서는 가상 디스크와 가상 컴퓨터 구성 파일의 기본 위치를 지정한다. 다음 화면에서처럼 C:\ 드라이브를 사용하지 말고 전용 드라이브로 기본 경로를 설정을 변경하길 권장한다. 그렇게 하지 않으면 가상 컴퓨터가 C:\ 드라이브에 설치된다. 다음을 클릭해서 설치 옵션을 확인하고, 설치를 클릭해 설치 과정을 시작한다.

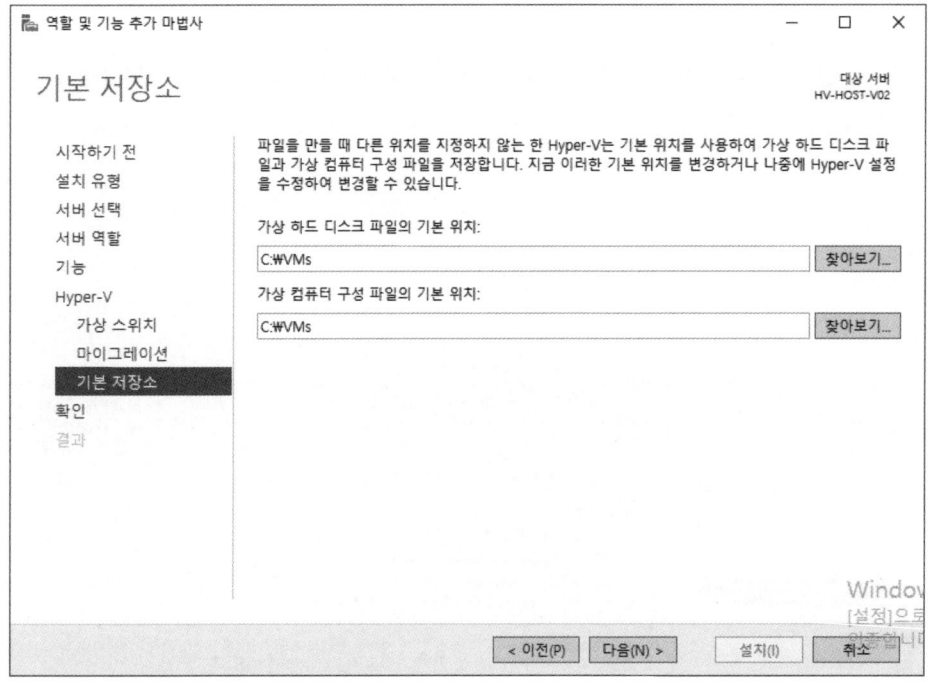

9. 설치 후 서버를 재시작한다.

예제 분석

Hyper-V 설치 과정은 매우 간단하지만, 이 과정은 일반 레이어 아래에서 동작하는 ring-1이라는 새로운 특권 계층을 만들어 프로세서 아키텍처를 변경시킨다. 이전에 완료한 작업인 설치 과정에서는 Hyper-V에서 Windows 자체보다 더 많은 특권을 갖도록 이 계층에 Microsoft 하이퍼바이저를 설치한다. 기본적으로 호스트 운영체제는 하이퍼바이저 위에서 실행되고 가상 컴퓨터와 같은 수준이다. 호스트는 가상화 스택을 포함하는 특수한 가상 컴퓨터로 변환돼 모든 VM을 관리하는 작업을 담당한다. 다음의 다이어그램은 ring-1과 그 위에서 실행되는 모든 파티션에 설치된 Hyper-V 고수준 아키텍처다.

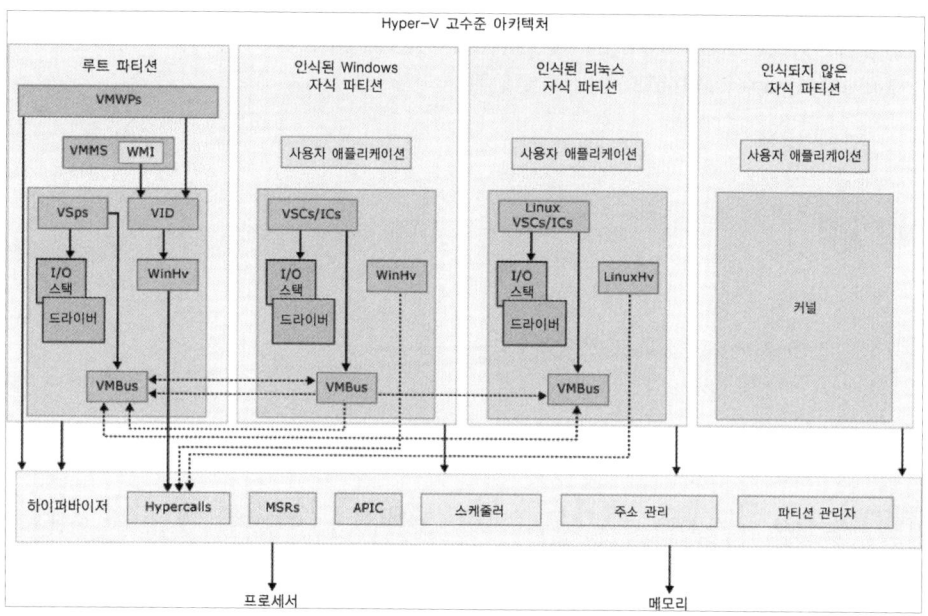

첫 번째 재시작 후 Windows 부트(winload.exe)는 실행 중인 프로세서와 가상화를 지원하는지 확인하는 작업을 담당하는 드라이버(hvboot.sys)를 적재한다. 그다음 하이퍼바이저 이미지 파일이 적재된다. 호스트 운영체제와 가상 컴퓨터는 하이퍼바이저 위의 동일한 특권 액세스로 실행되기 때문에 **파티션**이라고 부른다. 호스트 운영체제는 **루트** 또는 **부모 파티션**이라고 하고, 가상 컴퓨터는 **자식 파티션**이라고 한다.

보충 설명

자동화와 빠른 설치를 위해서 Hyper-V를 커맨드라인으로 설치할 수 있다. 커맨드라인 `ocsetup`이나 `Servermanagercmd` PowerShell을 통해 수행한다.

Windwos PowerShell을 사용한 Hyper-V 설치

PowerShell로 설치하려면 Windows PowerShell을 실행하고 다음의 명령을 실행한다.

```
Install-WindowsFeature Hyper-V -IncludeAllSubFeature
-IncludeManagementTools -Restart
```

참고 사항

- 3장의 '가상 스위치 생성과 관리' 예제
- 부록 A, Hyper-V 아키텍처와 구성 요소

Windows Server 2016과 Microsoft Hyper-V 서버 2016 설치

필수 구성 요소를 검증했다면 이제 Windows Server 2016이나 Microsoft Hyper-V 서버 2016 중 하나를 설치할 준비가 됐다. 두 제품의 경우 기본 설치는 그다지 복잡하지 않지만, 완료하는 데 시간이 조금 걸린다. 도구와 프로세스, 가이드의 통합 컬렉션을 제공해 비용과 시간을 절약할 수 있는 MDT^{Microsoft Deployment Toolkit}와 SCVMM^{System Center Virtual Machines Manager}처럼 대규모 배포를 위한 서버 프로비저닝의 요구 사항을 확인하는 것이 좋다.

Windows Server 2016 설치는 데스크톱 경험을 포함한 전체 서버 설치와 서버 코어 두 가지 배포 옵션이 제공된다. 전체 서버 옵션은 Hyper-V와 Windows를 관리하기 위한 서버 관리자와 Hyper-V 관리자, Windows에서 사용할 수 있는 다른 모든 도구와 서비스를 포함하는 그래픽 인터페이스를 제공한다. 데스크톱 경험을 포함한 전체 서버의 문제는 기본적으로 다른 구성 요소와 서비스가 함께 제공된다는 점이다. 이 때문에 Microsoft는 Windows Server 2008에서 서버 코어라는 새로운 설치 방법을 소개했고, Windows Server 2016의 기본 설치 방법은 서버 코어다. 이 옵션은 GUI^{Graphical User Interface}를 제공하지 않는다. 대신 커맨드라인 인터페이스가 있다. 서버 코어를 사용하면 Windows 핵심 구성 요소만 설치되고 인터넷과 Windows 탐색기와 같은 기능이 존재하지 않기 때문에 호스트 컴퓨터에서 보안이 뛰어나고 더 나은 성능을 제공한다. 지금까지 설명한 이들 설치 옵션은 Windows 서버에서 사용할 수 있다.

Hyper-V 서버라는 무료 Hyper-V 버전도 있다. 하지만 가상머신에 사용할 Windows 서버 라이선스는 별도로 구매해야 한다. Hyper-V 서버는 Windows 서버 코어 설치와 아주 비슷하지만, Hyper-V와 장애 조치 클러스터링만 제공한다. Hyper-V 서버에는 Windows Server 2016 Hyper-V의 모든 기능을 포함하지만, RemoteFX를 지원하지 않기 때문에 원격 데스크톱 가상화 호스트[RDVH]는 무료 Hyper-V 서버에서 지원하지 않는다.

이번 절에서는 Windows Server 2016 Hyper-V 설치 방법을 살펴본다.

준비

시작하기 전에 Windows Server 2016 설치 이미지가 있는 올바른 미디어 파일이나 DVD를 가졌는지 확인한다.

예제 구현

다음은 Windows Server 2016의 설치 과정이다.

1. 첫 번째 화면의 DVD 부트 프로세스 이후에 언어, 시간과 통화 형식, 키보드나 입력 방식을 선택한 후 다음을 클릭한다.
2. 두 번째 화면에서 **지금 설치**를 클릭하면 자동으로 설치가 계속된다. 정품 인증 요청을 받으면 Windows 제품키를 추가한 다음 다시 다음을 클릭한다.
3. 다음 화면에서처럼 설치할 운영체제를 선택한 후 다음을 클릭한다. 앞 절에서 언급한 것처럼 서버 코어가 기본 선택이다.

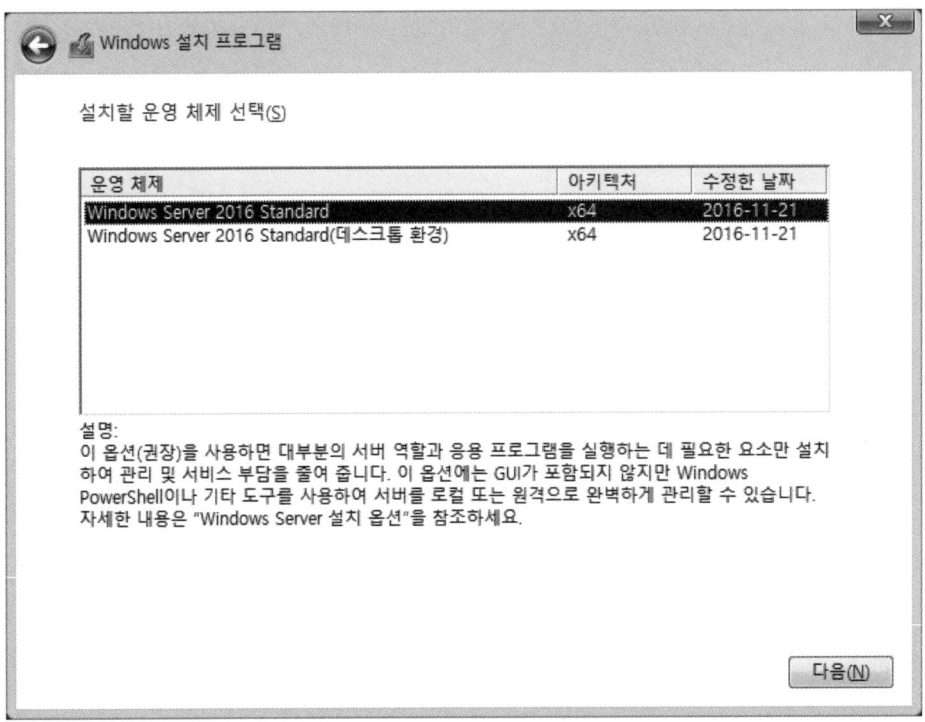

4. Windows Server 2016을 설치하려면 관련 통지 및 사용 조건을 수락해야 한다. 동의함 옵션을 선택하고 다음을 클릭한다.

5. 새로 설치하는 경우 다음 화면에서처럼 사용자 지정: Windows만 설치(고급) 옵션을 선택한다. 이 버전에 대한 업그레이드 옵션이 비활성화된다.

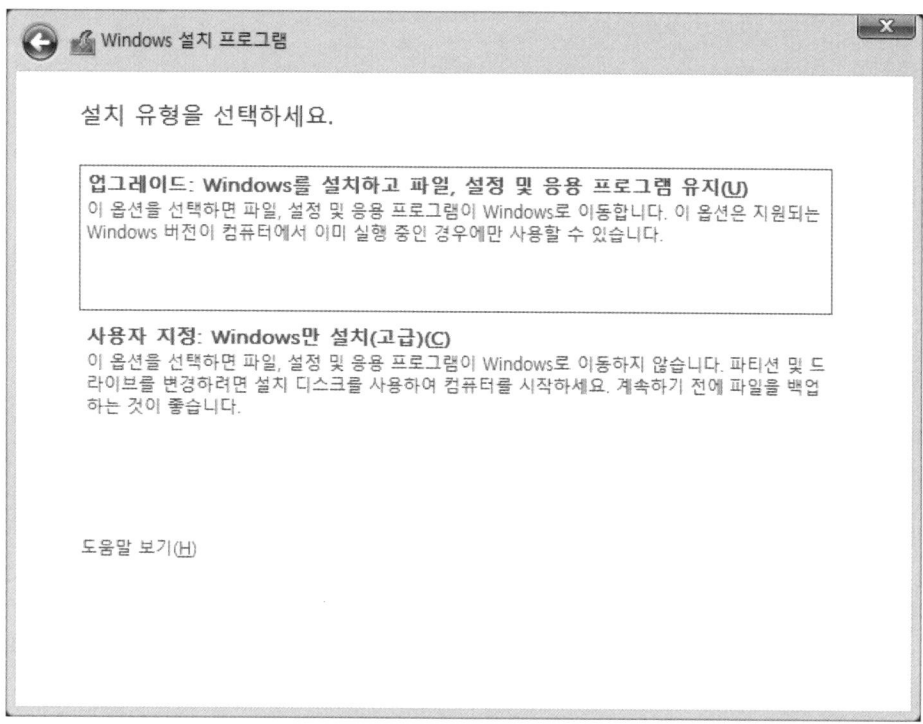

6. Windows를 설치할 위치를 지정하세요 화면에서 Windows 서버를 설치하고 싶은 하드 드라이브를 선택하고 다음을 클릭한다.
7. 드라이버 로드가 필요한 외부 저장소 장치나 하드 드라이브가 있다면 다음 화면에서처럼 드라이버 로드를 클릭하고 적절한 드라이버를 설치한다. 다음을 클릭한다.

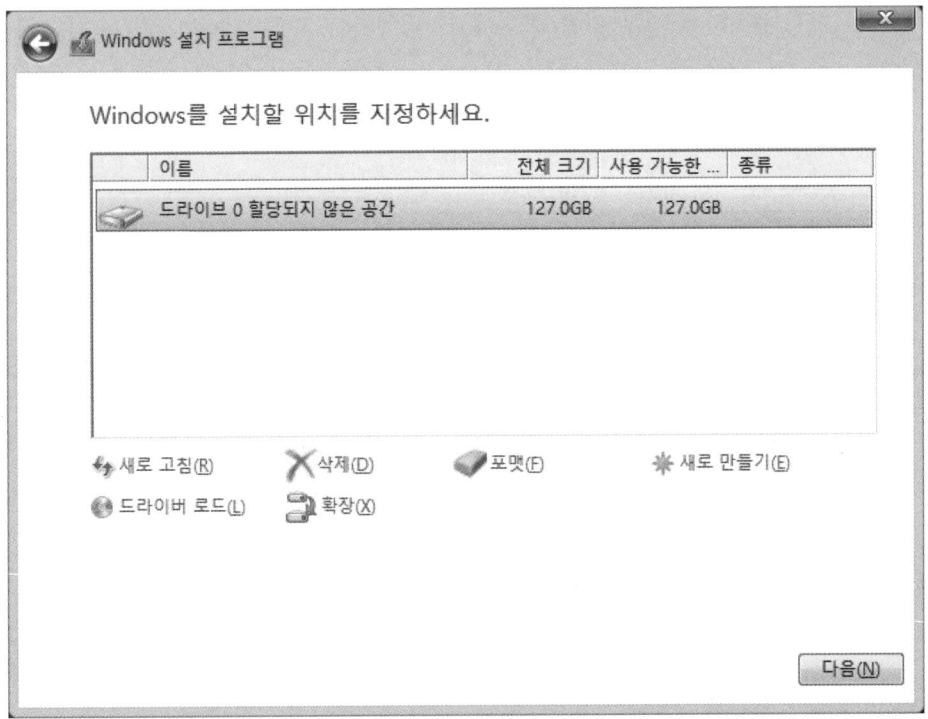

8. 이 시점에서 설치가 끝날 때까지 기다려야 한다. 하드웨어에 따라 10~30분 정도 걸린다.

9. 설치가 끝나면 기본 사용자는 Administrator에 대한 최초 암호를 요청하는 화면이 나온다. 적절한 암호를 두 번 입력하고 마침을 클릭한다.

▌ sconfig를 사용한 서버 코어 설치 관리

앞의 예제에서 성능과 보안 등 서버 코어의 모든 이점에 관해 살펴봤다. 하지만 GUI 없이 Hyper-V를 매일 유지 관리하는 작업은 쉽지 않다. 컴퓨터 이름이나 IP 주소를 변경하고 싶다면 가장 사용하기 쉬운 방식은 GUI다. 그러나 다른 측면에서 커맨드라인은 빠르고 자동화된 프로세스를 제공할 수 있다.

Windows Server 2016에서 Windows의 서버 코어 버전과 Microsoft Hyper-V 서버 2016에서는 서버 구성(sconfig)을 제공한다. 이 기능은 Windows에서 가장 일반적인 작업을 수행하는 시간을 줄여주는 간단한 인터페이스를 갖는 커맨드라인이다. 다음 화면은 sconfig의 첫 번째 페이지의 예다.

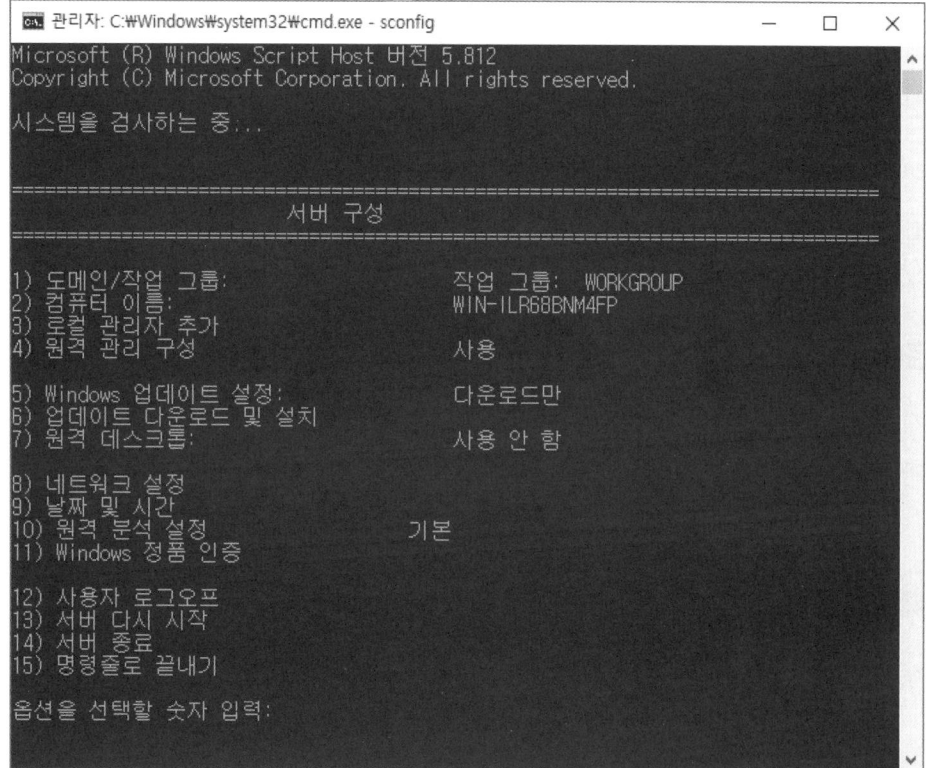

sconfig 도구는 직관적인 숫자 메뉴를 통해 Windows 구성을 수월하게 수행할 수 있다.

간단한 예는 커맨드라인에서 컴퓨터의 IP 주소를 변경해야 할 때다. 다음 명령을 살펴보자.

```
netsh interface ip set address "Local Area Connection" static 192.168.0.10
255.255.255.0 192.168.0.1 1
```

정확한 명령 문법을 기억하기 어려울 때가 종종 있으며, 이로 인해 서버를 잘못 구성할 수 있다.

sconfig를 사용하면 메뉴에서 숫자 8과 0, 1을 간단히 누르고 새로운 IP 구성을 지정한다.

이 예제에서 고급 커맨드라인 없이 서버 코어의 가장 일반적인 구성을 설정하는 방법을 배운다.

준비

서버 구성 도구는 서버 코어 설치나 Hyper-V 서버에서 기본적으로 포함하고 있다. 간단히 커맨드라인에서 sconfig를 입력하고 실행하면 메뉴가 표시된다.

예제 구현

sconfig를 사용해 서버 코어 설치를 관리하려면 다음과 같은 과정을 따른다.

1. 도메인/작업 그룹 설정을 변경할 경우 1을 누른다.
2. 도메인은 D, 작업 그룹은 W를 누른다.
3. 도메인이나 작업 그룹 이름, 필요한 사용자 이름과 암호를 지정한 다음 Enter를 누른다.
4. 컴퓨터 이름을 변경하려면 2를 누르고 새로운 컴퓨터 이름을 지정한다.
5. 예를 선택해 컴퓨터를 다시 시작한다.
6. 3을 눌러 로컬 관리자를 추가한다.

7. 로컬 Administrators 그룹에 가입하기 위해 계정을 입력하고 사용자 암호를 입력한다.
8. 원격 관리를 구성하려면 4를 누른다.
9. 다음 옵션 중 하나를 선택한다.
    - 원격 관리 사용
    - 원격 관리 사용 안 함
    - Ping하도록 서버 응답 구성
10. Windows 업데이트 설정을 변경하기 위해 5를 누르고, 자동은 A, 수동은 M을 선택한다.
11. 6을 눌러 업데이트를 다운로드하고 설치한다.
12. 모두 업데이트는 A, 권장 가능한 업데이트만의 경우는 R을 선택한다.
13. 원격 데스크톱을 활성화하려면 7을 누른다. 사용함은 E, 사용 안 함은 D를 선택한다.
14. 8을 눌러 네트워크 설정을 구성한다.
15. 구성하고 싶은 네트워크 어댑터를 선택한 후 다음 옵션 중 하나를 선택한다.
    - 네트워크 어댑터 주소 설정
    - DNS 서버 설정
    - DNS 서버 설정 지우기
16. 날짜와 시간을 변경하려는 경우 9를 누르면 날짜와 시간 설정을 구성할 수 있는 그래픽 인터페이스가 표시된다.
17. 서버를 재시작하고 종료하려면 다음 옵션을 기억하자.
    - 10을 눌러 사용자 환경 개선 프로그램에 가입한다.
    - 12를 눌러 로그오프한다.
    - 13을 눌러 컴퓨터를 다시 시작한다.
    - 14를 눌러 서버를 종료한다.
    - 15를 눌러 커맨드라인을 끝낸다.

18. sconfig를 사용해 커맨드라인 상호작용을 최소한으로 줄여 구성할 수 있으며, 이런 구성만으로도 서버는 운영 환경에 들어갈 준비를 마친다.

예제 분석

서버 구성은 기본적으로 번호 메뉴를 통해 선택한 모든 옵션에 해당하는 스크립트를 백그라운드로 실행하기 때문에 유지 관리가 더 쉽다. sconfig는 선택한 모든 번호의 하위 메뉴를 보여주는 또 다른 스크립트를 실행하거나 선택한 변경을 적용하는 최종 스크립트를 실행할 수 있다.

참고 사항

- 4장의 'Hyper-V 관리와 PowerShell 향상' 예제

∎ Hyper-V 설치 후 구성

Windows Server 2016 설치 과정은 Windows Server 2012/R2와 거의 동일하다. IP 설정과 컴퓨터 이름, 도메인 가입과 같은 몇 가지 단계(Windows Server 2003과 같은 이전 버전과 비교해)는 제거되고 더 간결해졌다. 이 때문에 작업 그룹에 임의 컴퓨터 이름과 자동 개인 IP 주소$^{APIPA, Automatic Private IP Address}$ 등의 몇 가지 설정이 기본 구성으로 추가되기 때문에 설치 후 설정이 더 중요해졌다.

기본 설정이 포함된 Windows 서버 설치는 보안 위험과 네트워크 액세스 오류, 관리 문제를 일으킬 수 있다.

그 외에도 Hyper-V에는 새로운 가상 컴퓨터의 기본 위치와 바로가기 등 이 작업에서 보게 되는 다른 몇 가지 구성도 있다.

준비

여기서 필요한 것은 Hyper-V 역할이 활성화된 기본 Windows 서버 설치뿐이다.

예제 구현

다음 과정에서는 Windows와 Hyper-V 사후 설치 설정을 구성하는 방법을 보여준다.

1. 먼저 Windows 서버 사후 설치 설정을 완료했는지 확인해야 한다. Hyper-V 사후 구성을 시작하기 전에 변경해야 할 Windows 서버 사후 설치 설정 목록을 확인해보자.
   - Windows 정품 등록
   - 날짜, 시간, 표준 시간대 구성
   - IP 주소와 기본 게이트웨이, DNS 설정과 같은 네트워크 구성
   - 컴퓨터 이름
   - 작업 그룹 또는 도메인 설정
   - 업데이트와 자동 업데이트 구성
   - 필요한 역할과 기능 추가
2. 사후 구성을 안내하기 위해 Windows 설치 프로그램은 첫 번째 로그인에서 앞서 언급한 몇 가지 설정이 있는 서버 관리자 도구를 실행해 신속하게 액세스하고 설정하게 돕는다.
3. 설정 목록을 확인하려면 다음 화면에서처럼 **서버 관리자**의 왼쪽 창에서 **로컬 서버**를 클릭한다.

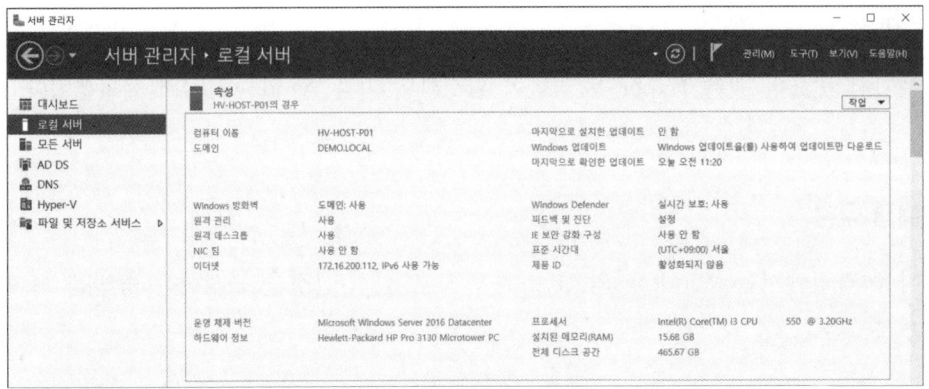

4. 서버 관리자에서 제공한 목록을 사용해 서버에 필요한 사후 설치 설정을 모두 적용했는지 확인할 수 있다. 목록에서 하이퍼링크를 클릭해 변경하고 싶은 구성 요소를 선택하고 구성 단계를 따른다.

5. 몇 가지 다른 흥미로운 설정은 선택 사항이기 때문에 서버 관리자에서 제공하지 않지만, 고려해볼 만한 추가 작업 중 일부는 다음과 같다.

   - 서버 관리자를 실행하고 관리 > 서버 관리자 속성에서 로그온 시 서버 관리자를 자동으로 시작 안 함 옵션을 선택한다.
   - Sysinternals에서 무료로 제공하는 `BgInfo`와 같은 도구를 사용해 시스템 구성을 보여주는 배경 화면을 지정한다.
   - Windows 탐색기 옵션에서 알려진 파일 형식의 파일 확장명 숨기기 옵션을 해제하고 숨김 파일, 폴더 및 드라이브 표시 옵션을 선택한다.
   - Windows 서버 버전과 여기서 실행될 역할을 지원하는 바이러스 백신을 설치한다.
   - 백업과 소프트웨어 배포, 모니터링 시스템과 같은 제품에 대한 클라이언트와 에이전트를 설치한다.

6. 이제 Windows 서버는 어느 정도 준비를 했으므로, Hyper-V를 열고 필요한 경우 기본 설정을 변경한다.

7. Hyper-V 설정을 열려면 Hyper-V 관리자 도구를 실행한 후 오른편에서 Hyper-V 설정 열을 클릭한다.

8. 다음 화면과 같은 Hyper-V 설정 창이 실행된다.

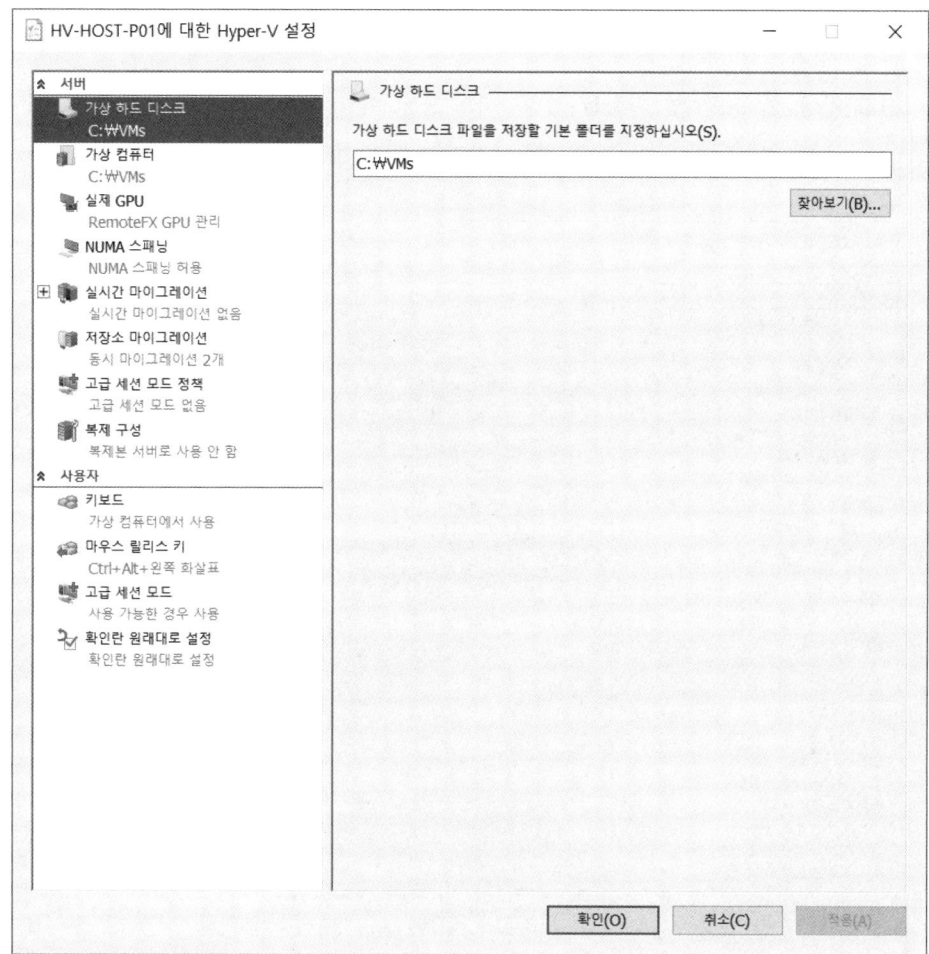

9. Hyper-V 설정에서 10개의 구성 요소로 나뉜 Hyper-V 기본 설정을 관리할 수 있다. 가상 하드 디스크의 기본 위치를 변경하려면 가상 하드 디스크를 클릭한다.

10. 기본 가상 컴퓨터 위치를 수정하려면 **가상 컴퓨터**를 클릭하고 새로운 위치를 지정한다.
11. Remote FX 기능을 관리하고 설정하려면 실제 GPU를 선택한다.
12. NUMA$^{\text{Non-Uniform Memory Architecture}}$ 스패닝을 사용하려면 NUMA 스패닝을 선택한다.
13. 가상 컴퓨터 이동 설정을 활성화하고 동시 이동 제한과 네트워크와 같은 기본 값을 변경하려면 다음 화면에서처럼 실시간 마이그레이션을 선택한다.

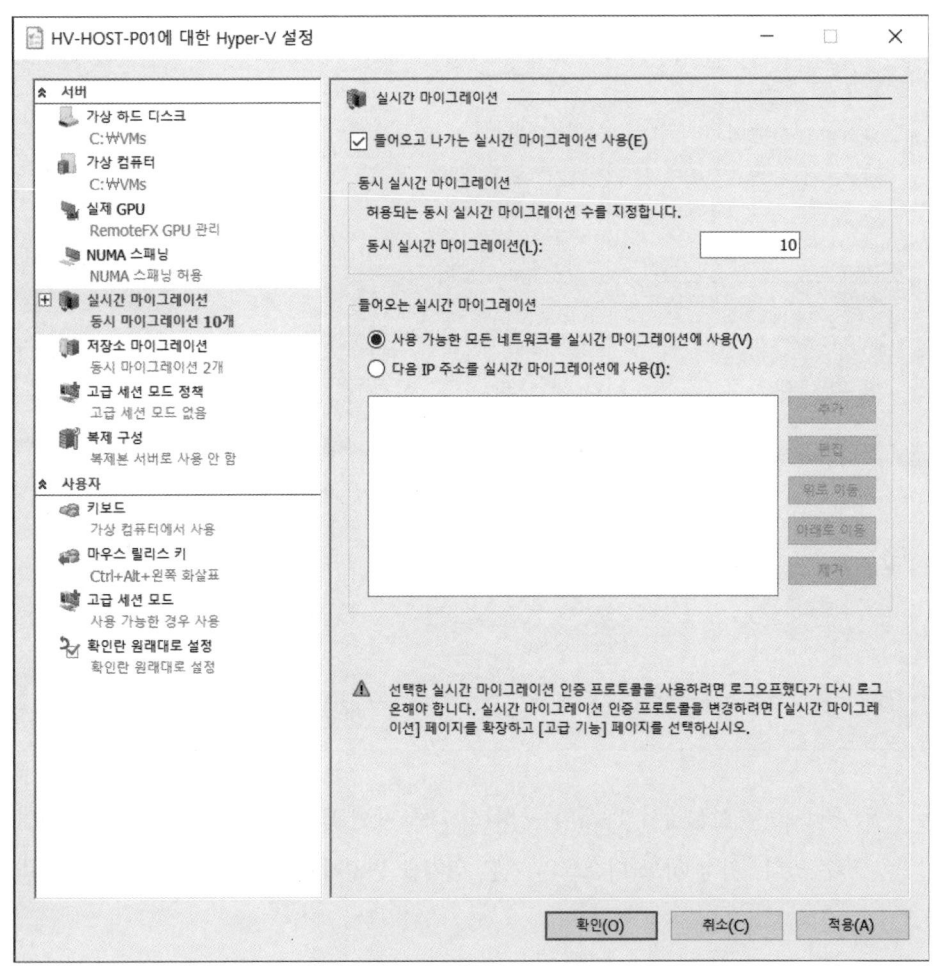

14. 동시 저장소 최대 마이그레이션 수를 변경하려면 **저장소 마이그레이션**을 클릭한다.
15. 고급 세션 모드를 사용하려면 **고급 세션 모드 정책**을 클릭하고 **고급 세션 모드 허용**을 선택한다.
16. 서버를 복제 서버로 설정하고 구성을 변경하려면 **복제 구성**을 클릭한다.
17. 다음 설정(키보드와 마우스 릴리스 키, 확인란 원래대로 설정) 역시 필요한 경우 변경할 수 있다. 필요할 때마다 원하는 설정을 변경하자. 그러고 나면 Hyper-V 서버는 필요에 따라 구성한 특정 서버 설정으로 준비된다.

예제 분석

이들 구성을 변경하는 작업은 다른 설정이 필요할 때나 필요할 때마다 직접 설정을 변경하고 싶지 않을 때 도움을 준다. 첫 단계는 Hyper-V 서버든 그렇지 않든, 모든 Windows 서버에 가장 보편적인 설정을 보였다. 첫 번째 단계에서 나열한 컴퓨터 이름과 IP 주소 등의 정보를 지정하지 않는다면 네트워크나 Active Directory를 액세스하지 못한다.

6단계와 **16**단계까지에서 보인 설정은 Hyper-V 서버용으로만 설계된 것이며, 선택 사항이다. 하지만 예를 들어 실시간 마이그레이션과 복제 구성, 고급 세션 모드 정책 등은 기본적으로 설정되지 않았다. 이들 설정을 활성화하지 않으면 Hyper-V 복제나 고급 세션 모드, 이동 옵션과 같은 일부 작업은 동작하지 않는다.

이들 모든 단계를 완료하면 Hyper-V와 운영체제에 대해 필요하고 알맞은 구성으로 서버를 배포할 수 있다.

참고 사항

- 2장의 '저장소 마이그레이션을 사용한 가상 컴퓨터 저장소 마이그레이션' 예제
- 5장의 '호스트와 가상 컴퓨터를 위한 안티바이러스 설치와 구성' 예제
- 8장의 'HTTP 인증을 사용해 3대의 Hyper-V 호스트 사이에 Hyper-V 복제 구성' 예제

02
물리 서버와 가상 서버 마이그레이션과 업그레이드

2장에서 다루는 내용은 다음과 같다.

- Windows Server 2012 R2에서 Windows Server 2016로 전체 업그레이드 수행
- 가상 컴퓨터 내보내기와 가져오기
- 가상 컴퓨터 마이그레이션과 통합 서비스 업데이트
- 버전 간 공유 자원 없이^{SNO, Shared Nothing} 실시간 마이그레이션^{Live Migration}을 사용한 가상 컴퓨터 마이그레이션
- 저장소 마이그레이션을 사용한 가상 컴퓨터 저장소 마이그레이션
- VHD 파일을 VHDX로 변환
- VM 구성 버전 업그레이드
- 물리 컴퓨터를 가상 컴퓨터로 변환

▌소개

Microsoft는 Windows Server 2016과 새로운 Hyper-V 버전으로 다시 한 번 도약했다. 가상화 경험을 향상시킨 중첩 가상화와 보호된 VM, 프로덕션 검사점 등의 흥미로운 많은 기능으로 데이터센터의 모빌리티와 확장성, 신뢰성을 높였다. 이 모든 향상을 적용한 Windows Server 2016은 궁극의 클라우드 플랫폼을 제공한다고 말할 수 있다. 이는 하이브리드 클라우드 인프라를 만드는 데 있어서 더 많은 유연성과 자동화, 더 나은 가상 및 물리 서버의 관리 경험을 갖게 된다는 뜻이다.

그렇긴 해도 기존 환경의 마이그레이션 계획은 여전히 필요하다. 이 모든 기능을 바로 사용하고 싶을 것이다. 하지만 업그레이드 프로세스에는 주의와 계획, 특별한 구성이 필요하다.

Hyper-V 버전 5에서 가상 컴퓨터와 업그레이드, 마이그레이션은 이전보다 더 쉬워졌다.

내보내기/가져오기 기능을 사용해 이전 버전의 Hyper-V에서 가상 컴퓨터를 마이그레이션하거나 저장소 마이그레이션을 사용해 실행 중인 VM의 VM 저장소 이동, 버전 간 공유 자원 없이 실시간 마이그레이션을 사용해 두 개의 Hyper-V 서버 간에 신뢰할 수 있는 네트워크 연결을 통해 VM을 곧 바로 이동할 수 있다.

2장에서는 새로운 Hyper-V와 Windows 버전 간에 업그레이드를 손쉽게 성공시키는 데 필요한 모든 것을 다음 예제에서 다룬다.

▌Windows Server 2012 R2에서 Windows Server 2016로 전체 업그레이드 수행

기존 환경에서 Windows Server 2016을 적용하는 가장 쉬운 방법 중 하나는 전체 업그레이드 메커니즘이다. 기존 Windows Server 2012 R2 Hyper-V가 설치된 동일한 하드웨어에서 Windows Server 2016 Hyper-V로 업그레이드하고 싶은 시나리오가 나올 수 있다. 호스트 컴퓨터의 하드웨어와 드라이버를 Windows Server 2016 플랫폼에서 지원하며, 모든 애플리케이션을 Hyper-V에서 실행 중인 경우 전체 업그레이드 옵션을 사용할 수 있다. 이 옵션을 사용하면 호스트 컴퓨터에서 모든 구성과 파일을 보존하면서 Windows Server 2016으로 업그레이드할 수 있다.

하지만 애플리케이션이나 드라이버, 심지어 하드웨어마저 Windows Server 2016에서 제대로 동작하지 않거나, Windows Server 2012 R2의 이전 설치에서 제거된 애플리케이션으로 인해 많은 변경이 일어난 경우 제일 좋은 방법은 새로운 운영체제로 마이그레이션하는 것이다.

어떤 결정을 하든 모든 부분이 제대로 동작하는지 여부를 점검하기 위해 테스트와 롤백 계획이 있어야 한다.

전체 업그레이드는 이전 버전에서처럼 모든 설정과 구성, 파일, 애플리케이션 동작을 포함해 Windows Server 2012 R2 설치를 Windows Server 2016 서버로 쉽게 전환하는 프로세스를 제공한다.

Windows Server 2016은 전체 업그레이드 동안 NIC 팀 구성을 보존하지 않는다. 전체 업그레이드를 실행하기에 앞서 NIC 팀 구성을 완벽하게 문서화해야 한다. NIC 팀 구성에 관한 더 자세한 정보는 3장의 'NIC 팀 구성 사용 및 추가' 예제를 살펴보자.

준비

전체 업그레이드는 Windows Server 2016의 설치 옵션과 호환되는 Windows Server 2012 R2 설치 옵션이 적어도 하나 이상 필요하다.

Windows Server 2012 R2의 Windows 서버 코어 설치는 데스크톱 경험을 제공하는 Windows Server 2016 서버로 업그레이드할 수 없으며, 그 반대도 불가능하다. 업그레이드 이후에는 Windows Server 2012 R2에서처럼 다른 설치 옵션으로 전환할 수 없다.

Windows Server 2012 R2에서 Microsoft는 Windows 서버 코어와 기능면에서 GUI가 있는 전체 서버 사이의 설치 옵션인 최소 서버 인터페이스라는 세 번째 설치 상태를 지원했다. 이 설치 옵션은 Windows Server 2016에서 더 이상 제공하지 않는다. 전체 업그레이드를 수행하기 전에 최소 서버 인터페이스를 Windows Server 2012 R2의 두 가지 다른 설치 옵션 중 하나로 전환해야 한다.

설치 마법사는 현재 Windows 설치 미디어에서 실행해야 한다. 호스트 컴퓨터에서 관리자로 로그인해야 한다.

모든 가상 컴퓨터는 설치 마법사를 실행하기 전에 종료해야 한다. Hyper-V 관리자를 열고 모든 VM이 오프 상태인지를 다시 한 번 확인한다.

시작하기 전에 폴더나 DVD에서 설치 파일이 있는지, 적절한 제품키를 준비했는지 확인한다.

예제 구현

다음과 같은 과정을 따라 Windows 설치 프로세스를 사용해 Windows Server 2012 R2 설치를 Windows Server 2016으로 업그레이드하는 방법을 살펴본다.

1. Windows Server 2012 R2 서버에서 Windows Server 2016 서버 설치 폴더의 Setup.exe를 실행한다.
2. Windows Server 2016 설치 프로그램 창의 중요 업데이트 받기에서 사용하고 싶은 업데이트 옵션을 선택한다. 업데이트 다운로드 및 설치(권장)를 선택한다. 나중에를 선택해 Windows 업데이트 프로세스를 통해 최신 버전으로 유지할 수도 있다. 다음을 클릭한다.

3. 이미지 선택 창에서 설치할 이미지를 선택하고 다음을 클릭한다.
4. 관련 통지 및 사용 조건 창에서 동의 버튼을 클릭한다.
5. 다음 화면에서처럼 유지할 항목 선택 창에서 개인 파일, 앱을 유지합니다. 옵션을 선택하고 다음을 클릭한다.

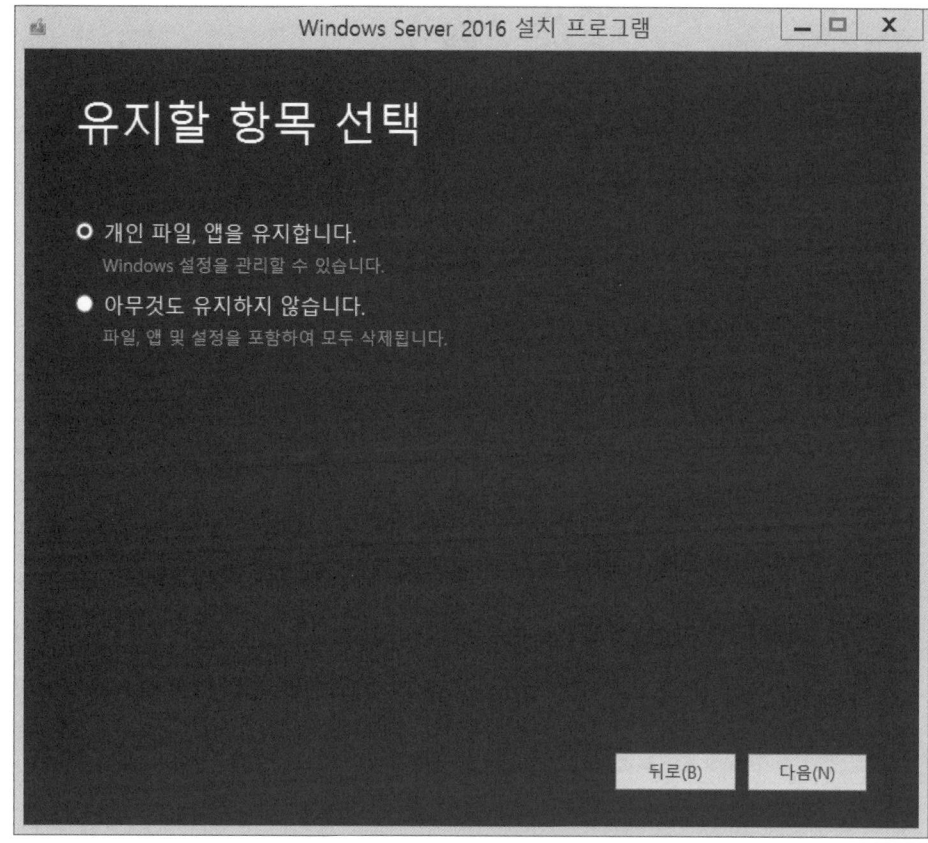

Windows Server 2016 설치: 유지할 항목 선택

6. 다음 화면에서처럼 계속하기 전에 확인이 필요한 항목 창에서 설치하는 동안 발견할 수 있는 모든 의존성과 잠재적인 에러를 확인하고 해결한 후 확인을 클릭한다.

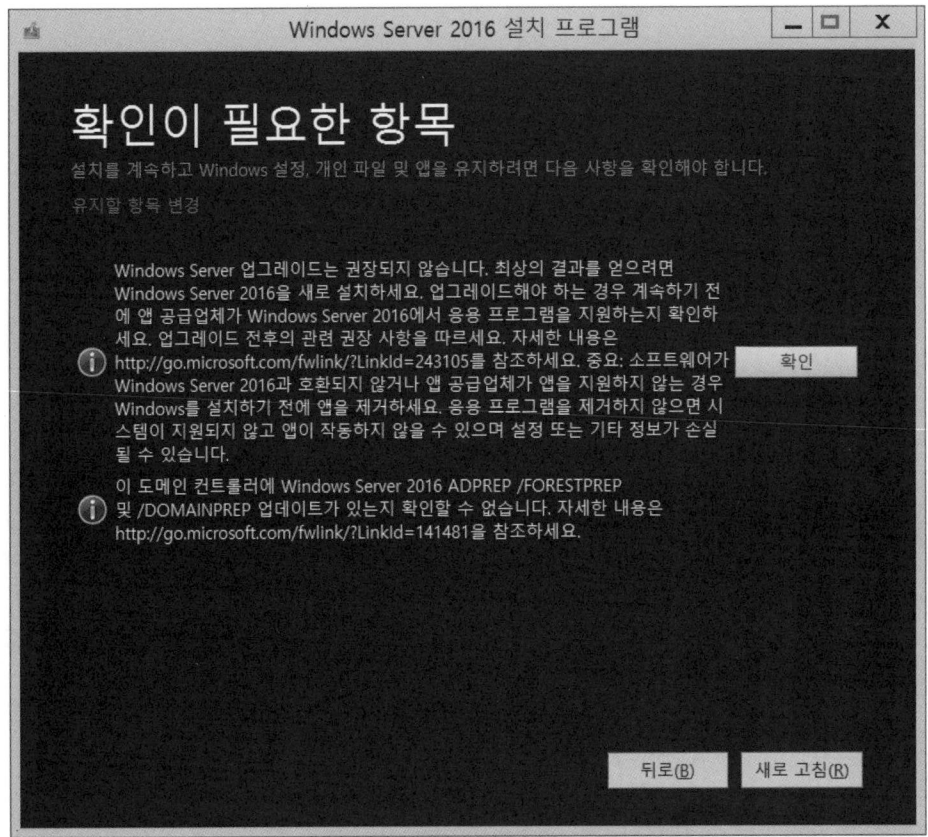

Windows Server 2016 설치: 확인이 필요한 항목

7. 준비 완료 창에서 설치를 클릭해 업그레이드 프로세스를 시작하고 끝날 때까지 기다린다. 업그레이드할 역할과 애플리케이션, 설정의 수에 따라 10~30분 정도 걸린다.

8. 업그레이드가 끝나면 관리자 계정으로 로그인하고 Windows 업데이트를 수행한다.

예제 분석

전체 업그레이드는 현재 Windows Server 2012 R2 서버를 Windows Server 2016으로 마이그레이션하는 좀 더 쉬운 방법이지만, 가장 위험한 옵션이기도 하다. 모든 애플리케이션과 역할, 기능, 구성이 Windows Server 2016에서 동작할지 여부를 검증해야 한다.

더 오래된 서버가 존재하는 일부 시나리오에서 관리자는 Windows를 새로 설치하고 Windows Server 마이그레이션 도구와 같은 도구를 사용해 역할을 이동하거나, Hyper-V의 경우 가상 컴퓨터에 대해 가져오기 옵션이나 버전 간 공유 자원 없이[SNO, Shared Nothing] 실시간 마이그레이션[Live Migration]을 사용한다. 이러한 옵션의 이점은 기존 및 새로운 설치 모두에 대해 문제가 될 수 있는 이전 구성이나 설정이 새 서버로 옮겨가지 않는다는 점이다.

모든 호환성 문제를 확인하고 백업을 실행한 후 전체 업그레이드를 실행하는 데 어려움이 없다면 서버를 시작하고 설치 과정에 들어가서 마법사를 따라간다. 유지할 항목 선택 옵션에서 **개인 파일, 앱을 유지합니다.**를 선택하면 마법사가 확인해야 할 문제를 검사하고, 모든 부분이 새로운 Windows 설치와 잘 동작하는지 확인한다. 문제가 있는지 확인하고 처리한 후 **설치**를 클릭하고 업그레이드가 끝날 때까지 기다린다.

간단한 7~8단계를 거침으로써 현재 Hyper-V를 실행 중인 서버가 새로운 Windows 버전으로 업그레이드된다.

업그레이드 후 Windows 업데이트를 통해 모든 기존 가상 컴퓨터의 통합 서비스를 업그레이드해야 할 수 있다.

Windows를 업데이트하는 이유

Microsoft에서는 Windows Server 2016의 통합 서비스를 업데이트하는 데 다른 전략을 쓰기로 했다. 더 이상 \Windows\System32 디렉터리에 있는 VMGUEST.ISO 파일 내에 통합 서비스 업데이트를 포함시키지 않았다. 대신 가상 컴퓨터에 적용하는 다른 업데이트처럼 업데이트된 통합 서비스를 Windows 업데이트에서 직접 받는다.

격리된 환경에서 실행하는 VM의 경우 Windows 업데이트를 핫픽스로 받아서 WSUS에 넣거나 VM에서 접근하기 쉬운 곳에 두고 필요시 직접 설치해야 한다.

참고 사항

- 2장의 '가상 컴퓨터 내보내기와 가져오기' 예제
- 2장의 '가상 컴퓨터 마이그레이션과 통합 서비스 업데이트' 예제
- 2장의 '버전 간 공유 자원 없이 실시간 마이그레이션을 사용한 가상 컴퓨터 마이그레이션' 예제

Windows Server 마이그레이션 도구에 관한 더 자세한 정보는 다음 링크를 방문해보자.

https://technet.microsoft.com/ko-kr/library/jj134202

장애 조치 클러스터 환경 마이그레이션에 관한 더 자세한 정보는 7장을 읽어보거나 다음 링크를 방문해보자.

https://docs.microsoft.com/ko-kr/windows-server/failover-clustering/cluster-operating-system-rolling-upgrade

가상 컴퓨터 내보내기와 가져오기

Windows Server 2012 R2에서 Windows Server 2016으로 전체 업그레이드를 수행하고 싶지 않다면 이전 Hyper-V 버전에서 Windows Server 2016으로 마이그레이션은 그리 복잡하지 않다. 특히 격리된 환경에서 동작하는 VM의 경우 고려할 한 가지 옵션은 내보내기와 가져오기를 사용해 이들 VM을 마이그레이션하는 것이다.

Windows Server 2016으로 새로운 서버를 설치하고 Hyper-V 역할을 올린 다음, 이전 서버에서 가상 컴퓨터를 내보내기한 후 다시 새로운 서버로 이들 VM을 가져오기 한다. 이 작업이 전부다. Windows Server 2008의 첫 Hyper-V 버전이 후로 사용해온 동일한 과정이지만, 최근에 큰 전환을 맞았다.

Hyper-V의 초기 버전에서는 일부 제약이 있었는데, 예를 들면 이전에 내보낸 가상 컴퓨터만 가져올 수 있었으며, 원본과 대상 호스트의 서로 다른 구성에 관련한 많은 문제가 발생할 수 있었다.

다음 몇 가지 단계에서 동작 중인 가상 컴퓨터를 내보내고 가져오는 과정과 옵션을 안내한다. 이런 작업을 실시간 내보내기라고 하며, 다운타임 없이 VM을 내보낼 수 있다.

준비

VM의 실시간 내보내기를 시작하기 전에 Hyper-V에서 실시간 내보내기를 차단하지 않는지 확인해야 한다. VM의 실시간 내보내기는 VM에서 다음 기능 중 하나라도 사용 중이라면 차단된다.

- 가상 파이버 채널
- 실제 하드 디스크^{Pass-through disk}
- iSCSI 장치

- 공유 가상 디스크
- 리소스 풀(네트워크 또는 저장소)

예제 구현

다음 단계에서 VM을 내보낸 다음 Windows Server 2016용 VM을 가져오는 방법을 보여준다. 오프라인 내보내기는 더 오래된 Hyper-V 버전에서 사용할 수 있는 기능이므로, Windows Server 2016에서 해당 VM을 가져올 수 있다.

1. 시작 화면에서 서버 관리자의 도구 메뉴에 있는 Hyper-V 관리자를 선택한다.
2. 내보내고 싶은 가상 컴퓨터를 선택하고 오른쪽 클릭한 후 다음 화면에서처럼 내보내기를 선택한다.

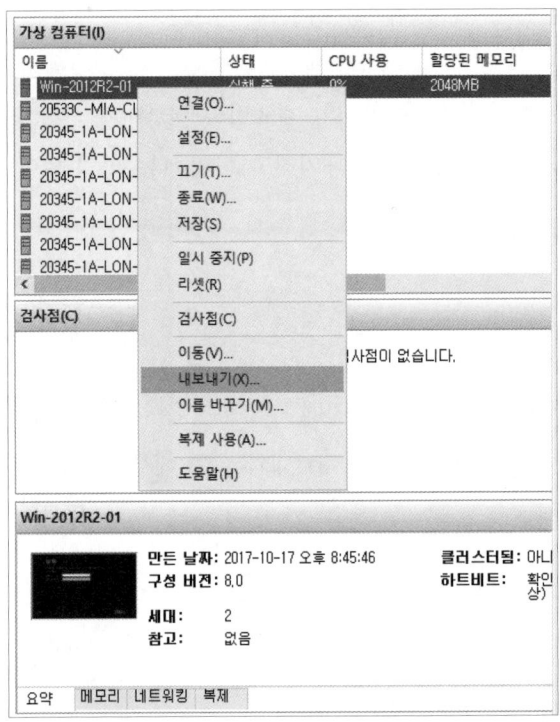

가상 컴퓨터 내보내기와 가져오기: 실시간 내보내기

3. 가상 컴퓨터 내보내기 창에서 가상 컴퓨터를 내보내기 원하는 경로를 입력하고 내보내기를 클릭한다.
4. 내보낸 가상 컴퓨터 파일을 대상 호스트로 복사한다.

 게다가 실시간 내보내기는 Windows PowerShell의 Export-VM 명령을 활용해 시작할 수 있다. 더 자세한 정보는 Windows PowerShell을 열고 Help Export-VM을 입력한다.

5. 대상 호스트에서 Hyper-V 관리자를 열고 오른편 창에서 가상 컴퓨터 가져오기를 선택한다.
6. 시작하기 전 화면에서 다음을 클릭한다.
7. 폴더 찾기 화면에서 가상 컴퓨터 파일을 가져오기 원하는 폴더를 지정하고 다음을 클릭한다.
8. 가상 시스템 선택 창에서 가져올 가상 컴퓨터를 선택하고 다음을 클릭한다.
9. 가져오기 형식 선택 창에서 다음 화면에서처럼 가져올 형식을 선택하고 다음을 클릭한다.

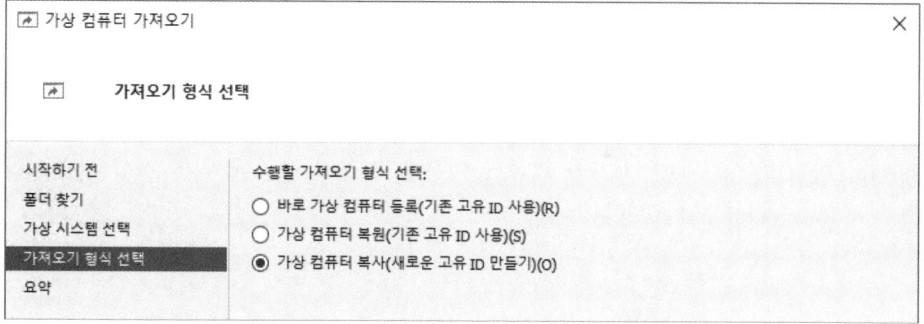

가상 컴퓨터 내보내기와 가져오기: 실시간 가져오기 형식

10. 가상 컴퓨터 파일의 폴더 선택 창에서 가상 컴퓨터 파일을 넣을 폴더뿐만 아니라 검사점 저장소와 스마트 페이지 폴더를 지정하고 다음을 클릭한다.

11. 가상 하드 디스크를 저장할 폴더 선택 창에서 가져온 가상 하드 디스크를 저장하고 싶은 폴더를 지정하고 다음을 클릭한다.

12. 원본 가상 컴퓨터에서 다른 가상 스위치를 연결하고 있거나 대상 호스트가 지원하지 않는 다른 구성을 가졌다면 이 문제를 처리하도록 요청하는 새로운 창이 표시된다. 다음 화면에서 다른 가상 스위치 이름을 가진 가상 컴퓨터의 예를 보였다. 가상 컴퓨터가 가진 모든 문제 또는 충돌을 해결하고 다음을 클릭한다.

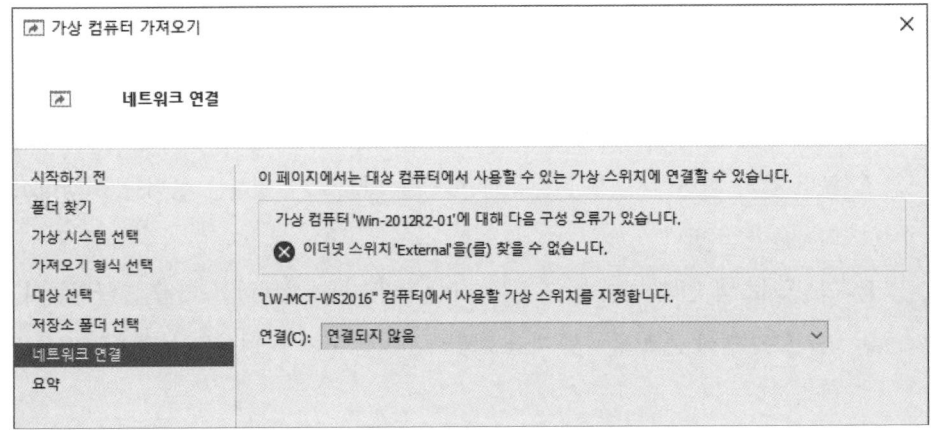

가상 컴퓨터 내보내기와 가져오기: 실시간 가져오기 에러

13. 가져오기 마법사 완료 창에서 마침을 클릭한다.
14. 가져오기가 끝나면 상태가 저장된 새로 가져온 가상 컴퓨터가 나타난다.
15. 마지막으로, 복제한 가상 컴퓨터 이름을 변경해 나중에 원본 가상 컴퓨터와 혼동을 일으키지 않게 한다.

예제 분석

가상 컴퓨터를 내보내는 프로세스는 전체 구성 파일과 스냅숏, 가상 하드 드라이브(VHD 또는 VHDX)를 수집하고, 이들 모두를 실시간 내보내기 프로세스 동안 지정한 경로에 가상 컴퓨터 이름의 새로운 폴더에 넣는다. 한 번에 여러 대의 VM을 마이그레이션할 경우 둘 이상의 가상 컴퓨터를 선택하고 한 번에 내보낼 수도 있다.

 꽤 오랫동안 Hyper-V에서는 내보내기 프로세스 없이 VM을 가져올 수 있었다. 모든 가상 컴퓨터 파일을 간단히 새로운 호스트로 복사하고 가져오기하는 동안 VM 구성 파일(.xml)을 선택하고 앞 절에서 보여준 단계를 계속하면 된다.

Windows Server 2016 Hyper-V는 내보내기와 가져오기 영역에서 이전 Hyper-V 버전의 모든 부분을 개선했다. 해야 할 작업은 가상 컴퓨터 파일을 넣는 폴더를 지정하는 것뿐이다. 가상 컴퓨터를 내보냈는지 여부는 문제가 아니다. VM 파일을 간단히 복사해서 붙여 넣어도 결과는 동일하다.

그다음 마법사에서 가져올 수 있는 가상 컴퓨터의 목록을 보여준다. 좋은 소식은 Hyper-V에서 GUID$^{Global\ Unique\ Identifier}$가 아니라 이름별로 VM 목록을 보여준다는 점이다. 이는 가져오기 프로세스를 훨씬 쉽게 만든다.

마법사에서는 3가지 다른 형식의 가져오기를 제공하는데, 다음과 같다.

- **가상 컴퓨터 바로 등록(기존 고유 ID 사용)**: 이 형식은 가져오기한 VM의 모든 파일이 한곳에 있고 VM만 등록하면 된다고 가정한다. 새로운 호스트에서 동일한 VM 경로를 사용해 VM을 등록하는 데 사용한다.
- **가상 컴퓨터 복원(기존 고유 ID 사용)**: 이 형식은 앞의 옵션과 거의 동일하지만, VM 파일의 경로를 지정할 수 있다. 새로운 대상 경로로 파일을 복사하기도 한다.
- **가상 컴퓨터 복사(새로운 고유 ID 만들기)**: 이 형식은 새로운 ID로 새 VM을 만들며, VM 파일을 새로운 VM을 만드는 템플릿으로 사용하고 싶을 때나 원래 VM의 사본을 복사하고 원본을 손대지 않은 채로 남기고 싶을 때 사용한다.

Hyper-V 초기 버전과 Windows 2008, Windows 2008 R2에 관련된 문제는 VM이 원본 호스트에서 각기 다른 구성을 가진다는 점이다. 예를 들어 VM에서 대상 호스트에 없는 다른 가상 스위치나 하드웨어 설정을 갖는다면 가져오기 프로세스는 실패한다. 최신 Hyper-V 버전에서 가져오기 프로세스는 VM이 충돌하거나 다른 설정을 갖는지 여부를 식별할 정도로 충분히 똑똑해졌다. 메모리와 프로세서, 디스크, 네트워크, 파일 경로를 검사하고 문제가 있는 경우 마법사에서 대상의 제약 사항과 구성에 따라 변경을 요청한다.

가져오기가 끝나면 가상 컴퓨터는 새로운 서버에서 시작할 준비가 되므로 마이그레이션이 훨씬 간단해졌다.

참고 사항

- 2장의 '가상 컴퓨터 마이그레이션과 통합 서비스 업데이트' 예제
- 2장의 '버전 간 공유 자원 없이 실시간 마이그레이션을 사용한 가상 컴퓨터 마이그레이션' 예제
- 2장의 'VM 구성 버전 업그레이드' 예제

가상 컴퓨터 마이그레이션과 통합 서비스 업데이트

많은 사람이 가상 컴퓨터를 이전 버전의 Hyper-V를 실행하는 한 호스트에서 새로운 버전을 실행하는 다른 호스트로 마이그레이션하는 프로세스가 앞서의 작업에서 보인 것처럼 내보내기와 가져오기 프로세스로 간단히 수행할 수 있다고 생각한다. 이전에는 이 생각이 틀렸지만, Windows Server 2016에서는 Microsoft에서 제공하고 싶은 경험이다. 이전의 마이그레이션 과정에서는 마이그레이션한 VM에서 마우스 통합 문제와 느린 성능 같은 이상한 문제를 겪었다.

Windows Server 2016에서 Microsoft는 통합 서비스를 제공하는 전략을 변경했고, 더 이상 통합 서비스 버전을 호스트 버전에 일치시키는 데 크게 의존하지 않는다. 이제 초점은 VM 업데이트 요구 사항이 있는 경우 VM에 업데이트를 적용한다. 이는 Hyper-V 호스트 관리를 담당하는 사람이 VM 업데이트를 책임질 필요가 없다는 뜻이기도 하다.

준비

리눅스 운영체제를 실행하는 가상 컴퓨터의 경우 최신 리눅스 통합 서비스를 다운로드해야 한다. 다음 링크에서 최신 버전을 다운로드할 수 있다.

https://www.microsoft.com/en-us/download/details.aspx?id=55106

리눅스 운영체제가 Hyper-V를 지원하는지 알려면 다음 웹사이트를 방문해보자.

https://docs.microsoft.com/ko-kr/windows-server/virtualization/hyper-v/Supported-Linux-and-FreeBSD-virtual-machines-for-Hyper-V-on-Windows

리눅스 통합 서비스 설치에 관한 내용은 다음의 웹사이트에서 다운로드한 Microsoft 문서(PDF)를 참고하자.

https://www.microsoft.com/en-us/download/details.aspx?id=55106

예제 구현

다음 과정에서는 Windows 업데이트를 통해 Windows 가상 컴퓨터의 통합 서비스를 업그레이드하고 리눅스 VM에 관해 몇 가지 기본 세부 사항을 제공하는 방법을 설명한다.

1. 리눅스 가상 컴퓨터의 경우 내보내기 프로세스 전에 통합 서비스를 직접 제거해야 한다. Windows 가상 컴퓨터의 경우 다음 단계로 진행한다.
2. Hyper-V 관리자를 사용해 가상 컴퓨터를 임시 저장 위치로 실시간 내보내기를 한다.
3. 새 Hyper-V 서버에서 Hyper-V 관리자를 다시 열고 가상 컴퓨터를 가져오기 한다.
4. 가상 컴퓨터를 시작하고 로그인한 후 시작 버튼을 클릭한 다음, 검색 상자에 'Windows 업데이트'를 입력하고 Windows 업데이트를 클릭한다.
5. Windows Server 2016의 경우 다음 화면에서처럼 Windows 업데이트 설정을 선택하고 업데이트 확인을 클릭한다.

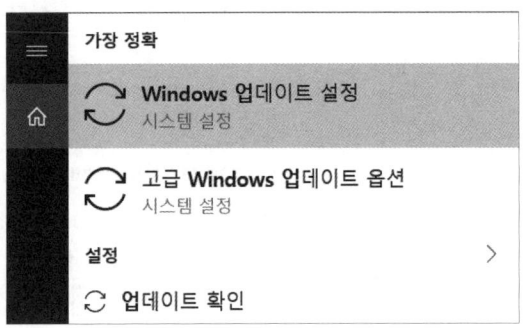

Windows 업데이트 설정: Windows Server 2016

6. 리눅스 운영체제에 대한 통합 서비스를 직접 설치한다. 더 자세한 내용은 이 예제의 앞부분에 제공한 문서 링크를 참조하자.
7. Windows 업데이트가 다운로드되고 각 업데이트의 설치가 끝나게 기다린 다음, 예를 클릭해 가상 컴퓨터를 다시 시작한다. VM은 설치 후에 가상 컴퓨터와 Hyper-V 사이의 통신이 잘 이뤄지게 새로운 통합 서비스를 로드하고 필요한 구성 요소를 모두 제공해 정상적으로 시작한다.

> 격리된 환경에서 작업한다면 WSUS나 Microsoft 업데이트에서 직접 Windows 업데이트를 서비스로 제공할 수 없을 것이다. 이런 경우라면 통합 서비스를 .cab 파일로 수동으로 다운로드하고, VM 가상 하드 디스크를 먼저 마운트해 VM 내에서나 호스트를 통해 오프라인에서 Add-WindowsPackage DSIM 명령으로 이 파일을 적용할 수 있다.

예제 분석

Hyper-V에서 실행 중인 모든 가상 컴퓨터는 Windows VM과 리눅스 VM을 위한 통합 서비스라는 서비스 집합이 필요하다. 이들 구성 요소를 사용하면 VM과 가상화 스택 사이의 통합을 완료할 수 있다. 이 서비스는 알맞은 통합 구성 요소가 설치됐을 때 활성화된다. 이런 서비스는 다음과 같다.

- 운영체제 종료
- 시간 동기화
- 데이터 교환
- 하트비트
- 백업(볼륨 새도 복사본)
- 게스트 서비스

이들 서비스를 사용할 수 있는지 확인하려면 다음 예에서 나타낸 것처럼 가상 컴퓨터 설정을 열고 **통합 서비스**를 클릭한다.

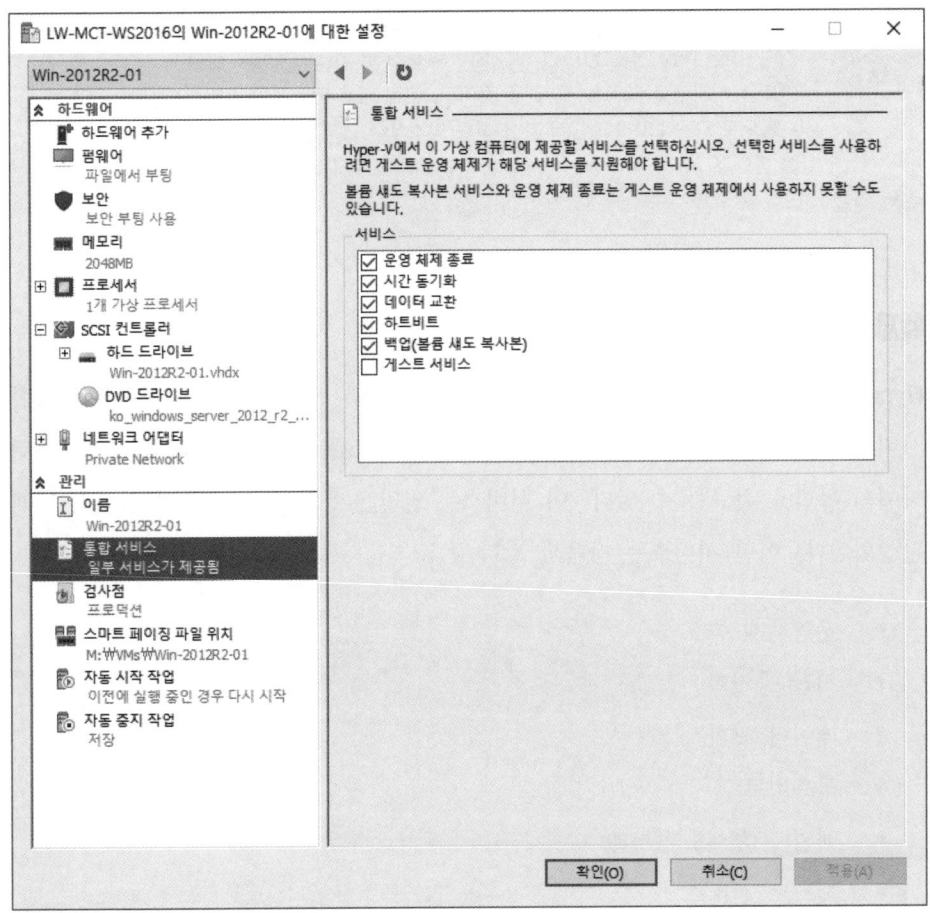

가상 컴퓨터 통합 서비스

통합 서비스 설치에 실패하거나 이전 버전을 사용하면 빈약한 성능과 마우스 문제, 통합 서비스와 관련한 다른 문제를 일으킨다.

가상 컴퓨터로 실행되는 일부 운영체제, 예를 들어 Windows 8과 Windows 10, Windows Server 2012, 2012 R2, Windows 2016, 일부 리눅스 배포판은 기본적으로 커널에서 통합 서비스를 포함한다. 그러나 통합 서비스는 이전 Hyper-V 버전에 연결됐기 때문에 가상 컴퓨터를 Hyper-V 5.0 호스트로 이동할 때 앞서의 단계에서처럼 통합 서비스를 업데이트해야 한다.

이 작업을 따르면 모든 가상 컴퓨터에서 최신 통합 서비스를 갖게 되므로, 신뢰성을 높이고 더 나은 성능을 제공한다.

보충 설명

특정 가상 컴퓨터에서 통합 서비스를 확인하려면 다음과 같은 PowerShell 명령을 사용하면 된다.

```
get-hotfix -id 'KB 번호' -computername '원격 머신 또는 가상 컴퓨터 이름'
```

예를 들어 다음 명령은 Windows 7 가상 컴퓨터에 설치된 통합 서비스를 확인한다.

```
get-hotfix -id KB3071740 -computername WS2016-01
```

참고 사항

- 2장의 '가상 컴퓨터 내보내기와 가져오기' 예제
- 2장의 '버전 간 공유 자원 없이 실시간 마이그레이션을 사용한 가상 컴퓨터 마이그레이션' 예제

▌버전 간 공유 자원 없이 실시간 마이그레이션을 사용한 가상 컴퓨터 마이그레이션

버전 간 공유 자원 없이 실시간 마이그레이션은 VM을 다운타임 없이 공유 네트워크를 통해서만 Windows Server 2016 Hyper-V 호스트로 마이그레이션하는 기능을 제공한다. 버전 간 공유 자원 없이 실시간 마이그레이션이 좋은 점은 Hyper-V 호스트를

중단 없이 업그레이드하는 메커니즘을 제공한다는 점이다.

 Windows 2012 호스트를 Windows 2016으로 바로 마이그레이션 했을 때나 Windows Server 2016 마이그레이션 활동 후 처리로 Update-VMVersion을 사용해 VM 구성 버전을 5.0에서 7.0으로 업그레이드했을 때는 단방향 마이그레이션 경로라는 점을 알아야 한다. 버전 간 공유 자원 없이 실시간 마이그레이션은 Hyper-V가 Windows Server 2012 R2를 실행하는 경우에만 반대 방향으로 실시간 마이그레이션을 할 수 있다.

Windows 운영체제가 늘어나는 상황에 맞춰 Microsoft는 이후의 버전으로 업그레이드를 쉽게 하게 Windows Server 2012 R2에서 버전 간 공유 자원 없이 실시간 마이그레이션과 같은 기능을 소개했다. 이 기능은 밑단의 패브릭을 유지하면서 고객의 워크로드를 계속 올리고 실행해야 하는 클라우드 서비스 공급자에게도 아주 중요하다.

이 예제는 VM을 Windows Server 2012나 Windows Server 2012 R2 호스트에서 Windows Server 2016으로 마이그레이션하는 방법에 관한 세부 사항과 과정을 설명한다.

준비

버전 간 공유 자원 없이 실시간 마이그레이션은 Windows Server 2012 R2를 실행하는 Hyper-V 호스트에서 Windows Server 2016을 실행하는 Hyper-V 호스트로 이동하는 방법이다. 버전 간 공유 자원 없이 실시간 마이그레이션을 활용해 도메인 가입된 호스트나 독립형 Hyper-V 호스트에 롤링 업그레이드 접근 방식을 취할 수 있다. 업그레이드 순서는 다음과 같은 접근 방식을 갖는다.

- 호스트 A에서 호스트 B로 모든 VM을 실시간 마이그레이션한다.
- 호스트 A를 Windows Server 2016으로 업그레이드하거나 재설치한다.
- 모든 VM을 호스트 A로 다시 실시간 마이그레이션한다.

- 호스트 B를 Windows Server 2016으로 업그레이드하거나 재설치한다.
- 호스트 A와 호스트 B 사이의 모든 VM을 균형 조정한다.

VM을 이동할 대상 서버에 충분한 디스크 공간이 있어야 한다. 호스트 서버 간의 네트워크 구성과 통신도 잘 동작해야 한다.

예제 구현

다음 과정에서 Windows Server 2012 R2와 Windows Server 2016 사이의 버전 간 공유 자원 없이 실시간 마이그레이션을 수행하는 방법을 설명한다. 실제로 전체 롤링 업그레이드는 수행하지 않는다.

1. 호스트 서버에서 실시간 마이그레이션을 사용하려면 Hyper-V 관리자를 열고 오른쪽 열에서 Hyper-V 설정을 클릭한다.
2. Hyper-V 설정에서 실시간 마이그레이션을 클릭하고 들어오고 나가는 실시간 마이그레이션 사용 옵션을 선택한다.
3. 동시 실시간 마이그레이션 옵션에서 허용할 동시 실시간 마이그레이션의 수를 지정한다. 기본 값은 2다.

4. 들어오는 실시간 마이그레이션에서 다음 IP 주소를 실시간 마이그레이션에 사용을 선택해 실시간 마이그레이션용 특정 네트워크를 지정하거나 VM을 이동하는 데 사용할 수 있는 모든 로컬 네트워크 어댑터를 사용하도록 사용 가능한 모든 네트워크를 실시간 마이그레이션에 사용을 선택한다. 다음 화면은 앞 단계에서 설명한 기존 옵션의 예를 보여준다.

실시간 마이그레이션 옵션

5. 왼쪽 열에서 실시간 마이그레이션 아래의 고급 기능을 클릭한다. 인증 프로토콜에서 실시간 마이그레이션을 인증할 방법을 선택한다. 성능 옵션에서 성능 구성 옵션을 선택하고 확인을 클릭한다. 다음 화면은 앞 단계에서 설명한 옵션의 예를 보여준다.

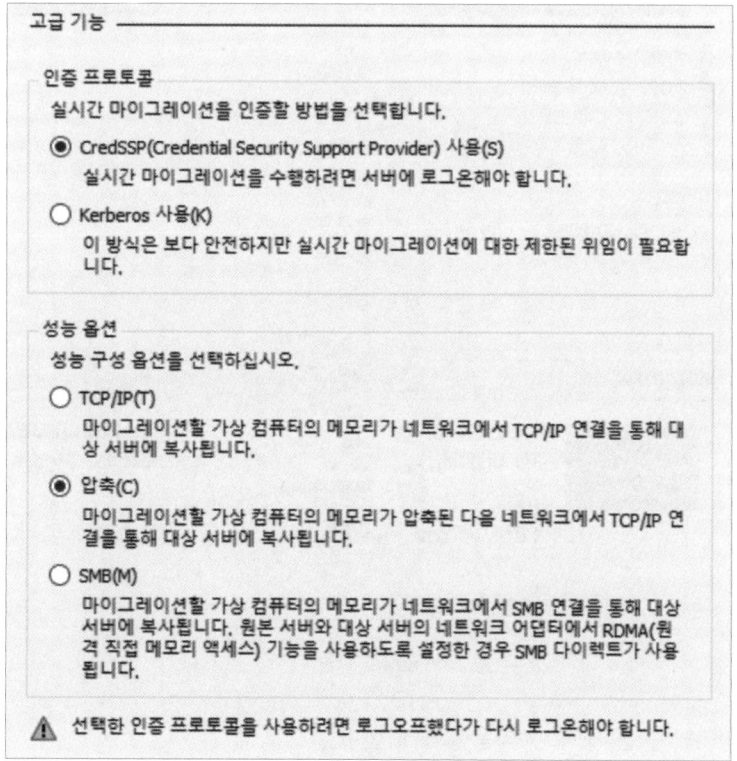

실시간 마이그레이션 고급옵션

6. 시작 화면에서 서버 관리자를 선택하고 도구 메뉴에서 Hyper-V 관리자를 선택한다.

7. 다음 화면에서처럼 마이그레이션하고 싶은 가상 컴퓨터를 선택하고 오른쪽 클릭한 후 이동을 선택한다.

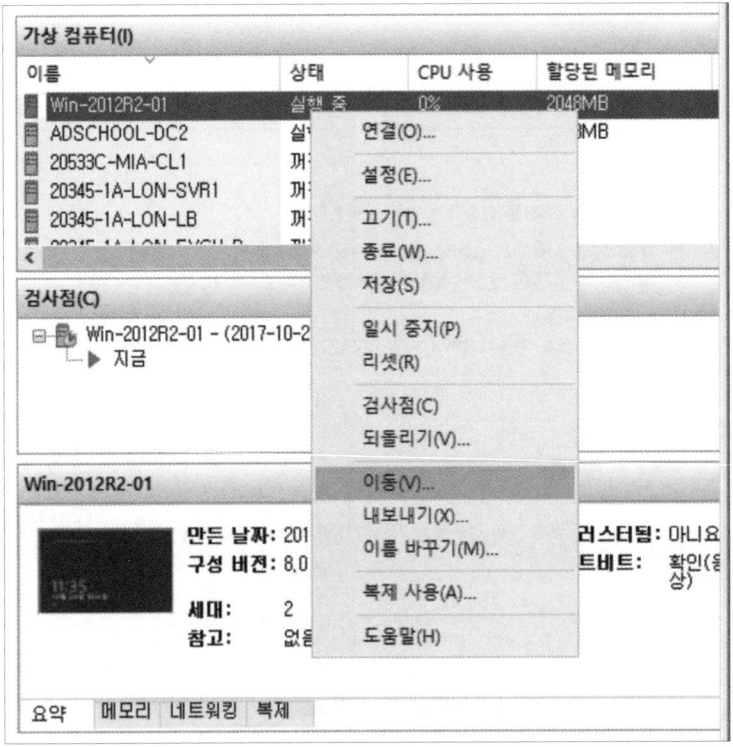

실시간 이동

8. 시작하기 전 창에서 다음을 클릭한다.
9. 다음 화면에서처럼 이동 유형 선택 창에서 가상 컴퓨터 이동을 선택하고 다음을 클릭한다.

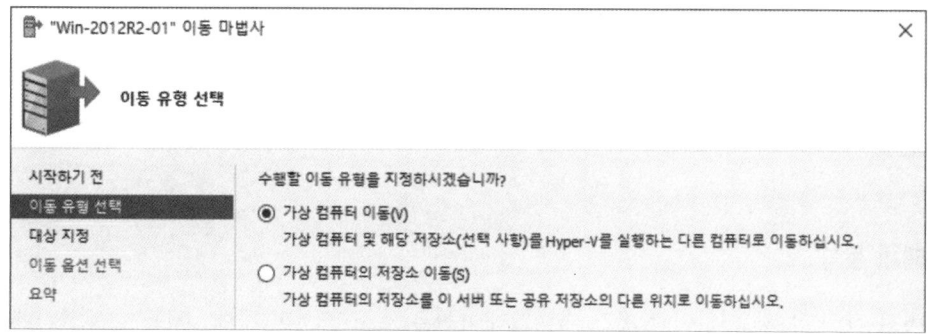

실시간 이동 유형

10. 대상 지정 창에서 VM을 이동하고 싶은 대상 서버를 입력하고 다음을 클릭한다.

11. 이동 옵션 선택 창에서 가상 컴퓨터의 데이터를 단일 위치로 이동을 선택해 모든 구성 파일과 가상 디스크를 동일한 위치로 이동한다. 다음 화면에서처럼 항목을 이동할 위치를 선택해 가상 컴퓨터의 데이터 이동을 선택해 각 항목의 이동 위치를 선택하거나 가상 컴퓨터만 이동을 선택해 VM만 이동하고, VHD 파일은 동일한 위치에 유지하고 다음을 클릭한다.

12. 가상 컴퓨터의 새 위치 선택 창에서 VM을 이동할 대상 폴더를 선택하고 다음을 클릭한다.

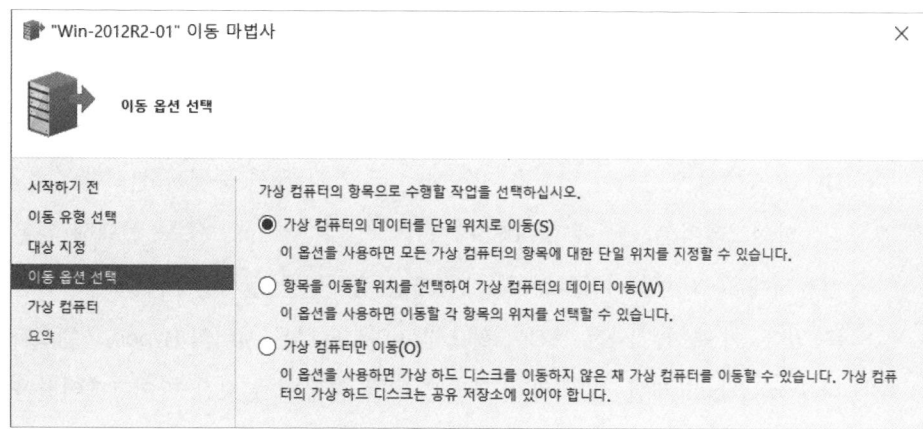

실시간 이동 옵션

13. 요약 페이지에서 선택한 옵션을 확인하고 **마침**을 클릭해 이동 프로세스를 시작한다. 프로세스가 완료될 때까지 기다린 후 대상 호스트에서 가상 컴퓨터를 확인한다.

예제 분석

버전 간 공유 자원 없이 실시간 마이그레이션은 호스트 서버 간에 VM을 이동하기에 쉬우며 직관적인 마법사다. 기본적으로 실시간 내보내기와 다른 점은, 실시간 마이그레이션은 Hyper-V에서 기능이 해제돼 있다는 점이다. 실시간 마이그레이션을 사용하려면 동시 실시간 마이그레이션과 들어오는 실시간 마이그레이션, 인증 프로토콜과 같은 몇 가지 옵션을 지정해야 한다.

- **동시 실시간 마이그레이션:** 첫 번째 구성 옵션으로 Hyper-V에서 지원하는 동시 실시간 마이그레이션의 수를 지정하는 필드를 제공한다. 이 옵션에서 유일한 제한 사항은 서버들 간의 하드웨어와 네트워크 연결이다.
- **들어오는 실시간 마이그레이션:** 두 번째 옵션으로 실시간 마이그레이션에 사용할 네트워크를 구성할 수 있다. 더 나은 성능과 복원력을 원하면 실시간 마이그레이션에 특정 네트워크 사용을 권장하지만, 호스트 컴퓨터에 네트워크 어댑터가 하나뿐이거나 실시간 마이그레이션에 사용할 특정 어댑터가 없다면 사용 가능한 모든 네트워크를 사용할 수 있다.
- **인증 프로토콜:** 마지막 옵션으로 실시간 마이그레이션을 시작하기 위해 Hyper-V에서 인증하는 방식을 지정하는 두 가지 옵션 중에서 선택할 수 있다. 마이그레이션 인증에 CredSSP^{Credential Security Support Provider}를 선택해 원본 컴퓨터에 로그인해 시작하는 경우만 가상 컴퓨터를 실시간 마이그레이션할 수 있다. 이 옵션은 사전 조건이 필요 없지만, 또 다른 서버의 Hyper-V 관리자나 PowerShell 세션 같은 원격 관리 도구를 사용해 실시간 마이그레이션을 수행할 수 없다. 마이그레이션은 원본 서버에 로그인했을 때만 시작된다.

3가지 원격 관리 도구를 사용해 실시간 마이그레이션을 시작하고 싶다면 인증에 커버로스^{Kerberos}를 사용할 수도 있다. 서버에서 로컬이나 원격으로 실시간 마이그레이션을 시작할 때 마이그레이션을 인증하고 시작하는 데 제한된 위임을 사용한다. 이는 원격 도구에서 마이그레이션을 시작하는 유연성을 제공하는 최고의 옵션이다. 이 방법은 Active Directory에서 사전 구성이 필요하다. 커버로스 인증은 '실시간 마이그레이션을 인증하기 위해 제한된 위임 구성' 절에서 설명한다.

실시간 마이그레이션을 설정하고 이들 3가지 옵션을 설정하면 VM을 이동할 준비가 된다.

VM을 오른쪽 클릭해 마법사를 시작한다. 버전 간 공유 자원 없이 실시간 마이그레이션은 사용자 경험을 개선한 간단한 마법사를 사용한다. 첫 번째 창 **이동 유형 선택**에는 공유 자원 없이 실시간 마이그레이션 옵션(가상 컴퓨터 이동) 옵션이 있다.

이동할 VM을 선택하고 VM이 이동될 대상 서버를 지정한 후 VM을 단일 위치로 이동 또는 VM 항목 단위로 다른 위치 선택, VM만 이동하는 3가지 이동 옵션 중 하나를 선택할 수 있다. 네트워크의 공유 폴더나 다른 유형의 공유 저장소에 VM을 저장할 때 VM만 이동하는 옵션은 잘 동작한다.

마이그레이션을 시작할 때 Hyper-V는 대상 호스트에서 연결을 인증하고 VM 디스크를 마이그레이션함으로써 이 프로세스를 시작한다. 모든 디스크 데이터를 이동한 후 가상 컴퓨터 메모리를 마이그레이션한다.

마이그레이션이 끝날 때 VM이 대상 호스트에서 올라와 실행된다. 전체 마이그레이션 프로세스는 다운타임 없이 일어난다.

VM을 이동하는 PowerShell 명령은 전체 프로세스가 단 한 줄의 명령으로 수행되기 때문에 Hyper-V에서 가장 쉬운 옵션 중 하나로 고려한다. 이 예제에서 설명한 전체 구성과 마이그레이션 프로세스를 PowerShell을 통해 자동화할 수 있다.

가상 컴퓨터의 실시간 마이그레이션을 사용하려면 커맨드라인에서 다음을 입력한다.

```
Enable-VMMigration | Set-VMMigrationNetwork Any | Set-VMHost -
VirtualMachineMigrationAuthenticationType CredSSP
```

IP 주소를 추가해 마이그레이션 네트워크를 특정 네트워크로 변경하거나 CredSSP를 커버로스로 변경해 인증 유형을 변경할 수도 있다.

실시간 마이그레이션을 설정한 후 다음 명령을 입력해 VM을 이동한다. 이 예제에서 Win-2012R2-02라는 VM은 HV-Host-P01 서버로 이동되고, 저장소는 'D:\VMs'에 위치한다. Move-VM에 관한 더 자세한 내용을 알려면 'Help Move-VM'을 입력한다.

```
Move-VM Win-2012R2-02 HV-Host-P01 -IncludeStorage -DestinationStoragePath
D:\VMs
```

실시간 마이그레이션을 인증하기 위해 제한된 위임 구성

제한된 위임을 사용하면 원격 관리 도구를 사용해 실시간 마이그레이션을 시작할 수 있으며, VM을 이동하는 데 있어 더 나은 유연성을 제공할 수 있다.

제한된 위임을 사용하려면 호스트 서버가 가입한 도메인 컨트롤러 중 하나에서 Active Directory 사용자 및 컴퓨터를 열고, 속성을 클릭한다. 다음 화면에서처럼 속성 창에서 위임 탭을 클릭하고, 지정한 서비스에 대한 위임용으로만 이 컴퓨터 트러스트를 선택하고 Kerberos만 사용을 선택한다.

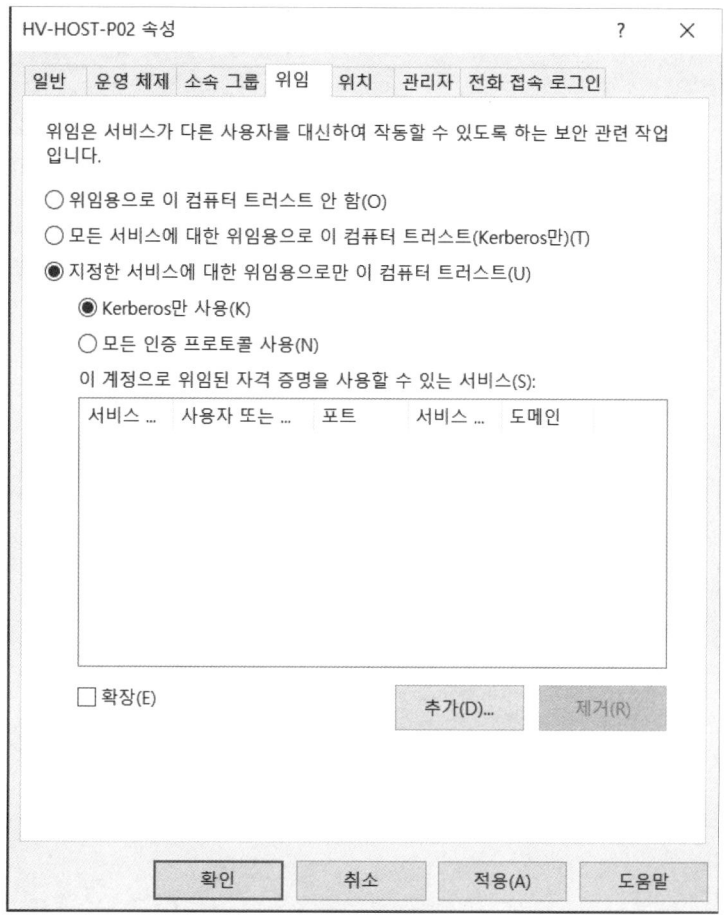

제한된 위임

추가를 클릭한 다음 사용자 또는 컴퓨터를 클릭한다. Select Users or Computers 상자에서 대상 호스트 서버 이름을 입력하고 확인을 클릭한다.

서비스 추가 대화상자에서 cifs와 Microsoft Virtual System Migration Service를 선택하고 확인을 클릭한다. 다음 화면에서처럼 서비스 유형에 두 가지 서비스 목록이 표시됐다.

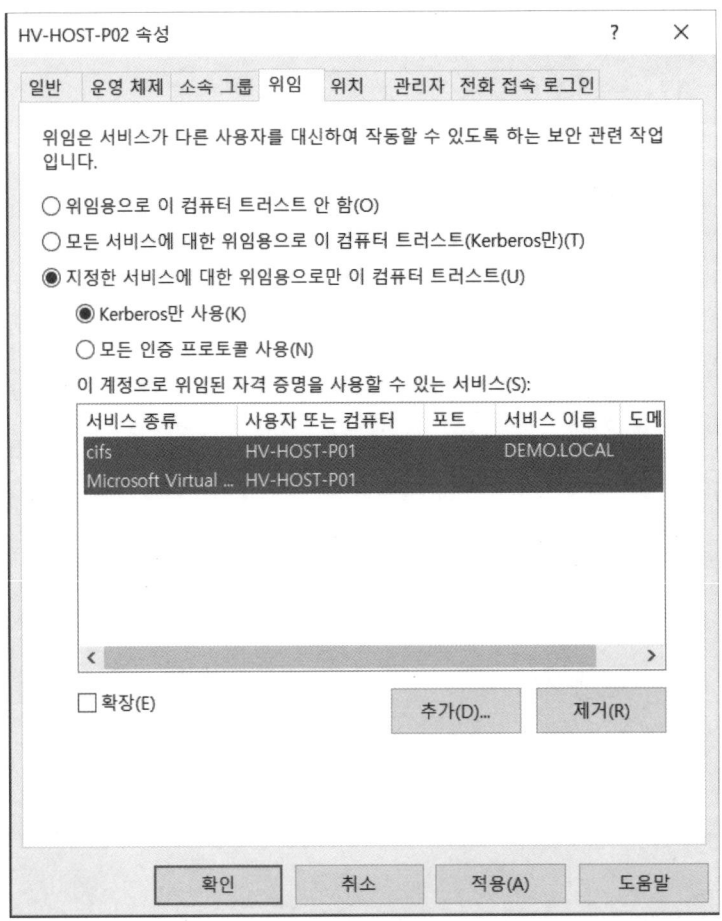

고급 제한된 위임

확인을 클릭해 컴퓨터 속성 창을 닫고 대상 서버 컴퓨터 계정에서도 동일한 과정을 반복한다.

그다음에 실시간 마이그레이션 인증 유형을 커버로스 사용으로 변경할 수 있다.

참고 사항

- 2장의 '저장소 마이그레이션을 사용한 가상 컴퓨터 저장소 마이그레이션' 예제
- 2장의 'VM 구성 버전 업그레이드' 예제
- 7장의 '클러스터 환경에서 실시간 마이그레이션 사용' 예제

저장소 마이그레이션을 사용한 가상 컴퓨터 저장소 마이그레이션

수천 대의 물리 서버와 가상 서버가 있는 하이브리드 환경에서 가상 컴퓨터를 또 다른 위치로 재할당해야 하는 문제나 제약 사항을 마주치는 일은 흔하다.

맞닥뜨릴 수 있는 몇 가지 문제를 나열하면 다음과 같다.

- 하드웨어 제약
- 저장소 업그레이드와 유지 관리
- 빈약한 VM 성능(I/O)
- 구성 실수

Windows Server 2016 Hyper-V에서는 가상 컴퓨터가 실행 중인 동안 저장소를 재할당하는 기능을 제공함으로써 저장소 마이그레이션이라는 시나리오에 도움을 준다.

이 예제는 저장소 마이그레이션을 사용해 가상 컴퓨터를 이동하는 방법에 관한 세부 사항과 과정을 설명한다.

준비

저장소 마이그레이션 기능은 현재 저장소를 대상 위치에 복사하지만, 마이그레이션을 완료할 때까지 원본 파일을 유지한다. 동일한 파티션 내에서 VM 저장소를 재할당할 때 충분한 디스크 공간이 있어야 한다.

예제 구현

다음 과정에서는 VM이 아직 실행 중인 동안 마법사를 통해 가상 컴퓨터 저장소를 또 다른 위치로 마이그레이션하는 방법을 보여준다.

1. 시작 화면에서 서버 관리자를 실행하고 도구 메뉴에서 Hyper-V 관리자를 선택한다.
2. 다음 화면에서처럼 마이그레이션하고 싶은 가상 컴퓨터를 선택하고, 오른쪽 클릭한 다음 이동을 선택한다.

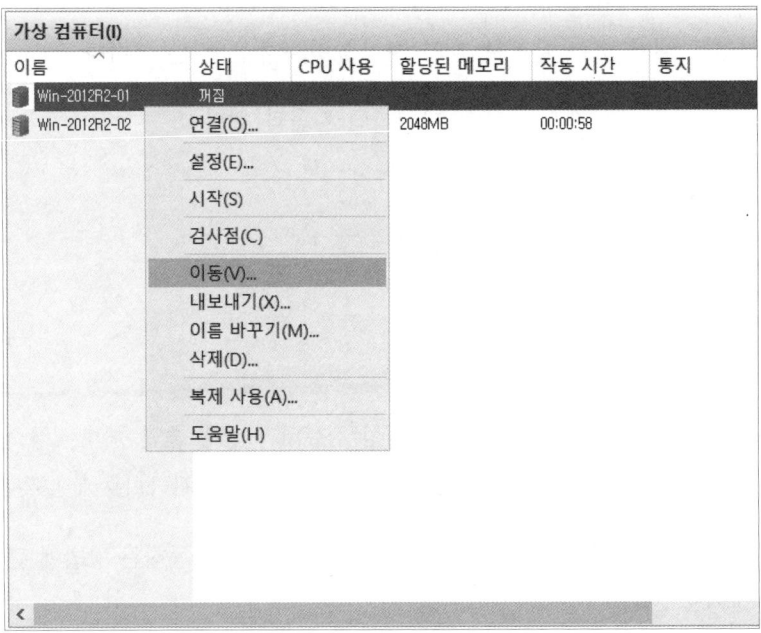

저장소 마이그레이션

3. 시작하기 전 페이지에서 다음을 클릭한다.
4. 다음 화면에서처럼 이동 유형 선택 창에서 가상 컴퓨터의 저장소 이동을 선택하고 다음을 클릭한다.

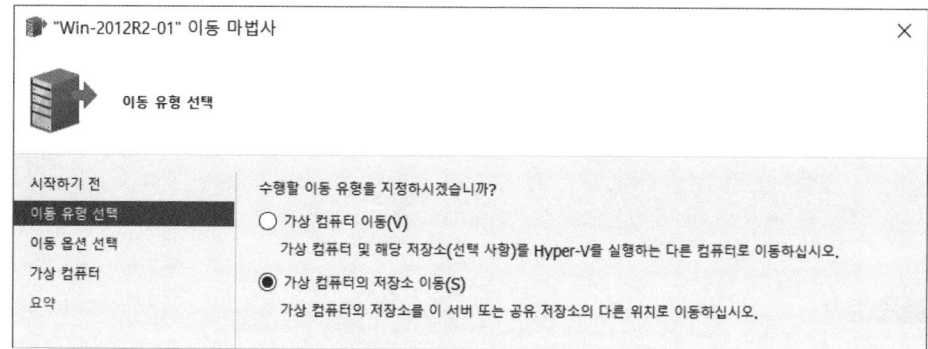

저장소 마이그레이션: 이동 유형

5. 다음 창인 저장소 이동 옵션 선택에서 가상 컴퓨터의 데이터를 여러 위치로 이동 옵션으로 가상 컴퓨터의 데이터를 다른 위치로 이동하게 선택할 수 있다. 데이터를 단일 위치로 이동하고 싶다면 다음 화면에서처럼 가상 컴퓨터의 모든 데이터를 단일 위치로 이동이나 가상 컴퓨터의 가상 하드 디스크만 이동 옵션을 선택할 수 있다. 원하는 옵션을 선택하고 다음을 클릭한다.

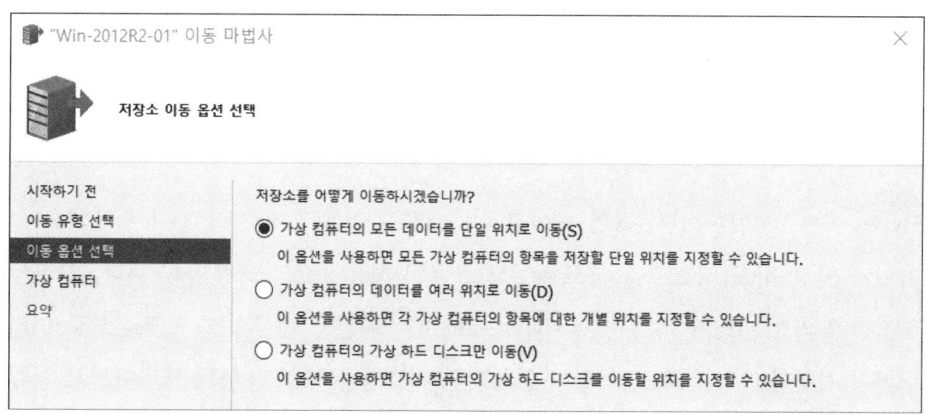

저장소 마이그레이션: 저장소 옵션

6. 가상 컴퓨터의 새 위치 선택 창의 폴더 옵션에서 가상 컴퓨터가 이동할 새로운 위치 경로를 선택하고 다음을 클릭한다.

7. 이동 마법사 완료 화면에서 선택한 옵션을 검토하고 마침을 클릭해 이동 프로세스를 시작한다.
8. 이동 프로세스가 끝날 때까지 기다린 다음 가상 컴퓨터가 새로운 경로에서 실행되는지 검증한다.

예제 분석

저장소 마이그레이션은 로컬 이동 요청을 위한 사전 조건 없이 사용할 수 있는 기본 기능이며, VM 저장소를 로컬 저장소나 SMB 3.1.1 프로토콜을 사용해 네트워크에서 공유 폴더에서 또 다른 경로로 이동을 허용한다. 이 기능은 하드웨어 공급자에 독립적이며, 하나 이상의 마이그레이션이 동시에 일어날 수 있다.

저장소 마이그레이션 마법사에서는 가상 컴퓨터 저장소를 이동하는 3가지 옵션을 제공한다. 가상 컴퓨터의 모든 데이터를 단일 위치로 이동은 가장 간단한 기본 옵션으로, VM 저장소와 구성 파일을 단일 위치로 이동한다. 가상 컴퓨터의 데이터를 여러 위치로 이동 옵션을 사용하면 가상 컴퓨터 저장소와 구성 파일 모두에 대해 다른 경로를 지정할 수 있다. 마지막 옵션인 가상 컴퓨터의 가상 하드 디스크만 이동은 가상 컴퓨터의 하드 디스크만 이동할 다른 위치를 지정할 수 있다.

Hyper-V는 VM이 여전히 실행 중이고 디스크도 사용되고 있지만 가상 컴퓨터 구성 파일과 가상 하드 디스크를 새로운 위치로 복사하는 프로세스를 시작한다. 그다음 일정한 양의 데이터가 복사된 후 Hyper-V에서는 원본을 대상 하드 드라이브로 미러링하기 시작한다. 복사와 미러링이 완료되면 시스템은 새로운 하드 드라이브로 읽기와 쓰기를 전환하고 원본 파일을 삭제한다.

이들 모든 프로세스가 진행되는 동안 가상 컴퓨터는 디스크 성능이 떨어지겠지만, 이 모든 프로세스가 다운타임 없이 일어난다. 프로세스를 끝내고나면 가상머신은 새로운 경로에서 실행된다.

보충 설명

가상 컴퓨터를 동일한 서버의 또 다른 위치로 이동시킬 때 PowerShell의 Move-VMStorage 명령을 사용해 이 프로세스를 자동화하는 스크립트를 작성할 수 있다.

```
Move-VMStorage -VMName "Win-2012R2-01" -DestinationStoragePath
"E:\Win2012R2-01\"
```

앞서의 명령은 Win-2012R2-01라는 가상 컴퓨터를 대상 경로인 'E:\Win-2012R2-01\'로 이동시킨다.

모든 가상 컴퓨터를 새로운 저장소 위치로 이동

PowerShell에서 다음의 명령 한 줄로 로컬 가상 컴퓨터 모두를 새로운 위치로 마이그레이션할 수 있다.

```
Get-VM * | Move-VMStorage -DestinationStoragePath "E:\VMs\"
```

이 명령을 실행하면 PowerShell에서 로컬 호스트의 모든 가상 컴퓨터를 가져와 E 드라이브의 새로운 경로로 이동한다.

▎ VHD 파일을 VHDX로 변환

Microsoft에서는 1995년에 Connectix에서 만든 동일한 VHD 형식을 사용해왔다. 이 형식은 Windows 3.1에서 맥 컴퓨터에서까지 실행할 수 있었다. VHD 형식은 개선됐지만, 다른 제품의 수명주기와 마찬가지로 Windows Server 2012 Hyper-V가 소개됐을 때 수명이 어느 정도 끝났다.

Windows Server 2016에서 기본 형식은 VHDX며, VHDX에서는 이전 버전과 비교해 많은 기능과 향상점을 제공한다. VHD 파일이 사라진 것은 아니며, 예를 들어 Windows 2008 R2와 같은 이전 버전의 Hyper-V에서 마이그레이션 중이거나 Microsoft Azure는 VHD 파일만 지원하기 때문에 온프레미스 인프라와 Microsoft Azure 간의 이동성을 유지하기 원하면 여전히 VHD 파일을 사용해야 한다.

VHDX 파일은 모든 최신 저장소 옵션과 잘 동작하며, 안정성을 제공하고 대규모 시나리오를 사용할 수 있다. VHD에서 2TB를 지원한 것에 비해 VHDX는 이제 64TB를 지원한다. 4KB까지의 좀 더 큰 논리 섹터뿐만 아니라 256MB까지의 블록 크기를 지원해 가상 디스크 성능을 최적화했다.

또 다른 흥미로운 기능은 로그를 사용함으로써 예를 들어 전원 손실과 같은 문제가 발생할 때 일어날 수 있는 손상에서 보안과 복원력을 보장하는 것이다.

이러한 모든 뛰어난 기능을 사용해 더 나은 성능과 보안, 안정성을 제공하기 위해 VHD에서 실행 중인 기존 가상 컴퓨터를 변환하는 것이 좋다.

Windows Server 2016에서 Microsoft는 VHDS^{Virtual Hard Disk Set}이라는 개념을 소개했다. VHDS 파일은 공유 가상 하드 디스크용으로 사용되며, 클러스터 노드에서 가상 하드 디스크를 공유하는 게스트 클러스터처럼 가상 컴퓨터 그룹을 더 효율적으로 백업할 수 있다. VHDS 파일 자체는 참조나 포인터 파일이며, 검사점 메타데이터에 관한 정보를 포함한다. VHDX 파일에서 볼 수 있는 사용자 데이터는 이 VHDS 파일에 전혀 저장되지 않는다. 이 예제에서 VHDS 파일을 깊이 다루지는 않지만, VHD 파일 변환을 다루면서 여기서 잠깐 언급했다.

이 예제는 VHD 파일을 VHDX로 변환하는 방법에 관한 세부 사항과 과정을 설명한다.

준비

VHD나 VHDX 파일을 또 다른 위치로 복사하거나 백업을 실행해 문제가 생길 경우에 복구할 수 있게 한다.

충분한 디스크 공간과 가상 컴퓨터가 종료됐는지 확인한다.

예제 구현

다음 과정을 따라 VHD를 VHDX로 변환하고 가상 컴퓨터에 연결한다.

1. VHD 파일을 VHDX로 변환하기 위해 Hyper-V 관리자를 열고 오른쪽의 열에서 디스크 편집을 클릭한다.
2. 시작하기 전 페이지에서 다음을 클릭한다.
3. 가상 하드 디스크 찾기 페이지에서 VHD 파일이 있는 경로를 지정하고 다음을 클릭한다.
4. 다음 화면에서처럼 작업 선택 페이지에서 변환을 선택한다.

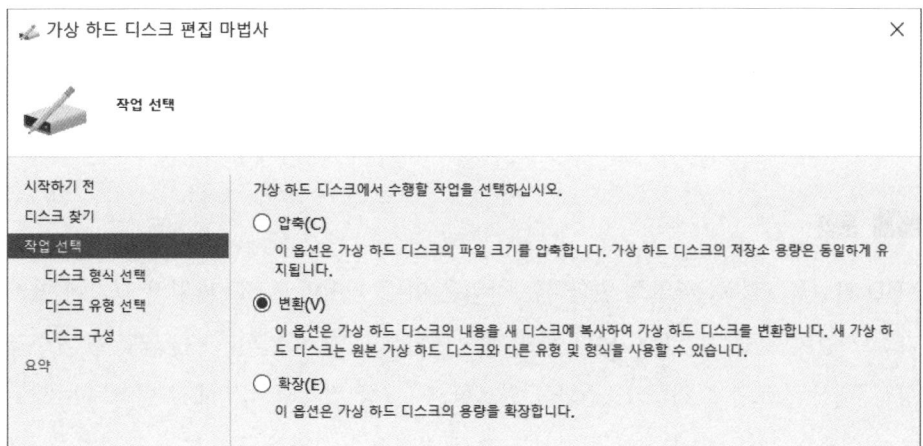

VHD 변환

5. 가상 하드 디스크 변환 창에서 VHDX를 선택하고 다음을 클릭한다.
6. 다음 화면에서처럼 디스크 형식으로 고정 크기나 동적 확장 중에서 선택하고 다음을 클릭한다.

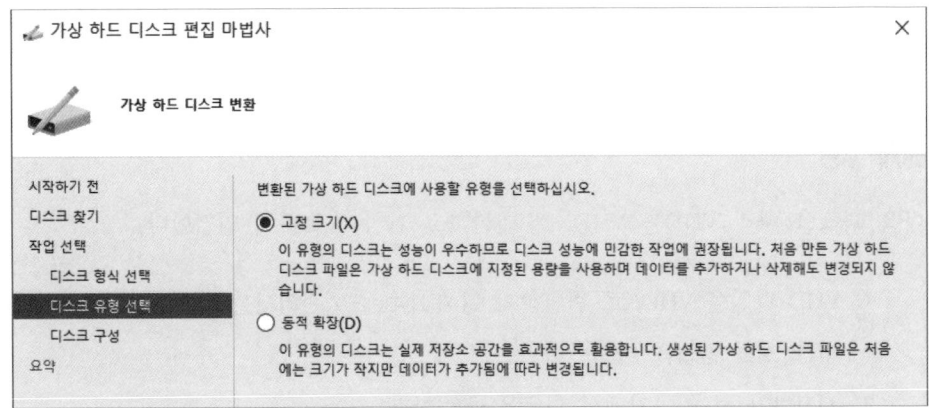

VHD 형식

7. 디스크 구성 페이지에서 VHDX 파일 경로를 지정하고 마침을 클릭해 변환을 시작한다.
8. 변환이 마치면 디스크를 연결할 가상 컴퓨터 속성을 열고 하드 드라이브 옵션을 선택한 다음, 새로운 VHDX 경로를 지정한다. 설정이 끝나면 가상 컴퓨터를 시작한다.

예제 분석

VHD 파일을 VHDX 파일로 변환하는 작업은 아주 쉽지만, VHD 파일의 크기에 따라 다소 시간이 걸릴 수 있다. 변환 마법사는 변환해야 할 파일의 VHD 경로와 디스크 형식, 대상 경로를 요청한다. 변환을 완료한 후 가상 컴퓨터 설정에서 변경해야 새로운 파일로 바뀐다. VHD에서 동작하는 모든 부분은 VHDX에서도 역시 동작한다. 모든 이점과 개선 사항을 고려할 때 이들 디스크를 변환하지 않을 이유가 없다. VHD로 다시 롤백해야 할 경우도 문제없다. 변환 마법사를 다시 실행하고 VHDX를 선택한 다음, 다시 VHD로 변환하면 된다. VHDX 파일로 동작하는 모든 가상 컴퓨터는 더 나은 성능과 일관성을 나타낸다.

보충 설명

대규모 마이그레이션 시나리오나 변환 프로세스를 간편하게 해야 할 경우 PowerShell 명령 Convert-VHD를 사용할 수도 있다. 대상 VHD만 지정하면 된다.

```
Convert-VHD -Path D:\Hyper-V\Win-2012R2-01.vhd -DestinationPath D:\
Hyper-V\Win-2012R2-01.vhdx
```

참고 사항

- 7장, Hyper-V에서 고가용성 구성
- 3장의 '가상 하드 디스크 생성과 추가' 예제

VM 구성 버전 업그레이드

과거에 Microsoft에서는 Hyper-V 호스트 업그레이드 프로세스의 일부로 가상 컴퓨터의 구성 버전을 자동으로 업그레이드했다. 하지만 Microsoft는 이제 Windows Server 2016에서 VM의 업그레이드 프로세스를 호스트의 업그레이드 프로세스에서 직접 작업으로 분리했다.

 구성 버전은 예를 들어 VM 실제 구성 상태와 모든 관련된 저장된 상태, 스냅숏 파일처럼 VM에 연결된 메타데이터의 버전을 나타낸다.

구성 버전을 자동으로 업그레이드하지 않음으로써 VM을 다른 버전의 Hyper-V 사이에서 쉽게 이동할 수 있다. 따라서 VM을 Windows Server 2012 R2와 Windows Server 2016 사이에서 양방향으로 이동해야 한다면 그렇게 할 수 있다.

Microsoft에서는 VM 구성 버전을 업그레이드하지 않는 경우 저장된 상태와 검사점과 같은 VM에 관한 모든 부분이 하위 호환성을 유지하도록 보장한다. 그러면 VM 구성 버전을 업그레이드해야 할 이유가 뭘까? Microsoft는 구성 버전과 연결된 새로운 VM 기능을 소개했으며, 따라서 일부 새로운 기능은 낮은 구성 버전으로 동작 중인 VM에서는 동작하지 않으므로, 적어도 Windows Server 2016의 VM 구성 버전으로 업그레이드해야 한다.

VM 구성 버전이 업그레이드될 때까지 동작하지 않는 몇 가지 기능은 다음과 같다.

- 작동 중 메모리 추가/제거
- 리눅스 VM을 위한 보안 부팅
- 프로덕션 검사점
- PowerShell 다이렉트
- vTPM^{Virtual Trusted Platform Module}
- 가상 컴퓨터 그룹화

준비

구성 버전 업그레이드는 가상 컴퓨터가 정적 상태에 있는 경우만 가능하다. 시작하기 전에 VM을 종료하거나 저장해야 한다. 모든 온라인 검사점이나 다른 온라인 저장된 상태는 시작하기 전에 버려야 한다. 가상 컴퓨터의 구성 버전을 7.0으로 업그레이드하는 것은 단방향 마이그레이션 작업이다.

예제 구현

다음 과정을 따라 이전 버전의 Windows Hyper-V에서 만들어 더 낮은 가상 컴퓨터의 구성 버전을 업그레이드하는 방법을 살펴본다.

1. 시작 화면에서 서버 관리자를 시작하고 서버 관리자의 도구 메뉴에서 Hyper-V 관리자를 시작한다.
2. 다음 화면에서처럼 업그레이드하고 싶은 가상 컴퓨터를 선택하고, 오른쪽 클릭한 후 구성 버전 업그레이드를 선택한다.

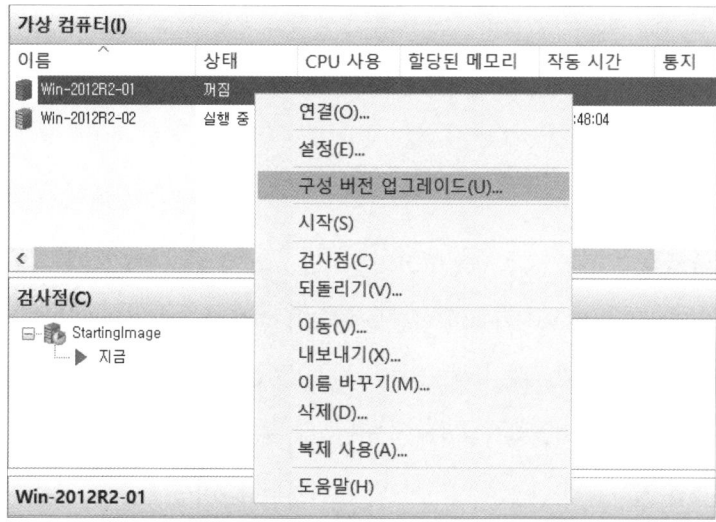

구성 버전

 구성 버전을 업그레이드하는 메뉴 옵션이 없다면 가상 컴퓨터가 실행 중인 상태일 것이다. 이 업그레이드 작업은 가상 컴퓨터가 동작 중이면 수행할 수 없으므로 VM을 먼저 종료해야 한다.

3. 다음 화면에서처럼 구성 버전 업그레이드 창에서 저장된 상태 및 업그레이드 삭제를 클릭한다.

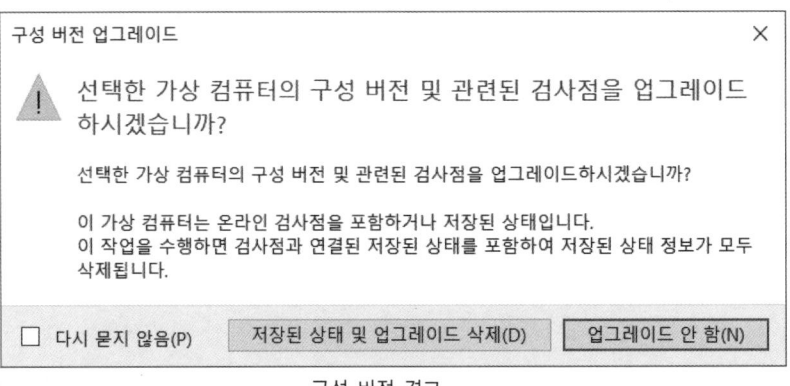

구성 버전 경고

4. 방금 업그레이드한 가상 컴퓨터를 선택하고 오른쪽 클릭한 후 시작을 선택한다. VM이 잘 시작되는지 확인한다.

예제 분석

이전 버전의 Windows Hyper-V에서 가져오거나 마이그레이션한 가상 컴퓨터는 낮은 구성 버전을 갖는다. 새 VM 기능의 이점을 얻고자 한다면 VM 자체를 업그레이드해야 한다. VM 구성 버전 업그레이드는 아주 쉬우며, 금방 끝난다.

가상 컴퓨터의 구성 버전을 8.0버전으로 업그레이드할 때 가상 컴퓨터의 구조는 가상 컴퓨터 구성과 검사점 파일을 저장하기 위해 변경된다. 이전에 구성 정보를 저장하는 데 사용한 .xml은 .vcmx 확장자로 교체됐고, VM 런타임 상태 데이터를 저장하는 데 사용한 .vsv와 .bin 파일은 .vmrs 확장자를 갖는 파일로 교체됐다.

 하위 호환성을 위해 구성 버전 5.0 가상 컴퓨터를 계속 사용해야 한다면 계속 사용할 수 있다. PowerShell 명령 New-VM에 -Version 스위치를 사용하면 Windows Server 2016에서도 5.0 버전으로 만들 수도 있다.

보충 설명

대규모 마이그레이션 시나리오나 변환 과정을 쉽게 만들어야 하는 경우 PowerShell 명령인 Update-VMVersion을 사용할 수도 있다. 지정해야 하는 유일한 부분은 대상 VM 이름뿐이다.

```
Update-VMVersion -Name Win-2012R2-01
```

 PowerShell 명령 Update-VMVersion을 사용해 VM을 업그레이드할 때 VM이 실행 중이면 "가상 컴퓨터가 현재 상태인 동안에는 작업을 수행할 수 없습니다."라는 에러 메시지를 받으므로 먼저 VM을 종료해야 한다. PowerShell 명령 Stop-VM을 사용해 실행 중인 VM을 중지할 수 있다.

참고 사항

- 7장의 '롤링 클러스터 업그레이드' 예제

물리 컴퓨터를 가상 컴퓨터로 변환

비용을 줄이고 유연성, 자동화 등에서 가상화의 이점을 탐색하고자 가상 서버를 구현하는 기업을 자주 접한다. 물리 머신에서 가상 컴퓨터로 마이그레이션하는 작업은 아직도 흔한 일이기 때문에 오래되고 불필요한 하드웨어에서 실행 중인 기존 서버를 가상 컴퓨터로 변환할 수 있는지 확인하는 일은 중요하다. 이 예제에서 Disk2vhd 도구를 사용해 물리 서버를 가상 컴퓨터로 변환하는 방법을 설명한다.

준비

Disk2vhd는 기본 Windows 도구가 아니므로 다음 링크에서 다운로드해야 한다.

https://docs.microsoft.com/ko-kr/sysinternals/downloads/disk2vhd

클라이언트 변환을 위한 최소 운영체제는 Windows Vista며, 서버 버전의 경우는 Windows Server 2008이다. OEM 운영체제처럼 라이선스가 있는 소프트웨어 애플리케이션으로 인해 발생할 수 있는 영향에 주의를 기울여야 한다.

예제 구현

물리 컴퓨터를 가상 컴퓨터로 변환하려면 다음 과정을 수행한다.

1. Disk2vhd 도구를 다운로드해 변환하고 싶은 컴퓨터의 임시 폴더에서 압축을 푼다.
2. disk2vhd.exe 파일을 더블 클릭하고 사용자 계정 컨트롤에서 메시지를 받으면 예를 클릭한다. EULA 페이지에서 확인을 클릭한다.
3. Disk2vhd가 열린 후 다음 화면에서처럼 VHD File name에서 가상 하드 드라이브를 저장하기 원하는 경로를 지정한다.

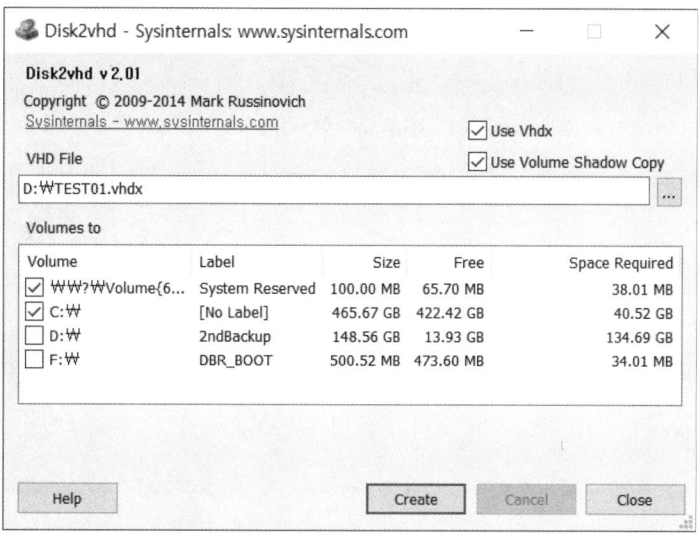

Disk2vhd

4. Volumes to 아래에서 변환하고 싶은 볼륨을 선택하고, VHDX 디스크를 만들려면 Use Vhdx를 선택하고 Create를 클릭한다.

5. Disk2vhd는 종료나 재시작 없이 현재 사용 중인 시스템을 변환하기 시작한다. 완료하는 데 걸리는 시간은 선택한 디스크 성능과 볼륨 크기에 따라 다르다.

6. 변환 후 가상 컴퓨터를 가져오기 할 Hyper-V 서버로 vhd 파일을 복사한다.

7. Hyper-V에서 원하는 구성을 갖는 가상 컴퓨터를 만들고 가상 하드 디스크 연결에서 앞 단계에서 만든 VHD 파일을 선택한다.

8. 변환된 가상 하드 디스크를 사용해 가상 컴퓨터를 만들기를 마친 후 Hyper-V 관리 콘솔을 사용해 가상 컴퓨터를 시작한다.

> 이름과 IP 충돌을 방지하기 위해 이전 물리 컴퓨터를 새로운 가상 컴퓨터와 동일한 네트워크에 연결하지 않는다.

9. 변환된 가상 컴퓨터를 시작한다. 가상 컴퓨터를 부팅한 후 작업을 클릭하고 나서 Ctrl + Alt + Delete 옵션을 클릭한다.
10. 로그인 한 후 Windows 업데이트를 실행해 가상 컴퓨터를 최신 상태로 만든다. 2장의 '가상 컴퓨터 마이그레이션과 통합 서비스 업데이트' 예제를 참고하자.

예제 분석

Disk2vhd는 물리 컴퓨터에서 가상 하드 디스크 파일을 만드는 무료 Microsoft 도구다. 세 번째와 네 번째 단계에서 보인 것처럼 변환하고 싶은 볼륨과 대상 경로를 지정하고 나면 이 도구는 세 번째 단계에서 포함한 볼륨의 특정 시점 스냅숏을 만드는 Windows 볼륨 스냅숏 기능을 사용한다. Disk2vhd의 혜택 중 하나는 물리 컴퓨터가 실행 중인 동안 변환할 수 있는 기능이다.

일곱 번째 단계에서는 변환에서 나온 결과 파일을 사용해 가상 컴퓨터를 만든다. 이 단계 다음에 Hyper-V 통합 서비스를 업데이트해야 한다. 변환을 마치고 설치를 완료했다면 물리 컴퓨터를 분리시킬 수 있다.

보충 설명

Disk2vhd는 간단한 변환에 아주 편리하지만, 다수의 물리 컴퓨터를 변환하고 싶다면 가장 좋은 솔루션은 Microsoft Virtual Machine Converter를 사용하는 것이다.

https://www.microsoft.com/en-us/download/details.aspx?id=42497

커맨드라인에서 물리 컴퓨터를 가상 컴퓨터로 변환

Disk2vhd는 커맨드라인 인터페이스도 지원하므로, 작업과 변환 모두를 자동화하는 스크립트를 작성할 수 있다.

커맨드라인 사용법은 다음과 같다.

disk2vhd <드라이브:> <vhd 파일>

C 파티션을 VHD 파일로 변환해 D 파티션에 넣으려면 다음과 같은 명령을 사용한다.

Disk2vhd C: D:\ConvertedVM.vhdx

03

디스크와 네트워크 설정 관리

3장에서 다루는 내용은 다음과 같다.

- 가상 하드 디스크 생성과 추가
- IDE와 SCSI 컨트롤러 구성
- 저장소 QoS 구성
- 가상 파이버 채널 저장소 구성과 추가
- 리소스 풀 생성
- NIC 팀 생성과 추가
- 가상 스위치 생성과 관리
- 고급 가상 컴퓨터 네트워크 설정 사용
- vmNIC 추가와 제거

▎소개

모든 가상 컴퓨터는 가상 컴퓨터 내에서 실행할 운영체제와 애플리케이션에 필요한 리소스를 기반으로 자체 하드웨어 프로필을 갖는다. 그렇긴 해도 발생할 수 있는 모든 시나리오에 대해 성능과 신뢰성, 고가용성, 다른 리소스 가용성을 향상시킬 최고의 하드웨어 옵션을 확인해야 한다. 가상 컴퓨터에서 일반적으로 사용되는 주요 하드웨어 구성 요소는 디스크와 네트워크 리소스다.

어떤 경우에는 특정 데이터베이스 요구 사항을 지원하기 위해 더 많은 디스크 성능이 필요할 수 있고, 가상 컴퓨터를 파이버 채널을 통해 기존 저장소 어레이에 직접 연결하거나 네트워크 출력을 최적화하고 SR-IOV$^{\text{Single Root IO Virtualization}}$를 이용해야 할지 모른다. 하드웨어 실패에 대비해 보호해야 하거나 가상 컴퓨터 네트워크에 고급 보안을 추가해야 할 수도 있다. 이 책에서 3장을 쓴 이유는 관리해야 할 애플리케이션에 기반을 둔 가장 좋은 설정을 선택할 수 있도록 가상 컴퓨터 디스크와 네트워크에 대한 다양한 구성 옵션을 더 깊이 살펴보려는 것이다.

▎가상 하드 디스크 생성과 추가

가상 컴퓨터를 만들 때 디스크 구성도 지정해야 한다. Hyper-V에는 가상 컴퓨터 저장소 설정을 최적화해야 할 때 다른 시나리오를 위한 일련의 옵션과 고급 설정이 있다.

가상 컴퓨터와 연결된 가상 디스크 구성의 관리는 일상적으로 수행하는 흔한 작업 중 하나다. 이 예제는 가상 하드 디스크^{VHD}나 VHDX 형식을 사용하는 가상 하드 디스크를 만드는 방법을 설명한다. VHDX는 Windows Server 2012 Hyper-V에서 처음 소개하면서 VM에서 올바른 시나리오에 맞는 올바른 구성을 하는 데 알아야 하는 세부 내용과 옵션을 모두 설명했다.

준비

만들 가상 하드 디스크의 유형, 예를 들어 고정이나 동적 확장, 차이점 디스크에 따라 가상 하드 디스크에서 동일한 물리 디스크 공간이 필요할지 모른다. 따라서 시작하기 전에 호스트 서버의 디스크 공간이 충분한지 확인해야 한다.

예제 구현

다음 과정을 따라 가상 하드 디스크를 만들고 가상 컴퓨터에 연결한다.

1. 새로운 VHDX 파일을 만들려면 Hyper-V 관리자를 열고, 오른쪽 편에서 새로 만들기를 클릭한 후 하드 디스크를 선택한다.
2. 시작하기 전에 페이지에서 다음을 클릭한다.
3. 디스크 형식 선택 페이지에서 VHD나 VHDX를 선택하고 다음을 클릭한다. 지금은 VHD 설정을 무시한다.

> Windows Server 2012 R2에서 Microsoft는 공유 VHDX 파일의 개념을 소개했다. 이러한 공유 VHDX 파일은 가상 컴퓨터 사이에 공유하고 공유 SAS로 사용할 수 있으며, 게스트 클러스터 배포 목적으로 사용할 수 있다. 공유 VHDX 파일이 Windows Server 2016에서 사라지진 않았지만, 공유 VHDX 파일을 사용하는 제약 조건이 많다. Windows Server 2016에서는 VHDS 확장으로 만든 VHD인 VHD set인 새로운 VHD 형식을 사용할 수 있다. VHD Set은 게스트 클러스터 배포 목적으로 사용할 수 있는 새로운 공유 가상 하드 디스크이지만, 공유 VHDX 파일의 몇 가지 제약 사항 예를 들어 VM의 크기 조정 기능이나 호스트 기반 백업을 수행하는 기능을 다룬다. VHDS 파일은 공유 VHDX를 액세스하는 게스트 클러스터의 노드에 대해 디스크 동작을 조정하는 메타데이터를 포함하는 작은 파일이다. Windows Server 2016의 공유 VHDX는 실제 데이터를 포함하는 동적으로 확장한 자동 VHDX(avhdx)이거나 고정 크기다.

4. 다음 화면에서처럼 디스크 형식 선택에서 만들고 싶은 디스크를 선택하고 다시 다음을 클릭한다.

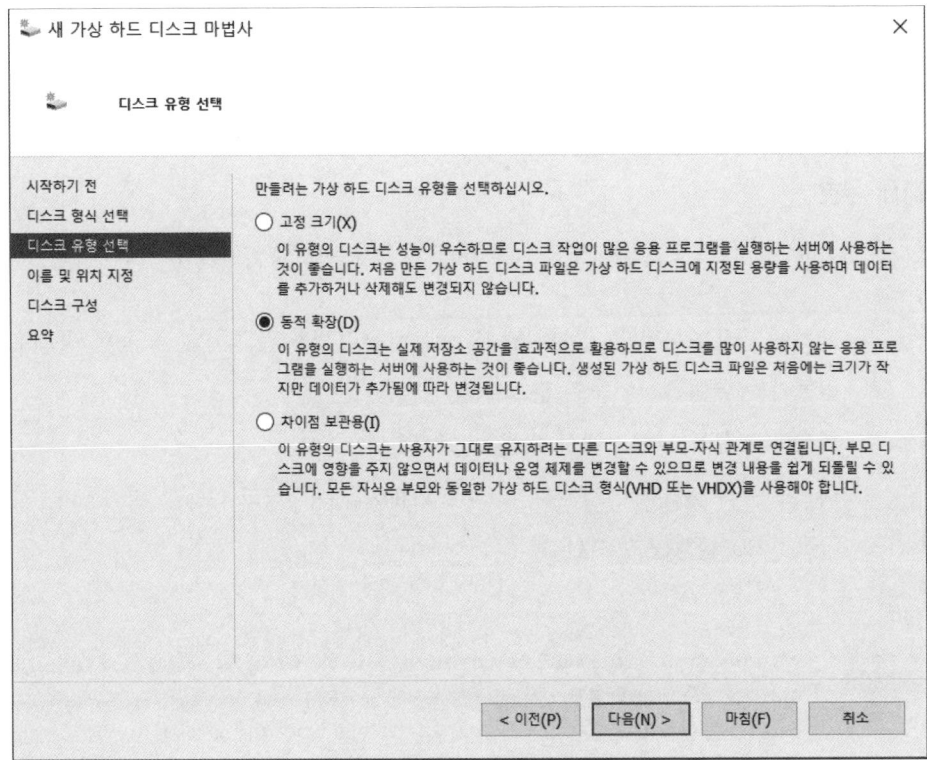

새 가상 하드 디스크 마법사

5. 다음 페이지에서 디스크 이름과 위치를 지정하고 다음을 클릭한다.
6. 디스크 구성 페이지에서 디스크를 만들 때 원하는 옵션을 선택하고 디스크 크기를 지정한 다음 마침을 클릭한다.
7. VHDX 파일을 만든 후 다음 화면에서처럼 디스크를 추가하기 원하는 VM의 가상 컴퓨터 설정을 열고, IDE나 SCSI 컨트롤러를 선택하고, 여러분이 만든 가상 하드 디스크를 추가한다.

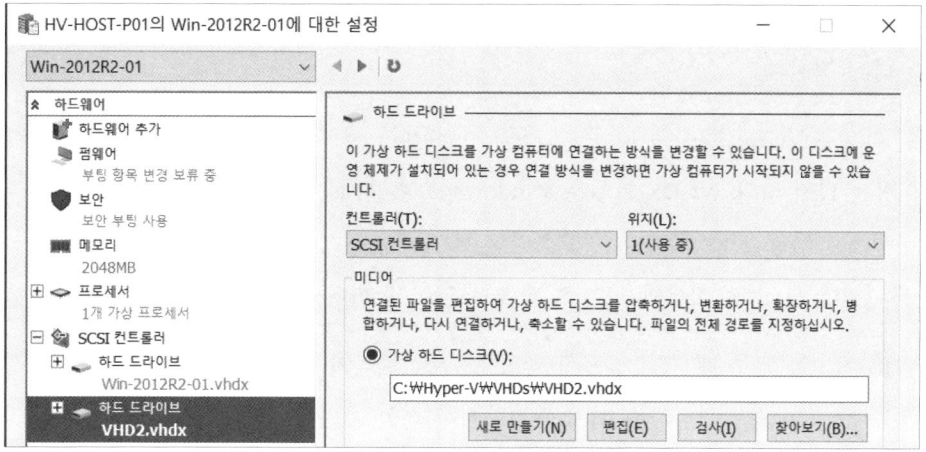

가상 하드 디스크 추가

8. 이제 가상 컴퓨터에서 디스크 구성을 열면 새 하드 드라이브를 관리할 수 있다.

예제 분석

앞의 과정에서 VHD 파일이라고 불렸던 가상 하드 디스크 파일 만드는 방법을 살펴봤다. 이 형식은 2007년에 Microsoft에서 출시했던 첫 번째 가상화 제품과 거의 동일하다. 근본적으로 VHD는 일반적인 물리 하드 드라이브에서 다루는 파일 시스템과 파티션을 포함한다. VHD는 저장소로, 가상 컴퓨터에 추가할 수 있는 파일이다. VHD 파일의 최대 크기는 2TB다. 이 형식은 전원 실패 시 손상을 일으키기 쉽기 때문에 Microsoft에서 VHDX 파일을 내놓았다.

Windows Server 2012 Hyper-V에서 VHDX라는 새로운 파일 형식을 소개했다. 이 형식은 최대 64TB의 크기를 지원하고 호스트 서버의 전원 실패나 계획하지 않은 종료에서 데이터 손상을 더 잘 견딘다. VHDX는 데이터를 나타내는 데(트림이라고도 한다) 효과적이며, 가상 디스크 형식의 정렬을 개선했다. 가상 컴퓨터에서 VHDX 파일에 데이터를 작성하는 데 사용하는 방법으로 더 큰 블록에 데이터를 할당해 더 나은 성능을 내도록 개선했다. VHDX의 유일한 단점은 Microsoft Azure에서 아직 지원하지 않는다는 점이다.

이 새로운 VHDX 형식은 더 큰 크기를 지원한다. 이전의 VHD 형식을 선택해야 할 이유는 많지 않다. VHDX 파일은 Windows 2008 R2 Hyper-V와 같은 이전 Hyper-V 버전에서 사용할 수 없지만, 필요하다면 데이터 손실 없이 VHD로 변환할 수 있다. 단, VHDX를 2TB 이상의 크기로 만들지 않아야 한다.

VHD 파일을 만들 때 가장 중요한 옵션은 VHD 형식이다. 첫 번째 VHD 형식은 고정 크기다. Hyper-V 관리자는 설치 과정에서 지정한 동일한 크기로 파일을 만든다. 이 형식을 만드는 데 시간이 더 걸리는 이유는 VHD 파일을 만드는 파일 시스템에 달렸고 대상 위치에 디스크 공간이 그만큼 필요하기 때문이다. 하지만 고정 크기 VHD/VHDX 파일은 다른 디스크 형식과 비교해 더 나은 성능을 제공한다.

두 번째이자 기본 옵션인 동적 확장은 마법사를 진행하면서 지정한 크기에 관계없이 수 MB의 크기로 파일을 만든다. 디스크 크기는 그 디스크에 저장하는 데이터를 기반으로 증가한다. 이 디스크 형식은 물리 디스크를 모니터링해야 한다. 고정과 동적 디스크 간의 성능 차이는 거의 비슷하지만, 동적 디스크는 고정 디스크에 비해 디스크 조각화가 더 많이 일어난다.

마지막이자 잘 사용하지 않는 옵션은 차이점 디스크다. 이 디스크를 만드는 동안 시스템에서는 베이스 디스크로 사용할 기존 부모 디스크를 지정하도록 요청한다. 모든 쓰기 작업은 차이점 디스크에서만 발생한다. 이 디스크의 일반적인 사용 예는 읽기 전용 부모 디스크를 운영체제로 사용하고 차이점 디스크를 사용하는 많은 가상 컴퓨터에서 이 부모 디스크를 연결할 때다. 이 형식은 호스트 서버의 디스크 공간을 절약한다. 이 옵션은 단일 실패 지점이 되고 빈약한 성능을 내기 때문에 모범 사례는 테스트와 개발 시나리오에서만 사용하는 것이다.

디스크 구성 페이지에는 빈 가상 하드 디스크를 만드는 옵션이 있고, 물리 디스크의 콘텐츠를 복사하거나 기존 가상 하드 디스크의 콘텐츠를 복사할 수 있으므로, 기존 VHD/VHDX을 템플릿으로 사용할 수 있는 경우 좋다.

마침을 클릭하면 시스템에서 지정한 위치에 가상 하드 드라이브 파일을 만든다. 원하면 가상 컴퓨터를 열어서 만든 디스크를 추가할 수 있다.

보충 설명

PowerShell 팬이라면 New-VHD 명령으로 가상 하드 디스크를 만들고 가상 하드 드라이브를 Add-VMHardDiskDrive 명령으로 가상 컴퓨터에 추가할 수 있다.

다음 예제는 로컬 D 파티션에 10GB의 동적 가상 하드 디스크를 만드는 방법이다.

```
New-VHD -Path D:\Hyper-V\VHDs\NewDisk.vhdx -SizeBytes 10GB -Dynamic
```

다음 명령은 NewDisk VHDX 파일을 Win-2012R2-01라는 가상 컴퓨터에 추가하는 예다.

```
Add-VMHardDiskDrive -VMName Win-2012R2-01 -Path 'D:\Hyper-V\VHDs\NewDisk.vhdx'
```

VHDX 가상 하드 디스크의 온라인 크기 변경

VHDX의 온라인 크기 변경을 사용하면 가상 컴퓨터가 실행 중일 때 가상 하드 디스크의 크기를 변경할 수 있다. 여기서 제공하는 이점은 다운타임 없이 저장소를 필요한 크기로 변경할 수 있다는 점이다. 하지만 다음과 같은 몇 가지 제약 사항이 있다.

- 오리지널 VHD 가상 하드 디스크 형식은 지원하지 않는다.

- SCSI 컨트롤러에 연결된 경우만 VHDX 가상 하드 디스크의 크기를 변경할 수 있다.
- 크기 변경 작업 동안 디스크의 첫 128KB에 쓰기는 허용되지 않는다.

다음 명령은 로컬 D 파티션에서 온라인 상태의 VHDX 가상 하드 디스크를 60GB로 변경하는 방법의 예다.

```
Resize-VHD -Path D:\Hyper-V\VHDs\NewDisk.vhdx -SizeBytes 60gb
```

가상 컴퓨터에 pass-through 디스크 추가

VHDX에서 64TB 디스크까지 지원하지만 가상 컴퓨터에 물리 디스크도 연결할 수 있다. 이 경우에는 가상 컴퓨터를 또 다른 호스트로 이동하거나 스냅숏을 사용할 수 없으며, 호스트 기반 백업을 사용해야 한다. 이 방식은 더 나은 성능을 제공하지만, 디스크를 추가하려면 물리 디스크가 호스트 컴퓨터에서 오프라인으로 보여야 한다. 가상 컴퓨터 설정을 열고, 디스크를 추가하고 싶은 컨트롤러를 선택한 후 설정 아래의 미디어 선택에서 드롭다운 목록의 물리 하드 디스크 옵션을 선택하고, 확인을 클릭한다. 이렇게 하면 해당 디스크를 VM에서 배타적으로 사용한다.

다음 예에서처럼 PowerShell 명령 Get-VMScsiController와 AddVMHardDiskDrive로 물리 디스크를 VM에 추가할 수도 있다.

```
Get-VMScsiController -VMName Win-2012R2-01 -Number 0 | AddVMHardDiskDrive
 -DiskNumber 1
```

파일 서버에서 가상 컴퓨터 만들기

SMB 3.0 덕택에 이제 가상 컴퓨터를 만들고 이들 가상 컴퓨터의 가상 디스크를 파일 서버에 저장할 수 있다. 간단히 네트워크 경로를 사용해 공유 폴더에서 VHD 파일을 만들고 복사할 수 있다.

다음 그림의 예에서 VHD는 Hyper-V 서버의 사용자 컴퓨터 계정에 모든 제어 권한을 부여한 네트워크 공유에 만들었다. 가상 컴퓨터를 만들 때 해야 할 작업은 공유 폴더에 VHD의 UNC^{Universal Naming Conversion} 경로를 만드는 것뿐이다.

SMB 3.0을 사용해 공유 폴더에 가상 컴퓨터를 저장하려면 VM을 만드는 데 사용하는 사용자 계정이 필요하고, 호스트 컴퓨터에서는 공유 및 NTFS 권한에 모든 권한을 부여해야 한다.

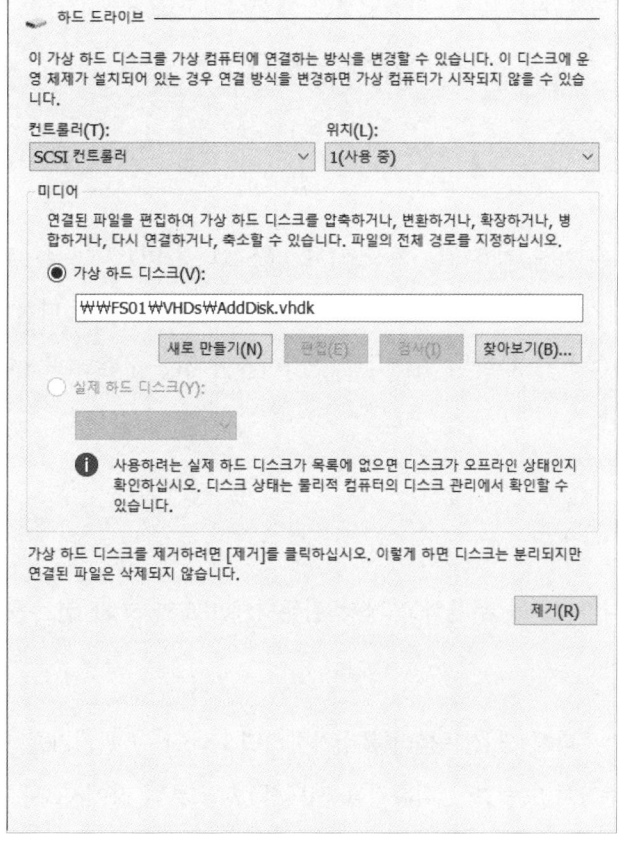

UNC를 통해 가상 하드 디스크 추가하기

참고 사항

- 2장의 'VHD 파일을 VHDX로 변환' 예제
- 2장의 'IDE와 SCSI 컨트롤러 구성' 예제

▍IDE와 SCSI 컨트롤러 구성

Hyper-V의 모든 가상 컴퓨터는 IDE와 SCSI 디스크를 지원하며, 각각은 자체의 이점과 제약 사항, 별도 구성을 갖는다.

IDE와 SCSI가 언제 필요하고, 제약 사항은 무엇인지, (더 중요한 것은) 다음 작업에서 설명한 것처럼 추가 및 관리 방법을 알아야 한다.

준비

기본적으로 모든 가상 컴퓨터는 가상 하드 디스크나 DVD 드라이브를 추가하는 데 사용하는 두 개의 IDE 컨트롤러와 하나의 SCSI 컨트롤러가 있다. 다음의 과정을 따라 해보면 디바이스나 가상 하드 디스크를 추가하거나 기존 가상 컴퓨터에 컨트롤러를 연결할 수 있다.

예제 구현

다음 과정은 디바이스를 추가하고 가상 컴퓨터에 IDE와 SCSI 컨트롤러를 연결하는 방법을 보여준다.

1. 가상 컴퓨터에 새 컨트롤러를 추가하려면 Hyper-V 관리자를 열고 새 컨트롤러를 추가하려는 가상 컴퓨터를 선택한 후 오른편 창에서(또는 VM에서 오른쪽 클릭) 설정을 클릭한다.

2. 기본적으로 가상 컴퓨터 설정에서 두 개의 IDE 컨트롤러가 보인다. 하드 드라이브나 DVD 드라이브를 추가할 때는 IDE 컨트롤러 0 또는 1을 선택하고, 드라이브 형식을 선택한 후 **추가**를 클릭한다.

3. 새 하드 드라이브를 추가할 때는 가상 하드 디스크 아래에 VHD 경로를 지정하거나 **새로 만들기** 버튼을 사용해 가상 하드 디스크 마법사를 실행한다.

4. 가상 컴퓨터에 SCSI 컨트롤러를 추가하고 싶다면 다음 그림에서 보인 것처럼 왼편에서 **하드웨어 추가**를 선택한 후 SCSI **컨트롤러**를 선택하고 **추가**를 클릭한다.

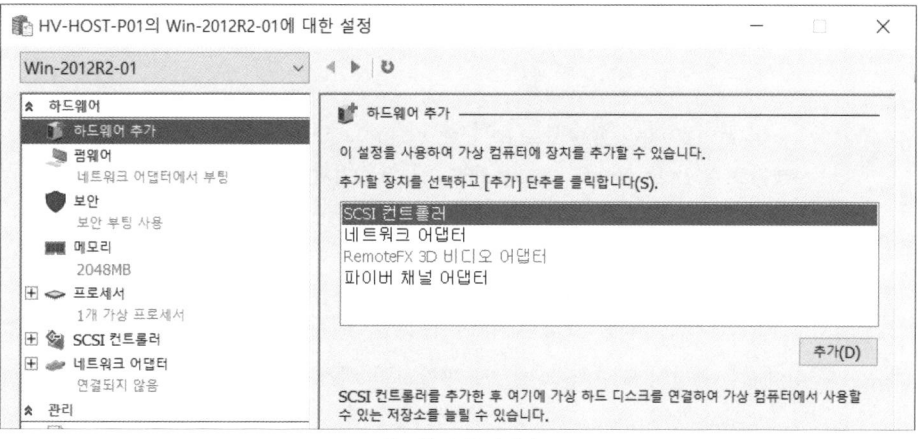

하드웨어 추가하기

5. 왼편 창에서 SCSI 컨트롤러를 선택한 후 **추가**를 클릭해 새 하드 드라이브를 삽입한다.

6. 하드 드라이브 경로를 지정하거나 **새로 만들기** 버튼을 사용해 새 VHDX 파일을 만든다.

7. 확인을 클릭하면 가상 컴퓨터에서 새 컨트롤러를 구성하고 디스크를 여기에 연결한다.

예제 분석

설명한 것처럼 Hyper-V는 모든 가상 컴퓨터에 기본적으로 두 개의 IDE 컨트롤러와 하나의 SCSI 컨트롤러를 제공하며, 이들 컨트롤러를 추가하거나 제거하는 기능과 함께 각 컨트롤러마다 제약 사항이 따른다.

1세대 가상 컴퓨터의 경우 기본적으로 지원하는 운영체제 부팅 방법 때문에 IDE 디스크를 사용한다. 동일한 VM에 IDE와 SCSI 컨트롤러를 혼합할 수 있지만, 1세대 형식의 경우 VM의 운영체제 부팅에 사용하는 시작 디스크는 IDE 컨트롤러여야 한다. 가상 컴퓨터당 두 개의 IDE 컨트롤러와 IDE 컨트롤러당 두 개의 디스크를 가질 수 있다.

 1세대에 비해 2세대 가상 컴퓨터의 이점 중 하나는 SCSI 가상 하드 디스크에서 VM을 부팅할 수 있다는 점이다. 하지만 2세대 VM은 오리지널 VHD 가상 하드 디스크 형식을 지원하지 않으므로 VM 저장소를 설계할 때 트레이드오프를 고려해야 한다.

4개 이상의 디스크가 필요한 가상 컴퓨터가 있다면 최적 옵션은 SCSI 컨트롤러다. 대규모 환경에서는 4개의 SCSI 장치에 256개까지의 디스크를 지원(SCSI 컨트롤러당 64개의 디스크)하는 한계가 있다.

 가상 컴퓨터의 저장소 레이아웃을 결정할 때 좋은 시작점은 부팅 디스크에 IDE 컨트롤러를 사용하고, 연결된 드라이브에 운영체제를 포함시키며, 추가 데이터 디스크용으로 SCSI 컨트롤러를 사용하면 실행 중에 더 많은 VHDX 가상 디스크를 추가하는 이점을 누릴 수 있다.

보충 설명

PowerShell에서는 Get-VMScsiController와 Get-VMIdeController, Add-VMScsiController, Remove-VMScsiController 같은 IDE 및 SCSI 컨트롤러 관리를 위한 몇 가지 명령도 제공한다.

다음의 간단한 예제에서 Win-2012R2-0*로 시작하는 이름을 갖는 모든 가상 컴퓨터를 가져와 새로운 SCSI 컨트롤러를 추가한다.

```
Get-VM -Name Win-2012R2-0* | Add-VMScsiController
```

PowerShell 명령을 조합할 수 있는 기능 덕택에 Get-VM을 먼저 사용하지 않고도 단일 명령을 사용해 SCSI 컨트롤러를 추가하고 싶은 가상 컴퓨터를 지정할 수 있다.

```
Add-VMScsiController -VMName Win-2012R2-0*
```

이들 두 가지 명령은 Win-2012R2-0*로 시작하는 이름을 갖는 모든 VM에 새 SCSI 컨트롤러를 추가하는 동일한 작업을 수행한다. 이 예에서 PowerShell을 사용한 작업이 얼마나 쉬운지 보였다.

저장소 QoS 구성

Windows 2012 R2 Hyper-V에서 소개한 QoS$^{\text{Quality of Service}}$는 Hyper-V 관리자에 가상 컴퓨터의 가상 디스크와 연결된 I/O 부하에 대한 최소 및 최댓값을 지정하는 기능을 제공한다.

준비

저장소 QoS를 사용하면 공유 저장소가 있는 가상 하드 디스크의 I/O 부하에 관련된 예약과 제한을 설정해 격리를 보장할 뿐만 아니라, 애플리케이션이나 워크로드에 대한 리소스를 계획하고 할당할 수 있다.

예제 구현

다음 과정을 따라 가상 하드 디스크에 대한 저장소 QoS를 구성하는 방법을 알아본다.

1. 가상 하드 디스크에서 저장소 QoS를 구성하려면 Hyper-V 관리자를 열고 이 기능을 구성하려는 가상 컴퓨터를 선택한 후 오른편 창(또는 VM을 오른쪽 클릭)에서 설정을 클릭한다.
2. 기본적으로 가상 컴퓨터 설정에 하나의 SCSI 컨트롤러가 있다. 저장소 QoS를 사용하려면 SCSI 컨트롤러를 선택한 후 하드 드라이브를 선택하고 서비스 품질을 선택한다.
3. 서비스 품질 아래에서 서비스 품질 관리 사용을 클릭하고 IOPS에 대한 최소와 최대 필드에서 특정 가상 하드 디스크에 대해 다음 화면처럼 예약이나 초과하지 않아야 하는 IOPS의 총량을 나타내는 숫자를 입력한다.

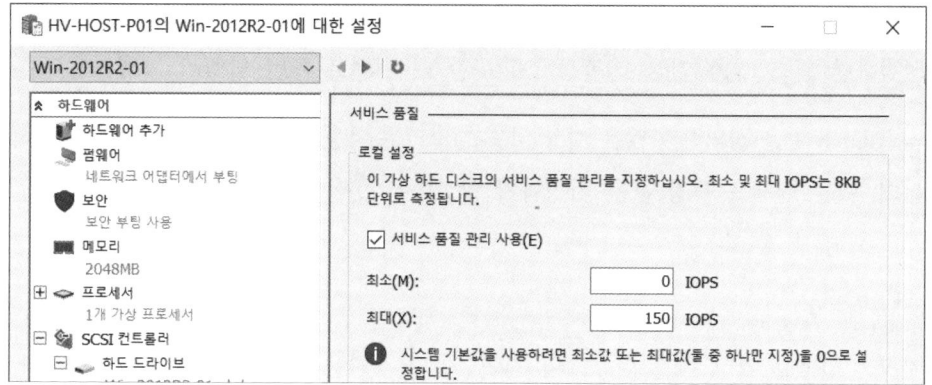

저장소 QoS 사용

4. 확인을 클릭한다. 이제 가상 컴퓨터 가상 하드 디스크의 저장소 QoS에 최소나 최대 IOPS 제한을 걸었다.

예제 분석

저장소 QoS는 가상 컴퓨터의 가상 하드 디스크에 대한 저장소 성능을 구성하고 관리하는 방법을 제공한다. 이 기능은 동일한 저장소 패브릭에서 여러 가상 컴퓨터 간의 저장소 리소스 공정성을 자동으로 개선하고 특정 최소 및 최대 성능 목표를 정규화된 IOPS 단위로 구성할 수 있다. 이러한 정규화된 IOPS는 8KB 단위로 측정되며, IOPS가 더 커지면 계산을 위해 8KB 단위로 나눈다. 예를 들어 128KB 요청은 16개의 정규화된 IOPS로 다룬다. 저장소 QoS를 올바로 구성하지 않으면 가상 컴퓨터의 성능에 영향을 주기 때문에 저장소 QoS를 구현하려 한다면 올바른 계획이 핵심이다.

저장소 QoS는 스케일아웃 파일 서버와 조합해 분산 방식으로 구성할 수 있는데, 7장에서 더 자세한 내용을 다룬다.

최소 IOPS

저장소 QoS는 가상 하드 디스크에서 최솟값을 설정하거나 예약하는 기능을 제공한다. 이는 최솟값을 보증하는 것은 아니지만, 각 가상 하드 디스크에서 최소 IOPS 값을 설정하면 최소 IOPS 값을 만족시키지 못할 때 이벤트 기반 알림이 발생한다.

최소 IOPS 값을 정의하지 않은 가상 하드 디스크는 자동으로 기본 값을 0으로 정의하는데, 이는 실제로 특정 값을 지정하지 않았다는 뜻이다.

최대 IOPS

저장소 QoS는 가상 하드 디스크의 최댓값이나 상한을 설정하는 기능을 제공한다. 이 설정은 가상 하드 디스크 IOPS에 대한 적극적인 제한을 가함으로써 더 많은 제어 방식으로 저장소 리소스를 할당하고 관리할 수 있다.

다시 말하지만 최대 IOPS 값을 정의하지 않은 가상 하드 디스크는 자동으로 기본 값을 0으로 설정해 실제로 IOPS 제한을 설정하지 않는다.

보충 설명

PowerShell에서는 Get-VMHardDiskDrive와 Set-VMHardDiskDrive처럼 저장소 QoS를 관리하는 명령도 몇 가지 제공한다. 다음 예제는 저장소 QoS를 한꺼번에 구성할 일련의 가상 컴퓨터를 지정한 후 SCSI 컨트롤러 0에 연결된 모든 가상 하드 디스크 정보를 읽어 최대 IOPS 값을 150으로 설정한다.

```
Get-VMHardDiskDrive -VMName Win-2012R2-0* -ControllerType SCSI
-ControllerNumber 0 | Set-VMHardDiskDrive -MaximumIOPS 150
```

참고 사항

- 7장, Hyper-V에서 고가용성 구성

■ 가상 파이버 채널 저장소 구성과 추가

파이버 채널$^{\text{FC, Fibre Channel}}$은 저장소 연결에 주로 사용되는 가장 흔한 네트워크 기술 중 하나다. 서버와 저장소 간의 고속 연결에 완벽한 선택이며, 물리 서버 시나리오에서 흔하다.

Windows Server 2012 Hyper-V 이후 파이버 채널 네트워크 어댑터를 가상 컴퓨터에 추가해 게스트 운영체제를 클러스터 환경에서 사용할 수 있게 만듦으로써 물리 서버와 동일한 기능과 고성능을 제공할 수 있게 됐다. 이 예제에서는 파이버 채널 SAN을 만들고, 이 SAN을 VM에 연결하는 방법을 설명한다.

준비

파이버 채널 SAN을 만들기 전에 파이버 채널 HBA가 설치되고 HBA 포트가 물리 컴퓨터에서 활성화됐는지 확인한다. 이에 더해 파이버 채널 HBA가 최신 버전의 펌웨어를 실행 중이고 HBA 자체가 NPIV$^{\text{N\_Port ID Virtualization}}$를 통해 가상 파이버 채널 지원을 제공하는지 확인해야 한다.

예제 구현

다음 과정을 따라 가상 컴퓨터에 대한 새로운 파이버 채널 SAN을 추가하고 구성하는 방법을 살펴본다.

1. 새로운 파이버 채널 SAN을 만들기 위해 Hyper-V 관리자를 열고 오른편 창에서 가상 SAN 관리자를 클릭한다.
2. 가상 SAN 관리자 창에서 왼편 창의 새 파이버 채널 SAN을 클릭하고 만들기를 클릭한다.

3. 해당 창에서 가상 SAN 이름을 지정하고 추가 노트를 작성한다. 다음 화면에서 처럼 가상 SAN에 연결하고 싶은 물리 HBA에 대한 체크상자를 선택하고 확인을 클릭하면 가상 SAN을 만든다.

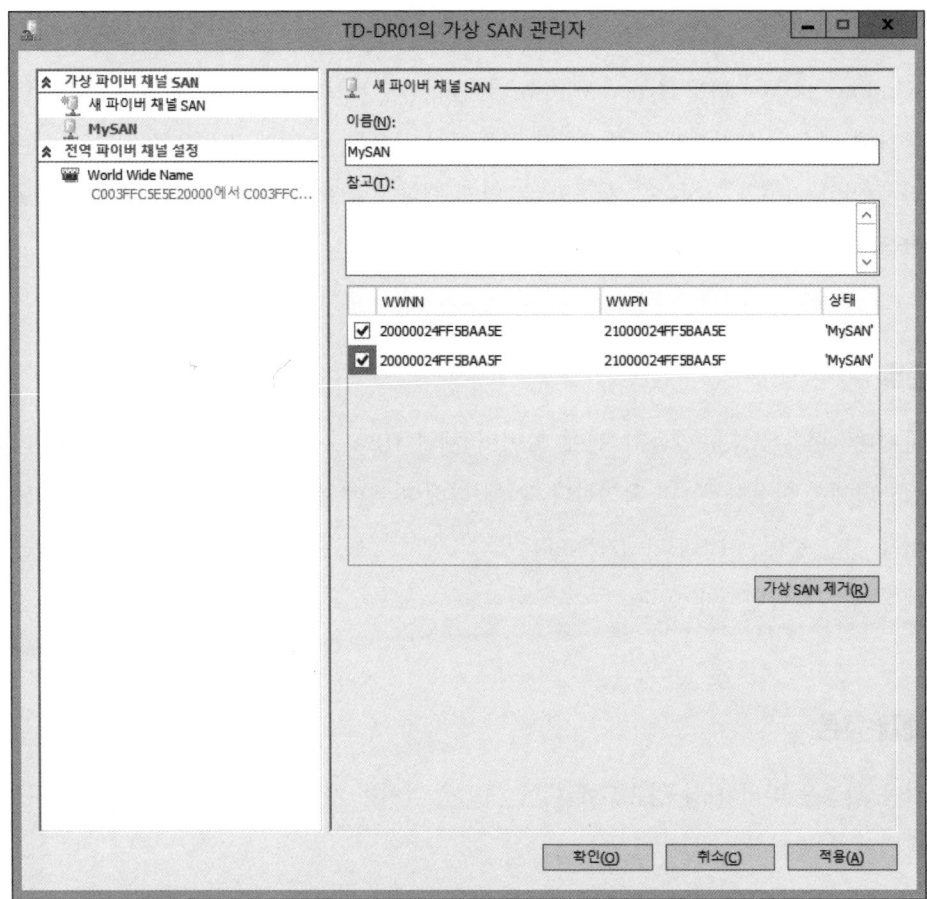

새로운 가상 파이버 채널 SAN 만들기

4. 파이버 채널 어댑터를 추가하려는 가상 컴퓨터의 설정을 열고 왼편에서 하드웨어 추가를 클릭한 후 파이버 채널 어댑터를 선택하고 추가를 클릭한다.
5. 새 파이버 채널 어댑터에서 VM에 추가하기 원하는 가상 SAN을 드롭다운 목록에서 선택한다.

6. 포트 주소를 편집하고 싶다면 다음 화면에서처럼 주소 편집을 클릭한다.

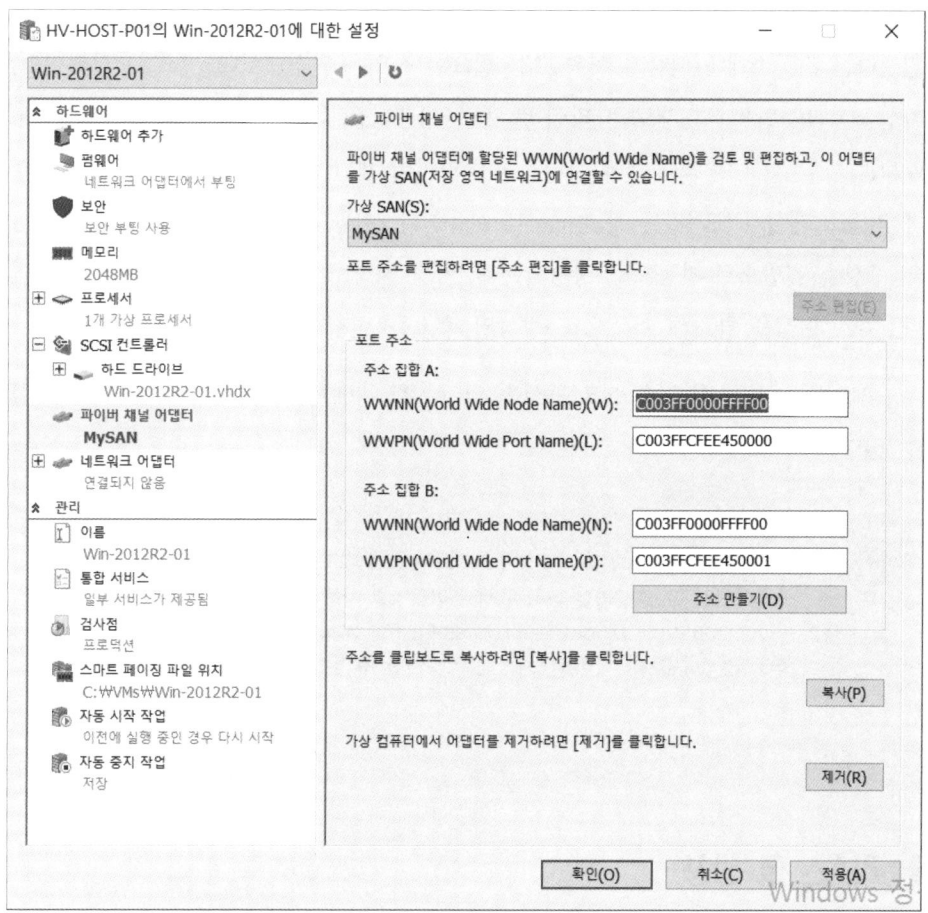

파이버 채널 어댑터 추가하기

7. 복사를 클릭하면 편집된 포트 주소를 클립보드로 복사함으로써 저장소 구성을 변경하기 위해 참조해야 할 때 쉽게 사용할 수 있다.
8. 확인을 클릭해 새로운 파이버 채널 어댑터를 확인하고 만든다.

예제 분석

Windows Server 2012 Hyper-V 이후로 가상 컴퓨터를 파이버 채널 패브릭을 사용해 연결하는 저장소에 연결하기 쉬워졌다. 필요한 작업은 가상 SAN을 만드는 것뿐이다. 가상 SAN을 만든 후 새로운 파이버 채널 어댑터를 VM에 추가하고 필요한 경우 WWN^{World Wide Names}을 변경해야 한다. 모든 파이버 채널 어댑터는 WWN 집합을 설정해 저장소 대상과 초기자를 식별하는 데 사용한다. 이들 주소는 전역 파이버 채널 설정의 구성을 기반으로 자동으로 생성되는데, 가상 저장소 관리자를 통해 변경할 수 있다. 주소 편집을 클릭해 자동으로 생성된 주소를 변경할 수도 있다.

마지막으로 가상 컴퓨터 디스크 구성을 열고 VM 내에서 저장소 디스크를 초기화할 수 있다.

 파이버 채널 저장소는 데이터 볼륨용으로만 사용하고 VM 내에서 부트 디스크용으로는 사용하지 않는다. 가상 파이버 채널 어댑터를 사용하도록 구성한 VM은 Windows Server 2008이나 Windows Server 2008 R2, Windows Server 2012, Windows 2012 R2, Windows 2016을 게스트로 실행할 수 있다.

▌ 리소스 풀 생성

온프레미스 하이브리드 클라우드 환경에서 서비스 공급자로서 부서나 위치, 지역, 심지어 테넌트 기반으로 서버를 격리하는 일은 흔하다.

리소스를 집계하고 할당과 측정을 쉽게 하기 위해 Windows Server 2012 Hyper-V에서는 리소스 풀을 소개했다.

리소스 풀의 개념은 가상 시스템에 할당할 물리 리소스를 풀에 집어넣는 것이다. Hyper-V에서 사용할 수 있는 리소스 형식은 다음과 같다.

- 메모리
- 프로세서
- 이더넷
- VHD
- ISO
- VFD^{가상 플로피 디스크}
- 파이버 채널 포트
- 파이버 채널 연결
- PciExpress

이 예제에서는 저장소와 이더넷 풀 같은 가장 일반적인 리소스 풀의 예를 몇 가지 살펴본다.

준비

리소스 풀을 만드는 옵션은 그래픽 인터페이스를 통해 활성화시키지 못하며, PowerShell로만 가능하다. PowerShell을 관리자 권한으로 실행해야 한다.

예제 구현

다음 과정을 따라 저장소와 이더넷 리소스 풀을 만든다.

1. 저장소 리소스 풀을 만드는 과정을 시작하기 전에 가상 하드 디스크를 모아야 한다. 이 예제에서는 다음 화면에서처럼 StoragePool1이라는 폴더에 4개의 VHD를 만들었다.

저장소 풀 리소스

2. PowerShell을 열고 New-VMResourcePool 명령을 입력한 후 -Path 옵션 다음에 디스크의 경로를 지정한다.

```
New-VMResourcePool -Name StoragePool1 -ResourcePoolType VHD -Paths
C:\Hyper-V\StoragePool1
```

3. 리소스 풀을 만든 후 Hyper-V 관리자에서 새로운 저장소 풀을 추가하고 싶은 가상 컴퓨터를 선택하고 설정을 연다.

4. 가상 컴퓨터 설정에서 다음 화면에서처럼 디스크를 추가하고 싶은 하드 드라이브를 선택하고, 오른편 창의 드롭다운 목록에서 해당 리소스 풀을 선택한 후 선택한 리소스 풀의 가상 하드 디스크를 선택한다. 확인을 클릭하면 리소스 풀의 디스크를 추가한다.

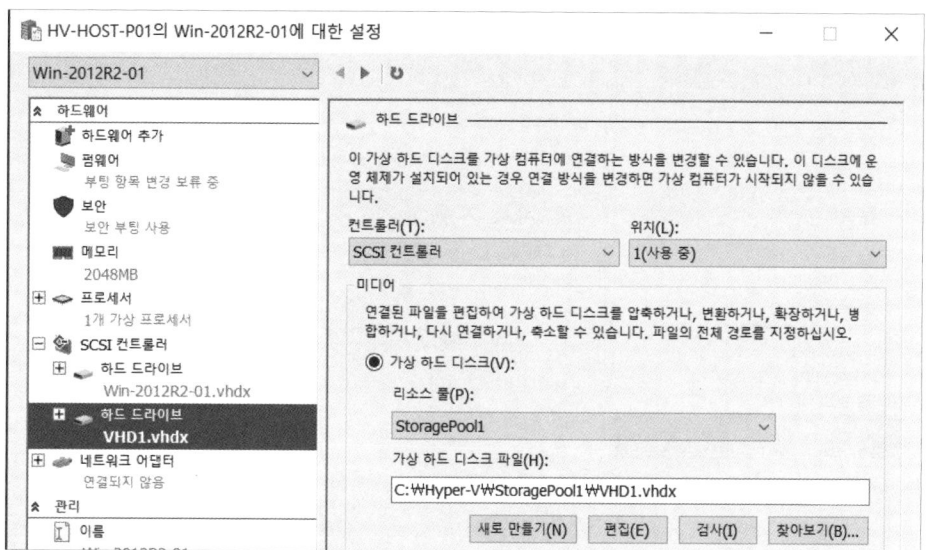

저장소 리소스 풀에서 디스크 추가하기

5. 이더넷 저장소 풀을 만들려면 다시 PowerShell을 열고 New-VMResourcePool 명령을 입력하고 ResourcePoolType 다음에 Ethernet을 사용한다.

```
New-VMResourcePool -Name EthernetResourcePool1 -ResourcePoolType
Ethernet
```

6. 이제 새로운 이더넷 리소스 풀을 사용하고 싶은 가상 컴퓨터 설정을 연다.
7. 리소스 풀을 추가하고 싶은 네트워크 어댑터를 선택한다. 다음 화면에서처럼 오른편 창에서 가상 스위치를 선택한다.

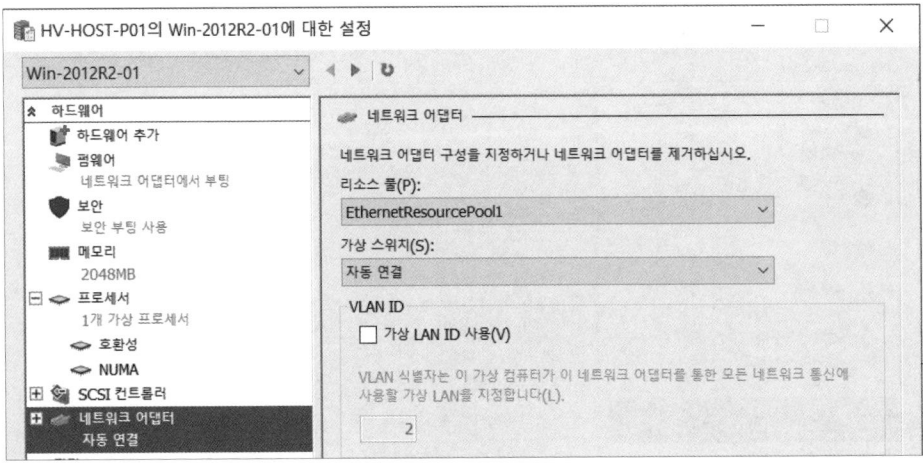

이더넷 리소스 풀 생성

8. 확인을 클릭하면 가상 컴퓨터는 새로운 리소스 풀로 구성된다.

예제 분석

첫 번째 단계에서 가장 일반적인 리소스 풀 중 하나인 저장소 리소스 풀을 만드는 예를 들었다.

New-VMResourcePool 명령에 C:\Hyper-V\StoragePool1 경로의 모든 가능한 디스크를 사용해 StoragePool1이라는 리소스 풀을 만들었다.

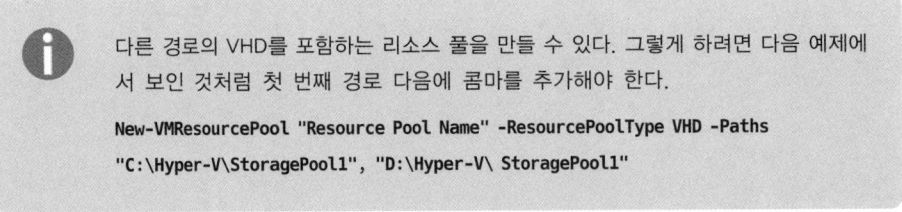

앞서 단계들을 통해 리소스 풀의 2가지 예제만 보였지만, 다른 리소스 풀 역시 만들 수 있다. 만들 수 있는 리소스 풀 형식은 memory, processor, ethernet, vhd, iso, vfd, fibrechannelport, fibrechannelconnection, PciExpress다.

메모리와 프로세서 리소스 풀과 같은 기존 리소스 풀 몇 가지는 만들 때 그래픽 인터페이스 옵션이 없다. 그러나 Hyper-V Msvm_ResourcePool WMI 클래스를 사용해 고급 옵션을 만들거나 다른 관리 솔루션에서 리소스 풀을 통합할 수 있다.

리소스 풀의 또 다른 유용한 시나리오는 리소스 사용량과 리소스 계측 기능의 결합이다, 예를 들어 리소스 풀당 사용량과 워크로드를 측정하고 리소스 풀의 계측 데이터 모두를 사용해서 고객을 위해 비용 보고서를 만들 수 있다.

보충 설명

그래픽 인터페이스가 없기 때문에 PowerShell에는 리소스 풀에 관한 더 자세한 정보를 보여주는 Get-VMResourcePool과 같은 명령을 제공한다. Get-VMResourcePool 명령을 입력하면 PowerShell에서는 기존 풀과 이름 및 형식, 컴퓨터 이름과 같은 정보를 보여준다. 예를 들어 형식별 리소스 풀 목록을 보려면 Get-VMResourcePool -ResourcePoolType Ethernet 같은 간단한 필터를 사용한 후 Ethernet 리소스 풀을 가져 올 수 있다.

참고 사항

- 10장의 '리소스 계측 사용' 예제

▌ NIC 팀 생성과 추가

고가용성은 실패가 발생하는 경우 중요한 서비스, 즉 비즈니스에 중요한 애플리케이션과 워크로드가 항상 실행되게 하는 데 필요하다. 고가용성 환경은 서버와 장애 조치 클러스터, 이중 저장소 어레이, 저장소 복제 등과 같은 다양한 구성 요소를 갖는다. 물론 이들 구성 요소 모두는 함께 연결해야 하므로 네트워크 어댑터도 고가용성을 고려해야 한다. 고가용성 솔루션을 사용하는 기업의 75%는 둘 이상의 네트워크 어댑터를 하나의 인터페이스로 모으는 형태의 솔루션을 사용한다. 이 방법은 네트워킹 측면에서 부하 분산과 고가용성을 제공한다. 이 솔루션을 부하 분산과 장애 조치^{LBFO, Load Balance and Failover} 또는 NIC 본딩^{bonding}, NIC 팀이라는 다양한 이름으로 지칭한다. 여기서는 Microsoft 용어로 NIC 팀이라고 쓴다. NIC 팀을 사용해 Windows 내에서 트래픽 장애 조치와 부하 분산을 할 수 있다. 이 기능은 서드파티 솔루션이나 비싼 하드웨어 구성 요소 없이 네트워크 어댑터나 케이블, 포트 실패에서 연결 실패를 방지한다.

Windows Server 2016에서는 두 가지 방식으로 NIC 팀을 구현한다. 클래식 Windows Server 2012 R2 모델은 Windows Server 2016에서 완벽히 지원되며, SET^{Switch Embedded Teaming}라는 새로운 아키텍처식 접근 방식도 있다.

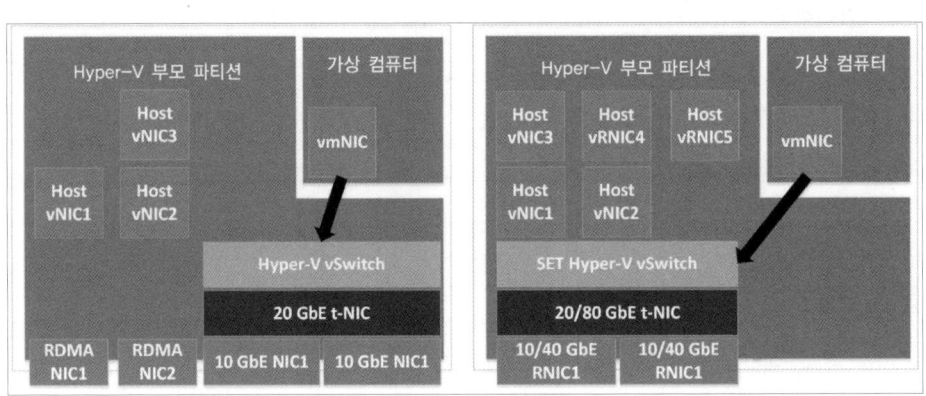

NIC 팀 구성: 클래식 Windows Server 2012 R2 모델과 Windows Server 2016 SET

이 예제는 NIC 팀을 설정하는 세부 사항을 다루고 가능한 한 다양한 옵션을 설명한다.

준비

모범 사례는 속도와 드라이버, 기능 등이 같은 구성을 갖는 동일한 네트워크 어댑터를 사용하는 것이다. 시작하기 전에 네트워크 어댑터가 같은 설정을 갖는지 확인하자.

 준비할 때 고려할 사항 중 하나는 CDN(Consistent Device Naming) 사용이다. CDN 은 펌웨어의 물리적인 이름에 따라 일관되게 올바로 레이블을 붙인다.

CDN 지원은 선택적이며, 이전에 설정하지 않았다면 서버의 BIOS에서 설정해야 한다. HPE 서버에서 부팅하는 동안 F9를 눌러 BIOS를 수정해 이를 설정할 수 있다.

System Confifiguration ❯ BIOS/Platform Configuration(RBSU) ❯ Advanced Options ❯ Advanced System ROM Options ❯ Consistent Device Naming

예제 구현

다음 과정은 클래식 Windows 2012 R2 모델을 활용해 물리 Hyper-V 호스트에 NIC 팀을 만들고 구성하며, 추가하는 방법이다. 이 예제 다음에 SET$^{\text{Switch Embedded Teaming}}$을 다룬다.

1. 서버 관리자를 열고 왼편 창에서 모든 서버 또는 Hyper-V를 클릭하고, 다음 화면에서처럼 NIC 팀을 사용하고 싶은 서버를 오른쪽 클릭한 후 NIC 팀 구성을 클릭한다.

NIC 팀 구성

2. NIC 팀 창에서는 다음 화면에서처럼 작업과 새 팀을 클릭한다.

서버 관리자 - 새 팀 구성

3. 새 팀 창에서 상단에 팀 이름을 지정하고 NIC 팀에 추가하고 싶은 네트워크 어댑터를 선택한다.

4. 다음 화면에서처럼 추가 속성 아래 팀 구성 모드와 부하 분산 모드를 설정하고, 주 팀 인터페이스에 VLAN 멤버십을 설정한다.

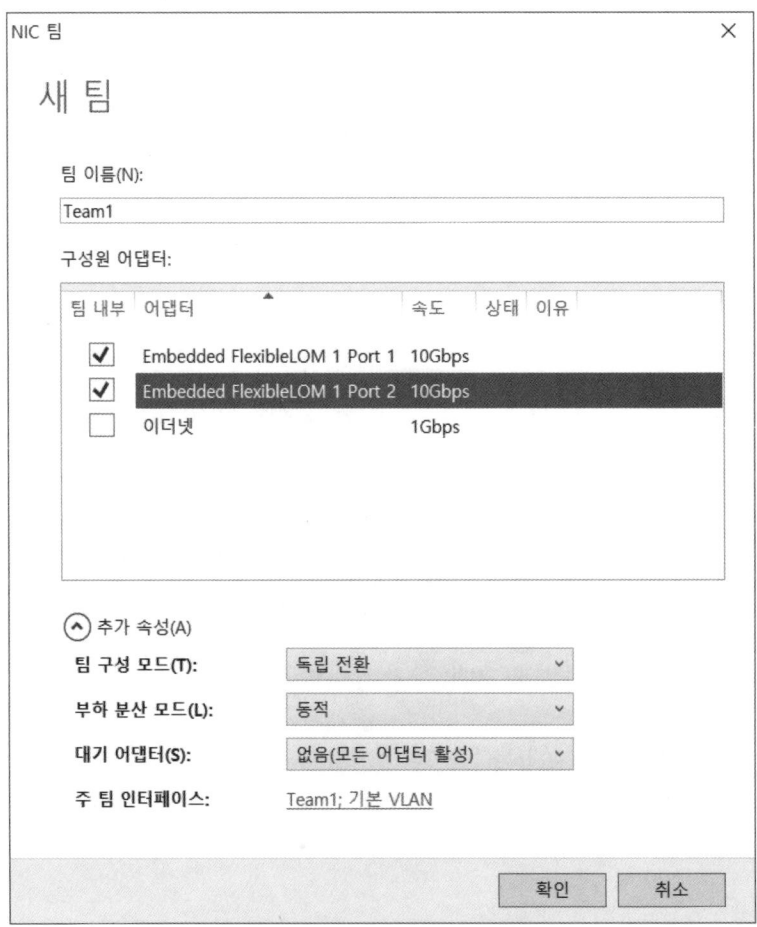

서버 관리자: 새 팀 구성- 추가 속성

5. 이제 Windows 서버에서 네트워크 설정을 열 때 새로운 NIC 팀 인터페이스를 확인하고 다른 일반적인 네트워크 어댑터에서 한 것처럼 네트워크 구성, IP 설정 등을 시작할 수 있다.

PowerShell을 통해 새로운 NIC 멤버를 팀에 추가할 때는 다음 명령에서 <NicName>과 <TeamName> 각각에 NIC와 팀 이름을 지정해 실행한다.

Add-NetLbfoTeamMember <NicName> <TeamName>

NIC 팀은 PowerShell에서 `New-NetLbfoTeam` 명령을 사용해 만들고 구성할 수도 있다.

NIC 팀 구성은 VM 내에서도 배포할 수 있다. 이렇게 하면 VM에서 둘 이상의 Hyper-V 스위치(vSwitch)에 연결된 가상 NIC(vNICS)를 갖추고 한 스위치에 연결된 물리 NIC가 실패해도 계속 연결을 유지할 수 있다.

VM 내에서 배포한 NIC 팀 구성에서 종종 SR-IOV$^{Single Root I/O Virtualization}$를 사용하기도 한다. SR-IOV 트래픽은 Hyper-V 스위치를 우회하므로 Hyper-V 호스트 수준에서 NIC 팀으로 보호할 수는 없다.

다음 과정은 클래식 Windows 2012 R2 모델을 활용해 VM 내에서 NIC 팀을 만들고 구성하며, 추가하는 방법이다. 다시 한 번 얘기하지만 이 예제의 뒤에서 SET$^{Switch Embedded Teaming}$을 다룬다.

1. Hyper-V 관리자의 VM에 대한 설정에서 VM의 NIC와 고급 기능 항목을 선택한 후 게스트 운영체제에서 이 네트워크 어댑터가 팀의 일부가 되게 설정 체크상자를 선택하고 확인을 클릭한다.
2. VM 내에서 서버 관리자를 열고 모든 서버를 클릭한 후 NIC 팀을 사용하기 원하는 서버를 오른쪽 클릭하고 NIC 팀 구성을 클릭하고 앞서 설명한 단계를 따른다.

> VM 내에서 NIC 팀 구성을 허용하는 프로세스를 커맨드라인을 통해 설정할 수 있다. PowerShell을 열고 다음 명령의 <VMName>에 가상 컴퓨터 이름을 지정해 실행할 수 있다.
>
> **Get-VM <VMName> | Set-VMNetworkAdapter -AllowTeaming On**

3. 팀 구성을 사용하게 설정한 가상 컴퓨터 설정을 열고, 외부 네트워크를 선택한 후 드롭다운 목록에서 팀 인터페이스를 선택한다.

> VM 내의 NIC 팀은 주소 해시 배포 모드를 사용해 스위치 독립 팀 구성으로만 실행할 수 있다.

예제 분석

팀 구성한 네트워크 어댑터를 물리 Hyper-V 호스트와 Hyper-V 가상 컴퓨터에 추가할 수 있지만, NIC 팀은 Hyper-V 기능이 아니다. NIC 팀은 Windows 서버의 기능이며, 가상 컴퓨터에서 생성한 워크로드를 포함해 모든 네트워크 워크로드에 사용될 수 있다.

기본적으로 Windows 2012 R2 클래식 모드에서 Windows 서버 NIC 팀은 하나의 팀에서 최대 32개의 물리 네트워크 어댑터를 지원한다.

> Hyper-V에서는 가상 컴퓨터에 두 개의 네트워크 어댑터만 팀으로 지원한다.

NIC 팀 구성에는 3가지 구성 모드가 있다. 기본 모드는 '독립 스위치'며, 이 스위치는 네트워크 어댑터가 팀인지 모르므로 서로 다른 스위치에 연결할 수 있다. 다음 모드는 '정적 팀 구성'이다. 이 모드는 네트워크 어댑터의 문제를 확인할 수 있게 스위치와 컴퓨터를 구성해야 한다. 3가지 모드 중 마지막은 '링크 집계 제어 프로토콜^{LACP, Link Aggregation Control Protocol}'이다. LACP는 링크를 동적으로 확인한다. 대부분의 경우 LACP는 포트에서 프로토콜을 사용할 수 있게 직접 구성이 필요하다.

NIC 팀 구성을 위한 3가지 부하 분산 알고리즘도 있다. 기본 알고리즘은 '동적'이다. 이 옵션은 다른 두 개의 분산 알고리즘에서 최상의 기능을 조합해 하나의 알고리즘으로 결합한 것이다. 이 모드를 사용하면 다음과 같이 동작한다.

- 아웃바운드 트래픽은 TCP 포트와 IP 주소의 해시를 기반으로 분산된다. 동적 모드는 실시간으로 다시 부하 분산을 조정해서 주어진 아웃바운드 흐름을 동일한 팀의 멤버인 NIC 간에 앞뒤로 이동할 수 있다.
- 인바운드 트래픽은 Hyper-V 스위치 포트가 사용되는 것처럼 분산된다.

다음 모드는 'Hyper-V 포트'다. 가상 컴퓨터에 MAC 주소가 할당되므로 Hyper-V 스위치에 연결된 VM의 MAC 주소나 포트는 트래픽을 나누는 기준이다. 이 부하 분산 알고리즘을 Hyper-V와 함께 사용하면 이점이 있어 Windows Server 2012 Hyper-V에서는 기본 옵션이었다. 하지만 Windows Server 2012 R2 Hyper-V는 '동적' 모드를 기본 부하 분산 알고리즘으로 선택했다. 3가지 모드 중 마지막은 '주소 해시'다. 주소 해시는 패킷의 주소 요소를 기반으로 해시를 만든 후 이 주소 해시 값을 갖는 패킷을 해당 팀 내의 가용한 NIC 중 하나에 할당한다.

구성 옵션이 너무 많은데, 어떤 것을 왜 선택해야 할까? '독립 스위치/동적'은 가장 흔히 사용하는 구성이며, 네이티브와 Hyper-V 환경에서 NIC 팀 구성을 위한 최고의 옵션이다. 하지만 다음과 같은 몇 가지 예외가 있다.

- NIC 팀 구성을 VM 내에 구현할 때
- 독립 스위치 팀 구성 요구 사항이 있는 곳(예를 들어 LACP를 사용할 때)
- NIC 팀 구현 요구 사항이 있고 해당 팀이 활성/대기 구성의 두 멤버로 구성될 때

PowerShell 명령을 사용해 가상 컴퓨터에 NIC을 추가함으로써 VM에서 NIC 팀을 사용할 수 있다. 가상 컴퓨터는 사용된 물리 서버와 동일한 환경을 가지며, 추가 도구나 서드파티 솔루션 없이 SR-IOV^{Single Root Input/Output Virtualization}와 같은 기능을 활용해 이점을 얻을 수 있다.

가능하더라도 NIC 팀은 동종의 NIC 간에 형성할 수 있다. 이를 테면 두 개의 1GB 또는 두 개의 10GB NIC가 한 팀에 있을 수는 있지만, 동일한 팀에 1GB와 10GB NIC가 있을 수는 없다.

> NIC 팀을 활성화하고 추가할 때 활성화할 계획인 기본 네트워크 서비스가 어떤 것인지 고려해야 한다. 이들 기본 네트워킹 서비스를 활성화함으로써 여러분 네트워킹 환경 내에서 너 높은 수준의 성능과 신뢰성을 이끌어 낼 수 있다.
>
> 최소한 수신 측 배율(RSS, Receive Side Scaling)과 가상 컴퓨터 큐(VMQ, Virtual Machine Queues) 모두 사용해야 한다. RSS와 VMQ 모두는 호스트 내의 다중 CPU에 걸쳐 데이터를 효율적으로 수신하게 한다.

보충 설명

SET^{Switch Embedded Teaming}은 클래식 Windows Server 2012 R2 NIC 팀 모델에 대체 NIC 팀 솔루션을 제공하며, Windows Server 2016에서 네트워크 컨트롤러 기능을 설치했을 때 찾을 수 있는 소프트웨어 정의 네트워킹^{SDN, Software Defined Networking} 스택과 Hyper-V를 포함하는 환경에서 사용할 수 있다.

> SET을 사용하면 8개의 네트워크 어댑터를 하나 이상의 팀 인터페이스로 묶을 수 있다.

SET는 Hyper-V 가상 스위치(vSwitch)에 통합되므로, VM 내에서 SET을 사용할 수 없다. 하지만 VM 내에서 클래식 Windows Server 2012 R2 NIC 팀 모델은 사용할 수 있다.

클래식 Windows Server 2012 R2 NIC 팀과 달리 SET으로 팀을 만들 때 팀 이름은 정의하지 못한다. 게다가 클래식 모델에서처럼 SET에서 대기^{standby} 어댑터는 지원하지 않으므로, SET에서는 모든 네트워크 어댑터가 활성^{active}이다.

 Windows Server 2012 R2 모델과 달리 SET은 독립 스위치 모드와 'Hyper-V 포트'와 '동적'으로 제한된 부하 분산 배포 모드 측면에서 SET 팀용 옵션만 지원한다.

New-VMSwitch PowerShell 명령으로 Hyper-V 가상 스위치를 만들 때와 동일한 시점에 SET을 만든다.

```
New-VMSwitch -Name SETvSwitch -NetAdapterName "NicName1","NicName2"
 -EnableEmbeddedTeaming $true
```

SET 팀에서 팀 멤버를 변경하려면 간단히 Set-VMSwitch PowerShell 명령을 사용해 NetAdapterName 옵션 다음에 원하는 팀 멤버 목록을 입력한다. SETvSwitch가 NicName1과 NicName2로 만들어졌다면 다음 명령으로 SET 팀 멤버 NicName2를 삭제한다.

```
Set-VMSwitchTeam -Name SETvSwitch -NetAdapterName "NicName1"
```

SET 팀과 연결된 Hyper-V 가상 스위치를 제거함으로써만 SET 팀을 제거할 수 있다. Remove-VMSwitch를 사용해 Hyper-V 가상 스위치를 제거한다. 다음의 PowerShell 명령은 SETvSwitch라는 가상 스위치를 제거한다.

```
Remove-VMSwitch "SETvSwitch"
```

마지막으로 Set-VMSwitchTeam PowerShell 명령에는 LoadBalancingAlgorithm 옵션이 있다. 이 옵션의 값으로는 HyperVPort나 Dynamic 중 하나를 받는다. SET 팀에 대한 부하 분산 알고리즘을 설정하거나 변경하려면 다음과 같은 PowerShell 명령을 사용한다.

```
Set-VMSwitch -Name SETvSwitch -VMSwitchLoadBalancingAlgorithm Dynamic
```

▌가상 스위치 생성과 관리

가상 스위치는 가상 컴퓨터와 호스트, 물리 네트워크 간에 네트워크 트래픽 제어를 담당하는 Hyper-V의 구성 요소다. 지원 기능과 고급 관리 기능은 VM에서 네트워크 데이터를 보내고 받는 방식을 제한하고 보안을 제공하며, 보호와 격리, 제어를 수행한다.

Windows Server 2016 Hyper-V에서 사용할 수 있는 가상 스위치는 이 예제에서 다루는 사설 VLAN과 대역폭 관리, 스푸핑 보호, 기타 구성 요소 같은 흥미로운 기능을 몇 가지 제공한다.

고급 구성 요소를 시작하기 전에 기본 스위치 옵션과 가상 스위치를 만들고 가상 컴퓨터에 추가하는 방법을 살펴본다.

준비

Hyper-V에 외부 스위치를 사용하려면 네트워크 드라이버가 설치됐고 네트워크 어댑터가 호스트 컴퓨터에서 **사용함**으로 설정됐는지 확인해야 한다.

예제 구현

다음은 새로운 가상 스위치를 만들고 일반적인 설정을 구성하는 과정이다.

1. 새로운 가상 스위치를 만들려면 Hyper-V 관리자를 열고 작업 창에서 가상 스위치 관리자를 클릭한다.
2. 다음 화면에서처럼 외부와 내부, 개인 중에서 만들고자 하는 가상 스위치 유형을 선택하고 가상 스위치 만들기를 클릭한다.

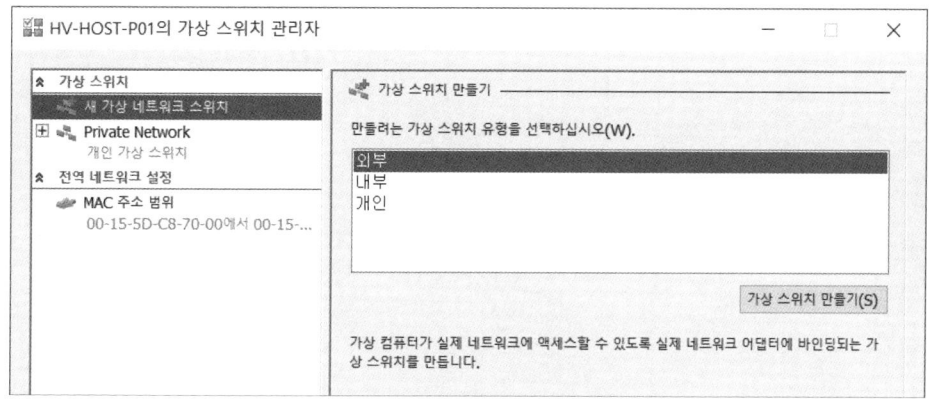

가상 스위치 관리자

3. 왼편에서 새로운 가상 스위치를 사용할 수 있다. 오른편 창에서 가상 스위치에 대한 이름과 설명을 지정한다.
4. 연결 형식 옵션에서 외부나 내부, 개인 네트워크 중에서 선택할 수 있다. 외부 네트워크는 관리 운영체제에서 이 네트워크 어댑터를 공유할 수 있게 허용과 SR-IOV(단일 루트I/O 가상화) 사용이라는 두 가지 옵션이 있다. 외부 네트워크의 경우 드롭다운 목록에서 가상 스위치에 바인딩할 호스트 컴퓨터의 네트워크 어댑터를 선택한다. 다음 화면에서 가상 스위치는 외부 네트워크 옵션을 사용해 만들었다.

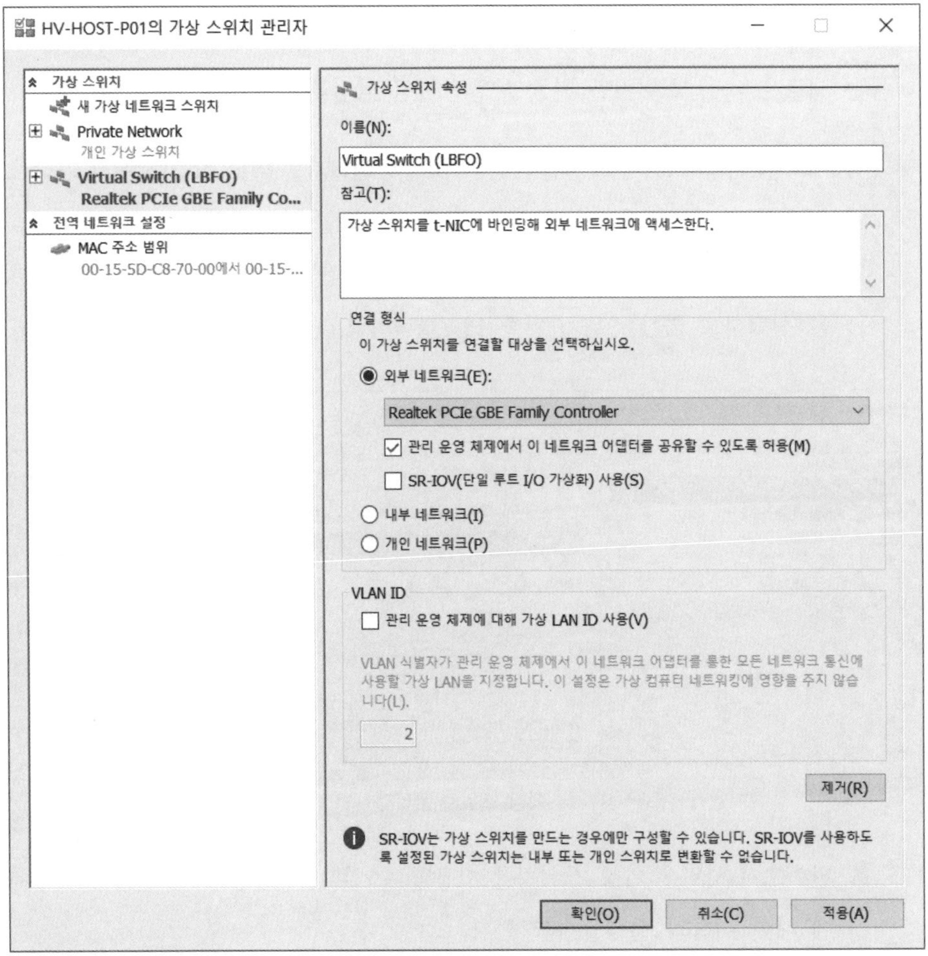

새로운 가상 스위치

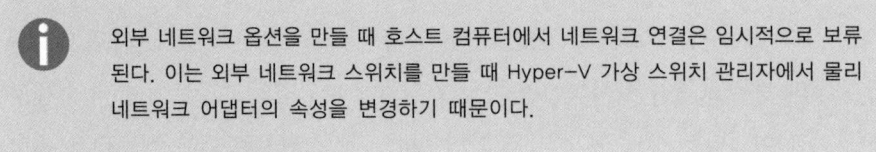

외부 네트워크 옵션을 만들 때 호스트 컴퓨터에서 네트워크 연결은 임시적으로 보류된다. 이는 외부 네트워크 스위치를 만들 때 Hyper-V 가상 스위치 관리자에서 물리 네트워크 어댑터의 속성을 변경하기 때문이다.

5. 필요한 경우 관리 운영체제에 대해 가상 LAN ID 사용을 선택하고 VLAN ID 아래에 ID를 지정한다.

6. 선택한 옵션을 확인하고 확인을 클릭해 새로운 가상 스위치를 만든다.
7. 가상 컴퓨터에 새 가상 스위치를 추가하려면 Hyper-V 관리자를 열고 변경하고 싶은 가상 컴퓨터를 선택한 후 **작업** 창에서 **설정**을 클릭한다.
8. 가상 컴퓨터 설정에서 기존 네트워크 어댑터를 선택하거나 왼편 창에서 하드웨어 **추가**를 사용해 새로운 어댑터를 추가한다.
9. 네트워크 어댑터에서 가상 스위치 아래의 드롭다운 목록에서 VM에 추가하고 싶은 가상 스위치를 선택한다. 다음 화면에서는 앞선 작업에서 만든 가상 스위치(외부 가상 스위치)가 추가됐다.

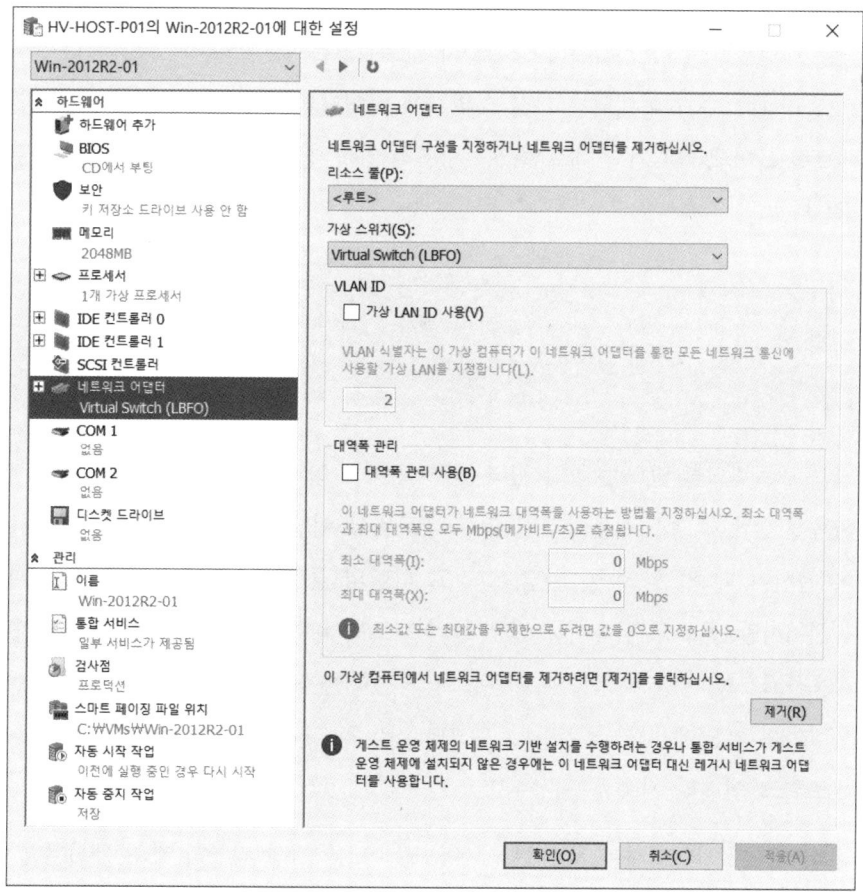

새로운 VM을 새 가상 스위치에 바인딩

10. VM에 대한 네트워크 대역폭 제한을 만들려면 앞 화면에서처럼 **대역폭 관리 사용** 옵션을 선택하고 **최소 대역폭**과 **최대 대역폭**을 지정한다.
11. 그 후 가상 컴퓨터에서 만든 가상 스위치를 사용하면 그 VM 내에서 네트워크 설정을 변경할 수 있다.

예제 분석

이전 버전에서처럼 Hyper-V는 새로운 가상 스위치를 만들 때 여전히 외부와 내부, 개인 네트워크라는 3가지 유형의 네트워크를 제공한다.

외부 네트워크는 가상 컴퓨터에서 물리 네트워크를 액세스할 때 사용한다. 본질적으로 물리 네트워크 어댑터는 가상 스위치에 바인딩되고 Hyper-V는 호스트 컴퓨터의 네트워크 어댑터와 가상 네트워크를 사용해 가상 컴퓨터 간의 제어와 액세스를 넘겨받는다.

 Windows Server 2016 Hyper-V에서는 가상 네트워크를 만들 때 무선 네트워크 어댑터 사용을 지원한다.

외부 네트워크를 만드는 동안 관리 운영체제에서 이 네트워크 어댑터를 공유할 수 있게 **허용**을 선택해 호스트 컴퓨터와 외부 네트워크 어댑터를 공유하게 지정할 수 있다. 이 옵션이 테스트와 개발 환경, 그리고 하나의 물리 네트워크 어댑터뿐일 때 좋은 옵션이지만, 호스트 컴퓨터용 전용 물리 네트워크 어댑터나 가상 네트워크 어댑터를 사용하고, Hyper-V 호스트 네트워킹 요구 사항(예를 들어 클러스터나 실시간 마이그레이션 트래픽 지원)에 따라 외부 네트워크당 하나의 다른 물리 네트워크 어댑터나 가상 네트워크 어댑터 사용을 권장한다.

내부 네트워크라고 하는 두 번째 네트워크는 모든 가상 컴퓨터 간의 통신뿐만 아니라 호스트 컴퓨터와 통신할 수 있다. 이 네트워크에는 물리 네트워크 어댑터가 연결돼 있지 않다. 이 네트워크는 VM에서 로컬 및 제한된 네트워크 액세스가 필요할 때 테스트와 개발 시나리오에 유용하다. 이 네트워크는 부모 파티션에도 NIC을 만들어 관리자가 동일한 내부 네트워크에 연결된 VM을 액세스하는 네트워크를 구성할 수 있게 한다.

개인 네트워크 역시 바인딩된 물리 네트워크 어댑터가 없다. 이 네트워크는 모든 통신을 가상 컴퓨터로만 제한한다. 개인 네트워크를 사용할 때 호스트와 물리 네트워크에 액세스하지 못한다. 개인 네트워크 내에서 네트워크 트래픽은 가상 컴퓨터 사이에서만 존재한다.

다중 가상 컴퓨터에 동일한 가상 스위치를 추가할 때 이들 간에 격리가 필요할 수 있다. 예를 들어 20대의 VM에 사용할 내부 네트워크가 있을 때 10대의 가상 컴퓨터로 나눠 두 그룹으로 격리할 수 있다. 물리 네트워크에서는 이를 VLAN$^{\text{Virtual Local Area Network}}$이라고 한다. 물리 네트워크 어댑터가 지원한다면 Hyper-V를 통해 모든 가상 컴퓨터에 동일한 VLAN ID로 설정해 같은 작업을 수행할 수 있다.

VM에서 가상 스위치를 지정할 때 대역폭 관리라고 하는 QoS 정책을 만드는 또 다른 기능이 있다. 이 설정에서 최소 및 최댓값을 설정해 Hyper-V에서 지정한 사용량에 도달하면 대역폭 사용량을 차단함으로써 가상 컴퓨터당 네트워크 사용량을 제한하거나 네트워크 어댑터에서 VM이 전용 워크로드를 갖도록 높은 우선순위의 예약을 추가해 정반대로 제한할 수 있다.

레거시 네트워크 어댑터 사용

가상 스위치 드라이버는 가상 컴퓨터와 통합 서비스가 시작될 때 적재된다. 통합 서비스를 지원하지 않는 VM이 있거나 네트워크를 통해 VM을 부팅해야 하고, 그 VM이 1세대라면 일반 가상 스위치는 동작하지 않는다. 이 경우 레거시 네트워크 어댑터를 추가할 수 있다. 이 어댑터를 추가하려면 가상 컴퓨터 설정을 열고 상단 왼편 창에서 하드웨어 추가를 클릭한 다음 레거시 네트워크 어댑터를 선택하고 추가를 클릭한다.

다음 화면에서처럼 새로운 레거시 네트워크 어댑터는 왼편 창에 표시된다.

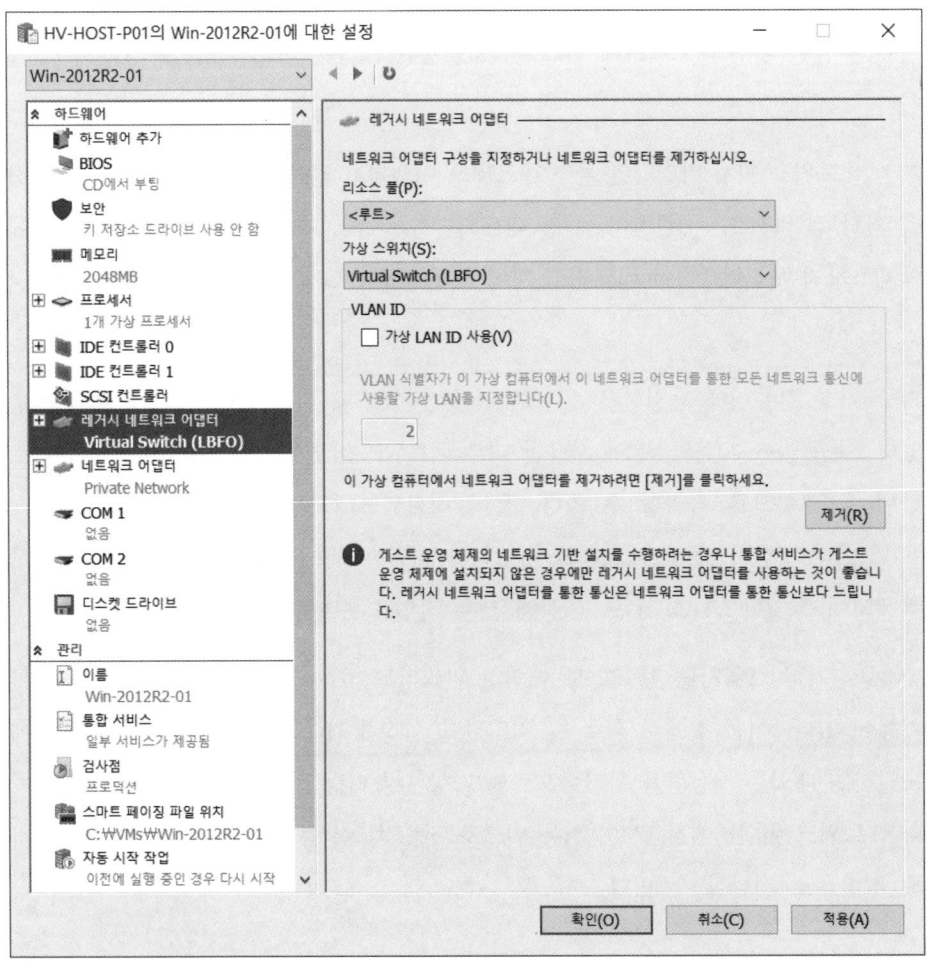

레거시 NIC가 있는 VM을 새로운 가상 스위치에 바인딩하기

가상 스위치 아래에서 가상 컴퓨터에 사용하려는 스위치를 선택하고 확인을 클릭한다. 가상 컴퓨터가 시작되고 새로운 네트워크 어댑터를 자동으로 인식하므로 네트워크를 통해 부팅하거나 통합 구성 요소가 없는 VM에서 부팅할 수 있다.

참고 사항

- 3장의 '고급 가상 컴퓨터 네트워크 설정 사용' 예제

고급 가상 컴퓨터 네트워크 설정 사용

가상 컴퓨터에 가상 스위치를 생성하고 추가하는 작업이 Windows Server 2016 Hyper-V 이야기의 끝이 아니다. Windows Server 2012 R2 버전에서 많은 기능과 설정이 소개됐다. 이들 기능은 DHCP 가드와 라우터 가드, 포트 미러링처럼 그래픽 인터페이스를 사용해 구성할 수 있고, 포트 ACL처럼 PowerShell이 필요한 다른 옵션도 있다.

이런 옵션이 충분하지 않더라도 문제없다. Hyper-V는 확장 가능한 스위치를 지원하므로, 자체 코드를 작성해 가상 스위치 트래픽 미러링과 포워딩, 필터링에 새 기능을 만들 수 있다.

이 예제에서는 고급 네트워킹 기능을 다루고 이 기능의 동작 방식을 설명한다.

준비

이 예제에서는 가상 스위치의 고급 옵션을 보이지만, 가상 스위치를 만드는 방법은 다시 설명하지 않는다. 다음 과정을 시작하기 전에 가상 스위치를 만드는 앞의 예제를 사용하자.

예제 구현

다음 과정은 VMQ와 IPSec 작업 오프로드$^{Task\ Offload}$, SR-IOV, DHPC 가드, 라우터 가드, 포트 미러링 같은 고급 가상 스위치 옵션을 모두 보여준다.

1. 고급 네트워크 설정을 수정하려면 Hyper-V 관리자를 열고, 변경하려는 가상 컴퓨터를 오른쪽 클릭한 후 설정을 클릭해 다음 화면을 표시한다.

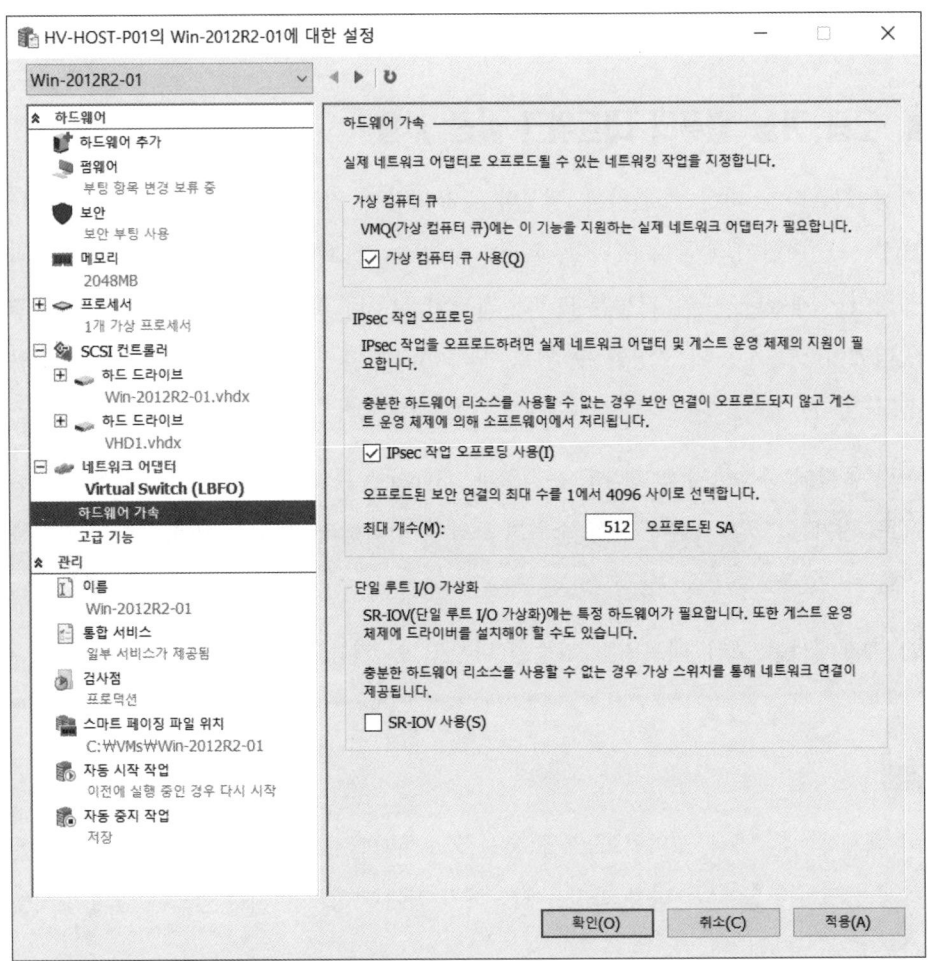

하드웨어 가속

2. 앞 화면에서처럼 관리하려는 네트워크 어댑터를 선택하고 더하기 아이콘(+)을 클릭해 하드웨어 가속과 고급 기능 옵션을 연다.

3. 가상 컴퓨터 대기열(VMQ)을 해제하려면 가상 컴퓨터 대기열 사용 옵션 체크를 해제한다.

> 수신한 데이터를 다수의 CPU에 걸쳐 효율적으로 처리되게 관리하려면 VMQ를 사용하는 것이 가장 좋다.

4. IPSec 작업 오프로딩을 해제하려면 IPsec 작업 오프로드 사용 옵션의 체크를 해제한다.

5. SR-IOV 기능을 사용하려면 SR-IOV 사용 체크상자를 선택한다.

> SR-IOV는 가상 스위치를 만드는 동안만 설정할 수 있으며, 구성 작업 이후에는 활성화시킬 수 없다. SR-IOV는 PowerShell에서 New-VMSwitch 명령을 사용해 구성할 수도 있다.

6. 다음 화면에서처럼 이제 네트워크 어댑터 아래의 **고급 기능**을 선택해 고급 네트워크 어댑터 설정을 변경한다.

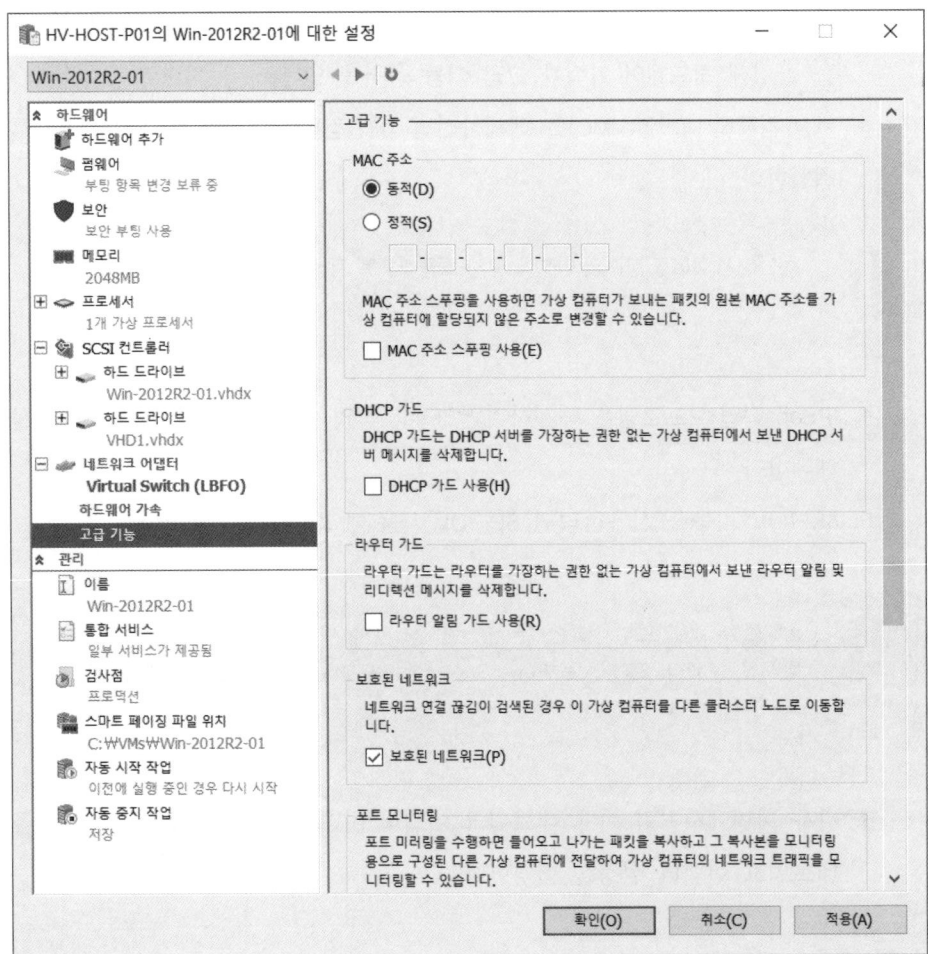

고급 기능

7. MAC 주소를 고정으로 변경하려면 고정을 선택하고 정적 MAC 주소를 지정한다.

8. MAC 주소 스푸핑 옵션을 사용하려면 MAC 주소 스푸핑 사용 체크상자를 선택한다.

9. DHCP 가드를 사용하려면 DHCP 가드 사용 옵션을 선택한다.

10. 라우터 가드를 사용하려면 라우트 가드 알림 사용 옵션을 선택한다.

11. 포트 미러링을 사용하려면 드롭다운 목록에서 미러링 모드를 대상과 원본 중에서 선택한다.

12. 고급 옵션을 선택하고 수정한 후 확인을 클릭하면 수정한 모든 구성을 적용해 가상 컴퓨터가 시작된다.

예제 분석

이제 가상 네트워크 어댑터에서 고급 기능을 사용하는 방법을 살펴봤으므로, 이들 기능 모두를 간단히 설명한다.

첫 번째 기능은 가상 컴퓨터 큐^{VMQ}라고 불리는 기능으로, 물리 네트워크 어댑터 처리를 호스트 서버의 사용 가능한 모든 CPU에 걸쳐 동적으로 분산시킨다. 이런 방식은 네트워크 사용량이 대단히 높을 때 CPU 사용률을 감소시킨다. 이 기능을 해제하면 호스트 컴퓨터의 CPU는 네트워크 I/O를 다중 처리하는 동안 부하를 받는다.

IPSec 작업 오프로딩은 네트워크에서 사용되는 IPSec 패킷이 클 때 CPU 사용량을 줄임으로써 CPU 성능을 절감시키고 대역폭의 더 효율적으로 만든다. 새 버전의 Hyper-V에서 IPSec 작업 오프로딩은 추가 암호화 알고리즘과 IPv6를 지원하는 새 버전(V2)을 사용한다.

Windows Server 2016 Hyper-V에서 사용할 수 있는 또 다른 흥미로운 기능이 단일 루트 I/O 가상화$^{SR-IOV,\ Single\text{-}root\ I/O\ virtualization}$다. 이 기능은 네트워크 어댑터를 가상 컴퓨터에 직접 바인딩할 수 있다. 즉, Hyper-V에서 다른 네트워크 유형에서 수행하는 것처럼 네트워크 어댑터를 관리하지 않는다. 가상 컴퓨터와 물리 네트워크 어댑터 사이에서 모든 트래픽을 단순히 통과시킬 뿐이다. 이 기능은 가상 컴퓨터에서 대규모 네트워크 워크로드가 필요할 때 네트워크 대기시간과 호스트 서버의 CPU 사용량을 줄인다. 또 다른 흥미로운 점은 스냅숏과 저장, 일시 정지, 저장소, 실시간 마이그레이션과 같은 다른 모든 기능을 여전히 사용할 수 있어서 적용하기 쉽지만, Hyper-V

확장 가능 스위치 기능과 NIC 팀은 사용할 수 없다.

MAC 주소 설정에서 동적 주소 대신 정적 MAC 주소를 지정할 수 있다. 동적 MAC을 사용하면 VM을 시작할 때마다 다른 MAC을 얻는다. VM에서 항상 동일한 MAC이 필요하다면 이 옵션을 통해 정적 MAC을 설정할 수 있다.

 SR-IOV와 VMQ는 호스트 서버에서 지원해야 한다.

MAC 스푸핑 체크상자는 가상 컴퓨터에서 다른 MAC 주소를 사용해 트래픽을 보내고 받아야 하는 유니캐스트 패킷 플러딩의 경우나 가상 컴퓨터의 MAC을 재정의해야 하는 경우에 사용한다. 이 옵션은 VM 내에서 네트워크 부하 분산을 사용할 때 일반적이다.

마지막 구성인 포트 미러링을 사용하면 네트워크 트래픽을 또 다른 가상 컴퓨터로 미러링해서 대상 VM으로 들어오고 나가는 트래픽을 모두 모니터링할 수 있다. 포트 미러링을 사용하기 위해 원본과 대상 가상 컴퓨터를 선택해야 한다.

보충 설명

네트워크 어댑터와 가상 스위치에 대한 모든 설정은 Set-VMNetworkAdapter라는 PowerShell 명령을 통해 구성할 수도 있다.

다음 예제에서 Get-VM 명령을 사용해서 모든 VM을 가져와 동시에 DHCP 가드와 MAC 주소 스푸핑, 라우터 가드를 활성화한다.

```
Get-VM * | Set-VMNetworkAdapter -DhcpGuard On -MacAddressSpoofing On -
RouterGuard On
```

참고 사항

- 6장의 '포트 ACL 구성' 예제

vmNIC 추가와 제거

Windows Server 2016 Hyper-V는 가상 컴퓨터 네트워크 어댑터(vmNIC)를 2세대 가상 컴퓨터에 즉시 추가hot-add하거나 제거하는 기능을 지원한다. 이 기능은 따로 설명이 필요 없지만, vmNIC의 추가나 제거로 인한 전체 VM 다운타임이 필요 없게 만들었다. 과거에는 NIC을 제거할 때 VM을 종료시키고 가동을 중지하는 시간을 겪었다.

준비

vmNIC을 즉시 추가하거나 제거하려면 Hyper-V 관리자나 PowerShell 명령 Add-VMNetworkAdapter나 Remove-VMNetworkAdapter를 사용할 수 있다. 이 기능을 사용하려면 2세대 VM이면 충분하며, 다른 옵션이나 기능은 필요하지 않다. VM이 실행 중인 동안 간단히 vmNIC을 추가하거나 제거하면 된다.

예제 구현

다음 과정에서는 2세대 가상 컴퓨터에 대해 가상 컴퓨터 네트워크 어댑터(vmNIC)를 추가하고 제거하는 방법을 보여준다.

1. vmNIC을 즉시 추가하거나 제거하려면 Hyper-V 관리자를 열고 변경하려는 가상 컴퓨터에서 오른쪽 클릭한 다음 설정을 클릭한다.
2. vmNIC을 즉시 추가할 때 다음 화면에서처럼 왼편 창에서 하드웨어 추가를 클릭하고, 네트워크 어댑터를 선택한 후 추가를 클릭한다.

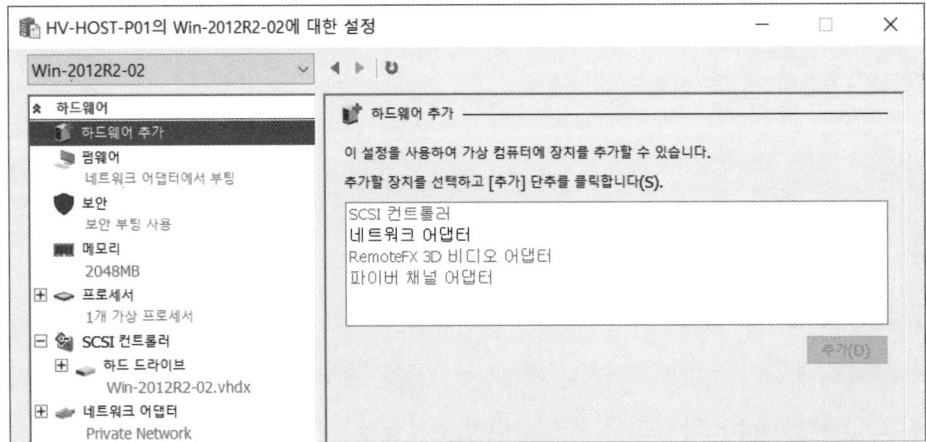

vmNIC 즉시 추가(hot-add)

PowerShell 명령 Add-VMNetworkAdapter를 사용해 vmNIC을 즉시 추가할 수도 있다.

```
Add-VMNetworkAdapter -VMName Win-2012R2-G2 -SwitchName 'External'
-Name External
```

3. vmNIC을 즉시 제거할 경우 왼편 창에서 하드웨어 아래에 제거하려는 네트워크 어댑터를 클릭한 후 제거를 클릭한다.

PowerShell 명령 Remove-VMNetworkAdapter를 사용해 vmNIC을 즉시 제거할 수도 있다.

```
Get-VMNetworkAdapter -VMName Win-2012R2-G2 | ?{$_.IPAddresses -eq
"10.1.0.15"} | Remove-VMNetworkAdapter
```

예제 분석

Windows Server 2016 Hyper-V에서는 2세대 가상 컴퓨터에 대한 vmNIC 즉시 추가와 제거를 지원한다. vmNIC을 즉시 추가하거나 제거할 때 Hyper-V 관리자나 PowerShell을 사용할 수 있다. VM이 실행 중인 동안 간단히 vmNIC을 추가하거나 제거할 수 있다.

보충 설명

물리 NIC와 CDN$^{Consistent\ Device\ Naming}$처럼 다중 NIC을 한 대의 가상 컴퓨터에 추가할 때 호스트의 가상 스위치에 연결된 네트워크 어댑터를 확인하기 어렵다. Windows Server 2016 Hyper-V에서는 이제 vmNIC에 레이블을 달 수 있다. 이렇게 붙인 식별 정보를 VM 내에서 확인할 수 있다.

Hyper-V 관리자에서 NIC 식별을 구성할 수는 없으며, PowerShell을 통해서만 구성할 수 있다. 다음 예제는 vmNIC을 추가하고, vmNIC에서 바인딩할 스위치를 지정한 후 전달된 레이블을 VM에 적용하고 장치 이름 지정^{DeviceNaming}을 활성화한다.

```
Add-VMNetworkAdapter -VMName <VMName> -SwitchName <SwitchName> -Name
"IntranetNIC" -Passthru | Set-VMNetworkAdapter -DeviceNaming on
```

다음 화면에서처럼 NIC 식별은 가상 컴퓨터 내의 네트워크 어댑터 속성에서 확인할 수 있다.

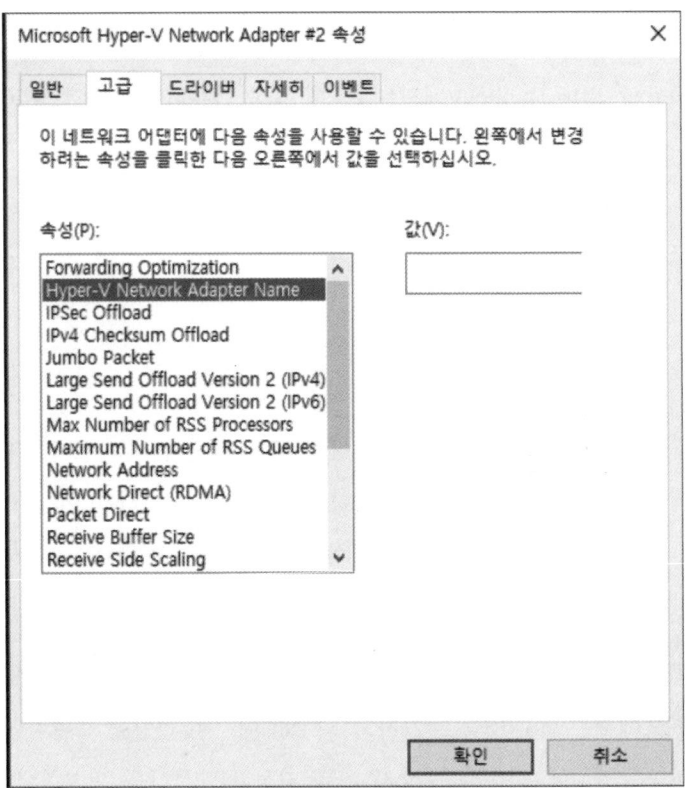

VM 내에서 NIC 식별

04

Hyper-V 자동화를 사용한 시간과 비용 절감

4장에서 다루는 내용은 다음과 같다.

- 가상 컴퓨터 템플릿 만들기
- PowerShell 기본 명령 배우고 활용하기
- 일상적인 작업에 PowerShell 명령 사용
- PowerShell을 통한 원격 연결 설정과 관리
- PowerShell 다이렉트로 가상 컴퓨터 관리
- Hyper-V 관리와 PowerShell 향상

▎소개

요즘의 모바일 우선, 클라우드 우선 세상에서 Microsoft는 기업에서 클라우드 문화를 껴안도록 기술과 도구를 제공한다. Microsoft에서 '클라우드 우선'이 뜻하는 바는 하이브리드 클라우드며, 클라우드는 작업하는 장소가 아니라 작업하는 방식의 변화를 뜻한다. 클라우드 우선 시대의 진정한 잠재력은 차별화된 혁신과 포괄적인 모바일 솔루션, 개발자 도구를 통해 실현할 수 있다.

새로운 가상 컴퓨터를 만들거나 설정을 변경하는 작업과 같은 일상적인 관리 작업은 다른 작업에 쓸 시간과 자원을 갉아 먹는다. Windows Server 2016과 PowerShell 버전 5를 함께 사용하면 자동화된 작업과 명령, 스크립트를 사용해 거의 모든 일을 할 수 있어, 시간을 아끼게 되므로 수작업 프로세스와 비용을 줄인다. 하지만 사람들은 스크립트와 커맨드라인이 복잡하고 적용하기 어렵다고 생각한다.

PowerShell은 이제 모든 IT 전문가나 개발자에게 필수다. 점점 더 많은 Microsoft 제품이 PowerShell로 관리되고 있으므로, 자신의 경력을 발전시키려면 PowerShell을 배우는 데 투자해야 한다.

좀 더 효율성 있게 일하고 프로세스를 자동화하며, 자동화를 이뤄 서비스 공급자처럼 행동하는 것이 아주 중요하다.

이 예제의 핵심 아이디어는 PowerShell이 얼마나 쉽고 사용자 친화적인지 보여주고 간단한 몇 단계로 작업을 더 빠르게 수행하면서 일은 더 적게 하는 방법을 설명하는 것이다.

▎가상 컴퓨터 템플릿 만들기

가상 컴퓨터를 만드는 데 쓴 시간은 아주 적지만, 문제는 거기에 운영체제가 없다는 점이다. 모든 새 가상 컴퓨터에 운영체제를 설치하고 준비해야 한다면 시간을 많이 들여야 할 것이다.

운영체제 설치와 업데이트 구성, 서버의 다른 모든 구성 요소에 걸리는 시간을 고려한 다면 1시간은 족히 걸릴 것이다. 템플릿을 사용해 5분도 안 걸리는 시간에 운영체제가 준비된 새로운 가상 컴퓨터를 만들어 사용할 수 있다.

기업에서는 그들의 환경을 관리하기 위해 System Center를 고려하며, 특히 VMM[Virtual Machine Manager]에서는 이를 자동으로 처리한다. 몇 가지 다른 프로필을 결합하면 필요와 사양을 기준으로 템플릿을 짜맞춰 더 유연한 솔루션도 제공한다.

SCVMM[System Center Virtual Machine Manager]이 없는 경우 Hyper-V에서 사전 구성된 운영체제를 가진 더 간단한 템플릿을 사용해 가상 컴퓨터를 만드는 동안 시간을 절약할 수 있다.

일부 시스템 특성이 고유해야 하므로, 가상 하드 드라이브 파일을 간단히 복사하고 이 드라이브로 또 다른 가상 컴퓨터를 만들면 동작하지 않는다. 이 예제에서는 System Center 없이 환경에서 템플릿으로 사용할 수 있는 가상 컴퓨터를 만들고 준비하는 방법을 설명한다.

준비

이 예제에서 시간을 아끼고 단계를 줄이기 위해 템플릿으로 사용할 운영체제가 있는 가상 컴퓨터를 이미 만들었다고 보며, 필요한 다른 모든 소프트웨어 애플리케이션과 구성 요소 역시 사용할 수 있다고 가정한다. 이 예제에서 보인 프로세스는 Windows Server 2008과 Windows Vista, 더 최신의 OS 버전에 적용할 수 있다. 다른 버전의 경우 컴퓨터 이름과 SID, 라이선스 세부 사항을 재설정하기 위해 Sysprep을 실행해야 한다.

Active Directory 도메인 서비스와 같은 몇 가지 역할은 Sysprep을 사용한 이미지 제작을 지원하지 않는다.

애플리케이션이 Sysprep과 함께 사용될 수 있는지 확인하자.

예를 들어 SQL 서버 SysPrep 관련 설정 작업은 설치 센터를 통해 액세스한다. 설치 센터의 고급 페이지에는 독립 실행형 SQL Server 인스턴스의 이미지 준비와 독립 실행형 SQL Server 준비 인스턴스의 이미지 완료이라는 두 가지 옵션이 있다. 준비 및 완료 섹션에서 설치 프로세스의 세부 사항을 기술한다. 더 자세한 내용은 다음 링크를 참고하자.

https://docs.microsoft.com/ko-kr/sql/database-engine/install-windows/install-sql-server-using-sysprep

예제 구현

다음 과정은 이미지로 사용될 기존 운영체제를 준비하는 방법과 VM 템플릿용 베이스 VHD를 만드는 방법을 설명한다.

1. 운영체제와 다른 소프트웨어 애플리케이션과 클라이언트, 자동 IP 구성 등을 갖게 가상 컴퓨터를 만든 후 Windows 탐색기를 열어 다음 경로를 찾는다.

    C:\Windows\System32\Sysprep

2. sysprep.exe를 오른쪽 클릭하고 관리자 권한으로 실행을 선택한다.
3. 시스템 정리 작업 아래의 드롭다운 목록을 클릭하고 시스템 OOBE(첫 실행 경험) 시작을 선택한다.
4. 다음 화면에서처럼 일반화 체크상자를 선택하고 종료 옵션에서 시스템 종료를 선택한다.

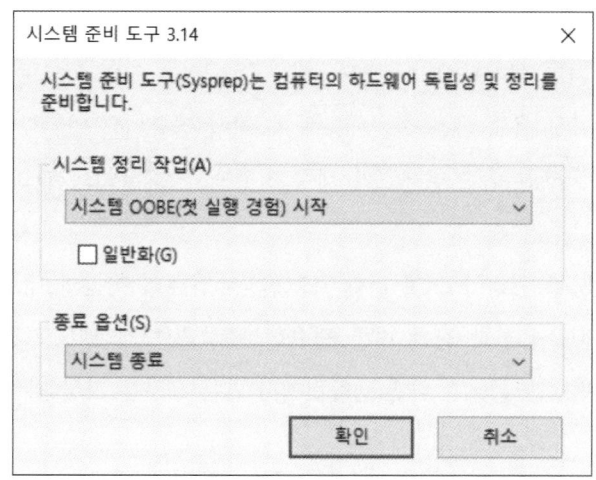

5. 확인을 클릭하고 시스템이 종료될 때까지 기다린다.
6. 종료 프로세스 후에 가상 컴퓨터 VHD(X) 경로를 열고 템플릿으로 식별할 수 있게 이름을 변경한다.
7. 다음 화면에서는 템플릿으로 사용될 다른 가상 하드 디스크를 예로 보여준다.

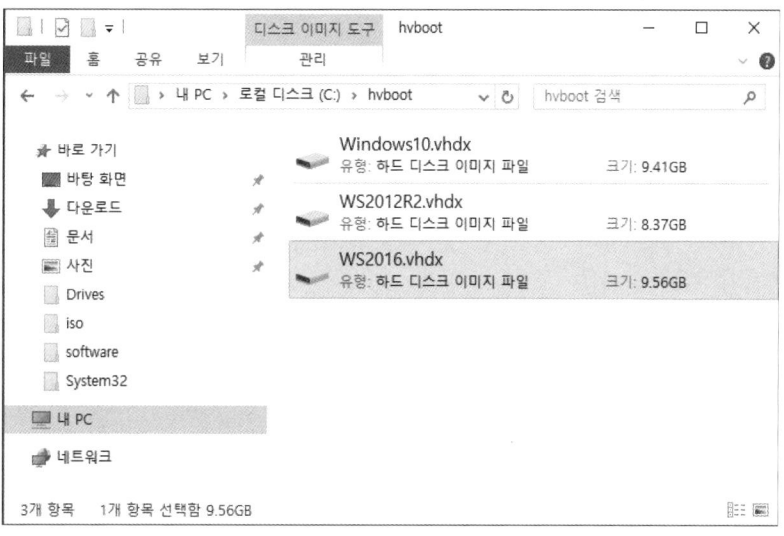

8. 템플릿에서 가상 컴퓨터를 만들려면 템플릿으로 사용되는 VHD(X) 중 하나를 다른 위치로 복사한다.
9. 템플릿 가상 하드 디스크를 사용해 새 가상 컴퓨터를 만든다. 시스템은 다시 시작하고 sysprep 프로세스가 계속 진행되고, 제품키와 관리자 암호를 요청한다.
10. 설치 정보를 지정하고 첫 번째 로그인 후 컴퓨터 이름과 네트워크 설정이나 클라이언트 옵션과 같은 다른 필요한 구성을 변경한다.
11. 이러한 변경을 끝내고 나면 템플릿에서 만든 새로운 가상 컴퓨터가 준비된다.

예제 분석

템플릿에서 가상 컴퓨터를 만드는 과정은 다음과 같은 두 단계로 구성된다.

첫 번째 단계에서는 가상 컴퓨터를 만들고 템플릿에 필요한 운영체제^{OS}와 소프트웨어, 클라이언트, 업데이트 등 모든 구성을 설정한다. 그런 다음 새 VM에 사용될 컴퓨터 이름과 컴퓨터 SID$^{Security\ IDentifier}$를 재설정하기 위해 시스템 준비 도구(Sysprep)를 실행한다. 이는 기존 설정을 가진 동일한 운영체제에서 이름과 SID는 다르게 사용할 수 있다는 뜻이다. Sysprep에서 OS 설정을 재설정하는 프로세스를 완료하지 않도록 템플릿 VM을 켜지 않아야 한다.

그런 다음 템플릿 VM을 만드는 데 사용된 VHD 이름을 변경해, VM이 템플릿임을 식별하기 쉽게 한다.

두 번째 단계는 템플릿에서 만든 모든 VM에 대해 적용하며, 새로운 VM이 들어갈 위치로 복사할 VHD와 이 VHD(X)를 사용한 새로운 VM 생성으로 구성된다.

VHD(X)를 템플릿으로 사용하면 OS와 모든 소프트웨어를 설치, 업데이트, 구성하는 데 걸리는 시간을 아낄 수 있다.

보충 설명

가상 컴퓨터를 정기적으로 배포하는 경우 이 문제가 와 닿을 것이다. 매번 Windows를 설치하기보다는 Windows를 한 번 설치하고 업데이트 한 다음 가상 컴퓨터를 만들고 싶을 때마다 가상 하드 디스크를 복사하는 편이 훨씬 효율적이다. 문제는 이렇게 하는 경우 원래 템플릿이 얼마 안 가서 구식 버전이 되고, 업데이트를 적용하면서 배포 시간이 오래 걸리거나 보안에 취약해질 수 있다.

좋은 소식은 미스터 Hyper-V인 벤 암스트롱Ben Armstrong(Hyper-V 팀의 수석 프로그램 관리자 리드)이 이 문제를 다루는 Image Factory for Hyper-V라는 깔끔한 PowerShell 스크립트를 게시해 가상 컴퓨터 템플릿을 최신으로 만들 수 있게 했다는 점이다.

이 PowerShell 스크립트에서 수행하는 작업은 항상 최신 상태인 Windows 가상 하드 디스크 집합을 만들고 유지하는 것이다.

이러한 접근 방식의 멋진 점은 Windows를 다시 설치하는 데 시간을 낭비하지 않을 뿐더러 중복된 업데이트를 다운로드하지 않고 모든 이미지를 동시에 최신 상태로 보장한다는 점이다.

더 자세한 정보는 다음 링크를 참고하자.

https://blogs.msdn.microsoft.com/virtual_pc_guy/2015/06/16/script-image-factory-for-hyper-v/

참고 사항

- 3장의 '가상 하드 디스크 생성과 추가' 예제

▌PowerShell 기본 명령 배우고 활용하기

Windows Server 2016은 232개의 명령을 제공하는 Hyper-V 모듈을 포함해 2,300개 이상의 명령을 갖는 PowerShell 지원을 소개했다. GUI^{Graphical User Interface}는 다른 모든 옵션보다 쉽다. 그러나 PowerShell 버전 5는 대부분의 시나리오에서 유용할 수 있음을 보였다.

이 예제에서는 PowerShell을 사용하는 것이 얼마나 쉬운지 보여주고 고급 지식이나 많은 노력 없이 명령을 사용하는 데 있어서 몇 가지 유용한 정보와 예를 제공한다.

준비

준비를 위해 작업 표시줄에서 PowerShell 창을 관리자 권한으로 열어 모든 기존 도움말 콘텐츠를 업데이트하는 `Update-Help` 명령을 실행한다. `Help` 명령을 업데이트하려면 인터넷 연결이 필요하다.

예제 구현

다음 과정을 따라 기존 Hyper-V 명령을 확인하고 사용하는 방법에 관한 더 많은 정보를 얻는 방법을 살펴본다.

1. PowerShell은 AppLocker와 서버 관리자, Hyper-V와 같은 구성 요소로 명령을 나눈다. 이러한 구분을 모듈이라고 한다. Hyper-V 모듈에 있는 현재 명령을 보려면 다음 예에서 보인 것처럼 `Get-Command` 명령을 사용하고, 살펴보려는 모듈을 지정해야 한다. 다음 화면에서처럼 Hyper-V에 대해 모두 232개의 명령을 보여준다.

    ```
    Get-Command -Module Hyper-V
    ```

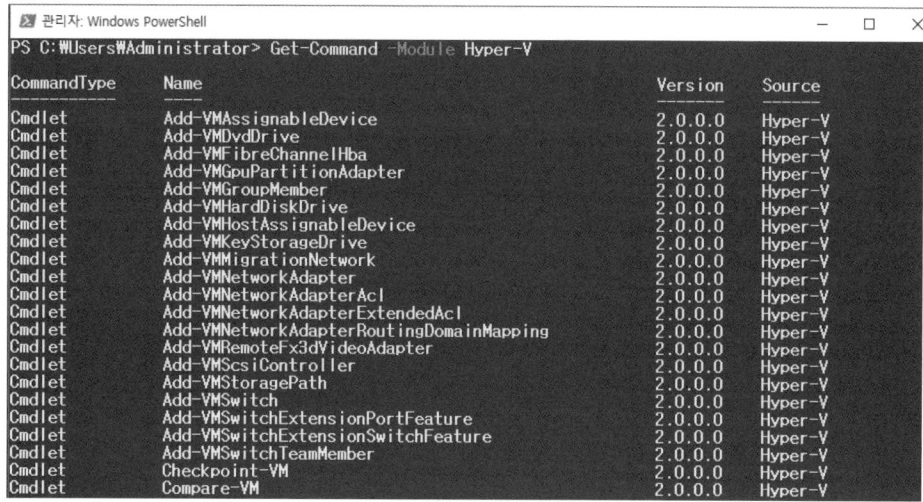

2. New, Start, Add, VHD, VM, Switch와 같은 특정 단어를 사용하는 명령을 찾으려면 Get-Command에 Name 스위치를 사용한다. 다음 예제를 참고로 찾으려는 두 개의 별표 사이에 명령의 힌트가 되는 단어를 넣을 수 있다. 예제에서 PowerShell은 vhd라는 단어를 포함하는 Hyper-V 모듈의 모든 명령을 표시한다.

```
Get-Command -Module Hyper-V -Name *vhd*
```

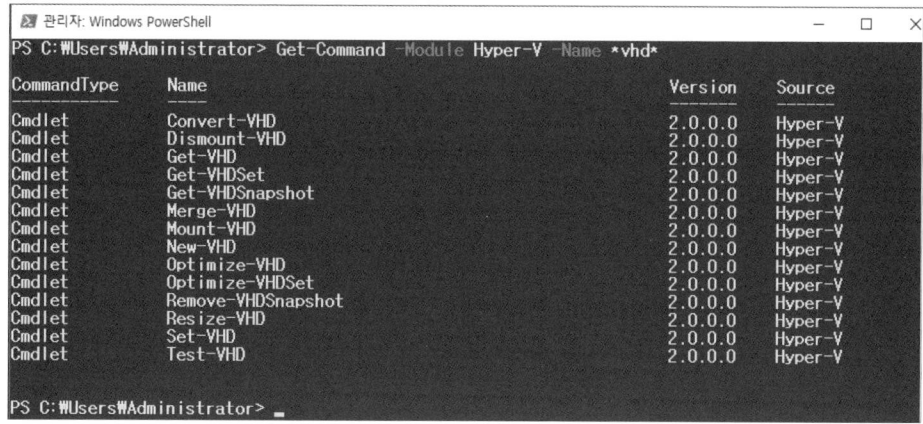

3. 다음 예에서 보인 것처럼 명사 VM과 Start 동사를 갖는 명령을 찾기 위해 Noun 과 Verb 스위치를 사용해 지정한 명사나 동사를 갖는 명령을 찾는 데 사용할 수 있다.

```
Get-Command -noun VM
Get-Command -Verb Start
```

4. Hyper-V 명령으로 어떤 것이 있는지 알았으므로, Help 명령으로 Hyper-V에서 가장 중요한 명령 중 하나를 살펴보자. Get-Help 명령을 사용해 이 명령으로 수행할 수 있는 작업과 수행하는 방법을 이해할 수 있다. 예를 들어 New-VM 명령으로 수행할 수 있는 작업을 확인하고 싶다면 다음의 Help 명령을 입력해 보면 되는데, 마지막 명령은 New-VM의 사용 예를 확인하는 데 유용하다.

```
Get-Help New-VM
Get-Help New-VM -Detailed
Get-Help New-VM -Full
Get-Help New-VM -Examples
```

5. 앞서 New-VM의 예를 참조해, 다음 명령으로 메모리 512MB와 경로가 C:\Hyper-V\VMs인 NewVM이라는 가상 컴퓨터를 만들 수 있다.

```
New-VM -Name NewVM -MemoryStartupBytes 512MB -path C:\Hyper-V\VMs
```

6. 이들 명령의 문제 중 하나는 사용할 수 있는 스위치를 기억하는 일이다. 새 버전의 PowerShell에서는 명령을 입력하고 실행할 때 스위치를 사용하지 않았더라도 계속 명령을 처리할 수 있다. 간단히 설명하면 다음의 예제는 3가지 다른 방법으로 VM을 만들지만, 동일한 512MB 메모리를 갖는 새로운 가상 컴퓨터를 만든다.

```
New-VM -Name NewVM -MemoryStartupBytes 512MB -path C:\Hyper-V\VMs
New-VM -Name NewVM
New-VM
```

7. 이런 방식이 쉽게 느껴지지 않으면 GUI 인터페이스를 사용해 명령을 입력하는 방법을 안내 받을 수 있다. GUI 창을 사용하려면 **Show-Command**를 입력한다.

8. **Commands** 창의 첫 번째 드롭다운 목록에서 Hyper-V 모듈을 선택하고 사용하고 싶은 명령을 선택한다. 다음 화면에서는 **New-VM** 명령을 사용하는 예를 보여준다.

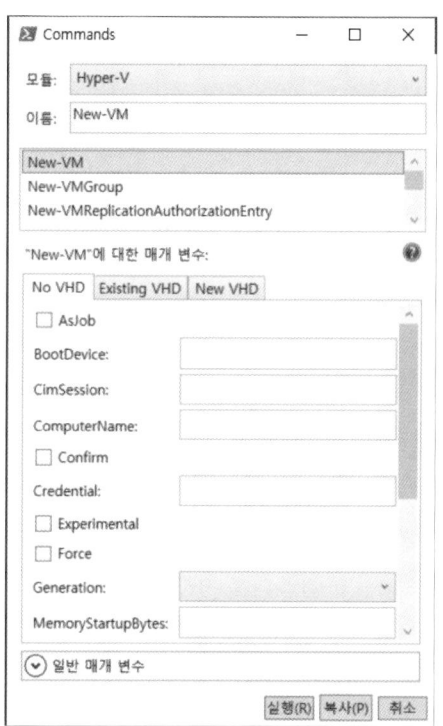

9. 앞 화면에서 보이는 Existing VHD와 New VHD 같은 다른 탭을 사용해 새 VM에 대한 더 많은 옵션을 넣는다. 이들 탭은 선택하는 명령에 따라 달라진다.

고급 옵션을 보려면 Commands 창 하단의 일반 매개 변수를 클릭한다.
10. 이제 PowerShell에서 다른 명령을 사용하는 방법을 확인할 때 이 예제에서 설명한 방법을 사용하면 된다.

예제 분석

PowerShell에서는 다른 많은 명령을 제공하고, 각 명령은 기억하기 어려울 정도로 많은 스위치와 옵션이 있다. 이 예제의 목적은 몇 가지 명령을 사용하면 PowerShell에서 해당 명령에 관해 더 자세히 알아보는 일이 얼마나 쉬운지 보여주는 것이다. Get-Command를 사용해 다른 명령을 찾았고, Get-Help 명령에 Examples 스위치를 사용해 몇 가지 멋진 예제를 보였으며, Show-Command를 실행해 등장한 GUI로 커맨드라인 인터페이스를 좋아하지 않는 IT 관리자를 돕는 방법을 보였다.

이러한 단계를 밟으면 PowerShell에서 Hyper-V 명령을 확인하고 사용하는 방법을 배울 수 있다.

보충 설명

앞서의 예제를 염두에 두고 New-VM 명령으로 새로운 가상 컴퓨터를 만들 수 있지만, 루프와 변수를 사용하는 다른 고급 옵션을 통해 커맨드라인 하나로 다수의 VM을 만들 수 있다. 다음 명령에서는 1에서 10까지 반복하면서 NewVM으로 시작하는 이름 다음에 루프 번호가 붙는 10대의 가상 컴퓨터를 만든다.

```
1..10 | % { New-VM -Name "NewVM$_" }
```

다음 화면에서는 커맨드라인을 실행한 후 만든 10대의 가상 컴퓨터를 보여준다.

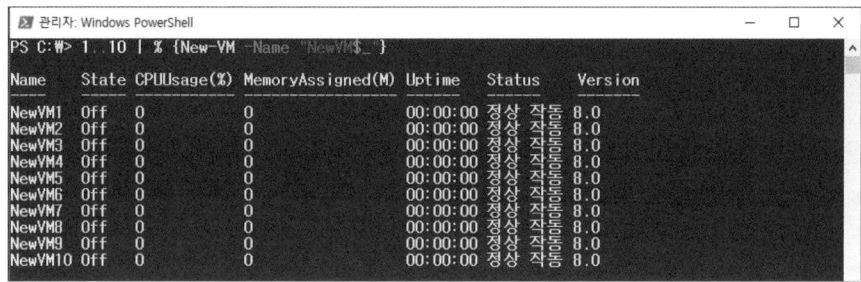

참고 사항

- 4장의 '일상적인 작업에 PowerShell 명령 사용' 예제
- 4장의 'PowerShell을 통한 원격 연결 설정과 관리' 예제

일상적인 작업에 PowerShell 명령 사용

가상화 관리자로 가상 컴퓨터의 생성과 수정, 이동, 내보내기 등과 같은 관리 작업을 수행하는 시나리오를 많이 경험할 것이다. 어떤 경우에는 그래픽 인터페이스를 통해 몇 가지 쉬운 설정을 변경해야 한다. 하지만 많은 가상 컴퓨터에서 일부 고급 구성이나 완료하는 데 시간이 오래 걸리는 설정이 필요한 경우도 있다.

PowerShell은 이런 모든 예에 유용하고 강력한 도구이므로, 이 예제는 간단한 PowerShell 명령 몇 가지를 사용해 디스크와 네트워크, 메모리, 내보내기, 가상 컴퓨터 조정과 같은 일상적인 작업을 수행하는 몇 가지 방법의 예를 보여준다.

준비

시작하기 전에 PowerShell 창을 관리자 권한으로 열어야 한다.

예제 구현

다음 작업은 VHD와 가상 스위치 만들기와 변경, VM 작업, 마이그레이션 등과 같은 Hyper-V 서버를 관리하는 데 도움을 줄 수 있는 많은 유용한 일상적인 작업을 보여준다.

1. VM의 가상 하드 디스크를 만드는 간단한 명령인 New-VHD로 시작해보자. 다음 명령을 입력하면 D:\ 파티션에 NewDisk라는 이름의 20GB 동적 VHDX 파일을 만든다. -Fixed 스위치를 사용하면 고정 VHDX를 만들 수 있다.

   ```
   New-VHD -SizeBytes 20GB -Path D:\NewDisk.vhdx -Dynamic
   ```

2. PowerShell을 사용해 Windows 10과 Windows Server 2016에서 하위 호환성을 갖는 가상 컴퓨터를 만들려면 New-VM 명령에 -Version 매개 변수를 사용해야 한다.

   ```
   New-VM -Name NewVM -Version 5.0
   ```

   버전 5.0은 해당 VM이 Windows Server 2012 R2/Windows 8.1과 완전히 호환됨을 뜻한다.

3. Hyper-V 호스트에서 지원되는 가상 컴퓨터 구성 버전의 목록을 반환하려면 다음 화면에서처럼 Get-VMHostSupportedVersion 명령을 사용할 수 있다.

```
PS C:\> Get-VMHostSupportedVersion

Name                                                    Version  IsDefault
----                                                    -------  ---------
Microsoft Windows 8.1/Server 2012 R2                    5.0      False
Microsoft Windows 10 1507/Server 2016 Technical Preview 3  6.2   False
Microsoft Windows 10 1511/Server 2016 Technical Preview 4  7.0   False
Microsoft Windows Server 2016 Technical Preview 5       7.1      False
Microsoft Windows 10 1주년 업데이트/Server 2016          8.0      True
시험판                                                  254.0    False
실험적                                                  255.0    False
```

4. 생성한 VHDX 파일을 VM에 추가하려면 다음과 같이 Add-VMHardDiskDrive 명령을 사용한다.

```
Add-VMHardDiskDrive -VMName NewVM -Path D:\Hyper-V\NewDisk.vhdx
```

5. 새 가상 스위치를 만들려면 New-VMSwitch 명령을 사용할 수 있다. 다음 예제는 외부 스위치를 만들고 Ethernet이라는 네트워크 어댑터에 바인딩한다.

```
New-VMSwitch "Ext_vSwitch" -NetAdapterName "Ethernet" -AllowManagementOS $false
```

6. VM에 네트워크 어댑터를 추가하려면 Add-VMNetworkAdapter 명령을 사용한다. 다음 명령은 Prod NIC이라는 네트워크 어댑터를 Prod로 시작하는 모든 가상 컴퓨터에 추가한다.

```
Add-VMNetworkAdapter -VMName Prod* -Name "Prod NIC"
```

7. VM 설정에 보이는 '네트워크 어댑터'라는 이름을 변경하려면 Rename-VMNetworkAdapter 명령을 사용한다. 다음 명령은 특정 VM에 대해 기본 값인 "네트워크 어댑터"를 "Prod NIC"으로 변경한다.

```
Rename-VMNetworkAdapter -VMName New-VM -Name "네트워크 어댑터" -NewName "Prod NIC"
```

8. Connect-VMNetworkAdapter를 사용해 VM을 가상 스위치에 추가한다. 다음 명령은 TestVM으로 시작하는 모든 VM을 가져와 Private Switch라는 스위치에 어댑터를 연결한다.

```
Connect-VMNetworkAdapter -VMName TestVM* -SwitchName 'Private
Switch'
```

9. 레거시 네트워크 어댑터를 1세대 가상 컴퓨터에 추가하려면 IsLegacy 스위치로 Add-VMNetworkAdapter를 사용할 수도 있다. 다음 예제에서 이 명령의 사용법을 보여준다. 이 명령은 NewVM으로 시작하는 모든 VM을 가져와 BootableNIC이라는 레거시 네트워크 어댑터를 추가한다.

```
Get-VM NewVM* | Add-VMNetworkAdapter -IsLegacy $true -Name BootableNIC
```

10. Set-VMNetworkAdapter를 사용해 가상 컴퓨터 네트워크 어댑터 설정을 변경할 수 있다. 첫 번째 명령은 VMTest로 시작하는 모든 가상 컴퓨터의 최대 및 최소 대역폭을 변경한다.

```
Set-VMNetworkAdapter -VMName VMTest* -MaximumBandwidth 100MB
 -MinimumBandwidthAbsolute 20MB
```

두 번째 명령은 NLB로 끝나는 모든 VM에 맥 주소 스푸핑을 사용한다.

```
Set-VMNetworkAdapter -VMName *NLB -MacAddressSpoofing On
```

세 번째 명령은 모든 2세대 VM에 장치 이름 지정을 사용한다. 가상 네트워크 어댑터 ID나 장치 이름 지정은 Windows Server 2016에서 소개한 매우 흥미로운 기능이다.

```
Get-VM * | Where-Object {$_.Generation -eq "2"} | Set-VMNetworkAdapter
 -DeviceNaming On
```

앞서 명령에서 보인 것처럼 PowerShell을 사용해 장치 이름 지정을 사용하거나 Hyper-V 관리자를 사용해 VM 설정에서 네트워크 어댑터의 고급 기능에서 설정할 수 있다. 그다음 가상 컴퓨터 내에서 특정 NIC에 대한 속성에서 **구성**을 클릭해 Microsoft Hyper-V Network Adapter 속성 창에서 다음 화면처럼 Hyper-V Network Adapter Name에서 지정한 NIC 이름을 찾을 수 있다.

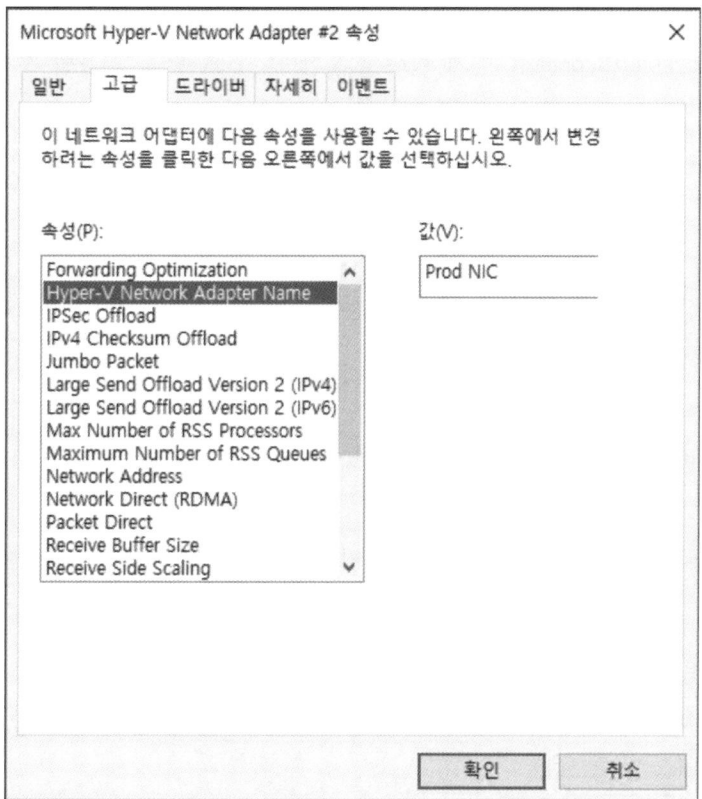

11. 파이버 채널 HBA를 가상 컴퓨터에 추가하려면 다음과 같이 Add-VMFibreChannelHba를 사용한다.

```
Add-VMFibreChannelHba -VMName NewVM -SanName VMProd
```

12. 다음과 같이 Start-VM이나 Stop-VM 명령을 사용해 가상 컴퓨터를 시작하고 중지하는 등의 기본 작업도 수행할 수 있다.

    ```
    Start-VM -Name SPVM*
    Stop-VM -Name TestVM -TurnOff
    ```

13. Hyper-V UI에서 VM 연결을 닫을 때 VM 콘솔을 잠그기 위해 다음과 같이 -LockOnDisconnect 매개 변수를 포함하는 Set-VM을 사용할 수 있다.

    ```
    Set-VM -Name NewVM -LockOnDisconnect On
    ```

    이 기능을 On 또는 Off할 때마다 VM을 다시 시작해야 효과가 있다.

14. 가상 컴퓨터가 실행 상태가 되기 전에 지정한 조건을 만족할 때까지 기다리게 하려면 Wait-VM 명령에 For와 Delay, Timeout 매개 변수를 사용한다.

    ```
    Wait-VM -Name NewVM -For IPAddress
    ```

    -For 매개 변수는 기다릴 조건을 지정한다. 사용할 수 있는 값은 Heartbeat나 IP 주소다.
    -Delay 매개 변수는 풀링 동작 사이의 대기시간을 초 단위로 지정한다.
    -Timeout 매개 변수는 작업에서 시간이 만료돼 대기를 중지하는 데 걸리는 시간을 지정한다.
    이 명령은 스크립트를 작성하고 VM이 응답할 때까지 대기해야 할 때 아주 편리하다. 이 명령은 가상 컴퓨터 통합 서비스를 활용한다.

15. 가상 컴퓨터 검사점(이전엔 스냅숏)을 만들려면 Checkpoint-VM 명령을 사용한다. 다음 예제는 ProdServer로 시작하는 모든 VM에 PreMigrationSnapshot라는 검사점을 만든다.

```
Checkpoint-VM -Name ProdServer* -SnapshotName PreMigrationSnapshot
```

16. 스냅숏에서 가상 컴퓨터를 만들려면 다음처럼 Export-VMSnapshot 명령을 사용한다.

```
Export-VMSnapshot -Name 'PosUpdates' -VMName NewVM -Path E:\
NewVMfromSnapshot
```

17. 서버 마이그레이션의 경우 Export-VM 명령을 사용해 VM을 로컬 폴더로 내보낼 수 있다. 다음 명령은 로컬 드라이브의 폴더에 모든 가상 컴퓨터를 내보내는 유용한 예다.

```
Get-VM | Export-VM -Path E:\ExportedVMs\
```

18. 가상 컴퓨터 저장소를 이동하려면 다음 예에서처럼 Move-VMStorage 명령을 사용해 VM 저장소를 이동하고 싶은 대상 경로를 지정한다.

```
Move-VMStorage NewVM -DestinationStoragePath D:\NewVM\
```

19. 다음 예제를 사용해 모든 VM의 모든 저장소를 마이그레이션된 각 VM용 폴더를 만들어 새 볼륨으로 이동한다.

```
Get-VM | %{ Move-VMStorage $_.Name "D:\Hyper-V\$($_.Name)" }
```

20. Set-VM을 사용해 VM 설정을 변경한다. 다음 예에서처럼 VMExchange로 시작하는 모든 서버는 동적 메모리를 사용하고 최소와 최대, 시작 값을 구성한다. Set-VMMemory라는 메모리 설정을 변경하는 명령도 있다. 두 번째 예제는 다

른 명령을 사용하지만, 첫 번째 예제와 정확히 동일한 작업을 수행한다.

```
Set-VM -Name VMExchange* -DynamicMemory -MemoryMinimumBytes 8GB
-MemoryMaximumBytes 12GB -MemoryStartupBytes 10GB

Set-VMMemory -VMName VMExchange* -DynamicMemoryEnabled $true
-MaximumBytes 12GB -MinimumBytes 8GB -StartupBytes 10GB
```

21. Set-VMHardDiskDrive를 사용해 가상 컴퓨터의 가상 하드 디스크 설정을 변경할 수 있다. 다음 명령 중 첫 번째 명령은 최대 저장소 QoS$^{\text{quality of service}}$를 VMTest로 시작하는 모든 가상 컴퓨터의 가상 하드 디스크에 1,000 IOPS $^{\text{input/output operations per second}}$를 부과한다. 두 번째 명령은 VMTest로 시작하는 가상 컴퓨터의 SCSI 컨트롤러에 연결된 모든 가상 하드 디스크에 최대 및 최소 IOPs를 설정한다.

```
Get-VMHardDiskDrive -VMName VMTest* | Set-VMHardDiskDrive
-MaximumIOPS 1000

Get-VMHardDiskDrive -VMName VMTest* -ControllerType SCSI |
Set-VMHardDiskDrive -MaximumIOPS 100 -MinimumIOPS 2
```

 최소 IOPs는 소프트 제한(최상의 노력)으로 실패할 수 있지만 이벤트에서 무엇이 잘못됐는지 기록한다는 뜻이다. 3장과 7장에서 Windows Server 2016이 소개한 새로운 저장소 QoS를 확인해보기 바란다.

예제 분석

VM 시작과 같은 간단한 작업에서 모든 가상 컴퓨터 저장소를 새로운 위치로 옮기는 고급 작업에 이르기까지 GUI 인터페이스보다 오히려 PowerShell을 사용하는 것이 더 쉽다. 232개의 Hyper-V 명령 중에서 다음과 같은 명령을 살펴봤다.

- Add-VMFibreChannelHba
- Add-VMHardDiskDrive
- Add-VMNetworkAdapter
- New-VMSwitch
- Connect-VMNetworkAdapter
- New-VHD
- New-VM
- Checkpoint-VM
- Export-VMSnapshot
- Move-VMStorage
- Set-VM
- Set-VMMemory
- Set-VMNetworkAdapter
- Rename-VMNetworkAdapter
- Start-VM
- Stop-VM
- Wait-VM
- Get-VMHostSupportedVersion

디스크와 네트워크를 만들고 VM 설정을 변경하며, VM을 시작하고 파이버 채널 어댑터를 추가한 후 검사점을 만들고 VM을 마이그레이션하는 작업 등은 매일 사용하는 일반적인 명령이며, PowerShell을 통해 쉽게 수행할 수 있다.

다른 명령이 필요한 다른 유형의 작업이 있을 수 있지만, 이 예제를 시작으로 PowerShell을 통해 수행할 수 있는 명령과 작업을 생각해볼 수 있다.

서버 2016에서 Hyper-V 관련 모든 명령에 대한 설명과 문법은 다음 링크를 통해 참조할 수 있다.

https://technet.microsoft.com/library/hh848559.aspx

이 페이지에서는 명령의 시작 부분 동사를 기준으로 명령을 알파벳순으로 표시한다.

보충 설명

명령이 동작하는지, 결과가 어떻게 될지 잘 모를 경우 명령을 실행 전에 테스트할 수 있다. Whatif 스위치를 PowerShell 명령의 끝에 추가하면 명령이 동작하는지 여부를 알려준다.

다음 화면은 w=Whatif 옵션을 사용하는 명령을 나타냈으며, 실행할 때 PowerShell은 명령이 동작하지 않는다는 점과 이유를 표시한다. 이 명령을 수정한 후 Whatif 명령을 다시 사용할 수 있다. Export-VM 명령의 경우 What if: ExportVM은 지정된 위치로 가상 컴퓨터 "NewVM01"을(를) 내보냅니다. 메시지를 보여준다.

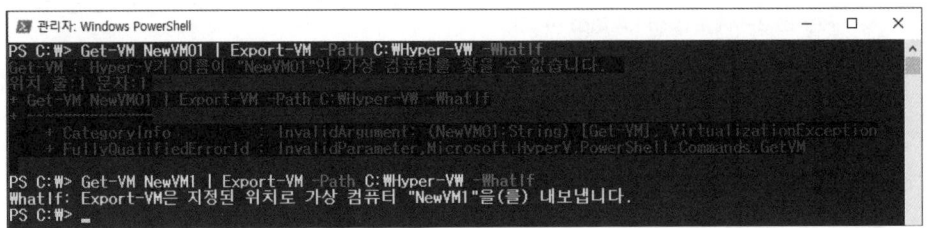

PowerShell ISE를 사용한 스크립트 편집

복잡하고 규모가 큰 스크립트의 경우 PowerShell ISE라는 흥미로운 내장 도구를 사용할 수 있다. 이 도구는 색과 줄 번호, 명령 예측(인텔리센스), 오류 검증, 디버깅 옵션 등을 갖춘 GUI PowerShell 창을 제공해 스크립트를 더 쉽고 빠르게 작성할 수 있게 한다.

다음 화면은 명령 예측 기능을 표시하는 창을 갖추고 오른편 창에 명령을 표시하는 PowerShell ISE에서 스크립트를 작성하는 예를 보여준다.

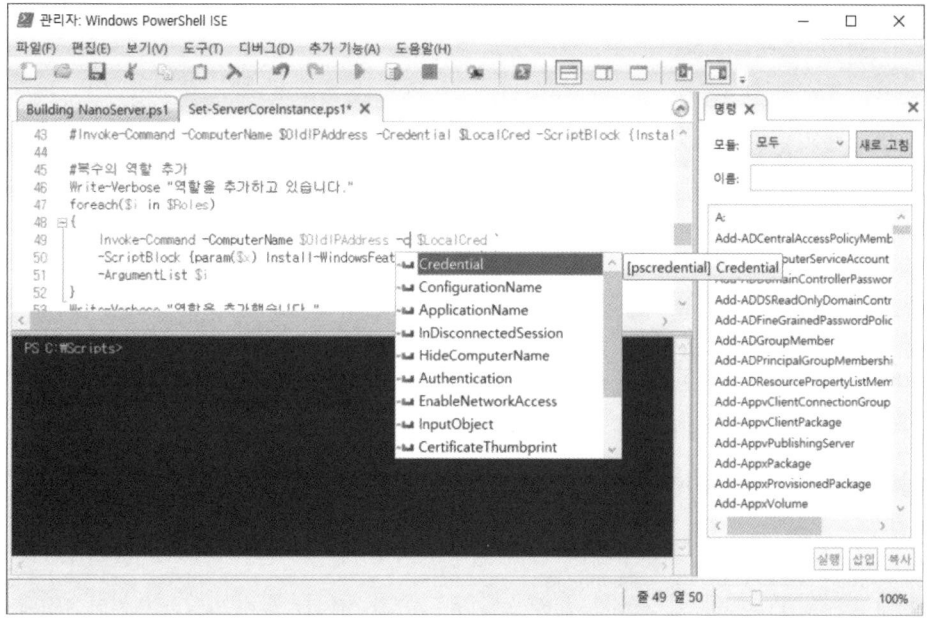

PowerShell에서 스크립트 실행

기본적으로 스크립트 실행은 보안상 이유로 PowerShell에서 해제돼 있다. 하지만 기본 설정을 변경해 스크립트 실행을 활성화하는 Set-ExecutionPolicy 명령이 있다. 이 명령은 스크립트 실행 정책을 변경할 수 있는데, 예를 들어 unrestricted로 변경해 모든 스크립트를 실행하거나, RemoteSigned로 변경해 원격의 서명된 스크립트를 실행하거나, AllSigned로 변경해 서명된 스크립트만 실행할 수 있다. 다음의 명령은 모든 스크립트를 실행하게 정책을 unrestricted로 변경한다. 정책으로 RemoteSigned, AllSigned, Restricted 등의 다른 옵션을 사용할 수도 있다.

Set-ExecutionPolicy Unrestricted

이 명령을 실행하면 스크립트 실행 정책을 unrestricted로 변경하므로 모든 스크립트를 제한 없이 실행할 수 있다.

참고 사항

- 3장의 '가상 하드 디스크 생성과 추가' 예제와 '가상 스위치 생성과 관리' 예제
- 4장의 'PowerShell을 통한 원격 연결 설정과 관리' 예제

■ PowerShell을 통한 원격 연결 설정과 관리

PowerShell 작업은 일상적인 작업과 서버 관리에 아주 흔한 일이 됐다. 하지만 관리할 서버가 두 대 이상인 경우 다른 컴퓨터에서 로그온하고 다시 PowerShell 스크립트를 실행(대부분 동시 실행)하는 일은 번거로울 수 있다.

PowerShell에서 제공하는 한 가지 이점은 여러 서버를 연결할 수 있는 원격 옵션을 통해 하나의 PowerShell 창에서 필요에 따라 다수의 서버를 관리할 수 있다는 점이다.

이 예제는 PowerShell에서 원격 관리를 가능하게 하는 방법과 다른 컴퓨터에 연결하는 명령을 설명한다.

준비

PowerShell 원격 연결은 HTTP 포트 80번을 사용한다. 원격 연결을 설정할 때 로컬 방화벽 예외가 만들어지지만, 서버 간의 통신을 허용하는 다른 모든 방화벽 예외가 설정됐는지 확인해야 한다.

예제 구현

다음 과정은 PowerShell 원격^{Remoting} 기능을 사용해 Hyper-V 서버를 원격으로 관리하는 방법을 보여준다.

1. PowerShell 원격 기능을 사용하고 싶은 서버에서 PowerShell 창을 관리자 권한으로 연다.
2. `Enable-PSRemoting` 명령을 입력해 PowerShell 원격을 활성화한다.
3. 시스템에서는 설정하는 동안 몇 가지 설정 내용을 확인하도록 요청한다. 모든 요청에 '예'를 뜻하는 A를 눌러 확인한다. PowerShell을 통해 원격으로 연결하기 원하는 모든 서버에 `Enable-PSRemoting` 명령을 실행한다.
4. PowerShell 원격이 이미 설정된 또 다른 컴퓨터에 연결하기 위해 `Connect-PSSession HostName`을 입력한다. 여기서 `HostName`은 연결하고 싶은 컴퓨터 이름이다.
5. PowerShell 세션을 관리하는 데 사용하는 모든 명령을 확인하려면 `Get-Command *PSSession*` 명령으로 필터를 만든다. 가능한 원격 연결 명령을 모두 표시하면서 모든 `PSSession` 명령 목록을 표시한다.
6. Hyper-V에서 커맨드라인에 원격 옵션인 `Computername`을 사용하는 명령을 찾기 위해 `Get-Command`에 다음 매개 변수를 사용한다.

```
Get-Command -Module Hyper-V -ParameterName Computername
```

7. PowerShell ISE에서 원격 PowerShell 연결을 사용하려면 파일을 클릭하고 새 원격 PowerShell 탭을 클릭한다. 다음 화면에서처럼 창에서 연결하기 원하는 컴퓨터 이름과 사용자 이름을 요청한다. 컴퓨터 이름과 사용자 이름을 입력한 후 연결을 클릭한다. 대상 컴퓨터에서도 원격 설정을 했는지 확인해야 한다.

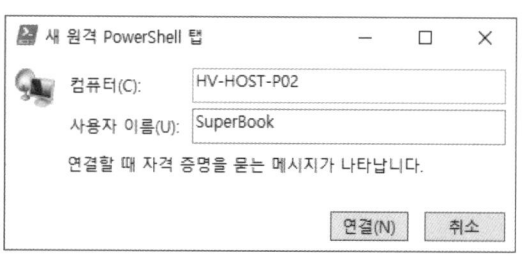

8. 연결한 컴퓨터 이름이 표시되는 새로운 탭이 상단에 보여 PowerShell ISE를 통한 모든 원격 연결을 확인할 수 있다. 다음 화면은 두 개의 탭이 있는 PowerShell ISE 창의 예다. 첫 번째 탭은 PowerShell 1이라는 로컬 연결이고 두 번째 탭은 HV-HOST-P02라는 원격 컴퓨터 탭이다.

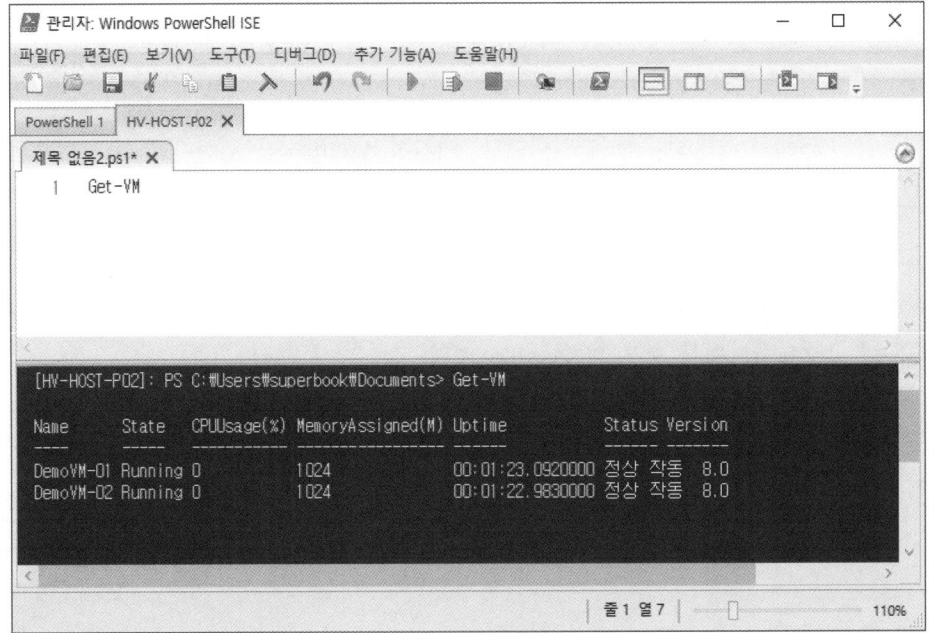

예제 분석

PowerShell 원격 관리를 활성화하는 과정은 방화벽 예외를 만들고 WinRM 서비스 구성, 모든 IP 주소에서 요청을 허용하는 새로운 리스너를 만드는 작업을 수반한다. PowerShell에서는 `Enable-PSRemoting`이라는 쉬운 명령 하나로 모든 설정을 구성한다. 이 명령을 실행하면 모든 구성 요소를 설정하고 PowerShell을 사용한 원격 연결 설정을 만들고 허용하게 구성한다.

그다음 원격 연결을 관리하는 데 사용할 수 있는 명령을 확인했다. 기본적으로 모든 명령은 PSSession 키워드를 포함한다.

몇 가지 예를 들면 다음과 같다.

- Connect-PSSession

    원격 연결을 만들고 연결한다.

- Enter-PSSession

    기존 원격 연결에 연결한다.

- Exit-PSSession

    현재 연결을 나간다.

- Get-PSSession

    기존 연결을 모두 표시한다.

- New-PSSession

    새로운 세션을 만든다.

매우 중요한 또 다른 흥미로운 옵션은 해당 명령이 원격 연결을 지원하는지 확인하는 것이다. 이러한 명령 모두는 ComputerName 스위치를 사용한다. 이 스위치의 동작을 확인하려면 다음 예를 참고하자. HVHost라는 원격 컴퓨터에서 VM을 만드는 데 새 VM을 만드는 명령을 사용했다.

```
New-VM -Name VM01 -ComputerName HVHost
```

ComputerName 스위치를 지원하는 명령을 확인하려면 Get-Command에 필터를 사용해 모든 명령을 찾을 수 있다.

이러한 단계를 모두 밟은 후 서버는 PowerShell을 통해 원격 연결을 만들고 받을 준비가 된다.

▌PowerShell 다이렉트로 가상 컴퓨터 관리

PowerShell 다이렉트는 Windows 10이나 Windows Server 2016 Hyper-V 호스트에서 네트워크 구성이나 다른 형태의 네트워크를 전혀 사용하지 않고 가상 컴퓨터 게스트 운영체제(Windows 10과 Windows Server 2016)에 바로 PowerShell을 사용할 수 있게 한다. 가상 컴퓨터에 가상 NIC을 연결하거나 WinRM을 구성할 필요가 없다. 단지 Hyper-V 호스트 운영체제에서 가상 컴퓨터에 PowerShell을 바로 사용하면 된다.

Hyper-V의 VMBus 아키텍처를 활용해 네트워킹과 방화벽, 원격 관리, 액세스 설정에 대한 모든 요구 사항을 우회한다.

준비

PowerShell 다이렉트를 사용해 가상 컴퓨터에 액세스하려면 먼저 Hyper-V 관리자가 돼야 하기 때문에 호스트 측면에서 Hyper-V Administrator 그룹의 멤버 계정이 필요하다. 호스트에서 `Get-VM`을 실행할 수 있다면 PowerShell 다이렉트를 아주 간단히 사용할 수 있다. 하지만 게스트 운영 측면에서 게스트 OS에서 사용할 수 있는 모든 자격증명을 사용할 수 있지만, 분명히 이런 자격증명에는 제한이 있으므로 하려는 작업에 따라 관리자나 표준 사용자로 실행할 수 있다.

PowerShell 다이렉트는 어떤 형태로든 PowerShell 원격은 필요 없다. 호스트와 게스트 OS에서 WinRM 서비스를 중지할 수도 있다. PowerShell 다이렉트는 바로 동작한다. 자동화는 비즈니스와 IT 전문가에게 아주 중요하다. 가상 컴퓨터를 만들고 배포하고 관리하는 데 보내는 시간은 크게 줄 것이고, 다른 작업을 수행하면서 더 많은 성과를 낼 수 있다.

예제 구현

다음 작업은 PowerShell 다이렉트 기능을 사용해 PowerShell로 가상 컴퓨터를 원격 관리하는 방법을 보여준다.

PowerShell 다이렉트를 사용하고 싶은 머신에서 PowerShell 창을 관리자 권한으로 열고, 다음 명령을 입력한다.

```
Enter-PSSession -VMName VMName -Credential (Get-Credential)

Invoke-Command -VMName VMName -Credential (Get-Credential) -ScriptBlock {
Commands }

$S = New-PSSession -VMName VMName -Credential (Get-Credential)
```

Enter-PSSession이나 Invoke-Command, New-PSSession 중에서 하나를 사용할 수 있지만, 컴퓨터 이름을 지정하지 않고 다음 화면에서처럼 -VMName이나 -VMGuid, -VMId 매개 변수를 지정할 수 있다.

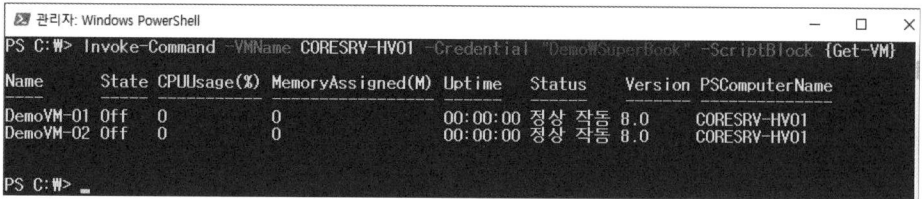

한 줄의 PowerShell 명령을 사용해 즉시 게스트 OS를 업데이트하거나 변경, 구성할 수 있다.

다음 명령은 특정 Hyper-V 호스트에서 네트워크 연결 없이 모든 가상 컴퓨터에 대한 시간대를 설정한다.

```
Invoke-Command -VMName (Get-VM).Name -Credential ~\Administrator
-ScriptBlock {Tzutil /s "Romance Standard Time"}
```

수행하고 싶은 어떤 시나리오를 상상하든 작업을 쉽게 몇 초 안에 완료할 수 있다.

예제 분석

가상 컴퓨터에서 PowerShell 다이렉트 세션을 사용하는 프로세스는 다음을 수반한다.

- 가상 컴퓨터는 해당 호스트에서 부팅되고 로컬로 실행해야 한다.
- Hyper-V 관리자로 호스트 컴퓨터를 로그온해야 한다.
- 해당 가상 컴퓨터에 대한 유효한 자격증명을 제공해야 한다.

가상 컴퓨터에서 PowerShell 다이렉트를 사용하지 못하게 해야 할 경우 어떻게 할까?

PS 다이렉트를 해제하고 싶은 시나리오는 가상 컴퓨터를 관리하는 관리자가 패브릭을 관리하는 동일한 사람이 아니거나, 테넌트에서 PowerShell 다이렉트를 차단하고 싶은 환경을 호스팅하는 경우지만 이 절의 앞부분에서 언급한 것처럼 PowerShell 다이렉트를 사용하기 위해 게스트 자격증명이 있어야 한다.

VM 내에서 Hyper-V PowerShell Direct Service를 해제해 PowerShell 다이렉트에서 가상 컴퓨터를 보호할 수 있다.

다음 화면에서 PowerShell 다이렉트를 활용하는 서비스를 보여준다.

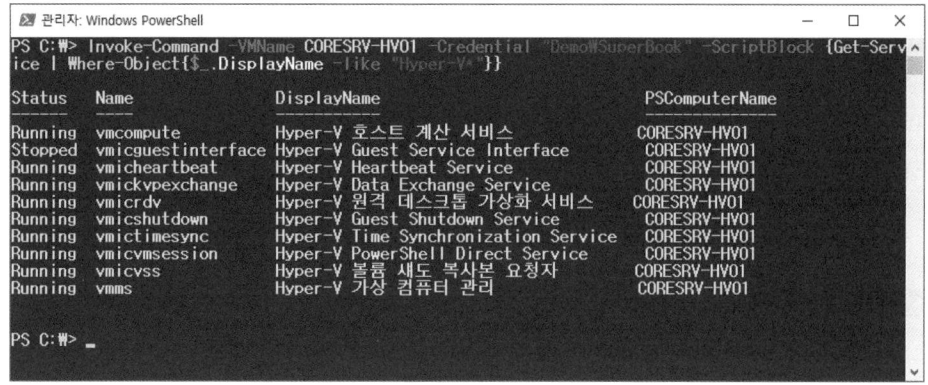

이 서비스는 수동(트리거 시작) 유형이어서 서비스를 중지하고 PowerShell 다이렉트 사용을 시도하면 서비스가 다시 시작하기 때문에 가상 컴퓨터 내에서 서비스를 해제하거나 중지하는 것으로 충분하지 않다. 서비스를 해제하고 중지한 후 게스트 OS를 다시 시작해야 PowerShell 다이렉트를 완전히 해제한다.

Hyper-V PowerShell Direct Service를 해제하고 중지시키면 사용자 자격증명이 허용되더라도 어느 누구도 PowerShell 다이렉트를 사용해 가상 컴퓨터를 액세스할 수 없다.

가상 컴퓨터를 보호하는 방법에 관한 자세한 내용은 6장을 확인하자. PowerShell 다이렉트는 보호된 가상 컴퓨터에서는 해제된다.

보충 설명

JEA$^{\text{Just Enough Administration}}$는 서로 다른 수준의 액세스를 구성할 수 있는 PowerShell 보안 기술로 PowerShell이나 PowerShell 다이렉트를 사용해 관리할 수 있는 Hyper-V 작업의 경우 RBAC$^{\text{role-based access-control}}$ 접근 방식을 취할 수 있다. PowerShell 다이렉트를 사용하고 싶다면 호스트와 다른 가상 컴퓨터 모두에서 유효한 자격증명이 필요하고, 호스팅 환경에서는 보안상 테넌트 가상 컴퓨터에 연결하는 호스트에 전체 권한을 제공할 수 없기 때문에 이 새로운 기능의 배경은 PowerShell 다이렉트를 클라우드 환경으로 가져오는 것이다. 따라서 앞 절에서 설명한 것처럼 PowerShell 다이렉트를 해제하는 대신, Microsoft에서는 Hyper-V를 위한 PowerShell 다이렉트를 지원하게 JEA를 적용했으므로 이젠 테넌트에서 JEA 플랫폼을 사용해 서비스 공급자(호스트)에게 제한된 액세스를 제공할 수 있다.

참고 사항

- 6장의 'Hyper-V의 제어 위임' 예제

Hyper-V 관리와 PowerShell 향상

Hyper-V 관리자 콘솔은 로컬 Hyper-V 호스트와 소규모 원격 호스트를 진단하고 관리하기 위한 내장 도구다.

Windows 10과 Windows Server 2016의 Hyper-V 관리자로 다음의 Hyper-V 호스트를 관리할 수 있다.

- Windows 10
- Windows 8.1
- Windows 8
- Windows Server 2016 + Windows Server Core, Hyper-V 서버
- Windows Server 2012 R2 + Windows Server Core, Datacenter, Hyper-V 서버
- Windows 2012 + Windows Server Core, Datacenter, Hyper-V 서버

Windows 8.1과 Windows Server 2012 R2의 Hyper-V 관리자로 다음과 같은 Hyper-V 호스트를 관리할 수 있다.

- Windows 8.1
- Windows 8
- Windows Server 2012 R2 + Windows Server Core, Datacenter, Hyper-V 서버
- Windows 2012 + Windows Server Core, Datacenter, Hyper-V 서버

Windows 8과 Windows Server 2012의 Hyper-V 관리자로 다음의 Hyper-V 호스트를 관리할 수 있다.

- Windows 8.1
- Windows 2012 + Windows Server Core, Datacenter, Hyper-V 서버

Hyper-V는 Windows 8 이상의 Windows 클라이언트에서 사용할 수 있다. Windows 8.1/서버 2012 R2 이전의 Hyper-V 관리자는 일치하는 Hyper-V 버전만 관리했다.

주목할 한 가지 중요한 요점은 관리하는 버전에 사용할 수 있는 기능과 Hyper-V 관리자 기능이 일치하는지 여부다. 즉, 서버 2012 R2에서 원격 서버 2012를 관리한다면 Windows Server 2012 R2의 새로운 Hyper-V 관리자 도구는 사용할 수 없다.

Hyper-V용 PowerShell 모듈은 로컬 Hyper-V 호스트와 소규모 원격 호스트를 진단하고 관리하기 위한 내장 도구다.

Windows 10과 Windows Server 2016에서 Microsoft는 두 개의 Hyper-V PowerShell 모듈을 포함했고, 이들을 V1.1과 V2.0이라는 두 개의 버전으로 나눴으므로 서로 다른 버전의 Hyper-V 호스트를 관리할 수 있다.

Windows 10과 Windows Server 2016의 Hyper-V용 PowerShell 모듈을 사용하면 다음과 같은 Hyper-V 호스트를 관리할 수 있다.

- Windows 10
- Windows 8.1

- Windows 8
- Windows Server 2016 + Windows Server Core, Hyper-V 서버
- Windows Server 2012 R2 + Windows Server Core, Datacenter, Hyper-V 서버
- Windows 2012 + Windows Server Core, Datacenter, Hyper-V 서버

버전 1.1은 Windows 8.1/Server 2012 R2를 관리할 수 있고, 버전 2.0은 Windows 10과 서버 2016을 관리할 수 있다.

Hyper-V용 PowerShell 모듈은 Windows 8과 Windows Server 2012에서 사용할 수 있다.

이 예제는 동일한 도메인과 다른 도메인, 작업 그룹 환경에서 Hyper-V 관리자로 원격 Hyper-V 호스트를 관리하는 방법을 보여준다.

이 예제에서는 PowerShell 모듈 V1.1과 V2.0 모두를 사용해 버전이 다른 Hyper-V 호스트를 관리하는 방법도 보여준다.

준비

Hyper-V 관리자를 사용해 원격 Hyper-V 호스트를 관리하기 위해 원격 관리를 로컬 컴퓨터와 원격 호스트 모두에서 활성화해야 한다.

다음 화면에서처럼 서버 관리자 ▶ 원격 관리를 통해 이 작업을 수행할 수 있다.

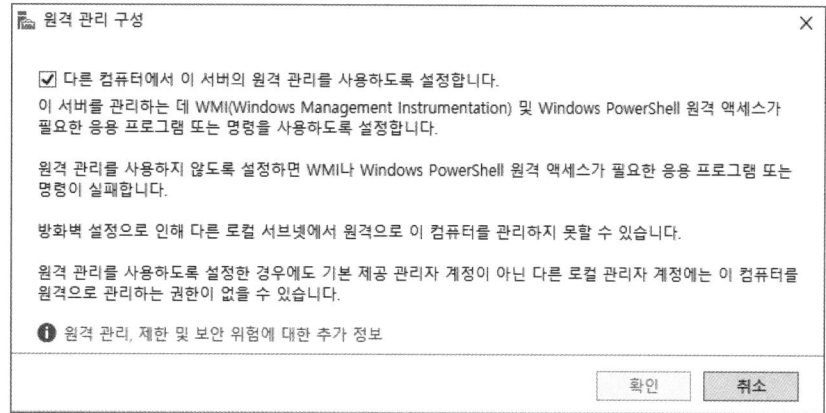

다음 PowerShell 명령을 관리자로 실행해 동일한 작업을 수행할 수도 있다.

Enable-PSRemoting

Hyper-V를 지원하는지 확인하기 위해 1장의 'Hyper-V 요구 사항 확인' 예제에서 설명한 것처럼 Hyper-V 플랫폼 역할이 활성화됐는지 확인한다.

시간을 아끼고 불필요한 복잡성을 줄이기 위해 두 대의 컴퓨터에서 IP 주소와 컴퓨터 이름 등의 네트워크 구성을 설정했는지 확인한다.

다음 방화벽 규칙은 관리될 원격 Hyper-V 호스트에서도 설정해야 한다.

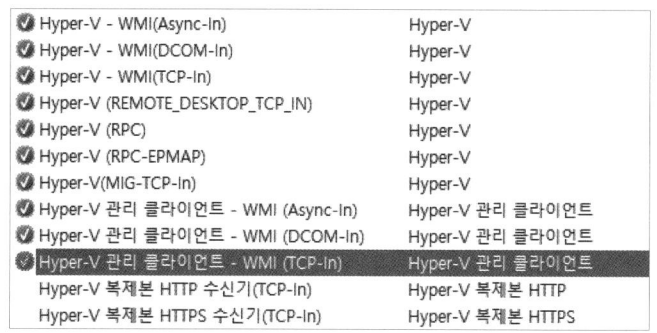

원격으로 연결할 때 성공적인 연결을 위해 원격 호스트의 Hyper-V 관리자 계정이 여러분이 사용하는 현재 사용자 계정과 일치해야 한다. Windows Server 2016에서는 또 다른 사용자로 연결도 지원한다. 이 부분은 조금 있다가 살펴본다.

예제 구현

다음 과정은 Hyper-V 관리자를 사용해 원격 Hyper-V 호스트에 연결하는 세부 사항을 보여준다.

1. Windows 10 클라이언트 컴퓨터에서 제어판을 열고 **프로그램 및 기능** 옵션을 클릭한다.
2. 프로그램 및 기능 창에서 왼편 창의 Windows 기능 켜기/끄기를 클릭한다.
3. Windows 기능 창에서는 다음 화면에서처럼 Hyper-V를 확장하고 Hyper-V 관리 도구를 선택한다.

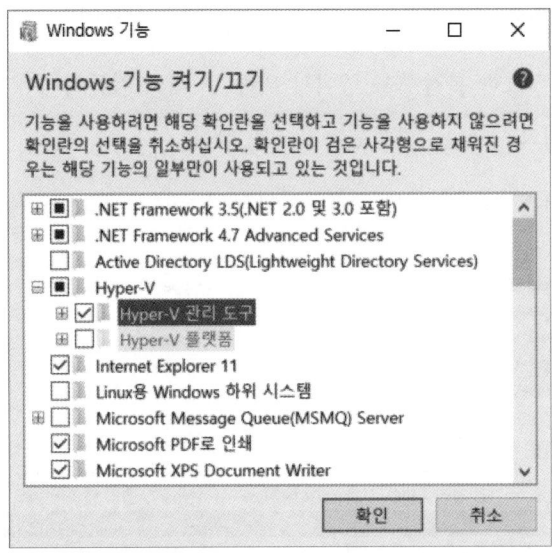

4. 확인을 클릭하고 완료될 때까지 기다린다.

5. PowerShell을 사용해 Windows 10에 Hyper-V 관리 도구를 설치할 수도 있다.

```
Enable-WindowsOptionalFeature -Online -FeatureName
Microsoft-Hyper-V-Tools-All -Verbose
```

6. Windows Server 2016에 Hyper-V 관리 도구를 설치하려면 다음과 같은 PowerShell 명령을 실행한다.

```
Enable-WindowsOptionalFeature -Online -FeatureName
RSAT-Hyper-VTools-Feature -Verbose
```

7. 시작을 클릭하고 시작 메뉴에서 Hyper-V를 입력한 후 Hyper-V 관리자를 선택한다.

8. Hyper-V 관리자 콘솔을 열고 다음 화면에서처럼 Hyper-V 관리자가 선택됐는지 확인한 후 서버에 연결을 클릭한다.

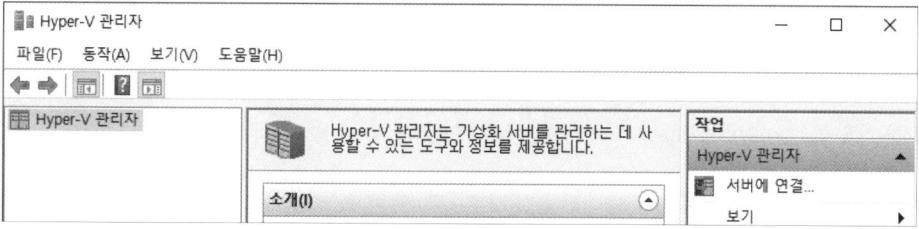

9. 로컬 호스트를 Hyper-V 호스트로 Hyper-V 관리자에 추가하려면 다음 화면에서처럼 서버에 연결…을 클릭하고 컴퓨터 선택 대화상자에서 로컬 컴퓨터를 선택한다.

10. 동일한 도메인의 또 다른 Hyper-V 호스트를 관리하려면 다음 화면에서처럼 컴퓨터 선택 대화상자에서 다른 컴퓨터를 선택하고 텍스트 필드에 원격 호스트의 호스트 이름이나 NetBIOS, FQDN을 입력한다.

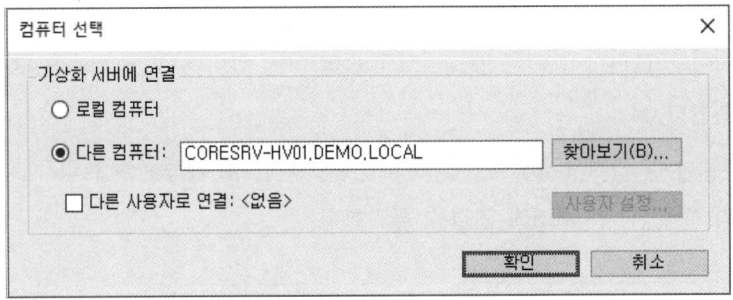

앞서 언급한 것처럼 원격 Windows 10에 연결하거나 나중에 호스트 이름이나 IP 주소를 사용할 수 있다. Hyper-V 관리자는 이제 대체 사용자 자격증명 역시 지원한다. 이 기능은 Windows 10이나 Windows Server 2016 이상의 원격 호스트에 연결할 때만 사용할 수 있다.

Windows 10이나 서버 2016에서 원격 호스트에 알맞은 사용자 계정으로 실행하지 않는다면 대체 자격증명을 가진 다른 사용자로 연결할 수 있다.

원격 Hyper-V 호스트에 대한 자격증명을 지정하려면 다음 화면에서처럼 다른 사용자로 연결:을 선택한 다음 컴퓨터 선택 대화상자에서 사용자 설정...을 선택한다.

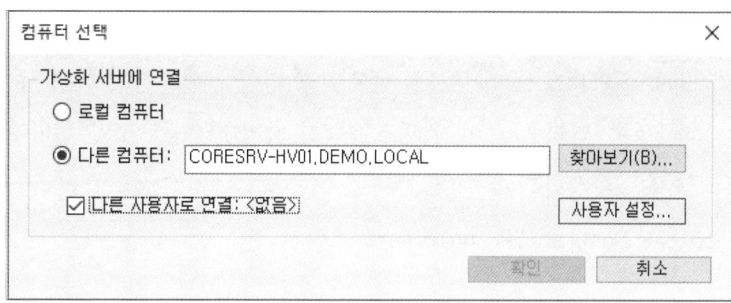

호스트 이름보다는 IP 주소를 사용해 연결하는 방법이 더 쉬울 때가 있다. Windows 10이나 서버 2016을 사용하면 다른 컴퓨터: 텍스트 필드에 IP 주소를 입력해 연결할 수 있다.

 IP 주소를 사용해 연결할 때 사용자 계정을 다른 사용자로 연결:〈없음〉 텍스트 필드에 설정해야 한다. 사용자 계정은 관리할 Hyper-V 호스트의 Hyper-V Administrators 그룹의 멤버가 돼야 하며, 그렇지 않으면 연결이 실패한다.

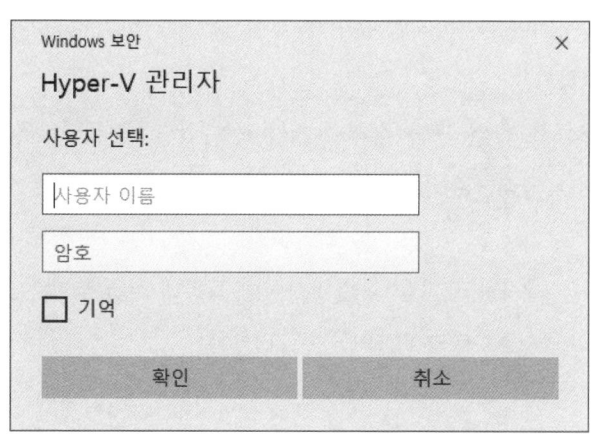

작업 그룹 환경이나 다른 도메인에서 또 다른 Hyper-V 호스트를 관리하려면 관리할 Hyper-V 호스트에서 관리자로서 다음 명령을 실행해야 한다.

- Enable-PSRemoting
  - Enable-PSRemoting은 사설 네트워크 영역에 필요한 방화벽 규칙을 만든다. 공용 영역에서 이 액세스를 허용하려면 CredSSP와 WinRM을 위한 규칙을 활성화해야 한다.
- Enable-WSManCredSSP -Role server

연결하고 싶은 관리 머신에서 다음 명령을 관리자로 실행한다.

- Set-Item WSMan:\localhost\Client\TrustedHosts -value "Hyper-V 호스트의 FQDN"
  - -value 매개 변수 뒤에 별표(*)를 추가하면 모든 관리 호스트를 신뢰한다. 하지만 운영 환경에서는 권장하지 않는다. 특정 호스트만 신뢰하자.
- Enable-WSManCredSSP -Role client -DelegateComputer "Hyper-V 호스트의 FQDN"
  - -DelegateComputer 매개 변수 다음에 별표(*)를 추가하면 모든 관리 호스트를 신뢰한다. 하지만 운영 환경에서는 권장하지 않는다. 특정 호스트만 신뢰하자.
- 추가적으로 다음의 그룹 정책을 구성해야 한다. 컴퓨터 구성 > 관리 템플릿 > 시스템 > 자격증명 위임 > 서버 인증이 NTLM 전용일 경우 새로운 자격증명 허용
  - 사용을 클릭하고 다음 화면에서처럼 목록에 서버 추가: 아래에서 wsman/Hyper-V 호스트의 FQDN을 추가한다.

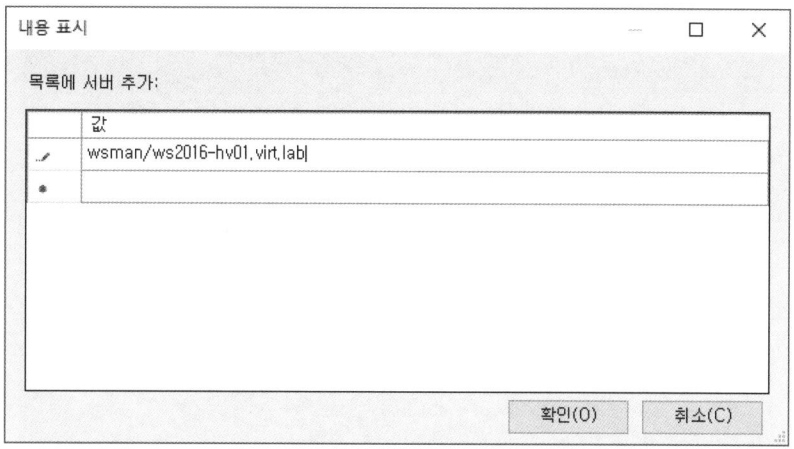

앞서 언급한 것처럼 Microsoft는 두 개의 Hyper-V PowerShell 모듈을 Windows 10과 서버 2016에 추가했고 V1.1과 V2.0이라는 두 개의 버전으로 나눴으므로, 버전이 다른 Hyper-V 호스트를 관리할 수 있다.

서버 2016과 낮은 버전의 호스트를 관리하고 싶다면 별도의 PowerShell 세션이 있어야 한다. 즉, 서버 2012 R2나 그 아래 버전을 관리하고 싶을 때는 다음 화면에서처럼 기본 PowerShell 모듈 V2.0을 제거하고 PowerShell 모듈 V1.1을 로드하고 싶을 것이다.

대안으로 두 개의 PowerShell 창을 열고 원하는 버전을 로드할 수 있다.

```
관리자: Windows PowerShell
PS C:\> (Get-Module Hyper-V).Version

Major  Minor  Build  Revision
-----  -----  -----  --------
2      0      0      0

PS C:\> (Get-Command -Module Hyper-V).Count
232
PS C:\> Remove-Module Hyper-V
PS C:\> Import-Module Hyper-V -RequiredVersion 1.1
PS C:\> (Get-Module Hyper-V).Version

Major  Minor  Build  Revision
-----  -----  -----  --------
1      1      -1     -1

PS C:\> (Get-Command -Module Hyper-V).Count
178
PS C:\>
```

버전 2.0에서는 232개의 명령이 있지만, 버전 1.1에서는 178개의 명령이 있다. 이 부분이 지금은 썩 달갑지 않겠지만, 가까운 미래에 바뀔 것으로 보인다.

예제 분석

Windows Server 2016의 Hyper-V 관리자는 CredSSP나 커버로스, NTLM 인증을 사용하는 WMI V2 네임스페이스 대신 WinRM과 WS-MAN 프로토콜을 사용해 원격 Hyper-V 호스트와 통신하게 업데이트됐다. WS-MAN 기반 인프라는 호스트의 원격 관리를 더 쉽게 만들기도 한다. WS-MAN은 기본적으로 열린 5985번 포트로 연결한다.

원격으로 관리하고 싶은 클라이언트와 서버가 동일한 도메인 환경의 멤버일 때 프로세스는 더 간단하다. 해야 할 작업이라면 방화벽을 구성하고, 연결하는 데 사용하고 싶은 클라이언트나 서버에서 Hyper-V 관리 도구를 설치한 후 Hyper-V 관리자를 열고, 대상 Hyper-V 서버의 Hyper-V Administrators 그룹의 멤버인 계정을 사용해 서버에 연결하는 것뿐이다.

하지만 비도메인 가입 컴퓨터와 작업 그룹 환경의 경우 관리할 원격 Hyper-V 호스트에 몇 가지 다른 설정을 구성해야 한다. 첫 번째 수행해야 할 작업은 PowerShell 원격을 활성화해 개인 네트워크 영역에 필요한 방화벽 규칙을 만드는 일이다. 공용 영역에서 액세스를 허용하려면 CredSSP와 WinRM에 대한 방화벽 규칙 역시 활성화해야 한다. 그다음에는 호스트를 신뢰하고 관리할 수 있게 허용한다. 마지막으로 WS-Man CredSSP를 활성화해야 한다.

살펴본 대부분의 구성은 Hyper-V UI와 PowerShell 명령을 사용했으므로, 무료 Hyper-V 서버와 데스크톱 경험이 포함된 Windows Server 2016 Hyper-V, 코어 설치 같은 모든 Hyper-V 버전에도 동일한 절차를 사용할 수 있다.

Windows 10와 Windows Server 2016은 원격 연결 형식의 가능한 조합을 크게 확장해 버전이 다른 Hyper-V 호스트를 관리한다.

Windows 10과 Windows Server 2016에서 Hyper-V를 활성화할 때 다음 화면에서처럼 Hyper-V 관리자 UI에 대한 모든 바이너리가 C:\Program Files\Hyper-V 아래에 자동으로 설치된다.

이름	수정한 날짜	유형
6.2	2018-05-29 오전...	파일 폴더
6.3	2018-05-29 오전...	파일 폴더
ko-KR	2018-05-29 오전...	파일 폴더
InspectVhdDialog	2018-05-29 오전...	응용 프로그램
Microsoft.Virtualization.Client.Common.dll	2018-05-29 오전...	응용 프로그램 확장
Microsoft.Virtualization.Client.Common.Types.dll	2018-05-29 오전...	응용 프로그램 확장
Microsoft.Virtualization.Client.dll	2018-05-29 오전...	응용 프로그램 확장
Microsoft.Virtualization.Client.Management.dll	2018-05-29 오전...	응용 프로그램 확장
Microsoft.Virtualization.Client.RdpClientAxHost.dll	2018-05-29 오전...	응용 프로그램 확장
Microsoft.Virtualization.Client.RdpClientInterop.dll	2018-05-29 오전...	응용 프로그램 확장
Microsoft.Virtualization.Client.Settings.dll	2018-05-29 오전...	응용 프로그램 확장
Microsoft.Virtualization.Client.VMBrowser.dll	2018-05-29 오전...	응용 프로그램 확장
Microsoft.Virtualization.Client.Wizards.dll	2018-05-29 오전...	응용 프로그램 확장
SnapInAbout.dll	2018-05-29 오전...	응용 프로그램 확장

6.2라는 폴더 이름은 Windows Server 2012용이며, 6.3은 Windows Server 2012 R2용, 나머지는 Windows Server 2016용이므로, Hyper-V 관리자 콘솔에서 다중 서버를 등록하고 각 서버에서 다른 버전의 Hyper-V를 실행 중이라면 해당 서버를 클릭할 때 정확한 버전에 일치하는 알맞은 바이너리가 자동으로 로드된다. 이는 수년 동안의 변화를 모두 탐색하는 멋진 방법이다. 이를테면 Windows 10이나 Windows Server 2016 UI를 설치하고 Windows Server 2012에 연결한다면 Microsoft에서 스냅인을 변경하지 않았기 때문에 검사점을 스냅숏이라고 한다.

호스트 이름이나 IP 주소를 사용해 Windows 10이나 그 이후의 Hyper-V 호스트에 원격으로 연결할 수도 있다.

Hyper-V 관리자는 이제 대체 사용자 자격증명 역시 지원하므로, 원격 호스트에서 Hyper-V Administrator 그룹의 멤버인 다른 사용자를 선택하고 연결할 수 있다.

참고 사항

- 7장, Hyper-V 고가용성 구성
- 4장의 'PowerShell 다이렉트로 가상 컴퓨터 관리' 예제
- 4장의 'PowerShell을 통한 원격 연결 설정과 관리' 예제

05

Hyper-V 모범 사례, 팁과 트릭

5장에서 다루는 내용은 다음과 같다.

- Hyper-V 모범 사례 분석기 사용
- 가상 컴퓨터의 리소스 최적화
- 중첩 가상화 사용
- Windows Server 2016 Hyper-V의 그래픽 가상화
- 호스트와 가상 컴퓨터를 위한 안티바이러스 설치와 구성

소개

Hyper-V의 새 버전은 가상 환경을 다룰 때 매일의 작업을 더 쉽게 해주는 많은 개선점과 새로운 기능을 제공한다. 하지만 VM과 호스트 OS, 시스템 구성, 배포한 다른 구성 요소에 적절한 옵션과 구성을 사용했는지 확인해야 한다.

올바른 설정을 사용하고 최적의 구성을 적용하는 한 가지 방법은 Hyper-V 모범 사례를 사용하는 것이다. 모범 사례는 Microsoft에서 문제와 잘못된 구성 이슈, 일반적으로 권장하지 않는 다른 부분들을 식별하는 데 도움을 주고자 만든 일련의 규칙과 팁이다.

호스트와 워크로드가 이들 규칙과 관례를 따르면 성능을 향상시키고 가상 컴퓨터의 리소스를 최적화하므로, 대부분의 성능 문제를 피하고 문제가 발생하는 경우 이를 빠르게 고칠 수 있다.

5장에서는 Windows Server 2016의 Hyper-V 중첩 가상화와 그래픽 향상도 다루므로, 높은 그래픽이 필요한 워크로드를 가상화할 수 있다.

Hyper-V 모범 사례 분석기 사용

Microsoft는 여러분의 환경 개선에 도움이 되는 몇 가지 규칙을 만들었는데, 이를 모범 사례라고 한다. 하지만 이 모범 사례를 모두 숙지하고 Hyper-V 서버에서 이들 모범 사례 모두를 준수하는지 확인하는 일은 쉽지 않다.

이 작업을 더 쉽게 만들고자 Windows 서버는 모범 사례 분석기[BPA, Best Practices Analyzer]를 제공한다. 이 도구는 서버의 모든 구성 요소와 비교하는 모범 사례와 규칙의 집합을 가지며, 검사하는 동안 찾은 모든 문제에 대한 보고서를 생성한다. 이 보고서에서는 문제와 영향, 발생할 수 있는 문제에 대한 해결책과 같은 세부 내용을 제공한다.

Windows 서버에서는 호스트 서버와 구성, VM을 분석하는 모든 사례를 갖춘 Hyper-V에 대해서 뿐만 아니라 거의 모든 역할에 대해 모범 사례를 제공한다.

이 예제는 Hyper-V 모범 사례 분석기를 사용해 시스템을 분석하는 방법을 설명한다.

준비

Hyper-V 모범 사례 분석기는 Hyper-V 역할을 설치한 경우만 동작한다. 이 기능을 사용할 수 있는 대상은 Windows Server 2016 전체 설치와 서버 코어의 Hyper-V 서버, 무료 Hyper-V 서버를 포함한다. Hyper-V를 설치했는지 확인하고, 모든 서버 설치와 구성을 수행한 후 모범 사례로 BPA를 실행한다.

BPA는 완전히 명령 기반이며, PowerShell 2.0 때 다시 C#으로 작성했다. 그때 .NET 프레임워크의 일부가 아닌 .NET XML 라이브러리 일부를 정적으로 사용하고 있다.

예제 구현

다음 과정을 따르면 Hyper-V용 BPA를 실행하고 결과를 살펴보는 방법을 알게 된다.

1. Windows 작업 표시줄에서 서버 관리자를 연다.
2. 서버 관리자 창에서 왼편 창의 Hyper-V를 클릭한다. 그다음 오른편에서 스크롤바를 사용해 모범 사례 분석기 옵션이 보일 때까지 아래쪽으로 스크롤한다.
3. 모범 사례 분석기 아래에서 다음 화면처럼 작업 ▶ BPA 검사 시작을 탐색한다.

4. 서버 선택 창에서 검사하고 싶은 Hyper-V 서버를 선택하고 검사 시작을 클릭한다.

5. 선택한 모든 서버에서 검사를 시작한다. 검사를 마치면 서버 관리자에서 모범 사례 분석기 아래에 BPA 결과를 표시한다.

6. 검사가 끝나면 검사 결과 목록은 서버 이름, 심각도, 제목, 범주라는 4개의 열로 표시된다. 열 위의 필터를 사용해 쿼리를 기반으로 정보를 정리할 수 있다.

7. 결과 중 하나를 클릭하면 BPA에서 제공한 정보를 확인할 수 있다. 다음 화면은 에러 검사 결과와 설명의 예다.

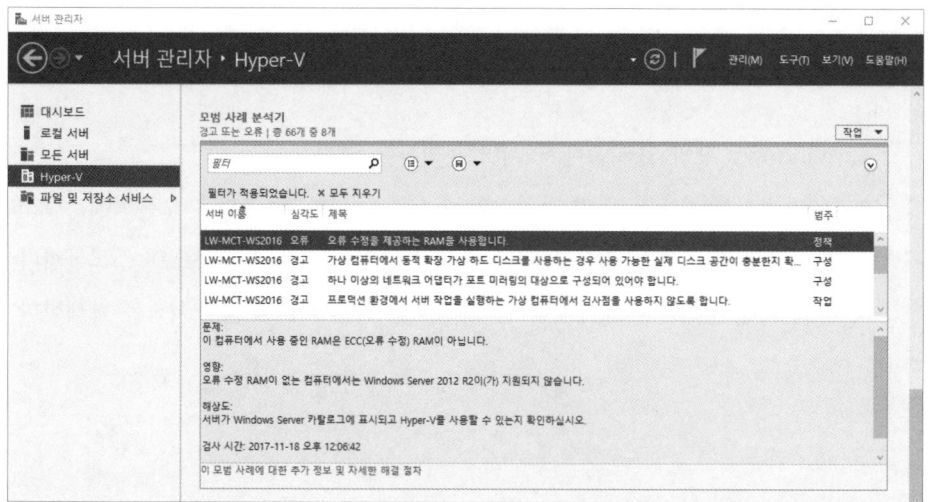

8. 결과를 열고 각 서버에 대한 문제와 영향, 해결책을 분석한다.
9. 상단의 필터를 사용해 경고와 에러만 찾는다.
10. 결과를 확인한 후 Hyper-V BPA에서 제공한 해결책을 적용할 수 있다.

예제 분석

Hyper-V용 BPA는 Microsoft 문서와 관례를 기반으로 66가지의 검사를 통해 구성되지 않은 설정을 확인한다. Hyper-V 역할이 설치될 때 이 기능은 자동으로 활성화된다.

BPA에서 서버를 검사할 때 모든 검사에 대해 검사한 유용한 세부 내용과 영향, 문제를 해결하는 방법까지 제공하는 결과를 보인다. 모범 사례를 준수하면서 서버에 필요한 변경을 적용하는 옵션도 제공한다.

BPA는 서버 관리자를 통해 언제든 사용할 수 있다. 최종 구성을 마친 후 모든 서버를 검사하고 한 달에 한 번씩 다시 검사하기를 권장한다.

Hyper-V BPA는 Microsoft 지원에 관한 정보도 표시한다. 서버에서 Microsoft가 지원하지 않는 구성이 있다면 보고서를 통해 이를 알려준다.

권장 설정을 실행하고 적용한 후 서버는 현재 Microsoft에서 권장하는 모범 사례를 모두 갖추게 된다.

매달 Hyper-V BPA를 사용해 운영 환경의 Hyper-V 서버도 검사해 Hyper-V 환경을 정상 상태로 유지하기 바란다.

보충 설명

모든 Windows 모범 사례는 PowerShell을 통해서도 사용할 수 있다. PowerShell을 사용해 검사하고 필터링해서 결과를 보고서로 추출할 수도 있다.

Hyper-V BPA를 사용해 검사하려면 다음 명령을 입력한다.

```
Invoke-BpaModel -BestPracticesModelId Microsoft/Windows/Hyper-V
```

Hyper-V BPA를 호출한 후 Get-BPAResult 명령을 사용해 결과를 분석할 수 있다. 다음 명령은 BPA 검사 결과를 보여준다.

```
Get-BpaResult -BestPracticesModelId Microsoft/Windows/Hyper-V
```

다음 화면은 Get-BPAResult 출력이 어떻게 표시되는지 보여주는 예다.

```
ResultNumber  : 65
ResultId      : 4065271188
ModelId       : Microsoft/Windows/Hyper-V
SubModelId    :
RuleId        : 108
ComputerName  : LW-MCT-WS2016
Context       :
Source        : LW-MCT-WS2016
Severity      : 정보
Category      : 구성
Title         : 공유 가상 하드 디스크는 동일한 가상 컴퓨터 그룹의 가상 컴퓨터에만 할당되어야 합니다.
Problem       :
Impact        :
Resolution    :
Compliance    : Hyper-V 모범 사례 분석기 검사를 통해 이 모범 사례를 준수하는 것으로 확인되었습니다.
Help          :
Excluded      : False

ResultNumber  : 66
ResultId      : 67362084
ModelId       : Microsoft/Windows/Hyper-V
SubModelId    :
RuleId        : 109
ComputerName  : LW-MCT-WS2016
Context       :
Source        : LW-MCT-WS2016
Severity      : 정보
Category      : 작업
Title         : 저장소 경로를 여러 리소스 풀에 매핑하지 마십시오.
Problem       :
Impact        :
Resolution    :
Compliance    : Hyper-V 모범 사례 분석기 검사를 통해 이 모범 사례를 준수하는 것으로 확인되었습니다.
Help          :
Excluded      : False
```

PowerShell을 사용해 경고와 에러만 필터링하고 싶다면 다음 명령을 사용할 수도 있다.

```
Get-BpaResult -BestPracticesModelId Microsoft/Windows/Hyper-V | Where-Object
{$_.Severity -eq "경고" -or $_.Severity -eq "오류"}
```

다음 명령을 사용해 각 에러에 관한 더 유용한 정보만 표시하도록 PowerShell을 구성할 수도 있다.

```
Get-BpaResult -ModelId Microsoft/Windows/Hyper-V | Where-Object {$_. Severity
-eq '오류'} | FL Title, Problem, Resolution, Help
```

다음은 그 결과다.

```
PS C:\> Get-BpaResult -ModelId Microsoft/Windows/Hyper-V | Where-Object {$_. Severity -eq '오류'} |
FL Title, Problem, Resolution, Help

Title      : 오류 수정을 제공하는 RAM을 사용합니다.
Problem    : 이 컴퓨터에서 사용 중인 RAM은 ECC(오류 수정) RAM이 아닙니다.
Resolution : 서버가 Windows Server 카탈로그에 표시되고 Hyper-V를 사용할 수 있는지 확인하십시오.
Help       : http://go.microsoft.com/fwlink/?LinkId=533551

Title      : 매주 한 번 이상 가상 컴퓨터를 백업해야 합니다.
Problem    : 지난 주에 하나 이상의 가상 컴퓨터를 백업하지 않았습니다.
Resolution : 매주 한 번 이상 가상 컴퓨터 백업을 실행하도록 예약하십시오. 이 가상 컴퓨터가 복제본이
             고 주 가상 컴퓨터를 백업하고 있거나 이 가상 컴퓨터가 주 가상 컴퓨터이지만 복제본을 백
             업하고 있다면 이 규칙을 무시해도 됩니다.
Help       : http://go.microsoft.com/fwlink/?LinkId=533581
```

화면에서 보다시피 이 명령의 출력은 Get-BpaResult 단독으로 사용해 표시한 원래 결과보다는 훨씬 더 도움을 준다.

PowerShell을 사용해 BPA 결과를 HTML 보고서로 만들기

PowerShell 결과를 개선하기 위해 다음 명령을 사용해 BPA HTML 보고서를 만들 수 있다. 이 스크립트는 앞서의 Get-BpaResult 필터링 예제를 사용해 경고와 에러 결과만 표시한다.

```
$head = '<style>
    BODY{font-family:Verdana; background-color:lightblue;}
```

```
    TABLE{border-width: 1px;border-style: solid;border-color: 
black;bordercollapse: collapse;}
    TH{font-size:1.3em; border-width: 1px;padding: 2px;border-style: 
solid;border-color: black;background-color:#FFCCCC}
    TD{border-width: 1px;padding: 2px;border-style: solid;border-color: 
black;background-color:yellow}
</style>'
$header = "<H1>Hyper-V BPA 오류와 경고 결과</H1>"
$title = "Hyper-V BPA"

Get-BpaResult -BestPracticesModelId Microsoft/Windows/Hyper-V |
Where-Object {$_.Severity -eq "오류" -or $_.Severity -eq "경고" } |
    ConvertTo-HTML -head $head -body $header -title $title |
    Out-File report.htm
.\report.htm
```

다음 화면은 스크립트를 실행한 후 만들어진 출력 파일이다.

▌ 가상 컴퓨터의 리소스 최적화

VM에서 필요로 하는 메모리와 CPU가 얼마나 되는지 알기는 어려울 때가 있다. 용량 계획을 수행할 때도 VM은 빈약한 메모리 활용과 CPU 리소스 손실로 이어지는 전체 메모리와 CPU 사양을 결코 사용하지 않는다.

Windows Server 2008 R2 SP1에서는 풍선 알림^{Ballooning}이라는 방법을 사용해 호스트 서버의 메모리를 VM과 공유할 수 있는 동적 메모리$^{DM, Dynamic\ Memory}$라는 새로운 기능을 소개했다. 풍선 알림은 VM에서 필요한 메모리만 사용하게 하며, 또 다른 VM에서 더 많은 메모리를 요구하면 호스트에 메모리를 반환한다. 이 방법을 사용하면 현재 워크로드를 기준으로 메모리를 증가시키거나 감소시켜 부모 파티션의 메모리를 VM에 자동으로 재할당한다.

16GB의 메모리를 사용하게 구성한 VM의 예를 들어보자. 이 값은 계획 단계에서 얻은 값이다. 문제는 VM에서 큰 워크로드가 만들어졌을 때만 16GB를 사용한다는 것이다. 이 조건은 서버 수명의 10% 미만을 나타낸다. 16GB의 사용되지 않은 메모리(예를 들어 4GB라고 하자)를 추가 메모리가 필요한 또 다른 VM에 사용할 수 있다면 어떨까? 특정 VM에서 예기치 않은 워크로드가 발생하는 경우 Hyper-V는 그 VM으로 메모리를 자동으로 다시 할당할 수 있다. 마찬가지로 다른 사용되지 않는 VM에서 더 많은 메모리를 빌릴 수 있다.

앞서 설명한 것처럼 Microsoft는 Windows Server 2008 R2 SP1에서 동적 메모리를 소개했다. 하지만 동적 메모리는 SQL 또는 Exchange 서버 같은 워크로드에는 적용할 수 없다. Windows Server 2016에서 Microsoft는 정적(실행 중) VM에 메모리를 추가하거나 제거할 수 있는 런타임 메모리 크기 조정$^{Runtime\ Memory\ Resize}$이라는 새로운 기능을 소개했다.

Windows Server 2012에서 Microsoft는 시스템의 기존 물리 NUMA 노드를 활용해 가상 NUMA 기술을 Hyper-V VM에 반영했다. 이 기능은 대용량 메모리로 구성된

VM에서 실행 중인 워크로드의 성능을 개선하는 데 도움을 줄 수 있다. Hyper-V 가상 NUMA에 관한 추가 정보는 다음 기사를 참고하자.

https://technet.microsoft.com/ko-kr/library/dn282282(v=ws.11).aspx

이 예제에서 VM 간의 동적 메모리와 런타임 메모리 크기 조정, 가상 NUMA를 사용하기 위한 설정과 필요한 구성 모두를 살펴본다.

준비

VM에서 동적 메모리^{DM}를 동작시키려면 최신 버전의 통합 서비스를 설치했는지 확인하자. DM을 사용하려면 다음 OS 중 하나를 VM에 설치해야 한다.

- SP1이 설치된 Windows Vista Enterprise와 Ultimate 에디션
- Windows 7 Enterprise와 Ultimate 에디션
- Windows 8
- Windows 8.1
- Windows 10
- Windows Server 2008 with SP2와 2008 R2 Enterprise 또는 Datacenter with SP1
- Windows Server 2012
- Windows Server 2012 R2
- Windows Server 2016

 Windows Server 2003 R2 with SP2와 Windows Server 2003 SP2는 2015년 7월 14일에 Microsoft 지원이 끝났다. Microsoft는 이들 OS를 게스트 OS로 사용할 때 일어날 수 있는 문제에 대해 지원하지 않는다. 이들 OS에 대한 통합 서비스도 업데이트되지 않았다.

런타임 메모리 크기 조정에서처럼 호스트는 Windows Server 2016 Hyper-V를 실행해야 하고, VM에는 다음의 OS 중 하나를 설치해야 한다.

- Windows 10
- Windows Server 2016

예제 구현

다음 과정은 VM에 대한 동적 메모리를 설정하고 모니터링하는 방법을 보여준다.

1. Hyper-V 관리자를 열고 동적 메모리를 구성하고 싶은 VM을 선택한다.
2. VM을 오른쪽 클릭하고 설정을 클릭한다.
3. 가상 컴퓨터 설정 창에서 왼편의 메모리 섹션을 클릭한다.
4. RAM 필드에 VM이 시작될 때 사용될 메모리양을 지정한다.
5. 동적 메모리를 사용하기 위해 동적 메모리 사용 체크상자를 선택한다.
6. 최소 RAM과 최대 RAM 필드에 VM에서 사용할 최소 및 최대 메모리 값을 지정한다.
7. 메모리 버퍼 필드에 버퍼에서 예약할 메모리의 값을 비율로 지정한다.
8. 메모리 가중치에서 Hyper-V가 다른 로컬 VM과 비교해 해당 VM에 메모리의 가용성 우선순위를 높이는 방법을 변경한다. 다음 화면은 앞서 설명했던 DM 설정을 모두 나타냈다.

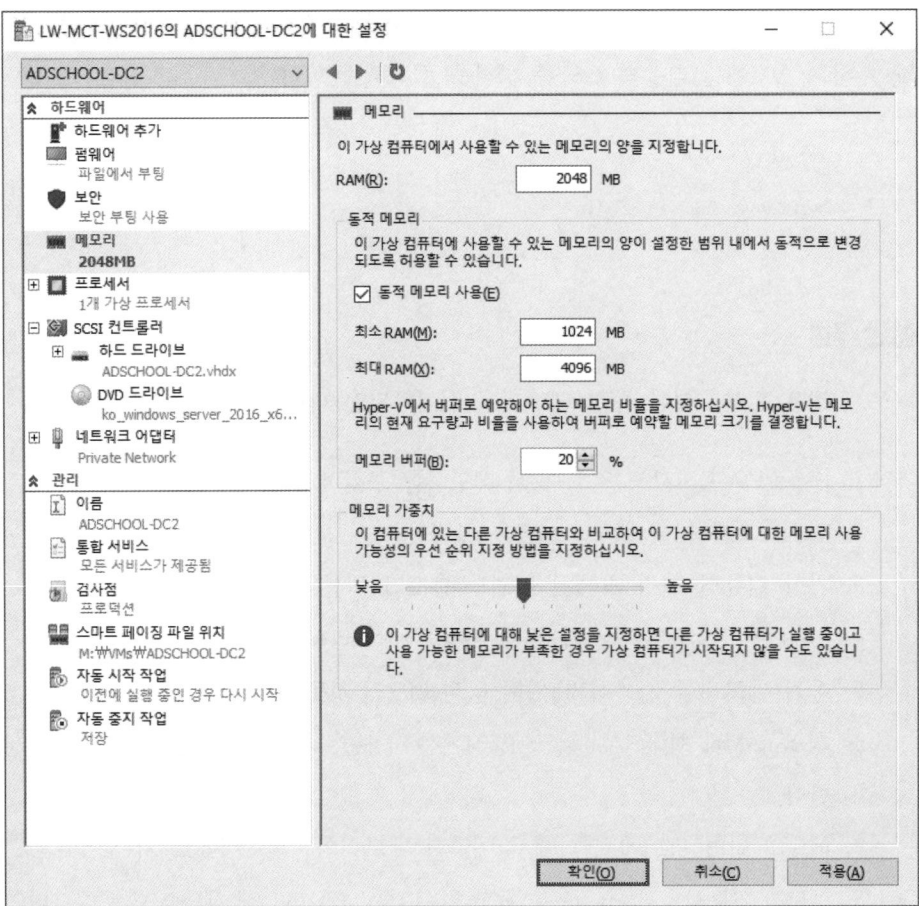

9. 확인을 클릭해 VM 설정 창을 닫는다.//
10. 시작하는 VM에서 사용하는 동적 메모리 설정을 모니터링하려면 다음 화면에서처럼 해당 VM을 선택하고 Hyper-V 관리자 콘솔의 아랫부분에서 메모리 탭을 클릭한다.

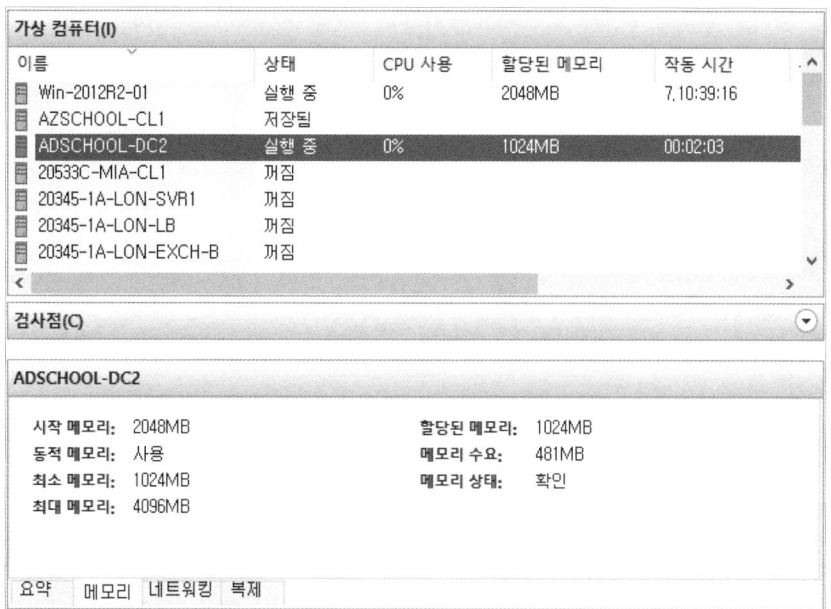

동적 메모리를 사용할 때 게스트 메모리 사용량을 항상 모니터링하자. Windows PowerShell로 이 작업을 자동화하면 VM에 대한 메모리 요구와 할당 값을 감시하는 데 도움이 된다.

Windows PowerShell 콘솔을 열고 다음 명령을 실행한다.

```
Get-VM | where DynamicMemoryEnabled -eq $true | select Name, MemoryAssigned,
MemoryMinimum, MemoryMaximum, MemoryDemand | ConvertTo-Csv
 -NoTypeInformation | Add-Content -Path C:\PerfLogs\DynamicMemoryReport.csv
```

다음 과정은 실행 중인 VM에 메모리를 즉시 추가하고 제거하는 방법을 보여준다.

1. Hyper-V 관리자를 열고 동적 메모리를 구성하고 싶은 VM을 선택한다.
2. 해당 VM을 마우스 오른쪽 클릭하고 설정을 클릭한다.
3. 가상 컴퓨터 설정 창에서 왼편의 메모리 섹션을 클릭한다.

4. RAM 필드에 VM이 시작될 때 사용될 메모리양을 지정한다.
5. 동적 메모리 사용 체크상자가 선택되지 않은 것을 확인한다.
6. 다음 화면은 앞서 설명한 고정 메모리 설정 모습을 보여준다.

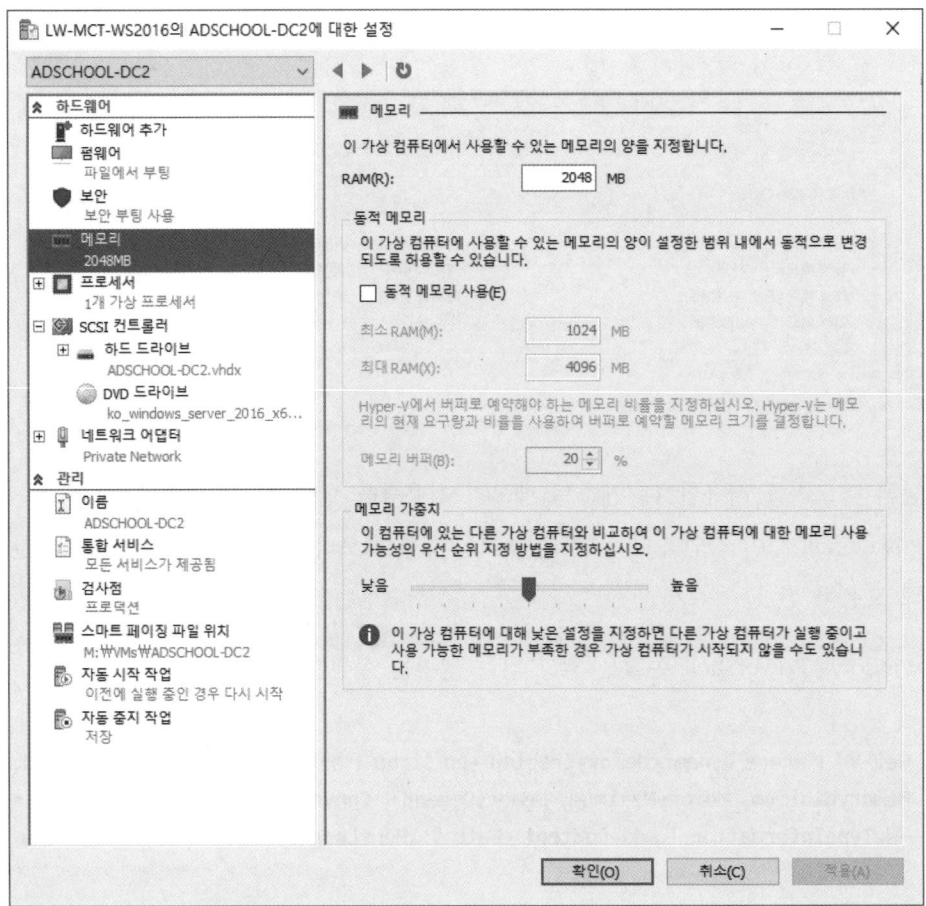

7. 확인을 클릭해 VM 설정 창을 닫는다.

8. VM을 시작하고 로그인한다. 다음 화면에서처럼 VM이 실행되고 2GB의 고정 메모리가 할당됐다.

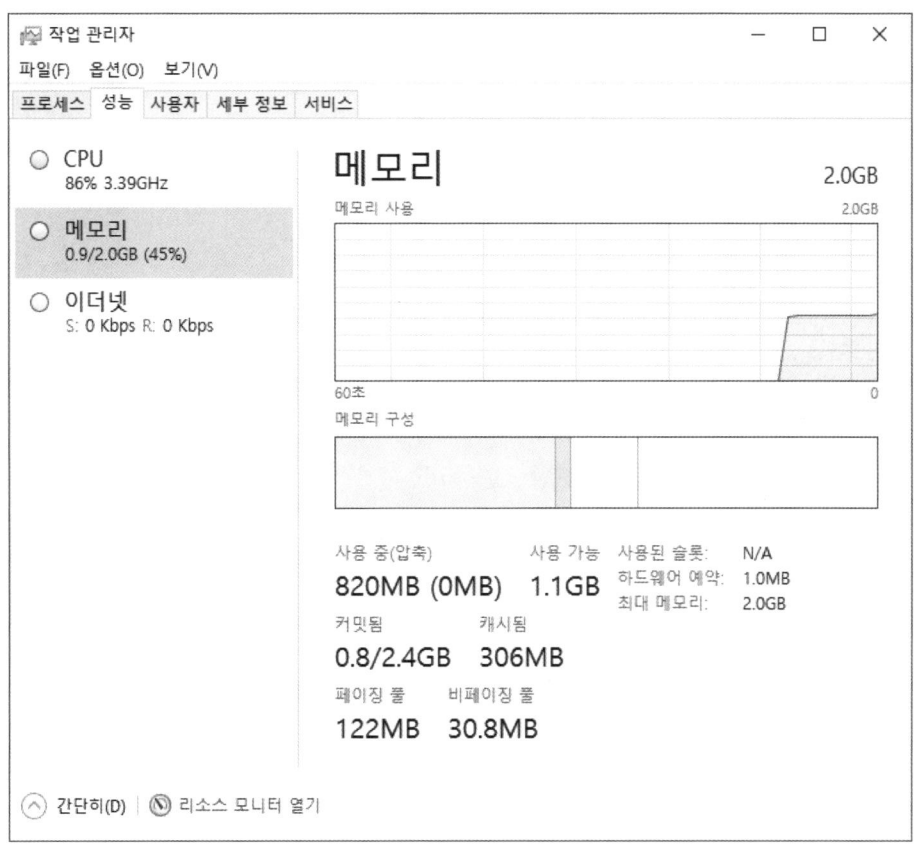

9. 해당 VM에서 오른쪽 클릭한 후 설정을 클릭한다.
10. 가상 컴퓨터 설정 창에서 왼편 창의 메모리 섹션을 클릭한다.
11. RAM 필드에서 메모리의 용량을 증가시키거나 줄인다.
12. 적용을 클릭한다.

13. 다음 화면은 2GB RAM을 추가한 상태다. 전체 메모리양은 이제 4GB다.

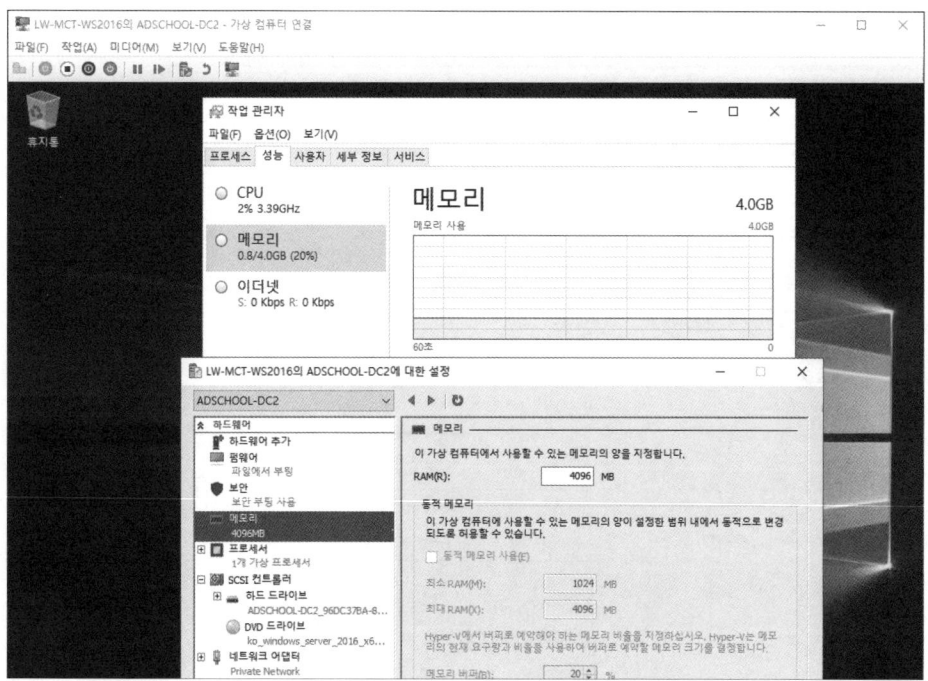

14. 동일한 방식으로 메모리양을 줄일 수 있다.

15. 게다가 불필요하게 메모리를 추가하지 않도록 Hyper-V 관리자와 장애 조치 클러스터 관리자 GUI 모두에서 필요한 메모리를 확인할 수 있다. 고정 메모리 설정과 VM에서 사용하는 메모리 요구 사항을 모니터링하기 위해 다음 화면에서처럼 VM을 선택하고 Hyper-V 관리자 콘솔의 하단에서 메모리 탭을 클릭해보자.

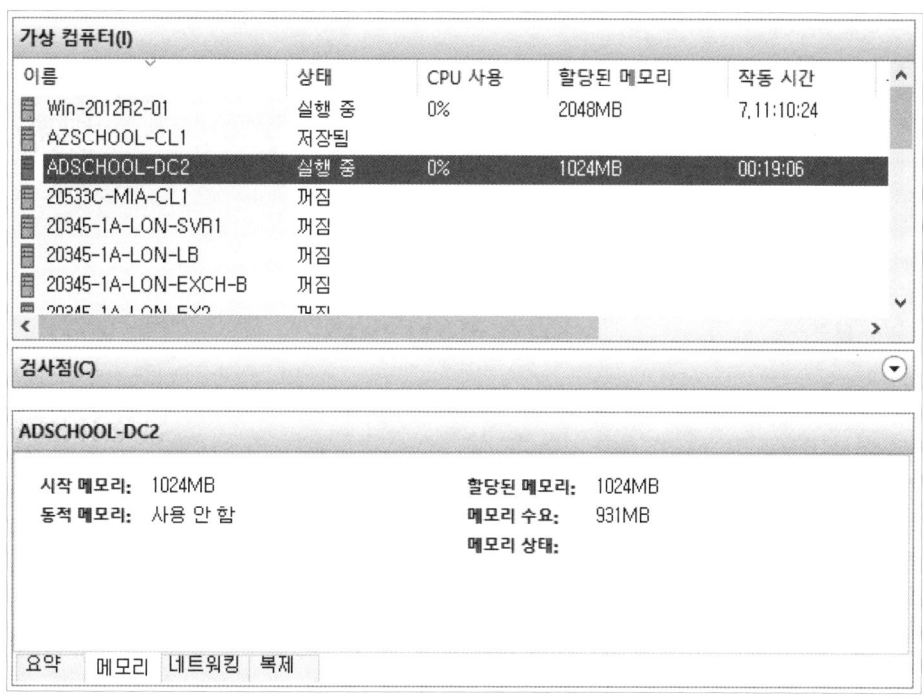

다음 정보는 VM에 대한 가상 NUMA와 NUMA 스패닝을 구성하는 방법을 설명한다.

가상 NUMA

다음 화면은 VM의 프로세서 구성에서 사용할 수 있는 NUMA 구성 옵션을 보여준다. 이들 옵션은 그럴만한 이유로 숨겨져 있다. 대부분의 시나리오에서 이들 설정을 건드릴 필요가 없다. Hyper-V에서는 물리 Hyper-V 호스트를 기반으로 올바른 NUMA 토폴로지를 설정하는 최선의 작업을 수행한다. 하지만 이들 값을 변경해야하는 몇가지 시나리오가 있다.

이들 설정은 프로세서(코어)의 수와 메모리, 한 CPU 소켓상의 노드의 수와 관련 있다.

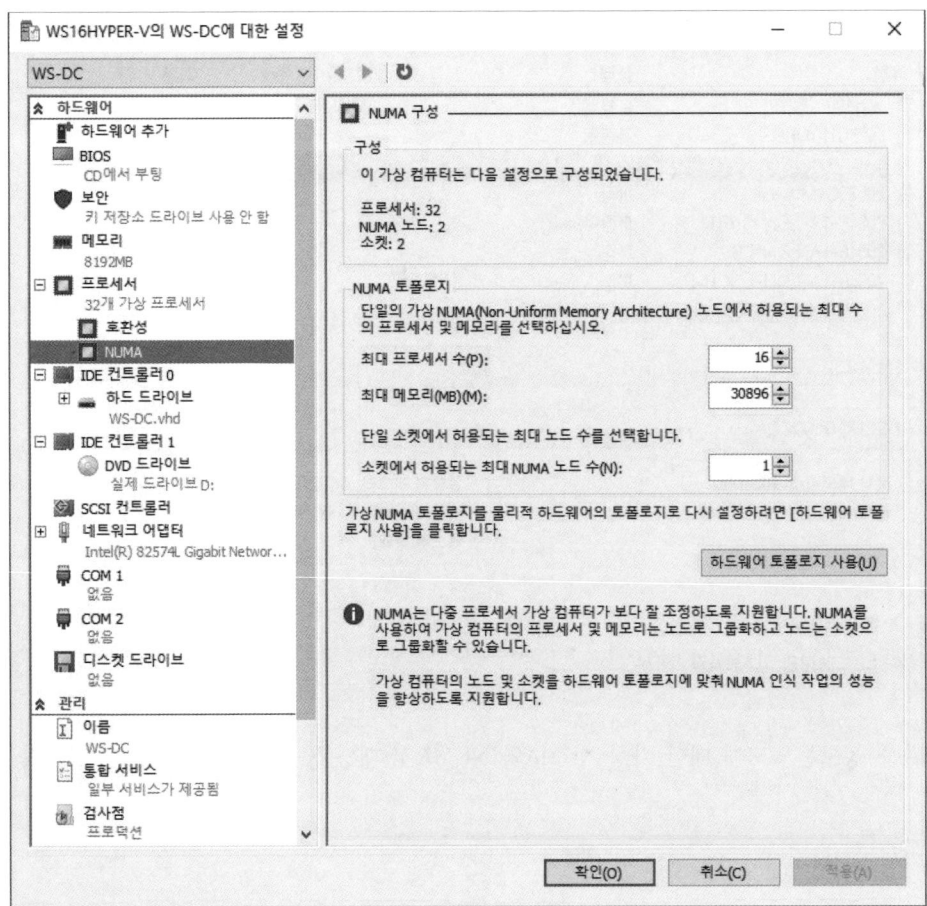

다음과 같은 두 가지 시나리오를 고려해보자.

시나리오 1: 서로 다른 NUMA 토폴로지를 가진 두 대의 호스트가 있고 VM은 이들 서버 사이에서 실시간 마이그레이션된다. 이 경우 해당 NUMA 구성은 VM을 마이그레이션할 환경의 모든 호스트 사이의 최소 NUMA 토폴로지에 일치하게 변경해야 한다. 게다가 대부분의 클러스터에서 호스트는 모두 동일한 NUMA 토폴로지를 가지므로 클러스터 노드 사양을 동일하게 하면 많은 도움을 얻는다.

다음과 같은 사양을 갖는 두 대의 Hyper-V 호스트가 있다고 하자.

- **Host 1 NUMA 토폴로지:** 논리 프로세서의 최대 수는 48이며, 최대 메모리양은 131,072MB다.
- **Host 2 NUMA 토폴로지:** 논리 프로세서의 최대 수는 32이며, 최대 메모리양은 65,536MB다.

한 VM을 Host 1에서 만들었다면 NUMA 토폴로지는 그 VM에 대해 구성된다. 동일한 VM을 Host 2로 이동했다면 단일 NUMA 노드가 실제로 다중 NUMA 경계에 걸쳐 있기 때문에 그 VM은 잘못된 NUMA 구성을 갖게 되고, 최적의 리소스 할당을 갖지 못한다. 따라서 해당 VM의 NUMA 토폴로지를 직접 Host 2와 일치하게 설정하는 것이 좋다.

앞의 화면에서 하드웨어 **토폴로지 사용** 버튼이 있다. 해당 설정을 변경하고 어떤 값이 원래 값이었는지 모를 경우 이 버튼을 클릭하면 특정 호스트에 맞는 Hyper-V 권장 값으로 돌아간다. 대부분의 시나리오에서 하드웨어 **토폴로지 사용** 버튼을 사용하는 것이 가장 좋다. Microsoft는 호스트의 물리 NUMA 토폴로지를 되돌리기 쉽게 만들었다. 실시간 마이그레이션이 많은 Hyper-V 클러스터에서도 일관된 성능을 위해 노드의 NUMA 레이아웃을 동일하게 유지해야 한다.

시나리오 2: 흔하지 않은 경우지만 실제로 CPU 개수를 소켓으로 계산해 실행하는데, 최소 2개의 CPU가 필요한 애플리케이션이 있다고 하자. 애플리케이션을 한 VM으로 이동하도록 요청 받았다.

이런 경우 해당 애플리케이션에서 둘 이상의 소켓이 필요하다면 이때 다음의 조건이 참이어야만 하나의 VM에 둘 이상의 CPU(vNUMA)를 노출할 수 있다.

1. 동적 메모리와 가상 NUMA는 상호배타적이므로, 동적 메모리를 사용하지 않는다. 항상 하나의 vNUMA에만 동적 메모리를 적용한다.
2. 하나의 NUMA 노드에서 제공할 수 있는 이상의 메모리를 구성한다. 아니면
3. 하나의 NUMA 노드에서 제공할 수 있는 이상의 vCPU를 추가한다.

이 시나리오에서 VM은 두 개의 가상 NUMA 노드를 갖는 구성이다. 다음 화면에서처럼 소켓도 두 개다.

OS 제조업체	Microsoft Corporation
시스템 이름	WS-DC
시스템 제조업체	Microsoft Corporation
시스템 모델	Virtual Machine
시스템 종류	x64 기반 PC
시스템 SKU	지원 안 됨
프로세서	Intel(R) Xeon(R) CPU E5-2690 v4 @ 2.60GHz, 2594Mhz, 16 코어, 16 논리 프로세서
프로세서	Intel(R) Xeon(R) CPU E5-2690 v4 @ 2.60GHz, 2594Mhz, 16 코어, 16 논리 프로세서
BIOS 버전/날짜	American Megatrends Inc. 090006, 2016-04-28

어떻게 계산할까? 이는 실제 CPU를 기반으로 하는 가상화다. vCPU는 물리 코어에서 계산 시간의 예약한 시간 조각^{Slice}일 뿐이다. vCPU와 vNUMA는 논리적인 개념이며, 프로세서에서 인터럽트의 시간 조각을 사용하며, 하이퍼바이저는 항상 최상의 NUMA 레이아웃을 사용하기 위해 최선을 다한다. 소프트웨어에서 물리 CPU의 수를 고려하지는 않기 때문에 거의 모든 시나리오에서 게스트에 두 개의 소켓을 사용할 필요는 없다. 실제로는 논리 코어에 관한 문제며, 하나의 소켓에 많은 논리 코어를 갖고 있으므로 완벽히 병렬로 수행할 수 있다(멀티스레딩).

대개 가상 NUMA는 잘 동작하며, 필요한 가장 적합한 옵션을 선택하면 모든 사용 사례에 최상의 결과를 제공한다.

NUMA 스패닝

이 절의 앞부분에서 설명한 것처럼 다중 NUMA 노드 시스템에서 최고의 성능은 확장 NUMA 노드보다는 해당 NUMA 노드 내에서 논리 메모리를 사용해 프로세서 코어에서 실행 중인 프로세스에서 나온다. 확장 NUMA 노드는 필요한 메모리가 또 다른 프로세서에 연결돼 있는데, 이를 원격 메모리라고 하며 논리 메모리보다는 대기시간이 길다.

호스트 수준의 구성과 VM 수준의 구성이라는 두 가지 유형의 NUM 스패닝 구성이 있다.

호스트 설정: Windows Server 2012부터는 Hyper-V에서 NUMA 스패닝을 지원하므로 VM에서 사용 중인 프로세서 코어라는 NUMA 노드의 경계를 넘어 메모리를 할당할 수 있다. 이렇게 하면 더 많은 VM을 실행할 수 있지만, 프로세서의 동일한 NUMA 노드 밖의 메모리 사용이 대기시간을 증가시키기 때문에 전체적으로 성능 저하를 야기할 수 있다.

Hyper-V-Worker 이벤트 로그에서 이를 반영하며, 경고 이벤트 ID 3056을 확인할 수 있다.

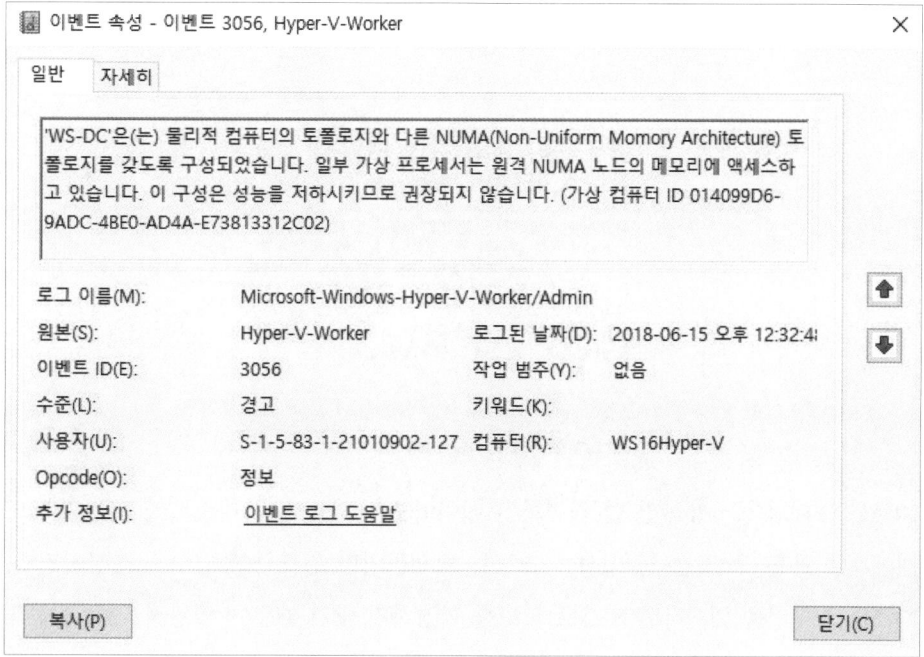

Hyper-V 설정 > NUMA 스패닝에서 NUMA 스패닝을 해제하려면 다음 화면에서처럼 가상 컴퓨터가 실제 NUMA 노드를 스패닝하게 허용 선택을 해제한다. 그러면 VM에서 원격 NUMA 노드에 메모리를 할당할 수 없고 로컬 NUMA 노드에서만 메모리를 사용하게 제한된다.

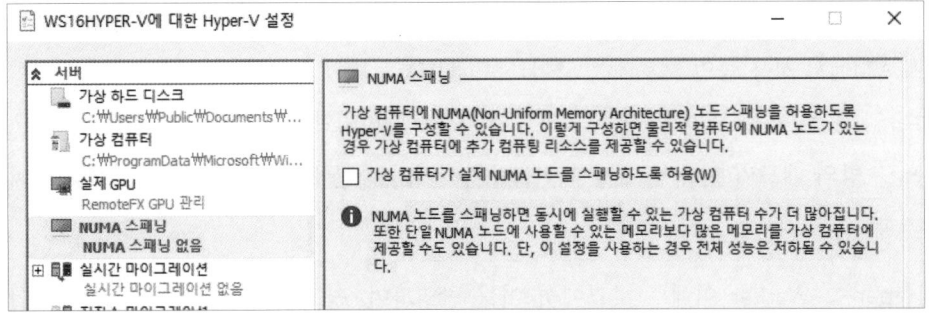

NUMA 스패닝 설정이나 해제는 Hyper-V 가상 컴퓨터 관리 서비스(vmms.exe)의 재시작이 필요하다.

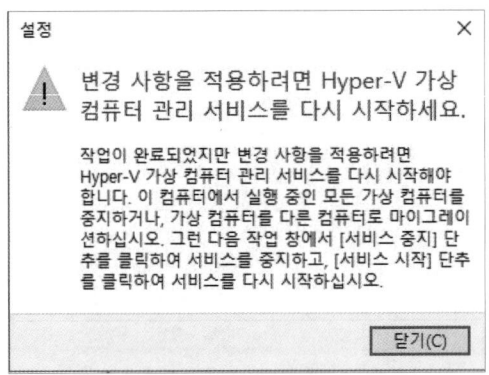

NUMA 스패닝을 사용하면 덜 최적화된 레이아웃은 허용하며, 리소스를 NUMA 노드 내에서 사용할 수 없는 경우 성능 저하는 발생하지만 밀도와 유연성을 향상시킨다. NUMA 스패닝을 해제하면 NUMA 노드를 확장하지 않기 때문에 일관성 있는 최상의 성능 요구에 따른 리소스 비용이 발생한다.

Hyper-V 팀의 수석 프로그램 관리자 리드인 Mr. 벤 암스트롱[Ben Armstrong]은 NUMA 스패닝에 관해 다음과 같이 더 자세하고 정교하게 묘사했다.

NUMA 스패닝이 해제될 때 가상 컴퓨터의 각 가상 NUMA 노드는 단일 물리 NUMA 노드로 제한된다. 따라서 가상 NUMA가 해제된(또는 가상 NUMA 노드를 설정했지만 단일 가상 NUMA 노드를 구성한) 가상 컴퓨터의 경우 단일 물리 NUMA 노드로 제한된다. 가상 NUMA를 사용하는 가상 컴퓨터와 다중 가상 NUMA 노드의 경우 각 가상 NUMA 노드가 주어진 물리 NUMA 노드에 완전히 포함돼 있는 한 각 가상 NUMA 노드는 별도 물리 NUMA 노드에 배치될 수 있다.

- Mr. 벤 암스트롱

호스트 수준에서 NUMA 스패닝을 해제하면 호스트의 모든 VM에서 NUMA 스패닝을 해제하고 VM의 가상 NUMA 노드를 한 NUMA 노드에서 서비스하게 만들어 최상의 성능을 제공한다.

VM에 동적 메모리가 구성되면 VM에 필요한 메모리양을 단일 NUMA 노드에서 사용할 수 없는 경우 이 VM을 시작하지 못할 수도 있다. 이는 대상 노드에서 NUMA 요구 사항을 만족할 수 없는 경우 VM을 다른 노드로 실시간 마이그레이션할 수 없다는 뜻이기도 하다.

다음 화면은 이런 경우를 반영하며, 따라서 VM은 시작되지 않는다.

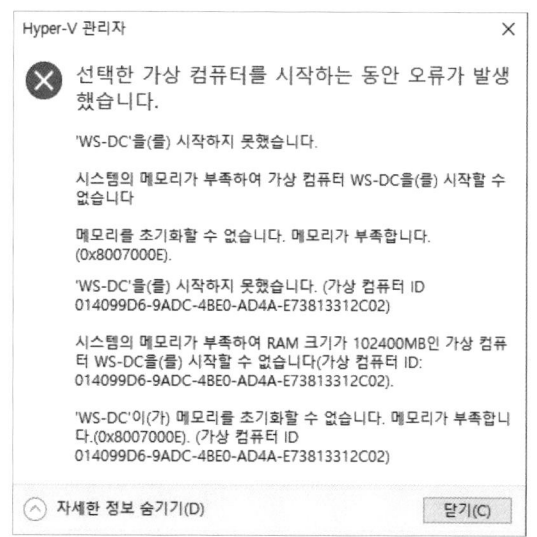

하지만 VM이 정적 메모리로 구성되면 모든 단일 물리 NUMA 노드 내에서 단일 가상 NUMA 노드를 완전히 배치할 수 없는 경우 그 VM의 시작은 실패한다.

Get-VMHostNumaNode PowerShell 명령은 Hyper-V 호스트의 NUMA 토폴로지를 가져와 호스트의 NUMA 노드 각각에 대한 개체를 반환한다. 다음 화면에서처럼 결과에서 두 개 이상의 NUMA 노드를 반환한다면 호스트는 NUMA 기반이다. 하지만 결과에서 하나의 노드를 반환하면 호스트는 NUMA 기반이 아니다.

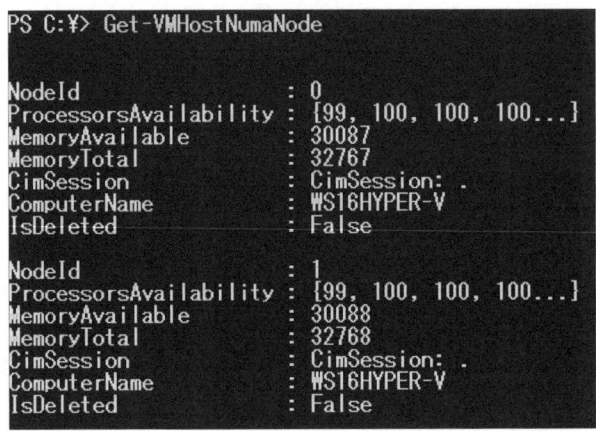

가상 컴퓨터 설정

다음 화면에서처럼 각 개별 VM을 위해 가상 NUMA 토폴로지 역시 구성할 수 있다. 가상화된 각 소켓에서 제공되는 최대 가상 NUMA 노드의 수 외에도 각 가상 NUMA 노드의 최대 메모리양과 최대 가상 프로세서의 수를 구성할 수 있다. 기본적으로 이러한 값은 호스트의 물리 NUMA 토폴로지에 맞게 설정되므로, 이러한 설정을 변경하지 않아야 한다.

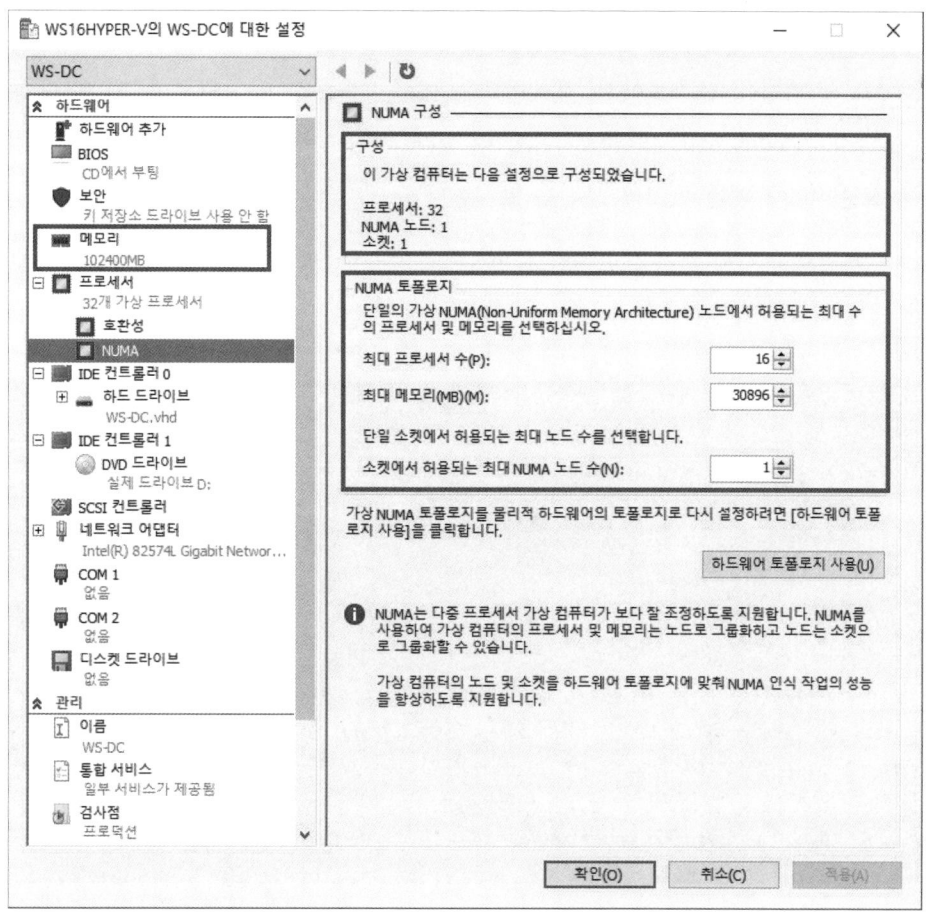

앞서 시나리오 1에서 설명한 것처럼 서로 다른 물리 NUMA 토폴로지를 갖는 다수의 호스트 사이에서 VM을 가져오거나 마이그레이션할 때 NUMA 스패닝이 해제된 경우 각 VM에 대한 가상 NUMA 설정을 잠재적인 호스트 간에 사용할 수 있는 가장 낮은 기본 값으로 구성해야 한다. 이러한 설정은 해당 VM에 대한 가상 NUMA 토폴로지가 마이그레이션될 수 있는 각 호스트의 물리 NUMA 토폴로지 내에서 들어맞게 만든다.

하지만 NUMA 스패닝을 사용하는 경우 역시 각 VM에 대한 가상 NUMA를 설정하는 것이 좋다. 이렇게 하면 VM을 다른 물리 NUMA 토폴로지가 있는 호스트로 이동하는 경우 VM 리소스 할당은 영향을 받지 않는다.

NUMA 스패닝을 호스트에서 해제할 때 (Get-VMHost).NumaStatus 또는 Get-VMHostNumaNodeStatus 명령을 사용할 수 있다. 이들 명령은 모든 NUMA 노드에 걸쳐 모든 VM에 대한 메모리 분산을 표시한다.

다음 화면은 메모리 분산을 반영한다. WS-DC라는 VM은 NUMA NodeId 1에서 메모리의 50%(4GB)와 NUMA NodeId 0에서 50%(4GB)를 얻었다.

```
PS C:\> (get-vmhost).NumaStatus | ?{$_.VMName -eq "WS-DC"}

NodeId        : 1
VMId          : 7f9f3ad1-23f7-4b2c-a873-dcf9e36c89f5
VMName        : WS-DC
MemoryUsed    : 4098
CimSession    : CimSession: .
ComputerName  : WS16HYPER-V
IsDeleted     : False

NodeId        : 0
VMId          : 7f9f3ad1-23f7-4b2c-a873-dcf9e36c89f5
VMName        : WS-DC
MemoryUsed    : 4098
CimSession    : CimSession: .
ComputerName  : WS16HYPER-V
IsDeleted     : False
```

일관성 있는 최상의 성능을 의미하는 성능이 항상 필요하면 그때 NUMA 스패닝을 해제할 수 있지만 vCPU/vNUMA 토폴로지가 있는 모든 VM은 단일 NUMA 노드 내에서(vNUMA 노드당) 모든 메모리를 획득할 수 있어야 한다.

VM에서 동적 메모리를 사용하는 경우 그 VM에 대해서는 가상 NUMA가 해제된다는 점을 기억하자.

Hyper-V 가상 NUMA 개요에 관한 다음의 TechNet 링크에서 가상 NUMA와 NUMA 스패닝에 관한 내용을 추가로 읽어보기 바란다.

https://technet.microsoft.com/ko-kr/enus/library/dn282282.aspx

예제 분석

기본적으로 동적 메모리 구성은 모든 VM에서 해제돼 있다. 이 기능은 앞 단계에서 보인 것처럼 GUI를 사용하거나 PowerShell을 통해, 또는 VM을 만들 때 활성화하고 구성할 수 있다.

동적 메모리에 대한 가장 중요한 설정은 최소 및 최댓값과 새로운 옵션인 RAM이다. 이전 Hyper-V 버전에서 이 옵션을 시작 RAM이라고 했다. VM이 시작될 때마다 RAM 필드의 값이 해당 VM에만 할당된다. Windows와 통합 서비스가 로드되고 나면 Hyper-V는 그 VM의 워크로드와 구성된 설정, 다른 VM을 기반으로 VM 메모리를 변경한다.

RAM 설정에서 발생할 수 있는 문제는 RAM 필드에서 지정한 값보다 더 적은 메모리로 VM을 시작하고 다른 VM에서 가용한 메모리가 없는 경우다. Hyper-V에서는 VM 메모리에 필요한 VM당 부족한 값을 호스트 서버의 페이지 파일에 작성할 수 있는 스마트 페이징Smart Paging을 소개했고, 이 기능으로 인해 안정적인 재시작 과정을 제공하므로 VM을 다시 시작하는 동안 에러가 발생하지 않는다. VM이 시작될 때 1GB가 필요하다면 Hyper-V는 호스트 컴퓨터에서 페이징 파일을 사용해 VM을 시작시킬 수 있다. 스마트 페이징 옵션은 VM을 재시작할 때와 물리 메모리를 사용할 수 없을 때 호스트에서 실행 중인 다른 VM에서 메모리를 회수할 수 없는 경우만 사용할 수 있다. 성능 문제를 피하는 모범 사례는 빠른 하드 드라이브에 페이지 파일을 추가하는 것이다.

메모리 버퍼 옵션을 사용하면 다른 VM으로 메모리를 옮길 때 버퍼로 사용할 수 있는 메모리의 비율을 지정한다. 이 값은 더 높은 우선순위를 갖는 VM이 없고 호스트에서 사용할 수 있는 물리 메모리가 있는 경우 예약된다. 예를 들어 VM에서 10GB 메모리를 가지며 버퍼가 20%로 구성된 경우 호스트 컴퓨터는 추가 20%를 할당하는데, 이 경우는 해당 VM에 2GB의 물리 메모리를 추가 할당한다. 최종 결과는 호스트 컴퓨터에서 이 VM에 할당한 물리 메모리는 12GB가 된다는 것을 뜻한다. 기본 값은 20%지만, VM의 우선순위에 따라 변경될 수 있다.

새로운 Hyper-V 버전에 추가된 또 다른 새로운 기능은 VM을 실행 중에 최대 RAM 값을 증가시킬 수 있고 최소 RAM 값을 감소시킬 수 있는 기능이다.

마지막 옵션인 **메모리 가중치**를 사용하면 선택한 VM의 메모리 가용성 우선순위를 다른 VM과 비교해 높일 수 있다. 낮은 값을 가진 VM이 하나 있고 높은 값을 가진 VM이 하나 있으며, 둘 다 더 많은 메모리가 필요하다면 Hyper-V는 해당 메모리가 VM에 이미 할당된 경우를 제외하고 더 높은 값을 갖는 VM에 우선순위를 준다. 이 경우 Hyper-V는 실행 중인 VM에 문제가 발생할 수 있기 때문에 할당된 메모리를 회수하지 않는다.

모니터링 목적으로 현재 사용되는 DM 사용량을 확인하려면 Hyper-V 관리자에서 메모리 탭을 사용할 수도 있다. Hyper-V 관리자는 다음과 같은 정보를 제공한다.

- 시작 메모리
- 동적 메모리
- 최소 메모리
- 최대 메모리
- 할당된 메모리
- 메모리 수요
- 메모리 상태

Hyper-V는 통합 서비스를 사용해 VM에서 자세한 메모리 내역을 추출하고 메모리 탭을 사용해 표시함으로써 관리자가 실시간으로 메모리 정보를 확인할 수 있게 한다.

VM에 동적 메모리를 설정한 후 하드웨어 리소스를 아끼고 메모리를 더 효과적으로 사용하며, 각 VM에서 워크로드에 기반을 두어 필요한 메모리를 얻게 된다. 하지만 동적 메모리를 올바로 사용하는 것은 다소 기교가 필요하다. 아주 정확한 값을 설계하기 위해 모니터링 시스템을 사용할 수 있지만, 그렇게 하는 데 많은 시간을 투자해야 하며 작업이 완료되기 전에 뭔가 변경될 가능성이 높다.

런타임 메모리 크기 조정은 Windows Server 2016의 동적 메모리 기능에 적용된 큰 발전이다. 정적 메모리 사용에서 흥미로운 점 한 가지는 VM이 정적 메모리로 구성됐더라도 Hyper-V 관리자 콘솔로 이동해 실제 메모리 수요를 볼 수 있다는 점이다. 따라서 VM이 실행 중인 동안 필요한 메모리양을 더 효과적으로 올리거나 줄일 수 있다.

정적 VM에 런타임 메모리 크기 조정에서 증가시키더라도 동일한 호스트에서 실행 중인 동적 메모리 VM에서 메모리를 짜내려고 하지는 않는다. DHMM^{Dynamic Host Memory Management} 예약을 기본 조건으로 해서 순수하게 사용 가능한 메모리에 의존한다.

하지만 VM 정적 메모리의 감소/축소는 더 도전적인 작업이다.

다음 예에서 정적 메모리를 줄이는 동안 VM에서 변경이 부분적으로 완료됐음을 알리는 에러 메시지를 나타냈다.

부분 축소 작업은 제거하려는 메모리를 게스트에서 사용하려고 할 때마다 발생할 수 있다. 이런 경우가 가장 일반적이다. OS SKU에서 메모리 제한이 있는 경우나(예를 들어 x86) SKU에 최대 제한 값까지 라이선스가 부여된 경우 발생할 수 있다. 이 경우 VM을 특정한 양의 메모리로 구성할 수 있지만, 게스트 OS는 제한 값까지만 인식한다. 게스트 OS에 액세스하지 못하는 메모리를 돌려달라고 요청하면 메모리 크기가 부분적으로 조정된다.

VM에서 중첩 가상화를 사용하면 런타임 메모리 크기 조정은 동작하지 않는다. 즉, 런타임 메모리 크기 조정은 VM에 Hyper-V가 사용될 때는 동작하지 않는데, 이는 중첩된 인스턴스에서 VM의 메모리를 완전히 제어하기 때문이다.

모니터링 목적으로 정적 VM의 메모리 수요를 확인하려면 Hyper-V 관리자의 메모리 탭을 사용할 수 있다. Hyper-V 관리자에서는 다음과 같은 정보를 제공한다.

- 시작 메모리
- 동적 메모리: 사용 안 함
- 할당된 메모리
- 메모리 수요
- 메모리 상태

보충 설명

대규모의 VM에 대해 메모리를 관리하고 싶을 때 Hyper-V 관리자 콘솔은 이 작업을 빠르게 수행하는 데 그리 효과적이지 않다.

Windows Server 2016의 Hyper-V PowerShell 모듈은 가상 컴퓨터의 메모리 구성을 조정하는 두 개의 명령을 제공한다. 하나는 `Set-VM`이고 다른 하나는 `Set-VMMemory`다. 첫 번째 명령은 가상 메모리의 모든 구성을 수정하는 데 사용하고, 두 번째 명령은 명시적으로 메모리 구성을 변경하게 설계된 것이다.

PowerShell을 사용한 가상 컴퓨터 메모리 관리

대량 구성과 자동화에 동적 메모리 설정만 관리하게 설계된 명령(Set-VMMemory)을 사용할 수도 있다. 커맨드라인에서 최대 바이트와 최소 바이트, 시작 바이트와 같은 모든 구성을 지정할 수 있다. 다음 예제에서 SP로 시작하는 모든 VM은 동적 메모리 옵션과 함께 다른 값 역시 구성했다.

유용한 새로운 PowerShell 기능 한 가지는 메가바이트에 MB, 기가바이트에 GB, 테라바이트에 TB와 같은 축약형을 사용하는 방식이다.

```
Set-VMMemory -VMName SP* -DynamicMemoryEnabled $true -MaximumBytes 6GB
 -MinimumBytes 4GB -StartupBytes 5GB
```

다음 예에서 보인 것처럼 Set-VM 명령을 사용해 동일한 설정을 변경할 수도 있다.

```
Set-VM -Name SP* -DynamicMemory -MemoryMinimumBytes 4GB -MemoryMaximumBytes
6GB -MemoryStartupBytes 5GB
```

런타임 메모리 크기 조정 역시 PowerShell을 통해 구성할 수 있다. 다음 예에서 보인 것처럼 Set-VM 명령을 사용해 실행 중인 VM에 대한 정적 메모리 설정을 변경할 수 있다.

```
Set-VM -Name SP* -MemoryStartupBytes 4GB
```

스크립트를 작성해 메모리 할당과 메모리 수요를 질의하고, 그 결과로 호스트에서 VM들 사이의 사용 가능한 메모리를 다시 분산시킬 수 있다.

다음은 이런 시나리오에 대한 예다. 다음 화면은 할당된 512MB보다 더 높은 619MB의 메모리 수요를 갖는 VM을 나타냈다. 이런 경우라면 할당된 메모리에 더해 메모리 수요를 추가하면 정적 메모리가 바로 증가된다.

```
WS-DC
시작 메모리:  512MB              할당된 메모리:  512MB
동적 메모리:  사용 안 함         메모리 수요:    619MB
                                  메모리 상태:

요약  메모리  네트워킹  복제
```

다음 스크립트를 사용해 워크로드가 발생할 때 실행 중인 VM의 정적 메모리 설정을 변경할 수 있다.

```
$VMs = Get-VM * | Where-Object {$_.DynamicMemoryEnabled -eq $false}

Foreach ($VM in $VMs) {
  # Memory Demand Before
  $VMMemory = Get-VM -Name $VM.Name | `
        Select Name, State,@{Label="CPU Usage %";Expression={$_.
            CPUUsage}}, `
        @{Label="Assigned Memory MB";Expression={$_.
            MemoryAssigned/1048576}}, `
        @{Label="Memory Demand MB";Expression={$_. MemoryDemand/1048576}},
            MemoryStatus

  Write-Output "Current Memory Demand" $VMMemory

  If ($VMMemory.'Memory Demand MB' -gt $VMMemory.'Assigned Memory MB') {
     [int64]$RAM = 1MB*($VMMemory.'Assigned Memory MB'+$VMMemory.'Memory
        Demand MB'+1) Set-VM -Name $VMName -MemoryStartupBytes $RAM

     # Memory Demand After
     $VMMemory = Get-VM -Name $VM.Name | `
        Select Name, State,@{Label="CPU Usage %";Expression={$_.
            CPUUsage}}, `
```

```
                @{Label="Assigned Memory MB";Expression={$_.
                    MemoryAssigned/1048576}}, `
                @{Label="Memory Demand MB";Expression={$_.
                    MemoryDemand/1048576}}, MemoryStatus

        Write-Output "Updated Memory Demand" $VMMemory
    }
}
```

다음 화면에서 보다시피 정적 메모리가 메모리 수요에 따라 증가됐다.

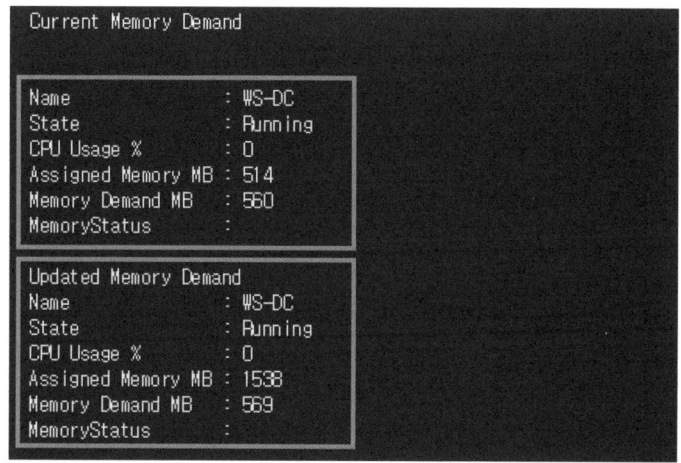

 이 스크립트는 이 책과 함께 제공된다.

참고 사항

- 5장의 '중첩 가상화 사용' 예제

▍중첩 가상화 사용

이 기능은 수년 동안 Hyper-V에 가장 많이 요구해온 기능 중 하나다. Hyper-V에서 중첩 가상화를 지원하지 않았다. Windows 10과 Windows Server 2016에서 Microsoft는 중첩 가상화를 추가했다.

이 기능은 지금까지 다른 타입 1 하이퍼바이저에서는 지원했지만, 최근까지도 Microsoft는 동일한 기능을 제공하는 데 거의 관심을 기울이지 않았다. 이 기능을 실제 사용하는 사례가 주로 개인적인 실습으로 사용하거나 훈련 환경이었기 때문이다.

하지만 Microsoft는 중첩 가상화를 가능하게 만들면서 컨테이너까지 Windows Server 2016에 추가했다. 이 때문에 Microsoft에서 실제로 중첩 가상화를 가능하게 하기까지 시간이 걸린 것이다. 이 주제가 여러분에게 낯설다면 컨테이너를 간단히 애플리케이션을 고려한 미니 VM의 한 유형으로 생각하자. 전체 OS를 가상화하는 대신, 컨테이너는 전체 VM의 오버헤드 없이 애플리케이션 환경을 격리해서 유지하는 데 초점을 맞춘다. Microsoft는 Windows 서버 컨테이너와 Hyper-V 컨테이너라는 두 가지 다른 유형의 컨테이너를 제공한다.

다음 다이어그램에서 보인 것처럼 Microsoft는 VM에서 Hyper-V 컨테이너 실행을 지원하기 위해 중첩 가상화를 Hyper-V 내에 넣었으므로, Azure VM을 사용할 수 있고, 물리 머신 관리에 관해 걱정할 필요 없이 워크로드에 필요한 격리를 제공하면서 데이터센터나 호스팅 공급자, Azure에서 실행 중인 Hyper-V 컨테이너 역시 여전히 이용할 수 있다. Windows 서버 컨테이너와 Hyper-V 컨테이너 간의 핵심적인 차이점은 추가된 격리 계층이다. 애플리케이션은 Hyper-V에서 실행 중인 가상 컴퓨터 내의 컨테이너에 배치된다. 이로 인해 한층 더 높은 격리 수준을 제공하고, 동일한 호스트에서 신뢰되지 않은 '다중 테넌트' 애플리케이션 실행을 원하는 환경에서 호스트 커널을 공유해 사용하지 못하게 한다.

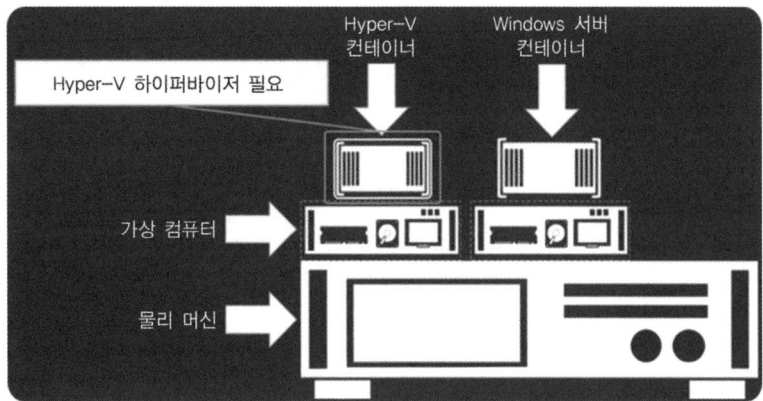

중첩된 Hyper-V 컨테이너(이미지 출처: Microsoft)

Windows 서버 컨테이너와 Hyper-V 컨테이너에 관해 더 살펴보려면 다음 링크를 참조하자.

https://blogs.msdn.microsoft.com/msgulfcommunity/2015/06/20/what-is-windows-server-containers-and-hyper-v-containers/

Hyper-V에서 중첩된 가상화는 기본적으로 Hyper-V 호스트에서 VM 역시 Hyper-V 역할을 실행할 수 있다는 뜻이다. 즉, 중첩을 사용하면 VM 내에서 Hyper-V 역할을 사용할 수 있으므로, 또 다른 VM 내에서 VM을 실행할 수 있다. 일관성 유지를 위해 Hyper-V 역할을 실행하는 VM을 가상 컴퓨터 호스트 또는 VM 호스트라고 한다.

 VM 내에서 다른 하이퍼바이저는 동작하지 않는다. 즉, Hyper-V 위에서 실행되는 VM 내에서 VMware ESXi나 Citrix Xen Server를 설치하고 실행하지 못한다. 다른 하이퍼바이저를 실행하려는 해킹 노력을 알고 있지만, Microsoft는 이를 지원하지 않는다.

준비

시작하기 전에 물리 시스템이 Windows Server 2016 Hyper-V 실행을 지원하는지 확인하자. 더 자세한 정보는 1장을 참고하자.

다음은 요구 사양의 목록이며, 중첩 가상화를 사용하기 전에 지원하는 시나리오와 지원하지 않는 시나리오를 알고 있어야 한다.

요구 사항

- **고정 메모리**: 최소 4GB RAM. 중첩 가상화는 충분한 메모리양이 필요하다.
- vCPU의 수는 문제가 안 된다. 현재 Hyper-V 컨테이너를 호스팅하고 싶다면 두 개 이상의 vCPU가 필요하다.
- 중첩된 게스트에서 네트워킹이 동작하려면 VM 호스트에 연결된 NIC에서 MAC 주소 스푸핑을 설정해야 한다.
- MAC 주소 스푸핑을 사용할 수 없는 경우 NAT$^{\text{Network Address Translation}}$를 사용할 수 있다.
- 1세대나 2세대 VM을 사용할 수 있다.

지원하는 시나리오

- VM 호스트에 가상화 확장 노출
- 중첩이 허용된 VM에 대해 검사점을 만들거나 적용
- 중첩이 허용된 VM의 저장과 시작 지원
- 이제 가상화 기반 보안(장치 보호와 자격증명 보호)을 사용하는 호스트에서 중첩된 가상화를 사용하는 VM 실행
- 인텔 시스템만 중첩된 가상화 지원

지원하지 않는 시나리오

- 런타임(정적) 메모리 크기 조정은 지원 안 함. VM이 실행 중인 동안 메모리양을 조정하려는 시도는 실패한다.
- 동적 메모리는 중첩된 가상화와 호환되지 않는다. 즉, 동적 메모리 VM은 부팅에 실패하지는 않지만, 동적 메모리는 중첩을 허용한 VM에 비효율적이다.
- 실시간 마이그레이션이 실패한다. 즉, 다른 VM을 호스팅하는 VM은 실시간 마이그레이션할 수 없다.
- 다른 하이퍼바이저는 지원하지 않으며, 중첩을 허용한 VM에서 실패한다.
- 중첩 가상화는 AMD 시스템에서 지원하지 않는다.

예제 구현

다음 과정에서는 Windows 10과 Windows Server 2016에서 중첩 가상화를 활성화하고 사용하는 방법을 보여준다.

1. 물리 호스트에서 Hyper-V 관리자를 열고 중첩 가상화를 활성화하고 싶은 VM을 선택한다.
2. VM을 마우스 오른쪽 클릭하고 **설정**을 클릭한다.
3. 가상 컴퓨터 설정 창의 왼편 창에서 **메모리**를 클릭한다.
4. RAM 필드에서 VM이 시작될 때 사용될 메모리의 양을 4GB로 지정한다.
5. 동적 메모리 사용 체크상자가 해제됐는지 확인한다.
6. 다음 화면은 앞서 설명했던 모든 메모리 설정을 보여준다.

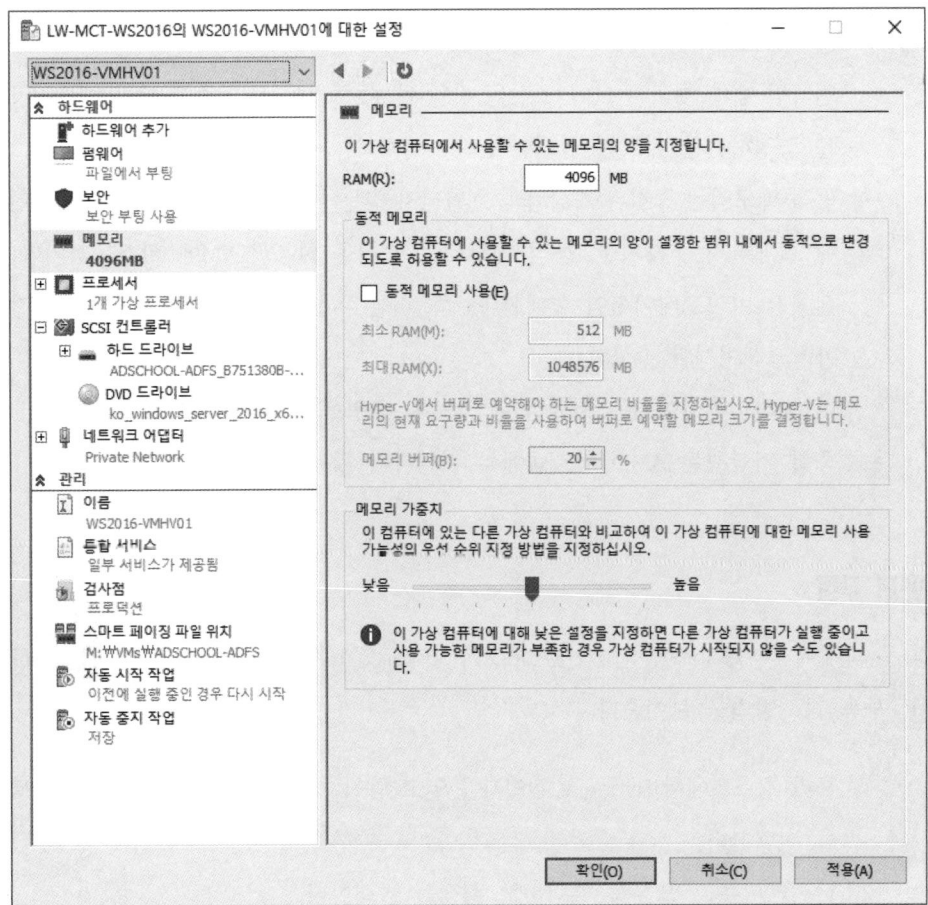

7. 가상화 확장을 활성화하고 노출하려면 VM 호스트를 종료해야 한다.
8. Windows PowerShell을 열고 다음 명령을 입력한다.

```
Get-VMProcessor -VMName <VMName> | FL ExposeVirtualizationExtensions
```

출력 결과에서 살펴볼 설정은 ExposeVirtualizationExtensions다.
기본적으로 이 설정은 해제돼 있다(false). 이 설정을 활성화하려면 간단히 다음 명령을 실행하면 된다.

```
Set-VMProcessor -VMName <VMName> -ExposeVirtualizationExtensions
$true
```

다음 화면은 앞서 설명한 가상화 확장 설정을 모두 보여준다.

```
관리자: Windows PowerShell
PS C:\>
PS C:\> Get-VMProcessor -VMName WS2016-VMHV01 | FL ExposeVirtualizationExtensions

ExposeVirtualizationExtensions : False

PS C:\> Set-VMProcessor -VMName WS2016-VMHV01 -ExposeVirtualizationExtensions $true
PS C:\> Get-VMProcessor -VMName WS2016-VMHV01 | FL ExposeVirtualizationExtensions

ExposeVirtualizationExtensions : True

PS C:\>
```

VM 호스트를 시작한다.

10. Hyper-V 호스트에서 Windows PowerShell을 열고 PowerShell 다이렉트를 사용해서 다음 명령을 실행해 해당 VM 호스트의 Hyper-V 역할을 활성화한다.

```
Invoke-Command -VMName <VMName> -ScriptBlock {
    EnableWindowsOptionalFeature -FeatureName Microsoft-Hyper-V
        -Online; Restart-Computer
}
```

VM이 다시 시작된다.

네트워킹 옵션 1: MAC 주소 스푸핑

네트워크 패킷을 물리 호스트 가상 스위치와 VM 가상 스위치(중첩 활성화)를 통해 라우팅하기 위해 VM 호스트에서 MAC 주소 스푸핑을 활성화해야 한다.

1. 가상 컴퓨터 설정 창에서 왼편 창의 네트워크 어댑터 섹션을 클릭한다.
2. 네트워크 어댑터를 확장하고 고급 기능을 클릭한다.
3. MAC 주소 스푸핑을 사용하려면 MAC 주소 스푸핑 사용 체크상자를 선택한다.
4. 다음 화면은 앞서 설명한 모든 네트워킹 설정을 보여준다.

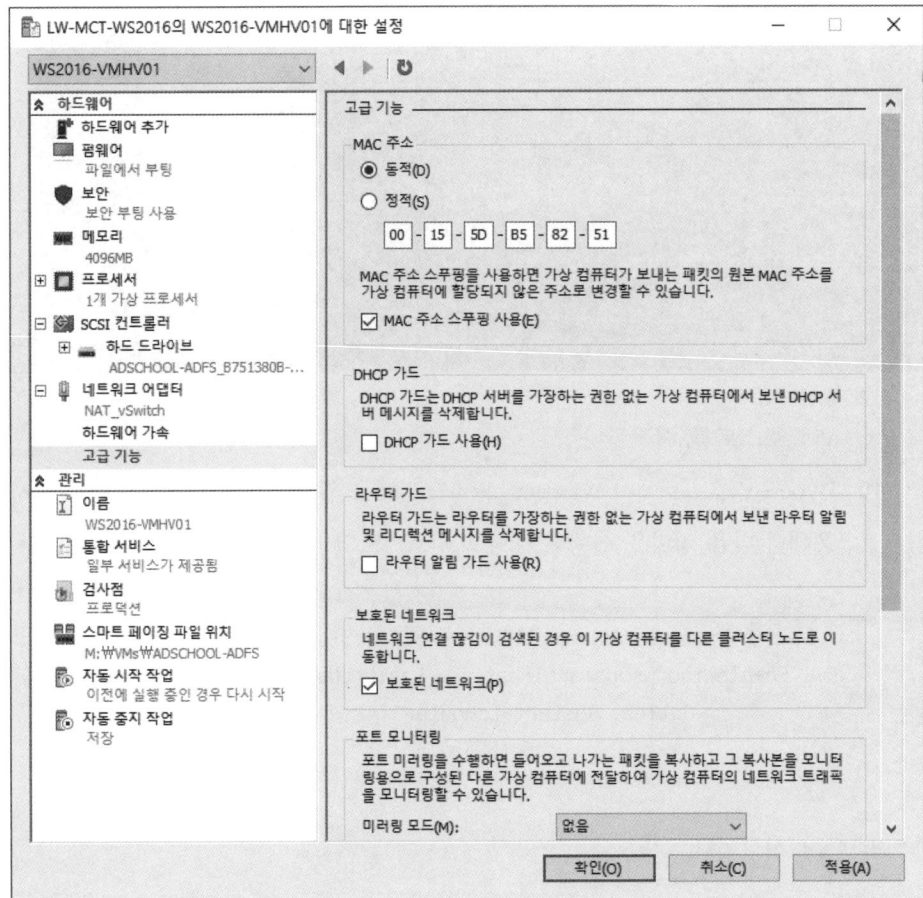

5. PowerShell을 사용해 동일한 작업을 수행할 수도 있다.

```
Set-VMNetworkAdapter -VMName <VMName> -MacAddressSpoofing on
```

네트워킹 옵션 2: 네트워크 주소 변환

MAC 주소 스푸핑을 쓸 수 없는 경우라면 네트워크 주소 변환을 대신 사용할 수 있다.

1. NAT를 사용하려면 먼저 호스트 가상 컴퓨터(중첩을 사용하는 VM)에 가상 NAT 스위치를 만들어야 한다.
2. Hyper-V 호스트에서 Windows PowerShell을 열고 PowerShell 다이렉트를 사용해 다음 명령을 실행하면 VM 호스트에 NAT 가상 스위치를 만든다. 다음 예의 IP 주소를 여러분의 환경과 일치하게 업데이트하자.

    ```
    Invoke-Command -VMName <VMName> -ScriptBlock { New-VMSwitch -Name
    "NAT_vSwitch" -SwitchType Internal New-NetNat -Name NATvmNetwork
    -InternalIPInterfaceAddressPrefix "172.16.13.0/24" Get-NetAdapter
    "vEthernet (NAT_vSwitch)" | New-NetIPAddress -IPAddress 172.16.13.1
    -AddressFamily IPv4 -PrefixLength 24 }
    ```

3. 중첩을 사용하는 VM에서 실행 중인 각 게스트 VM은 앞서 예제(172.16.13.2 → 172.16.13.254)에서 정의한 네트워크 서브넷을 기반으로 IP 주소와 게이트웨이를 설정해야 한다. 게이트웨이 IP 주소는 NAT 어댑터를 가리켜야 한다. 이 예에서는 172.16.13.1이다. 이름 풀이를 위해 DNS 서버를 할당할 수도 있다.
4. 다음 화면은 중첩을 사용하는 VM 내의 게스트 VM 실행에 대한 예를 보여준다.

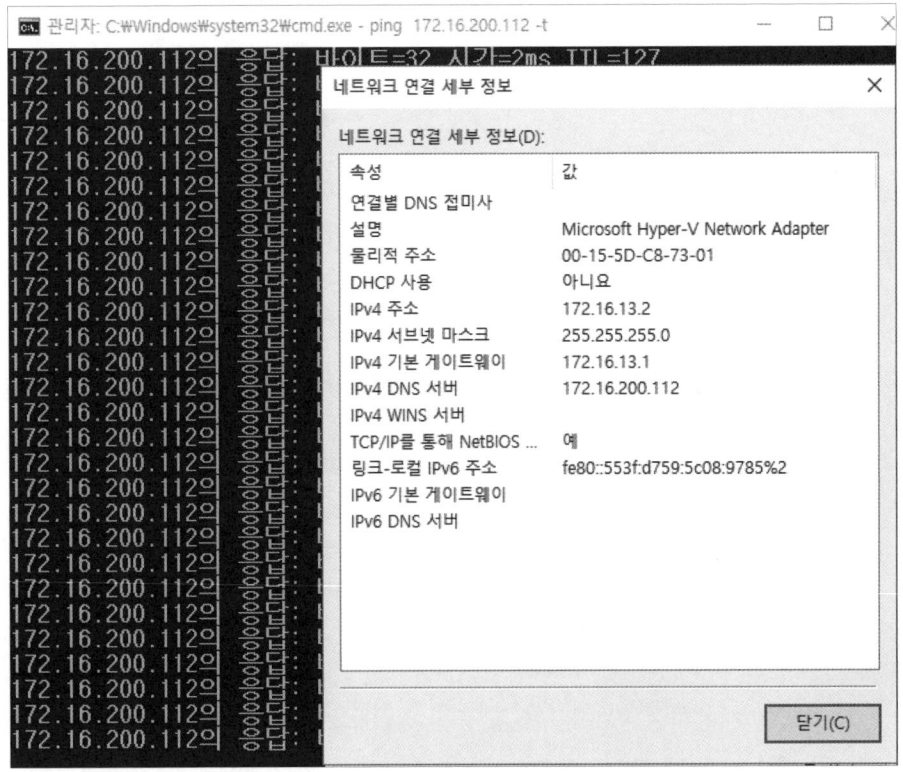

5. 가상 컴퓨터 호스트에서 Hyper-V 관리자를 열고 새로 만들기 ▶ 가상 컴퓨터... 를 클릭한다.

6. 이제 또 다른 가상 컴퓨터 내에서 실행 중인 새로운 가상 컴퓨터가 만들어졌고 인터넷에도 연결됐다.

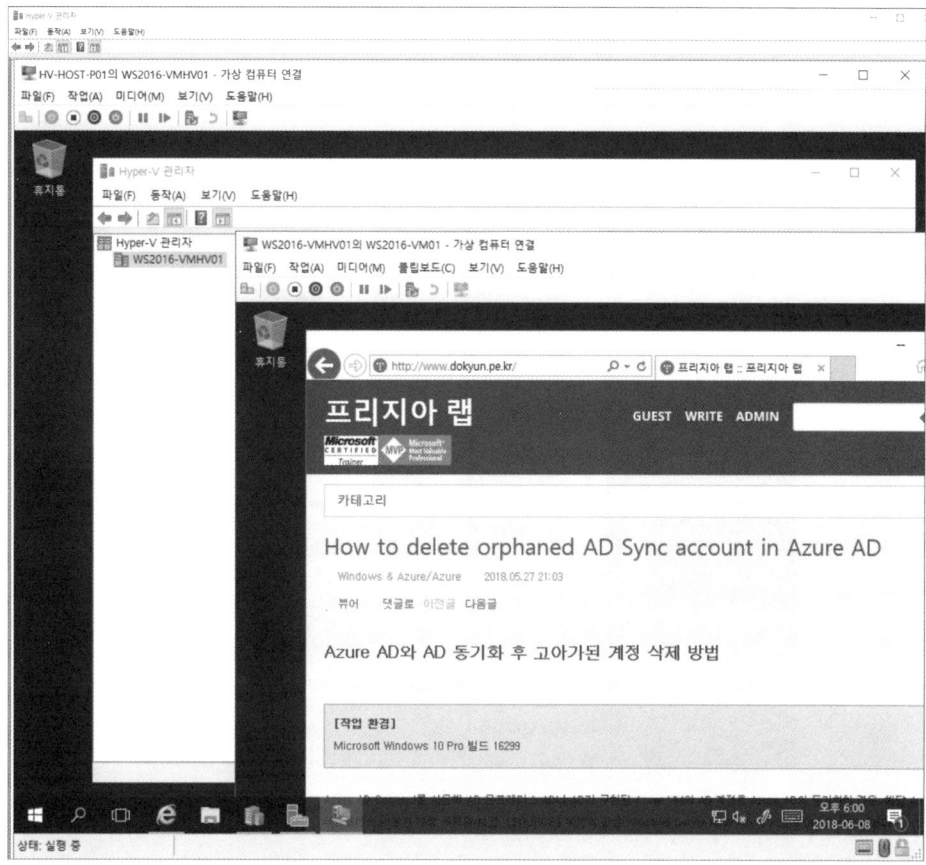

예제 분석

이러한 토폴로지를 동작시키기 위해 Microsoft는 일반적으로 게스트 VM에서 실행 중인 운영체제에 숨긴 인텔 VT-x 하드웨어 기능을 가상화했다. 이 책을 쓰는 시점에는 인텔 VT-x 기반 시스템만 지원하고 있다는 점을 기억하자.

중첩 가상화는 게스트 가상 컴퓨터에 이러한 하드웨어 가상화 지원 구성 요소를 노출한다.

다음 다이어그램에서 보인 것처럼 Hyper-V에서 중첩을 활성화했다. 그다음

Hyper-V는 하드웨어 가상화 확장을 가상 컴퓨터(오렌지 화살표)에 노출한다. 중첩을 활성화하면 게스트 가상 컴퓨터는 Hyper-V를 설치하고 자체 게스트 가상 컴퓨터를 실행할 수 있다.

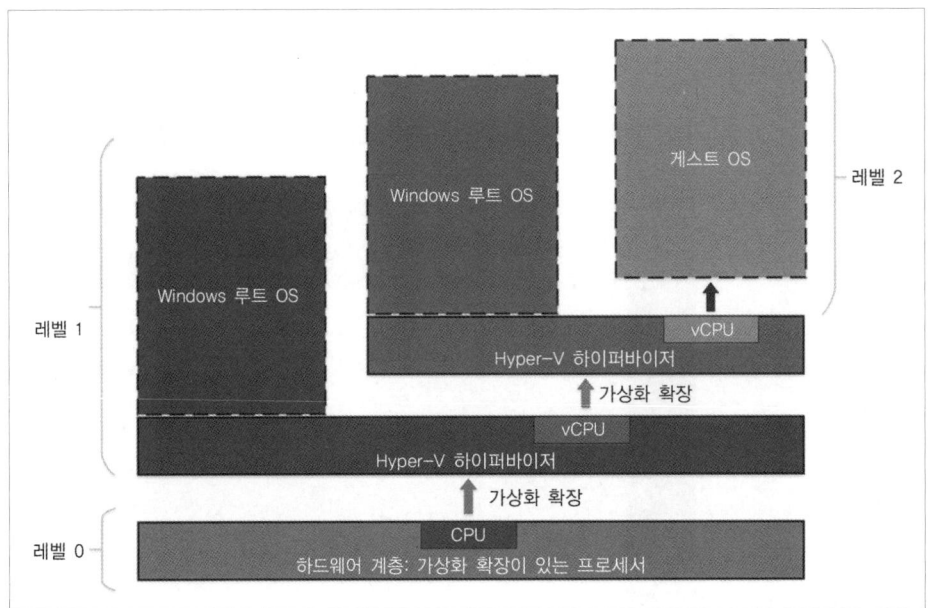

이 경우 Hyper-V는 게스트 VM에 가상화 확장을 노출하도록 구성됐다. 게스트 VM은 이 기능을 이용해 자체 하이퍼바이저(Hyper-V)를 설치한다. 그다음 여기에 게스트 VM을 실행할 수 있다.

참고 사항

- 1장, 전체 서버와 서버 코어에서 Hyper-V 설치와 관리
- 4장의 'PowerShell 다이렉트로 가상 컴퓨터 관리' 예제

▌ Windows Server 2016 Hyper-V의 그래픽 가상화

Microsoft는 Windows Server 2016에 대한 그래픽 가상화 개발을 시작했을 때 이 기술로 이점을 누릴 수 있는 대상 사용자와 시나리오를 살펴봤다.

대상 사용자는 다음과 같은 3가지 범주로 나뉜다.

- 고급 사용자
- 전문가
- 지식 근로자

오일과 가스와 같은 고도로 민감한 애플리케이션에 GPU$^{Graphics\ Processing\ Unit}$ 리소스 활용이 필요한 고급 사용자의 경우 이들 애플리케이션은 사용자당 전용 GPU가 필요한 높은 컴퓨팅 파워에 의존한다. 이런 컴퓨팅 파워는 실제로 단일 또는 배정밀도 보조 프로세서로 GPU를 활용하고 싶은 HPC에서 찾아 볼 수 있으며, 보통 가능한 더 많은 컴퓨팅 파워를 원하는 워크로드에 적합하다.

전문가는 보통 어도비 포토샵처럼 높은 GPU 요구 사항을 갖는 디자이너 애플리케이션을 다루는 이들이다. 경우에 따라 한 사용자가 GPU를 활용할 수 있지만, 시간을 100% 다 쓰는 것은 아니므로 다수의 고성능 사용자 간에 비싼 GPU 리소스를 공유하는 것에 관해 생각해볼 수 있다.

예를 들어 지식 근로자는 콜 센터에서 일하는 사용자다. 이들은 많은 GPU 리소스가 필요하지 않으며, 전통적으로 GPU 리소스가 필요하지 않고 소프트웨어 렌더링으로 작업할 수 있다. 하지만 지식 근로자 중에는 약간의 GPU 계산으로 애니메이션과 파워포인트 또는 웹 가속을 다루는 데 이점을 얻을 수 있다. 예를 들어 웹에서 그래픽 비디오를 디코딩하거나 요즘 생성된 web GL을 활용하는 경우다.

원격 데스크톱 서비스 기술에 익숙하다면 다중 사용자가 있는 단일 VM이나 호스트를 활용할 수 있는 다중 사용자 세션 지원이나 앱 리모팅을 알고 있으므로, 시스템당 지식 근로자를 밀도 있게 유지할 수 있다. 하지만 디자이너와 고급 사용자의 앱은 VM당 한 명의 사용자로 본다. 원격 데스크톱 서비스 측면에서 이것은 원격 데스크톱 가상화 호스트$^{\text{RDVH, Remote Desktop Virtualization Host}}$다.

Windows Server 2016에서 Microsoft는 이 기능을 뛰어 넘는 DDA$^{\text{Discrete Device Assignment}}$라는 새로운 기술을 소개했다. 이 기술의 핵심은 일대일 매핑이다. 즉, 한 GPU는 하나의 VM에 매핑되므로 시스템에서 지원하는 GPU 수만큼 많은 VM을 활용할 수 있다. 좋은 소식은 NVIDIA와 인텔, AMD와 같은 하드웨어 공급자가 다수의 GPU(각 카드에 2-4개의 GPU)를 포함하는 큰 서버 GPU 카드를 만든다는 사실이다. 이 기술은 실제로 Microsoft Azure에서 처음 제공했다.

최근 소개한 가상 컴퓨터의 유형을 N-시리즈라고 하며, DDA 기술을 활용한다. Azure N-시리즈 VM은 이제 공식적으로 사용할 수 있다. 다음 블로그 포스트를 방문해보면 더 자세한 내용을 확인할 수 있다.

http://gpu.azure.com/

여기서 주목할 또 다른 중요한 점은 DDA에서는 Microsoft IHV 드라이버를 사용하지 않는다는 사실이다. 이는 실제로 게스트 자체에서 하드웨어 공급자의 드라이버를 실행하므로, 다양한 특정 드라이버 지원 목록을 갖는 SolidWorks나 CATIA 같은 애플리케이션을 사용한다면 실제로 특정 드라이버를 VM에 로드할 수 있고, GPU는 베어 메탈에서 실행되는 것처럼 GPU가 표시되고 애플리케이션이 바로 동작한다.

준비

다음 화면은 게스트에서 사용할 수 있는 전체 GPU를 보여준다. 이 화면은 해당 장치의 모든 하드웨어 기능(이 경우는 NVIDIA Tesla M60)을 사용할 수 있으므로, 엔코더 전원이 인가된 경우 모든 엔코더를 해당 게스트에서 사용할 수 있음을 뜻한다.

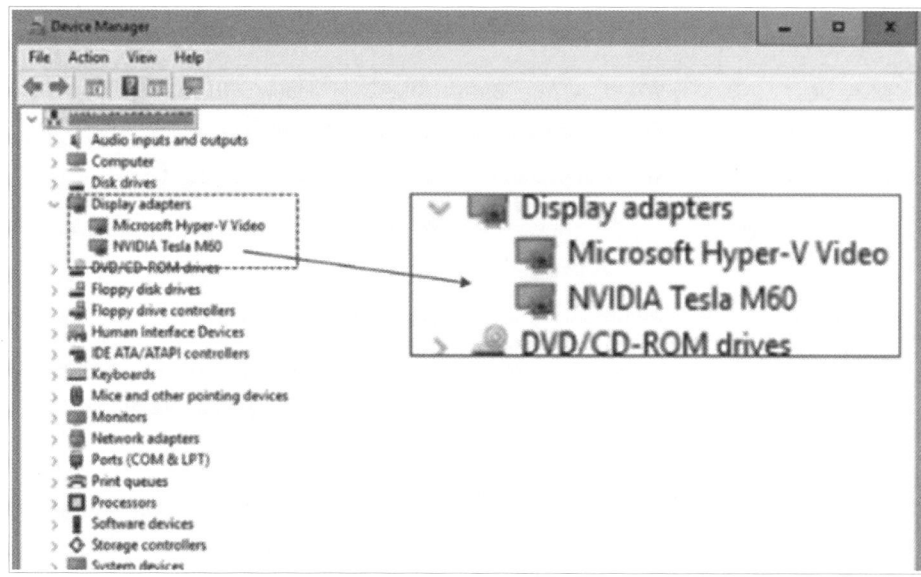

다음 표는 RemoteFX vGPU와 DDA를 선택할 때 기능과 호환성에 관한 자세한 목록이다.

Microsoft GFX 가상화 Hyper-V 스택		
기능	RemoteFX vGPU	DDA
규모	1 GPU를 다수의 VM에 사용	1 이상의 GPU를 1 VM에 사용
애플리케이션 호환성	DX11.1, OpenGL 4.4, OpenGL 1.1	공급자가 제공한 모든 GPU 기능 (DX 12, OpenGL, CUDA 등)
AVC444	기본 활성화(Windows 10/Server 2016)	그룹 정책을 통해 사용(Windows 10/Server 2016)
GPU VRAM	최대 1GB VRAM	GPU 공급자(4GB 이상)
게스트의 GPU 드라이버	RemoteFX 3D 어댑터 디스플레이 드라이버(Microsoft)	GPU 공급자 드라이버(NVIDIA, AMD, Intel)

(이어짐)

Microsoft GFX 가상화 Hyper-V 스택		
게스트 OS	W7SP1, Win10, Sever 2012R2, Server 2016	Windows 10, Server 2012R2, Server 2016, Linux
하이퍼바이저	Microsoft Hyper-V	
호스트 OS 가용성	Server 2012R2, Server 2016, Windows 10	Server 2016
GPU 하드웨어	엔터프라이즈급 GPU(Quadro, GRID, FirePro)	
서버 하드웨어	특별한 요구 사항 없음	최신 서버. IOMMU를 OS에 노출 (대개 SR-IOV 호환 하드웨어)

시스템을 검사하고 해당 장치가 VM을 통해 전달하는 기준에 부합하는지 확인하려면 Microsoft에서 게시한 다음과 같은 PowerShell 스크립트를 다운로드해 Hyper-V 호스트에서 실행한다.

https://github.com/MicrosoftDocs/Virtualization-Documentation/blob/live/hyperv-tools/DiscreteDeviceAssignment/SurveyDDA.ps1

내 이동형 워크스테이션 머신에서는 다음 화면에서 보인 항목을 포함해 긴 목록을 반환한다.

```
NVIDIA Quadro K2100M
BIOS kept control of PCI Express for this device.  Not assignable.

Microsoft Basic Display Adapter
Old-style PCI device, switch port, etc.  Not assignable.

Network Controller
BIOS kept control of PCI Express for this device.  Not assignable.
```

불행히도 내 NVIDIA Quadro K2100M은 할당할 수 없지만, NVIDIA Quadro K2100 은 동작한다.

이 스크립트는 **Set-VM** 명령의 High/Low MMIO 공간 지정을 위해 MIMO 범위도 알려 준다.

더 진행하기 전에 해당 장치를 VM에 할당할 수 있는 확인하자.

예제 구현

DDA는 Windows PowerShell로만 구성한다. Microsoft는 이를 고급 기능으로 여겼기 때문에 Hyper-V 관리자를 통해 노출하지 않았다.

DDA 장치가 할당된 가상 컴퓨터 준비를 시작한다.

Windows PowerShell을 관리자 권한으로 열고 다음 명령을 실행한다.

```
$VM = "DDA"
#VM 끄기
Stop-VM -Name $VM -TurnOff
#VM의 자동 중지 동작을 끄기로 설정
Set-VM -Name $VM -AutomaticStopAction TurnOff
#CPU의 쓰기 결합(Write-combining)을 활성화한다.
Set-VM -GuestControlledCacheTypes $true -VMName $VM
#32비트 MMIO 공간을 구성한다.
Set-VM -LowMemoryMappedIoSpace 3Gb -VMName $VM
#더 큰 32비트 MMIO 공간을 구성한다.
Set-VM -HighMemoryMappedIoSpace 33280Mb -VMName $VM
```

DDA는 VM에 장치 전체를 할당하기 때문에 VM의 이식성에 제한을 받는다.

다음 화면에서처럼 가상 컴퓨터 상태를 저장하는 기본 값으로 설정된 자동 중지 동작 을 끈다. DDA 머신의 상태를 실제로 저장할 수 없다. 이는 필수 조건이다. 아니면 하드웨어를 DDA를 통해 할당할 수 없다. 이 단계를 놓치면 에러가 발생한다.

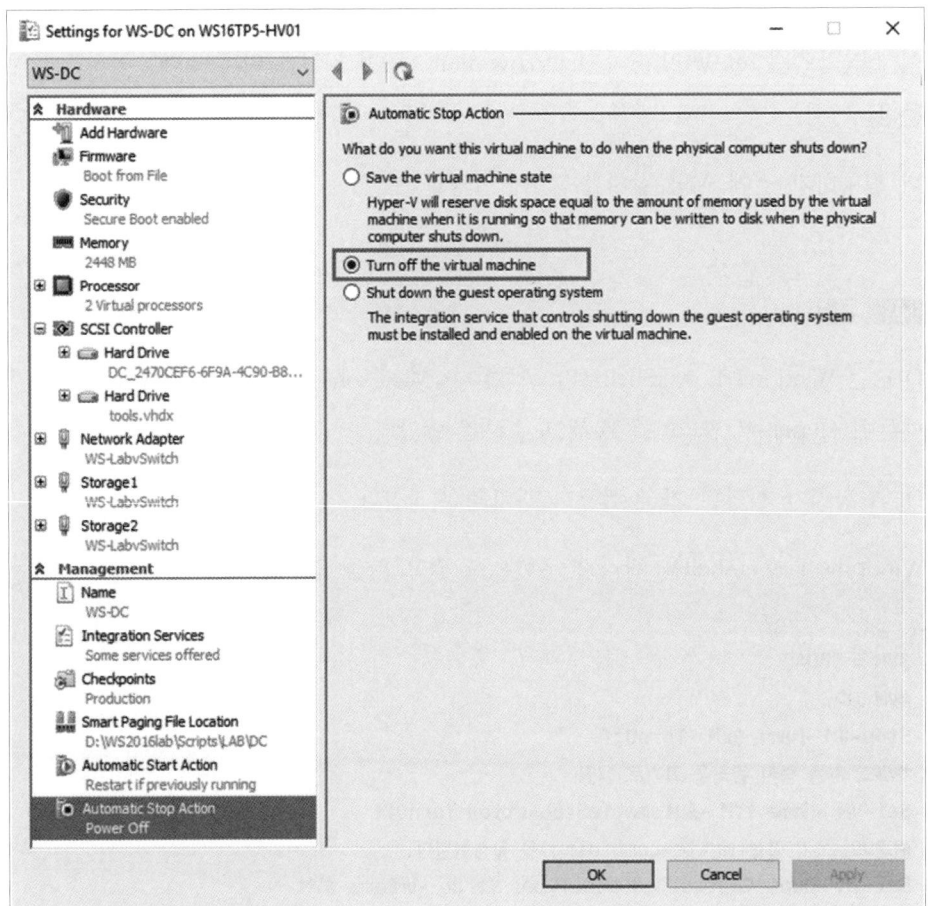

게다가 DDA 장치가 VM에 할당됐다면 더 이상 VM을 실시간 마이그레이션하지 못한다.

보다시피 DDA 머신이 있다면 다음과 같은 몇 가지 주의 사항이 있다.

Set-VM -GuestControllerCacheTypes를 true로 설정한다. 이 명령은 메모리 매핑된 IO 공간과 마찬가지로 메모리 플러시를 수행해 성능을 극적으로 높이기 위해 그 GPU 자체의 메모리와 CPU 상호작용 방법을 최적화하는 데 사용한다. 기본적으로

Microsoft는 이들 VM에 매핑된 장치가 많지 않기 때문에 이들 VM에 큰 MIMO 공간을 만들지 않는다. GPU에 관해 얘기할 때 우리는 많은 메모리를 추구하는 경향이 있다. 예를 들어 32비트 공간인 GPU의 VRAM은 최대 3GB, 64비트 공간은 32GB까지 확장할 수 있지만, 이들 값을 변경할 필요는 없다. 이들 설정이 문제가 되는 시기는 호스트에 여러 개의 GPU를 매핑하는 경우뿐이다. 따라서 각각 16GB VRAM을 갖는 4개의 GPU를 다룰 때(예를 들면 NVIDIA Tesla K80), Set-VM -HighMemoryMappedIoSpace 명령은 실제로 최대 65,536MB까지 증가시켜야 한다. 앞서 언급한 것처럼 SurveyDDA.ps1 스크립트에서 Set-VM -LowMemoryMappedIoSpace와 Set-VM -HighMemoryMappedIoSpace 명령에 대한 MIMO 범위를 알려준다.

다음에는 GPU 경로를 찾은 후 호스트에서 분리해야 한다.

Hyper-V 호스트에서 Windows PowerShell을 관리자 권한으로 열고 다음 명령을 실행한다.

```
#Get-PnpDevice 명령을 검색 조건과 함께 사용해 PnpDdevice 클래스의 범위를 좁힌다.

#이 예제에서 "Display" 클래스와 NVIDIA GPU를 검색한다.

$pnpdevs = Get-PnpDevice | Where-Object {$_.Present -eq $true} | Where-Object
{$_.Class -eq "Display"} | Where-Object {$_.FriendlyName -match "NVIDIA"}

#DisablePnpDevice를 사용해 호스트 시스템의 GPU 그래픽 장치를 비활성화한다.
Disable-PnpDevice -InstanceId $pnpdevs.InstanceId -Confirm:$false

#GPU 카드에 대한 위치 경로를 지정한다.
$locationPath = (Get-PnpDeviceProperty -KeyName DEVPKEY_Device_
    LocationPaths -InstanceId $pnpdevs.InstanceId).Data[0]

#호스트에서 장치를 디스플레이 어댑터로 분리한다.
Dismount-VMHostAssignableDevice -force -LocationPath $locationPath
```

Dismount-VMHostAssignableDevice의 -force 매개 변수 옵션은 보안 검사를 해제한다. 이 옵션은 실험 환경이나 신뢰된 환경에서 사용하는 동안만 사용한다. 그렇지 않으면 하드웨어 공급자에게 문의해 완화 드라이버를 호스트에 설치할 수 있는지 확인해야 한다("우리 장치에서 호스트에 영향을 끼치지 않게 그런 VM 액세스에 일정 수준의 보안을 제공합니다."와 같은 서비스 계약에 부과할 가능성도 있다).

InstanceId는 다음 화면에서처럼 장치 관리자에서 찾거나 앞 예제에서 보인 것처럼 Get-PnpDevice 명령으로 찾을 수 있다.

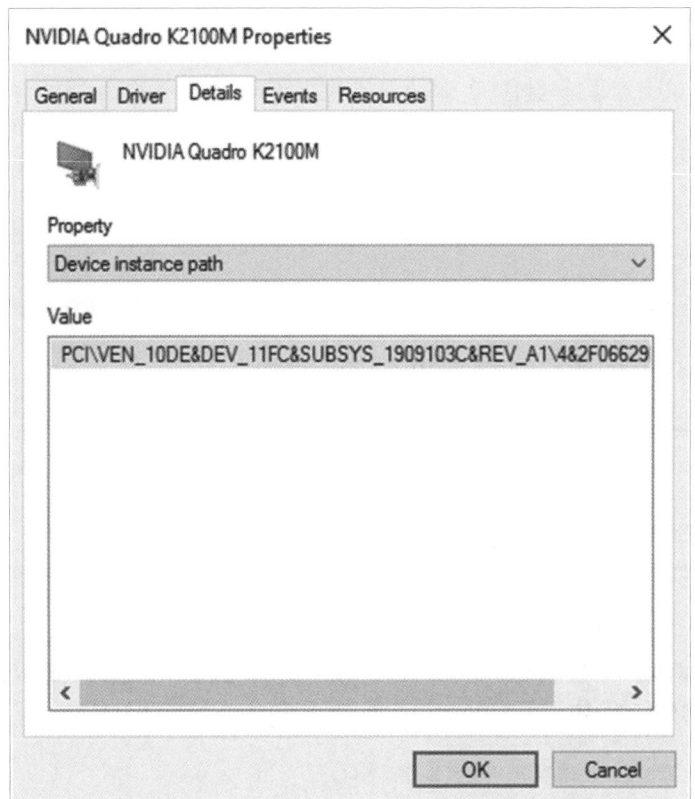

다음 화면에서처럼 LocationPath 역시 장치 관리자나 Get-PnpDeviceProperty 명령을 사용해 찾을 수 있다.

LocationPath는 시스템에서 GPU 카드의 PCI 경로다.

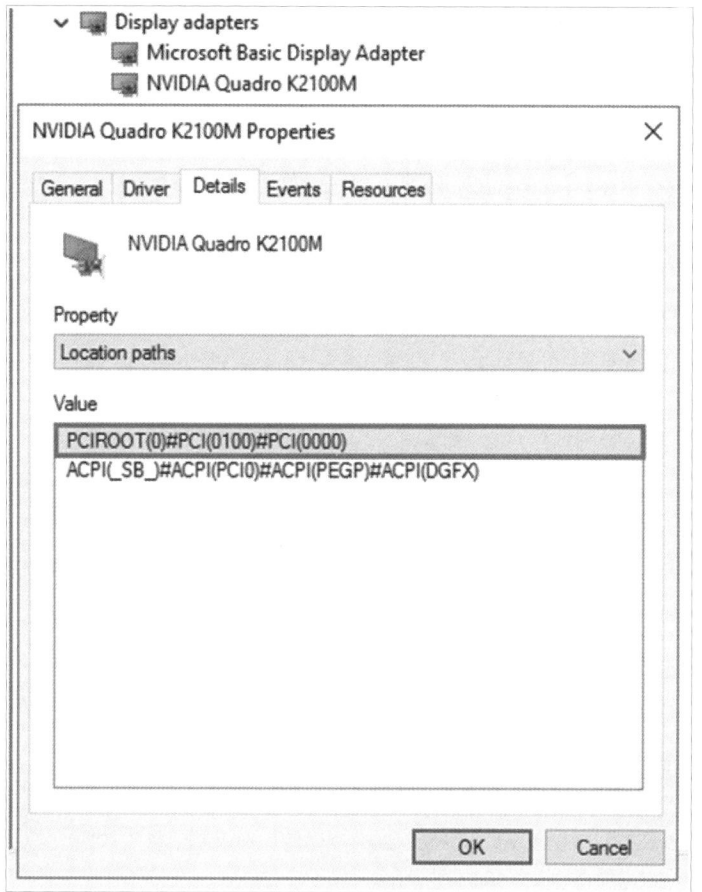

마지막 명령은 `Dismount-VMHostAssignableDevice` 명령 다음에 위치 경로를 사용해 호스트 부모 파티션에서 장치를 분리한다.

마지막 단계에서 `Add-VMAssignableDevice` 명령을 사용해 VM에 분리된 장치를 추가해야 한다.

```
#게스트 VM에 장치 할당
Add-VMAssignableDevice -LocationPath $locationPath -VMName $VM

#VM 시작
Start-VM -Name $VM
```

원격 데스크톱 서비스(RDSH 호스트나 앱 리모팅 시나리오)와 함께 DDA를 활용하고 싶다면 게스트 OS 내에서 다음과 같은 그룹 정책을 적용해야 한다.

RemoteFX vGPU 구성 섹션에서 DDA를 활성화할 수 있는 AVC 444 옵션에 대한 남은 두 개의 그룹 정책을 살펴보고 싶다면 다음 내용을 참고하자.

1. 시작을 클릭하고 시작 메뉴에서 실행을 입력한다.
2. 실행 창이 열리면 gpedit.msc를 입력하고 다음의 트리를 남색한다.

   컴퓨터 구성 > 관리 템플릿 > Windows 구성 요소 > 터미널 서비스 > 원격 데스크톱 세션 호스트 > 원격 세션 환경 > Use the hardware default graphics adapter for all Remote Desktop Services sessions모든 원격 데스크톱 서비스 세션에 하드웨어 기본 그래픽 어댑터 사용

다음 화면에서처럼 정책을 사용으로 구성한다. 이 정책은 Windows Server 2012 R2와 Windows Server 2016에서만 사용할 수 있다.

[스크린샷: Use the hardware default graphics adapter for all Remote Desktop Services sessions 정책 설정 창]

VM에 대한 DDA용 GPU가 더 이상 필요 없을 때 해당 프로세스를 되돌려 DDA를 VM에서 제거하고 호스트로 반환할 수 있다.

그렇게 하려면 Windows PowerShell을 관리자로 열고 다음 명령을 실행한다.

```
#VM에서 GPU를 제거하고 호스트로 반환한다.
#현재 DDA를 사용하는 VM을 종료한다.
Stop-VM -Name $VM -TurnOff

#분리된 디스플레이 어댑터에 대한 locationpath를 얻는다.
```

```
$DisMountedDevice = Get-PnpDevice -PresentOnly | Where-Object {$_.Class -eq
"Display"} | Where-Object {$_.FriendlyName -match "NVIDIA"}
$DisMountedDevice | ft -AutoSize
$LocationPathOfDismDDA = ($DisMountedDevice | Get-PnpDeviceProperty
DEVPKEY_Device_LocationPaths).data[0]
$LocationPathOfDismDDA

#해당 VM에서 디스플레이 어댑터를 제거한다.
Remove-VMAssignableDevice -LocationPath $LocationPathOfDismDDA -VMName $VM

#디스플레이 어댑터를 호스트에 다시 마운트 한다.
Mount-VmHostAssignableDevice -locationpath $LocationPathOfDismDDA

#Enable-PnpDevice를 사용해 호스트 시스템의 GPU 그래픽 장치를 활성화 한다.
Enable-PnpDevice -InstanceId $pnpdevs.InstanceId -Confirm:$false

#GPU에 대한 VM의 메모리 리소스를 기본 값으로 설정한다.
Set-VM -GuestControlledCacheTypes $False -LowMemoryMappedIoSpace 256MB
-HighMemoryMappedIoSpace 512MB -VMName $VM

#VM을 시작한다.
Start-VM -Name $VM
```

 앞서의 스크립트는 이 책과 함께 제공되므로, 책의 소개에 일러준 위치에서 다운로드 하기 바란다.

RemoteFX vGPU 구성

RemoteFX vGPU 구성은 Hyper-V 관리자나 Windows PowerShell을 사용해 구성할 수 있다.

다음 화면에서처럼 Windows Server 2016에서 VM에 대한 RemoteFX 3D 비디오 어댑터에 최대 1GB VRAM을 전용으로 쓸 수 있다.

```
Set-VMRemoteFx3dVideoAdapter -VMName <VMName> -MonitorCount 1
-MaximumResolution 1920x1200 -VRAMSizeBytes 1024MB
```

Hyper-V 호스트의 경우 물리 비디오 어댑터를 관리하는 두 가지 명령이 있다.

- `Get-VMRemoteFxPhysicalVideoAdapter`
- `Set-VMRemoteFxPhysicalVideoAdapter`

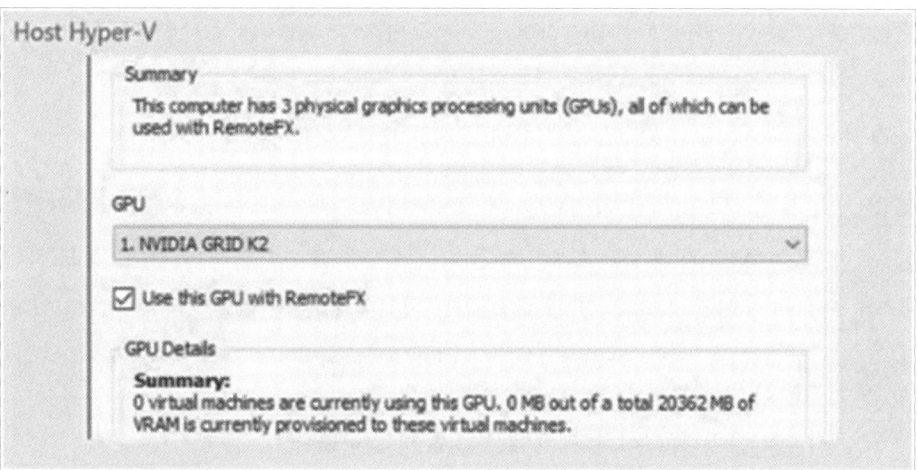

Windows Server 2016에서 RemoteFX vGPU는 업데이트됐다. 더 높은 해상도가 필요할 경우 RemoteFX가 바로 해당하는 솔루션이다. 이전 릴리스에서 RemoteFX는 DirectX 11만 지원했다. 하지만 Windows Server 2016에서 RemoteFX 팀은 VM에서 OpenGL 4.4와 OpenCL 1.1 API에 대한 지원을 추가했다. 어도비 포토샵처럼 DDA가 다룰 수 있는 동일한 애플리케이션을 RemoteFX에서 역시 다룰 수 있다.

RemoteFX 팀은 전송과 API 구현에서 다양한 성능 개선 작업도 했다. 개인용 VM으로 Windows Server 2016에서 RemoteFX vGPU를 활용할 수도 있다. 과거에는 RemoteFX는 클라이언트 OS만 지원했다.

RDP 8.1에서 Microsoft는 AVC/H.264 혼합 모드를 소개했고, 이 모드에서는 RemoteFX 미디어 스트리밍을 사용하는 것 외에도 텍스트는 전용 코덱을 사용해 압축하면서 AVC/H.264에 대한 지원을 이미지로도 확장했다.

하지만 RDP 10과 Windows Serve 2016에서 Microsoft는 AVC/H.264 지원을 한 단계 더 발전시켰고 RDP$^{\text{Remote Desktop Protocol}}$의 일부로 전체 화면 AVC 444 모드를 소개했다. AVC 444는 인코딩과 디코딩 둘 다 존재하는 경우 AVC 420 하드웨어 가속을 사용하므로, 잠재적으로 성능을 높이거나 배터리 소모를 줄인다.

Windows Server 2016에서 Microsoft는 두 가지 새로운 그룹 정책을 추가했다.

원격 데스크톱 연결에 H.264/AVC 444 그래픽 모드 우선 사용

RDP 서버나 게스트 내에서 활성화할 때 H.264/AVC 444 모드는 RDP 10 클라이언트와 서버 모두 AVC/H.264와 AVC 444를 지원할 때 우선순위가 높다. RDSH$^{\text{Remote Desktop Session Host}}$ 환경의 경우 전체 데스크톱 세션만 H.264/AVC 444에서 지원되며, RemoteApp 세션은 현재 여전히 자체 코덱을 사용한다.

1. 시작을 클릭하고 시작 메뉴에서 실행을 입력한다.
2. 실행 창을 열고 gpedit.msc를 입력한 후 다음의 트리를 탐색한다.

컴퓨터 구성 ➤ 관리 템플릿 ➤ Windows 구성 요소 ➤ 터미널 서비스 ➤ 원격 데스크톱 세션 호스트 ➤ 원격 세션 환경 ➤ 원격 데스크톱 연결에 H.264/AVC 444 그래픽 모드 우선 사용

다음 화면에서처럼 해당 정책을 사용으로 구성한다.

원격 데스크톱 연결에 대한 H.264/AVC 하드웨어 인코딩 구성

이 정책은 AVC444 모드와 함께 사용될 때 AVC/H.264에 대한 하드웨어 인코딩을 사용할 수 있게 한다. 이 정책을 활성화시키면 각 원격 데스크톱 모니터는 서버에서 하나의 AVC/H.264 인코더를 사용한다. 모든 AVC/H.264 인코더가 사용 중이면 RDP 서버는 자동으로 소프트웨어 사용으로 대체한다. 이 정책은 RemoteFX vGPU를 사용하는 경우 처리되는 곳인 Hyper-V 호스트 머신에 적용해야 한다. DDA를 사용한다면 이 정책을 게스트 내에서 설정한다.

1. 시작을 클릭하고 시작 메뉴에서 실행을 입력한다.
2. 실행 창을 열고 gpedit.msc를 입력한 후 다음의 트리를 탐색한다.

    컴퓨터 구성 > 관리 템플릿 > Windows 구성 요소 > 터미널 서비스 > 원격 데스크톱 세션 호스트 > 원격 세션 환경 > 원격 데스크톱 연결에 대한 H.264/AVC 하드웨어 인코딩 구성

    다음 화면에서처럼 정책을 사용으로 구성한 다음, RemoteFX vGPU 가상 컴퓨터에 대해서만 시도를 선택한다.

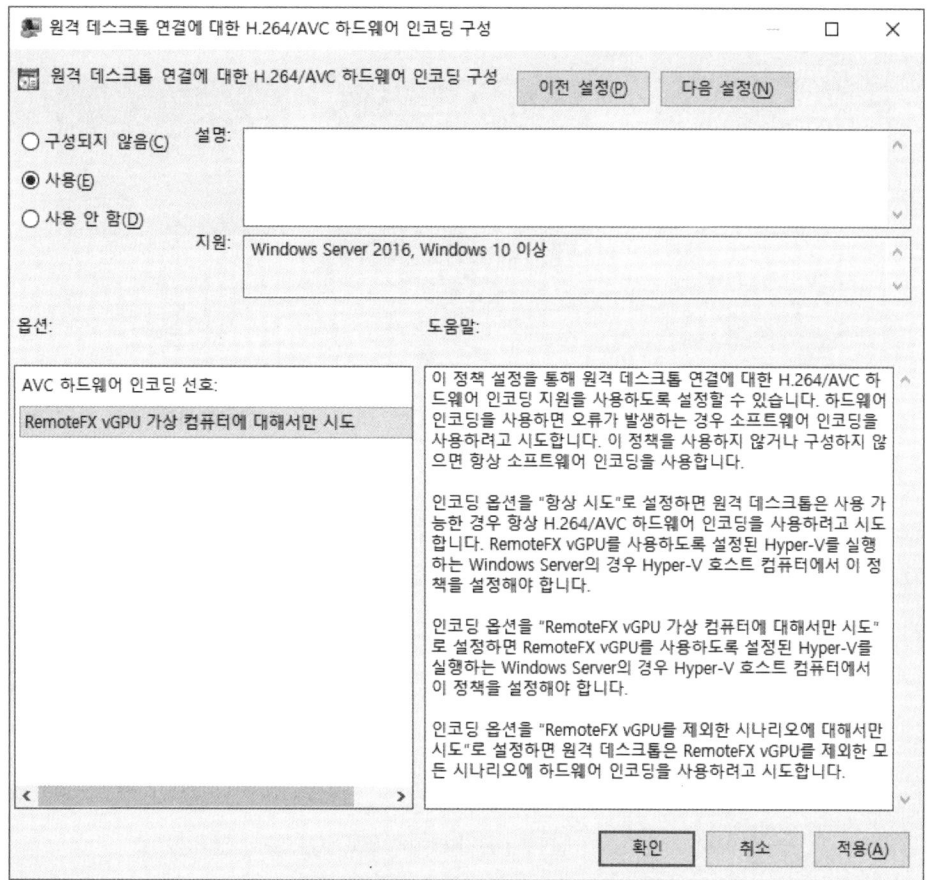

예제 분석

RemoteFX vGPU와 DDA는 완전히 다른 기술이다. DDA를 사용할 때 호스트에 원격 데스크톱 가상화 호스트^{RDVH, Remote Desktop Virtualization Host} 역할을 설치하지 않아야 한다.

다음 다이어그램은 RemoteFX vGPU와 DDA 간의 차이점을 보여준다.

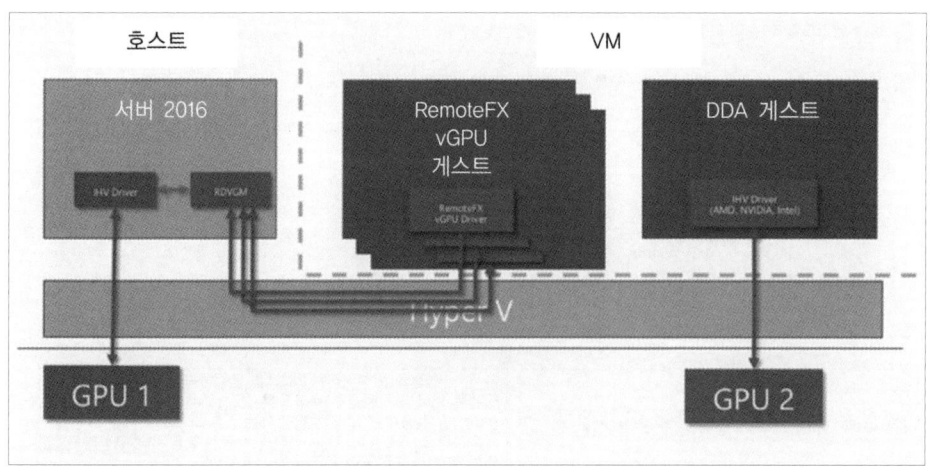

RemoteFX는 GPU가 하드웨어 공급자의 드라이버(예를 들어 호스트의 NVIDIA 드라이버)를 활용하는 호스트 OS에 매핑된 반가상화 솔루션이다. Microsoft는 호스트에서 실행하는 자체 서비스와 게스트에서 실행하는 RemoteFX vGPU 드라이버를 제공하고, 호스트의 서비스와 통신한다. 그다음 이 서비스는 하드웨어 드라이버와 통신하고, 마침내 GPU와 통신한다. 이런 방식이 반가상화 기술이다. 앞의 다이어그램에서 보다시피 RemoteFX를 사용한 여러 단계의 홉^{hop}이 있고, 이 때문에 성능은 베어 메탈 경험과 다르다. 더 높은 VM 해상도를 원한다면 RemoteFX vGPU가 필요하다.

그에 반해 DDA를 사용하면 GPU는 호스트에 전혀 노출되지 않는다. GPU는 게스트와 직접 통신한다. 게스트에서 사용하는 드라이버가 PCI 버스와 직접 통신해 그래픽 카드 자체를 사용하기 때문에 거의 베어 메탈 성능을 낼 수 있다. 여전히 하이퍼바이저는 그 사이에 존재하며, IOMMU에서 PCI 패킷 자체를 리디렉션시키지만, 성능 저하는 2~5% 내외다.

다음 그림에서 보다시피 VM당 하나의 GPU 이상을 매핑할 수도 있다.

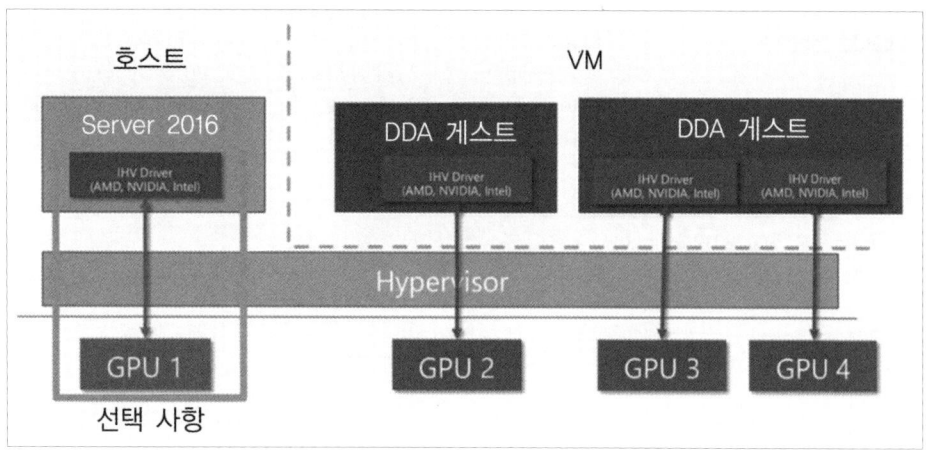

DDA는 단지 그래픽 이상의 용도로 사용할 수도 있다. Microsoft는 원래 그래픽뿐만 아니라 NVMe 저장소에서 사용할 수 있게 만들었다. 이들이 본질상 PCIe 기술을 사용하기 때문에 Microsoft에서 현재 적극적으로 지원하는 두 개의 하드웨어 장치다. 다른 장치에서도 DDA를 사용해도 되지만, 문제가 발생하면 하드웨어 공급자와 직접 연락해야 한다.

다음 표는 RemoteFX vGPU와 DDA를 사용할 때의 자세한 차이점을 나타냈다.

호스트 서버 VM 게스트 OS	Windows Server 2012 R2 Hyper-V RemoteFX vGPU(1세대 VM)	Windows Server 2016 Hyper-V RemoteFX vGPU(2세대 VM)	Windows Server 2016 Hyper-V DDA(1세대와 2세대 VM)
Windows 7 SP1	예	아니오	아니오
Windows 8.1	예	아니오	아니오
Windows 10	예	예	예
Windows Server 2012 R2	예	아니오	예 (필수 KB3133690)

(이어짐)

호스트 서버 VM 게스트 OS	Windows Server 2012 R2 Hyper-V RemoteFX vGPU(1세대 VM)	Windows Server 2016 Hyper-V RemoteFX vGPU(2세대 VM)	Windows Server 2016 Hyper-V DDA(1세대와 2세대 VM)
Winsows Server 2016	예	예	예
Windows Server 2012 R2 RDSH	아니오	아니오	예 (필수 KB3133690)
Linux	아니오	아니오	예

보충 설명

GPU 파티션은 향후 Hyper-V 릴리스에서 완전히 지원하는 새로운 기능이다.

이 책을 쓰는 시점에 Hyper-V PowerShell 모듈을 살펴봤을 때 다음 화면에서처럼 GPU 파티션 기능에 관련된 몇 가지 명령을 확인했다.

```
PS C:\> Get-Command "*VMGPU*"

CommandType     Name                               Version    Source
-----------     ----                               -------    ------
Cmdlet          Add-VMGpuPartitionAdapter          2.0.0.0    Hyper-V
Cmdlet          Get-VMGpuPartitionAdapter          2.0.0.0    Hyper-V
Cmdlet          Remove-VMGpuPartitionAdapter       2.0.0.0    Hyper-V
Cmdlet          Set-VMGpuPartitionAdapter          2.0.0.0    Hyper-V


PS C:\> Get-Command "*VMPartitionableGPU"

CommandType     Name                               Version    Source
-----------     ----                               -------    ------
Cmdlet          Get-VMPartitionableGpu             2.0.0.0    Hyper-V
Cmdlet          Set-VMPartitionableGpu             2.0.0.0    Hyper-V
```

하드웨어 공급자 드라이버가 없다면 이들 명령은 아무런 의미가 없으며, 사용할 수 없다. 하지만 Microsoft에서는 GPU 파티셔닝을 지원할 계획이다.

그럼 GPU 파티셔닝이란 뭘까? 이는 Microsoft에서 NVIDIA와 인텔, AMD와 같은 하드웨어 공급자를 위해 개발한 기술로, 전체 물리 GPU를 더 작은 가상 GPU로 분할한다. NVIDIA는 이를 GRID vGPU라고 불렀고, AMD는 MxGPU, 인텔은 GVT-g라고 불렀다. 용어가 다른 것은 실제로 제품 이름일 뿐이다.

본질적으로 네트워킹을 위한 SR-IOV^{Single Root Input/Output Virtualization}의 GPU 버전이다. 여기서 가장 큰 차이점은 GPU의 복잡성과 각 하드웨어 공급자가 구현한 방식이다. 일부 공급자는 SR-IOV PCIe의 일부를 활용해 지원하지만, 다른 공급자는 좀 더 자체적인 솔루션을 갖기도 한다. Microsoft에서는 이런 개념을 추상화해 각 공급자가 자신의 하드웨어 설계 방식에 맞는 GPU 파티션 기능을 지원하게 했으므로, 현재 시장의 하드웨어와 솔루션이 잘 동작한다.

▌ 호스트와 가상 컴퓨터를 위한 안티바이러스 설치와 구성

이 예제의 주제는 Hyper-V에 관한 가장 흔한 논의 중 하나다. 많은 IT 전문가들이 호스트와 VM에 안티바이러스^{AV, AntiOVirus}를 설치할 것인가를 두고 다퉜다.

보안은 모든 시나리오에서 중요한 관심사며, Hyper-V 관리자는 물리 또는 가상에서 서버가 손상을 입지 않게 해야 한다. 이 예제는 부모 파티션에서 AV 시스템을 사용할 때 Hyper-V 예외를 구성하는 방법을 먼저 설명하고, 그다음 '예제 분석' 절에서 AV가 언제 어디서 필요한지 설명한다.

준비

다양하고 많은 안티바이러스 제품으로 인해 이 예제는 실제로 안티바이러스를 수행하는 방법이 아니라 구성을 어떻게 해야 하는가에 초점을 맞춘다. AV 자체에 동일한 구성을 적용하려면 AV 설정에 익숙해야 한다.

시작하기 전에 AV 소프트웨어가 Windows Server 2016 Hyper-V를 지원하는지 확인한다.

예제 구현

다음 과정은 VM과 가상 디스크의 기본 경로를 확인하는 방법과 AV 시스템에 대한 예외를 구성하는 방법을 보여준다.

1. 안티바이러스 예외를 만들기 전에 Hyper-V에서 사용하는 경로를 식별해야 한다.
   기본 VM과 가상 하드 디스크 구성 경로를 확인하려면 Hyper-V 관리자를 열고 오른편의 창에서 Hyper-V 설정을 클릭한다.
   다음 화면에서처럼 Hyper-V 설정 창이 열린다.

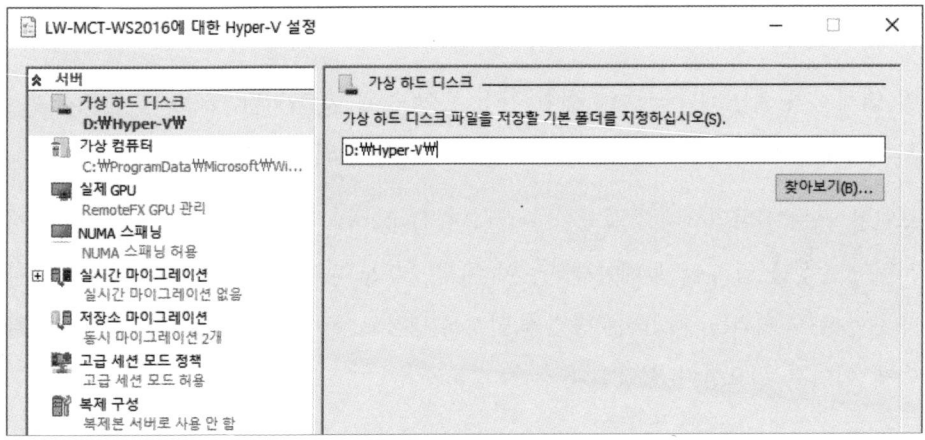

가상 하드 디스크를 클릭해 가상 하드 디스크에 사용할 기본 폴더를 확인한다.
가상 컴퓨터를 클릭해 VM 구성 파일을 저장하는 데 사용할 기본 폴더를 확인한다.

 기본 위치를 지정할 수 있지만, VM을 만들 때 변경할 수 있다. 기본 위치 설정을 사용하지 않는 다른 VM도 확인해야 한다.

예외는 Hyper-V 파일 위치를 기반으로 만든다. VM 구성 파일의 기본 위치는 'C:\ProgramData\Microsoft\Windows\Hyper-V'이며, 가상 하드 디스크의 경우는 'C:\Users\Public\Documents\Hyper-V\Virtual Hard Disks'다. 현재 위치를 기록하자.

호스트에서 여러분의 안티바이러스 소프트웨어를 열고 파일의 현재 위치를 기반으로 다음과 같은 디렉터리와 파일에 대한 예외를 추가한다.

- 컴퓨터 구성 파일에 사용한 디렉터리
- 가상 하드 디스크 파일에 사용한 디렉터리
- 스냅숏 디렉터리
- Vmms.exe, Vmsp.exe, Vmconnect.exe, Vmcompute.exe, Vmwp.exe 프로세스
- 다른 모든 사용자 지정 구성 디렉터리
- CSV 디렉터리 'C:\ClusterStorage'(클러스터 환경)

2. 이들 단계를 거친 후 안티바이러스는 Hyper-V에 대해 적절한 예외 설정을 구성하게 된다.

예제 분석

앞의 과정에서 자세한 내용을 깊이 파고들기 전에 호스트 컴퓨터의 AV에 대한 장단점을 얘기해야겠다. 이 얘기가 VM에 AV를 설치해야 한다는 필요성을 바꾸지는 않는다. Hyper-V 아키텍처 때문에 부모 파티션은 VM에서 사용되는 메모리 정보를 읽어 볼 수 없다. 그렇긴 해도 모든 VM은 OS와 역할, 액세스, 다른 구성 요소에 따라 AV가 필요하다.

서버 코어 설치나 인터넷 액세스가 없거나 다른 프로그램 또는 역할을 설치하지 않고 Hyper-V를 실행하는 경우 모범 사례를 따른다면 호스트 컴퓨터에 AV 설치가 필요

없을 것이다. 이러한 모범 사례는 AV를 설치해야 하는 요구 사항이 있는 경우를 제외하고 부모 파티션에 이미 필요한 모든 보안을 갖추고 있다. 하지만 보안 규정을 준수해야 하는 경우나 다른 이유가 있는 경우 여전히 설치할 수 있다.

전체 설치 Windows 버전에 인터넷을 사용하고, 다른 소프트웨어나 역할을 사용하는 서버의 경우 AV를 Hyper-V 제외 구성으로 설치해야 한다. 그런데 Hyper-V 호스트에서 인터넷에 연결해 브라우저를 사용하고 문서를 편집하며, 이메일을 읽는지 모르겠다. 그렇다면 랜섬웨어나 다른 못된 바이러스에 감염될 가능성이 높아진다.

보충 설명

각 끝점에서 에이전트를 사용해 정적 서버 환경을 보호하는 일은 그 환경이 자주 변하지 않기 때문에 상대적으로 쉽다. 관리자는 대개 에이전트를 설치하고 관리하기 위해 서버에 액세스한다. 이들 서버는 보통 전체 용량을 끌어다 쓰지 않으므로 서버상의 워크로드 성능은 리소스를 집중적으로 사용하면 AC 검사에 영향을 받지 않는다.

5nine 클라우드 보안으로 가상화된 환경 보호

가상화된 데이터센터나 클라우드 보안은 다르며, 전통적인 에이전트 기반 보호는 실용성이 떨어진다. VM은 동적이며, 배포와 제거가 급하게 일어날 때가 많고, 심지어 오래된 AV 정의가 있는 라이브러리에서 복사되기 때문에 보안 정책 업데이트가 어려워진다. 많은 경우 VM은 관리 중재 없이 최종 사용자나 테넌트가 배포할 수 있으며, 규정 준수 표준을 충족한다는 이유로 관리자가 VM에 액세스해 에이전트를 설치하지 못할 수도 있다.

가상화 호스트는 리소스 사용률을 높이기 위해 거의 전체 용량을 실행하게 설계됐으므로, VM에서 에이전트를 사용하고 AV 검사를 실행할 때(가상 CPU 사용률의 30% 증가를 일으킬 수 있음) 호스트의 모든 VM이 느려질 수 있다. 가상화된 데이터센터에서

VM 내에서 에이전트 설치가 필요 없는 5nine 클라우드 보안과 같은 호스트 기반 보안 솔루션을 사용하자.

5nine 소프트웨어에서 제공하는 5nine 클라우드 보안은 Bitdefender나 Kaspersky Labs, ThreatTrack에서 보호를 받는 Hyper-V용 에이전트 없는 안티바이러스와 방화벽, 침입 탐지 솔루션만 제공한다. 이 보안 소프트웨어는 VM에 위협이 닿기 전에 호스트 수준의 보안을 제공하고자 Hyper-V 가상 스위치의 확장을 통해 VM으로 들어오고 나가는 트래픽을 필터링한다. 이는 보안이 중앙에서 관리되므로, Windows 서버나 Windows 클라이언트, 리눅스를 실행하는지 여부에 상관없이 VM 사용자는 게스트 OS 업데이트와 검사에 관해 걱정할 필요가 없어진다는 뜻이다.

5nine 클라우드 보안에 관한 더 자세한 정보는 다음 URL을 방문해보자.

https://www.5nine.com/5nine-cloud-security-bitdefender/

06

보안과 제어 위임

6장에서 다루는 내용은 다음과 같다.

- Hyper-V를 위한 Windows 업데이트 구성
- Hyper-V에서 제어 위임
- 포트 ACL 구성
- 데이터 보호를 위한 BitLocker 설치와 구성
- Hyper-V 감사 구성
- 가상 컴퓨터 보안 부팅
- VM 보호(vTPM)
- 보호된 VM
- 호스트 리소스 보안

소개

대개 보안은 인프라에서 아주 중요하며, 이는 가상화와 하이브리드 클라우드 컴퓨팅에도 역시 적용된다. 고도로 가상화된 환경과 하이브리드 환경에서도 모든 계층에서 보안 요구 사항을 만족해야 한다. 새로운 Hyper-V 버전에서는 호스트와 가상 컴퓨터를 보호할 수 있는 많은 구성 옵션을 제공한다. 가상 컴퓨터에 대한 핵심 보안 영역에는 소프트웨어와 하드웨어 업데이트, 백업, 고가용성, 액세스 제어, 네트워크 보안, 감사와 같은 설정과 옵션을 포함한다. 6장에서는 Windows Server 2016 서버 코어와 데스크톱 경험이 포함된 Windows Server 2016 Server에 대한 Windows 업데이트, 권한 부여 관리자와 단순 권한 부여Simple Authorization를 사용한 액세스 제어, Port ACL을 사용한 네트워크 보호, 2세대 가상 컴퓨터의 보안 부팅을 사용한 향상된 가상 컴퓨터 보안, BitLocker를 사용한 디스크 암호화, 보호된 VM, Hyper-V 감사를 구성하는 방법 등을 살펴본다.

이러한 구성 옵션을 사용함으로써 가상 컴퓨터와 호스트 컴퓨터에 대한 더 안전한 환경을 적용할 수 있다.

Hyper-V를 위한 Windows 업데이트 구성

Windows를 배포하는 동안 Microsoft는 외부 액세스와 버퍼 오버플로, 블루 스크린, 시스템 충돌과 같은 문제나 다운타임을 일으킬 수 있는 보안 위반에 대한 모든 위험과 취약점을 찾으려고 했다. 최종 버전 출시 이후에도 Windows에서 이러한 오류와 잘못된 기능을 찾는 일은 흔하다. 이 때문에 Microsoft는 Windows 업데이트라는 서비스를 통해 Hyper-V나 다른 Windows 구성 요소에서 발생할 수 있는 모든 문제에 대한 업데이트 패키지를 제공한다. Microsoft는 누군가 나쁜 의도로 뭔가를 하기 전에 보안 위반을 찾아내려는 보안 팀이 있다. 여러분의 서버가 이들 모든 위협에 안전하려면 모든 업데이트가 설치되고 최신 상태여야 한다.

서버 코어 설치 옵션은 GUI를 제외한 핵심 구성 요소만 설치해 업데이트 수를 줄이는 좋은 옵션이지만, 업데이트를 설치할 필요가 없다는 뜻은 아니다. 이들 업데이트 중 일부는 Windows Server 2016 서버 코어나 데스크톱 경험이 포함된 Windows Server 2016에 관계없이 Windows의 핵심 구성 요소를 수정하거나 개선하게 설계된 것이다.

Windows 업데이트 구성은 상관관계가 있긴 하지만, 비즈니스용 현재 분기(CBB, Current Branch for Business)나 장기 서비스 분기(LTSB, Long Term Servicing Branch) 서비스 모델과 혼동하지 않아야 한다.

비즈니스용 현재 분기는 더 능동적인 서비스 모델을 고르게 되며, 운영체제는 Windows 10을 따라 새로운 기능으로 활발히 업데이트된다. 이 업데이트 경험을 CBB라고 하며, 운영체제 내에서 현재 기능이 비즈니스에 중요하다는 사실을 뒷받침한다. 변화가 적은 서비스 모델을 찾는다면 LTSB를 선택한다.

다음 예제는 데스크톱 경험이 포함된 Windows Server 2016과 Windows Server 2016 서버 코어 설치에서 Windows 업데이트 설정을 구성하는 방법을 보여준다.

준비

Microsoft 소프트웨어 업데이트 서비스는 인터넷이나 WSUS^{Windows Server Update Services}라는 내부 서버를 통해 액세스할 수 있다. 내부 WSUS 서버를 올리고 실행해야 한다. 인터넷에서 업데이트를 직접 서버로 다운로드하거나 또 다른 컴퓨터에서 다운로드한 업데이트를 복사할 수 있다.

예제 구현

다음 과정에서는 데스크톱 경험이 포함된 Windows Server 2016과 Windows Server 2016 서버 코어에 대한 Windows 업데이트 구성 방법을 보여준다.

1. 데스크톱 경험이 포함된 Windows Server 2016에서 Windows 업데이트를 사용하고 구성하려면 시작 메뉴를 시작하고, 설정을 클릭한다.
2. 업데이트 및 복구를 클릭한 후 업데이트 상태 아래에서 고급 옵션을 클릭한다.
3. Windows뿐만 아니라 다른 Microsoft 제품도 같이 업데이트하고 싶다면 다음 화면에서처럼 고급 옵션 창에서 업데이트 설치 방법 선택 아래의 Windows 업데이트 시 다른 Microsoft 제품 업데이트 검색 체크상자를 선택한다.

Windows 업데이트: 업데이트 설치 방법 구성

4. 그런 다음 고급 업그레이드 옵션을 추가로 선택할 수 있다. 필요한 경우 기능 업데이트 연기를 고려한다.

 Windows 업데이트의 '기능 업데이트 연기' 옵션은 운영체제의 기능 업그레이드를 몇 달간 연기하지만, 보안 업데이트 다운로드와 설치는 허용한다.

5. 설치된 업데이트 이력을 확인하려면 업데이트 상태 화면에서 업데이트 기록 링크를 클릭한다.
6. 사용할 수 있는 업데이트를 확인하고 설치하려면 업데이트 및 복구 창으로 돌아가서 오른쪽 창에서 업데이트 확인을 클릭한다.
7. Windows의 서버 코어 설치를 사용해 자동 업데이트 설정을 사용하려면 서버에 관리자로 로그인하고 명령 프롬프트에서 sconfig를 입력한다.
8. 다음 화면에서처럼 서버 구성 창에서 5를 입력해 Windows 업데이트 설정을 선택한다.

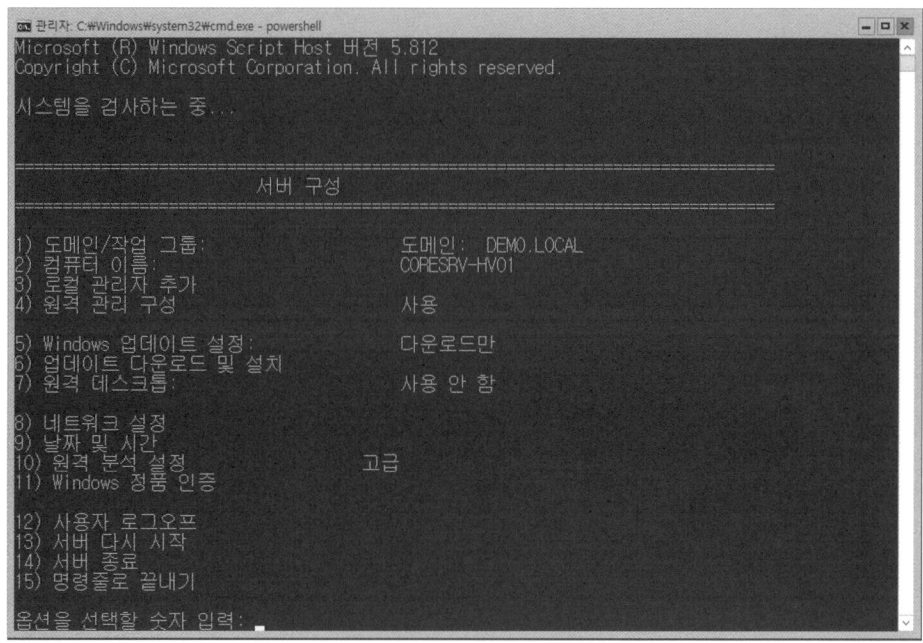

Windows 업데이트: 서버 코어 구성

9. 자동 업데이트는 A, 수동 업데이트는 M을 입력한다. 수동 업데이트를 선택하면 시스템은 업데이트를 검사하지 않으며 직접 설치해야 하지만, 자동 업데이트를 선택하면 시스템은 기본적으로 매일 오전 3:00에 업데이트를 검사한다. 이 부분은 그룹 정책을 사용해 나중에 변경할 수 있다. 업데이트 설정 팝업에

서 확인을 클릭한다.

sconfig를 사용할 필요 없이 C:\Windows\System32 경로에서 cscript scregedit.wsf /AU 4 명령을 실행해 레지스트리를 편집함으로써 자동 업데이트를 사용할 수 있다.

10. 업데이트를 검사하고 다운로드한 다음 설치하려면 서버 구성 창에서 6을 입력해 업데이트 다운로드 및 설치를 선택한다.
11. A를 입력해 모든 업데이트를 검색하거나, R을 입력해 권장 업데이트만 검색한다.
12. 업데이트를 검사한 후 사용 가능한 업데이트 목록이 나열된다. 모든 업데이트를 설치하려면 A를 입력하고, 설치 없이 종료하려면 N, 특정 업데이트 하나를 선택하려면 S를 입력한다. 시스템을 업데이트하기로 선택하면 예를 클릭해 컴퓨터를 다시 시작하고 업데이트를 적용한다.
13. 업데이트를 끝내고 나면 sconfig 화면에서 15를 입력해 종료한다.

대안으로 그룹 정책을 사용해 Windows 업데이트를 구성할 수 있다. 로컬 그룹 정책 편집기를 사용해 Windows 업데이트 구성을 설정하려면 시작 메뉴나 명령 프롬프트에서 gpedit.msc를 입력한다. 정책 파일 자체는 GPO 백업에서 생성하거나 Export-GPRegistryPolicy 명령으로 생성할 수 있다.

14. 로컬 그룹 정책 편집기 창의 컴퓨터 구성 아래에서 관리 템플릿 ▶ Windows 구성 요소 ▶ Windows 업데이트를 찾는다.
15. 오른편 창에서 자동 업데이트 구성 정책을 더블 클릭한다.
16. 자동 업데이트 구성 창에서 사용을 선택한다.
17. 자동 업데이트 구성 아래의 옵션에서 원하는 옵션과 자동 유지 관리 중에 설치를 체크한다.

18. 예약된 설치 날짜에서 업데이트를 설치하고 싶은 날에 대한 옵션을 선택한다.
19. 예약된 설치 시간에서 업데이트를 설치하고 싶은 시간을 선택한다. 구성이 끝나면 구성 화면은 다음 화면과 비슷하다.

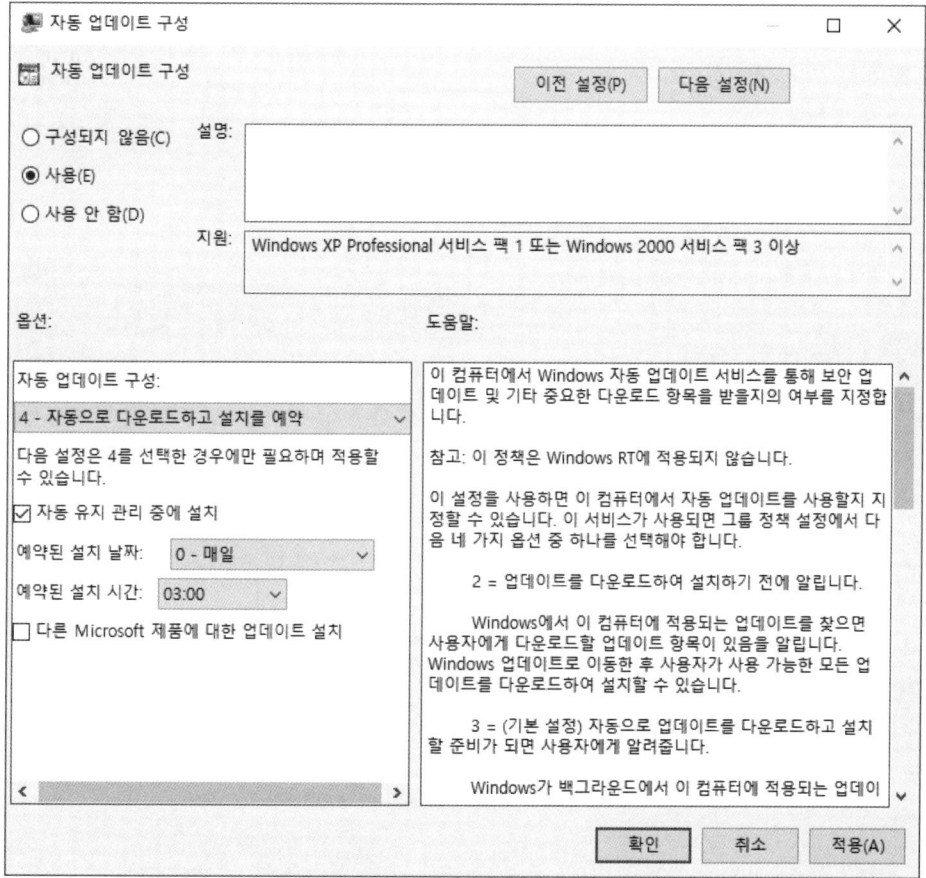

Windows 업데이트: 서버 코어 구성 자동 업데이트

20. WSUS 서버가 있다면 다음 설정을 클릭하고, 아니면 확인을 클릭한다.
21. WSUS 서버를 지정하려면 인트라넷 Microsoft 업데이트 서비스 위치 지정 아래의 사용을 선택한다.
22. 옵션 아래에서 두 가지 옵션에 WSUS 서버 URL을 지정한다.

23. 다음 화면에서 WSUS01라는 서버가 사용됐다. 구성이 끝나면 확인을 클릭한다.

Windows 업데이트: 서버 코어 구성 WSUS

24. Windows Server 2016의 서버 코어 설치 옵션에서 PowerShell을 사용해 Windows 업데이트를 하려면 상승된 PowerShell 명령 프롬프트를 열어서 다음 PowerShell 명령을 사용해 서버 코어 가상 컴퓨터에 원격 PowerShell 세션을 수립한다.

```
Enter-PSSession -VMName <VMName>
```

25. 해당 가상 컴퓨터에 대한 자격증명을 입력하고 다음 명령을 실행해 가능한 업데이트 목록을 받는다.

    ```
    $session = New-CimInstance -Namespace
    root/Microsoft/Windows/WindowsUpdate -ClassName
    MSFT_WUOperationsSession

    Invoke-CimMethod -InputObject $session -MethodName ScanForUpdates
    -Arguments @{SearchCriteria="IsInstalled=0";OnlineScan=$true}
    ```

26. 모든 사용 가능한 업데이트를 감지하고 다운로드해서 설치할 때는 다음 명령을 실행한다.

    ```
    $session = New-CimInstance -Namespace
    root/Microsoft/Windows/WindowsUpdate -ClassName
    MSFT_WUOperationsSession

    $scanResults = Invoke-CimMethod -InputObject $session MethodName
    ApplyApplicableUpdates
    ```

27. 다음 명령을 실행해 컴퓨터를 다시 시작한다.

    ```
    Restart-Computer
    ```

28. 상승된 PowerShell 명령 프롬프트를 열어서 서버 코어 가상 컴퓨터에 원격 PowerShell 세션을 다시 수립하고, 다음 PowerShell 명령을 사용한다.

    ```
    Enter-PSSession -VMName <VMName>
    ```

29. 다음 명령을 실행해 어떤 패치가 설치됐는지 확인한다.

```
$session = New-CimInstance -Namespace
root/Microsoft/Windows/WindowsUpdate -ClassName
MSFT_WUOperationsSession

$scanResults = Invoke-CimMethod -InputObject $session -MethodName
ScanForUpdates -Arguments
@{SearchCriteria="IsInstalled=1";OnlineScan=$true}

$scanResults | select -expand updates
```

 인프라 환경에서 WSUS를 사용할 때 해당 서버나 클라이언트의 레지스트리를 직접 구성할 수도 있다. 다음 두 가지 레지스트리 경로를 통해 WSUS 사용을 직접 구성한다.

HKEY_LOCAL_MACHINE\Software\Policies\Microsoft\Windows\WindowsUpdate

HKEY_LOCAL_MACHINE\Software\Policies\Microsoft\Windows\WindowsUpdate\AU

예제 분석

Windows 업데이트 서비스는 데스크톱 경험이 포함된 Windows Server 2016의 설정 ▶ 업데이트 및 보안 옵션이나 CIM, 서버 코어 시나리오용 커맨드라인과 sconfig를 사용해 구성할 수 있다.

단일 서버 설치나 독립형 서버의 경우 데스크톱 경험이 포함된 Windows Server 2016을 사용한다고 가정해도 설정 ▶ 업데이트 및 보안 옵션이 가장 효과적이다. 서버 코어는 원격 PowerShell 세션을 연결해 설정할 수도 있지만, sconfig를 사용하면 Windows 업데이트를 설정하는 구성 명령을 알아야 할 필요도 없다.

WSUS 구성이 필요한 도메인 가입된 서버나 독립형 서버의 경우 그룹 정책을 사용해야 한다. 데스크톱 경험이 포함된 Windows Server 2016과 서버 코어 시나리오의 경우 그룹 정책 옵션을 사용하는 방법을 살펴봤다. 하지만 Active Directory를 사용하는 경우 여러 서버가 있는 조직 단위에 연결할 수 있는 그룹 정책 개체^{GPO}를 사용해 정책을 적용할 수도 있다.

Windows 업데이트는 물리 머신이나 가상 컴퓨터, 클라이언트나 서버에 상관없이 모든 컴퓨터에 적용해야 한다. Hyper-V 서버에 대한 Windows 업데이트 정책은 특정 업데이트는 재시작이 필요할 수도 있으므로 비즈니스 요구 사항에 맞춰야 한다. 운영 환경에서 WSUS 사용은 강력한 권장 사항이다.

시간과 인터넷 대역폭을 절약하기 위해 WSUS 설치는 단일 콘솔에서 업데이트를 다운로드, 관리, 설치하는 모범 사례이기도 하다.

모든 컴퓨터에서 이 구성을 사용하면 최신 업데이트로 서버를 보호할 수 있다.

Hyper-V에서 제어 위임

많은 기업에서, 관리자나 서비스 데스크, 백업 오퍼레이터, 감사처럼 시스템에 대한 서로 다른 액세스 수준을 갖는 것이 일반적인 관례다. Hyper-V를 사용해 가상 서버를 구현할 때 이러한 다른 액세스 수준을 반영해야 한다.

새로운 Hyper-V 버전에서는 이 작업을 JEA^{Just Enough Administration}라는 기능을 사용해 더 쉽게 수행한다. JEA는 PowerShell 보안 기술로, **역할 기반 액세스 제어**^{RBAC, role-based access control} 접근 방식으로 서로 다른 수준의 액세스를 구성했으므로 PowerShell과 PowerShell 다이렉트를 사용해 모든 작업을 관리할 수 있다.

JEA를 사용하면 사용자가 원격 머신이나 끝점의 상승된 컨텍스트에서 특정 PowerShell 명령을 실행하게 권한을 부여하며, 여기서는 Hyper-V 호스트다. JEA는 PowerShell 버전 5 이후에서 포함되고 Windows Server 2016과 Windows 10, JAE

지원 WMF^Windows Management Framework 업데이트를 사용할 수 있는 이전의 운영체제에서 동작한다.

이 예제는 JEA에서 새로운 RBAC 기능을 사용하는 방법과 Hyper-V 관리자에 대한 고급 액세스 수준을 만드는 방법을 보인다.

준비

JEA와 관련된 가장 큰 도전은 요즘의 관리자들이 PowerShell로 관리 작업을 수행하기보다는 UI를 사용하는 데 아주 익숙하다는 것이다. JEA에는 PowerShell과 PowerShell 다이렉트를 사용해야 한다. Hyper-V PowerShell 명령에 익숙하면 확실히 JEA를 구현하기는 더 쉽다.

JEA를 구성하는 작업은 정말 간단하다. JEA를 사용하는 시스템(예를 들어 Windows Server 2016)과 괜찮은 텍스트 편집기만 있으면 된다. 편집 작업에 PowerShell ISE를 사용하면 좋다.

이 예제를 따라하면서 사용자에게 고급 작업을 추가하려면 특정 사용자 계정이나 그룹을 사용해야 한다. Active Directory에서 사용자나 그룹을 만들 수 있다. 사용하려는 사용자 그룹이 이미 존재하는지 확인하자.

예제 구현

다음 과정에서는 JEA를 사용해 Windows 2016 Hyper-V에서 제어 위임을 구성하는 방법을 보여준다. 제어 위임을 사용하기 위해 역할 기능 파일을 만들고 편집하는 것으로 시작해, 조직의 모든 관리자를 위한 중앙 관리 콘솔로 동작하는 가상 컴퓨터에서 이를 수행한다. 만드는 역할은 Hyper-V 가상 컴퓨터 관리 서비스를 재시작하고 VM 시작, VM 재시작, 모든 VM 계속 실행과 같은 기능을 수행할 수 있다.

1. 중앙 관리 콘솔로 동작하는 가상 컴퓨터에서 시작 메뉴를 클릭하고 powershell을 입력해 Windows PowerShell 명령 프롬프트를 연다.

2. 새로운 역할 기능 파일을 만들려면 다음 PowerShell 명령을 실행할 때 역할 기능 파일에 대한 경로를 지정한다.

```
New-PSRoleCapabilityFile -Path .\Hyper-V.psrc
```

3. 다음으로, 만든 새로운 역할 기능 파일을 검사하고 수정해야 한다. 이렇게 하려면 다음 명령을 사용해 PowerShell ISE에서 파일을 연다.

```
ISE .\Hyper-V.psrc
```

4. 다음 매개 변수를 수정한다.

    - `Author` = 이 파일을 수정하는 사람을 지정한다.
    - `Description` = 이 파일에 대한 설명이나 목적을 추가한다.
    - `CompanyName` = 이 파일을 만든 회사를 식별하는 세부 사항을 추가한다.
    - `Copyright` = 이 파일에 대한 저작권 세부 정보를 지정한다.
    - `VisableCmdlets` = 해당 세션의 명령을 다음 문자열의 값에서 지정한 명령으로 제한한다.

    ```
    VisibleCmdlets = @{ Name = 'Restart-Service'; Parameters = @{ Name
    = 'Name'; ValidateSet = 'VMMS' } }, 'Start-VM', 'Restart-VM',
    'Resume-VM', @{ Name = 'Stop-VM'; Parameters = @{ Name = 'Name';
    ValidateSet = '' } }
    ```

5. 수정한 역할 기능 파일은 액세스를 제한하려는 Hyper-V 호스트의 C:\Program Files\WindowsPowerShell\Modules 아래의 RoleCapabilities라는 하위 디렉

터리에 넣어야 한다. C:\Program Files\WindowsPowerShell\ Modules 아래에 자체 하위 디렉터리 구조를 추가할 수 있지만, 역할 기능 파일은 RoleCapabilities 하위 디렉터리에 넣어야 한다. 간단히 파일을 대상 서버로 복사한다. 여기서는 이 파일을 다음의 디렉터리로 넣었다.

C:\Program Files\WindowsPowerShell\Modules\Hyper-V\RoleCapabilities

다음으로 세션 구성 파일을 정의하고 중앙 관리 콘솔로 동작하는 가상 컴퓨터에서 이를 다시 수행한다.

6. 새로운 세션 구성 파일을 만들려면 다음 PowerShell 명령을 실행하고 세션 구성 파일의 경로를 지정한다.

```
New-PSSessionConfigurationFile -Path .\Hyper-VSessionConfig.pssc -Full
```

다음으로 방금 만든 새로운 세션 구성 파일을 검사하고 수정해야 한다. 이를 수행하려면 다음 명령을 사용해 PowerShell ISE에서 이 파일을 열 수 있다.

```
ISE .\Hyper-VSessionConfig.pssc
```

7. 다음 매개 변수를 수정한다.

- Author = 이 파일을 수정하는 사람을 지정한다.
- Description = 이 파일에 대한 설명이나 목적을 추가한다.
- CompanyName = 이 파일을 만든 회사를 식별하는 세부 사항을 추가한다.
- Copyright = 이 파일에 대한 저작권 세부 정보를 지정한다.
- SessionType = 이 세션 구성 파일로 만드는 세션의 유형을 지정한다. 값은 RestrictedRemoteServer로 설정해야 한다.

- `TranscriptDirectory` = 세션 기록(로그 파일)을 넣어 둘 디렉터리를 지정한다. 이 값은 C:\ProgramData\JEAConfiguration\Transcripts로 설정해야 한다.
- `RunAsVirtualAccount` = 세션 구성 파일을 사용하는 PowerShell 세션이 가상 계정으로 실행될 때 가상 계정과 연결된 보안 그룹이 추가돼야 함을 지정한다. 이 줄의 항목은 주석 처리해서는 안 되며, 값은 `$true`여야 한다.
- `RoleDefination` = PowerShell 세션에 연결됐을 때 사용자나 보안 그룹에 적용해야 할 역할 기능을 지정한다. 다음 문자열의 값이어야 한다.

```
RoleDefinitions = @{ 'demo.local\Hyper-V Operator' = @{
'RoleCapabilities' = 'Hyper-V' } }
```

마지막으로 세션 구성 파일을 PowerShell 끝점으로 등록하고, 제어의 위임을 적용하는 Hyper-V 호스트에서 이를 수행하고 결과를 테스트한다.

8. Hyper-V 호스트의 시작 메뉴에서 `powershell`을 입력하고, Windows PowerShell 명령 프롬프트를 연다.
9. Hyper-V 호스트에 세션 구성 파일을 등록하려면 다음과 같은 PowerShell 명령을 실행한다.

```
Register-PSSessionConfiguration -Name "Hyper-V Operator" -Path C:\
HyperVSessionConfig.pssc
```

10. JEA 세션 끝점이 등록됐는지 검증하고 싶다면 Hyper-V 호스트에서 다음 PowerShell 명령을 실행해 해당 끝점이 성공적으로 등록됐는지 확인한다.

```
Get-PSSessionConfiguration
```

11. JEA를 잘 구성했는지 확인하려면 비관리자 계정으로 PowerShell 다이렉트를 사용하는 다음 명령을 실행해 Hyper-V 호스트에 연결한다.

```
Enter-PSSession -ComputerName HV-V01 -ConfigurationName "Hyper-V Operator" -Credential "Demo\HyperVOperator"
```

Get-Command를 실행한다. 역할 기능 파일에서 정의한 명령만 액세스할 수 있다.

예제 분석

JEA[Just Enough Administration]는 역할 기반 액세스 제어[RBAC, role-based access control] 플랫폼을 제공해 모든 서버 역할에서 사용자 지정 관리 끝점을 만들고 등록할 수 있게 한다. 여기서는 Hyper-V 서버를 로컬이나 원격으로 관리하려고 한다. JEA는 PowerShell 세션 끝점으로 구현했고, 관리자가 수행할 수 있는 모든 작업을 정의한 하나 이상의 PowerShell 역할 기능 파일과 세션 구성 파일을 만들어야 한다. 역할 기능 파일은 Backup Operator나 Hyper-V Administrator, DNS Administrator와 같은 특정 작업[job] 기능에 종종 연결한다.

PowerShell 역할 기능 파일은 관리하려는 각 컴퓨터별로 있어야 하므로, JEA를 사용하면 컴퓨터별로 액세스를 제어할 수 있다. 이 파일은 PowerShell 명령 `New-PSRoleCapabilityFile`로 만들며, 이 파일은 관리하려는 Hyper-V 호스트 각각에 저장해야 한다.

PowerShell 세션 구성 파일은 끝점에 연결하는 사용자별로 있어야 하며, 이 파일은 PowerShell 명령 `New-PSSessionConfigurationFile`로 만든다. 여기서 특정 관리 역할이나 작업에 매핑할 사용자와 보안 그룹을 구성할 수 있다. 게다가 가상 계정과 기록 정책(로깅 정책) 같은 전역 설정도 구성할 수 있다. 마지막으로 세션 구성 파일을

PowerShell 끝점으로 등록하고 비관리자로 그 끝점을 연결해야 한다.

포트 ACL 구성

컴퓨터와 네트워크 사이의 액세스를 제한하고자 네트워크 제한을 사용하는 일은 가상 환경에서조차도 흔한 작업이다. 이를 테면 특정 IP 주소나 가상 컴퓨터에서 또 다른 가상 컴퓨터나 전체 네트워크로 네트워크 액세스를 거부해야 한다고 하자. Hyper-V 초기 버전에서는 이러한 규칙을 정의하기 위해 추가 소프트웨어나 네트워크 장치가 필요했고, 이는 구성을 복잡하게 만들고 비용을 더 높였다.

Windows 2012 이후, Hyper-V는 가상 컴퓨터나 IP 주소, 네트워크 범위에서 네트워크 트래픽을 차단하거나 허용하는 정책을 적용하는 포트 ACL이라는 기능을 지원했다. 이들 정책은 PowerShell을 통해 만들며, 관리자는 이 정책을 사용해 Hyper-V 가상 스위치를 통해 네트워크 트래픽 전송과 수신을 제어할 수 있다.

포트 ACL은 네트워크 방화벽으로 동작하며, 네트워크 규칙을 위한 방향과 주소, 동작을 정의하는 데 사용할 수 있다.

이 예제는 Hyper-V를 사용해 포트 ACL을 만들고 분석하는 방법을 설명한다.

준비

포트 ACL 규칙을 만들기 전에 네트워크 인프라(서브넷과 라우터, IP 주소 등)를 구성하고 잘 동작하는지 확인한다.

예제 구현

다음 과정에서는 포트 ACL을 사용해 가상 컴퓨터에 규칙 추가 및 시각화, 제거하는 방법을 보여준다.

1. 시작 메뉴를 클릭하고 powershell을 입력해 Windows PowerShell을 연다.
2. 특정 IP 범위에 대해 가상 컴퓨터의 아웃바운드 액세스를 차단하려면 Add-VMNetworkAdapterAcl 명령을 사용해 VMName 다음에 가상 컴퓨터와 RemoteIPaddress 다음에 네트워크 범위를 지정한다. 다음 예제는 Win2016이라는 가상 컴퓨터 아웃바운드 연결을 192.168.0.0/24 네트워크의 모든 IP에 대해 거부한다.

```
Add-VMNetworkAdapterAcl -VMName Win2016 -RemoteIPAddress
192.168.0.0/24 -Direction Outbound -Action Deny
```

3. 모든 IP 주소에서 특정 가상 컴퓨터로 인바운드 액세스를 거부하려면 다음 명령을 입력한다. 예제에서 Win2016이라는 가상 컴퓨터를 사용했고 ANY 원격 IP 주소에서 인바운드 연결을 거부했다.

```
Add-VMNetworkAdapterAcl -VMName Win2016 -RemoteIPAddress ANY
-Direction Inbound -Action Deny
```

4. 가상 컴퓨터에 대한 특정 IP 주소 아웃바운드와 인바운드 연결을 허용하려면 다음 명령을 사용한다. 이 예제에서 가상 컴퓨터 Win2016의 네트워크 어댑터는 IP 주소가 192.168.1.1인 경우 모든 연결을 허용한다.

```
Add-VMNetworkAdapterAcl -VMName Win2016 -RemoteIPAddress 192.168.1.1
-Direction both -Action Allow -VMNetworkAdapterName "네트워크 어댑터"
```

5. 동시에 둘 이상의 가상 컴퓨터를 대량 구성하려면 Get-VM 명령을 사용해 필터를 만들고 원하는 동작을 추가한다. 다음 예제는 SRVDMZ로 시작하는 모든 가상 컴퓨터를 가져와 IP 주소 131.107.1.1과 들어오고 나가는 모든 연결을 거부한다.

```
Get-VM -Name SRVDMZ* | Add-VMNetworkAdapterAcl -RemoteIPAddress
131.107.1.1 -Direction both Action Deny
```

6. 가상 컴퓨터별로 모든 포트 ACL 규칙을 확인하려면 다음 명령을 입력한다.

```
Get-VMNetworkAdapterACL
```

다음 화면은 모든 가상 컴퓨터에 대한 규칙 목록을 표시한다.

```
관리자: Windows PowerShell
PS C:\Users\Administrator>
PS C:\Users\Administrator> Get-VMNetworkAdapterAcl

VMName: WS2016-VM01
VMId: 56a63045-139f-43f3-8e44-c7b7d78c14bc
AdapterName: 네트워크 어댑터
AdapterId: Microsoft:56A63045-139F-43F3-8E44-C7B7D78C14BC\6F1ABA63-DB62-4FCC-97AE-F2B3B64084F8

Direction   Address                 Action
Inbound     Remote ::/0             Deny
Inbound     Remote 192.168.1.1      Allow
Inbound     Remote 0.0.0.0/0        Deny
Outbound    Remote 192.168.0.0/24   Deny
Outbound    Remote 192.168.1.1      Allow
```

포트 ACL 구성: 포트 ACL 규칙 확인

7. 기존 규칙을 제거하려면 Remove-VMNetworkAdapterAcl 명령을 사용한다. 이 예제에서 양방향 연결을 허용하는 규칙이 제거된다.

```
Remove-VMNetworkAdapterAcl -VMName Win2016 -RemoteIPAddress
192.168.0.0 -Direction both -Action Allow -VMNetworkAdapterName
"네트워크 어댑터"
```

예제 분석

포트 ACL은 PowerShell만을 사용해 관리할 수 있는 기능 중 하나다. 포트 ACL을 관리하는 3가지 주요 명령은 다음과 같다.

- Add-VMNetworkAdapterAcl
- Get-VMNetworkAdapterAcl
- Remove-VMNetworkAdapterAcl

첫 번째 명령인 Add-VMNetworkAdapterAcl은 새로운 규칙을 만드는 데 사용한다. 규칙을 만들려면 이 명령에는 VM 이름과 동작, 방향, 원격 IP 주소와 같은 입력이 필요하다.

Action 매개 변수는 Allow와 Deny, meter라는 3가지 값 중 하나를 갖는다. 여기서는 정책 특성이 일치할 때 규칙이 실제로 수행하는 작업을 정의한다.

Direction 입력은 규칙이 적용되는 방향을 선택할 수 있다. 가능한 값은 inbound와 outbound, both다.

RemoteIPAddress나 RemoteMacAddress 매개 변수는 규칙을 적용하고 싶은 대상을 지정한다. RemoteIPAddress를 단일 IP 주소 또는 서브넷 마스크를 포함한 IP 주소를 받으며, RemoteMacAddress는 특정 MAC 주소를 지정하는 데 사용한다.

규칙을 만든 후 Get-VMNetworkAdapterAcl 명령을 사용해 기존 규칙을 확인할 수 있다. 간단히 Get-VMNetworkAdapterAcl을 입력하거나 구문에서 VM 이름과 VM 네트워크 어댑터, 컴퓨터 이름, 관리 OS, 스냅숏으로 필터를 작성해 모든 정책을 확인할 수 있다.

포트 ACL 규칙을 제거하는 데 사용되는 명령은 Remove-VMNetworkAdapterAcl이다. 구문은 Add-VMNetworkAdapterAcl과 동일하다. 규칙을 추가하는 동일한 명령에서 간단히 Add를 Remove로 바꾸면 기존 규칙을 제거한다.

포트 ACL은 가상 컴퓨터 간에 특정 IP 주소(또는 범위)에 대한 통신을 제한해야 할 때 아주 편리하다. 이는 서버 시나리오에서 이미 일반적이지만, 이제는 그렇게 하기 위해 스위치나 라우터 같은 실제 장치에 의존할 필요가 없다.

이들 3가지 PowerShell 명령을 사용해 모든 기본 포트 ACL 규칙을 관리하거나 자동화 할 수 있다.

참고 사항

- 4장의 'PowerShell 기본 명령 배우고 활용하기' 예제

데이터 보호를 위한 BitLocker 설치와 구성

데이터를 안전하게 보호하는 일은 데이터센터에서 실제로 엄청난 관심을 기울이는 보안 문제다. 여기에 저장된 데이터는 아주 중요하다. 조금이라도 누출된다면 기업은 심각한 문제에 봉착하고, 신뢰도와 명령에 손상을 끼칠 수 있다.

BitLocker 드라이브 암호화는 도난 발생 시 데이터를 보호하기 위해 강력한 암호화를 사용해 데이터를 보호하는 Windows 기능이다. 로컬 보안이 없는 지사나 데이터센터 의 경우 완벽한 솔루션이다. BitLocker는 손실, 도난, 부적절하게 폐기된 하드 드라이 브에서 디스크를 보호하는 솔루션이다. 이 보호는 암호나 스마트카드를 통해서 이뤄 지며, 암호를 잃어버린 경우를 대비해 복구 키도 지원한다.

가상 및 클라우드 환경에서 가상 하드 디스크를 사용할 때 Windows Server 2012 이전에는 암호화가 없었다. 기본적으로 서버나 저장소 중 하나를 도난 당하면 가상 하드 디스크 파일을 더블 클릭해 열고 원하는 정보를 모두 얻을 수 있었다.

신뢰 플랫폼 모듈^{TPM, Trusted Platform Module}을 지원하는 시스템과 결합해 사용할 때

BitLocker는 추가적인 고급 보안 기능도 제공한다. TPM은 서버에 있는 칩셋으로 암호화 키를 저장해 해당 시스템에서 한 서버의 하드 디스크가 다른 서버로 이동됐는지 여부를 식별할 수 있다. 부팅 프로세스에서 BitLocker와 TPM은 하드웨어와 부트 파일 무결성을 검증해 권한이 부여되지 않는 방식으로 디스크를 다른 컴퓨터에 연결했는지 여부 등의 모든 변경 사항을 확인한다.

이 예제는 하드 드라이브를 암호화하고 보호하기 위해 BitLocker를 활성화하는 방법을 설명한다.

준비

TPM에서 제공하는 추가 보안 기능을 사용하려면 서버에서 TPM 칩셋과 신뢰 컴퓨팅 그룹^{TCG, Trusted Computing Group} BIOS를 확인해야 한다.

 장치 관리자나 TPM 관리 콘솔(시작 메뉴에서 tpm.msc 입력)를 사용해 TPM이 있는지 여부를 확인한다. TPM이 있다면 콘솔에서는 TPM 검증과 활성화, 구성을 수행할 수 있다.

TPM 칩셋이 없는 시나리오의 모범 사례는 USB 플래시 드라이브를 사용해 시작키를 저장한다.

TPM 칩셋이 없는 경우를 위해 이 예제에서는 TPM 필요 없이 BitLocker를 활성화하는 방법도 설명한다.

예제 구현

다음 과정은 디스크 파티션에 대해 BitLocker를 활성화하고 구성하는 방법을 보여준다.

1. BitLocker 드라이브 암호화 기능을 설치하려면 작업 표시줄에서 서버 관리자 콘솔을 연다.
2. 서버 관리자 콘솔의 오른쪽 상단 구석에서 관리를 클릭하고 역할 및 기능 추가를 선택한다.
3. 시작하기 전 섹션에서 다음을 클릭한다.
4. 설치 유형 섹션에서 다음을 클릭한다.
5. 대상 서버 선택 섹션에서 다음을 두 번 클릭한다.
6. 기능 선택 섹션에서 다음 화면에서처럼 BitLocker 드라이브 암호화 체크상자를 선택한다.

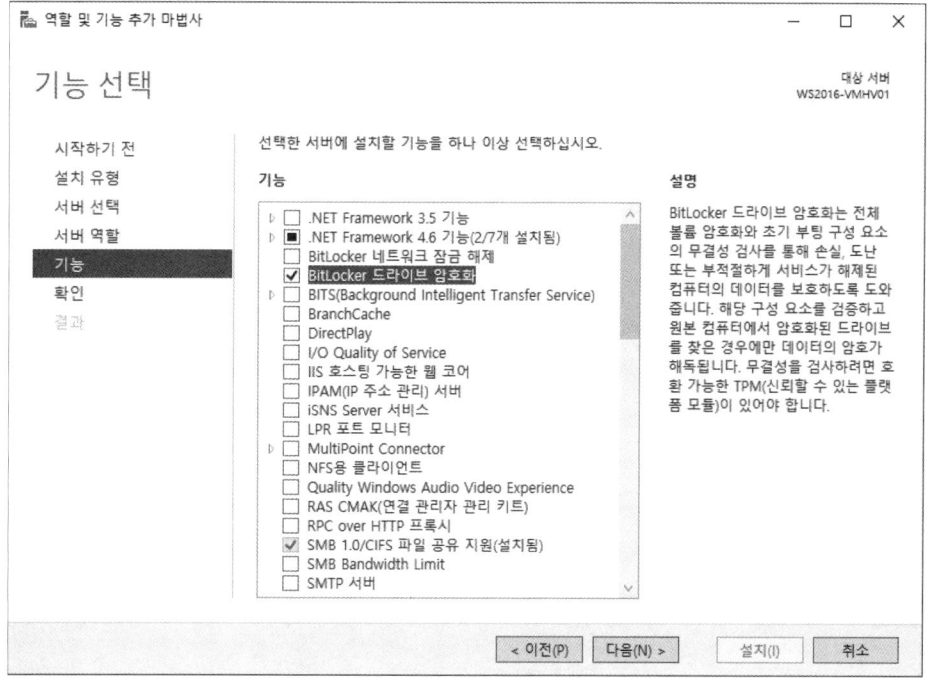

BitLocker 드라이브 암호화 기능 설치

7. 다음을 클릭하고 설치 선택 확인 화면에서 설치를 클릭한다. 설치가 끝날 때까지 기다린 후 서버를 다시 시작한다.

8. 설치 후 하드 디스크 드라이브에서 BitLocker를 활성화하려면 제어판을 연다.
9. 제어판에서 시스템 및 보안 ▶ BitLocker 드라이브 암호화를 클릭한다.
10. BitLocker 드라이브 암호화 창에서 BitLocker를 활성화하려는 드라이브를 선택하고 BitLocker 켜기를 클릭한다.
11. 해당 볼륨이나 Windows 탐색기에서 오른쪽 클릭해 동일한 옵션을 선택할 수도 있다. Windows 탐색기를 통해 이 작업을 수행하려면 새로운 Windows 탐색기 창을 열고 왼편 창에서 내 PC를 클릭한 후 다음 화면에서처럼 BitLocker를 활성화할 드라이브를 선택한 다음, 관리 탭에서 BitLocker를 클릭하고 BitLocker 켜기를 클릭한다.

BitLocker 드라이브 암호화

12. TPM 장치가 없기 때문에 BitLocker를 활성화 할 수 없다는 에러 메시지가 표시되면 다음 과정을 계속한다. 그렇지 않으면 **20단계**에서부터 계속한다.

13. 호환 TPM 없이 BitLocker를 사용하려면 시작 메뉴에서 gpedit.msc를 입력한다. gpedit 아이콘을 클릭해 로컬 그룹 정책 편집기를 연다.
14. 로컬 그룹 정책 편집기 창에서 컴퓨터 구성 ▶ 관리 템플릿 ▶ Windows 구성 요소 ▶ BitLocker 드라이브 암호화를 찾은 후 운영체제 드라이브를 클릭한다.
15. 시작 시 추가 인증 요구 정책을 더블 클릭하고 사용을 클릭한다.
16. 옵션 아래에서 호환 TPM이 없는 BitLocker 허용(USB 플래시 드라이브에 암호 또는 시작 키 필요) 체크상자를 선택하고 확인을 클릭한다.

> 도메인에 가입한 서버는 로컬 정책보다는 그룹 정책 개체(GPO)를 적용해 자동화하고 중앙 관리를 할 수 있다.

17. `gpupdate /force` 명령을 입력해 로컬 정책 또는 GPO를 적용한다.
18. Windows 탐색기나 제어판을 열어 **10~12단계**에서 설명한 것처럼 BitLocker를 켠다.
19. BitLocker 드라이브 암호화 마법사에서 컴퓨터가 시작할 때마다 사용할 암호를 지정하고 다음을 클릭한다. 시스템 파티션을 암호화하지 않는다면 스마트 카드를 사용해 드라이브 잠금 해제 체크상자를 선택해 스마트카드를 사용해 드라이브를 해제하게 선택할 수 있다.
20. 다음 창에서 복구 키가 만들어진다. 이 키를 저장할 곳을 지정해야 한다. 실제 서버/TPM을 사용하는 경우 다음 화면에서처럼 사용 가능한 옵션인 USB 플래시 드라이브에 저장이나 파일로 저장, 복구 키 인쇄 중에서 고른다.

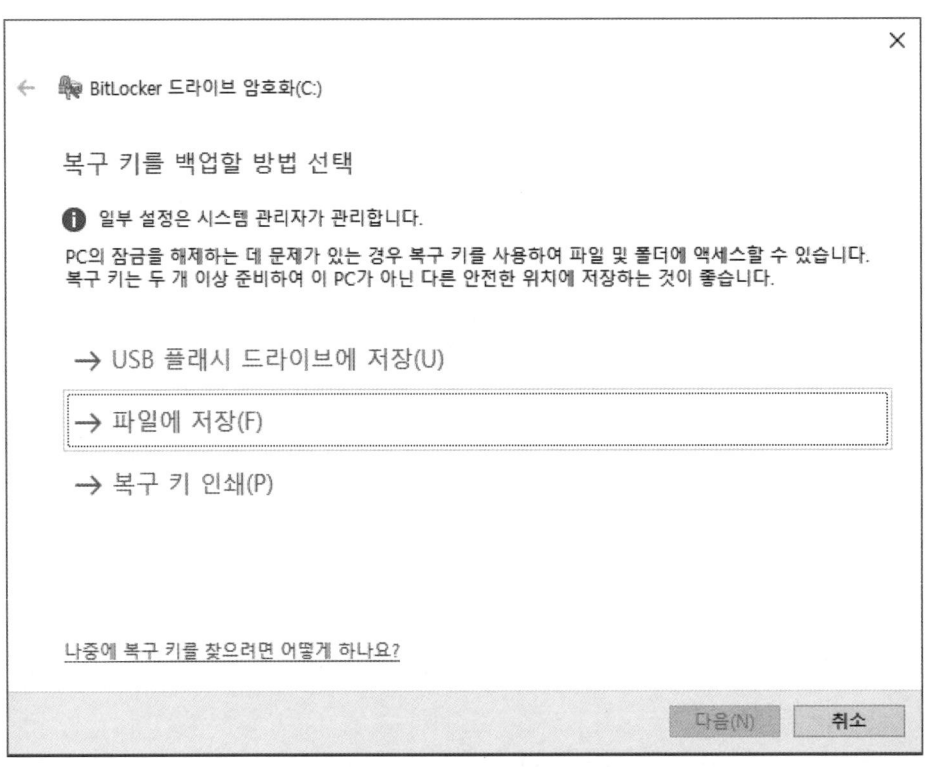

BitLocker 드라이브 암호화 사용: 복구 키

21. 사용할 암호화 모드 선택 창에서 고정 장치에 사용되는 새 암호화 모드나 이동식 장치에 사용되는 호환 모드 중에서 가장 적절한 옵션을 선택하고 다음을 클릭한다.

22. 이 드라이브를 암호화할 준비가 됐습니까?에서 선택 사항으로 Bitlocker 시스템 검사 실행을 선택하고 계속을 클릭한다. 그렇지 않으면 암호화 시작을 클릭한다.

23. 복구 키와 암호 같은 BitLocker 구성을 관리하거나 BitLocker를 해제하려는 경우 제어판을 열고 시스템 및 보안 > BitLocker 관리를 클릭한다.

예제 분석

BitLocker는 Windows Server 2008 운영체제에서 처음 출시된 이래로 계속 발전했다.

서버를 도난 당했을 경우 디스크를 보호할 수 있기 때문에 지사에 있는 서버에 사용할 아주 일반적인 기능이며, 향후에 클라우드에서 가상 컴퓨터를 보호하는 목적으로도 사용된다. 좋은 소식은 여러 저장소 옵션에서도 사용할 수 있으므로 강력한 보호를 제공할 수 있다는 사실이다.

Windows Server 2016에서 BitLocker는 기능이며, 디스크 드라이브에 BitLocker를 사용하려면 설치해야 한다. 기본적으로 BitLocker를 사용하기 위해 TPM 칩셋도 있어야 한다. 서버에 TPM이 없는 경우 그룹 정책을 사용해 TPM 요구 사항을 해제할 수 있다. 하지만 Windows Server 2016에서 소개했듯이 이제 가상 컴퓨터를 보호하기 위해 vTPM을 사용할 수 있다.

설치 후 BitLocker를 활성화하는 작업은 아주 쉽다. Windows 탐색기에서 디스크 드라이브를 오른쪽 클릭하거나 제어판을 통해서 커맨드라인 인터페이스를 통해 활성화할 수 있다.

마법사에서 BitLocker를 활성화시키는 동안 암호를 잃어버릴 경우를 대비한 복구 키를 만드는데, 이때 하드 드라이브에 저장하거나 인쇄할 수 있다.

이들 새 기능을 사용하면 VM 내의 광범위한 시나리오와 CSV를 포함하는 다양한 저장소에 BitLocker를 적용하고 관리할 수 있으며, SAN을 통해 부팅도 할 수 있어 재해 복구 멀티사이트 클러스터처럼 낮은 물리적 보안 수준을 갖는 지사에 아주 유용하다.

보충 설명

BitLocker는 두 개의 명령을 사용해 활성화할 수도 있다. 첫 번째 명령은 **Manage-BDE**다. 다음 예제를 사용하면 'C:'에서 BitLocker를 활성화하고 복구 키를 'H:'에 저장할 수 있다. 명령을 입력하고 실행하면 시스템은 암호를 요청한 후 암호화 프로세스를 시작한다.

```
Manage-bde -on C: -RecoveryPassword -RecoveryKey H:\
```

PowerShell을 선호한다면 `Enable-BitLocker` 명령을 사용할 수 있다. 더 자세한 정보는 `Help Enable-BitLocker`를 실행해보자.

참고 사항

- BitLocker에서 가상 TPM^{vTPM}을 활용하는 방법을 이해하려면 6장의 'VM 보호 (vTPM)' 예제를 참고한다.

Hyper-V 감사 구성

앞의 예제에서 Windows 업데이트와 바이러스 백신, 액세스 제어 등으로 물리 및 가상 서버를 보호하는 방법을 살펴봤다. 하지만 보안 문제가 발생할 때 이 문제를 다루기 위해 고려해야 할 중요한 요인은 시스템에 대한 원치 않는 액세스나 권한 없는 작업을 추적하거나 Hyper-V 관리자가 시스템을 언제 어떻게 관리했는지 모니터링하는 것이다.

원하는 결과를 얻는 최선의 방법은 감사를 설정하는 것이다. 기본적으로 모든 Hyper-V 이벤트는 이벤트 뷰어에 기록되며, 문제를 진단하거나 Hyper-V 관리에서 수행한 내용을 추적하는 데 사용된다.

파일 시스템 감사(기본 값은 사용 안 함)를 사용해 모든 Hyper-V 역할과 민감한 가상 컴퓨터에 대한 권한 부여된 권한 변경을 모두 확인할 수 있다.

이 예제는 기존 이벤트 로그를 사용하는 방법을 설명하고 보여줄 뿐만 아니라 파일 시스템 감사를 사용하는 방법도 보여준다.

준비

Hyper-V 감사를 구성하기 전에 Hyper-V 호스트에 필요한 시스템 로그를 유지할 수 있는 충분한 디스크 공간이 있는지 확인한다.

예제 구현

다음 과정은 Hyper-V 변경을 감사하기 위해 이벤트 뷰어의 기본 데이터를 사용하는 방법과 주어진 가상 컴퓨터에 대한 Hyper-V 권한의 민감한 변경을 확인하기 위해 개체 액세스 감사를 사용하는 방법을 보여준다.

1. 특정 Hyper-V 이벤트 로그를 확인하려면 시작 메뉴에서 eventvwr.exe를 입력한다.
2. 이벤트 뷰어 콘솔에서 응용 프로그램 및 서비스 로그 ❯ Microsoft ❯ Windows를 확장한다.
3. 다음 화면에서처럼 Hyper-V 로그 폴더를 찾을 때까지 아래로 스크롤한다.

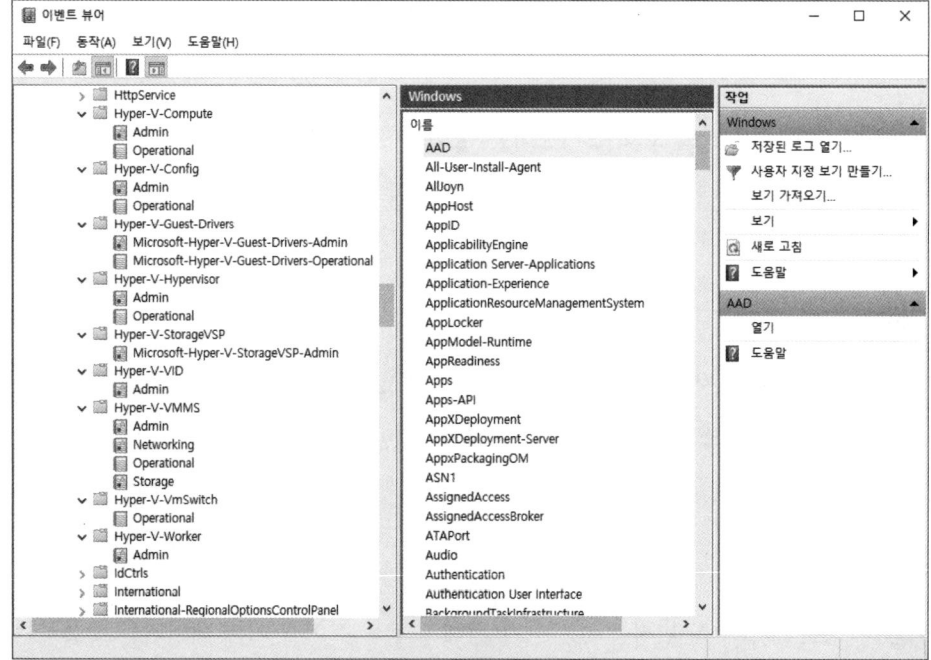

Windows 감사 로그

4. 단일 보기에서 모든 Hyper-V 로그를 보여주는 기본 이벤트 뷰어 필터를 사용하려면 다음 화면에서처럼 이벤트 뷰어 콘솔에서 가장 왼쪽 창의 **사용자 지정 보기**를 클릭하고, 서버 **역할**을 확장한 후 Hyper-V를 클릭한다.

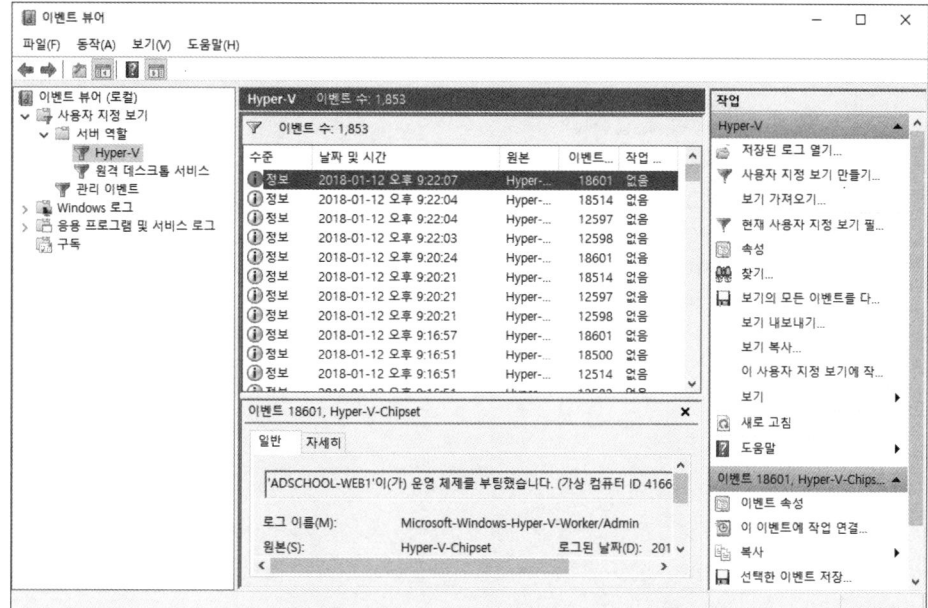

Hyper-V 감사 로그: 사용자 지정 보기

5. Hyper-V 역할과 권한 부여 권한에 대한 감사를 활성화하려면 시작 메뉴에서 gpedit.msc를 입력한다. 검색 결과에서 gpedit를 선택해 로컬 그룹 정책 편집기를 연다.

6. 로컬 그룹 정책 편집기 콘솔에서 컴퓨터 구성 아래의 Windows 설정 > 보안 설정 > 고급 감사 정책 구성 > 시스템 감사 정책을 확장하고 개체 액세스를 선택한다.

7. 오른쪽 창에서 파일 시스템 감사를 더블 클릭한다.

8. 파일 시스템 감사 속성 창에서 다음 감사 이벤트 구성을 선택한다.

9. 다음 화면에서처럼 다음 감사 이벤트 구성 아래의 성공과 실패에 대한 체크상자를 선택한다.

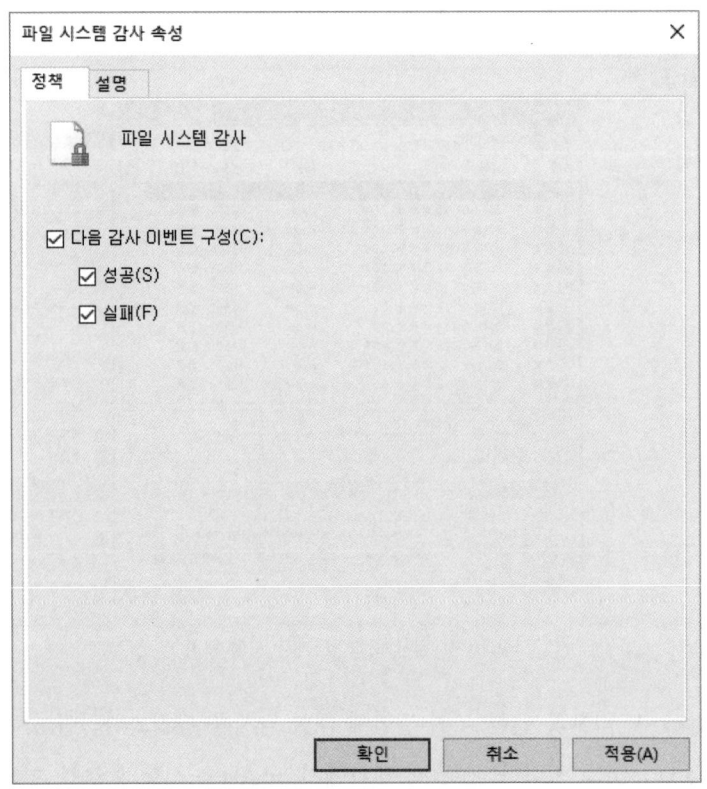

감사 구성: 파일 시스템 감사

10. 확인을 클릭해 로컬 그룹 정책 편집기 콘솔을 닫는다.
11. 작업 표시줄에서 Windows 탐색기를 연다.
12. 주소 줄에서 경로(C:\'Hyper-V VM과 연결된 VMCX 파일의 경로')를 입력하고 Enter를 누른다.
13. 결과 창에서 VM을 저장할 폴더를 오른쪽 클릭하고 속성을 클릭한다.
14. 이 폴더에 대한 속성 창에서 보안 탭을 선택하고 고급 버튼을 클릭한다.
15. '폴더' 고급 보안 설정 창에서 감사 탭을 선택하고 추가를 클릭한다.
16. '폴더' 감사 항목 창에서 보안 주체 선택 하이퍼링크를 클릭한다.
17. 텍스트 상자에서 Everyone을 입력하고 확인을 클릭한다.
18. 유형 옆에 있는 드롭다운 상자에서 모두를 선택한다.

19. 기본 권한 아래에서 모든 권한 체크상자를 선택한다. '폴더' 감사 항목 창은 다음 화면과 비슷하게 됐을 것이다.

감사 구성: 기본 권한 설정

20. 감사 로그 항목을 확인하려면 **이벤트 뷰어**를 다시 열고 **Windows 로그**를 확장한 후 **보안 로그**를 클릭한다.
21. 이 이벤트는 작업 범주로 파일 시스템에 해당하며, 원본으로 Microsoft Windows security에 해당한다. 해당 파일이 감사를 구성하고 싶은 폴더에 있는지 여부를 이벤트 세부 내용의 개체 이름 항목에서 확인해야 한다.
22. 다음 화면에서 해당 이벤트는 VM이 저장된 폴더에 성공적으로 액세스한 사람을 보여준다.

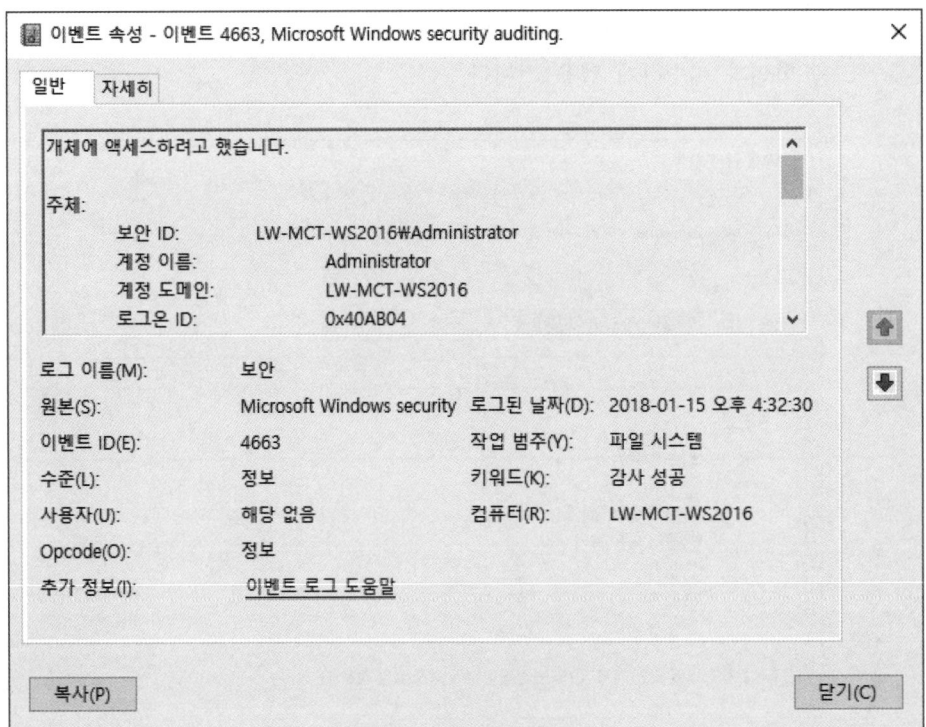

Hyper-V 감사: Event ID 4663

예제 분석

새로운 가상 하드 드라이브를 만들고 가상 스위치를 변경하며, 파이버 채널 어댑터를 추가하는 등의 모든 Hyper-V 동작을 감사할 수 있다. 이들 로그 모두는 이벤트 뷰어에서 확인할 수 있다.

다음은 이벤트 뷰어의 Hyper-V 로그다.

- **Hyper-V-Compute:** 이 로그는 Hyper-V 컴퓨트(예를 들어 도커 컨테이너)에 관련된 모든 정보를 포함한다.

- **Hyper-V-Config:** 이 로그는 가상 컴퓨터 구성 파일에 관련된 모든 정보를 포함한다.

- **Hyper-V-High-Availability:** 이 로그는 Hyper-V 장애 조치 클러스터에서 실시간 및 빠른 마이그레이션과 연결된 이벤트에 관련된 모든 정보를 포함한다.
- **Hyper-V-Hypervisor:** 이 로그는 하이퍼바이저 동작에 관한 정보를 기록하는 데 사용된다.
- **Hyper-V-Integration:** 이 로그는 통합 서비스에 관련된 이벤트를 표시한다.
- **Hyper-V-SynthFC:** 이 로그는 가상 파이버 채널 세부 사항과 관련 있다.
- **Hyper-V-SynthNic:** 이 로그는 가상 스위치에 관한 정보를 표시한다.
- **Hyper-V-SynthStor:** 이 로그는 가상 하드 디스크에 관한 세부 사항을 갖는다.
- **Hyper-V-VID:** 이 로그는 부모 파티션과 가상 프로세서, 메모리 관리 서비스에 관련된 로그를 표시한다.
- **Hyper-V-VMMS:** 이 로그는 가상 컴퓨터 관리 서비스에 관한 정보를 포함하는 로그 전용이다.
- **Hyper-V-VmSwitch:** 이 로그는 가상 스위치 기능에 관련된 이벤트를 기록한다.
- **Hyper-V-Worker:** 이 로그는 실행 중인 각 가상 컴퓨터에서 만든 작업자 프로세스에 관한 정보를 기록한다.

이들 로그 항목에 대한 설명을 숙지하면 Hyper-V에 관한 에러나 정보를 더 빠르게 찾을 수 있다. 하지만 동시에 모든 로그를 확인하는 것을 좋아한다면 모든 Hyper-V 로그 항목(Hyper-V 역할이 설치될 때 만들어짐)을 포함하는 사용자 지정 보기가 있다. 이 기능은 동일한 창에 모든 로그를 볼 수 있게 한다.

가상 컴퓨터 리소스에 적용된 주요 변화는 기본적으로 이벤트 뷰어에 기록되지 않는다는 점이다. 기록하고 싶다면 로컬 파일 시스템 감사를 그룹 정책을 통해 활성화해야 한다. 주요 가상 컴퓨터에 대한 변경 감사를 고려한다면 가상 컴퓨터의 메타데이터에 대한 변경을 감사하는 경우 변경 감사 대상은 가상 컴퓨터의 구성 파일이 되고, 민감한 가상 하드 디스크의 불법적인 복사를 모니터링하고 싶은 경우 변경 감사 대상은 가상 하드 디스크 자체가 된다.

Hyper-V 이벤트 항목과 Hyper-V 권한 부여 파일에 대한 파일 감사를 사용하면 호스트 서버에서 가상 컴퓨터와 하이퍼바이저, 가상 스위치, 다른 모든 Hyper-V 구성 요소에 관련된 모든 변경과 수정을 추적할 수 있다.

가상 컴퓨터 보안 부팅

가상 컴퓨터 보안 부팅은 Windows Server 2012 R2에서 처음 소개됐고 Windows 기반 VM에 한정된다. Windows Server 2016이 등장하면서 Microsoft는 VM 내에서 실행 중인 많은 리눅스 운영체제에서 보안 부팅을 사용할 수 있게 확장했다. 다음 리눅스 배포판은 이제 보안 부팅이 활성화된다.

- Ubuntu 14.04 이상
- SUSE Linux Enterprise Server 12 이상
- Red Hat Enterprise Linux 7.0 이상
- CentOS 7.0 이상

가상 컴퓨터 보안 부팅의 목적은 부팅 프로세스의 일부로 로드된 모든 구성 요소(펌웨어에서 커널의 부트 프로세스와 멀웨어 방지 드라이버의 로드까지)를 신뢰할 수 있는지 확인하는 것이다. 모든 부트 구성 요소와 신뢰된 중요 부트 드라이버에 서명을 강제함으로써 VM 운영체제는 VM 자체 내에 멀웨어가 존재하지 않게 한다.

준비

가상 컴퓨터 보안 부팅에는 2세대 VM과 Windows나 리눅스 기반의 지원되는 운영체제가 필요하다. 여기서 지원되는 Windows 운영체제는 x64 버전의 Windows 8 이상이나 Windows Server 2012 이상이다.

예제 구현

다음 과정에서는 VM에 보안 부팅을 활성화하고, 구성 및 검증하는 방법을 보여준다.

1. 서버 관리자를 열고 도구를 클릭한 후 Hyper-V 관리자를 클릭한다.
2. Hyper-V 관리자에서 VM 설정을 열고 보안을 선택한다.
3. 오른편 창에서 보안 부팅 사용 옵션을 클릭하고, VM이 Windows 기반 운영체제인 경우는 Microsoft Windows 보안 부팅 템플릿, 리눅스 기반 운영체제인 경우는 Microsoft UEFI 인증기관 보안 부팅 템플릿을 사용하도록 구성한다.
4. 선택한 가상 컴퓨터에 보안 부팅이 활성화됐는지 확인할 때 다음과 같은 PowerShell 명령을 실행할 수도 있다.

```
Get-VMFirmware "Win-2012R2-G2"
```

예제 분석

가상 컴퓨터 보안 부팅에서는 서명 검사 메커니즘을 제공하고, 가상 컴퓨터^{VM}의 부트 프로세스 일부로 로드되는 모든 구성 요소가 신뢰되며, 승인된 구성 요소만 실행을 허용하게 보장한다. 이 기능은 부팅 시 취약점을 방지하고 신뢰되지 않거나 의심스런 코드가 부팅 과정에서 실행될 가능성을 제거한다.

보안 부팅은 UEFI 명세의 일부로 정의되며, VM의 경우 특정 하드웨어(예를 들어 신뢰 플랫폼 모듈^{TPM} 칩)이 필요하지 않다. 가상 컴퓨터에서 사용하는 가상 시스템 보드는 UEFI 펌웨어를 노출할 뿐이다.

관리자나 사용자 관점에서 보안 부팅을 사용하는 VM은 변조된 VM과 맞닥뜨리고 VM 이 올바르게 부팅되지 않을 때 이 기능이 활성됐음을 알게 된다. 이런 일이 발생할 때 VM은 보안 부팅 재구성과 복구를 수행한다.

보충 설명

보안 부팅은 PowerShell 명령 Set-VMFirmware를 사용해 활성화할 수 있고, 구성된 보안 부팅 템플릿을 선택할 수도 있다. 더 자세한 내용은 나음 멍령을 실행해보자.

```
Help Set-VMFirmware
```

- 지원하는 Windows 운영체제에 대한 보안 부팅을 구성하려면 다음과 같은 PowerShell 명령을 사용한다.

    ```
    Set-VMFirmware "Win-2012R2-G2" -EnableSecureBoot on -
    SecureBootTemplate MicrosoftWindows
    ```

- 지원하는 리눅스 운영체제에 대한 보안 부팅을 구성하려면 다음과 같은 PowerShell 명령을 사용한다.

    ```
    Set-VMFirmware "CentOS-07" -EnableSecureBoot on - SecureBootTemplate
    MicrosoftUEFICertificateAuthority
    ```

- 재구성과 복구 시나리오에서 가상 컴퓨터 보안 부팅을 비활성화하려면 다음과 같은 PowerShell 명령을 사용한다.

```
Set-VMFirmware "Win-2012R2-G2" -EnableSecureBoot off
```

참고 사항

- 6장의 'VM 보호(vTPM)' 예제를 통해 가상 컴퓨터 보안 조치를 더 자세히 이해할 수 있다.
- 6장의 '보호된 VM' 예제를 통해 신뢰할 수 없는 관리자에게서 VM의 콘텐트를 보호하는 방법을 이해할 수 있다.

VM 보호(vTPM)

Windows Server 2016 Hyper-V에서는 보안 가상 컴퓨터를 만드는 기능을 소개했다. 이 새로운 기능은 2세대 VM에 vTPM을 추가했다. vTPM은 VM의 부트 볼륨에서 BitLocker를 사용할 수 있게 하며, 데이터를 안전하게 보호한다. vTPM은 보안 부팅이 필요하다. 하지만 실제 TPM v2.0은 필요하지 않다. VM 이동성을 향상시키고 Windows Server 2016 Hyper-V 호스트 간에 VM을 마이그레이션할 수 있으므로 이는 중요하다.

이 예제에서 보호된 VM에 초점을 맞추지는 않겠지만, vTPM을 사용하는 VM 보호는 Microsoft에서 보호된 VM이라는 기능을 위해 함께 제공하는 3가지 기능 또는 구성 요소 중 첫 번째다. 보호된 VM에 대한 더 자세한 정보는 '보호된 VM' 예제를 참고하자.

준비

vTPM을 사용한 VM 보호는 2세대 VM과 지원되는 운영체제로 Windows Server 2012 이상이 필요하다. 이 책을 집필하는 당시에 Windows 2008 R2와 비 Windows 운영체제(예를 들어 리눅스 가상 컴퓨터) 같은 더 하위 수준의 운영체제는 지원하지 않는다.

예제 구현

다음 과정에서는 필수 구성 요소 구성과 vTPM 추가, 선택한 VM에 vTPM으로 VM 보호를 활성화했는지 검증하는 방법을 보여준다.

1. Hyper-V 호스트에서 서버 관리자를 열고 관리를 클릭한 후 역할 및 기능 추가를 클릭한다.
2. 시작하기 전 창에서 다음을 클릭한다.
3. 역할 기반 또는 기능 기반 설치를 선택했는지 확인하고 설치 유형 선택 창에서 다음을 클릭한다.
4. 대상 서버 선택 창에서 서버 풀에서 서버 선택을 선택했는지 확인한다. 그다음 서버 풀 목록에서 서버가 검색됐는지 확인하고 다음을 클릭한다.
5. 서버 역할 선택 창에서 다음을 클릭한다.
6. 호스트 보호자 Hyper-V 지원이 나올 때까지 스크롤한 후 기능 선택 창에서 해당 기능을 선택하고 다음을 클릭한다.
7. 설치 선택 확인 창에서 설치를 클릭한다.

 호스트 보호자 Hyper-V 지원 기능은 Hyper-V 호스트를 재시작해야 설치가 완료된다.

8. 해당 VM이 꺼져있는지 확인한다. VM 연결 창에서 작업을 클릭한 다음 종료를 클릭한다.
9. VM 연결 창에서 파일을 클릭한 후 설정을 클릭한다. 해당 VM에 대한 설정에서 보안을 선택한다.
10. 오른편 창에서 신뢰할 수 있는 플랫폼 모듈 사용 옵션을 클릭하고, 보안 프로필 옵션에서 상태 및 가상 컴퓨터 마이그레이션 트래픽 암호화를 선택한 후 확인을 클릭한다.
11. 가상 TPM이 존재하는지 확인하려면 가상 컴퓨터를 시작하고 로그인한 후 시작 메뉴에서 장치 관리자를 입력해 장치 관리자를 실행한다.
12. 보안 장치를 확장해 Trusted Platform Module 2.0 모듈이 있는지 확인한다.
13. 대안으로 PowerShell 명령 프롬프트를 열고 **Get-TPM**을 사용하면 Trusted Platform Module 2.0 모듈이 있는지 확인할 수 있다.

예제 분석

Windows Server 2016 Hyper-V는 지원하는 운영체제를 실행하는 VM에 TPM 기능을 노출한다. 이 기능은 다른 가상 컴퓨터 하드웨어(예를 들어 SCSI 컨트롤러)와 상당히 유사하다.

이 기능은 실제 시스템에서 각 서버 내의 실제 TPM과 상호작용하는 동일한 방식으로 VM에서 TPM과 상호작용하는 BitLocker 같은 도구를 사용할 수 있게 한다. 각 VM에서는 자체의 고유한 에뮬레이션된 소프트웨어 TPM을 사용하며, 이 기능은 실제 TPM의 존재 여부와 상관없다.

가상 TPM은 VM 구성의 일부로 암호화돼 저장된다. 이 데이터에 대한 액세스는 호스트 외부의 구성 요소인 호스트 보호자 서비스에서 제어한다.

참고 사항

- 6장의 '데이터 보호를 위한 BitLocker 설치와 구성' 예제를 통해 가상 컴퓨터 디스크 파티션에 대한 BitLocker 사용과 구성 방법을 이해할 수 있다.

보호된 VM

Windows Server 2016 Hyper-V에서는 보호된 VM을 만드는 기능을 소개했다. 이 새로운 기능은 2세대 VM에서 vTPM을 활용한다. vTPM은 데이터를 안전하게 보호하기 위해 VM의 부트 볼륨에서 BitLocker를 사용할 수 있게 한다. 보호된 VM에는 실행 중인 VM이 악의적인 관리자와 멀웨어에 대한 더 나은 복원력을 제공하는 여러 가지 다른 주요 특징이 있다.

보호된 VM은 보호된 패브릭 내에서 동작하고, 일반적으로 호스트 보호자 서비스^{HGS, Host Guardian Service}로 구성되며, 여기에는 Windows Server 2016 역할을 실행하는 3개의 노드 클러스터와 Windows Server 2016 Hyper-V를 실행하는 하나 이상의 보호된 호스트가 있다.

- **증명 서비스**^{Attestation Service}: 이 구성 요소는 보호된 호스트의 유효성이나 상태를 평가한다.
- **키 보호 서비스**^{Key Protection Service}: 이 구성 요소는 VM을 시작하기 위해 키를 해제할지 VM을 또 다른 호스트로 실시간 마이그레이션할지 여부를 결정한다.

준비

보호된 패브릭을 배포하기 전에 사용할 증명의 유형을 결정해야 한다. 보호된 패브릭에 적용할 수 있는 다음과 같은 두 가지 증명 방법이 있다.

- 관리자 신뢰
- 신뢰 플랫폼 모듈^{TPM} 신뢰

관리자 신뢰 증명은 필요한 구성이 적으며, 표준 서버와 호환된다. TPM 신뢰 증명은 수반하는 내용이 더 많다. Hyper-V 호스트는 TPM v2.0과 UEFI v2.3.1에 대한 하드웨어와 펌웨어 지원을 포함해야 하며, 호스트 계층에서 보안 부팅을 활성화해야 한다. 하지만 TPM 신뢰 증명은 가장 강력한 보호를 제공한다.

HGS에서는 보안과 관리 목적이지만 기존 AD 포리스트에 대한 액세스를 위해 자체 AD$^{Active\ Directory}$ 포리스트가 필요하다. HGS에서 사용하는 AD 포리스트는 관리자가 보호된 VM을 제어하는 키에 액세스할 수 있기 때문에 민감하다.

마지막으로 두 개의 인증서로 HGS를 구성해야 하며, 이들 인증서는 서명과 암호화 목적으로 사용된다. 이 목적을 달성하는 데는 다음과 같은 3가지 가능한 방식이 있다.

- 자체 PKI 인증서가 있고 PFX$^{Personal\ Information\ Exchange}$ 파일을 사용하는 방식
- 하드웨어 보안 모듈$^{HSM,\ Hardware\ Security\ Module}$이 지원하는 PKI 인증서를 사용하는 방식

> HSM은 디지털 키를 생성 및 저장, 보호하는 컴퓨팅 장치다.

- 테스트나 POC 환경용으로만 권장하는 자체 서명된 인증서를 사용하는 방식

> 배포에 성공하려면 다음과 같은 필수 조건을 만족해야 한다.
> - HGS를 호스트하는 데 사용하는 운영 AD 포리스트와 별도로 전용 AD 포리스트가 있어야 한다.
> - HGS로 동작하고 이전의 전용 AD 포리스트의 복제본을 호스트하는 도메인에 가입하지 않은 독립형 서버를 배포해야 한다.

예제 구현

다음 과정에서는 새로 만든 Active Directory 포리스트와 관리자 신뢰 증명을 사용해 HGS를 배포하는 방법을 보인다. 다음 과정을 수행하기 전에 HGS 컴퓨터는 도메인에 가입되지 않았다.

1. 운영이나 패브릭 AD 포리스트에서 권한이 상승된 PowerShell 명령 프롬프트를 열고 다음과 같은 PowerShell 명령을 사용해 보안을 고려할 모든 호스트를 포함하고 보호된 VM을 실행할 글로벌 보안 그룹을 만든다.

   ```
   New-ADGroup -Name 'Guarded Hosts' -SamAccountName 'GuardedHosts'
   -GroupCategory Security -GroupScope Global
   ```

2. Add-AdGroupmember 명령을 사용해 배포한 보호된 Hyper-V 호스트가 1단계에서 만든 글로벌 보안 그룹의 멤버가 되게 한다.

3. HGS 서버에서 권한이 상승된 PowerShell 명령 프롬프트를 열고 다음과 같은 PowerShell 명령을 사용해 HGS 역할을 설치한다.

   ```
   Install-WindowsFeature -Name HostGuardianServiceRole -
   IncludeManagementTools -Restart
   ```

4. VM 재시작 후 로그인한다. 그런 다음 권한이 상승된 PowerShell 명령 프롬프트를 열고 다음과 같은 PowerShell 명령을 사용해 HGS 서버를 새로 만든 AD 포리스트로 배포한다.

   ```
   $adminPassword = ConvertTo-SecureString -AsPlainText 'Password1' -
   Force
   Install-HgsServer -HgsDomainName 'hgs.local'
   -SafeModeAdministratorPassword $adminPassword -Restart
   ```

5. 다음에는 자체 서명된 인증서를 생성하고 사용한다. 이 작업을 위해 VM 재시작 후 로그인한다. 그런 다음 권한이 상승된 PowerShell 명령 프롬프트를 열고 다음 명령을 입력한다.

```
$certificatePassword = ConvertTo-SecureString -AsPlainText
'Password1' -Force
```

6. 이제 다음과 같은 PowerShell 명령을 실행해 서명한 인증서를 만들고 내보내기 한다.

```
$signingCert = New-SelfSignedCertificate -DnsName "signing.hgs.local"

Export-PfxCertificate -Cert $signingCert -Password
$certificatePassword -FilePath 'C:\signingCert.pfx'
```

7. 다음의 PowerShell 명령을 실행해 암호화 인증서를 만들고 내보내기 한다.

```
$encryptionCert = New-SelfSignedCertificate -DnsName "encryption.hgs.local"

Export-PfxCertificate -Cert $encryptionCert -Password
$certificatePassword -FilePath 'C:\encryptionCert.pfx'
```

8. 이제 HGS 서버로 가서 관리자 신뢰 증명으로 초기화하기 위해 권한이 상승된 PowerShell 명령 프롬프트를 열고 다음 명령을 입력한다.

```
Initialize-HGSServer -HgsServiceName 'hgs01'
-SigningCertificatePath 'C:\signingCert.pfx'
-SigningCertificatePassword $certificatePassword
```

```
-EncryptionCertificatePath 'C:\encryptionCert.pfx'
-EncryptionCertificatePassword $certificatePassword
-TrustActiveDirectory -Force
```

9. HGS와 운영 또는 패브릭 도메인 간에 DNS 전달을 구성해야 한다. 이 구성을 마치면 운영이나 패브릭 도메인에 있는 리소스의 이름 풀이를 할 수 있다.

```
Add-DnsServerConditionalForwarderZone -Name "demo.local"
-ReplicationScope "Forest" -MasterServers 192.168.1.1
```

10. 다음으로 HGS 도메인에서 운영이나 패브릭 도메인으로 단방향 포리스트 신뢰를 구성해야 한다.

```
netdom trust hgs.local /domain:demo.local /userD:demo.local\
Administrator /passwordD:Password1 /add
```

11. 이제 보호된 호스트에서 HGS 클러스터를 풀이할 수 있어야 한다. 운영이나 패브릭 도메인에서 HGS 도메인으로 DNS 전달자를 구성해야 한다. 운영이나 패브릭 AD 포리스트에서 권한이 상승된 PowerShell 명령 프롬프트를 열고 다음의 PowerShell 명령을 입력한다.

```
Add-DnsServerConditionalForwarderZone -Name "hgs.local"
-ReplicationScope "Forest" -MasterServers 192.168.15.1
```

12. 다음으로 HGS 서버에서 다음 명령을 실행해 앞서 만든 보안 그룹을 증명 호스트 그룹(Attestation Host Group)으로 등록한다.

```
Add-HgsAttestationHostGroup -Name "<GuardedHostGroup>" - Identitifier
"<SID>"
```

이 그룹 SID를 얻으려면 Get-ADGroup PowerShell 명령을 사용한다. 보호된 VM을 실행하기 위해 신뢰할 수 있는 Hyper-V 호스트를 이 글로벌 보안 그룹에 추가해야 한다.

13. 이제 HGS가 올바로 구성됐는지 확인해야 하므로 HGS 진단 도구 Get-HgsTrace -RunDiagnostics를 실행한다.
14. 이 단계에서 두 번째 HGS 노드를 추가할 수 있다. 운영 환경에서 추가 HGS 서버를 고가용성 클러스터로 설정하면 HGS 노드 실패가 발생할 때 보호된 VM을 시작할 수 있게 한다.
15. 앞서 구성한 HGS 클러스터에 두 번째 노드를 추가하려면 3단계에서 설명한 것처럼 Install-WindowsFeature PowerShell 명령을 사용해 HGS 역할을 설치한다.

```
Install-WindowsFeature -Name HostGuardianServiceRole -
IncludeManagementTools -Restart
```

16. 최소 하나의 NIC을 구성하고 DNS 클라이언트에서 첫 번째 HGS 서버에서 실행 중인 DNS 서버를 가리키게 해, 두 번째 노드에서 DNS 이름 풀이가 동작하는지 확인한다.
17. 다음으로 권한이 상승된 PowerShell 명령 프롬프트에서 다음과 같은 명령을 실행해 HGS를 설치한다.

```
$adSafeModePassword = ConvertTo-SecureString -AsPlainText
'<password>' -Force
$cred = Get-Credential 'hgs\Administrator'
```

```
Install-HgsServer -HgsDomainName 'hgs.local' -HgsDomainCredential
$cred
-SafeModeAdministratorPassword $adSafeModePassword -Restart
-Confirm:$false
```

18. 두 번째 노드가 다시 시작할 때까지 기다린 후 관리자 자격증명으로 HGS 도메인에 로그인한다.

19. 권한이 상승된 PowerShell 명령 프롬프트에서 다음과 같은 명령을 실행해 HGS를 초기화한다.

```
$cred = Get-Credential 'hgs\Administrator'
Initialize-HgsServer -HgsServerIPAddress <IP address of first HGS
Server> -HgsDomainCredential $cred -Confirm:$false
```

 보통 Active Directory 복제 주기에 따라 첫 번째 HGS 서버의 암호화 및 서명 인증서를 두 번째 노드에 복제하는 데 10~15분 정도 걸린다.

20. 권한이 상승된 PowerShell 명령 프롬프트에서 다음과 같은 명령을 실행해 모든 부분이 예상대로 동작하는지 확인한다.

```
Get-HGSTrace -RunDiagnostics
```

21. 모든 HGS 노드를 구성했다면 다음 단계는 증명을 위한 HGS 인스턴스와 통신할 수 있게 Hyper-V 호스트를 구성한다.

22. 다음 명령으로 호스트 보호자 Hyper-V 지원 기능을 설치한다.

```
Install-WindowsFeature HostGuardian -IncludeManagementTools - Restart
```

23. 다음으로, 권한이 상승된 PowerShell 명령 프롬프트에서 다음과 같은 명령을 실행해 호스트의 키 보호와 증명 URL을 구성한다.

    ```
    Set-HgsClientConfiguration -AttestationServerUrl 'http://hgs.hgs.
    local /Attestation' -KeyProtectionServerUrl 'http://hgs.hgs.local/
    KeyProtection'
    ```

24. 마지막으로 Hyper-V 호스트에서 증명 시도를 초기화하고 증명 상태를 보려면 권한이 상승된 PowerShell 명령 프롬프트에서 다음의 명령을 실행한다.

    ```
    Get-HgsClientConfiguration
    ```

예제 분석

사용자나 테넌트에서 보호된 VM을 시작할 때 보호된 호스트 상태가 정상임을 결정하기 위해 먼저 증명돼야 한다. 상태가 정상임을 입증하려면 보호된 호스트는 키 보호 서비스$^{KPS,\ Key\ Protection\ Service}$에 정상 상태 인증서가 나타나야 한다. 보호된 호스트에서는 증명을 요청하고, 호스트 보호자 서비스에서 해당 모드를 지정한다.

관리자 신뢰 증명의 경우 Windows Server 2016 Hyper-V 호스트는 보호된 호스트가 속한 보안 그룹을 식별하는 커버로스 티켓을 보낸다. HGS는 해당 호스트가 신뢰할 수 있는 HGS 관리자가 앞서 구성한 보안 그룹에 속하는지 확인한다.

TPM 신뢰 증명의 경우 Windows Server 2016 Hyper-V 호스트는 다음을 포함하는 정보를 전송한다.

- TPM 식별 정보(인증 키)
- 가장 최근 부트 시퀀스 동안 시작했던 프로세스에 관한 정보(TCG 로그)
- 호스트에 적용한 코드 무결성$^{CI,\ Code\ Integrity}$ 정책에 관한 정보

증명 서비스는 호스트를 확정적으로 증명하기 위해 증명 모드를 사용해 그룹 멤버십이나 부팅 측정처럼 수행해야 하는 검사를 결정한다.

증명이 성공하면 정상 상태 인증서가 호스트에 전송되고, 호스트는 보호된 호스트가 되어 보호된 VM을 실행할 수 있는 권한을 부여 받는다. 호스트는 정상 상태 인증서를 사용해 보호된 VM과 작업하는 데 필요한 키를 안전하게 해제하도록 KPS에 권한을 부여한다.

보호된 호스트는 보호된 VM을 시작하는 데 필요한 키를 갖고 있지 않다. 필요한 키를 얻으려면 보호된 호스트는 다음을 KPS에 제공해야 한다.

- 현재 정상 상태 인증서
- 요청한 VM을 시작하는 데 필요한 키를 포함하는 암호화된 비밀번호(키 보호기). 비밀번호는 KPS만 알고 있는 다른 키를 사용해 암호화된다.

KPS는 보호된 호스트에서 나온 정상 상태 인증서를 검사해 유효성을 결정한다. 이 인증서는 만료되지 않아야 하며, KPS는 인증서를 발행한 증명 서비스도 신뢰해야 한다. 정상 상태 인증서가 유효하다면 KPS는 비밀번호를 복호화하고 VM을 시작하는 데 필요한 키를 안전하게 반환한다.

보충 설명

이제 HGS 서버와 보호된 호스트를 배포하고 구성을 완료했으므로 가상 컴퓨터 보호에 관해 생각해보고 싶을 것이다. 여기에는 많은 시나리오가 있으며, 하나의 예는 기존 VM을 보호하는 것이다.

이 예제가 동작하기 위해서는 이미 보호된 호스트가 아닌 Windows Server 2016 Hyper-V 호스트에서 VM을 실행 중이어야 한다. 기존 보호되지 않은 VM을 가져와 자체 IT 부서나 서드파티 서비스 공급자에서 운영 중인 보호된 호스트로 VM을 이동하기 전에 그 VM을 보호하고 싶은 테넌트가 있는 시나리오를 시뮬레이션할 때가 좋은 예다.

이 VM은 2세대 VM이어야 하고, 지원되는 운영체제를 설치해야 한다. 이 VM 내에서 원격 데스크톱도 활성화해야 한다. 이 설정이 VM에 연결하는 유일한 메커니즘이다. 더 진행하기 전에 이 설정을 검증하고 선택한 VM과 RDP 세션을 수립해보자.

기존 VM을 보호하는 첫 단계는 HGS 서버에서 HGS 보호자 메타데이터를 가져와 키 보호자를 만드는 작업이다. 이렇게 하려면 권한이 상승된 PowerShell 명령 프롬프트에서 다음과 같은 명령을 보호된 호스트에서 실행한다.

```
Invoke-WebRequest http://hgs01.hgs.local/KeyProtection/service/metadata/2014-07/metadata.xml -OutFile C:\HGSGuardian.xml
```

이제 'C:\HGSGuardian.xml' 파일을 Windows Server 2016 Hyper-V 호스트에 복사한다. 각 보호된 VM은 소유자 보호에 관한 메타데이터를 포함하는 키 보호자와 하나 이상의 HGS 보호자를 갖는다. 프로세스에서 다음 단계는 VM을 보호하기 위해 메타데이터를 가져와 VM 보호를 활성화하는 작업이다.

```
$VMName = 'Shield01'
Stop-VM -VMName $VMName
$Owner = New-HgsGuardian -Name 'Owner' -GenerateCertificates

$Guardian = Import-HgsGuardian -Path 'C:\HGSGuardian.xml' -Name 'DemoFabric'
-AllowUntrustedRoot
$KP = New-HgsKeyProtector -Owner $Owner -Guardian $Guardian
-AllowUntrustedRoot
Set-VMKeyProtector -VMName $VMName -KeyProtector $KP.RawData
Set-VMSecurityPolicy -VMName $VMName -Shielded $true
Enable-VMTPM -VMName $VMName
```

마지막으로, 보호된 호스트로 이동하기 전에 새롭게 보호된 VM에 로그인하고 BitLocker를 활성화한다.

참고 사항

- 6장의 '데이터 보호를 위한 BitLocker 설치와 구성' 예제를 통해 BitLocker를 수행하는 단계를 확인할 수 있다. 이제 VM을 보호했으므로 남은 작업은 보호된 VM을 종료하고 보호된 호스트로 내보내는 일이다.

호스트 리소스 보안

적절하게 동작하지 않고 더 많은 호스트 리소스를 소비하는 VM을 확인하는 작업은 어려울 수 있다. 우리는 리소스 활용을 모니터링하고 VM 오작동에 대처할 수 있다. 하지만 대규모로 VM을 자동 관리하는 일은 매우 까다로운 작업이다.

이 때문에 **호스트 리소스 보호**가 필요하다. 이 기능은 과도한 동작 수준을 찾아서 오작동하는 VM의 영향을 줄이게 조절해 공유 시스템 리소스 이상을 사용하지 못하게 하는 데 도움을 준다. 이러한 모니터링과 조절은 기본적으로 해제돼 있고, Windows PowerShell을 사용해 활성화할 수 있다.

준비

호스트 리소스 보호 예제는 Windows Server 2016 Hyper-V 호스트에서 구성하고, Windows나 리눅스 운영체제 중 하나를 실행하는 모니터링 대상 VM만 있으면 된다.

예제 구현

다음 과정에서는 주어진 Windows Server 2016 Hyper-V 호스트에 호스트 리소스 보호를 구성하는 방법을 보여준다.

- Windows Server 2016 Hyper-V 호스트에서 권한이 상승된 PowerShell 명령 프롬프트를 열고 다음과 같은 PowerShell 명령을 사용해 호스트 리소스 보호를 활성화한다.

    ```
    Set-VMProcessor -EnableHostResourceProtection $true
    ```

예제 분석

호스트 리소스 보호는 과도한 수준의 동작을 표시하는 VM에 예상되는 액세스 패턴을 기반으로 호스트 리소스 가용성을 제한한다. 여기서 논리는 Hyper-V 호스트에서 의심스런 동작(잘 동작하는 운영체제에서 예상하지 않는 동작)을 자동으로 감지하고, 그 VM에 제공된 리소스를 다시 조절해, 호스트에 끼치는 전체 영향을 최소화한다.

참고 사항

- 7장의 'VM Compute 복원력' 예제

07

Hyper-V 고가용성 구성

7장에서 다루는 내용은 다음과 같다.

- Windows Server 2016에서 블록과 파일 저장소 설치 및 구성
- Windows 장애 조치 클러스터 기능 설치 및 구성
- 클러스터 공유 볼륨 활성화
- 클러스터 노드를 위한 클러스터 인식 업데이트 구성
- 클러스터 환경에서 실시간 마이그레이션 이용
- 클러스터 가상 컴퓨터를 위한 VM 우선순위 구성
- VM 로드 부하 분산
- VM Compute 복원력

소개

고도의 가상화 환경으로 실시간 마이그레이션을 적용하는 것은 오늘날 대부분의 회사에서 흔하지는 않다. 가상 서버는 적은 에너지 소모, 데이터센터 공간 축소, 그리고 낮은 비용과 같은 장점을 제공한다. 하지만 다른 한편으로는 많은 가상 컴퓨터가 단지 하나의 서버에서 작동하기 때문에 단일 실패 지점을 만들어 매우 위험할 수도 있다.

예를 들면 가상 컴퓨터의 힘으로 인해 서버가 죽으면 단지 하나의 시스템만 영향 받는 것이 아니라, 그 서버에서 동작하는 모든 VM이 영향을 받게 된다.

좋은 소식은 Windows Server 2016과 Hyper-V에서는 대부분의 모든 시나리오에 대응할 수 있는 적절한 도구와 고가용성 솔루션을 제공한다는 것이다. 사실 Hyper-V와 클러스터는 매우 깊이 통합이 돼 있고, 이전 Windows Server 버전에서는 장애 조치 클러스터의 일부 기능만이 Hyper-V에서 사용됐다. 이것은 Windows Server 2016에서 향상됐고, 클러스터 공유 볼륨에 기반을 둔 저장소 공간 다이렉트로 Hyper-V over SMB와 같은 새로운 기능의 장점을 얻을 수 있다.

다른 위치에 있는 작은 사무실이든, 혹은 거대한 데이터센터이든 어떤 환경에서 일을 하고 있는지는 그렇게 문제가 되지 않으며, 지도상에서 데이터센터를 없애 버릴 정도의 자연 재해를 포함한 발생 가능한 어떤 재해로부터라도 서버를 보호할 수 있는 올바른 구성을 발견하게 될 것이다. 흥미로운 것은 제3자 응용 프로그램이나 고비용 제3자 소프트웨어의 설치 필요 없이 이 모든 마술 같은 도구와 구성이 자체로 제공된다는 점이다.

7장에서는 저비용 저장소를 위해 Windows Server 2016에서 블록과 파일 저장소를 어떻게 생성하고, 고가용성 Hyper-V 환경을 제공하기 위해 Hyper-V, CSV, 그리고 다른 흥미로운 것들을 어떻게 준비하고 구성하는지 살펴본다.

▎Windows Server 2016에서 블록과 파일 저장소 설치 및 구성

디스크 성능과 저장소 시스템은 일반적으로 서버 팜의 구성 요소 중 가상 비싸고 중요한 것 중 하나다.

NAS, SAN과 같은 다른 저장소 기술과 광 채널, SCSI와 같이 이들을 연결하는 방법은 이러한 모든 어플라이언스를 관리, 연동, 그리고 통합하는 데 어려워지고 있다. Windows Server 2016은 Windows Server 2012에서 처음 소개된 iSCSI 대상 서버와 같은 블록 저장소 기능과 Windows Server 2012에 처음 등장한 저장소 공간과 같은 파일 저장소 기능과 Windows Server 2016 운영체제의 Windows Server 2016 Datacenter 에디션에 포함된 S2D로 이러한 작업을 쉽게 만들고 있고, 블록과 파일 저장소를 위한 저비용 솔루션을 제공한다.

iSCSI^{Internet Small Computer System Interface}는 저장소 시스템이 이더넷을 통해 통신하게 하는 표준 프로토콜이다. 이것은 기본적인 TCP 패킷에 모든 저장소 통신을 캡슐화해, 네트워크 연결을 통해 보낼 수 있게 허용한다.

저장소 공간 다이렉트는 표준 프로토콜인 SMB3을 이용해 SMB 다이렉트와 SMB 다중 채널을 포함한 SMB 3의 기능을 결합해서 이더넷을 통해 Windows 장애 조치 클러스터, CSV 파일 시스템, SMB3, S2D를 실행하는 서버 간에 통신을 한다.

Windows Server 2016에서 블록과 파일 저장소를 이용하면 모든 저장소를 추가할 통합 서버를 생성해, 단일 프로토콜을 이용해서 물리 혹은 가상 서버에서 연결하게 허용할 수 있다.

Windows Server 2016에서 블록과 파일 저장소를 이용하면 다음과 같은 장점이 있다.

- 저장소 시스템을 관리해 접근하는 통합된 방법
- 개발과 테스트 시나리오 혹은 운영을 위한 로컬 디스크 혹은 저성능 저장소 이용이 가능

- 저장소 풀과 저장소 공간으로 가상 저장소를 생성 가능
- 디스크 공간을 절약하기 위한 데이터 중복 제거 지원

다음과 같은 두 가지 예제에서 블록과 파일 저장소를 어떻게 설치하고 구성하는지 보게 될 것이다.

준비

운영 환경에서는 NAS와 SAN 같은 저장소가 가장 일반적인 선택이지만, 이제 로컬로 연결된 저장소 옵션이 운영에 일반적인 것이 되기 시작했고, 개발과 테스트 시나리오에서는 명백한 선택이 됐다. 또한 서버의 로컬 디스크를 이용해 iSCSI 혹은 SMB3 가상 디스크를 생성하고, 저비용 운영 혹은 개발, 그리고 테스트 환경을 꾸밀 수도 있다.

외부 혹은 분리된 저장소를 이용한다면 시작하기 전에 연결하고 Hyper-V 호스트가 이 공유 저장소 풀에 접근할 수 있게 구성한다.

공유된 저장소 풀에 있는 노드 간과 저장소 자체에 네트워크 통신을 확인하고, Hyper-V 서버가 저장소 풀에 연결해 바르게 작동하는지도 확인한다. 가상 컴퓨터를 이용한다면 iSCSI 혹은 SMB3으로 계획된 저장소 아키텍처를 지원하도록 준비됐는지 구성을 확인한다.

예제 구현

iSCSI 대상 서버를 설치 및 구성하고, 가상 디스크를 생성 및 연결하고, 대상 서버에 다른 서버가 연결하게 다음과 같은 과정을 완료한다.

1. iSCSI 대상 서버를 설치하려면 작업 표시줄에서 **서버 관리자**를 연다.
2. 서버 관리자에서 관리를 클릭하고 **역할 및 기능 추가**를 선택한다.

3. 시작하기 전 섹션에서 다음을 세 번 클릭한다.
4. 서버 역할 선택 섹션에서 다음 화면에 보이는 것처럼 파일 및 저장소 서비스 > 파일 및 iSCIS 서비스를 확장하고, iSCSI 대상 서버를 선택한다.

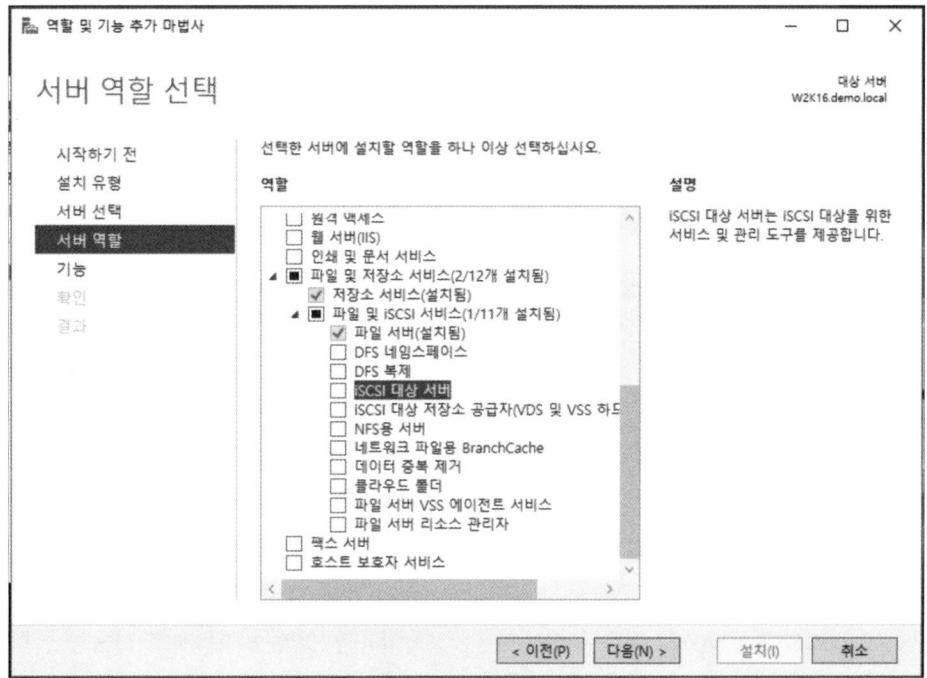

역할 및 기능 추가: iSCSI 대상 서버

5. 기능을 추가하기 위해 다음을 두 번 클릭하고, 설치를 클릭한다. 설치가 완료될 때까지 기다린다.
6. 설치 후 서버 관리자 대시 보드로 돌아가 왼쪽 창에서 파일 저장소 서비스를 클릭하고 iSCSI를 선택한다.
7. 새로운 iSCSI 가상 디스크를 생성하기 위해 iSCSI 페이지에서 작업을 클릭하고 새 iSCSI 가상 디스크를 클릭한다.
8. 다음 화면에서처럼 새 iSCSI 가상 디스크 마법사의 iSCSI 가상 디스크 위치 선택에서 가상 디스크 파일을 생성하기 위한 저장소 위치를 선택하고 다음을 클릭한다.

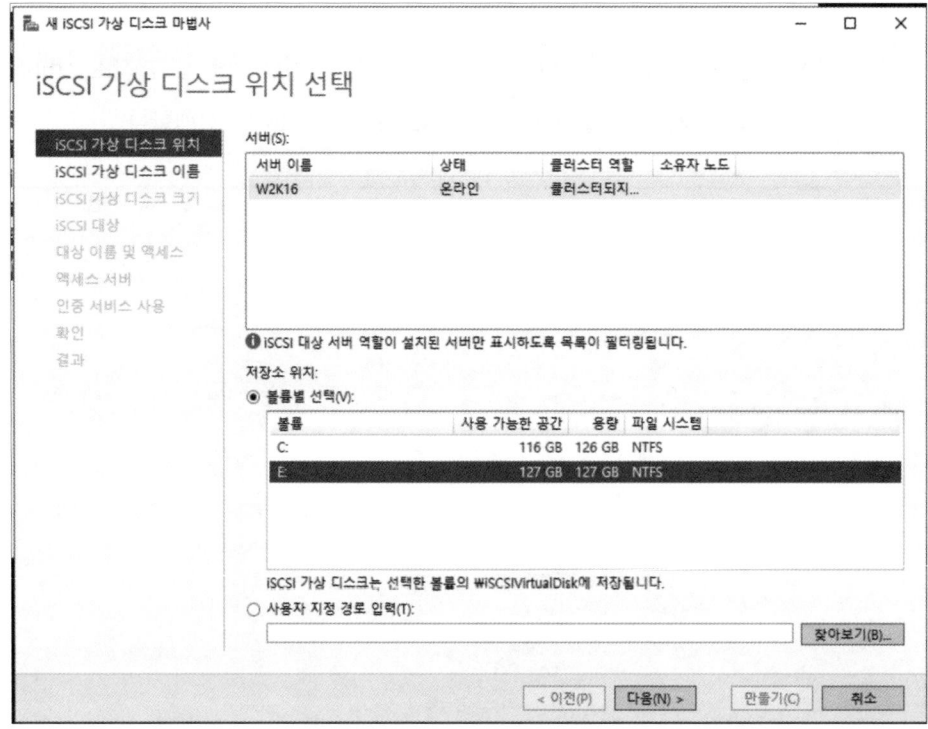

iSCSI 가상 디스크: 새 디스크

9. iSCSI 가상 디스크 이름 섹션에서 디스크 이름과 설명을 입력하고 다음을 클릭한다.

10. iSCSI 가상 디스크 크기 지정 창에서 디스크 크기를 입력하고, 고정 크기, 동적으로 확장 혹은 차이점 보관용 중에서 선택하고 다음을 클릭한다.

11. iSCSI 대상 서버가 아직 구성이 되지 않았으므로, iSCSI 대상 할당 창에서 새 iSCSI 대상을 선택하고 다음을 클릭한다.

12. 대상 이름 지정 창에서 iSCSI 대상 서버를 위한 이름과 설명을 입력하고 다음을 클릭한다.

13. 액세스 서버 지정에서 iSCSI 가상 디스크를 액세스하려는 대상을 구성하기 위해 추가를 클릭한다.

14. 초기자 ID 추가 창에서 초기자를 식별하기 위한 방법으로 컴퓨터 이름(Windows Server 2012 혹은 이상), 초기자 캐시 혹은 iSCSI Qualified Name (IQN) 중에 선택한다.

 원격 호스트에서 IQN을 쿼리하기 위해서는 원격 서버에서 iSCSI 초기자 서비스가 시작돼야 한다.

다음 화면은 초기자를 식별하기 위해 컴퓨터 이름이 이용된 방법의 예를 보여준다. 서버를 추가하기 위해 확인을 클릭한다.

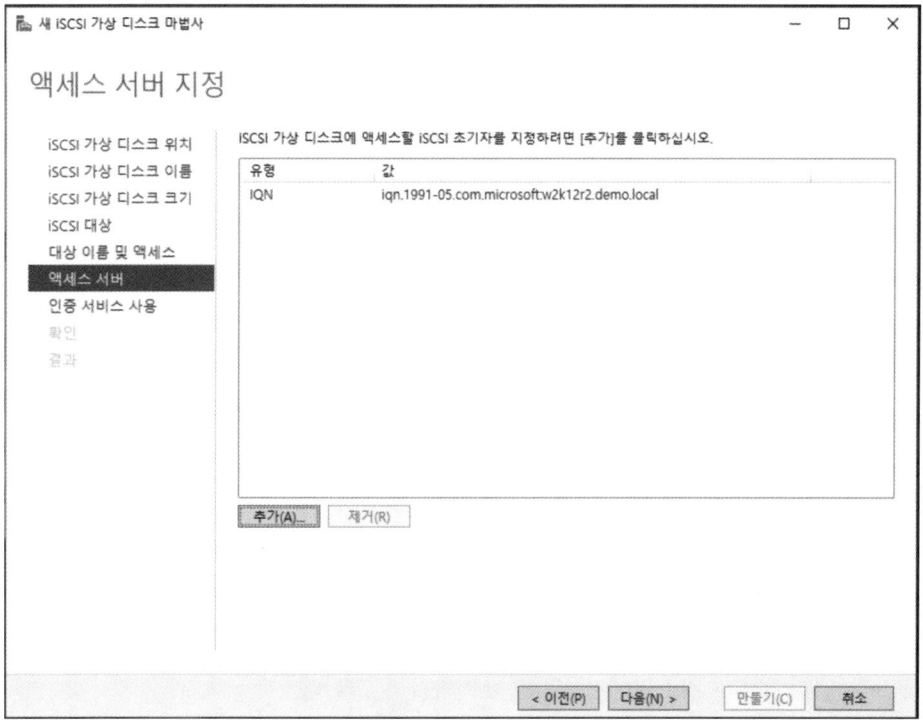

iSCSI 초기자 지정: IQNs 추가

15. 가상 디스크에 액세스하려는 모든 서버가 추가되면 다음을 클릭한다.

16. 초기자 연결에 인증을 사용하려면 인증 사용 창에서 CHAP 사용 혹은 **역방향 CHAP 사용**을 선택할 수 있다. 사용자 이름과 암호를 제공하고 다음을 클릭한다.
17. 선택 확인 창에서 선택한 옵션을 다시 확인하고 만들기를 클릭한 후 최종적으로 닫기를 클릭한다.
18. 생성이 되고, 변경, 확장, 사용 안 함, 제거 혹은 iSCSI 가상 디스크 할당을 하려면 서버 관리자에서 iSCSI 페이지를 열고 가상 디스크를 오른쪽 클릭한다. 다음 화면에 보이는 것처럼 옵션의 목록이 보일 것이다.

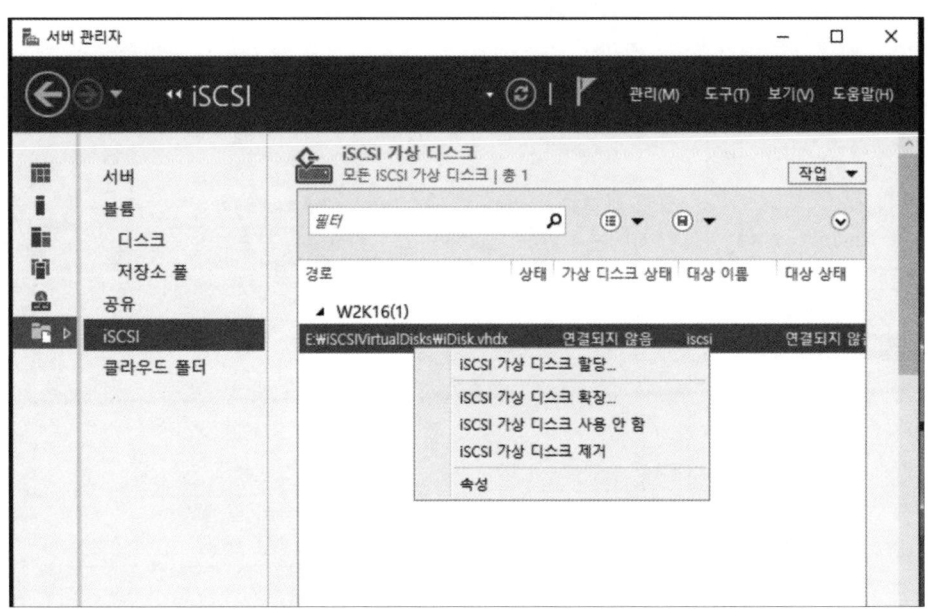

iSCSI 가상 디스크 변경: 디스크 확장, 사용 안함 혹은 제거

19. iSCSI 대상 서버에 서버를 연결하려면 시작 메뉴를 시작하고, 초기자라고 입력한다. 결과 리스트에서 iSCSI 초기자를 클릭한다.
20. Microsoft iSCSI 창에서 iSCSI 서비스를 시작하기 위해 예를 선택한다.
21. iSCSI 초기자 속성 창에서 대상이라고 표시된 텍스트 박스에 iSCSI 대상 서버 이름을 입력하고 **빠른 연결**을 클릭한다.

22. 빠른 연결 창에서 연결됨으로 상태가 보이는 것을 확인하고 완료를 선택한다. 다음 화면은 연결된 서버의 예를 보여준다.

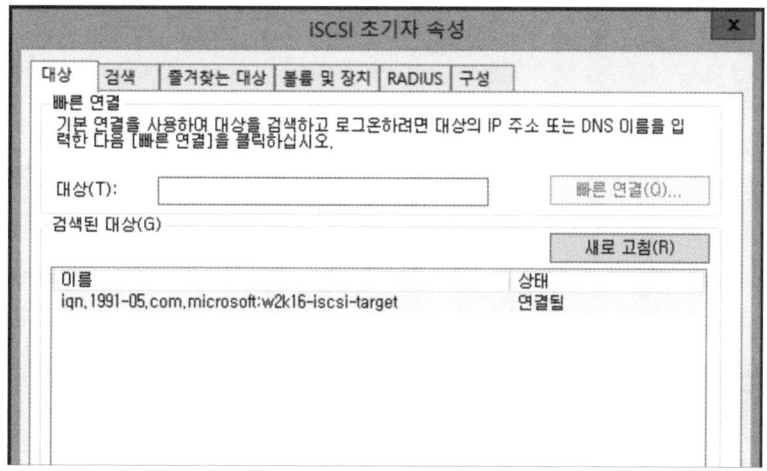

iSCSI 초기자: iSCSI 대상에 연결

23. iSCSI 초기자 속성 창에서 볼륨 및 장치 탭을 클릭하고, 서버에 가용한 iSCSI 가상 디스크를 추가하기 위해 자동 구성을 클릭한다. 창을 닫기 위해 확인을 클릭한다.
24. iSCSI 가상 디스크에 연결이 된 후 시작 메뉴에서 diskmgmt.msc라고 입력해 디스크 관리자 도구를 연다.
25. iSCSI 가상 디스크가 디스크 관리 창에 표시될 것이다. 다음 화면에 보이는 것처럼 새로운 디스크에서 오른쪽 클릭을 하고 온라인을 클릭한다.

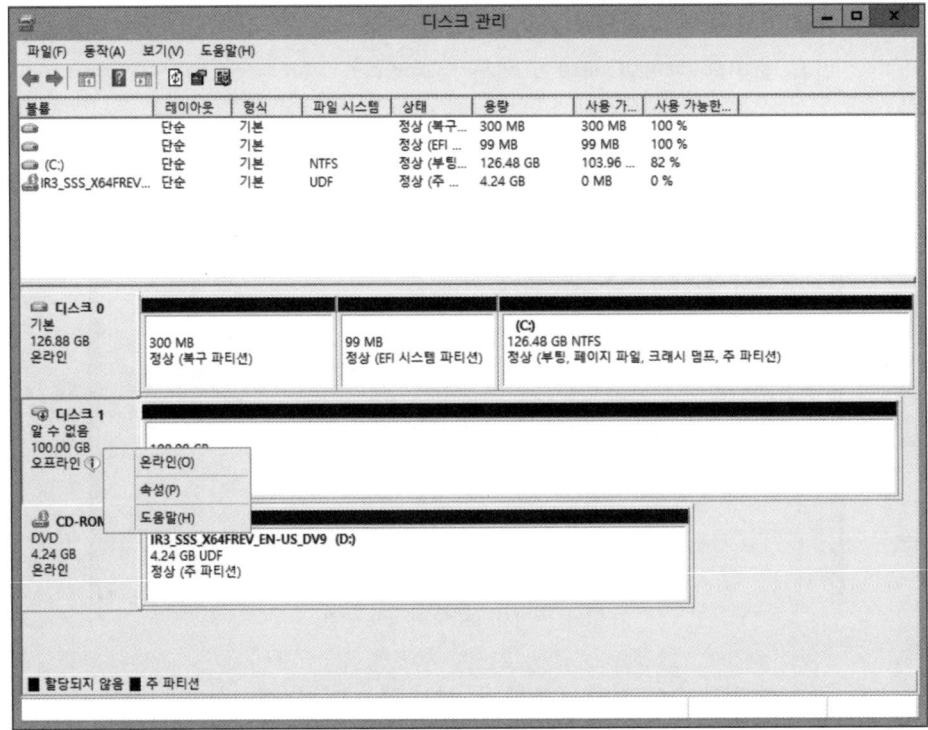

디스크 관리자: 디스크 온라인

26. iSCSI 대상 서버로부터 새로운 디스크를 사용하기 위해 디스크를 초기화하고 새 파티션을 생성한다.

PowerShell을 이용해 다음과 같은 과정을 수행한다. S2D를 설치하고 구성하기 위해 저장소 풀, 저장소 계층, 가상 디스크를 생성하고 SMB3 저장소에 다른 서버를 연결한다.

1. 두 파일 서버 클러스터 노드에서 권한 상승된 PowerShell 명령 프롬프트를 열고, 장애 조치 클러스터링 기능과 파일 서버 기능을 설치하기 위해 다음과 같은 PowerShell 명령을 실행한다.

```
$nodes = ("S2D01", "S2D02")
Invoke-Command $nodes {Install-WindowsFeature Failover-Clustering
-IncludeAllSubFeature -IncludeManagementTools}
Invoke-Command $nodes {Install-WindowsFeature FS-FileServer}
```

2. 권한 상승된 PowerShell 명령 창에서 클러스터 노드(가상 컴퓨터 인스턴스)를 확인하고 2-노드 스케줄아웃 파일 서버^{SOFS} 클러스터를 생성한다.

```
New-Cluster -Name S2D-CL1 -Node $nodes -NoStorage -StaticAddress [new
IP address within your address range]
```

3. 권한 상승된 PowerShell 명령 창에서 클라우드 감시 계정 이름과 액세스 키를 이용해 클라우드 감시를 구성한다.

```
Set-ClusterQuorum -CloudWitness -AccountName
<YourStorageAccountName> -AccessKey <YourStorageAccountAccessKey>
```

> 클라우드 감시는 Windows Server 2016의 장애 조치 클러스터에 소개된 새로운 종류의 장애 조치 클러스터 쿼럼(quorum) 감시다. 클라우드 감시는 Microsoft Azure와 BLOB 저장소를 장애 조치 클러스터링을 위한 중재 지점으로 활용한다. 클라우드 감시를 구성하기 위해서는 유효한 Microsoft Azure 저장소 계정과 액세스 키가 필요하다. Microsoft Azure 저장소 계정을 생성할 때 복제 방식으로 로컬 중복을 선택하는 것이 중요하다.
>
> 클라우드 감시를 구성하기 위한 좀 더 자세한 정보를 위해서는 다음 URL을 참고하라.
>
> https://docs.microsoft.com/en-us/windows-server/failover-clustering/deploy-cloud-witness
>
> 다른 윈도우 구성 옵션이 가능하며, 예를 들어 윈도우 클러스터 데이터베이스의 복사본을 저장하기 위해 전용 LUN을 사용하는 디스크 감시 혹은 운영되는 클러스터로부터 감시 로그의 복사본을 유지하기 위한 파일 서버에 SMB 파일 공유를 구성하는 파일 공유 감시도 있다.

4. 권한 상승된 PowerShell 명령 창에서 S2D 기능을 활성화한다.

    Enable-ClusterS2D

5. 상승된 PowerShell 명령 창에서 가상 디스크 볼륨을 생성한다. 다음 예제에서 성능 측면을 위해 20GB 미러와 용량 측면을 위한 100GB 패리티를 생성한다.

    New-Volume -StoragePoolFriendlyName S2D* -FriendlyName VDisk01 -FileSystem CSVFS_REFS -StorageTiersFriendlyNames Performance, Capacity -StorageTierSizes <20GB>, <100GB>

6. 마지막으로, 권한 상승된 PowerShell 명령 창에서 SOFS 클러스터에 새로운 SMB 파일 공유를 생성한다.

    New-Item -Path C:\ClusterStorage\Volume1\VMs -ItemType Directory
    New-SmbShare -Name VMShare -Path C:\ClusterStorage\Volume1\VM

파일 공유와 연관된 UNC 경로는 나중에 VM을 저장하기 위해 사용될 수 있다.

예제 분석

블록 저장소를 제공하는 iSCSI 대상 서버는 Windows Server 2012에서 역할로 처음 소개가 됐다. 대상은 iSCSI 저장소를 액세스하려는 모든 서버로부터 응답을 하고 관리를 한다. 이 클라이언트 연결은 iSCSI 초기자로 알려져 있다. iSCSI는 별도의 저장소 전략을 제공하며, Windows Server 2016 Storage Server, Standard, Datacenter에서 가용하다.

첫 번째 단계는 서버 관리자를 통해 iSCSI 대상 서버를 설치하는 것이다. 설치 후 iSCSI 가상 디스크를 생성해야 된다. 이 가상 디스크는 물리 저장소나 로컬 디스크에서

iSCSI LUN을 생성하기 위해 VHD 파일 포맷을 이용한다. 마법사는 상세하게 가상 디스크를 생성하게 하고, 처음으로 디스크를 생성하고 할당할 때 iSCSI 대상 서버를 구성하게 한다. 서버를 구성하는 동안 iSCSI 대상 서버에 연결할 iSCSI 초기자를 이용할 서버를 지정해야 한다.

구성과 디스크 할당이 된 후에 서버는 다른 서버로부터 연결을 받을 준비가 된 것이다. 그리고 iSCSI 대상 서버로 연결을 원하는 서버에서 iSCSI 초기자 응용 프로그램을 이용해 디스크에 연결한다. Windows Server 2016은 서버를 확인하기 위해 IQN보다는 서버 이름을 이용할 수 있게 허락한다.

연결이 되면 디스크 관리자를 열어 디스크를 온라인으로 만들고, 파티션을 생성하고, iSCSI 프로토콜을 이용해 디스크를 관리할 수 있게 된다.

파일 기반 저장소를 제공하는 S2D는 Windows Server 2016에서 기능으로 소개가 됐고, Windows Server 2016 Datacenter에서만 사용할 수 있다. S2D 내부 가상 컴퓨터를 실험한다고 하면 공유 디스크 볼륨을 구성하기 위해 S2D는 하이퍼 수렴됐거나 분해된(수렴된) 구성으로 배포될 수 있고, 가상 디스크와 함께 ATA/SAS HDD, SSD, NVMe 디스크와 같은 다른 내부 디스크 옵션이 가능하다.

S2D를 구성하기 위한 첫 번째 단계는 두 개 이상의 파일 서버 클러스터 노드에서 장애 조치 클러스터링 기능과 파일 서버 기능을 설치해 장애 조치 클러스터를 생성하는 것이다. 그리고 S2D 기능을 활성화하고 가상 디스크 볼륨을 생성한다. 마지막으로, 클러스터에 SMB 파일 공유를 생성하는 것이다.

구성과 볼륨 할당이 되면 간단하게 UNC 경로를 지정함으로써 S2D 서버는 다른 Hyper-V 노드로부터 SMB 연결을 받을 수 있게 준비가 된 것이다. S2D에 대한 좀 더 자세한 정보를 보려면 다음 URL을 참고하라.

https://technet.microsoft.com/en-us/windows-server-docs/storage/storage-spaces/storage-spaces-direct-overview

참고 사항

- 7장의 'Windows 장애 조치 클러스터링 기능 설치 및 구성' 예제

▍Windows 장애 조치 클러스터링 기능 설치 및 구성

고가용성 시나리오를 만족하기 위해 Windows Server 2016은 장애 조치 클러스터 기능을 제공하며, 이는 특정 역할 및 가상 컴퓨터를 고가용성 솔루션에 포함시키게 한다.

설치하고 구성할 때 장애 조치 클러스터는 저장소, 네트워크, 역할, 노드와 같은 모든 필요한 클러스터 구성 요소를 관리하기 위해 단일 콘솔인 장애 조치 클러스터 관리 도구를 이용한다.

장애 조치 클러스터링은 가상 공간에서 함께 작동될 노드라고 불리는 서버의 그룹을 생성하는 Windows의 기능이다. 클러스터는 노드, 저장소, 네트워크 장치, 그리고 (관리 소프트웨어로 작동하는) 장애 조치 클러스터 자체로 구성돼 이 모든 구성 요소가 하나의 콘솔에서 관리된다. 클러스터를 이용하는 모든 사용자와 서비스는 장애 조치 클러스터링에 의해 생성된 가상 이름에 연결한다. 어쨌든 이 가상 요소는 동일 클러스터에 (64대까지) 많은 노드를 포함할 수 있다. 활성 노드가 실패를 하면 가상 컴퓨터와 같은 클러스터 서비스는 다른 노드에서 시작이 돼서 고가용성 시나리오를 제공하게 된다.

장애 조치 클러스터링은 Windows의 새로운 기능은 아니다. 이것은 Windows Server 의 첫 버전부터 존재해 왔다. 어쨌든 Windows Server 2016의 새로운 버전은 다음과 같은 기능을 제공한다.

- 클러스터 운영체제 롤링 업그레이드
- 저장소 복제본
- 클라우드 감시
- 워크그룹과 다중 도메인 클러스터

- 가상 컴퓨터 복원
- 장애 조치 클러스터링 진단 향상
- 사이트 인식 장애 조치 클러스터
- 가상 컴퓨터 노드 Fairness
- 간편한 SMB 다중 채널과 다중 NIC 클러스터 네트워크

이러한 향상은 배포, 문제 해결 및 관리를 좀 더 쉽게 하며, 신뢰할 만한 고가용성 환경을 제공하게 도와준다.

이번 예제에서는 장애 조치 클러스터링 기능을 어떻게 설치하고 Hyper-V 가상 컴퓨터를 지원하기 위해 어떻게 클러스터를 생성하는지 살펴본다.

준비

이전 버전의 Windows에서 장애 조치 클러스터링은 Active Directory[AD] 환경이 필요했고, 모든 노드는 동일 도메인의 구성원이어야 했다. Windows Server 2016은 워크그룹과 다중 도메인 클러스터 지원을 발표해 이전에 존재하던 Active Directory 종속성을 제거했다. 이제 다음과 같은 구성으로도 장애 조치 클러스터를 생성할 수 있게 됐다.

- 단일 도메인 클러스터(클러스터의 노드가 동일 AD 도메인에 모두 포함돼 있다)
- 다중 도메인 클러스터(클러스터의 노드가 다른 AD 도메인에 포함돼 있다)
- 워크그룹 클러스터(클러스터 노드가 워크그룹에 포함된 구성원 서버로 AD 도메인에 포함돼 있지 않다)

시작하기 전에 모든 저장소를 구성해야 되며, 클러스터에 이용될 노드에 연결이 돼야 한다. 클러스터 구성원이 될 모든 노드에 디스크가 유효한지 확인하라.

가상 컴퓨터를 위해 클러스터를 이용하고 싶다면 클러스터에 참여할 모든 노드에 Hyper-V 역할을 설치했는지도 확인하자.

예제 구현

다음 과정에서는 장애 조치 클러스터링 구성 요소를 어떻게 설치하고 새로운 클러스터를 어떻게 생성할지 보여준다.

1. 장애 조치 클러스터링 기능을 설치하기 위해 작업 커맨드라인에서 서버 관리자를 연다.
2. 서버 관리자에서 관리를 클릭하고, 역할 및 기능 추가를 선택한다.
3. 시작하기 전 페이지에서 다음을 네 번 클릭한다.
4. 기능 선택 화면에서 다음 화면에 보이는 것처럼 장애 조치 클러스터링 체크박스를 체크한다.

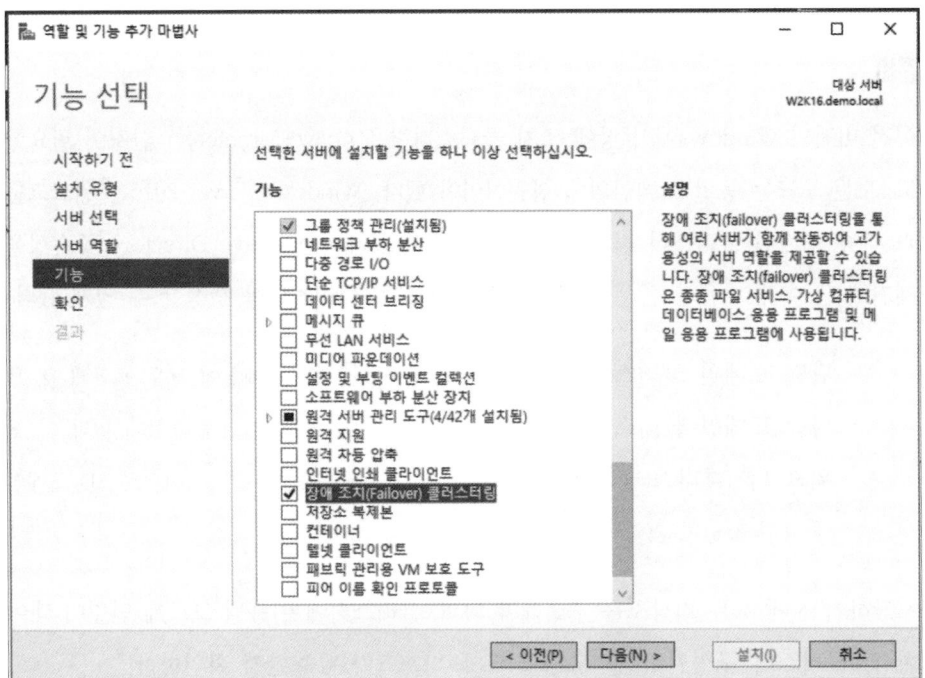

역할 및 기능 추가: 장애 조치 클러스터링

5. 역할 및 기능 추가 마법사 화면에서 장애 조치 클러스터링을 관리하기 위해 필요한 기능을 추가하기 위해 기능 추가를 클릭한다.
6. 기능 선택 화면에서 다음을 클릭하고, 설치를 클릭한다.
7. 서버 관리자에서 장애 조치 클러스터 관리자를 열려면 왼쪽 창에서 모든 서버를 클릭하고, 열기 원하는 서버에서 오른쪽 클릭을 하고 장애 조치 클러스터 관리자를 선택한다.
8. 기본적으로 클러스터가 생성돼 있지 않을 것이다. 새로운 클러스터를 생성하려면 다음 화면에 보이는 것처럼 장애 조치 클러스터 관리자에서 세 가지 클러스터 생성 옵션 중 하나를 선택한다.

장애 조치 클러스터 관리자: 클러스터 생성

9. 클러스터 만들기 마법사의 시작하기 전 화면에서 다음을 클릭한다.

10. 서버 선택 화면에서 클러스터에 포함시킬 서버를 입력하고 추가를 클릭한 후 다음을 클릭한다. 모든 추가된 서버에는 장애 조치 클러스터링 기능이 이미 설치가 돼 있어야 한다.

11. 유효성 검사 경고에서 예 ▶ 다음을 클릭하면 구성 유효성 검사 테스트를 실행한 다음 클러스터를 만드는 과정으로 돌아갑니다.를 선택하고, 다음을 클릭한다. 구성 유효성 검사 마법사 화면이 보일 것이다.

12. 시작하기 전 페이지에서 다음을 클릭한다.

13. 테스트 옵션에서 모든 테스트 실행 혹은 이슈를 해결하기 위해 단일 테스트만 필요한 경우 선택한 테스트만 실행을 선택한다. 첫 테스트에는 다음 화면에 보이는 것처럼 모든 테스트 실행을 선택할 것을 권장한다.

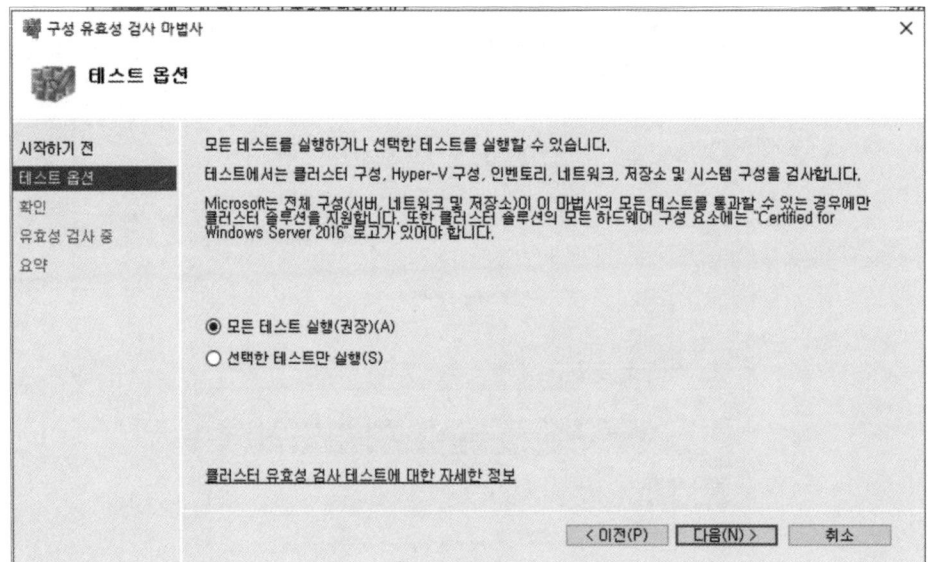

장애 조치 클러스터: 구성 유효성 검사

14. 확인 화면에서 다음을 클릭한다.

15. 유효성 검사가 시작되고 모든 가능한 문제점을 확인할 것이다. 마치면 성공, 경고, 오류 메시지를 포함한 모든 결과를 보기 위해 보고서 보기를 클릭한다.

16. 오류 혹은 경고를 판별하기 위해 보고서를 사용하고 마침을 클릭한다.
17. 보고서에 언급된 오류와 경고를 수정하고, 해결됐는지 확인하기 위해 다시 실행할 수 있다.
18. 클러스터 만들기 마법사 화면으로 돌아가 클러스터 관리 액세스 지점 화면에서 클러스터 이름에 클러스터에 이용될 이름을 지정한다. 클러스터 이름 개체는 노드가 있는 AD의 동일한 조직 구성 단위에 생성될 것이다.
19. 동일 페이지에서 다음 화면에 보이는 것처럼 클러스터 이름을 위한 네트워크와 IP 주소를 선택하고 다음을 클릭한다.

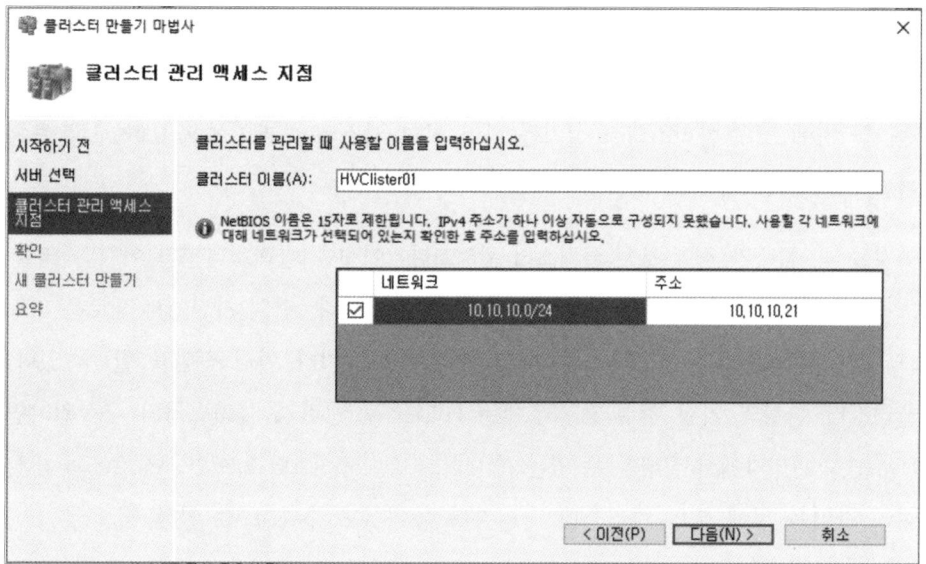

장애 조치 클러스터 관리자: 클러스터 이름과 클러스터 액세스 지점

20. 확인 페이지에서는 노드에서 모든 유효한 저장소를 자동으로 추가하고 싶다면 클러스터에서 사용할 수 있는 모든 저장소를 추가하세요 체크박스에 체크하고 다음을 클릭한다. 새로운 클러스터를 생성하고 시작할 것이다.
21. 새로운 클러스터 생성을 마치면 생성과 관한 자세한 정보를 보기 위해 보고서 보기를 클릭하고 마침을 클릭한다.

22. 클러스터에 가상 컴퓨터를 추가하고 싶으면 **역할**에서 오른쪽 클릭을 하고 가상 컴퓨터를 선택한 후 새 가상 컴퓨터를 클릭한다.
23. 새로운 가상 컴퓨터를 만들 노드를 선택하고, 마법사를 따라 마침을 클릭한다.
24. 새로운 클러스터가 장애 조치 클러스터 관리자에 보일 것이다. 노드를 추가, 제거 혹은 고급 설정을 구성하려면 왼쪽 화면의 노드에서 오른쪽 클릭을 한다.
25. 디스크나 풀을 관리, 추가 혹은 변경하려면 왼쪽 화면에서 **저장소**를 클릭한다.
26. 네트워크나 네트워크 연결을 관리하려면 네트워크 노드를 클릭하고, **클러스터 네트워크**에서 오른쪽 클릭을 하고 속성을 선택한다.

예제 분석

편리한 장애 조치 클러스터링 설치를 따라 하면 시스템은 관리에 필요한 모든 중요 기능, 도구, PowerShell 모듈을 설치할 것이다.

이것들 중 하나가 장애 조치 클러스터 관리자다. 이것은 클러스터뿐만 아니라 역할, 노드, 저장소, 네트워크 같은 구성 요소를 관리하게 한다. 단일 시점에서 새로운 디스크 추가, 네트워크 설정 변경, 클러스터 역할 관리, 기타 여러 작업을 할 수 있다. 클러스터 환경의 가상 컴퓨터 경우에는 Hyper-V 서버가 클러스터의 구성원이면 Hyper-V 관리자에서 실행할 수 있는 (업데이트 보안, 클러스터 노드 간 구성 수정과 같은) 여러 작업을 장애 조치 클러스터 관리자를 통해서도 수행할 수 있다.

새로운 클러스터를 만드는 마법사는 매우 직관적이다. 기본적으로 어떤 서버가 클러스터의 노드에 포함될지 선택을 해야 하고, 클러스터 이름과 IP 주소를 지정하면 그것으로 끝난다. 더 간편하게 하기 위해 오류나 클러스터에 영향을 줄 수 있는 잘못 구성된 것들을 판별하도록 도와주기 위해 첫 번째 클러스터가 생성되면 **유효성 검사 마법사**가 실행된다. 이것은 모든 노드, 저장소, 네트워크, 시스템 구성, Hyper-V의 수많은 구성 요소와 설정들을 확인한다. 보고서에 실패된 테스트가 표시되면 더 진행을 할 수 없다. 지원 받을 수 있는 장애 조치 클러스터를 생성하려면 이 이슈를 먼저 해결해야 한다. 유효성 검사는 기존 검사를 포함하거나 특정 업데이트가 된 후에 당신이 원할 때마다 언제든지 다시 실행할 수 있다. 모든 클러스터 보고서는 각 노드의 C:\Windows\Cluster\Reports에 저장된다. 이러한 보고서는 중요하며, 미래에 발생할 수도 있는 오류나 문제에 대비해 보관돼야 한다.

클러스터에 가상 컴퓨터를 추가하려면 장애 조치 클러스터 관리자의 **역할**에서 오른쪽 클릭을 해 생성할 필요가 있다. 작동하는 모든 가상 컴퓨터를 관리하기 위해서는 Hyper-V 관리자보다는 장애 조치 클러스터 관리자를 이용하는 것을 권장한다.

가상 컴퓨터가 일단 만들어지면 장애 조치 클러스터에 의해 고가용성 시스템 내에 관리가 된다.

보호된 네트워크

각 가상 컴퓨터에서 활성화된 보호된 네트워크는 Windows 2012 R2 장애 조치 클러스터링에서 처음 소개된 기능이다. Hyper-V가 활성화된 클러스터를 배포하면 클러스터는 VM의 네트워크를 모니터하며, 네트워크 연결이 끊어지면 감지할 만한 가동 중지 시간 없이 VM을 클러스터에 있는 다른 노드로 실시간 마이그레이션한다. 보호된 네트워크가 기본으로 활성화된다. 존재하는 VM의 속성을 열고, 목표된 추가 가상 NIC의 고급 기능을 확장하면 이 기능을 볼 수 있다. 다음과 같은 PowerShell 명령(cmdlet, 커맨드릿)을 실행해 이 기능이 활성화됐는지 확인할 수도 있다.

```
Get-ClusterGroup <Insert VM Name> |Get-VM | Get-VMNetworkAdapter | FL
VMName,SwitchName,MacAddress,ClusterMonitored
```

보충 설명

Windows Server 2016의 다른 기능처럼 장애 조치 클러스터링도 PoweShell을 이용해 관리할 수 있다. 장애 조치 클러스터링을 위한 PowerShell 모듈은 기능 설치 시 자동으로 함께 설치된다.

유효한 장애 조치 클러스터링 명령을 열거하려면 다음의 명령을 입력하라.

```
Get-Command -Module FailoverClusters
```

PowerShell을 이용해 장애 조치 클러스터링을 관리하는 것이 얼마나 쉬운지 이번 예제에 소개된 동일한 상세 내용으로 클러스터를 생성하는 다음의 예제를 살펴보자. New-Cluster 명령은 HVCluster01이라는 이름을 갖고, 192.168.1.09 고정 IP로 node01과 node02라는 두 노드를 추가해 새로운 클러스터를 생성한다.

```
New-Cluster -Name HVCluster01 -StaticAddress 192.168.1.09 -Node node01,node02
```

클러스터의 상세 내용을 확인하려면 다음과 같은 명령을 입력한다.

```
Get-Cluster | Format-List -Property *
```

참고 사항

- 1장의 'Hyper-V 역할 활성화' 예제

클러스터 공유 볼륨 활성화

Windows Server 2016은 Windows Server 2008 R2에서 처음 소개된 분산 액세스 파일 시스템 기능인 CSV를 포함하고 있다. 활성화되면 CSV는 다중 노드에서 동일한 NTFS 혹은 ReFS 파일 시스템에 동시에 접속할 수 있게 해줘서 클러스터 환경에 유연성과 신뢰성을 준다. 또한 CSV는 클러스터의 모든 디스크를 단일 위치로 모아 향상된 접근과 관리를 가져오고, 가용성을 높여 운영 효율성을 올려준다.

Windows 2012 이후부터 CSV는 파일 서버와 같은 Windows 역할로 Hyper-V뿐만 아니라 SQL 서버와 같은 다른 애플리케이션에 의해 이용된다. CSV는 다음과 같은 장점이 있다.

- Windows 장애 조치 클러스터에 있는 모든 서버가 일반적인 NTFS 혹은 ReFS 볼륨에 접근 가능하게 함
- NTFS 혹은 ReFS 볼륨 위에 추상화 계층을 제공
- 어떤 노드가 실제로 LUN을 소유하고 있는지 상관없이 애플리케이션에 완벽한 추상화를 제공
- 드라이버 문자 소유권 변경 없이 애플리케이션의 장애 조치가 가능
- 볼륨의 분리 및 재탑재가 필요하지 않음
- CSV는 빠른 장애 조치 시간을 가능하게 함

CSV는 Hyper-V에서 장애 조치 클러스터링을 이용하는 경우 강력하게 권고된다. 장애 조치 클러스터링에서 디스크를 CSV로 활성화하는 방법을 이제 알아보자.

준비

CSV는 장애 조치 클러스터링을 통해서만 제공된다. 시작하기 전에 클러스터에 저장소가 이미 추가돼 있어야 한다. 아직 클러스터를 만들지 않았다면 7장의 Windows

장애 조치 클러스터링 기능 설치 및 구성이 좋은 시작점이다.

예제 구현

다음 과정에서는 클러스터 디스크를 어떻게 CSV로 추가하는지 보여준다.

1. 디스크를 CSV로 활성화하려면 시작 메뉴에서 Cluadmin.msc라고 입력해 장애 조치 클러스터 관리자를 연다.
2. 장애 조치 클러스터 관리자 창의 왼쪽 화면에서 저장소를 확장하고 디스크를 클릭한다.
3. 추가된 디스크 목록이 보일 것이다. 다음 화면에 보이는 옵션 중에 하나를 이용해 디스크나 CSV로 활성화하려는 디스크들을 선택하고 **클러스터 공유 볼륨에 추가**를 클릭한다.

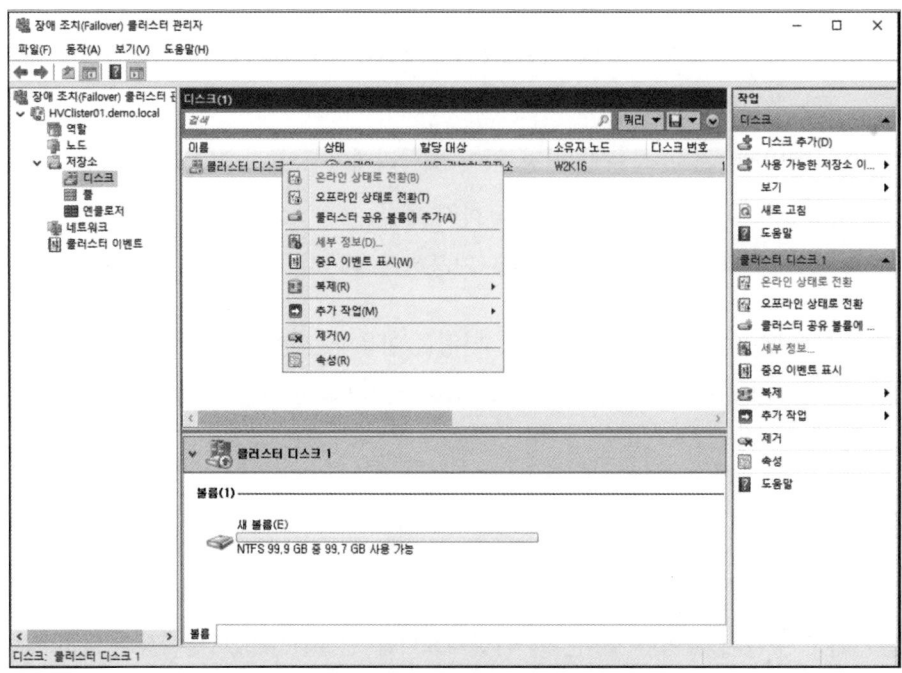

장애 조치 클러스터 관리자: 클러스터 공유 볼륨 추가

4. 모든 디스크가 나열되고 C:\ClusterStorage 경로에서 액세스된다. CSV 내에서 가용한 디스크를 보려면 Windows 탐색기를 열고 C:\ClusterStorage 폴더로 이동한다.

5. CSV 디스크를 이용하려면 가상 컴퓨터를 만들 때 CluserStorage 폴더 내 볼륨을 선택한다.

예제 분석

CSV는 Hyper-V에 의해 이용되는 장애 조치 클러스터링 기능이다. 이것은 간단하게 NTFS 혹은 ReFS 볼륨이 클러스터의 모든 노드에서 읽기 쓰기를 허용한다. 기본적으로 CSV는 활성화가 되지 않지만, Hyper-V 가상 컴퓨터와 같이 사용할 때 활성화하는 것이 권장 사항이다. CSV를 활성화하는 과정은 이전 Windows 버전보다 향상됐다. 장애 조치 클러스터 관리자를 열고 원하는 디스크를 선택하고 클러스터 공유 볼륨에 추가를 클릭하면 된다. 매우 간단하다. 활성화가 되면 CSV는 모든 디스크를 C:\ClusterStorag 폴더에 넣는다. 이것은 모든 디스크가 단일 경로에 보이므로, 관리와 액세스가 편해진다.

CSV는 가상 컴퓨터를 위해 필요한 LUN의 숫자를 대폭 줄여준다. 가상 컴퓨터당 하나의 LUN을 사용하는 것보다 하나의 CSV 볼륨에 여러 가상 컴퓨터를 두면 된다.

CSV가 활성화된 디스크는 CSV 프록시 파일 시스템[CSVFS]으로 보이게 된다. 이것은 파일 시스템으로 NTFS나 ReFS를 이용하지만, CSVFS는 디스크에 있는 라벨로 이용되며 애플리케이션이 CSV 디스크에서 실행되는지 알게 한다.

> ReFS over NTFS의 장점 중 하나는 이상한 이름이긴 하지만, VHDX 가속화 작업이다. VHD와 VHDX 파일 모두에 적용이 되며, 새로운 VHD 혹은 VHDX 생성, 기존 VHD 혹은 VHDX 확장 작업, 그리고 VHD 혹은 VHDX 동적 확장이 ReFS 볼륨에서 거의 즉시 발생하게 한다.
>
> 과거에는 동적 VHDX 파일에서 이러한 종류의 작업은 이용하기 전에 파일을 확장하는데, 블록을 제로화해야 했기 때문에 성능 감소가 따랐다.
>
> 이제 VHD 혹은 VHDX 파일이 확장되면 디스크의 실제 블록에 대한 제로화 대신에 ReFS가 메타데이터를 업데이트하고 내용이 제로화됐다고 응답함으로써 실제 제로화하는 성능 감소를 피하게 된다.

보충 설명

유효한 디스크를 Add-ClusterSharedVolume 명령을 이용해 CSV 볼륨에 추가할 수 있다. 다음의 명령은 모든 디스크를 구해서 CSV에 추가한다.

Get-ClusterResource *disk* | Add-ClusterSharedVolum

Hyper-V 환경에서 CSV 캐시 구성

CSV의 기능 한 가지는 CSV 캐시를 활성화하는 것이다. 캐시가 구성되면 읽기 전용 버퍼되지 않은 I/O는 캐시가 되며, VDI$^{Virtual Desktop Infrastructure}$ 시나리오에 적절하다. CSV 캐시는 캐시 정보를 쓰기 위해 RAM를 이용하므로, 애플리케이션에 빠른 성능을 제공한다. 따라서 가상 컴퓨터에서 실행되는 어떤 애플리케이션은 성능상 높은 읽기 요청 향상을 필요로 한다.

CSV 캐시는 부하와 애플리케이션 요구 사항에 따라 기본적으로 비활성화돼 있다. CSV 캐시를 활성화하려면 먼저 MB 단위로 캐시를 지정할 필요가 있다. 가용 RAM의 단지 20%만 CSV 캐시로 이용될 수 있다.

다음의 명령은 캐시 크기를 지정하는 데 이용될 수 있다. 예제에는 기본 값(512MB)으로 캐시가 사용되며, 대부분의 시나리오에서 권장된다.

```
(Get-Cluster).SharedVolumeBlockCacheSizeinMB = 512
```

캐시 값이 지정되면 CSV 캐시가 이용될 디스크에서 이것을 활성화해야 한다. 다음의 명령은 Cluster Disk 2라고 불리는 디스크에 활성화하는 것을 보여준다.

```
Get-ClusterSharedVolume "Cluster Disk 2" | Set-ClusterParameter CsvEnableBlockCache 1
```

두 번째 명령이 입력되면 변경을 적용하기 위해 디스크가 오프라인이 된다는 경고 메시지가 표시된다.

디스크가 어떤 역할이나 서비스에서도 이용되지 않는 것을 확인하고, 장애 조치 클러스터 관리자에서 저장소를 확장하고, 디스크를 클릭한다. 다음 화면에 보이는 것처럼 오프라인하려는 디스크를 선택하고 오른쪽 클릭을 한 후 오프라인 상태로 전환을 선택한다.

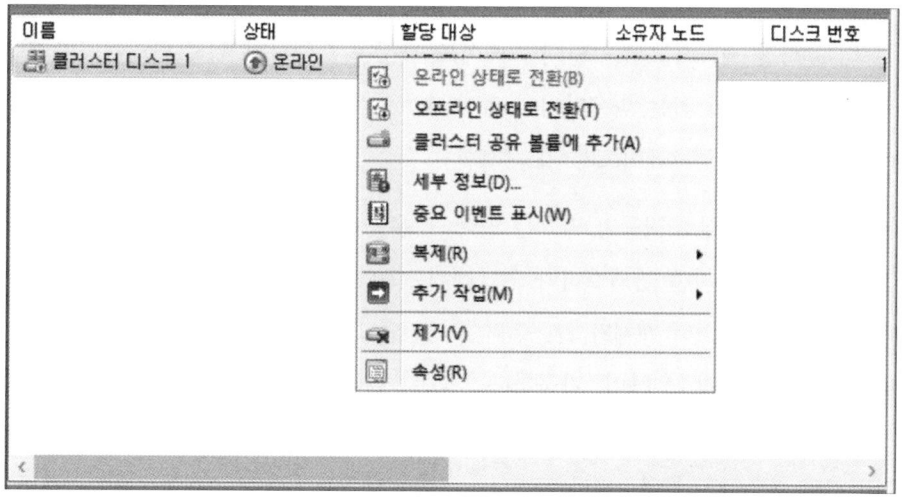

장애 조치 클러스터 관리자: 디스크 오프라인으로 전환

오프라인 클러스터 공유 볼륨 메시지에서 디스크가 오프라인되는 것을 확인하고 예를 클릭한다. 디스크가 다시 온라인으로 변환되려면 디스크에서 오른쪽 클릭을 한 후 온라인 상태로 전환을 클릭한다.

참고 사항

- 7장의 'Windows 장애 조치 클러스터링 기능 설치 및 구성' 예제

▌ 롤링 클러스터 업그레이드

롤링 클러스터 업그레이드는 Windows Server 2016의 새로운 기능으로, Hyper-V 부하와 서비스의 중단 없이 Windows Server 2012 R2 클러스터 노드에서 Windows Server 2016으로 운영체제 업그레이드가 가능하게 한다.

이런 접근에는 여러 장점이 있다. 업그레이드 과정 중에 추가적인 가용성을 제공하기 위해 클러스터에 추가적인 노드를 임시로 추가할 일이 있을 수 있지만, 이것은 업그레이드할 하드웨어가 별도로 필요하지 않게 된다. 장애 조치 클러스터가 Hyper-V 가상 컴퓨터 부하를 제공하고 있다면 업그레이드 과정을 수행하기 위해 클러스터가 정지되거나 재시작돼야 하는 다운타임이 없이 Windows Server 2012 R2에서 Windows Server 2016으로 업그레이드가 가능하다.

새 클러스터가 병렬로 작동할 필요는 없다. 라운드 로빈 방식으로 한 번에 한 노드씩 업그레이드가 돼 기존 클러스터가 업그레이드된다. 추가적으로 Active Directory에 저장된 기존 클러스터 개체가 활용된다. 사실 업그레이드 과정은 마지막 '원복 불가 시점'이 될 때까지 원복이 가능하다. 모든 클러스터 노드가 업그레이드가 돼 Windows Server 2016으로 실행이 되고 클러스터가 정상적으로 작동이 되면 클러스터의 기능 수준만을 업데이트하면 된다. 이 단계부터는 원복을 할 수가 없다. 그리고

클러스터에 Window Server 2012 R2 클러스터 노드를 추가할 수도 없게 된다.

준비

이전 버전의 Windows에서 장애 조치 클러스터를 업그레이드하려면 새로운 하드웨어 추가, 새로운 클러스터 구성, 그리고 클러스터 역할을 마이그레이션하는 클러스터 마이그레이션 마법사 이용 등이 필요했고, 새로운 클러스터를 구성할 하드웨어가 없다면 클러스터 노드를 제거하거나 클러스터를 파괴하고, 각 노드에서 운영체제를 업그레이드하고 새로운 클러스터를 만들어야 했다. 이러한 방법에는 여러 변형이 있었지만 기본적으로 클러스터의 가용성에 영향을 주게 된다.

시작하기 전에 작동하는 Windows 2012 R2 장애 조치 클러스터가 필요하다. 이것은 클러스터 유효성 마법사를 실행해 확인할 수 있고, 운영 클러스터에서 실행될 수 있다. 다운타임이나 클러스터에 영향을 주지 않고 실행 될 수 있다. 유효성 테스트만이 디스크에 저장소 테스트를 실행하기 위해 다운타임을 요구한다.

기본적인 전체 테스트와 같이 저장소 테스트를 포함한다면 사용되는 디스크는 포함이 되지 않게 한다. 유용성 체크는 옵트인$^{opt-in}$ 모델로, 테스트를 원하는 디스크만 추가되게 선택될 수 있다.

예제 구현

다음 과정에서는 롤링 클러스터 업그레이드를 이용해서 Windows Server 2016에 클러스터를 업그레이드하는 방법을 보여준다.

> 클러스터 인식 업데이트를 실행한다면 롤링 클러스터 업그레이드를 하기 전에 CAU가 실제로 작동하고 있는지 확인할 필요가 있다. 이것은 클러스터 인식 업데이트 UI 혹은 Get-CauRun cmdlet을 이용해 확인할 수 있다. CAU가 작동하면 CAU를 멈추기 위해 Disable-CauClusterRole cmdlet을 이용할 수 있다. 이것은 클러스터 롤링 업그레이드 과정 중에 클러스터 노드가 중단되거나 자동으로 삭제되는 것을 방지한다.

1. 롤링 클러스터 업그레이드를 시작하려면 장애 조치 클러스터 관리자를 열기 위해 시작 메뉴에서 Cluadmin.msc라고 입력한다.
2. 장애 조치 클러스터 관리자 창의 왼쪽 화면에서 노드를 선택한다. 중간 화면에서 가용한 노드 목록을 보게 될 것이고, 업그레이드를 원하는 노드에서 오른쪽 클릭을 하고 일시 중지 > 역할 드레이닝 옵션을 선택한다.

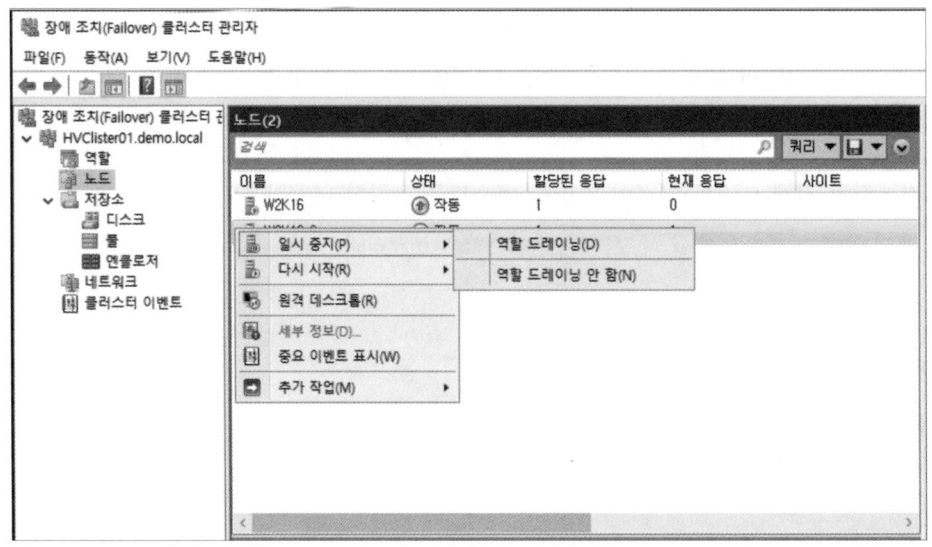

장애 조치 클러스터 관리자: 노드 드레이닝

3. 작동하는 모든 가상 컴퓨터로부터 노드가 드레이닝이 되면 노드에서 다시 오른쪽 클릭을 하고 **추가 작업**을 선택한 후 클러스터에서 선택한 노드를 제거하기 위해 **제거**를 클릭한다.

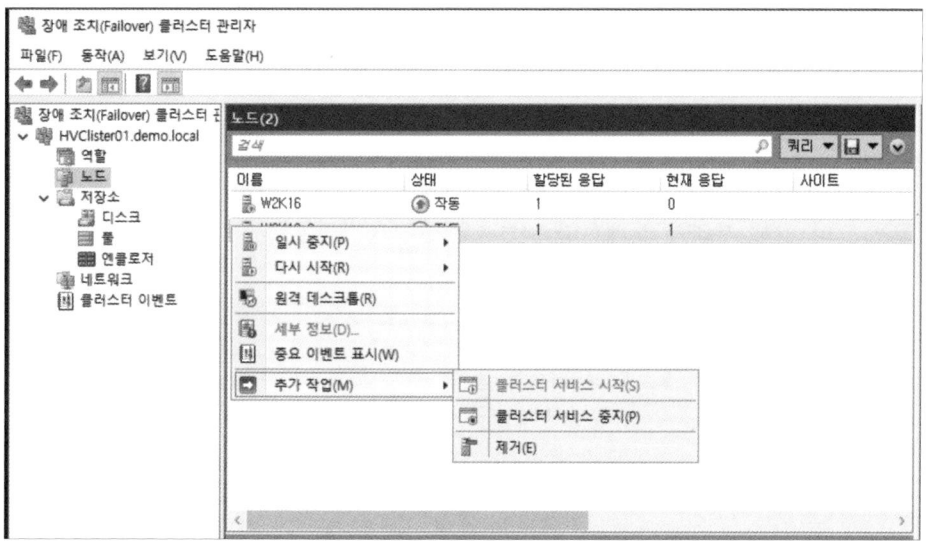

장애 조치 클러스터: 노드 제거

4. 제거된 노드의 시스템 드라이버를 포맷하고, 새 Windows Server 2016 운영체제를 설치한다.

5. 예를 들어 장애 조치 클러스터와 Hyper-V와 같은 필요한 Windows Server 2016 역할과 기능을 설치한다. 필요한 클러스터 구성을 위해 모든 역할과 기능이 설치됐는지 확인한다.

6. 장애 조치 클러스터 관리자를 통해 네트워크와 저장소 연결 설정이 바르게 구성됐는지 확인한다.

7. Active Directory 도메인에 노드를 다시 도메인 가입한다.

8. Hyper-V 관리자를 이용해 업그레이드된 노드에 이용될 가상 스위치의 이름이 현재 클러스터에 남아있는 Hyper-V 호스트 노드와 동일한지 확인한다.

9. 업그레이드된 Windows Server 2016 노드에서 시작 메뉴를 열고 **장애 조치 클러스터 관리자**를 열기 위해 Cluadmin.msc라고 입력하고, 왼쪽 창에서 **장애 조치 클러스터 관리자**를 오른쪽 클릭한 후 **클러스터에 연결**을 클릭하고, 관리하고 싶은 클러스터를 선택하거나 입력한다. 여기에 기존 클러스터의 이름을 입력한다.

10. 이전에 입력한 클러스터 이름을 선택하면 작업 창에서 **노드 추가**를 클릭한다. 추가하고 싶은 노드 이름을 입력하고 **확인**을 클릭한다.

11. 기존 클러스터에 Windows Server 2016 노드가 성공적으로 추가되면 클러스터 가상 컴퓨터를 새로 추가한 노드로 이동할 수 있게 된다. 이것으로 클러스터 간에 부하를 분배한다.

> 첫 번째 Windows Server 2016 노드가 클러스터에 추가되면 클러스터는 혼합된 OS 모드가 되고, 클러스터의 핵심 리소스는 Windows Server 2016 노드로 마이그레이션이 된다.
>
> 혼합된 OS 모드 클러스터는 제대로 작동한다. 새로운 노드는 이전 노드와 함께 호환성 모드로 작동한다. 혼합된 OS 모드는 클러스터의 일시적 상태다. 이것은 영구적이지 않으며, 마이크로소프트는 4주 내에 남은 노드를 업데이트하도록 권장한다.

12. 모든 노드가 Windows Server 2016으로 업그레이드되고 클러스터에 재가입이 되거나 남아있는 Windows Server 2012 R2 노드를 제거하게 되면 `Update-ClusterFunctionalLeve` PowerSehll 명령을 실행한다.

> 어쨌든 클러스터 기능 수준을 한 번 업데이트하면 Windows Server 2012 R2 기능 수준으로 돌아갈 수 없고, 클러스터에 Windows Server 2012 R2 노드를 추가할 수 없다. 이전까지는 원복이 가능하고, Windows Server 2012 R2 노드를 클러스터에 추가할 있으며, Windows Server 2016 노드를 제거할 수도 있다.

예제 분석

롤링 클러스터 업그레이드는 모든 노드를 Windows Server 2016으로 작동하게, 클러스터 노드를 한 대씩 업그레이드할 수 있다. 이 지점까지는 클러스터 업그레이드 과정은 완전 원복이 가능한 상태다. 이때 클러스터 업그레이드를 원하지 않는다면

Windows Server 2012 R2로 쉽게 원복할 수 있다.

`Update-ClusterFunctionalLeve`로 클러스터 기능 수준을 올리기로 결정하면 Windows Server 2016으로 업그레이드는 영구적인 것이 된다.

업그레이드 과정의 첫 번째 단계는 업그레이드하려는 노드를 중지하고 드레인하는 것이다. 노드에서 일단 모든 작동하는 가상 컴퓨터가 드레인되면 클러스터에서 제거될 수 있다.

노드가 제거되면 Windows Server 2016의 새 운영체제를 설치할 수 있다. 이것은 인플레이스 업그레이드가 아닌 새 운영체제 설치이므로, 마이크로소프트에서 지원이 되지 않는다.

그리고 장애 조치 클러스터와 Hyper-V 같은 필요한 Window Server 2016 역할과 기능을 설치하고, 설치된 애플리케이션에 필요한 모든 역할과 기능도 추가됐는지 확인하라.

다음으로 네트워크와 저장소 연결이 제대로 구성됐는지 확인하고, 노드를 Active Directory 도메인에 노드를 가입한다. 또한 업그레이드 노드에서 기존 클러스터에서 이용된 가상 스위치 이름으로 생성됐는지 확인하자.

이제 장애 조치 클러스터 관리자를 이용해 기존 클러스터에 업그레이드된 노드를 추가할 수 있고, 이 노드로 부하를 이동시킬 수 있다. 모든 Windows Server 2012 R2 노드에 대해 업그레이드를 반복하거나 모든 하위 수준 노드를 제거해야 한다.

보충 설명

클러스터 기능 수준을 확인하려면 다음과 같은 PowerShelll 명령을 이용할 수 있다.

```
Get-Cluster | select ClusterFunctionalLevel
```

`Get-Cluster | select ClusterFunctionalLevel`이 8이라는 값을 보여주면 클러스터의 기능이 Windows Server 2012 R2와 동일하고 `Update-ClusterFunctionalLevel`이 아직 수행되지 않았음을 보여준다. 값이 9를 보여주면 Windows Server 2016의 기능과 동일하고 클러스터가 업데이트됐음을 보여준다.

참고 사항

- 1장의 'Windows Server 2016, 마이크로소프트 Hyper-V 서버 2016 설치' 예제
- 7장의 'Windows 장애 조치 클러스터링 기능 설치 및 구성' 예제

클러스터 노드를 위한 클러스터 인식 업데이트 구성

윈도우 업데이트를 고려하면 이전 Windows 버전에서 복잡한 작업 중 하나가 클러스터를 업데이트하는 과정이다. 전체 과정은 수작업이며, 클러스터에 있는 모든 노드가 업데이트되려면 많은 수고가 필요하다.

Windows Server 2012는 처음으로 클러스터 인식 업데이트[CAU, Cluster-Aware Updating]를 소개했고, 이것은 동기화 및 조율되는 방식으로 모든 노드의 구성원을 자동으로 업데이트한다. CAU는 사용자 작업 없이 모든 작업을 진행할 수 있게 하며, 대기업에서 동적이고 자동화된 과정으로, 비용, 시간 그리고 클러스터 업데이트를 실행하는 데 소비되는 다른 리소스를 절약할 수 있게 한다. 그 결과로 업데이트를 실행하는 동안 다운타임을 줄이고 수작업 업데이트 작업을 줄여준다.

CAU는 모든 Windows 업데이트 패키지를 확인하고, 다운로드하고 설치를 진행하며, 클러스터 환경에서 작동하는 서비스에 대해 최소 혹은 다운타임이 없게 해준다. 클러스터에 있는 가상 컴퓨터의 경우 CAU는 업데이트가 발생하는 동안 다른 노드로 VM

을 실시간 마이그레이션 작업을 하고, 끝나면 원래대로 돌아오게 한다.

이 예제는 Windows Server 2016 클러스터가 CAU를 이용해 자동으로 업데이트가 되게 확인하는 과정을 안내한다.

준비

일단 구성이 되면 CAU는 Windows 업데이트 웹사이트나 WSUS^{Windows Server Update Services} 같은 내부 Windows 업데이트 사이트로부터 업데이트를 다운로드할 수 있다. 시작하기 전에 업데이트 서비스가 구성됐는지 확인하자.

주의할 다른 한 가지는, CAU는 클러스터를 업데이트하기 위해 Windows Server 2016 에서만 이용될 수 있고 클러스터되지 않은 Hyper-V 호스트에는 이러한 이점을 제공하지 못한다는 점이다.

원격 서버에서 CAU를 이용하고 싶다면 서버 관리자를 이용해 장애 조치 클러스터링 도구를 설치할 필요가 있다. 한 대의 노드에서 업데이트를 구성하고 설치했다면 장애 조치 클러스터링 도구는 이미 설치가 돼 있다는 의미다.

예제 구현

다음 과정에서는 자동 업데이트 옵션을 이용하기 위해 자동 업데이트를 위한 CAU를 어떻게 구성하는지, 어떻게 업데이트를 사전에 확인할지, 그리고 클러스터에 어떻게 업데이트를 수동으로 할지를 보여준다.

1. 자동 업데이트의 자동 업데이트 옵션을 이용하기 위해 클러스터 인식 업데이트를 구성하려면 시작 메뉴에서 Cluster를 입력하고, 클러스터 인식 업데이트를 클릭한다.

2. 클러스터 인식 업데이트 창에서 장애 조치 클러스터 연결 아래에 업데이트하고 싶은 클러스터의 이름을 입력하고 연결을 클릭한다.
3. 같은 창에서 다음 화면에 보이는 것처럼 클러스터 자동 업데이트 옵션 구성을 클릭한다.

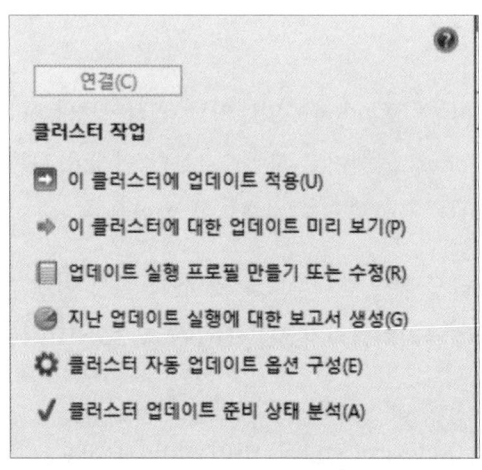

클러스터 인식 업데이트 옵션

4. 시작 창에서 다음을 클릭한다.
5. 클러스터된 역할 추가에서 클러스터가 CAU로 아직 구성되지 않았다면 이 클러스터에 자동 업데이트 모드를 사용하는 CAU 클러스터된 역할 추가 체크박스를 체크한다. CAU 클러스터링 역할을 위한 Active Directory에 준비 단계 컴퓨터 계정을 원한다면 CAU 클러스터링 역할에 대한 준비 단계 컴퓨터 개체가 있습니다 체크박스에 체크를 하고 다음을 클릭한다.
6. 자동 업데이트 일정에서 자동 업데이트 빈도, 시작일 그리고 (선택한 빈도에 기반을 둔) 다른 옵션을 선택하고, 다음을 클릭한다.
7. 고급 옵션에서 자동 업데이트 정책을 위한 고급 구성을 선택하고 다음을 클릭한다.
8. 추가 옵션에서 중요 업데이트와 마찬가지로 권장 업데이트를 설치하기 위해

중요 업데이트를 받을 때와 같은 방식으로 권장 업데이트 제공을 선택하고, 다음을 클릭한다.

9. 확인 창에서 새로운 구성을 확인하고 적용을 클릭한다. 자동으로 클러스터를 업데이트하는 작업이 생성된다.
10. 설치될 업데이트를 미리 확인하려면 클러스터 인식 업데이트 콘솔을 다시 열고, 이 클러스터 업데이트 미리 보기를 클릭한다.
11. 업데이트 미리 보기 창에서 업데이트 미리 보기 목록 생성을 클릭하고 목록이 생성될 때까지 기다린다. 노드 이름의 목록과 설치될 업데이트가 나열될 것이다.
12. 클러스터가 수동으로 업데이트를 적용하려면 클러스터 인식 업데이트 콘솔에서 이 클러스터에 업데이트 적용을 클릭한다.
13. 클러스터 인식 업데이트 마법사 창에서 다음을 클릭한다.
14. 고급 옵션에서 고급 옵션을 지정하고 다음을 클릭한다.
15. 추가 옵션에서 중요 업데이트와 마찬가지로 권장 업데이트를 설치하기 위해 중요 업데이트를 받을 때와 같은 방식으로 권장 업데이트 제공을 선택하고 다음을 클릭한다.
16. 확인 창에서 업데이트 과정을 시작하기 위해 업데이트를 클릭하고, 완료되면 마침을 클릭한다.
17. 클러스터 인식 업데이트를 위해 노드 이름, 업데이트 상태, 그리고 진행과 같은 상세 내용을 확인하려면 기본 윈도우를 이용한 업데이트 과정을 따르면 된다. 자세한 정보를 위해 진행 중인 업데이트 로그 탭을 클릭한다.
18. CAU가 모든 노드를 업데이트할 때까지 기다리고, 마치면 창을 닫는다.

예제 분석

CAU는 모든 클러스터 노드에 전체 업데이트 과정을 관리하는 자동 작업을 생성해, 작동하는 가상 컴퓨터에 거의 다운타임 없이 클러스터를 업데이트할 수 있는 방법으로 발전된 최근의 기능이다.

CAU를 구성하는 데는 두 가지 옵션이 있으며, 예제로 보여준 첫 번째는 정기적으로 클러스터를 업데이트하는 작업을 CAU가 생성하는 **자동 업데이트**다. 자동 업데이트를 구성하기 위한 마법사는 매일, 매주 혹은 매월 간격으로 선택할 수 있다. 마법사가 진행되는 동안 작업 방식과 관련된 고급 옵션을 추가할 수도 있다. 기본 옵션으로 필요한 모든 구성이 되므로 충분하지만, 필요에 따라 값들을 변경할 수 있다. 자동 업데이트를 이용하면 사용자의 관여 없이 완전 자동화된 업데이트 과정을 진행할 수 있다.

두 번째 옵션은 **원격 업데이트**로, 장애 조치 클러스터 도구가 설치된 Windows Server 2016 혹은 Windows 10 컴퓨터에서 기본 값 혹은 사용자 지정 업데이트 프로파일에 따라 주문형 업데이트 과정을 시작하는 것이다. 이 옵션은 긴급 업데이트 혹은 자동 업데이트 일정 이외의 업데이트를 수동으로 통합된 업데이트 과정을 시작할 수 있게 한다.

다른 흥미로운 옵션은 업데이트 미리 보기다. 이것은 호스트별 설치 가능한 업데이트 목록을 보여주며, 설치 전에 기존 업데이트를 확인하는 데 이용할 수 있다.

CAU 구성이 끝나면 모든 클러스터 노드에 모든 업데이트가 자동으로 적용이 됐는지 확인한다.

보충 설명

클러스터 인식 업데이트를 관리하기 위해 PowerShell 이용

CAU는 PowerShell로 모든 관리를 지원한다. CAU용으로 17개의 명령이 있다. 열거하려면 다음과 같은 명령을 입력한다.

```
Get-Command -Module ClusterAwareUpdating
```

특정 명령의 자세한 정보를 보려면 다음과 같은 명령을 입력한다.

```
Get-Help <insert commandlet name>
```

지난 업데이트 실행에 대한 보고서 생성

CAU에 의해 이전에 실행된 업데이트를 확인하려면 클러스터 인식 업데이트 창에서 지난 업데이트 실행에 대한 보고서 생성을 이용해 시작일과 종료일을 지정하고, 보고서 생성을 클릭한다.

보고서 추출을 클릭하면 보고서를 .htm 파일로 추출할 수 있다.

참고 사항

- 6장의 'Hyper-V를 위한 Windows 업데이트 구성' 예제

▍ 클러스터 환경에서 실시간 마이그레이션 이용

사설 클라우드의 핵심 개념 중 하나는 탄력성과 이동성이다. 클러스터 환경에서는 작동하는 가상 컴퓨터를 구성 요소, 부하와 같은 메트릭, 물리 호스트 리소스, 그리고 VM 가용성에 기반을 두고 여러 다른 서버에 분산할 수 있다. 실시간 마이그레이션을 이용하면 다운타임이 VM에서 제공되는 서비스의 중단 없이 가상 컴퓨터를 하나의 물리 서버에서 다른 곳으로 이동할 수 있고, 두세 번의 클릭으로 재배치를 할 수 있다. 예를 들면 유지 보수를 위해 서버를 오프라인하고 싶거나 VM에 더 많은 하드웨어 리소스를 추가해야 하는 경우가 있다. 실시간 마이그레이션은 VM을 신속하게 다른 호스트로 이동해 필요한 민첩성, 생산성과 가상 서버의 부하 분산을 제공한다.

Windows Server 2016은 실시간 마이그레이션에 많은 새로운 기능과 개선점을 가져왔다. 가장 흥미로운 기능 중 하나는 Windows Server 2016에서 실시간 마이그레이션을 이용해 VM이 아직 업그레이드되지 않은 이전 구성 버전에서도 Windows Server 2012 R2에서 Windows Server 2016으로, 혹은 반대로 가상 컴퓨터를 마이그레이션할 수 있다.

Windows 2012 R2에서 소개된 핵심 개선점은 이전 버전보다 실시간 마이그레이션이 70% 빠르며, SMB를 통한 실시간 마이그레이션이라는 점이다. 동시에 여러 대의 가상 컴퓨터에 대해서도 실시간 마이그레이션이 가능하고, 7장의 후반에서 소개할 우선순위를 만들 수도 있다.

이번 예제에서는 클러스터 환경에서 어떻게 실시간 마이그레이션을 구성할지 알아본다.

준비

이 예제에서는 클러스터 환경에서 가상 컴퓨터의 실시간 마이그레이션을 어떻게 이용할 지 안내한다. 클러스터와 그 위에서 동작하는 가상 컴퓨터를 준비하자.

예제 구현

다음 과정에서는 실시간 마이그레이션 기능을 이용해 클러스터에 있는 노드 간에 VM을 어떻게 활성화하고, 구성하는지 등을 보여준다.

1. 실시간 마이그레이션을 이용해 가상 컴퓨터를 이동하기 전에 Hyper-V 실시간 마이그레이션 설정을 구성해야 한다. 그러려면 Hyper-V 관리자를 열고, 오른쪽 창에서 Hyper-V 설정을 클릭하고, 왼쪽 창에 있는 실시간 마이그레이션을 클릭한다.

2. 실시간 마이그레이션 설정에서 들어오고 나가는 실시간 마이그레이션 사용을 체크한다.

3. 인증 프로토콜에서 CredSSP$^{\text{Credential Security Support Provider}}$ 사용 혹은 Kerberos 사용을 선택한다.

4. 동시 실시간 마이그레이션에 동시에 마이그레이션될 숫자를 지정한다.

5. 들어오는 실시간 마이그레이션에서 사용 가능한 모든 네트워크를 실시간 마이그레이션으로 사용과 다음 IP 주소를 실시간 마이그레이션에 사용 중에서 선택한다.

6. 다음 화면에서처럼 모든 설정이 끝나면 확인을 클릭하고 Hyper-V 설정 창을 닫는다.

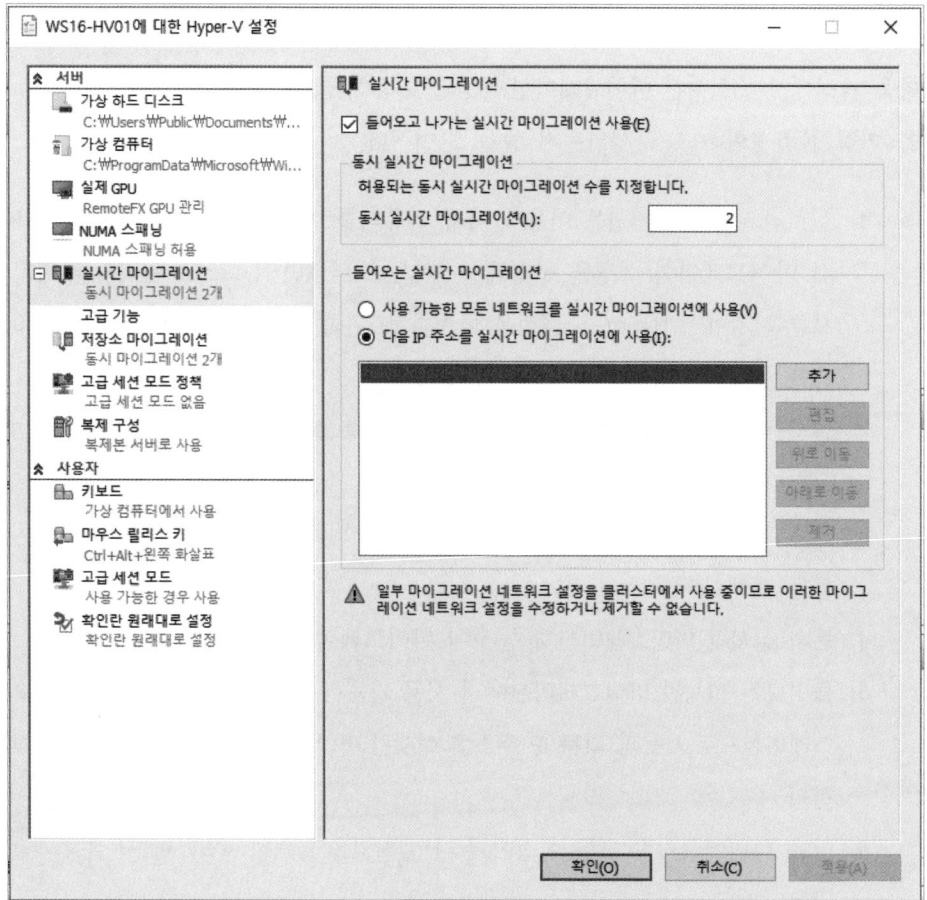

Hyper-V 설정 창

7. VM을 이동하기 위해 장애 조치 클러스터에서 사용될 네트워크 어댑터를 구성하려면 시작 메뉴를 열고 Cluadmin.msc라고 입력해 장애 조치 클러스터 관리자를 클릭한다.

8. 장애 조치 클러스터 관리자 창에서 네트워크를 오른쪽 클릭하고 실시간 마이그레이션 설정을 클릭한다.

9. 실시간 마이그레이션 설정 창에서 실시간 마이그레이션에 사용될 네트워크를 선택하고 확인을 클릭한다.

10. VM을 실시간 마이그레이션하려면 장애 조치 클러스터 관리자에서 왼쪽 창에 있는 **역할**을 클릭한다.
11. 모든 작동하는 가상 컴퓨터가 목록에 표시가 되고, 실시간 마이그레이션하려는 가상 컴퓨터를 선택하고 오른쪽 클릭을 한다.
12. 가상 컴퓨터 메뉴에서 이동 ▶ 실시간 마이그레이션을 선택하고, 가장 적합한 노드로 이동하려면 가장 적합한 노드 혹은 노드를 선택하려면 노드 선택을 선택한다.
13. VM을 이동할 노드를 선택하고 확인을 클릭한다. Hyper-V는 선택한 노드로 가상 컴퓨터의 실시간 마이그레이션을 시작할 것이다.
14. 마이그레이션 중에 **정보** 칼럼에서 상태를 확인할 수 있다.
15. 마이그레이션을 확인하려면 **소유자 노드**로 이름 지어진 칼럼에 표시된 서버가 선택한 서버로 보이면 종료된 것이다.

예제 분석

실시간 마이그레이션을 지원하기 위해 Hyper-V를 활성화하면 Hyper-V와 장애 조치 클러스터를 통해 몇 가지 옵션을 구성할 수 있다.

첫 번째 해야 될 일은 Hyper-V에서 실시간 마이그레이션 설정을 구성하는 것이다. Hyper-V 관리자를 이용해 실시간 마이그레이션을 비활성화할 수 있고, 실시간 마이그레이션을 인증할 인증 프로토콜을 변경하거나, 동시 실시간 마이그레이션 숫자를 변경하거나, 들어오는 실시간 마이그레이션 구성을 설정할 수도 있다. 첫 번째 인증 프로토콜 CredSSP는 사전 구성없이 VM을 마이그레이션하게 허용하지만, 마이그레이션하려는 VM이 있던 소스 서버로 로그온이 돼 있어야만 이동할 수 있다. Kerberos는 원격 서버에서 VM을 마이그레이션할 수 있는 옵션을 제공하지만, 마이그레이션하기 전 Active Directory에 사전 구성을 요구한다. Kerberos를 어떻게 이용하는지 보려면 2장의 '버전 간 공유 자원 없이 실시간 마이그레이션을 사용한 가상 컴퓨터 마이그레이션' 예제를 참고하라.

두 번째 단계는 VM을 실시간 마이그레이션할 때 이용될 네트워크를 지정하기 위해 장애 조치 클러스터 관리자를 이용해야 한다. 네트워크에서 실시간 마이그레이션을 이용해 실시간 마이그레이션을 위한 네트워크를 선택할 수 있다. 실시간 마이그레이션을 위한 전용 네트워크 어댑터를 가질 것을 권장한다.

이 두 단계를 완료하면 장애 조치 클러스터를 이용해 가상 컴퓨터를 이동할 수 있다. 하나의 VM 혹은 여러 개의 VM들을 선택해 이동 > 실시간 마이그레이션을 클릭해 이동한다. VM을 단순히 이동하기보다는 가장 적합한 노드 혹은 특정 노드를 선택할 수 있다. 가장 적합한 노드 옵션을 이용하면 각 VM은 가장 가용한 리소스를 가진 노드 기반으로 이동한다.

마이그레이션은 Hyper-V 설정에 지정된 숫자에 따라 동시에 시작될 것이다. Hyper-V 설정에서 제한 값보다 많은 VM을 마이그레이션하려고 하면 VM을 실시간 마이그레이션하려는 대기열이 생성된다. 마이그레이션을 이용하는 동안 다른 요소는 가상머신 우선순위로, VM 각각에 구성된다. 높은 우선순위를 가진 VM이 먼저 마이그레이션이 되고, 중간 그리고 낮은 우선순위가 따른다.

실시간 마이그레이션이 시작되면 소스 호스트 서버는 대상 서버로 연결하고, VM 구성 데이터와 이동할 VM에 할당된 필요 메모리를 이동시킨다. 그리고 유휴 메모리는 소스와 대상 호스트 사이에 동기화된다. 그 후에 활성 페이지가 동기화된다. 최소한의 기록된 메모리 페이지가 존재하면 저장소 핸들이 대상 호스트로 보내지고, 작동하는 가상 컴퓨터의 제어를 받아 온라인으로 만든다. 전체 마이그레이션 동안 가상 컴퓨터는 계속 작동 중이고, 다운타임이 발생하지 않는다.

이제 분산, 재배치, 그리고 계획된 호스트 유지 보수를 위해 VM을 다른 서버로 실시간 마이그레이션할 수 있다.

보충 설명

이제 PowerShell이 얼마나 관리를 편하게 하는지, 다른 예제를 살펴보자. Move-VM 명령을 이용해 적은 노력으로 VM을 원격 서버로 이동할 수 있다. 다음 예제에서 WinSRV2012R2라고 불리는 VM이 HVHost02라고 불리는 원격 서버로 이동될 것이다.

```
Move-VM "WinSRV2012R2" HVHost02
```

Move-VM 명령에 대한 더 자세한 정보를 보려면 다음과 같은 명령을 이용한다.

```
Get-Help Move-VM
```

참고 사항

- 2장의 '버전 간 공유 자원 없이 실시간 마이그레이션을 사용한 가상 컴퓨터 마이그레이션' 예제
- 7장의 'Windows 장애 조치 클러스터링 기능 설치 및 구성' 예제
- 7장의 '클러스터된 가상 컴퓨터를 위한 VM 우선순위 구성' 예제

▌클러스터된 가상 컴퓨터를 위한 VM 우선순위 구성

호스트 간 분산된 가상 컴퓨터의 힘이 있는 장애 조치 클러스터를 이용할 때 많은 VM이 다른 호스트로 실시간 마이그레이션을 해야 하거나 동시에 시작돼야 하는 시나리오를 접할 수 있다. 두 예제에서 모든 VM은 우선순위 없이 다른 호스트로 이동이 돼야 한다. 이것은 서비스 실패를 가져 올 수 있는데, 예를 들면 어떤 서비스가 필요한 특정 요구 사항 서비스 전에 시작할 수도 있기 때문이다. 간단하게 설명하면 Exchange, SQL,

그리고 SharePoint 서버 VM을 갖고 있고, 장애 조치 중이라면 이것들이 시작하기 전에 Active Directory VM이 제일 먼저 시작돼야 한다는 것이다. 이 모든 서비스는 인증과 권한 부여를 받기 위해서는 Active Directory가 먼저 온라인돼야 한다. 이 예에서 모든 서비스는 실패하고, Active Directory VM 이후에 시작할 수 있게 그것들을 재시작해야 할 것이다. VM 우선순위가 있다면 각 VM에 대해 우선순위를 지정해 우선순위 기반으로 순서에 따라 이동하거나 시작될 수 있게 할 수 있다.

이 예제는 클러스터된 가상 컴퓨터에 VM 우선순위를 구성하는 과정을 안내한다.

준비

VM 우선순위는 클러스터된 가상 컴퓨터에만 적용이 되는 기능이다. 시작하기 전에 클러스티된 가상 컴퓨터가 있는지 확인하자.

예제 구현

다음 과정에서는 클러스터된 환경에서 가상 컴퓨터에 어떻게 다른 우선순위를 구성하는지 보여준다.

1. VM에 우선순위를 설정하려면 시작 메뉴에서 Cluadmin.msc라고 입력하고 장애 조치 클러스터 관리자를 클릭한다.
2. 왼쪽 창에서 클러스터를 확장하고 **역할**을 클릭해 가상 컴퓨터의 목록을 본다.
3. 우선순위를 지정하려는 가상 컴퓨터에서 오른쪽 클릭을 하고, **시작 우선순위 변경**을 선택하고 **높음, 보통, 낮음, 자동 시작 안 함** 중에서 선택한다.
4. VM을 이동할 때 동시에 한 개 이상의 VM을 시작하거나 다른 서버로 장애 조치를 하면 지정된 우선순위에 따라 처리될 것이다. **장애 조치 클러스터 관리자**의 우선순위 칼럼을 이용해 우선순위 구성을 확인한다.

예제 분석

VM 우선순위는 모든 클러스터 리소스에 구성이 가능하며, 관리자가 가상 컴퓨터나 다른 역할의 시작이나 이동에 대한 순서를 설정할 수 있게 한다. VM이 있는 호스트가 오프라인이 되거나 다른 호스트로 실시간 마이그레이션을 하거나, 동시에 여러 VM을 시작하면 우선순위는 어떤 VM을 먼저 처리할지, 클러스터가 움직이는 VM의 제어를 언제 줄지 결정하게 된다.

장애 조치 클러스터에는 다음과 같은 네 가지 우선순위 옵션이 가능하다.

- 높음
- 보통
- 낮음
- 자동 시작 안 함

기본 옵션은 보통이다. 모든 리소스는 생성될 때 동일한 우선순위를 가진다. 실시간 마이그레이션을 하거나 시작할 때 높은 운선 순위를 가진 VM이 먼저 처리되고, 보통, 그리고 낮음 우선순위가 뒤를 따른다. **자동 시작 안 함** 옵션은 가상 컴퓨터나 역할이 자동으로 시작되지 않게 한다.

> 중요한 점으로, 실제로 높음과 보통 우선순위를 가진 VM은 실시간 마이그레이션을 이용해 다운타임이 없이 이동되지만, 낮음 우선순위는 네트워크 성능과 대역폭을 절약하기 위해 VM 일시 중지 및 이동을 통한 빠른 마이그레이션이 된다는 점을 알아야 한다.

보충 설명

PowerShell을 이용해 우선순위를 지정하려면 다음과 같은 명령을 입력한다.

```
Get-ClusterResourceType "Virtual Machine" | set-ClusterParameter
MoveTypeThreshold 3000
```

▌ VM 로드 부하 분산

VM 로드 부하 분산은 Windows Server 2016의 새로운 기능으로, 주어진 장애 조치 클러스터 내 각 노드의 전반적인 사용률을 최적화하는 기능을 제공한다. 이것은 각 노드의 CPU와 메모리 부하를 분석해 실시간 마이그레이션을 통해 부하를 전체 노드로 분산함으로써 이뤄진다.

이 기능은 장애 조치 클러스터를 스케줄아웃하거나 유지 보수나 장애 이후 노드를 다시 정상화하거나 클러스터의 부하 분산이 안 된 시나리오의 경우 중요하다. 가상 컴퓨터 로드 부하 분산은 로드 부하 분산과 재분배를 담당한다.

준비

이 예제는 클러스터 환경에서 가상 컴퓨터 로드 부하 분산을 어떻게 이용하는지 안내할 것이다. 로드 부하 분산을 할 수 있게 클러스터가 작동하고 최소한 네 대의 가상 컴퓨터가 작동하는지 확인한다.

예제 구현

다음 과정에서는 가상 컴퓨터 로드 부하 분산을 어떻게 구성하고 실시간 마이그레이션을 이용해 클러스터 노드 간 VM 로드 부하 분산이 되는지 보여준다.

1. 가상 컴퓨터 부하 로드 분산을 구성하려면 시작 메뉴를 열고 Cluadmin.msc라고 입력하고, 장애 조치 클러스터 관리자를 연다.

2. 왼쪽 창에서 장애 조치 클러스터 관리자를 확장하고, 클러스터 이름에서 오른쪽 클릭을 한 후 속성을 선택한다.
3. 분산 장치 탭에서 가상 컴퓨터의 자동 부하 분산 사용이 기본적으로 활성화돼 있을 것이다.
4. 모드 아래에서 노드가 연결될 때 노드에 부하 분산 혹은 항상 부하 분산 옵션 중에서 선택한다.
5. 강도 아래에서 높음, 보통, 낮음 중에서 선택하고, 확인을 클릭한다.

예제 분석

가상 컴퓨터 로드 부하 분산은 클러스터 수준에서 구성되며, 기본적으로 활성화된다. 이것은 장애 조치 클러스터가 CPU와 메모리 부하를 기반으로 스스로 분석해 자동으로 가상 컴퓨터를 분산시킨다. 다음과 같은 두 가지 모드가 있다.

- 노드가 연결될 때 노드에 부하 분산
- 항상 부하 분산

노드가 연결될 때 노드에 부하 분산 옵션은 기본 값으로 장애 조치 클러스터가 로드 부하 분산이 발생하기 전 클러스터에 추가되는 노드를 결정하기 위해 60초간 초기에 기다린다. 마지막 5분의 평균값을 기반으로 CPU와 메모리 부하를 클러스터 내 노드 전반에 평가하고, CPU와 메모리 부하의 임계치에 도달하면 장애 조치 클러스터는 클러스터의 기존 노드에서 VM을 실시간 마이그레이션한다. 여기서 VM은 새로 추가된 노드로만 이동된다.

어쨌든 가상 컴퓨터 로드 부하 분산은 운영 중인 클러스터 노드에서 자동으로 부하 분산을 하지는 않는다. 클러스터는 단일 작업에서 부하 분산을 감행하는 큰 결정을 하기보다 천천히 시간을 갖고 진행된다. 가상 컴퓨터 로드 부하 분산은 매 30분마다 클러스터를 분석하고, 장애 조치 클러스터를 천천히 부하 분산하게 진행한다.

항상 부하 분산을 선택한다면 장애 조치 클러스터는 예제와 같은 유사한 방법으로 가상 컴퓨터 로드 부하 분산이 매 30분마다 분석을 하고, 장애 조치 클러스터를 천천히 부하 분산한다. 이 옵션이 선택되면 큰 차이점은 VM이 클러스터의 아무 노드에도 이동할 수 있다는 점이다.

임계치의 강도에 따라 VM 부하 분산은 세 가지 강도 옵션을 가진다.

- 높음
- 보통
- 낮음

낮음이 기본 옵션이다. CPU와 메모리 사용률이 80% 부하 이상이 되면 노드가 부하 분산이 된다. 보통은 CPU와 메모리 사용률이 70% 이상이 되면 부하 분산이 된다.

높음의 경우는 CPU와 메모리 사용률이 각 노드의 평균값보다 5% 이상이 되면 노드 간에 부하 분산이 된다.

보충 설명

PowerShell을 이용해 가상 컴퓨터 로드 부하 분산 구성을 확인하려면 다음과 같은 명령을 입력한다.

```
Get-Cluster | fl *
```

PowerShell을 이용해 가상 컴퓨터 로드 부하 분산을 구성하려면 다음과 같은 명령을 입력한다.

```
(Get-Cluster).AutoBalancerMode = 1
```

가상 컴퓨터 로드 부하 분산을 비활성화하려면 0을 지정하고, 노드가 연결될 때 부하 분산하려면 1을 지정한다. 그리고 항상 로드 부하 분산하려면 2(기본 값)를 지정한다.

PowerShell에서 강도 옵션을 구성하려면 다음과 같은 명령을 입력한다.

```
(Get-Cluster).AutoBalancerLevel = 1
```

낮음의 경우 1(기본 값)을 지정하고, 보통은 2를 지정하며, 높음은 3을 지정한다.

VM Compute 복원력

VM Compute 복원력은 Windows Server 2016의 새로운 기능이다. 이것은 하드웨어 장애보다 더 자주 발생할 수 있는 일반적인 일시적 오류를 처리하기 위한 기능이다. 이러한 종류의 실패에 대처하기 위해서는 일시적인 장애 자체보다 더 많은 시스템 다운타임을 만들 수 있다.

일시적 실패란 무엇인가? 노드의 클러스터 서비스가 중지되거나, 클러스터에서 노드가 연결이 끊어지거나, 활성 클러스터 내 다른 노드와 통신이 안 되거나, 비대칭적인 연결 끊어짐 등이 발생할 수 있다. 여기서 클러스터 서비스는 클러스터 내 모든 노드와 통신을 시도하며, 구분된 노드는 활성 클러스터에서 최소 하나의 노드와는 통신이 돼야 한다.

준비

이 예제는 클러스터 환경에서 가상 컴퓨터 Compute 복원력을 어떻게 이용하는지 안내한다. 운영 중에 가상 컴퓨터 Compute 복원력을 확인하기 위해 클러스터가 작동하고, 최소 두 대의 가상 컴퓨터가 실행되고 있는지 확인한다.

예제 구현

다음 과정에서는 가상 컴퓨터 Compute 복원력을 어떻게 구성하고 가상 컴퓨터 Compute 복원력 설정을 구성하기 위해 옵션을 어떻게 지정하는지 보여준다.

1. Windows Server 2016 Hyper-V 클러스터 호스트에서 권한 상승된 PowerShell 프롬프트를 열고, 복원력 수준을 구성하기 위해 다음과 같은 PowerShell 명령을 이용한다.

    ```
    (Get-Cluster).ResiliencyLevel=2
    ```

    수준 1은 예를 들어 클러스터 서비스가 중지됐거나 비대칭 연결이 끊어진 경우와 같은 알려진 이유로 통신이 되지 않음을 노드가 알린 경우 격리 상태가 되게 하고, 아니면 즉시 실패한다.
    수준 2는 기본 값으로, 노드를 격리 상태로 전환하고 가상 컴퓨터의 소유권을 이전하기 전에 시간을 준다.

2. 권한 상승된 PowerShell 명령 창에서 복원 기간을 구성하기 위해 다음과 같은 PowerShell 명령을 이용한다.

    ```
    (Get-Cluster).ResiliencyDefaultPeriod=240
    ```

    ResiliencyDefaultPeriod는 모든 가상 컴퓨터가 격리돼 실행될 수 있는 최대 간격(초)이다. 기본 값은 4분이다. 0 값은 Windows Server 2012 R2 방식으로 작동한다.

3. 권한 상승된 PowerShell 명령 창에서는 가상 컴퓨터 수준에서 복원력 간격을 구성하기 위해 다음과 같은 PowerShell 명령을 이용한다.

```
(Get-ClusterGroup "TEST01").ResiliencyPeriod=0
```

4. 권한 상승된 PowerShell 명령 창에서는 가상 컴퓨터 수준에서 격리 임계치를 구성하기 위해 다음과 같은 PowerShell 명령을 이용한다.

```
(Get-Cluster).QuarantineThreshold =3
```

QuarantineThreshold는 클러스터 노드가 격리되기 전 발생할 수 있는 최대 실패 숫자다. 기본 값은 3이다.

5. 권한 상승된 PowerShell 명령 창에서는 가상 컴퓨터 수준에서 격리 기간을 구성하기 위해 다음과 같은 PowerShell 명령을 이용한다.

```
(Get-Cluster).QuarantineDuration=7200
```

QuarantineDuration은 클러스터 노드가 조인할 수 없는 기간을 초 단위로 지정한다. 기본 값은 2시간이다.

예제 분석

Windows Server 2012 R2에서 클러스터는 매초 한 번 하트비트를 교환한다. 하트비트가 10번 실패하면 노드는 클러스터에서 제거되고, 가상 컴퓨터는 살아있는 노드로 장애 조치가 된다. Windows Server 2016에서는 노드에서 하트비트 임계치를 초과하면 노드는 클러스터 구성원에서 빠지고 클러스터 서비스는 다운이 된다. 하트비트 임계치는 Windows Server 2016에서도 여전히 10 하트비트다. 하지만 가상 컴퓨터는 남아서 실행된다. 이것은 기본으로 4분으로 지정돼 있지만, 이 값은 변경이 가능하다. 임계치를 초과하는 경우가 되면 가상 컴퓨터는 살아있는 노드로 장애 조치가 된다.

Windows Server 2016에서 일시적인 실패의 경우 이러한 새 장애 조치 클러스터 구성 변경을 반영하기 위해 다음과 같은 세 가지 가상 컴퓨터 상태가 소개됐다.

- **모니터링되지 않음**: 가상 컴퓨터는 클러스터 서비스에 의해 더 이상 모니터가 되지 않음
- **Isolated**: 노드가 더 이상 클러스터의 활성 구성원이 아니지만, 활성 가상 컴퓨터를 아직 호스팅함
- **Quarantined**: 실패된 노드는 주어진 시간 간격(기본 2시간) 동안에는 더 이상 클러스터에 조인이 허락되지 않음

Quarantined 노드는 클러스터에 다시 조인하려는 계속적인 시도와 다른 노드와 전체 클러스터에 미칠 나쁜 영향으로부터 실패된 클러스터 노드를 막는다. 마이크로소프트는 노드 flapping이라는 용어로 이런 과정을 설명한다. 기본적으로 한 시간 내에 클러스터를 비정상적으로 세 번 떠나게 되면 노드는 Quarantined가 된다. 일단 노드가 Quarantined가 되면 이 노드에서 호스팅되던 가상 컴퓨터는 드레인이 된다.

보충 설명

다음과 같은 PowerShell을 이용하면 Quarantined 설정을 수동으로 재정의할 수 있다.

```
Start-ClusterNode -ClearQuarantine
```

가상 컴퓨터 저장소 복원력

가상 컴퓨터 저장소 복원력은 Windows Server 2016의 새로운 기능이다. 이것은 가상 컴퓨터 compute 복원력과 유사하게 일시적인 저장소 실패를 다룰 수 있는 기능을 제공한다. 일시적인 저장소 실패는 가상 컴퓨터^{VM}가 가상 하드 디스크를 액세스할 수 없고, 가상 하드 디스크에 대한 읽기 혹은 쓰기 요청이 실패하는 것이다.

가상 컴퓨터 저장소 복원력은 저장소 실패를 감지하고 영향을 최소화하기 위해 마이그레이션을 진행한다. VM이 가상 하드 디스크로부터 읽기나 쓰기에 실패를 하게 되면 VM은 긴급 중지 상태로 빠진다. 그리고 VM은 일정 시간 정지가 돼 VM 내의 모든 것이 정지되며, 추가적인 I/O가 발생되지 않는다. VM은 저장소가 다시 가용해질 때까지 이 상태에 남게 된다. 그리고 VM이 가상 하드 디스크를 쓰거나 읽게 될 때 실행 상태로 돌아온다.

가상 컴퓨터 저장소 복원력은 기본적으로 활성화가 되지만, 구성할 수 있는 다음과 같은 몇 가지 옵션이 있다.

- Windows Server 2016 Hyper-V 클러스터된 호스트에서 권한 상승된 PowerShell 명령 프롬프트를 열고, 다음과 같은 PowerShell 명령을 이용해 VM 단위로 저장소 복원력을 확인할 수 있다. 기본 값은 일시 중지다.

    Set-VM -AutomaticCriticalErrorAction <None | Pause>

- 권한 상승된 PowerShell 명령 창에서 다음과 같은 PowerShell 명령을 이용해 VM이 위험 상태에서 대기하는 시간을 구성할 수 있다. 기본 값은 30분이다.

    Set-VM -AutomaticCriticalErrorActionTimeout <insert value here in minutes>

08

Hyper-V 재해 복구

8장에서 다루는 내용은 다음과 같다.

- Windows Server Backup을 이용한 Hyper-V와 VM 백업
- Windows Server Backup을 이용한 Hyper-V와 VM 복원
- HTTP 인증을 이용한 세 대의 Hyper-V 호스트 간 복제본 구성
- 장애 조치 클러스터를 위한 Hyper-V 복제본 브로커 구성
- 엔터프라이즈 CA를 이용한 인증서 기반 인증을 사용하기 위한 Hyper-V 복제본 구성
- VM 검사점 이용

▌소개

중요 데이터, 응용 프로그램, 그리고 운영 없이도 비즈니스를 이어갈 수 있을지 자신에게 물어볼 필요가 있다. 당신이 속한 비즈니스에서 백업과 재해 복구 계획이 필요한지 혹은 필요 없는지 결정하는 중요한 질문이기 때문이다. 비즈니스를 이어갈 수 있다면 재해 복구 계획은 필요도 없고, 8장 전체를 생략할 수 있다. 하지만 현실을 직시한다면 어떤 관점에서 당신의 데이터는 위험에 노출돼 있고, 재해가 발생해 모든 서버와 서비스가 멈추게 될 수도 있다. 자연 재해, 화재, 홍수, 바이러스, 데이터 손상, 인적 실수, 그리고 다른 많은 요소가 전체 시스템을 멈추게 할 수 있다. 적절한 예방책을 갖고 있지 않다면 모든 것을 잃을 수도 있다.

Windows Server 2016 Hyper-V는 가상 컴퓨터들이 작동하고 가용하도록 확인하는 솔루션과 도구들을 포함하고 있다. 장애 조치 클러스터와 같은 구성 요소는 하드웨어 실패에도 사용할 수 있게 해준다. 어쨌든 재해에 클러스터만으로는 충분하지 않다.

Hyper-V 환경에서는 DR 계획을 위해 주 데이터센터의 장애 시점에도 가상 컴퓨터를 사용할 수 있게 다른 호스트나 클러스터에 복제가 되도록 하는 Hyper-V 복제본과 같은 주요 구성 요소로 사용 할 수 있는 옵션을 제공한다. 백업과 복원만으로도 VM을 다시 실행되게 할 수 있지만, 이런 경우 대부분을 포기해야 한다.

8장에서는 Hyper-V에서 작동하는 가상 컴퓨터의 재해 복구 구성을 위한 가장 중요한 절차를 다룬다.

▌Windows Server Backup을 이용한 Hyper-V와 VM 백업

이전 버전의 Hyper-V에는 내장 백업 도구가 복잡하고 불편해 관리자는 백업과 복원을 위한 별도의 솔루션을 구매해야 했다.

Windows Server 2012 이후로 마이크로소프트는 내장 WSB[Windows Server Backup]을 향상시

켰다. 이것은 Hyper-V와 완벽하게 통합돼 당신의 서버, 응용 프로그램, Hyper-V, 그리고 가상 컴퓨터를 백업하고 복원할 수 있게 한다. WSB는 중소기업을 위한 저비용 시나리오에 쉽게 적용된다.

이 예제에서는 내장 Windows Server Backup 도구를 이용해 가상 컴퓨터를 백업하는 과정을 안내한다.

준비

Windows Server Backup은 테이프를 지원하지 않는다. 시작하기 전에 가상 컴퓨터를 백업하기 위한 디스크, 외부 저장소, 네트워크 공유와 여유 공간이 필요하다.

예제 구현

다음 과정에서는 Windows Server Backup 기능을 어떻게 설치하고, Hyper-V 구성과 가상 컴퓨터를 백업하기 위한 작업을 어떻게 예약하는지 보여준다.

1. Windows Server Backup 기능을 설치하기 위해서는 작업 표시줄에서 서버 관리자를 연다.
2. 서버 관리자 대시보드에서 관리를 클릭하고, 역할 및 기능 추가를 선택한다.
3. 시작하기 전 페이지에서 다음을 네 번 클릭한다.
4. 역할 및 기능 추가 마법사의 기능에서 Windows Server Backup을 선택한다.
5. 다음을 클릭하고, 설치를 클릭한다. 설치가 완료될 때까지 기다린다.
6. Windows PowerShell을 이용해도 Windows 서버 백업을 설치할 수 있다.
7. Windows PowerShell 콘솔을 열고, 다음과 같은 명령어를 실행한다.

```
Install-WindowsFeature -Name Windows-Server-Backup
-IncludeAllSubFeature -Verbose
```

8. 설치가 끝나면 시작 메뉴를 열고 Windows Server Backup을 열기 위해 wbadmin.msc라고 입력한다.
9. 백업 성능 옵션을 변경하기 위해 Windows Server Backup 콘솔의 오른쪽 창에서 성능 설정 구성을 클릭한다.
10. 백업 성능 최적화 창에서 다음 화면처럼 기본 백업 성능, 빠른 백업 성능, 사용자 지정 세 가지 옵션을 선택할 수 있다.

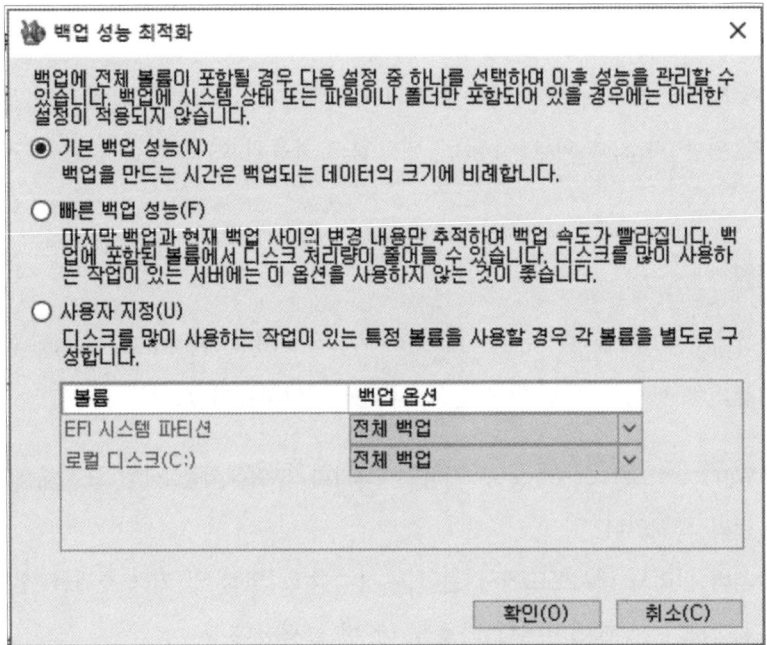

11. Windows Server Backup 콘솔의 오른쪽 창에서 원하는 백업을 선택한다. 자동으로 백업을 예약하기 위한 백업 일정과 일회성 백업을 위한 한 번 백업의 두 가지 옵션이 가능하다. 다음 단계에서 자동 백업을 어떻게 예약하는지 보여줄 것이다.
12. 백업 일정 마법사의 시작 페이지에서 다음을 클릭한다.

13. 백업 구성 선택 페이지에서 전체 서버 데이터를 백업하기 위한 전체 서버나 혹은 특정 항목만 백업하기 위한 **사용자 지정**을 선택한다. Hyper-V와 가상 컴퓨터만 백업하기를 원한다면 **사용자 지정**을 클릭하고, 다음을 클릭한다.
14. 백업할 항목 선택 화면에서 **항목 추가**를 클릭한다.
15. 항목 선택 창에서 다음 그림과 같이 모든 가상 컴퓨터와 호스트 구성 요소를 백업하기 위해 Hyper-V를 선택한다. Hyper-V를 확장하면 백업하기 원하는 가상 컴퓨터를 선택할 수 있다. 끝나면 확인을 클릭한다.

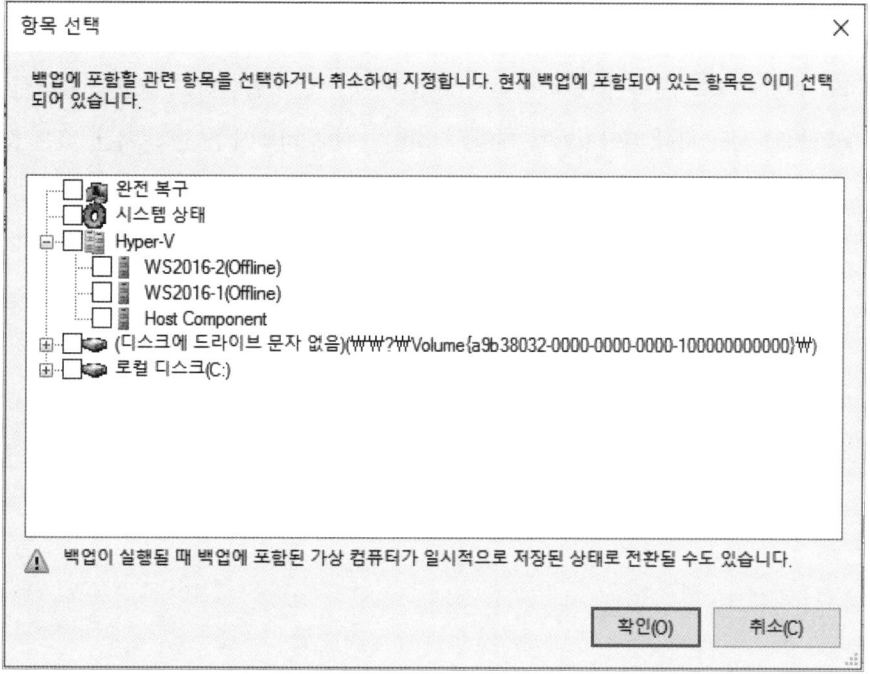

16. 백업할 항목 선택으로 다시 돌아가서 제외와 VSS 설정을 변경하기 위해 고급 설정을 클릭한다.
17. 필요한 예외를 추가하기 위해 고급 설정의 제외 탭에서 제외 추가를 클릭한다.
18. 다음 화면에서 보이는 것처럼 VSS 전체 백업이나 VSS 복사본 백업을 선택하기 위해 VSS 설정 탭을 클릭하고 확인을 클릭한다.

19. 백업할 항목 선택 창에서 백업하기 원하는 항목을 확인하고 다음을 클릭한다.
20. 백업 시간 지정 페이지에서 매일 백업하기 위해 하루에 한 번과 시간, 혹은 하루에 두 번 이상과 시간을 선택한 후 다음을 클릭한다.
21. 다음 화면에서 보이는 것처럼 대상 유형 지정 페이지에서 백업 전용 하드 디스크에 백업(권장), 볼륨에 백업, 공유 네트워크 폴더에 백업 중에 선택하고 다음을 클릭한다.

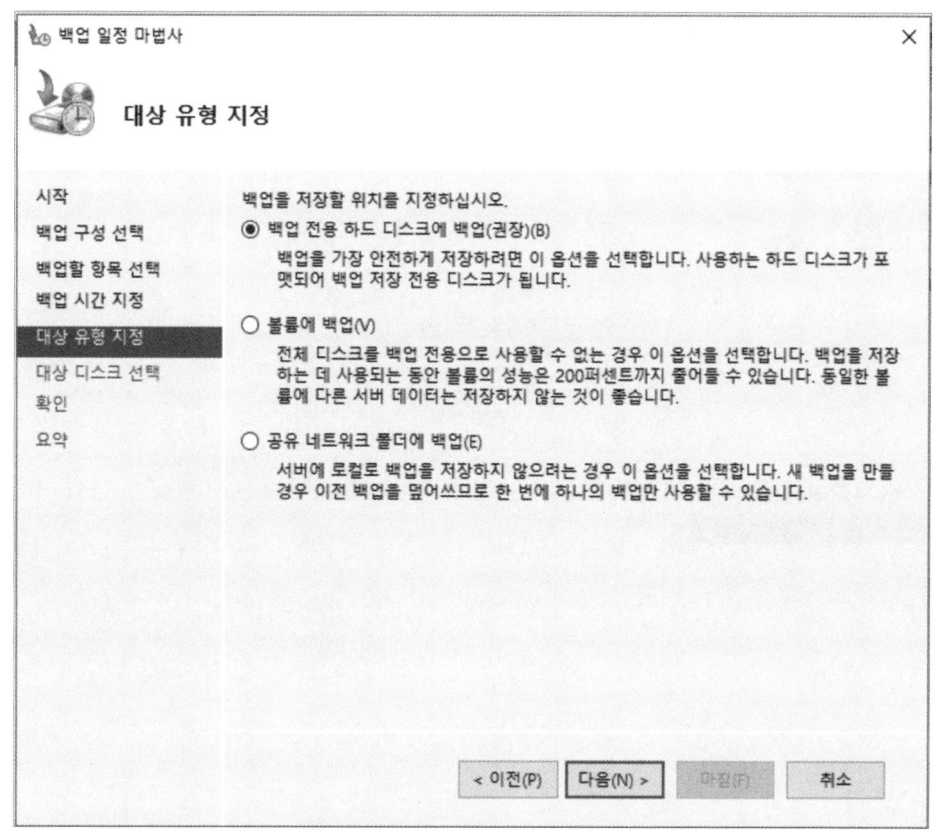

 첫 번째 옵션을 선택하면 선택한 디스크는 포맷이 되고, 백업 데이트 저장 전용으로만 사용된다.

22. 대상 디스크 선택에서 원하는 백업을 저장할 곳을 선택하기 위해 사용 가능한 모든 디스크 표시를 클릭하고 확인을 클릭한다. 그리고 다음을 두 번 클릭한다.

23. 당신이 백업 전용 하드 디스크에 백업(권장) 옵션을 선택했다면 디스크가 포맷 될 것이라는 경고를 보게 될 것이다. 확인했다면 예를 클릭한다.

24. 확인 창에서 다음 화면에 보이는 것처럼 선택한 옵션을 다시 확인하고 **마침**을 클릭한다.

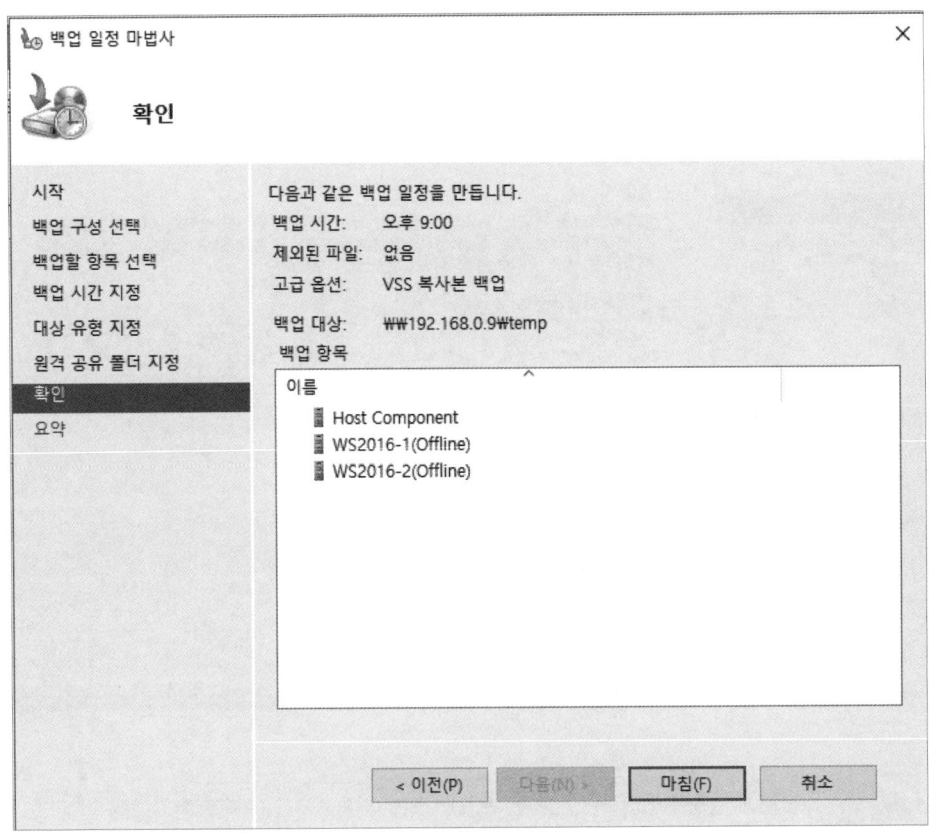

25. 끝나면 일정이 만들어질 것이다. 다음 화면과 같이 시작하기 위한 일정 시간까지 기다렸다가 백업이 성공적으로 마쳤는지 확인한다.

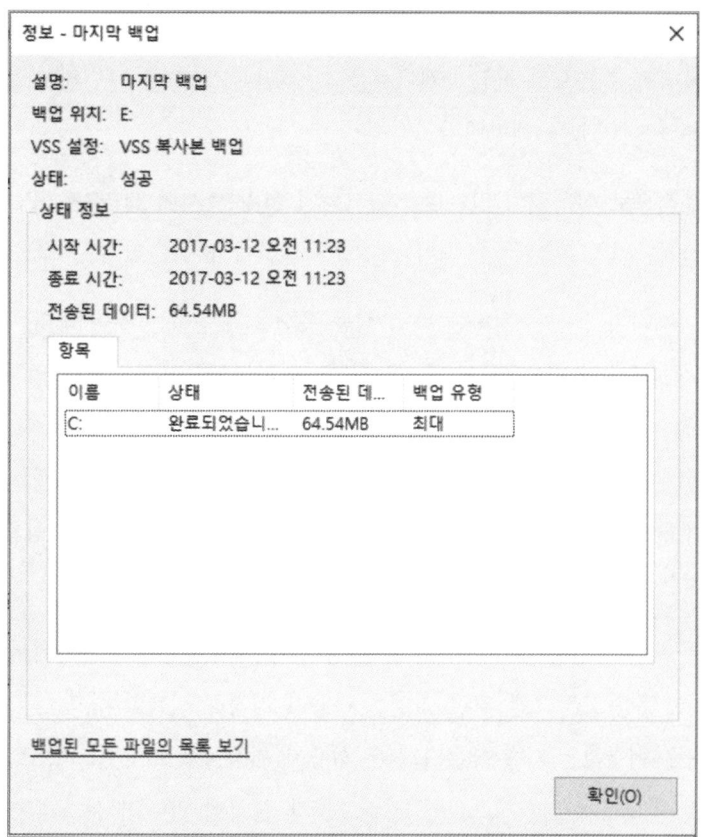

예제 분석

마이크로소프트는 기존 백업 도구를 재설계했고, 서버, 응용 프로그램, Hyper-V, 가상 컴퓨터를 백업하기 위한 Hyper-V 전체 지원을 추가했다.

WSB는 백업을 위한 상태 데이터를 고정할 수 있는 볼륨 새도 복사본 서비스의 장점을 가진다. 원래 이것은 휴대용 하드 드라이브에 오프사이트 백업만을 제공하기 위한 디자인이었다. Windows Server Backup에서 테이프 백업은 빠졌고, 휴대용 하드 드라이브만이 유효한 백업 옵션이다.

다행히 마이크로소프트는 제품 발표 때 공유 폴더에 있는 UNC 경로, 로컬 장착된 하드 드라이버와 볼륨으로 애플리케이션을 확장했다. WSB는 간편하고, 중소기업을 위한 저비용 시나리오를 제공한다.

WSB는 기본적으로 설치되지 않는다. 이 기능의 설치는 서버 관리자나 PowerShell을 통해 이뤄진다. 설치 후에는 콘솔이나 커맨드라인에서 접근이 가능해진다.

서버 백업을 시작하기 전에 원하는 백업 성능 옵션을 구성하는 것이 좋다. 기본적으로 기본 백업 성능으로 모든 백업이 생성된다. 선택한 모든 데이터를 백업하도록 전체 백업을 만드는 것이다. 이것은 백업할 데이터가 적을 경우 좋은 옵션이다. **빠른 백업 성능** 옵션을 선택할 수도 있다. 이것은 마지막과 현재 백업의 차이점을 백업하므로, 백업 횟수가 늘어나지만, 저장 데이터를 줄여 준다. 저장 공간과 많은 양의 데이터를 백업해야 하는 시간을 절약하기 위한 좋은 옵션이다.

백업 일정은 백업 작업을 자동화하기 위해 생성한다. 백업 일정 마법사에서 전체 서버나 특정 볼륨, 응용 프로그램, 혹은 파일을 사용자 지정해 선택할 수 있다. Hyper-V와 가상 컴퓨터를 백업하는 가장 좋은 옵션은 사용자 지정 옵션이다. 그러므로 전체 서버를 백업하지 않도록 한다. 호스트에 Hyper-V가 설치돼 있다면 시스템은 모든 가상 컴퓨터와 호스트 구성 요소 설정을 선택해 백업할 수 있게 보여준다. 마법사 진행 중에 제외와 VSS 전체 백업과 VSS 복사본 백업을 선택하는 **볼륨 섀도 복사본 서비스**[VSS] 설정과 같은 고급 옵션을 변경할 수도 있다. WSB는 VSS 전체 백업과 VSS 복사본 백업이라는 두 가지 옵션을 갖고 있다. VSS 전체 백업을 선택하면 모든 것을 백업하고, 응용 프로그램은 나중에 로그 파일을 자른다. WSB에 통합된 다른 백업 솔루션을 사용한다면 이 로그들은 증분 백업을 위한 미래의 백업에 필수적으로 사용될 것이다. 로그 파일을 보존해 다른 응용 프로그램의 증분 백업에 문제가 생기지 않게 VSS 복사본 백업을 사용할 수도 있다.

백업할 항목을 선택하고 나면 백업 시간을 정해야 한다. 이것은 **하루에 한 번 혹은 하루에 여러 번**이라는 두 가지 일정 옵션만 갖고 있고, 이는 이전 버전부터 내려온 제한 사항이다. 매주 백업과 같은 다른 백업 일정을 생성하고 싶다면 PowerShell에서 WSB 명령을 사용해야 한다.

그리고 백업 대상 형식에서는 전용 하드 디스크, 볼륨 혹은 백업을 저장하기 원하는 네트워크 공유를 선택할 수 있다.

모든 항목을 확인했다면 이제 시스템을 백업할 수 있는 백업 일정이 준비된 것이다.

일회성으로 시스템을 백업하기 위해서는 한 번만 백업을 이용할 수 있다.

보충 설명

이전 백업이 성공했는지 실패했는지 확인하기 위해 WSB 콘솔에서 상세 옵션을 이용할 수 있다. 이 상세 내용은 마지막(이전), 다음, 그리고 모든 백업에 대한 좀 더 많은 정보를 얻기 위해 로그를 이용한다.

이 로그에 접근하기 위해 Windows Server Backup을 열고, 상태 아래의 자세히 보기를 선택한다.

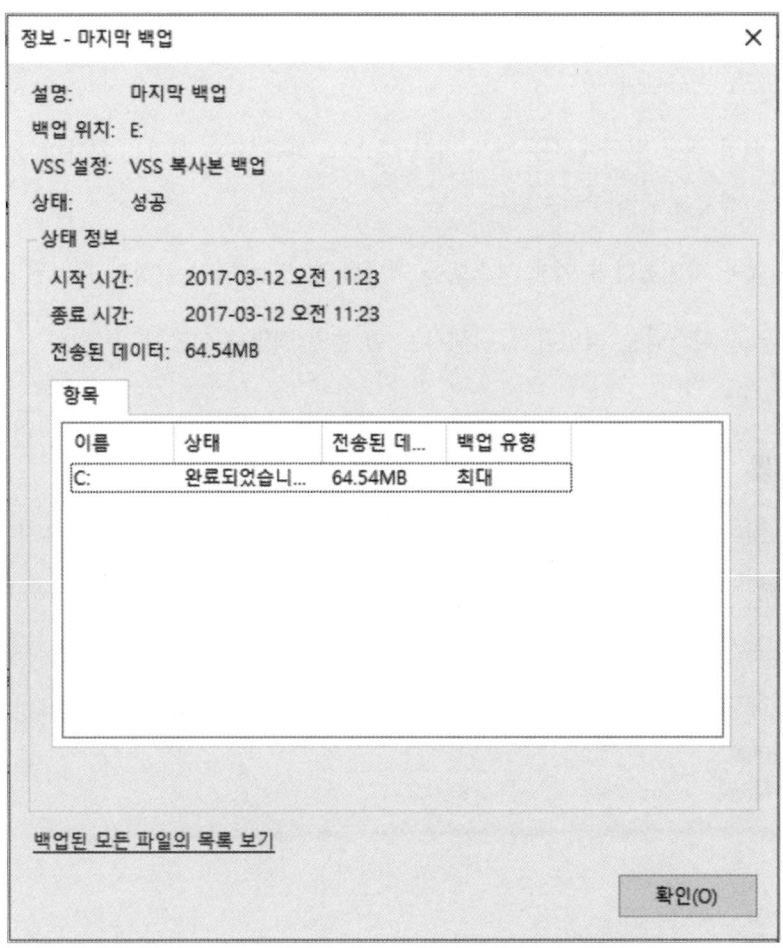

어떤 파일이 백업됐는지 보려면 백업된 모든 파일의 목록 보기 링크를 클릭한다.

Windows Server Backup PowerShell commandlets 확인

고급 일정, 정책, 작업, 그리고 다른 구성과 같은 일부 옵션은 PowerShell 명령에서만 생성할 수 있다.

가용한 모든 Windows Server Backup 명령을 보기 위해서는 다음과 같은 명령을 입력해보자.

```
Get-Command -Module WindowsServerBackup
```

PowerShell을 이용해 Hyper-V VM 백업

Windows PowerShell을 이용하면 가상 컴퓨터 백업을 자동화할 수 있다.

다음의 도구는 가상 컴퓨터를 위한 백업 절차를 자동화한다.

먼저 다음 화면에서처럼 Hyper-V 호스트 이름과 사용하려는 백업 미디어 형식(디스크, 볼륨 혹은 네트워크 공유)을 지정해야 한다.

네트워크 공유를 선택했다면 필요한 권한을 가진 네트워크 자격증명을 입력하라는 창이 뜰 것이다.

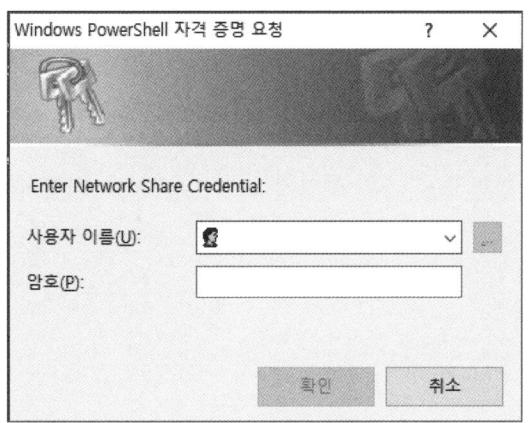

이 스크립트는 Windows Server Backup 기능이 설치됐는지 확인하고, 그렇지 않다면 WSB를 설치하고 Hyper-V 호스트를 쿼리한 후 백업에 포함시키기 원하는 가상 컴퓨터를 선택하게 요청할 것이다.

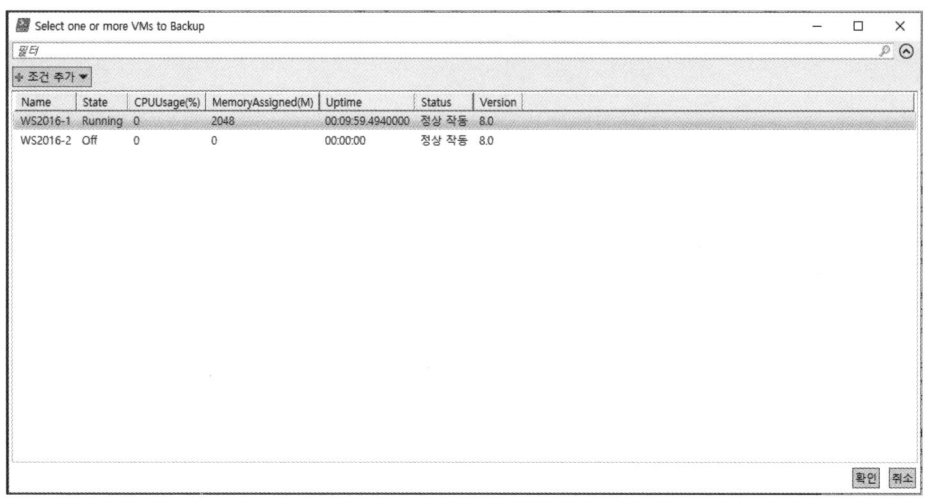

또한 원하는 백업 일정을 지정할 수 있으며, 지정하지 않는다면 다음 화면에 보이는 것처럼 기본 일정인 새벽 5시에 매일 실행되도록 백업 정책이 생성될 것이다.

```
PS C:\Users\Administrator> .\New-WSVMBackup.ps1 -HVHost WS16-HV01 -BackupType Network -Verbose
자세한 정보 표시: 'Get-WindowsFeature' 작업이 시작되었습니다. Windows-Server-Backup
자세한 정보 표시: 'Get-WindowsFeature' 작업이 성공했습니다. Windows-Server-Backup

자세한 정보 표시: Remove existing policy...
자세한 정보 표시: No existing policy to remove...
자세한 정보 표시: Create an empty WB Policy Object
자세한 정보 표시: Enter network share credential
```

필요한 정보를 다 입력하면 다음 화면에 보이는 것처럼 백업이 시작될 것이다.

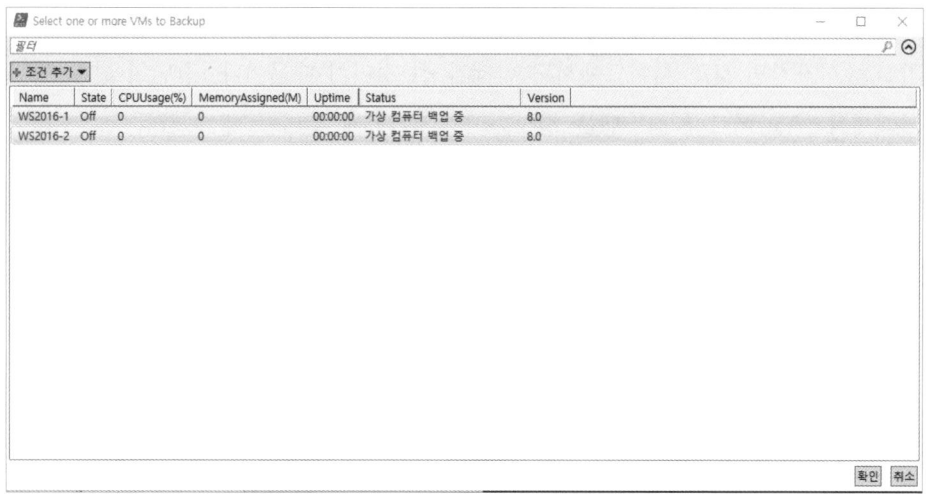

 이 도구는 이 책에 포함돼 있다. 편의성을 위해 다운로드해 사용할 수 있다.

참고 사항

- 4장의 'PowerShell 기본 명령 배우고 활용' 예제
- 8장의 'Windows Server Backup을 이용한 Hyper-V와 VM 복원' 예제

Windows Server Backup을 이용한 Hyper-V와 VM 복원

클러스터, Hyper-V 복제본, 저장소 마이그레이션, 저장소 복제본 및 여러 다른 기능이 Hyper-V 가상 컴퓨터의 고가용성을 위한 것이지만, 이것이 모든 시스템의 가용성 100% 제공을 보장하는 것은 아니다. 예를 들어 호스트 컴퓨터를 잃어버리면 단일 시스템뿐만 아니라 거기에서 작동하는 모든 가상 컴퓨터까지 사용하지 못하게 된다. 그것이 응용 프로그램이든 가상 컴퓨터이든 혹은 복원돼야 할 전체 Hyper-V 호스트

든 마찬가지다. VM과 저장소 복제 솔루션은 백업을 대체할 수 없다. 주 사이트에서 파일을 삭제하면 보조 사이트에서도 삭제가 될 것이기 때문이다. 간단히 말해 이런 실패에서 가장 빠르게 시스템을 정상화시킬 수 있게 준비가 돼야 한다.

Windows Server Backup의 한 가지 장점은 사용하기 편하고, OS 내에 이미 내장돼 있다는 것이다. 몇 번의 클릭만으로 호스트와 VM을 작동하게 할 수 있다.

이 예제는 Windows Server Backup을 이용해 가상 컴퓨터를 복원하는 전체 단계를 안내한다.

준비

Windows Server Backup은 자체에서 만들어진 백업만 복원을 지원한다. 시작하기 전에 이 백업에 접근할 수 있는지 확인하라.

예제 구현

다음 과정에서는 Windows Server Backup을 이용해 가상 컴퓨터와 호스트 구성 요소를 포함한 백업을 복원하는 절차를 보여준다.

1. 데이터를 복원하려는 컴퓨터에 Windows Server Backup이 설치돼 있지 않다면 다음의 단계를 진행한다. 이미 설치돼 있다면 7단계로 간다.
2. Windows Server Backup을 설치하려면 작업 표시줄에서 서버 관리자를 연다.
3. 서버 관리자 대시보드에서 관리를 클릭하고 역할 및 기능 추가를 선택한다.
4. 시작하기 전에 페이지에서 다음을 네 번 클릭한다.
5. 기능 선택에서 Windows Server Backup을 선택한다.
6. 다음을 클릭하고 설치를 클릭한다. 설치가 완료될 때까지 기다린다.
7. WSB를 열기 위해서는 시작 메뉴에서 wbadmin.msc라고 입력한다.

8. Windows Server Backup 콘솔에서 오른쪽 창에 있는 복구를 클릭한다.
9. 복구 마법사의 시작에서 다음의 화면처럼 백업이 로컬에 저장돼 있다면 이 서버를 선택하고, 백업이 저장소나 네트워크 공유에 있다면 다른 위치에 저장된 백업을 선택한다. 다음을 클릭한다.

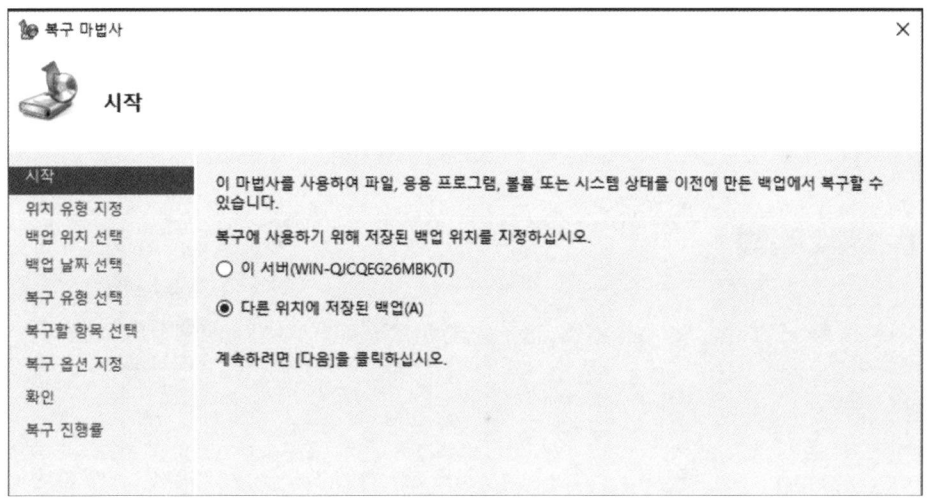

10. 위치 유형 지정 창에서 로컬 드라이브 혹은 원격 공유 폴더 옵션을 선택할 수 있다. 백업이 위치한 옵션을 선택하고 다음을 클릭한다.
11. 백업 위치 선택 창의 드롭다운 목록에서 백업 파일이 있는 위치를 선택하고, 다음을 클릭한다.
12. 서버 선택 창에서 복원할 서버를 선택하고 다음을 클릭한다.

13. 다음 화면에 보이는 것처럼 백업 날짜 선택에서 복원을 위한 달, 날짜와 시간을 선택한다. 백업 내용을 확인하기 원한다면 복구 가능한 항목의 하이퍼링크를 클릭해본다. 그리고 다음을 클릭한다.

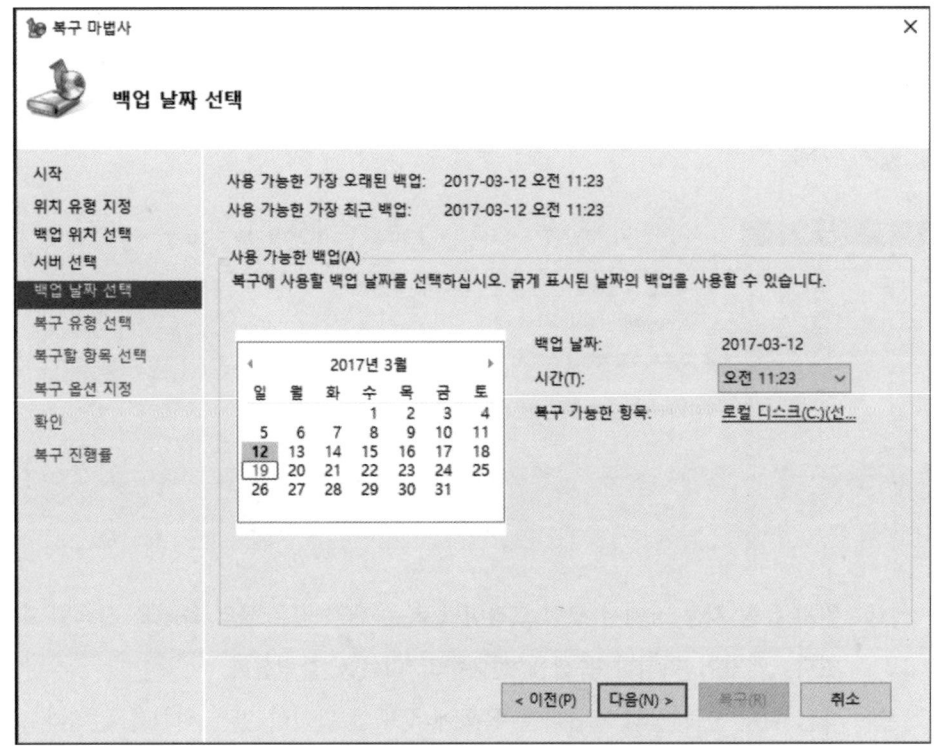

14. 복구 유형 선택 페이지에서 복구를 원하는 대상을 선택한다. 파일 및 폴더, Hyper-V, 볼륨, 응용 프로그램, 시스템 상태 옵션에서 선택할 수 있다. 가상 컴퓨터와 호스트 구성 요소를 복구하려면 다음 화면처럼 Hyper-V를 선택하고 다음을 클릭한다.

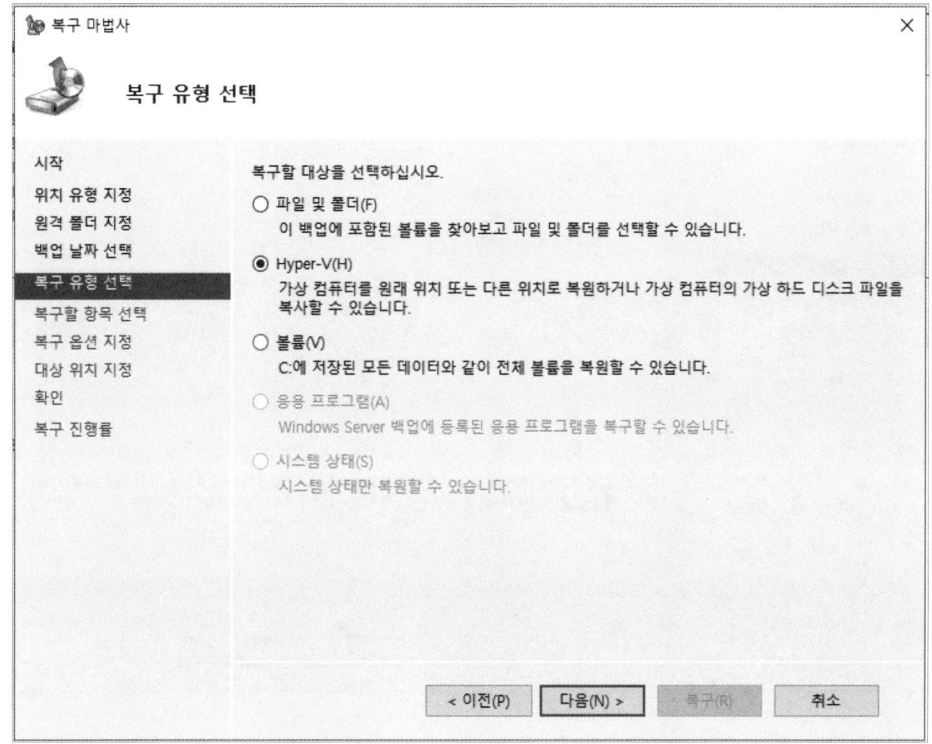

15. 복구할 항목 선택 페이지에서 다음 화면처럼 복원하려는 가상 컴퓨터를 선택한다. Hyper-V 설정을 복구하려면 **호스트 구성 요소**를 선택하고 다음을 클릭한다.

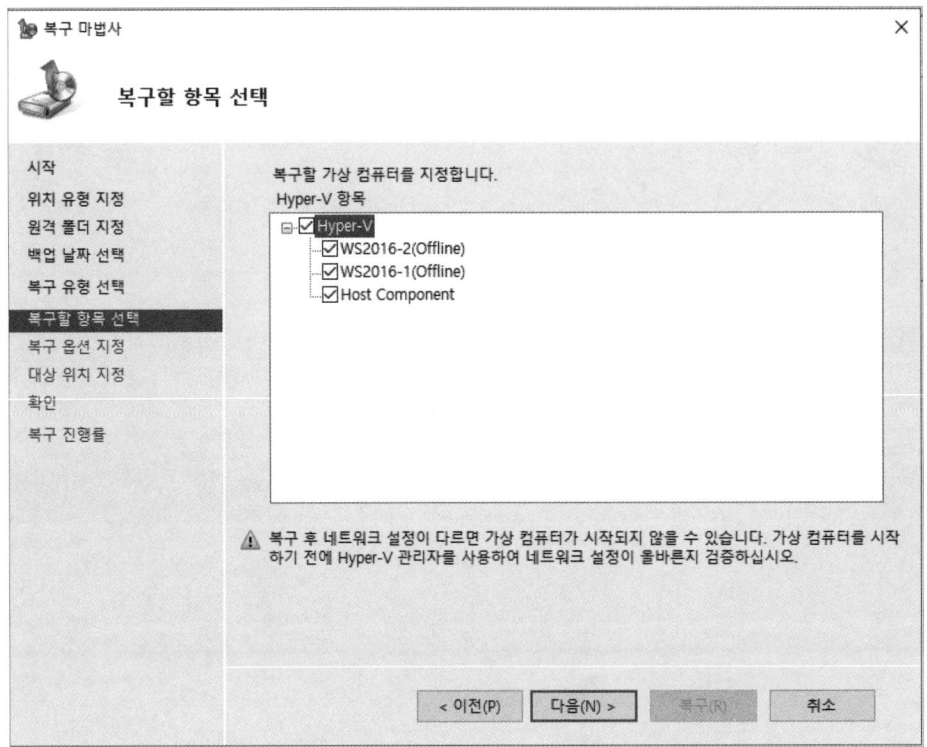

16. 복구 옵션 지정에서 원래 위치로 복구, 대체 위치로 복구, 폴더에 복사하는 옵션을 선택할 수 있다. 자신의 환경에 맞는 옵션을 선택하고 다음을 클릭한다. 확인 창에서 복원될 복구 항목을 확인하고 **복구**를 클릭한다. 복원이 완료될 때까지 기다렸다 복구 마법사를 닫기 위해 **마침**을 클릭한다.

17. Windows Server Backup 콘솔에서 복구된 항목을 확인하기 위해 메시지 화면 아래의 **복구 항목**을 더블 클릭한다. 다음 화면처럼 응용 프로그램 복구 창이 열린다.

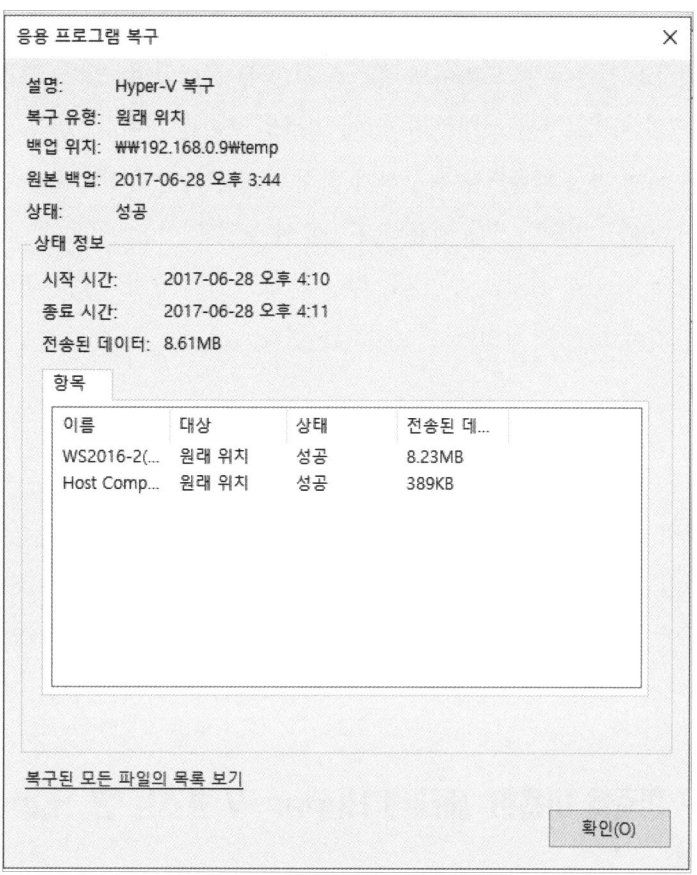

18. 복구된 파일을 확인하기 위해서는 응용 프로그램 복구 창에서 복구된 모든 파일의 목록 보기를 클릭한다.
19. 복원이 성공됐는지 확인하기 위해 Hyper-V 관리자를 열고, 복원된 가상 컴퓨터가 나오는지 확인한다.

예제 분석

가상 컴퓨터를 복원하기 위한 시나리오에서 첫 번째 할 일은 WSB가 미리 설치돼 있는지와 데이터를 복원하려는 컴퓨터에서 백업 파일이 접근되는지 확인하는 것이다.

복구 마법사에서 백업이 있는 위치를 지정해 서버를 복구할 수 있다. 위치는 연결된 디스크나 저장소 같은 로컬 드라이브 혹은 원격 공유 폴더일 수 있다. 그러면 마법사는 마지막 백업 파일로부터 선택할 수 있게 일정을 보여줄 것이다. 백업 날짜와 시간을 선택하고 나면 가상 컴퓨터를 복구하기 위해 반드시 복구 유형으로 Hyper-V 옵션이 선택돼야 한다. 가용한 가상 컴퓨터의 목록이 보일 것이고, 원래 위치 혹은 다른 위치로 복원할 수 있게 선택할 수 있다. 다음 단계로 복원 절차가 마무리되기를 기다린 후 모든 것이 다시 온라인이 됐는지 확인한다.

참고 사항

- 1장의 'Hyper-V 역할 활성화' 예제
- 4장의 'PowerShell 기본 명령 배우고 활용/ 예제
- 8장의 'Windows Server Backup을 이용한 Hyper-V와 VM 백업' 예제

▌HTTP 인증을 이용한 세대의 Hyper-V 호스트 간 Hyper-V 복제본 구성

Hyper-V 복제본은 단일 네트워크 연결을 이용해 마치 원격 재해 복구 사이트 서버와 같이 두 번째 Hyper-V 호스트로 가상 컴퓨터를 비동기로 복제하는 기능이다.

Windows Server 2012 R2에서 마이크로소프트는 다른 실패 시나리오에 대비하기 위해 여러 개의 데이터 복제본이 가능한 확장된 복제를 선보였다.

Hyper-V 확장 복제 기능에서는 다른 중단 시나리오로부터 보호하기 위해 데이터에 대한 여러 개의 복사본을 가질 수 있다. 예를 들면 동일 캠퍼스 혹은 동일 도시에 두 번째 DR 사이트를 유지하면서 부하로부터 추가된 보호를 위해 국경 너머에 세 번째 데이터 복제본을 유지할 수 있다.

Windows Server 2012에서 가상 컴퓨터를 위한 복제는 5분 복제 주기만 유일하게 미리 설정할 수 있었다. 어쨌든 Windows Server 2012 R2에서 마이크로소프트는 Hyper-V 복제를 향상시켜 복구 지점 목표[RPO, Recovery Point Objective]를 기반으로 각 가상 컴퓨터에 다른 복제 주기를 설정할 수 있는 유연성이 허락돼서 30초, 5분 혹은 15분의 주기로 가상 컴퓨터를 비동기로 복제할 수 있다.

Windows Server 2012 R2의 복구 지점 접근 또한 15분부터 24시간으로 변경됐다.

성능 향상 및 리눅스 게스트 지원을 제외한 Windows Server 2012 R2의 Hyper-V 복제본의 또 다른 향상점은 VM이 작동하는 Hyper-V 복제본 가상 디스크의 크기 조정이 가능하다는 것이다. 이것은 변경이 추적되고 주 VM의 오프라인이 없더라도 동기화된다는 것이다. 어쨌든 복제가 되고 있는 컴퓨터에 가상 하드 디스크를 추가하면 복제는 실패가 될 것이고, 복제본은 위험 상태로 빠질 것이다.

Windows Server 2016 Hyper-V에서는 복제가 되고 있는 동안에도 새로운 VHD(X)를 추가하거나 제거할 수 있다. Windows PowerShell로 포함된 디스크 세트를 업데이트 할 수 있고, 진행되는 복제에 영향을 주지 않고 새로운 디스크는 보조 사이트에 자동으로 포함되거나 제외된다.

Hyper-V 복제본은 비용과 구성 요소에 대한 최소한의 요구 사항으로, 모든 규모의 업체를 대상으로 가상 환경에 대한 재해 복구 인프라 솔루션을 제공하도록 디자인됐다.

동일 네트워크에 복제본을 가질 수 있듯이 Hyper-V 복제본의 아이디어는 오늘날 대부분의 재해 복구 정책에 충분히 대응할 수 있게 재해 상황일 경우 다른 네트워크에 복제본을 두어 VM이 기동될 수 있게 한다.

이번 예제에서는 주 복제본 서버와 HTTP 기반 복제를 이용한 확장 복제본 서버에서 어떻게 단일 Hyper-V 복제본 인프라를 생성하는지 살펴본다. 이것은 Hyper-V 복제본에 대한 모든 것은 아니다. 이 예제는 인증서 기반 복제 및 Hyper-V 복제본과 장애 조치 클러스터링의 통합과 같은 고급 구성도 보여준다.

준비

Hyper-V 복제본은 Hyper-V 역할이 설치된 두 대 혹은 세 대의 서버와 네트워크 연결만 필요하다. Hyper-V 역할이 활성화된 Windows Server 2016 서버가 필요하다. 어쨌든 Hyper-V 역할을 이용하기 위해서는 다음과 같은 몇 가지 요구 사항을 고려해야 한다.

- Hyper-V 지원 하드웨어
- 저장소. 확장된 복제본 사이트를 포함해 주 서버와 복제본 서버 모두 충분한 저장소가 있는지 확인해야 한다.
- 네트워크 연결
- 방화벽 정책
- 암호화가 필요하다면 인증서(8장의 인증서 예제를 살펴보라)
- Windows Server 2016 전체 서버 혹은 서버 코어
- Hyper-V 역할이 활성화된 주 호스트 및 복제본 호스트

예제 구현

다음 과정에서는 세 대의 서버에서 어떻게 Hyper-V 복제본을 준비하고 구성하는지와 어떻게 가상 컴퓨터의 복제를 활성화하는지 보여준다. 이 작업은 주 서버(HVHost01), 복제본 서버(HVHost2), 그리고 확장 복제본 서버(HVHost03) 구성법을 보여준다. 마지막에는 재해 상황에서 어떻게 가상 컴퓨터를 장애 조치하는지 보여준다.

1. 복제본 서버로 이용할 서버에서 Hyper-V 관리자를 연다.
2. Hypver-V 관리자의 오른쪽 화면에서 Hyper-V 설정을 클릭한다.
3. Hyper-V 설정 창에서 복제 구성을 선택한다.
4. 이 컴퓨터를 복제본 서버로 사용합니다. 옵션을 체크한다.

5. 인증 및 포트 아래 Kerberos 인증 사용(HTTP)을 체크하고, 원하는 포트를 지정한다.
6. 권한 부여와 저장소 아래 인증된 서버로부터 복제 허용을 선택하고, 복제 파일이 저장될 기본 위치를 지정하거나 지정한 서버로부터 복제 허용을 선택할 수 있다. 두 번째 옵션을 선택했다면 주 서버, 저장소 위치, 신뢰 그룹을 지정한다.
7. 다음 화면처럼 HTTP 복제에 80 포트가 이용된다. demo.local 도메인이 모든 서버에서 복제가 허용되도록 주 서버 *.demo.local이 추가되고, HVServers라고 불리는 신뢰 그룹이 생성된다. 끝나면 확인을 클릭한다.

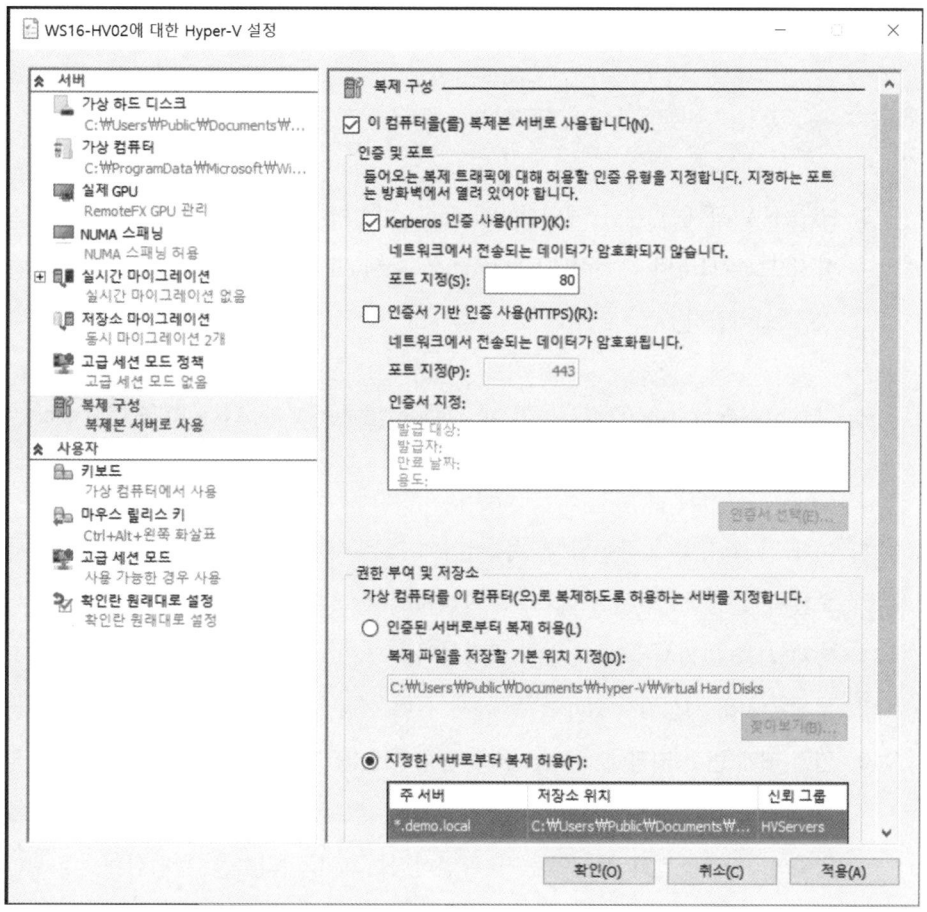

8. 주 서버와 확장 서버에서도 1부터 7단계를 반복한다.

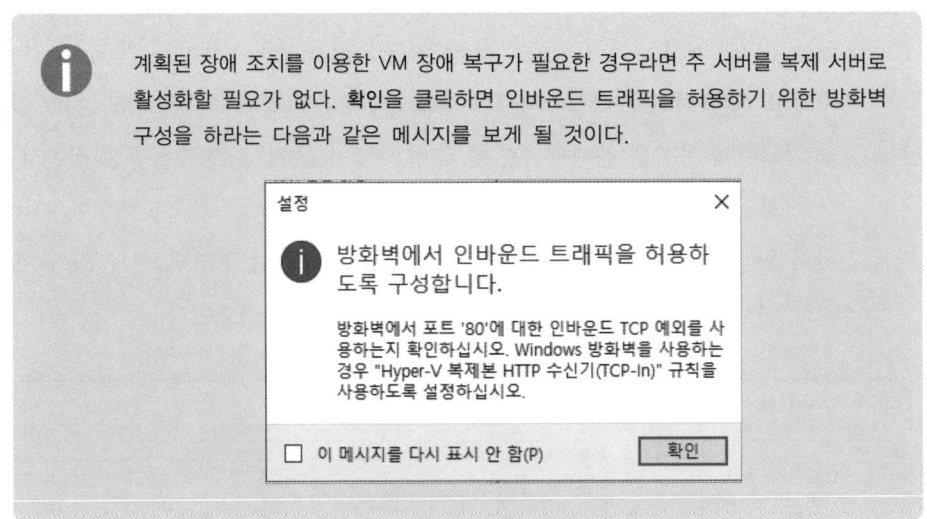

9. Hyper-V 복제를 위한 예외를 Windows 방화벽에서 활성화하려면 복제에 포함된 모든 서버의 작업 표시줄에서 PowerShell 콘솔을 열고, 다음과 같은 명령을 입력한다.

```
Enable-Netfirewallrule -displayname "Hyper-V Replica HTTP Listener
(TCP-In)"
```

10. 이제 복제 서버가 작동된다. 주 서버에 있는 복제를 원하는 가상 컴퓨터에서 오른쪽 클릭을 한다. Hyper-V 관리자에서 복제 사용을 선택한다.
11. 복제 사용 마법사에서 다음을 클릭한다.
12. 복제본 서버 지정에서 Hyper-V 복제 서버 이름을 입력하고, 다음을 클릭한다.
13. 연결 매개 변수 지정에서 Kerberos 인증 사용(HTTP)이 선택된 것을 확인한다. 다음 화면처럼 느린 네트워크 연결에서는 네트워크를 통해 전송되는 데이터를 압축합니다. 옵션이 체크됐는지 확인하다. 그리고 다음을 클릭한다.

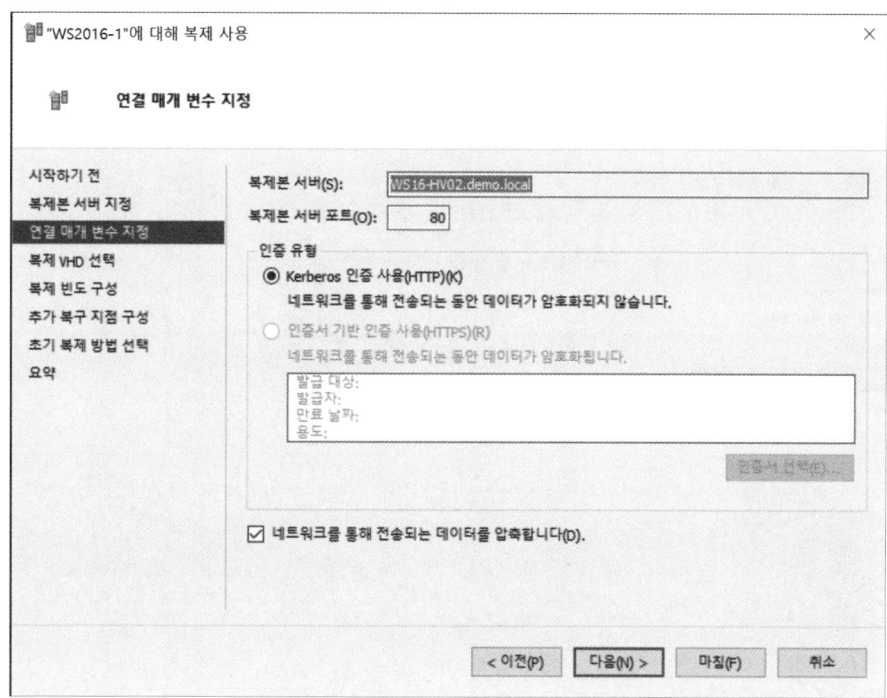

14. 복제 VHD 선택에서 복제를 원하지 않는 가상 하드 디스크는 선택되지 않게 하고 다음을 클릭한다.

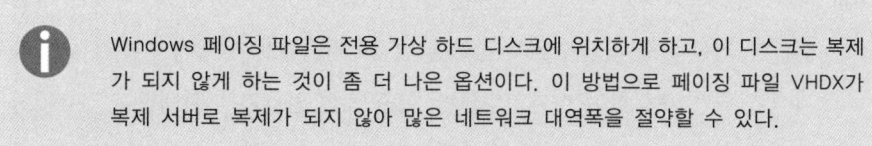

Windows 페이징 파일은 전용 가상 하드 디스크에 위치하게 하고, 이 디스크는 복제가 되지 않게 하는 것이 좀 더 나은 옵션이다. 이 방법으로 페이징 파일 VHDX가 복제 서버로 복제가 되지 않아 많은 네트워크 대역폭을 절약할 수 있다.

15. 다음 화면처럼 복제 빈도 구성에서 복제 서버로 변경을 보낼 주기를 선택한다.

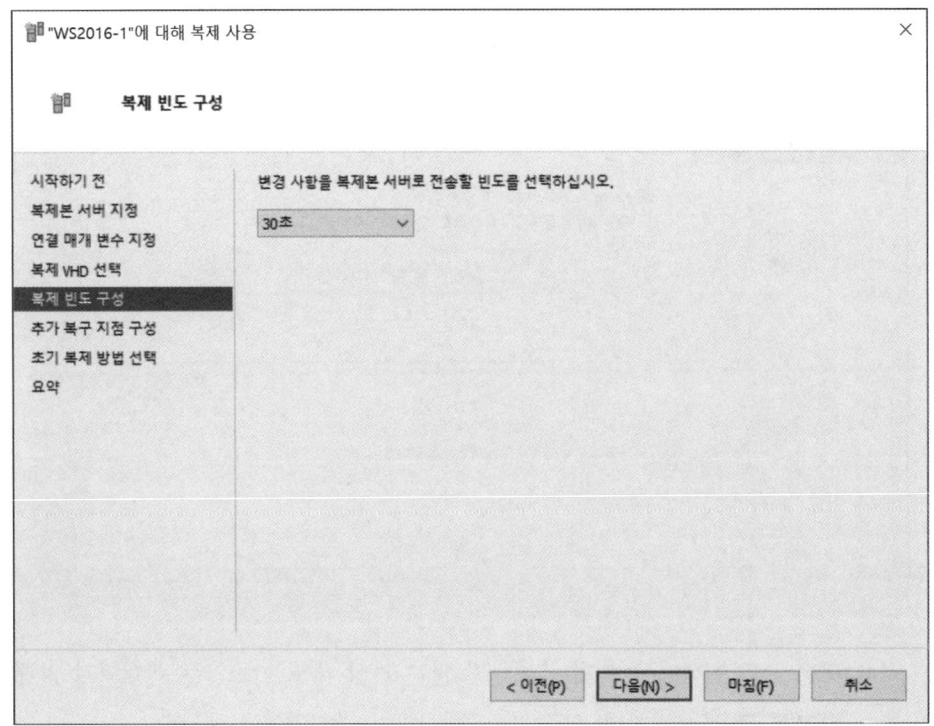

16. 다음 화면처럼 추가 복구 지점 구성에서는 복제 서버에서 마지막 복원 지점만 갖도록 최신 복구 지점만 유지 관리를 선택한다. 복제 서버에서 추가적인 복제 지점을 받게 허락하려면 추가 시간당 복구 지점 만들기를 선택한다. 이 옵션을 선택했다면 추가 복구 지점에서 제공되는 범위(시간)에서 24시간까지 복제 지점의 숫자를 지정할 수 있다. 볼륨 섀도 복사본 서비스[VSS, Volume Shadow Copy Service]를 이용한 애플리케이션 지속성을 가지려면 VSS(볼륨 섀도 복사본 서비스) 스냅샷 빈도(시간)를 선택하고, 12시간까지 어떤 주기로 스냅숏을 가질지 지정할 수 있다.

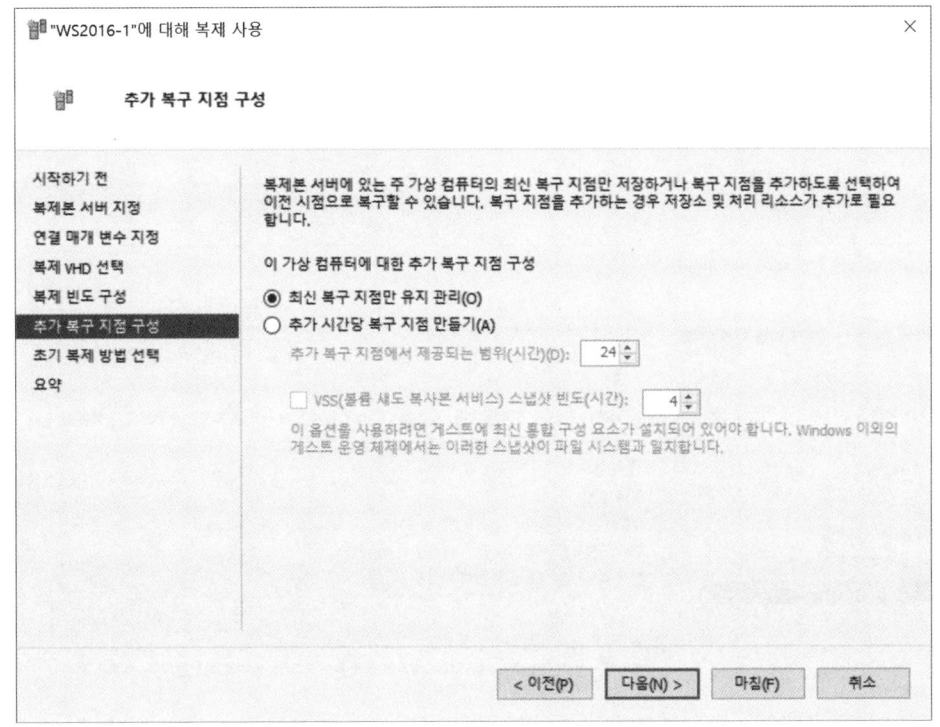

 Hyper-V 복제를 이용할 때 마지막으로 받은 복제 데이터를 저장할 수 있다. 그리고 하나 혹은 추가적으로 최대 24개까지 복제 지점을 저장할 수도 있다. 기본 값으로, 복제는 운영체제 상태의 일관성 및 많은 경우 응용 프로그램 상태의 일관성 또한 유지한다. SQL 서버와 같은 이러한 응용 프로그램에서 일관성이 필요하다면 최대 12시간까지 일정을 지정해 VSS를 이용한다.

17. VM 파일을 복사하기 위해 네트워크 연결을 이용하려면 초기 복제 방법 선택 아래에서 네트워크를 통해 초기 복사본 보내기를 선택한다. 초기 복제 방법 창에서 VM 데이터를 내보내기 한 후 복제 서버 로컬에서 불러오기를 하기 위해 외부 미디어를 사용해 초기 복사본 보내기를 선택한다. 복제 서버에서 가상 컴퓨터를 복원하려면 복제본 서버의 기존 가상 컴퓨터를 초기 복사본으로 사용합니다. 옵션을 선택할 수 있다.

18. 마법사가 끝난 후 가상 컴퓨터 데이터를 보내려면 다음 화면에 보이는 것처럼 초기 복제 예약 아래 즉시 복제 시작을 선택한다. 또는 초기 복제를 예약하려면 복제 시작 날짜를 선택하고 복제 일정을 위한 시간과 날짜를 지정한다.

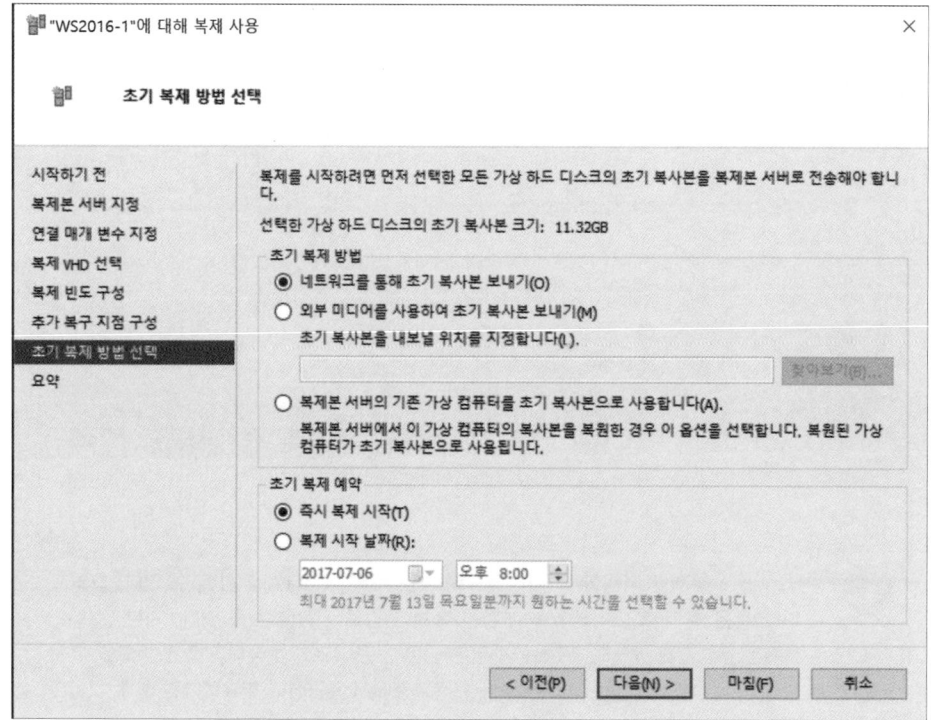

19. 복제 마법사를 완료하기 위해 설정을 확인하고 마침을 클릭한다. 가상 컴퓨터의 데이터는 예약된 시간과 날짜에 복제 서버로 전송될 것이다.
20. 이제 복제 서버로 보호된 VM 복제를 세 번째 호스트로 복제를 확장할 수 있다. 복제 서버에서 복제를 원하는 가상 컴퓨터를 선택하고 오른쪽 클릭한 후 Hyper-V 관리자에서 복제를 선택하고 복제 확장을 클릭한다.

21. 복제 확장 마법사에서 다음을 클릭한다.
22. 복제본 서버 지정에서 복제 서버에 Hyper-V 복제 이름을 입력하고 다음을 클릭한다.
23. 연결 매개 변수 지정에서 Kerberos 인증 사용(HTTP)이 선택된 것을 확인한다. 느린 네트워크 연결에서는 다음 화면처럼 네트워크를 통해 전송되는 데이터를 압축합니다. 옵션이 선택된 것을 확인하고 다음을 클릭한다.

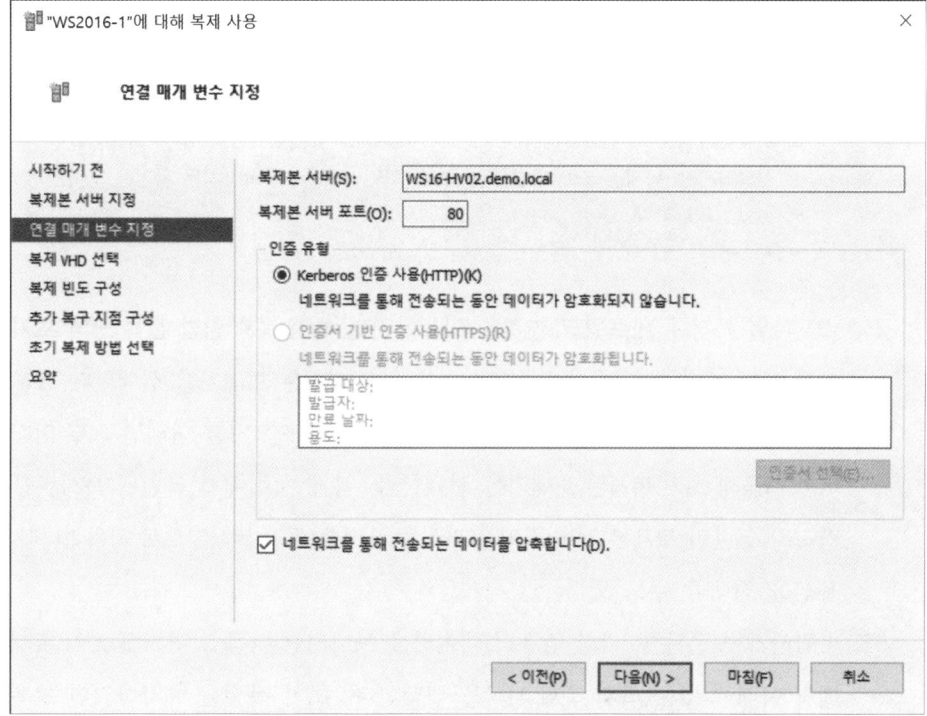

24. 복제 빈도 구성에서 복제 서버로 변경이 전달될 빈도를 선택한다. 현재 유일한 옵션은 5분과 15분이다. 또한 첫 번째 복제가 15분마다 이뤄진다면 확장된 복제는 5분으로 지정할 수 없다.

> 확장된 복제를 위한 복제 범위는 첫 번째 복제보다는 길어야 한다.

25. 추가 복구 지점 구성에서 복제 서버에서 마지막 복원 지점만을 가지려면 최신 복구 지점만 유지 관리를 선택한다. 복제 서버에서 추가적인 복원 지점을 받는 것을 허용하려면 추가 시간당 복구 지점 만들기를 선택한다. 이 옵션을 선택했다면 추가 복구 지점에서 제공되는 범위(시간)에서 복원 지점의 숫자를 24시간까지 지정한다.

> 응용 프로그램 일치 스냅숏(application-consistent snapshots VSS)를 이용한다면 잘 전달되지만, 복제 빈도는 변경할 수 없다. 어떤 VHD(X)를 복제하든 확장은 되지만 변경은 불가능하다.

26. VM 파일 복사에 네트워크 연결을 이용하려면 초기 복제 방법 선택 창의 초기 복제 방법 아래에 있는 네트워크를 통해 초기 복사본 보내기를 선택한다. VM 데이터를 내보내기한 후 복제 서버의 로컬에서 가져오기를 하려면 외부 미디어를 사용해 초기 복사본 보내기를 선택한다. 복제 서버에서 복원된 복사본을 가지고 있다면 복제본 서버의 기존 가상 컴퓨터를 초기 복사본으로 사용합니다. 옵션을 선택할 수도 있다.

27. 마법사가 종료된 후 가상 컴퓨터 데이터를 보내려면 다음 화면처럼 초기 복제 예약 아래에 있는 즉시 복제 시작을 선택한다. 초기 복제를 예약하려면 복제 시작 날짜를 선택하고, 복제 일정을 위한 시간과 날짜를 지정한다. 마치면 다음을 클릭한다.

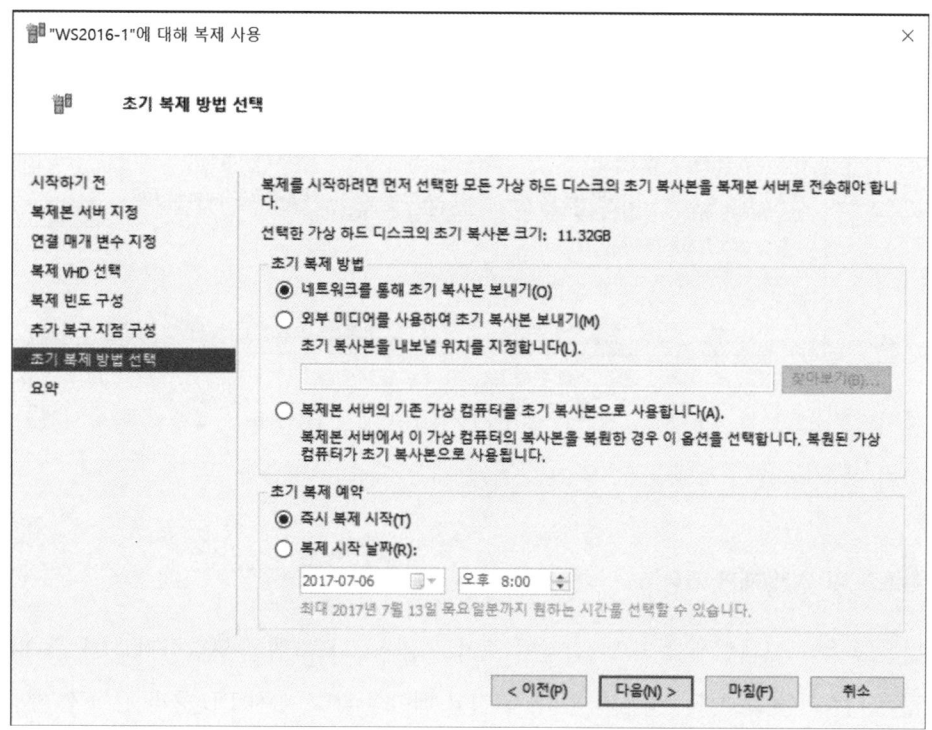

28. 확장 복제 사용 마법사를 완료하는 중에서 설정을 확인하고 마침을 클릭한다. 가상머신 데이터는 예약된 시간과 날짜에 확장 복제 서버로 전송될 것이다.

29. 주 서버가 오프라인(계획되지 않은 장애 조치)이 되는 재해 상황일 경우에는 복제 서버나 확장 복제 서버에서 가상 컴퓨터를 오른쪽 클릭을 한다. 복제 서버도 오프라인이면 **복제**를 선택하고 **장애 조치**를 클릭한다.

30. 다음 화면처럼 장애 조치 창의 드롭다운 목록에서 복원 지점을 선택하고 **장애 조치**를 클릭한다.

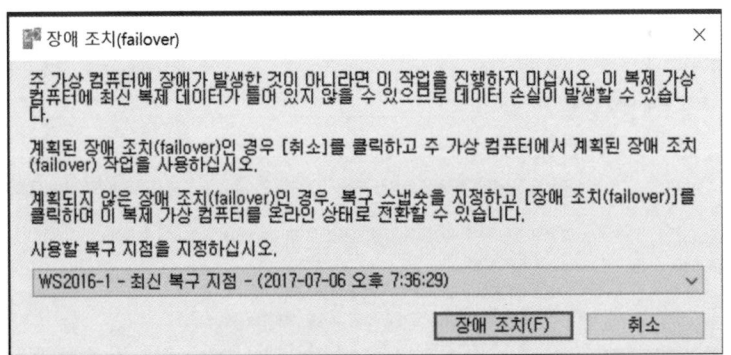

마이크로소프트는 Windows Server 2016 Hyper-V에서 Hyper-V 복제를 향상시켰고, 여러 새 기능을 추가했다. 주요 향상점에 대한 개요는 다음과 같다.

디스크 핫 추가/제거 지원

많은 응용 프로그램에서 몇 달 간격의 주기로 응용 프로그램을 확장하기 위해 좀 더 많은 디스크를 요구하는 경우가 있다. 그리고 페이징 파일, 임시 DB 등과 같이 복제에서 제외를 원하거나, 혹은 복제가 활성화된 이후에 더 이상 복제를 원하지 않는 디스크가 있을 수도 있다.

다음 예에서 복제가 되는 VM에 새로운 가상 하드 디스크를 추가한다.

이때 VM은 아무 오류 없이 복제를 계속할 것이다. 어쨌든 다음 화면에 보이는 것처럼 새로운 디스크는 복제 디스크 세트에는 포함되지 않을 것이다.

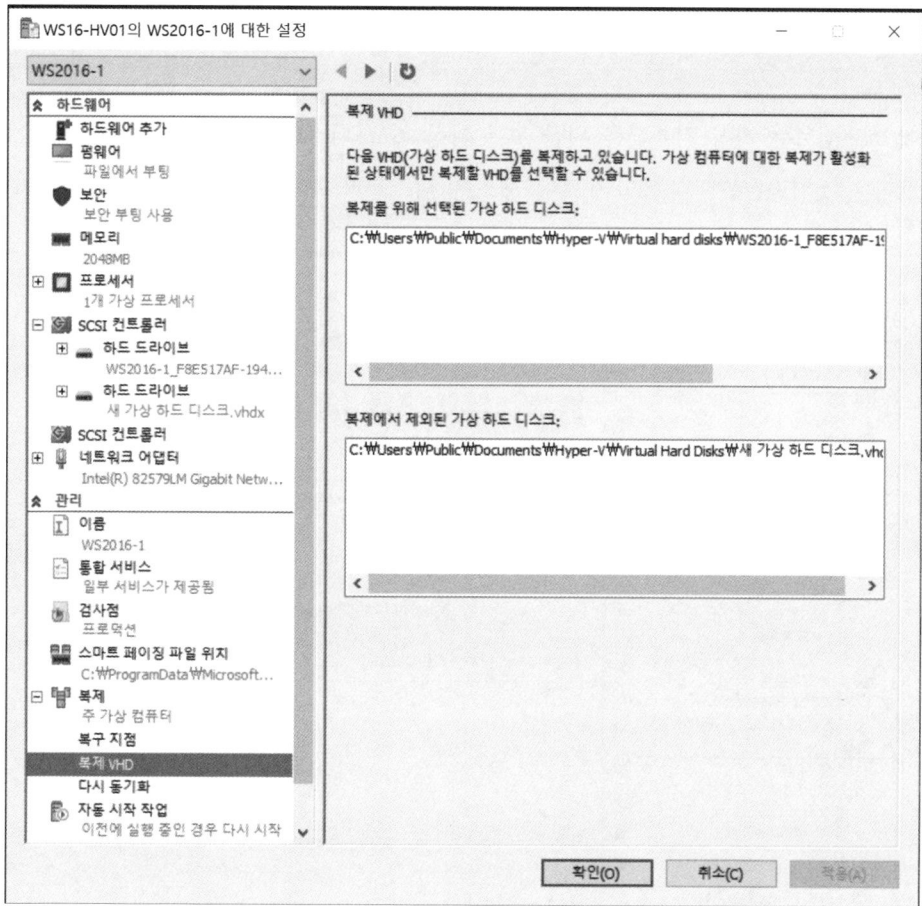

디스크를 추가하려면 주 Hyper-V 서버에서 Windows PowerShell을 열고 다음과 같은 명령어를 실행한다.

$HVHost와 $VM 변수 값은 적절한 값으로 변경하면 된다.

```
# Hot Add Disk Hyper-V Replica
$HVHost='HVHost01.demo.local'
$VM='DXB-SQL01'

Set-VMReplication -ComputerName $HVHost -ReplicatedDisks(GetVMHardDiskDrive
```

8장 Hyper-V 재해 복구 | 415

    -ComputerName $HVHost -VMName $VM) -VMName $VM

이 스크립트는 가상 컴퓨터를 위한 모든 가상 하드 디스크를 열거하고 다음 화면에 보이는 것처럼 복제 디스크 세트에 새로운 디스크가 포함되게 한다.

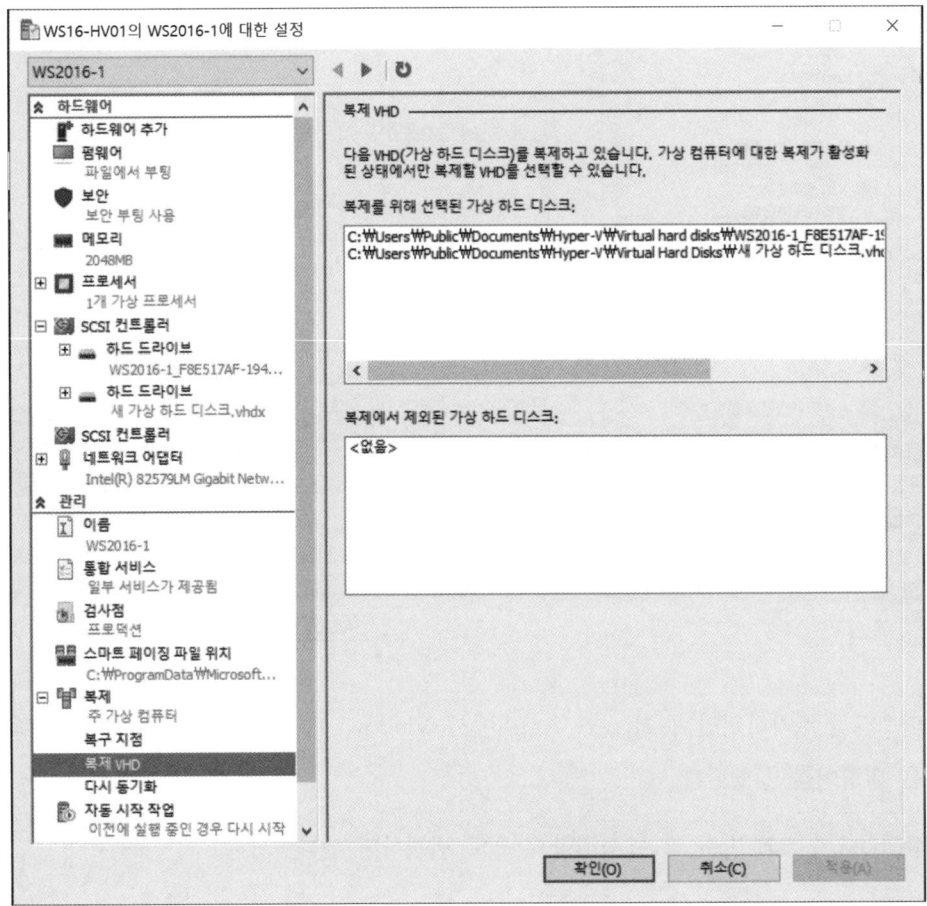

다음 화면에서 보여주는 것처럼 검사점은 디스크 업데이트 복제본으로 기록돼 있을 것이다.

VM은 복제 주기 세트(30초, 5분 혹은 15분)에 기반을 두고 복제 호스트 간에 자동으로 동기화할 것이며, 복제 주기 세트(5분 혹은 15분)에 기반을 두고 확장 복제 호스트와도 재동기화를 할 것이다.

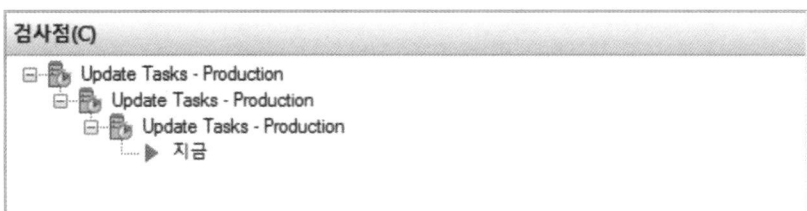

이제 복제 디스크 세트에서 가상 하드 디스크를 삭제하면 이전에 얘기했던 동일한 명령어를 이용해야 한다. 하지만 모든 디스크를 복제 디스크에 넣는 대신에 복제를 원하는 디스크만 넣으려면 제거를 원하는 것은 남겨둬야 한다.

먼저 다음의 명령어를 실행해 가상 하드 디스크를 제거하기 전에 컨트롤러 번호와 컨트롤러의 위치를 알아야 한다.

```
Get-VMReplication -ComputerName $HVHost -VMName $VM -PrimaryServerName
$HVHost | select -ExpandProperty ReplicatedDisks
```

이번 예제에서는 다음 화면에서 보이는 것처럼 컨트롤러 번호 1과 컨트롤러 위치 1에 연결된 가상 하드 디스크를 제거하려 한다.

그렇게 하려면 Windows PowerShell을 열고 주 서버에서 다음의 명령을 실행한다.

```
Set-VMReplication -ComputerName $HVHost -ReplicatedDisks(Get-
VMHardDiskDrive -ComputerName $HVHost -VMName $VM |
Where{$_.ControllerLocation -ne1}) -VMName $VM
```

이 명령어는 컨트롤러 위치 1에 연결되지 않은 모든 디스크를 가져와 처음 두 개의 디스크만을 복제 디스크 세트에 포함되도록 업데이트한다.

Hyper-V 복제본 롤링 클러스터 업그레이드 지원

Hyper-V 복제본을 이용한 Windows Server 2012 R2 Hyper-V 클러스터로 보호되는 가상 컴퓨터를 갖고 있다면 가상 컴퓨터는 사용자 개입 없이 복제가 손상되지 않은 상태로 Windows Server 2016으로 롤링 클러스터 업그레이드 이후에 연속해 보호될 것이다.

다중 VM 보호와 게스트 클러스터 된 응용 프로그램 지원

Windows Server 2016 Hyper-V에서 Hyper-V 복제본은 공유된 VHDXs 및 VM과 게스트 클러스터된 VM 간에 쓰기 순서 보증을 통해 다중 VM 응용 프로그램의 보호를 지원한다. 응용 프로그램의 부분이 되는 모든 VM을 '복제 그룹'으로 만들 수 있고, 그룹에 보호를 활성화할 수 있다.

다음은 '다중 VM 게스트 클러스터 응용 프로그램 보호' 지원에 대한 주요 기능이다.

- 각 VM이 아닌 전체 그룹에 대한 복제 및 장애 조치
- 게스트 클러스터를 위한 공유 VHDX를 포함한 VM간 쓰기 순서 보증
- 다중 가상머신 간 복원 지점의 일치
- 크래시 일관성과 응용 프로그램 일관성 지원
- 그룹, 즉 전체 응용 프로그램을 위한 공유된 SLA

보호된 가상 컴퓨터의 보호

Windows Server 2016에서 Hyper-V 복제본은 보호된 VM의 보호를 지원하고, 원활한 장재 조치를 하기 위해 두 번째 사이트로 모든 보안 키 변경이 복제된다.

예제 분석

Hyper-V 복제본은 가상머신 데이터를 복제하기 위해 두 개 혹은 세 개의 서버가 필요하다. 가상 컴퓨터를 구동하는 중심 서버는 **주 서버**primary server로 불린다. 장애 조치에 경우 사용되는 두 번째 서버는 **복제 서버**replica server로 불리며, 장애 조치에 추가로 사용될 수 있는 세 번째 서버는 **확장 복제 서버**extended replica server로 불린다. 첫 번째 일은 Hyper-V 구성에서 복제본 서버를 활성화하는 것이다. 구성은 인증과 권한 부여의 두 가지 클래스로 나눠져 있다. 인증에서는 가상 컴퓨터를 전송하기 위해 데이터를 암호화하지 않고 추가 구성이 필요하지 않는 네트워크인 HTTP를 이용하는 것과, 인증을 위해 디지털 인증서를 이용해 내용을 암호화하는 HTTPS를 이용하는 두 가지 옵션이 있다. HTTPS를 이용하기 위해서는 인증서를 요청하고 설치를 해야 한다. 이 옵션은 다음 예제에서 다룬다.

복사본 서버는 다른 서버로부터 데이터를 받게 구성될 필요가 있다. 그것은 Window 권한 부여 부분의 역할이다. 인증된 서버로부터 복제 허용 옵션이나 서버들의 목록을 선택하고 가상 컴퓨터 파일을 저장할 경로를 지정할 수 있다. 서버 목록에서 `demo.local` 도메인의 모든 서버에서 데이터를 복제하기 위해 `*.demo.local`과 같은 와일드 카드 또한 사용할 수 있다. 다른 지역이나 사용자를 분리하기 위해 일종의 태그 지정을 만들어 신뢰 그룹을 사용할 수 있다. 이것은 다른 사용자가 그들의 데이터는 다른 저장소 위치에 있기를 원한다면 흥미로운 옵션이다.

주 서버는 이러한 복제본 서버 옵션이 필요하지는 않지만, 계획된 장애 조치 기능과 중단 이후 주 서버로 VM을 다시 돌릴 수 있게 하기 위해서 이는 최선의 모범 사례가 될 것이다.

주 서버로부터 HTTP(혹은 인증서를 사용한다면 HTTPS) 요청을 받기 위해서는 Windows 방화벽을 허용하도록 방화벽 예외가 구성 돼야 한다. 주 서버를 복제본 서버로 구성했다면 PowerShell 명령어를 실행해야 한다.

이런 내용들이 Hyper-V 복제본을 가진 호스트 컴퓨터를 설치하기 위해 필요한 기본적인 것들이다. 다음 단계에서는 원하는 가상 컴퓨터에서 복제를 활성화한다. 이것은 VM에서 복제 사용 옵션을 선택하는 것으로 이뤄진다.

마법사의 첫 번째 단계는 복제본 서버를 선택하는 것이다. 그런 이후에 VM 파일을 전송할 프로토콜을 선택하는데, HTTP 혹은 HTTPS 중에 선택할 수 있다. 네트워크에서 데이터 압축 옵션을 해제할 수 있다. 주 서버와 복제본 서버는 다른 사이트에서 작동하게 계획됐고, 이 옵션은 기본 값으로 체크가 된다. 다음 옵션으로 복제될 VHD를 선택할 수 있는데, VM이 하나 이상의 VHDX를 갖고 있는 경우에 복제본 서버에 넘어갈 하나의 VHDX를 선택할 수 있다. 좀 더 나은 성능과 복제 데이터의 양을 줄이기 위해서는 VM 내에서 페이징 파일을 위해서는 다른 VHDX를 사용하고, 이것은 복제에서 제외하는 것이 권장된다.

추가 복구 지점 구성 창에서 VM의 마지막 복구 지점만 혹은 추가적인 복구 지점들을 갖게 선택할 수 있다. 복구 지점의 숫자와 24시간까지 추가적인 복구 지점을 생성하도록 간격을 선택할 수 있다. 응용 프로그램의 일관성이 필요하다면 예약을 지정할 때 VSS를 사용하도록 한다. 마지막 단계는 초기 복제 방식과 최대 12개까지의 예약을 선택하는 것이다. 기본 방식은 네트워크를 통해 초기 복사를 보내는 것이다. 느린 네트워크에 많은 가상 컴퓨터가 있는 경우라면 외부 미디어로 VM 데이터를 추출한 후 복제본 서버에서 가져오기를 할 수 있다. 복제를 원하는 VM이 이미 복제본 서버에 존재한다면 이것을 초기 복사에 사용할 수 있다. 그런 다음에 즉시 복제를 시작하거나 초기 복제를 예약할 수 있다. 예약은 초기 복제 동안에만 유효하다는 점이 중요하다. 로그 복제는 매 30초, 5분, 그리고 15분 간격으로 발생하며 변경될 수 없다.

가상 컴퓨터의 복제가 활성화되면 Hyper-V 복제 모듈이 VHDX의 변경을 모니터하고 복제될 로그를 만든다. 이것은 Hyper-V 가상 저장소 스택에 있는 추적 모듈에서 이뤄진다. 복제는 비동기 방식으로 시작하고 역순으로 재생된다.

이제 예상치 못한 재해가 발생을 하더라도 (최소한 VM에서는) 혼란에 빠질 필요가 없다. 장애 조치는 자동이 아니다. 가상 컴퓨터를 선택하고 장애 조치를 시켜야 한다.

요약하면 복제되는 VM의 상태를 모니터하는 것이 매우 중요하다. 좀 더 자세한 정보를 위해 참고 부분을 확인하라. Hyper-V는 (네트워크 장애와 같은) 일시적인 이슈를 해결하기 위해 기본적으로 재시도 로직을 갖고 있지만, (디스크 이슈와 같은 예에서는) 사용자의 간섭이 필요한 사건이 발생하는 경우도 있다. 정기적으로 복제 상태를 분석하는 것이 이러한 문제를 예방하고 고치는 데 도움이 된다.

보충 설명

Hyper-V 복제본 배포 디자인을 시작할 때 성공적인 Hyper-V 복제본을 배포하기 위해서는 필요한 서버, 저장소와 네트워크 인프라를 살펴보길 원할 것이다. 이러한 이유로 마이크로소프트는 배포에 도움을 주기 위해 용량 계획 도구를 발표했다. Capacity Planner for Hyper-V Replica는 Hyper-V 복제본 배포를 성공적으로 계획할 수 있게 서버, 저장소와 네트워크 프로비저닝을 위한 권고안을 제공한다. 이 도구는 마이크로 다운로드 센터, https://www.microsoft.com/en-us/download/details.aspx?id=39057에서 다운로드할 수 있다.

고정 IP를 갖고 있는 가상 컴퓨터가 다른 서브넷과 네트워크 구성을 가진 다른 데이터센터로 장재 조치가 되면 어떤 일이 일어날지 궁금할 것이다. 예를 들면 주 서버 사이트가 있는 데이터센터 A에 IP 주소, 기본 게이트웨이, DNS 설정 등을 가진 VM을 갖고 있고, 복제본 서버가 있는 데이터센터 B에는 다른 네트워크 구성이 있다고 하자. 확장 복사본 서버가 있는 데이터센터 C에도 다른 네트워크 구성이 있는 경우 VM이 다른 네트워크로 장애 조치가 되면 문제가 발생할 것이다.

VM이 복제본이나 확장 복제본 서버에서 시작되면 네트워크 설정을 잃게 될 것이다. 심지어 같은 네트워크 구성을 유지하더라도 VM이 다른 네트워크에서 실행되므로 작동을 하지 않을 것이다.

Hyper-V 복제본은 장애 조치 네트워크 구성 설정을 추가해 복사본 서버로 VM이 장애 조치될 때 사용할 수 있다. 이것은 VM에 있는 synthetic 가상 네트워크 어댑터가 필요하다는 점이 중요하며, legacy 가상 네트워크 어댑터에서는 작동하지 않는다.

이러한 설정을 구성하려면 다음 화면에 보이는 것처럼 복제본 혹은 확장 복제본 서버에서 가상머신 설정을 열고, 부착된 네트워크 어댑터를 확장하고 장애 조치 TCP/IP를 클릭한다.

가상 컴퓨터에 다음 IPv4 주소 체계 사용 옵션을 체크하고, 다른 네트워크로 장애 조치가 발생했을 때 VM이 사용하려는 네트워크 구성을 추가할 수 있다.

Linux 게스트 OS에도 동일한 규칙이 적용된다. Windows Server 2012 R2부터 마이크로소프트는 파일 시스템 일관성 스냅샷과 장애 조치 워크플로우의 일부로 IP 주소 추가를 제공하기 위해 비Windows OS와 긴밀하게 통합을 해왔다.

Hyper-V 복제본 트래픽 제한

Hyper-V는 복제 트래픽을 위한 대역폭을 조정할 수 있는 기본 내장 기능을 갖고 있지는 않다. 다행히 Windows Server 2012가 나오면서 서비스 품질^{QoS} 기능이 운영체제에 기본 내장됐다.

`New-NetQosPolicy` 명령은 트래픽을 제한할 수 있는 새로운 네트워크 QoS 정책을 만들 수 있다. 그룹 정책과 마찬가지로 Windows PowerShell을 이용할 수 있다.

여기서 `New-NetQosPolicy` 명령에 대해 좀 더 많은 정보를 확인해보자.

PowerShell을 이용해 Hyper-V 복제본을 구성하고 활성화하기

PowerShell은 Hyper-V 복제본을 위한 두 번째 구성 옵션으로 존재하며, 다음 예제에서 볼 수 있는 것처럼 때때로 편리하고, 쉽고 빠르게 작업할 수 있게 한다.

`Set-VMReplicationServer`와 `New-VMReplicationAuthorizationEntry` 명령어를 사용해 복사본 서버를 구성할 수 있다. 다음의 예는 인증 형식으로 Kerberos를 사용하게 활성화하고, 저장소 위치로 D:\VMs를 가리키게 하며, `demo.local` 도메인의 모든 서버로부터 `HVServers`라고 이름 지어진 신뢰 그룹으로 데이터 복제가 허용하게 와일드카드 `*.demo.local`로부터 복제를 받게 지정하는 것이다.

```
Set-VMReplicationServer -ComputerName HVHost02 -ReplicationEnabled $true
-AllowedAuthenticationType Kerberos -ReplicationAllowedFromAnyServer
$false -Verbose

New-VMReplicationAuthorizationEntry -ComputerName HVHost02
-AllowedPrimaryServer *.demo.local -ReplicaStorageLocation D:\VMs
-TrustGroup HVServers -Verbose
```

VM으로 복제를 활성화하려면 Enable-VMReplication 명령어를 사용하면 된다. 다음의 예는 네트워크 압축과 자동 재동기화를 활성화하고, HVHost02 서버에서 80 포트를 이용해 모든 가상 컴퓨터로 같은 시간(5분)에 복제를 활성화하게 하는 방법을 보여준다.

```
Enable-VMReplication -VMName * -ReplicaServerName HVHost02
-ReplicaServerPort 80 -AuthenticationType Kerberos -CompressionEnabled 1
-ReplicationFrequencySec 300 -AutoResynchronizeEnabled 1
```

Start-VMInitialReplication 명령어는 가상 컴퓨터를 위한 초기 복제를 시작한다. 다음의 예는 준비된 모든 가상 컴퓨터에서 초기 복제를 시작하는 방법을 보여준다.

```
Get-VM * -ComputerName HVHost01 | ?{$_.ReplicationState -eq
"ReadyForInitialReplication"} | Start-VMInitialReplication
```

PowerShell에서 모든 Hyper-V 복제본 명령을 열거하려면 다음과 같은 명령어를 입력한다.

```
Get-Command -Module Hyper-V *Replica*
```

향상된 Hyper-V 복제본 모니터링

Hyper-V 복제본 환경을 모니터링하는 것은 중요하다. 이런 이유로 VM 복제에 이상이 발생했을 때 Hyper-V 관리자에게 경고를 보낼 실용적인 PowerShell 도구를 만들었다.

이 도구는 먼저 주 서버, 복제본, 그리고 확장 복제본 호스트에서 HTTP 연결을 확인한다. 모든 노드에 연결이 되면 주 VM이 경고 상태에 있는지, 위험 상태에 있는지 확인한다. 어떤 가상 컴퓨터가 경고나 위험 상태에 있다면 관리자의 개입 없이 복제를 복원하고 디스크를 동기 상태로 돌리기 위해 자동으로 복제를 다시 시작한다.

이 도구는 편의를 위해 TechNet 갤러리에서 다운로드가 가능하다.

https://gallery.technet.microsoft.com/Advanced-Hyper-V-Replica-e1c6e491

참고 사항

- 8장의 '장애 조치 클러스터를 위한 Hyper-V 복제본 브로커 구성' 예제
- 8장의 '엔터프라이즈 CA를 이용한 인증서 기반 인증을 위한 Hyper-V 복제본 구성' 예제
- 7장의 'Windows 장애 조치 클러스터링 기능 설치 및 구성' 예제
- 10장의 'Hyper-V 서버 튜닝' 예제
- Hyper-V 복제본 상태를 해석하기 위한 상세 보고서를 위해서는 다음의 링크를 확인하자.
    - https://blogs.technet.microsoft.com/virtualization/2012/06/15/interpreting-replication-health-part-1/
    - https://blogs.technet.microsoft.com/virtualization/2012/06/21/interpreting-replication-health-part-2/

- 가상 컴퓨터 장애 조치의 다른 형식을 위해서는 다음의 링크를 확인하자.
  - https://technet.microsoft.com/en-us/library/%20jj134172(v=ws.11).aspx

■ 장애 조치 클러스터를 위한 Hyper-V 복제본 브로커 구성

주 서버, 복제본 서버 혹은 확장 복제본 서버 중 하나가 장애 조치 클러스터 환경의 멤버라면 Hyper-V 복제본 브로커 역할을 구성할 필요가 있다. 이 역할은 클러스터를 Hyper-V 복제본의 부분으로 활성화하기 위해 필요하며, 유연한 복제를 지원할 수 있게 한다. 이 시나리오에서 독립 실행형 서버와 클러스터를 주 혹은 복제본, 혹은 각각의 클러스터로 작동할 수 있다.

가상 컴퓨터를 위한 Hyper-V 복제본을 구성할 때 클라이언트 액세스 지점$^{CAP, Client\ Access\ Point}$이라 불리는 다른 가상 이름이 사용돼야 한다. CAP는 Hyper-V 복제본 브로커를 구성하는 동안 생성된다.

이번 예제에서는 Hyper-V 복제 시나리오에서 클러스터 서버를 사용하기 위해 어떻게 Hyper-V 복제본 브로커를 구성하는지 살펴본다.

준비

클러스터를 생성하는 것처럼 장애 조치 클러스터 환경이 이미 구성돼 있어야 한다. 어떻게 설치하고 구성하는지 더 많은 정보를 보려면 7장의 'Windows 장애 조치 클러스터 설치 및 구성' 예제를 살펴보라.

예제 구현

다음 과정에서는 Hyper-V 복제본 브로커를 구성하고, Hyper-V 복제본 인프라에 참여할 장애 조치 클러스터를 활성화는 방법을 안내한다.

1. Hyper-V 복제본 브로커를 구성하기 위해 시작 메뉴를 누르고 Cluadmin.msc 라고 입력해 장애 조치 클러스터 관리자를 연다.
2. 현재 클러스터를 선택하고 역할 구성을 클릭한다.
3. 고가용성 마법사 창에서 다음을 클릭한다.
4. 역할 선택에서 Hyper-V 복제본 브로커를 선택하고 다음을 클릭한다.
5. 클라이언트 액세스 지점 창에서 다음 화면처럼 CAP 이름을 지정하고 다음을 클릭한다.
   DHCP 환경이라면 CAP IP 주소는 자동으로 구성될 것이다.

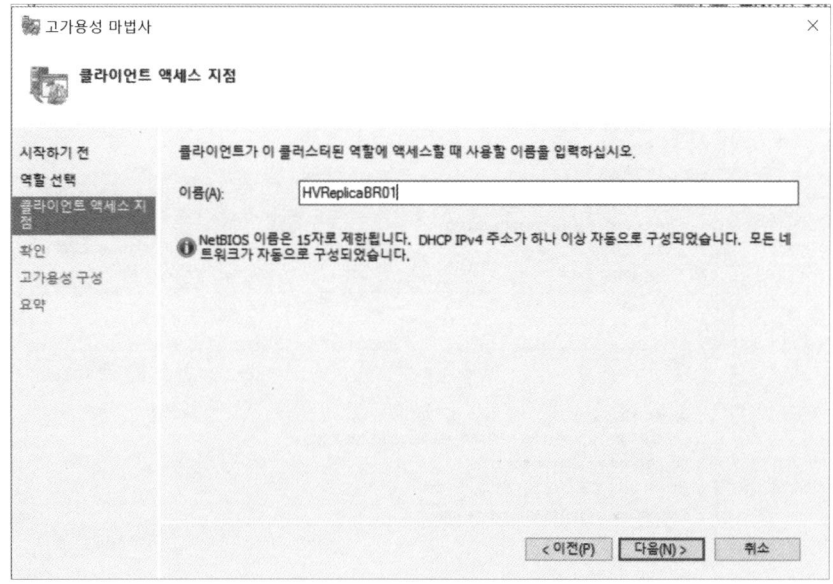

6. 확인 창에서 다음을 클릭하고 마침을 누른다.

7. 구성이 된 후 장애 조치 클러스터 관리자를 열고, 클러스터를 확장하고, 역할을 클릭한다. Hyper-V 복제본 브로커 개체에서 오른쪽 클릭을 하고, 복제 설정을 클릭한다.

8. Hyper-V 복제본 브로커 구성 창에서 이 클러스터를 복제본 서버로 사용합니다. 를 선택한다.

9. 인증 및 포트 아래에서 Kerberos 인증 사용(HTTP) 혹은 인증서 기반 인증 사용 (HTTPS)을 선택한다. 마지막 옵션을 위해서는 먼저 전자 인증서가 설치돼 있어야 한다.

10. 권한 부여 및 저장소 아래에서 인증된 서버로부터 복제 허용 혹은 지정한 서버로부터 복제 허용을 선택하고, 복제본 파일을 저장할 위치를 지정한다. 끝나면 다음의 화면에 보이는 것처럼 확인을 클릭한다.

11. Hyper-V 복제본 브로커 구성이 되면 복제를 위한 가상 컴퓨터를 활성화할 때 다음 화면에 보이는 것처럼 복제본 서버로 Hyper-V 복제본 브로커의 이름을 지정할 수 있다.

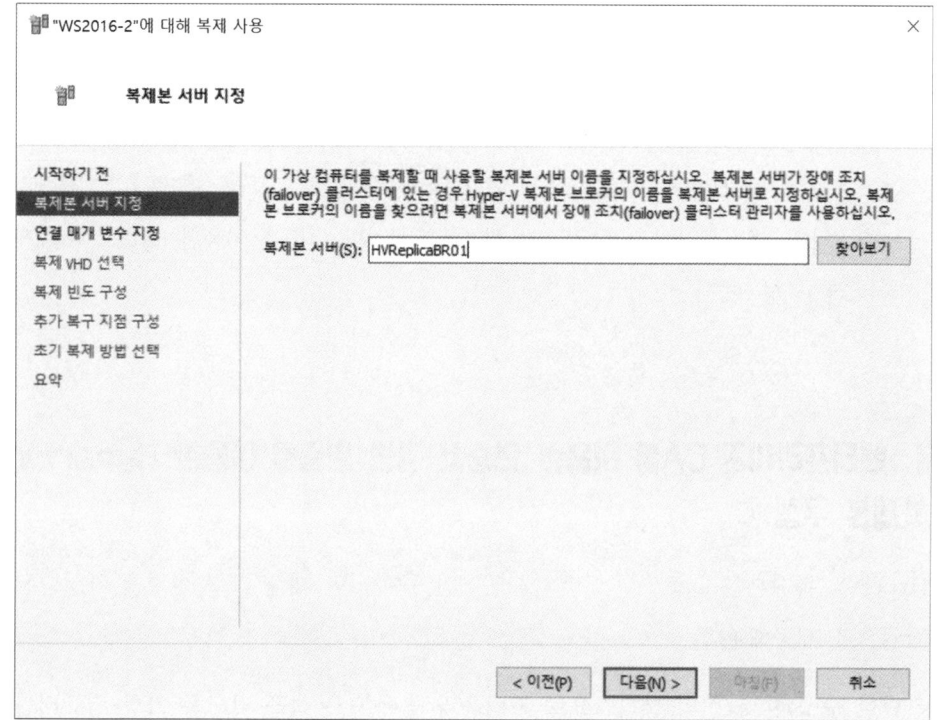

예제 분석

Hyper-V 복제본은 클러스터를 지원하지만, 가상 컴퓨터에서 복제본을 활성화할 때 클러스터 이름을 사용할 수 없다. 이런 이유로 Hyper-V 복제본 브로커를 구성해야 한다. 가상머신 복제본을 생성하기 위한 마법사에서 사용될 가상 이름과 IP 주소가 생성이 되는 것이다.

Hyper-V 복제본 브로커는 장애 조치 클러스터 관리자에서 활성화되는 역할이다. 생성이 될 때 단지 클라이언트 액세스 지점 이름과 IP 주소만 추가하면 된다. 그리고 복제본 서버로 이용될 일반 호스트에서 했던 것처럼 역할에서 Hyper-V 복제본을 활성화하고 구성해야 한다. 인증과 권한 부여 옵션을 추가하고 나면 클러스터는 Hyper-V 복제본 인프라의 부분으로 작동을 시작할 준비가 된 것이다.

참고 사항

- 8장의 '세 Hyper-V 호스트 사이 Hyper-V 복제본 구성' 예제
- 8장의 '엔터프라이즈 CA를 이용한 인증서 기반 인증을 이용한 Hyper-V 복제본 구성' 예제

엔터프라이즈 CA를 이용한 인증서 기반 인증을 이용한 Hyper-V 복제본 구성

Hyper-V 복제본은 IaaS$^{\text{Infrastructure as a Service}}$만 구축되면 재해 복구 환경을 가상화된 작업으로 제공해준다.

간단한 구성과 몇 번의 클릭만으로 저비용과 높은 가용성을 갖도록 가상 컴퓨터를 다른 사이트로 복제할 수 있다. 어쨌든 데이터를 복제하기 위해 HTTP를 사용하는 혁신적 경험은 다른 사이트로 전송하는 동안 암호화를 제공하지 않는다.

이 예제는 HTTP를 이용해 가상 컴퓨터 데이터를 복제하기 위해 어떻게 엔터프라이즈 인증기관에서 인증서를 받아 이용하는지 보여준다.

준비

디지털 인증서를 요청하기 위해서는 엔터프라이즈 CA가 설치되고 이미 구성돼 있어야 한다. 없다면 Active Directory 인증서 서비스를 설치하기 위해 서버 관리자를 이용해 엔터프라이즈 CA를 구성해야 한다.

다음과 같은 명령어를 이용해 Active Directory 인증서 서비스를 설치하기 위해 PowerShell을 이용할 수도 있다.

```
Install-WindowsFeature -Name ADCS-Cert-Authority -IncludeAllSubFeature
-IncludeManagementTools -Verbose
```

예제 구현

다음 과정에서는 엔터프라이즈 CA에서 인증서 템플릿을 어떻게 생성하는지, Hyper-V 복제본에서 사용될 인증서를 어떻게 요청하고 설치하는지, 그리고 복제를 위해 인증서 기반 인증을 이용한 Hyper-V 복제본을 어떻게 활성화하는지 보여준다.

1. Hyper-V를 위한 인증서를 발급하기 위해 사용될 인증서 템플릿을 생성하려면 CA 서버에서 certsrv.msc라고 입력하고, 인증기관 콘솔을 연다.
2. 로컬 CA(16단계에서 필요하므로, CA 이름을 기록해둔다)를 확장하고 인증서 템플릿에서 오른쪽 클릭하고 관리를 선택한다.
3. **인증서 템플릿** 콘솔에서 컴퓨터 템플릿을 오른쪽 클릭하고, 템플릿 복제를 선택한다.

4. 새 템플릿의 속성 창에서 일반 탭을 선택하고 템플릿 표시 이름과 템플릿 이름 필드를 채운다. 다음 화면을 보면 템플릿 이름에 Hyper-V Replica Template이 추가됐고, Active Directory에 인증서 게시가 선택됐다.

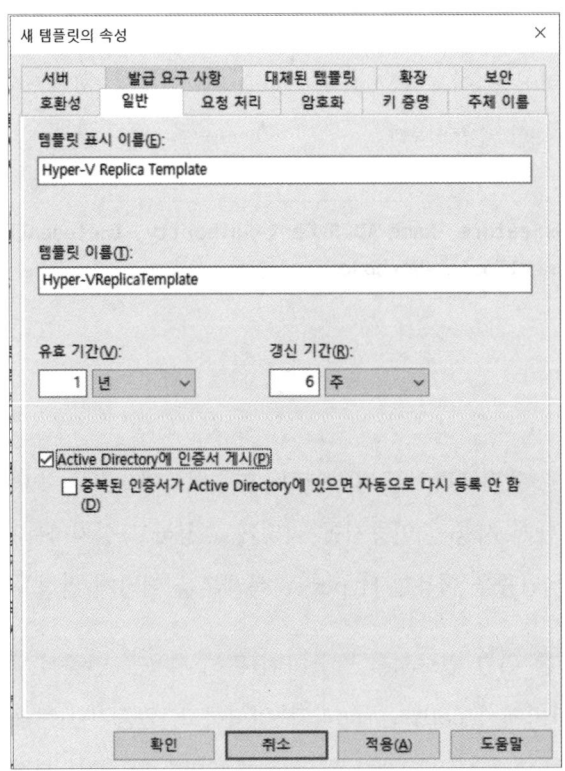

5. 보안 탭을 클릭하고 다음 화면에 보이는 것처럼 Authenticated Users 그룹을 선택하고 등록 권한을 허용한다.

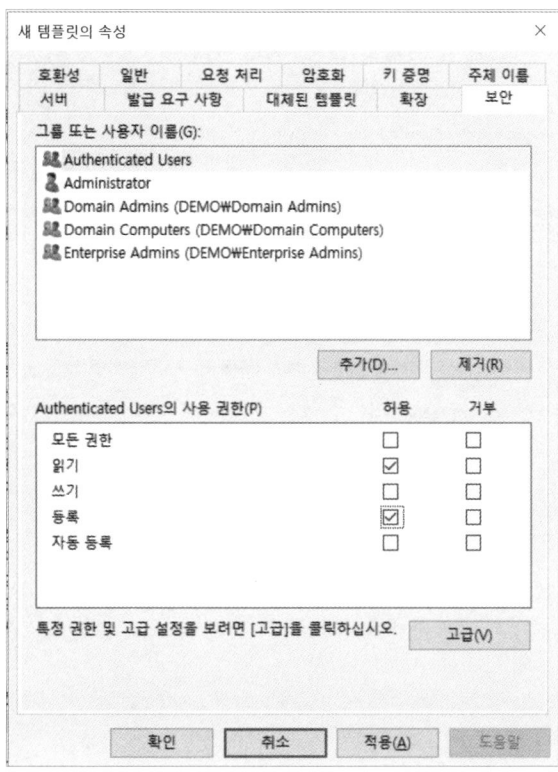

6. 주체 이름 탭을 클릭하고 이후 단계에 필요한 DNS 이름을 추가할 수 있게 다음 화면에 보이는 것처럼 이 Active Directory 정보를 만듦 아래에 주체 이름 형식에서 DNS 이름을 선택한다. 새로운 인증서 템플릿을 확인하기 위해 확인을 클릭하고 인증서 템플릿 콘솔 창을 닫는다.

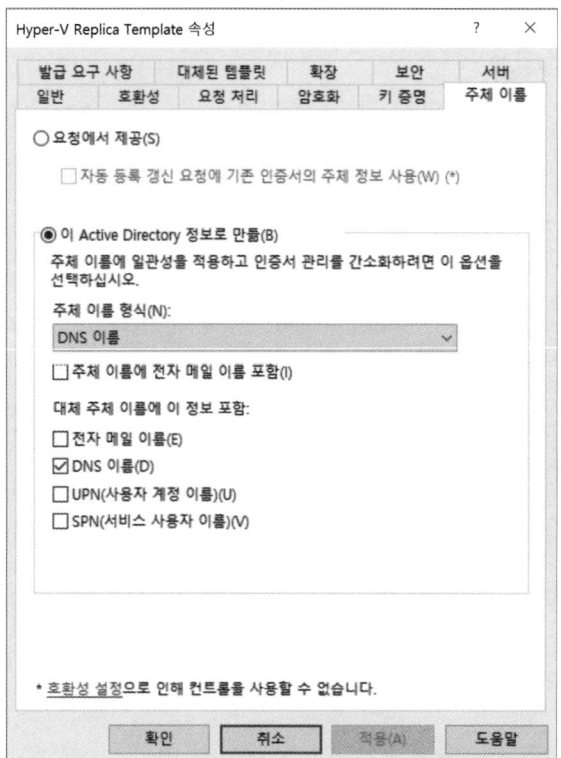

7. 인증서 기관 콘솔로 돌아가 인증서 템플릿에서 오른쪽 클릭하고 새로 만들기를 클릭해 발급할 인증서 템플릿을 클릭한다.
8. 인증서 템플릿 사용 창에서 새로운 인증서 템플릿(Hyper-V Replica Template)을 선택하고, 확인을 클릭한다.

9. 원격 관리 컴퓨터에서 PowerShell ISE를 열고 인증서를 요청하기 위한 예제 코드로 10번의 스크립트를 사용하라. HVHost와 DnsName은 실제 서버의 정규 화된 도메인 이름$^{FQDN, Fully\ Qualified\ Domain\ Name}$으로 바꾼다.

10. 인증서 생성 절차를 자동화하기 위해 다음의 예제에서 Credential Security Service Provider^{CredSSP} 프로토콜이 PowerShell 원격을 이용해 로컬 엔터프라이즈 CA로부터 인증서를 요청하도록 사용된다. 간단히 말하면 CresSSP가 네트워크를 가로질러 수동으로 사용자 자격증명을 위임할 수 있게 허용한다. 명백히 이것은 보안에 민감한 작업이며, 조심히 다뤄야 한다.

```
# Run this script on a domain member management server
# Enter your target Hyper-V Host (FQDN)
$HVHost = 'HVHost01.demo.local', 'HVHost02.demo.local',
'HVHost03.demo.local'
$Credentials = Get-Credential -Credential "Demo\Admin"

# Enable CredSSP on the client
Enable-PSRemoting -Force
Enable-WSManCredSSP -Role Client -DelegateComputer "*.demo.local"
-Force
restart-Service winrm

# Enable CredSSP on the host
Invoke-Command -computername $HVHost -ScriptBlock {
    Enable-PSRemoting -Force
    Enable-WSManCredSSP -Role Server -Force
    Set-Item WSMan:\localhost\Client\TrustedHosts -value
        "*.demo.local" -Force
    restart-Service winrm
}

# Request a new certificate from the host that will be used as member of
the Hyper-V Replica
Invoke-Command -computername $HVHost -ScriptBlock {
```

```
    Get-Certificate -Template Hyper-VReplicaTemplate -Url
        ldap:///CN=Ent-Root-CA -CertStoreLocation Cert:\LocalMachine\My
            -DnsName HVHost01.Demo.Local -Verbose
} -Credential $Credentials -Authentication Credssp

# For security's sake, Reset the CredSSP environment to the way it was
originally
Disable-WSManCredSSP -Role Client
Invoke-Command -ComputerName $HVHost -ScriptBlock {
    Disable-WSManCredSSP -Role Server
}

# Enable Hyper-V Replica HTTPS Listener
Invoke-Command -computername $HVHost -ScriptBlock {
    Enable-Netfirewallrule -displayname "Hyper-V Replica HTTPS
        Listener (TCP-In)"
}
```

11. 이 스크립트가 실행되고 나면 다음의 화면에 보이는 것처럼 각 Hyper-V 호스트의 개인용 ▶ 인증서 아래에 인증서가 자동으로 생성되고 설치될 것이다. 스크립트의 마지막에 원래대로 CresSSP 환경이 초기화될 것이다.

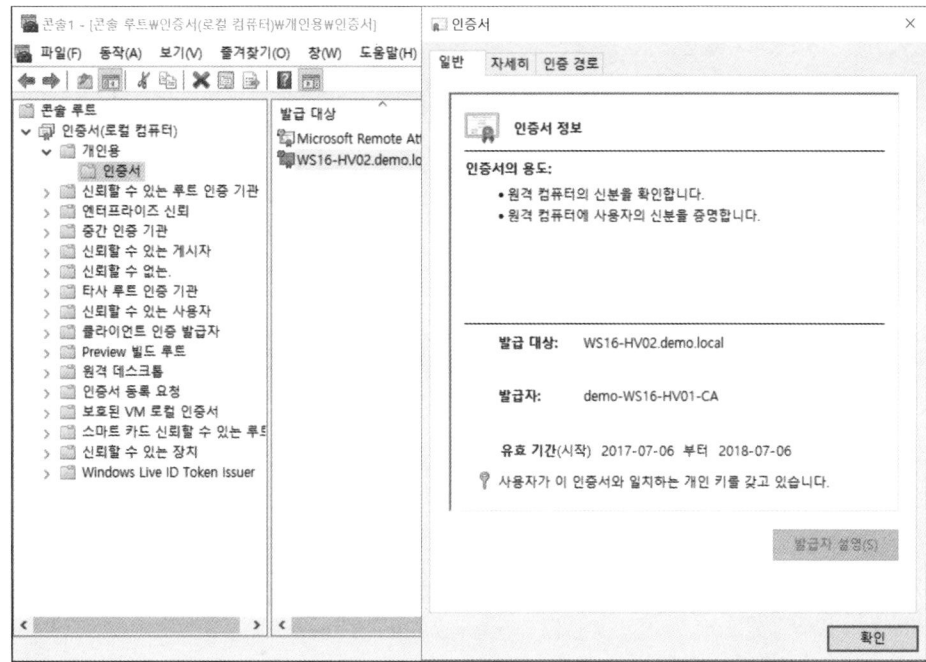

12. 이제 각 Hyper-V 호스트에 인증서가 설치됐고, Hyper-V 관리자를 열고 오른쪽 창에 있는 Hyper-V 설정을 클릭한 후 이 컴퓨터를 복제본 서버로 사용합니다. 옵션을 체크한다.

13. 인증서 기반 인증 사용 옵션을 체크하고, 인증서 선택을 클릭한다.

14. Windows Security 창에서 다음 화면에 보이는 것처럼 가져올 인증서를 확인하고 확인을 클릭한다.

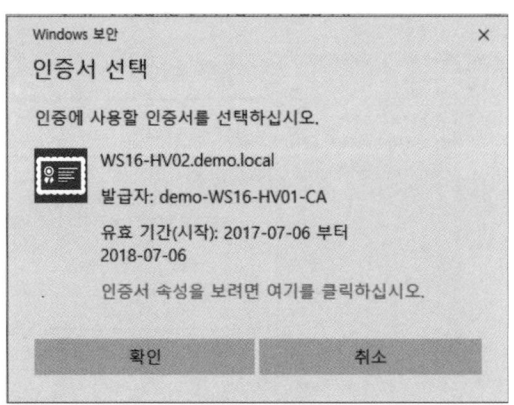

15. 다음 화면에 보이는 것처럼 인증서 설정을 검증하고 확인을 클릭한다.

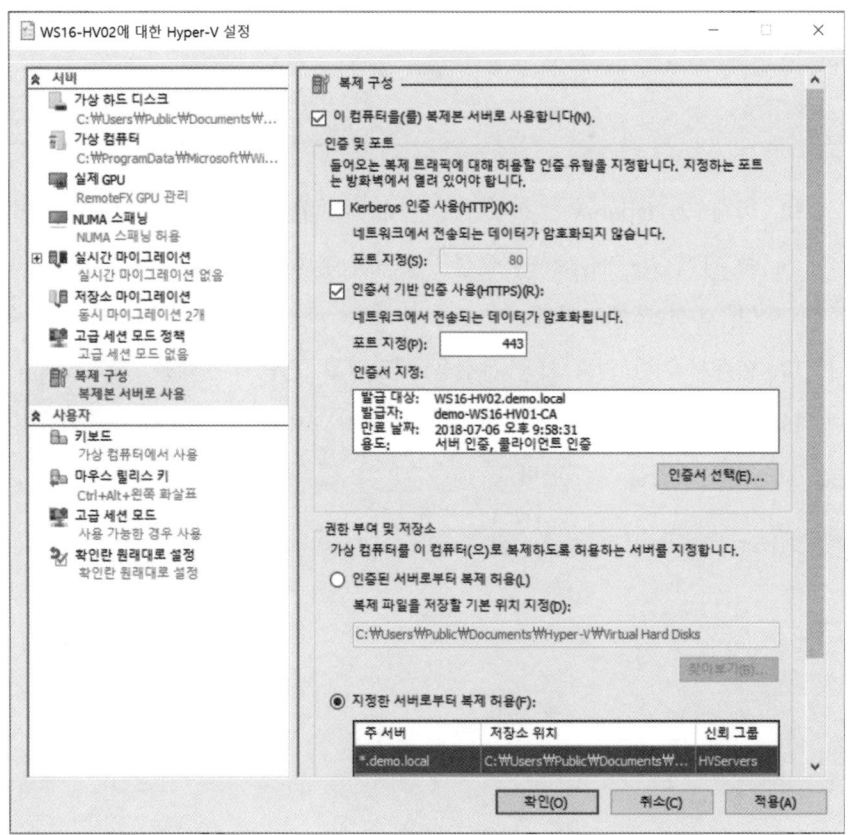

16. 모든 호스트에서 Hyper-V 복제본 멤버로 사용될 443 포트에 대한 인바운드 TCP 예외를 확인한다. Windows 방화벽을 사용한다면 Hyper-V 복제본 HTTPS 수신기(TCP-In) 규칙을 활성화한다.

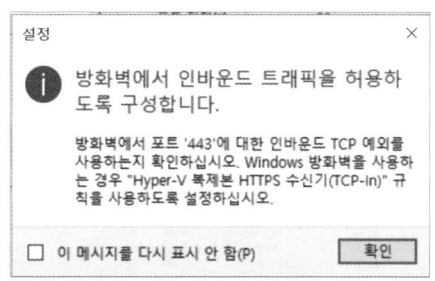

17. 로컬 Windows 방화벽에서 Hyper-V 복제본을 활성화하기 위해 PowerShell 콘솔을 열고 호스트에서 다음의 명령을 입력한다.

```
Invoke-Command-computername $HVHost -ScriptBlock{Enable-
Netfirewallrule-displayname"Hyper-V Replica HTTPS Listener (TCPIn)"}
```

18. 443 포트가 열렸는지, 다른 Hyper-V 서버에 인증서가 설치됐는지 확인한다. 그렇지 않으면 복제가 실패할 것이다. 이 스크립트의 예제는 Windows 방화벽을 활성화하고 세 Hyper-V 호스트 서버에 차례로 인증서를 설치할 것이다.

19. 가상 컴퓨터의 복제본을 활성화하려면 다음 화면에 보이는 것처럼 연결 매개 변수 지정 아래 인증서 기반 인증 사용(HTTPS)을 선택하고, 인증서 선택을 클릭하고 확인을 클릭한다.

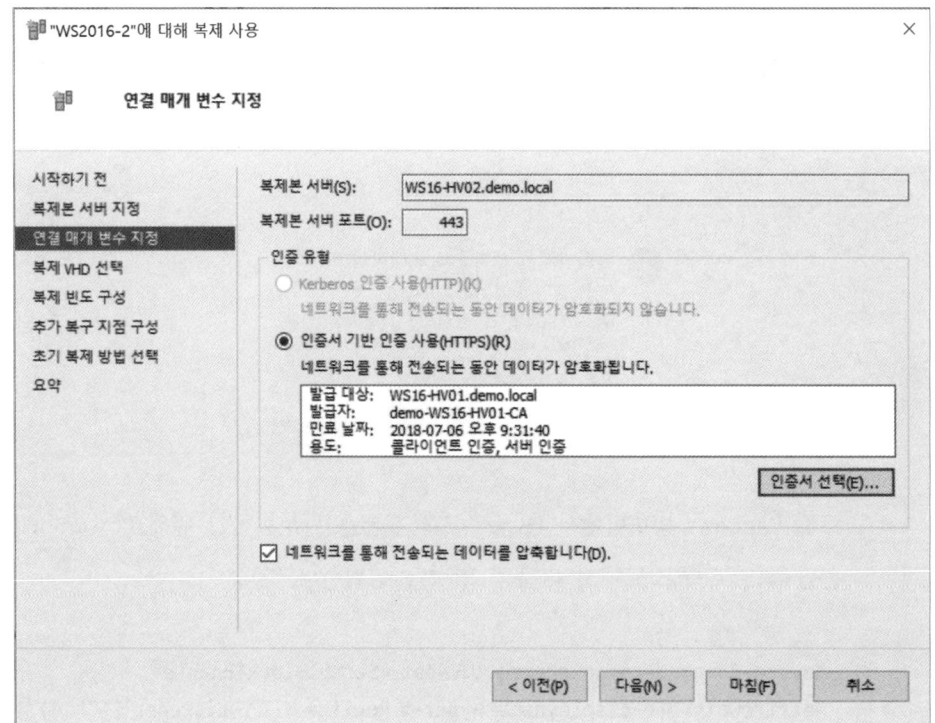

예제 분석

이 예제에서는 Hyper-V 복제본 구성을 위해 필요한 고급 구성을 가진 템플릿이 생성된다.

템플릿이 생성된 후 각 호스트를 확인하고 인증하기 위해 사용될 새로운 인증서를 CA 서버로부터 요청할 것이다.

Hyper-V 복제본에 사용될 인증서가 Hyper-V 서버에 발급되고 설치되면 인증서 기반 인증을 이용해 가상 컴퓨터를 서로 복제할 수 있다.

보충 설명

오늘날 디지털 인증서는 신뢰하고 암호화된 통신을 제공하기 위해 애플리케이션, 웹 사이트, 그리고 많은 다른 솔루션에서 사용하는 가장 일반적이고 안전한 방법이다.

Hyper-V 복제본은 데이터를 암호화하고 보호하기 위해 이 기술을 사용할 수 있다. 이 예제에서는 엔터프라이즈 CA가 내부 인증서 요청을 위한 예로 사용될 것이다. 엔터프라이즈 CA가 좀 더 내부적으로 사용되지만, 독립 실행형 혹은 인증서 요청을 생성하기 위한 외부 CA도 사용할 수 있다.

이제 Hyper-V 클러스터를 위해 인증서는 다음의 화면에 보이는 것처럼 일반 이름 필드 혹은 주체 대체 이름 필드에 **복제본 브로커** 이름의 FQDN을 가져야 한다.

복제본 브로커 인증서는 개인키를 갖고 내보내기가 돼야 하고, 모든 클러스터 노드에서 가져오기가 돼야 한다.

Hyper-V 복제본 브로커에 대한 인증서 외에도 클러스터의 각 노드 또한 Hyper-V 복제본 브로커에 대한 인증서를 인증할 수 있는 동일한 CA 루트 인증서로부터 유효한 컴퓨터 인증 인증서가 있어야 한다.

요약하면 모든 Hyper-V 호스트는 컴퓨터 인증서를 갖고 있어야 하고, 클러스터 노드 또한 복제본 브로커 인증서를 갖고 있어야 한다. 클러스터 노드 하나에서 두 인증서 중 하나가 없다면 다음과 같은 오류를 보게 될 것이다.

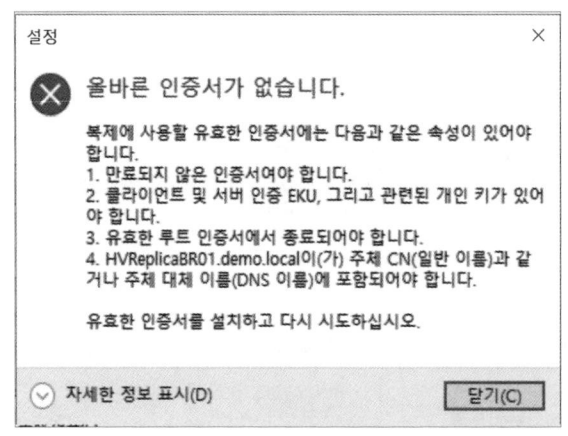

엔터프라이즈 CA를 사용함으로써 Active Directory 통합, 인증서에 대한 자동 등록, 그리고 인증서 템플릿 같은 몇 가지 장점을 얻게 된다.

참고 사항

- 8장의 '세 Hyper-V 호스트 간에 Hyper-V 복제본 구성' 예제
- 8장의 '장애 조치 클러스터를 위한 Hyper-V 복제본 브로커 구성' 예제

VM에서 검사점 이용

IT 환경에서는 문제, 오류, 실수, 그리고 심각한 문제 해결 절차가 필요한 이슈 혹은 시스템 복원과 같은 더 나쁜 경우도 발생할 수 있다. 가상 컴퓨터에서 관리자는 물리 서버에서는 가질 수 없는 흥미로운 옵션을 갖게 된다. 오류가 발생하기 이전으로 VM을 롤백할 수 있다면? 이슈를 발생시킬지도 모르는 몇 가지 변경 전에 VM을 준비할 수 있다면 어떨까? 이런 이유로 검사점이 만들어진다. VM 검사점은 원하는 언제든지 어떤 작업이 필요하거나 오류가 발생한 경우에 롤백을 하기 위해 사용할 수 있다.

이것은 몇 번의 클릭으로 매우 간단하고 편안하게 문제 예방을 할 수 있게 한다.

검사점을 사용할 몇 가지 시나리오를 설명하자면 다음의 예를 고려해보자.

- 시스템 업그레이드 혹은 마이그레이션
- 소프트웨어 업데이트
- 소프트웨어 설치 및 구성
- 레지스트리 변경
- 문제 해결 과정

목록은 더 많을 수 있지만, 검사점의 발상은 빠르고 쉬운 방법으로 가상 컴퓨터를 복구할 기회를 준다는 것이다. 그것으로 가상 컴퓨터를 오류 이전의 과거 특정 시점으로 초기화할 수 있다. 이러한 이유로 개발, 준비, 그리고 테스트 환경에서 검사점은 매우 일반적으로 사용된다.

Windows Server 2012 R2 발표 이전 감사점은 스냅숏으로 참조됐고, Windows Server 2016과 Windows 10부터, 마이크로소프트는 '프로덕션 검사점'이라고 불리는 새로운 형태를 소개했고, 이는 Windows Server 2016 이전에 가졌던 검사점과 동일한 사용자 경험을 제공한다.

생각할 수 있는 질문은 프로덕션 검사점과 표준 검사점 간의 차이점은 무엇인가일 것이다.

표준 검사점은 2008 Hyper-V 버전 1부터 내려온 전통적인 방법이다. 표준 검사점은 작동하는 가상 컴퓨터의 상태, 데이터와 하드웨어 구성을 캡처하고, 개발과 테스트 시나리오에 사용될 수 있게 디자인됐다. 표준 검사점은 특정 상태나 문제를 해결하기 위해 작동하는 가상 컴퓨터의 조건을 재생성하고 싶을 때 매우 유용하다.

어쨌든 프로덕션 검사점은 SQL, Exchange, 그리고 파일 서버 같은 프로덕션 부하를 전체 지원할 수 있게 복원할 수 있는 특정 시점의 가상머신 이미지다. 이것은 상태를 저장하는 기술 대신에 게스트에서 검사점을 생성할 수 있는 백업 VSS 기술을 이용해 달성된다.

이 예제는 Hyper-V 관리자와 Windows PowerShell을 이용해 표준과 프로덕션 검사점을 생성하고 관리하는 차이점뿐만 아니라, 팁과 모범 사례를 보여준다.

준비

검사점은 모든 존재하는 가상 컴퓨터에서 생성될 수 있다. 이 예제의 유일한 전제 조건은 최소 한 대의 가상 컴퓨터를 가진 Hyper-V가 있어야 한다는 것이다.

예제 구현

다음 과정에서는 어떻게 가상 컴퓨터의 검사점을 생성하고 관리하는지 보여준다.

1. 가상 컴퓨터의 검사점 형식을 변경하려면 Hyper-V 관리자를 열고 가상 컴퓨터 설정에서 오른쪽 클릭하고 **검사점**을 클릭해 다음 화면에 보이는 것처럼 원하는 검사점 형식을 선택한다.

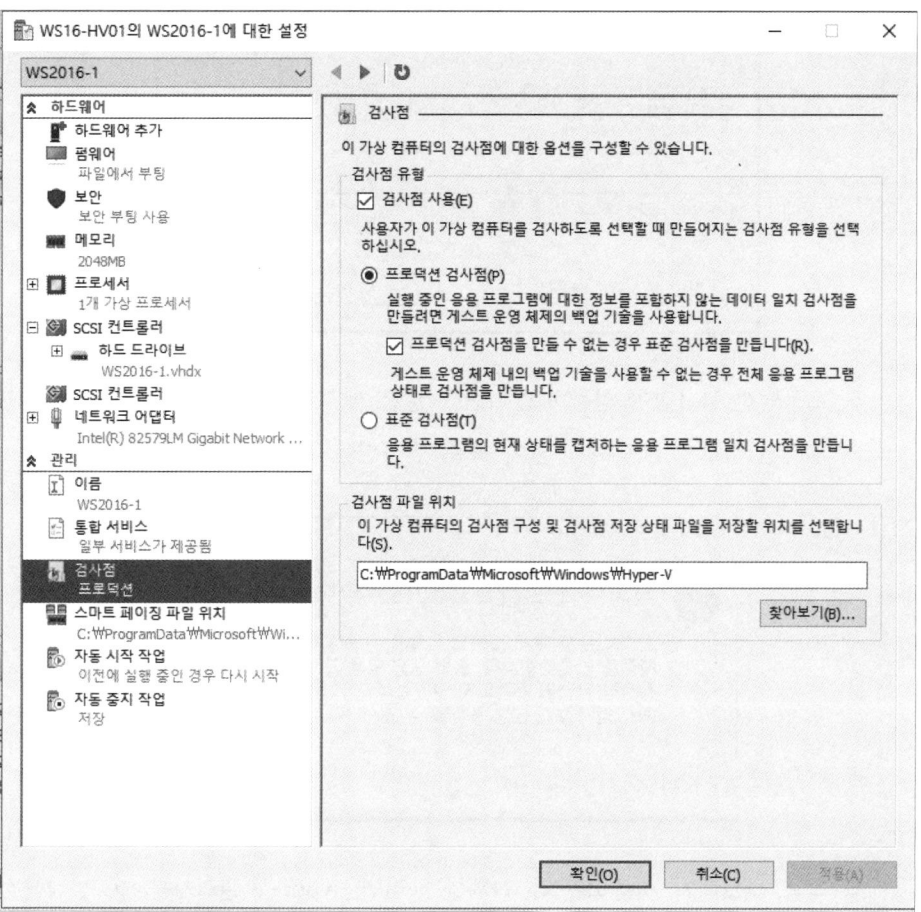

2. 가상 컴퓨터의 검사점을 만들려면 Hyper-V 관리자를 열고 가상 컴퓨터에서 오른쪽 클릭하고 검사점을 클릭하거나 왼쪽 창에 있는 검사점을 클릭한다.

3. 생성하는 동안 검사점을 만들고 이름을 추가하기 위해서는 가상 컴퓨터 연결 창을 열기 위해 가상 컴퓨터를 두 번 클릭한다. 메뉴에서 작업을 클릭하고 검사점을 클릭한다.

4. 검사점 이름 창에서 다음 화면에 보이는 것처럼 검사점 이름을 입력하고 확인을 클릭한다.

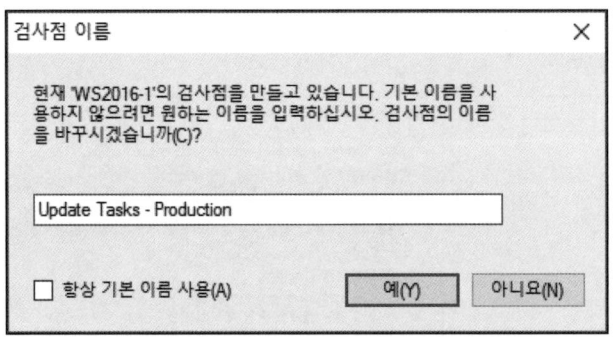

5. 프로덕션 검사점이 성공하면 다음과 같은 메시지를 보게 될 것이다. 그렇지 않다면 정보성 메시지가 없이 표준 검사점이 생성된 것이다.

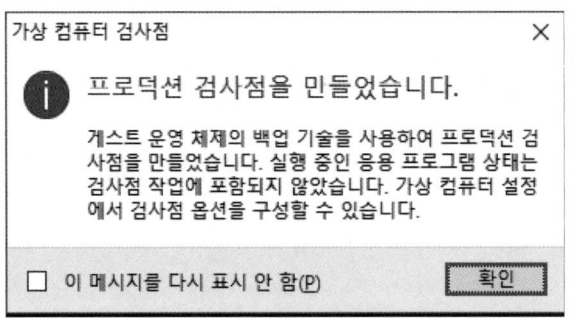

6. 적용, 내보내기, 이름 바꾸기, 삭제를 하려면 Hyper-V 관리자를 열고, 검사점 설정을 본 후 원하는 가상 컴퓨터를 선택하고 관리하려는 검사점을 선택한다. 그리고 다음 화면에 보이는 것처럼 오른쪽 클릭을 한다.

7. 가상 컴퓨터에 대한 검사점을 활성화하거나 비활성화하고 싶으면 Hyper-V 관리자를 열고, **가상 컴퓨터 설정**에서 오른쪽 클릭하고 **검사점**을 클릭한 후 원하는 검사점 유형을 선택한다.

8. 가상 컴퓨터 검사점 위치를 구성하고 싶으면 Hyper-V 관리자를 열고 **가상 컴퓨터 설정**에서 오른쪽 클릭하고 **검사점**을 클릭한 후 원하는 검사점 유형을 선택한다.

 가상 컴퓨터가 최소 하나의 검사점을 갖고 있다면 검사점 위치는 변경되지 않는다.

예제 분석

검사점을 생성하는 동안 Hyper-V는 내부적으로 다음과 같은 작업을 실행한다.

- **VMCX 파일**: 검사점과 관련된 파일과 VM 구성의 정보를 갖고 있는 VMCX 파일의 복사본을 생성한다.
- **VMRS 파일**: 가상 컴퓨터와 연관된 장치의 상태를 갖고 있는 가상 컴퓨터 런타임 상태VMRS, Virtual Machine Runtime State의 본사본을 생성한다. 이 파일은 가상 컴퓨터의 런타임 상태(예를 들면 저장된 상태, 메모리 내용, UEFI 변수, TPM 상태)를 저장한다.
- **AVHDX 파일**: 차이점 보관용 VHDX 기능을 사용해 가상 하드 디스크의 상태를 캡처하기 위해 차이점 보관용 디스크를 생성한다. 원본 가상 디스크가 고정일지라도 이용되며, 추가적인 공간을 차지한다.

Windows Server 2016 Hyper-V의 새로운 VM 바이너리 구성 포맷에 대한 더 많은 정보를 얻으려면 2장을 참조하라.

- 새로운 VMCX 포맷은 이전에 사용됐던 XML 포맷을 교체한 바이너리다.

- VMCX는 수동으로 편집할 수 없다.
- 새로운 바이너리 포맷은 VM 구성 데이터에 대한 읽기와 쓰기 성능을 향상시킨다.
- 새로운 바이너리 포맷은 계획되지 않은 사고나 저장소 실패로 인한 손상 기회를 줄여준다.
- 새로운 VMRS 파일(가상 컴퓨터 런타임 상태)은 런타임 상태 데이터를 저장하는 데 이용된다.

이번 예제에서 간단한 작업으로 보여준 것처럼 Hyper-V는 검사점을 생성하기 위한 여러 방법을 제공하며, 새로운 한 개가 생성될 때 가상 컴퓨터의 상태, 구성, 그리고 모든 내용을 캡처하기 위한 차이점 보관용 디스크가 생성돼 가상 컴퓨터 폴더에 저장한다. 자동 가상 하드 디스크(AVHDX) 파일은 가상 컴퓨터의 VHDX 파일과 같은 위치에 저장되며, 구성 파일은 기본 스냅숏 디렉터리에 저장이 될 것이다.

가상 컴퓨터에서 검사점이 취해질 때 AVHDX 파일이 생성되며, 새로운 파일과 현재 VHDX 사이의 링크가 생성된다. 모든 '쓰기'는 AVHDX 파일에 저장을 시작하고, '읽기'는 양쪽 파일에서 발생한다. 검사점을 삭제하면 Hyper-V는 AVHDX 파일과 VHDX 파일을 병합한다. 그리고 AVHDX 파일은 VHDX 파일과의 링크와 함께 삭제된다. 어쨌든 차이점 보관용 디스크는 I/O 작업과 검사점 트리를 생성할 가능성을 증가시켜 가상 컴퓨터의 디스크 성능을 떨어뜨릴 수 있다. 이것이 검사점이 임시로 이용되는 이유다.

이전 Hyper-V에서 검사점 병합은 가상 컴퓨터가 오프라인 상태인 경우에만 발생했다. AVHDX 파일은 VM이 꺼진 상태일 때만 삭제됐다. Windows Server 2012부터 주요한 향상은 AVHDX와 VHDX 파일 간 실시간 병합을 할 수 있는 능력으로, 달리 말하면 가상 컴퓨터가 동작하는 동안 병합 과정이 일어난다.

그리고 Windows Server 2016에서 새로운 ReFS 파일 시스템이 소개됨으로써 빠른 고정 VHDX 디스크 생성과 빠른 디스크(검사점) 병합 작업을 위한 똑똑한 파일 시스템의 장점을 취할 수 있다. NTFS 볼륨 대 ReFS 볼륨에서 검사점 병합 절차를 비교한다면 병합 작업에 큰 차이점을 알게 될 것이다.

검사점을 삭제하는 것은 Hyper-V 호스트의 공간을 생성하는 데 도움이 된다.

절대로 avhdx 파일을 삭제하지 않도록 주의한다.

프로덕션 검사점 대 표준 검사점을 사용할 때 좀 더 자세한 정보를 보기 위해서는 다음의 기사를 확인하라.

https://charbelnemnom.com/2015/04/hyperv-vnext-demo03-production-checkpoints/

프로덕션 검사점을 적용한다면 백업으로부터 복원이 된 것과 같이 VM은 오프라인이 될 것이다. 이것이 의도된 디자인이다.

어쨌든 표준 검사점을 적용하면 VM은 자동으로 시작한다.

일부 상황에서는 때때로 검사점이 VM 백업을 대체할 것이라 생각한다. 단일 VM에 대한 여러 검사점을 생성할 수도 있다. Hyper-V 관리자로서 검사점은 임시적인 방편이며, 결코 가상 컴퓨터에 백업을 대체할 수 없음을 알아야 한다.

보충 설명

가상 컴퓨터 검사점은 Windows PowerShell을 이용해 충분히 관리할 수 있다.

PowerShell을 통해 검사점을 이용하려면 주의가 필요하다. Windows Server 2012와 2012 R2의 PowerShell에서 검사점은 스냅숏이라는 다른 이름으로 알려졌고, Remove-VMSnapshot, Restore-VMSnapshot, Get-VMSnapshot, Rename-VMSnapshot을 각각 이용할 수 있다. 명령어 Checkpoint-VM은 가상 컴퓨터를 위한 검사점을 만들 때 이용된다.

마이크로소프트는 Windows Server 2016에서 Snapshot 명령에 대한 별칭으로 checkpoint 명령을 추가했다. 처음에는 혼란이 될 수 있었지만, 이것은 기존 스크립트에 대한 이전 버전과의 호환성을 제공한다. 새로운 구문이 작동하며, (매개 변수 등 변화 없이 존재하면) 이전 것도 작동한다.

새로운 별칭은 Remove-VMCheckpoint, Restore-VMCheckpoint, Get-VMCheckpoint, Rename-VMCheckpoin다.

가상 컴퓨터의 검사점을 비활성화하거나 활성화하기 위해서는 다음과 같은 명령을 사용할 수 있다.

```
Set-VM -Name <VMName>-CheckpointType Disabled
```

가상 컴퓨터의 검사점 위치를 구성하기 위해서는 다음과 같은 명령을 사용할 수 있다.

```
Set-VM -Name <VMName> -SnapshotFileLocation "Checkpoint Location"
```

표준 검사점을 지정하려면 다음과 같은 명령을 사용할 수 있다.

```
Set-VM -Name <VMName> -CheckpointType Standard
```

프로덕션 검사점을 지정하기 위해서는 다음과 같은 명령을 사용할 수 있다. 프로덕션 검사점이 실패하면 표준 검사점이 생성된다.

```
Set-VM -Name <VMName> -CheckpointType Production
```

영구적인 프로덕션 검사점을 지정하기 위해서 프로덕션 검사점이 실패할 경우 표준 검사점이 생성되지 않게 하려면 PowerShell을 열고 다음과 같은 명령을 실행한다.

```
Set-VM -Name <VMName> -CheckpointType Production Only
```

가상 컴퓨터의 검사점을 가지려면 다음과 같은 명령을 실행한다.

```
Checkpoint-VM -Name <VMName> -SnapshotName <String>
```

다음 화면에 보이는 것처럼 Get-VMCheckpoint 명령을 사용하면 감사점 상태(표준 혹은 프로덕션 검사점)를 볼 수 있다.

```
Get-VMCheckpoint -VMName <VMName> | FL VMName, Name, State
```

```
PS C:\Users\Administrator> Get-VMCheckpoint WS2016-1 | FL VMName, Name, State

VMName : WS2016-1
Name   : Update Tasks - Production
State  : Off

VMName : WS2016-1
Name   : Update Tasks - Production
State  : Off

VMName : WS2016-1
Name   : Update Tasks - Production
State  : Off
```

가상 컴퓨터를 이전 시점으로 돌리려면 다음과 같은 명령을 실행한다.

```
Restore-VMCheckpoint -Name <Checkpoint Name> -VMName <VMName> -Confirm:$false
```

가상 컴퓨터 검사점의 이름을 변경하려면 다음과 같은 명령을 실행한다.

```
Rename-VMCheckpoint -VMName <VMName> -Name <Checkpoint Name> -NewName <New Checkpoint Name>
```

가상 컴퓨터 검사점을 삭제하려면 다음과 같은 명령을 실행한다.

```
Remove-VMCheckpoint -VMName <VMName> -Name <Checkpoint Name>
```

가상 컴퓨터 검사점을 내보내기 하려면 다음과 같은 명령을 실행한다.

```
Export-VMCheckpoint -VMName <VMName> -Name <Checkpoint Name> -Path <path for export>
```

Windows Server 2012 R2가 시작하면서 마이크로소프트는 검사점처럼 실행되는 가상 컴퓨터(클론)의 내보내기를 가능하게 했다.

참고 사항

- 2장의 '가상머신 내보내기 및 불러오기' 예제
- 3장의 '가상 디스크 생성 및 추가' 예제
- 8장의 'Windows Server Backup을 이용한 Hyper-V와 VM 백업' 예제
- 8장의 'Windows Server Backup을 이용한 Hyper-V와 VM 복원' 예제

09

Hyper-V를 위한 Azure 사이트 복원과 Azure 백업

9장에서 다루는 내용은 다음과 같다.

- Azure 사이트 복원과 마이크로소프트 Azure 백업 서버를 이용한 Hyper-V 가상 컴퓨터 보호 활성화

소개

재해 복구 계획을 재고해보는 것은 몇 가지 장점이 있다. SAN 복제, 단일 주소 공간을 이용한 확장 클러스터, 액티브와 패시브 구성과 같은 효과적인 솔루션으로 현재 시장에 있는 DR 솔루션과 친숙할 것이다. 배포와 유지에 비싼 비용을 지불해야 하지만,

그것들을 이용하는 것은 하드웨어 업체와 종속적이거나 대부분의 경우 복잡한 기술이며, 부분적인 장애 조치가 힘들기 때문이다.

DR 솔루션을 설계할 때 가능한 여러 옵션을 선택할 수 있고, 그에 따라 각기 다른 수준의 복원력이 제공된다. 데이터에 대한 로컬 중복을 원한다면 동일 캠퍼스나 (몇 미터 떨어진 거리에 있는) 가까운 곳에 두 번째 데이터센터를 둘 수도 있지만, 일반적으로 다른 위치의 두 번째 데이터를 참조하는 지리적 중복을 원할 수도 있다. 두 위치의 거리는 몇 킬로미터에서 다른 나라 혹은 다른 대륙까지 다양할 수 있다. 시스템 장애 전에 손실 데이터의 양으로 참조되는 복구 지점 목표[RPO, recovery point objective]를 결정해야 될 수도 있다. 예를 들면 단지 최대 30분의 데이터 손실만으로 지정할 수 있다. 허용 가능한 시스템 가동 중지 시간을 참조하는 복구 시간 목표[RTO, recovery time objective]를 지정해야 할 수도 있다.

이것은 실패를 감지하고, 백업 서버를 준비하고, 실패한 응용 프로그램을 시작시키고, 백업 사이트를 통한 요청 경로를 조정하거나 전체 데이터를 복구하는 것을 포함한다. 자신의 시스템에서 재해 발생 시 4시간 이내에 복구해야 하지 않는가? 그렇다면 이것을 지정해야 한다.

DR 솔루션을 설계할 때 각 시스템의 성능과 일관된 요구 사항을 이해하는 것이 중요하다. 각 시스템은 각기 다른 요구 사항을 가진다.

그런데 자체 솔루션을 갖지 않고 왜 공용 클라우드를 DR로 고려하는 것일까?

가장 핵심적인 것은 비용이다. 전통적인 DRaaS[Disaster Recovery as a Service] 공급업체는 서비스 사용량에 대해서만 과금을 하고, 투자할 사전 하드웨어 비용은 없다. 추가적으로 하드웨어를 살 필요가 없으므로, 환경 유지를 위한 지불 없이 서비스 공급 업체에 매월 예측 가능한 비용만 지불하면 된다. 가장 중요한 것은 밑바닥부터 무언가를 구축하는 대신 매일 수백 혹은 수천의 사람이 테스트하는 시스템을 갖게 된다는 것이다. 자체적으로 자동화된 모든 것을 얻게 된다는 점이다. 시스템을 배우고, 도구를 연습하는 조금의 시간만 투자하면 효과적이고 싼 DR 시스템을 가질 수 있다.

9장에서는 마이크로소프트 Azure에서 제공하는 DRaaS 솔루션인 Azure 사이트 복구를 이용해 온프레미스 투자를 보호하는 매우 중요한 절차를 알게 될 것이다.

Azure 사이트 복원과 마이크로소프트 Azure 백업 서버를 이용한 Hyper-V 가상 컴퓨터 보호 활성화

Azure 사이트 복원^{ASR, Azure Site Recovery}은 오케스트레이션, 자동 복제, 그리고 Azure나 데이터센터 간 장애 조치로 온프레미스 물리 서버와 가상 컴퓨터를 보호해서 강력한 비즈니스 연속성과 재해 복구 솔루션을 배포하는 데 도움을 준다.

ASR은 Azure가 오케스트레이션하고 장애 조치를 자동화함으로써 온프레미스 데이터 센터(물리 서버와 혹은 VM)를 Azure로 혹은 Azure에 데이터 복제 없이 두 번째 데이터 센터로 DR 솔루션을 만들어준다.

ASR은 기본적으로 Azure에 통합돼 있고 다중 플랫폼에 대한 하이브리드 장애 조치 기능을 제공함으로써 고객이 그들의 DR 솔루션 및 다른 Azure 서비스를 관리할 수 있게 해준다. 또한 OMS^{Operations Management Suite}를 제공하는 마이크로소프트 하이브리드 클라우드 관리의 필수적인 부분이다.

ASR은 주요한 두 가지 시나리오를 제공한다.

- 첫 번째 시나리오는 다음의 다이어그램에서 보여주는 것처럼 온프레미스 소스(물리 머신, Hyper-V VM 혹은 VMWare VM)가 Azure로 복제되며, 복제는 HTTPS를 이용하므로 데이터는 온프레미스 환경으로부터 Azure로 암호화돼 안전하게 저장된다.

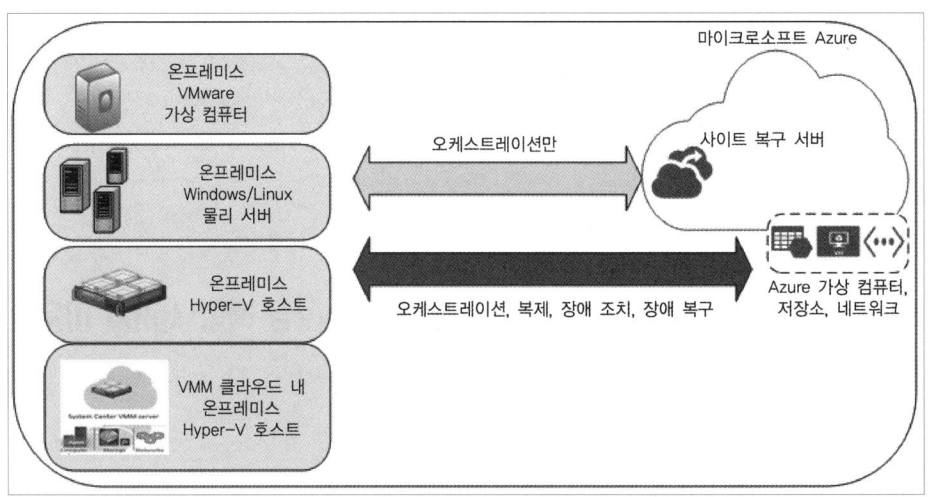

온프레미스 데이터센터에서 Azure로(그림 출처: 마이크로소프트)

- 두 번째 시나리오는 다음 다이어그램에서 보여주는 것처럼 데이터는 당신의 주요 사이트에 있고 물리 머신, Hyper-V VM 혹은 VMware VM이 될 수 있다. 한 데이터센터에서 ASR이 오케스트레이터로만 작동하는 다른 곳으로 복제가 되므로, 데이터 이동은 데이터센터와 Azure 사이에는 없고 두 개의 데이터센터 사이에 직접 발생한다. 복제는 Hyper-V 복제본 혹은 SAN 복제가 이용된다.

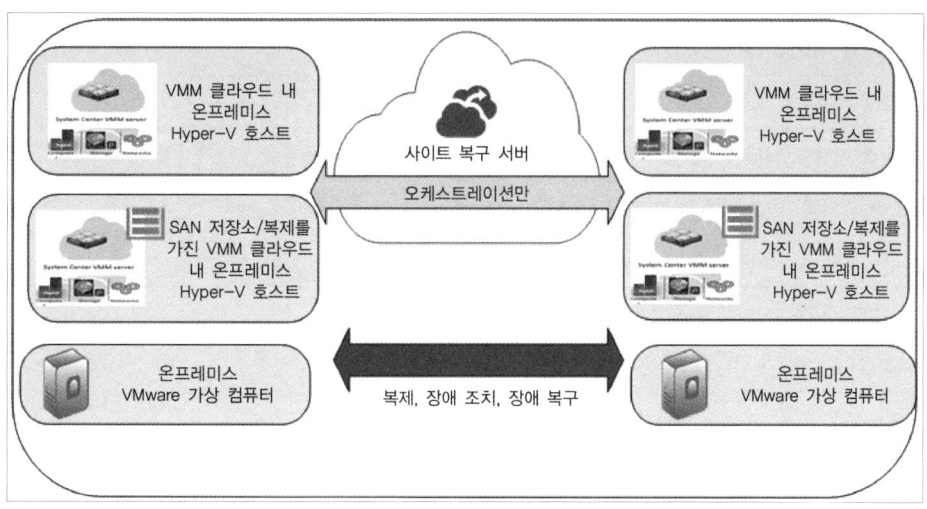

온프레미스 데이터센터에서 온프레미스 데이터센터로(이미지 출처: 마이크로소프트)

다음 표는 ASR의 주요 특징과 기능을 나열한 것이다.

ASR의 주요 특징	
단순	복제 구성, 장애 조치와 복구(마법사나 PowerShell을 이용)가 매우 쉬움
복제	온프레미스에서 Azure 혹은 두 번째 데이터센터로 복제를 허용
자격증명	복제되는 데이터는 안전하고, Site Recovery 자격증명 모음에 저장됨
Azure 연결	시나리오에 따라 ASR 관리 서비스가 HTTPS를 통한 암호화된 연결을 이용해 Azure와 직접 통신한다.
Hyper-V 복제	ASR은 복제 프로세스에 Hyper-V 복제 기술을 활용하며, System Center Virtual Machine Manager(SCVMM) 사이트 간 복제에 SAN 벤더 복제도 지원한다. 복제는 블록 기반으로 델타 복제와 오프라인 데이터 전송을 허용한다.
가격	매우 효과적. 사용에 따라 지불

ASR의 주요 기능
자동화된 VM 보호와 복제
원격 상태 모니터링
0에 가까운 RPO(30초, 5분 혹은 15분)
DR 계획 테스트를 위한 복구에 영향을 주지 않음
사용자 지정 가능한 복구 계획
RTO 최소화(분-시간)
Azure로 혹은 Azure로부터 복제
Window와 Linux 혼합된 OS 지원
물리와 가상 컴퓨터 혼합 지원

ASR 키트는 또한 서비스 제공자를 위해 ASR상에 부가가치 서비스를 제공한다. ASR 키트는 온프레미스 솔루션으로 Azure 클라우드로 확장될 수 있다.

ASR 솔루션을 디자인할 때 7가지 다른 시나리오가 있다. 다음 표는 공식적으로 지원하는 시나리오를 보여준다.

ASR 배포 시나리오 - 지원되는 복제 요약		
~로부터	~로 복제	설명
Hyper-V 사이트	Azure	하나 이상 Hyper-V 호스트 간 복제. 온프레미스와 Azure. VMM 서버는 필요 없음.
VMM 서버(클라우드)	Azure	하나 이상 Hyper-V 호스트 간 복제. VMM 클라우드에 있는 온프레미스와 Azure
물리 서버	Azure	물리 Windows와 Linux 서버에서 Azure로 복제
VMware 가상 컴퓨터	Azure	VMware 가상 컴퓨터에서 Azure로 복제

(이어짐)

ASR 배포 시나리오 – 지원되는 복제 요약		
~로부터	~로 복제	설명
VMM 서버(클라우드)	두 번째 데이터센터	하나 이상 Hyper-V 호스트 간 복제. VMM에 있는 온프레미스와 두 번째 데이터센터에서 있는 두 번째 VMM 서버
SAN을 가진 VMM 서버	두 번째 데이터센터	하나 이상 Hyper-V 호스트간 복제. SAN 복제를 이용하는 VMM 클라우드에 있는 온프레미스와 두 번째 데이터센터에 있는 두 번째 VMM 서버
단일 VMM 서버	두 번째 데이터센터	하나 이상 Hyper-V 호스트 간 복제. VMM 클라우드에 있는 온프레미스에서 동일 서버에서 있는 두 번째 VMM 클라우드

이번 예제에서는 Azure Resource Manager^{ARM} 모델을 이용한 DR 사이트로 ASR 생성 방법, ASR을 위한 Hyper-V 호스트 준비, 보호 그룹 생성 및 구성, 그리고 가상 컴퓨터를 위해 보호를 활성화하는 방법을 보여준다. 이것이 ASR의 전부는 아니다. Hyper-V 사이트를 위한 복구 계획을 생성해 나갈 것이고, 장애 조치를 테스트하고, 마지막으로 서비스 모니터링을 위해 제공되는 ASR 내의 다른 구성 요소를 살펴본다.

준비

ASR은 Hyper-V 역할이 설치된 한 대 이상의 서버와 인터넷 네트워크 연결이 필요하다. Hyper-V 역할이 활성화된 Windows 2012 R2 혹은 이후 버전도 필요하다. 어쨌든 ASR를 이용하려면 몇 가지 요구 사항을 생각해 볼 필요가 있다.

다음 표는 ASR을 지원하는 시스템을 나열한 것이다.

ASR 지원 시스템	
호스트	Windows 2012 R2 혹은 이상, 그리고 VMware ESX5.X 혹은 이상. VMM 2012 SP1, VMM 2012 R2 CU5 이상, VMM 2016. 주의: ASR은 현재 Hyper-V 호스트 클러스터에 배포는 지원하지 않는다. 클러스터된 Hyper-V 호스트 환경 지원은 곧 발표될 것이다.
게스트	Windows Server 2008 R2 혹은 이상. Linux CentOS, OpenSUSe 혹은 Ubuntu V6.4 혹은 이상
디스크	1 시스템 OS 디스크, 최대 크기 1TB. 16 데이터 디스크, 최대 크기 1TB/디스크. VHD와 VHDX
NIC	다중 NIC 지원: 동적 혹은 고정 IP가 지원됨
VM 이름	VM 이름은 최대 64자 길이가 가능
VM Generation	Generation 1과 Generation 2 Hyper-V VM 둘 다 지원됨. Linux Generation 2 가상 컴퓨터는 지원되지 않음

다음 표는 ASR에서 지원되는 작업을 나열한 것이다.

ASR에서 지원되는 작업(응용 프로그램)	
코어 인프라	Active Directory, DNS
코어 웹 앱 인프라	웹 앱(IIS, SQL)
System Center	SCOM(공식적으로 지원하지는 않지만, 다른 부하도 잘 작동함)
협업	Exchange 서버, DAG는 사용되지 않음. SharePoint
Dynamics	Dynamic AX와 CRM
SAP	클러스터되지 않은 SAP 사이트를 Azure로 복제
Oracle	마이크로소프트에서 지원되며 테스트됨
원격 데스크톱/VDI	관리 및 관리되지 않는 풀링된 가상 데스크톱을 두 번째 사이트로 복제. 그리고 원격 응용 프로그램과 세션을 두 번째 사이트 혹은 Azure로 복제
Windows 파일 서버	완전히 지원됨

자신의 환경에 프록시를 사용한다면 호스트의 ASR 공급자는 HTTPS - 443 포트를 이용해 Azure로 연결한다. 호스트가 프록시의 뒷단에 있다면 다음의 URL에 접속되게 확인하라.

- *.hypervrecoverymanager.windowsazure.com
- *.accesscontrol.windows.net
- *.backup.windowsazure.com
- *.blob.core.windows.net
- *.store.core.windows.net
- https://www.msftncsi.com/ncsi.txt
- time.windows.com
- time.nist.gov

Azure를 위한 연결 요구 사항은 다음과 같다.

- VM 복제를 위한 HTTPS(443)
- 사이트 간 VPN 혹은 장애 조치 후 VM(user) 연결을 위한 ExpressRoute
- ASR 복제 트래픽은 Azure로 데이터를 복제하기 위해 항상 HTTPS 연결을 사용하며, 사이트 간 VPN을 통과하지 않는다.

네트워크 고려 사항은 다음과 같다.

- Azure 복구 사이트에 있는 장애 조치 VM 간 통신을 허용하기 위해 네트워크 매핑을 구성
- Azure 장애 조치 VM과 온프레미스 인프라 간 서버 통신을 허용하기 위해 Azure에 있는 네트워크 게이트웨이를 구성
- 복제 트래픽을 제한하기 위해 QOS가 지원됨

ASR 배포 디자인을 시작한다면 ASR을 성공적으로 배포하기 위해 필요한 서버, 저장소, 네트워크 대역폭을 살펴보기 원할 것이다.

이러한 이유로 마이크로소프트는 필요한 복제를 만족하기 위한 네트워크 대역폭, 저장소, 그리고 다른 요구 사항을 정확히 추정할 수 있도록 도움을 주기 위해 Azure Site Recovery를 위한 Capacity Planner를 발표했다.

Capacity Planner는 다음과 같은 두 가지 방법으로 디자인됐다.

- **빠른 계획:** 기존 환경에서 빠른 추정치를 얻음
- **상세 계획:** VM 수준 정보, VM 유효성 검사 및 권고 사항을 얻음

Azure Site Recovery DR 솔루션을 위한 Capacity Planner는 TechNet 갤러리인 https://gallery.technet.microsoft.com/Azure-Recovery-Capacity-d01dc40e에서 다운로드할 수 있다.

예제 구현

다음 표는 9장에서 Hyper-V를 위한 Azure Site Recovery 구성을 위해 따라야 할 필요 단계를 보여준다.

단계	예제
1	Azure Site Recovery 자격증명 모음 생성
2	인프라 준비 • 보호 목표 • 소스 준비 • 타겟 준비 • 설정 복제 • 용량 계획

(이어짐)

단계	예제
3	응용 프로그램 복제
4	• 복구 계획 관리 • 복구 계획 생성 • 복구 설정 사용자 지정
5	가상 컴퓨터 테스트 장애 조치 실행
6	Azure Site Recovery 모니터링 • 작업, 경고 그리고 이벤트 • 일반 모니터링

1단계: Azure Site Recovery 자격증명 모음 생성

1단계에서는 Microsoft Azure 관리 포털을 통해 Azure Site Recovery 자격증명을 생성한다.

1. Azure 포털 https://portal.azure.com을 연다.
2. 자신의 Microsoft Azure 자격증명을 이용해 로그인한다.
3. 화면의 왼쪽 편 내비게이션에서 추가 서비스를 클릭한다.
4. Recovery Services 자격증명 모음을 찾아 클릭한다.
5. +추가를 클릭한다.

6. Recovery Services 자격증명 모음 블레이드에서 지역을 지정하고 Azure 구독 유효성 검증을 하고, 사이트 Recovery 자격증명 모음(예를 들면 ASR-DEMO)을 위한 고유한 이름을 제공한다.

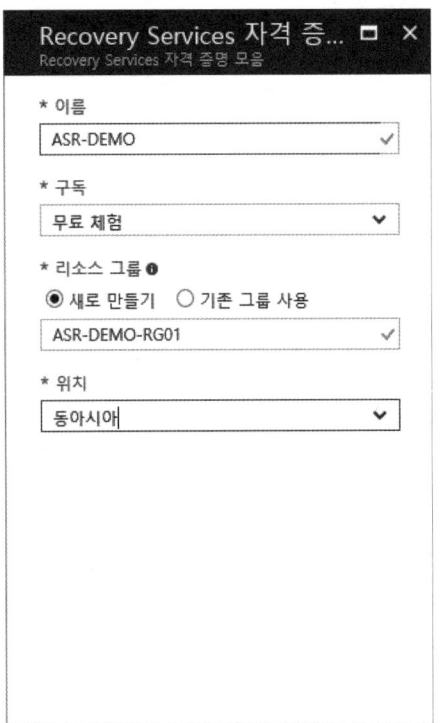

> 백업 및 사이트 복구는 이제 단일 Recovery Service 자격증명 모음으로 합쳐졌기 때문에 동일한 경험을 이용해 동일한 자격증명 모음으로 DR 혹은 백업으로 서버를 보호할 수 있다.

7. 생성을 클릭한다.

8. Recovery Services 자격증명 모음에서 방금 생성한 Recovery Service 그룹을 클릭한다.

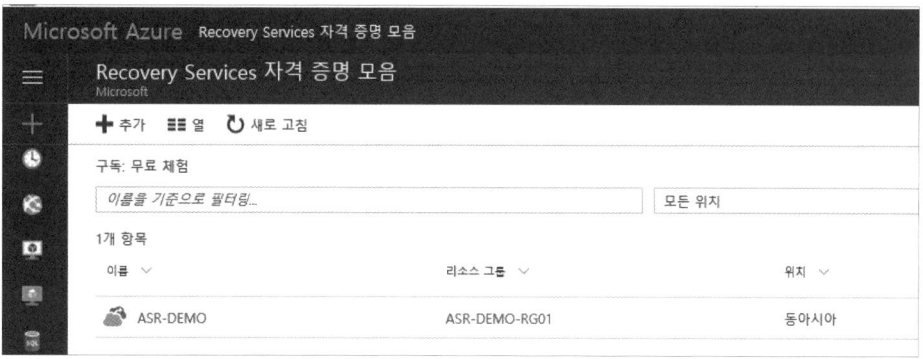

9. ASR-SEMO 블레이드에서 모든 설정을 클릭하고 사이트 복구를 클릭한다.

2단계: 인프라 준비 – 보호 목표

이번 예제에서는 보호 대상을 선택하고 부하가 가상화인지 System Center Virtual Machine Manager를 이용하는지 지정한다.

1. 1단계에서 생성한 recovery 자격증명 모음에서 찾아 인프라 준비를 클릭한다.
2. 인프라 준비 블레이드에서 보호 목표를 선택하고 다음 화면에 보이는 것처럼 요구 사항을 채우고 확인을 클릭한다. 이번 예제에서는 SCVMM을 이용하지 않는다.

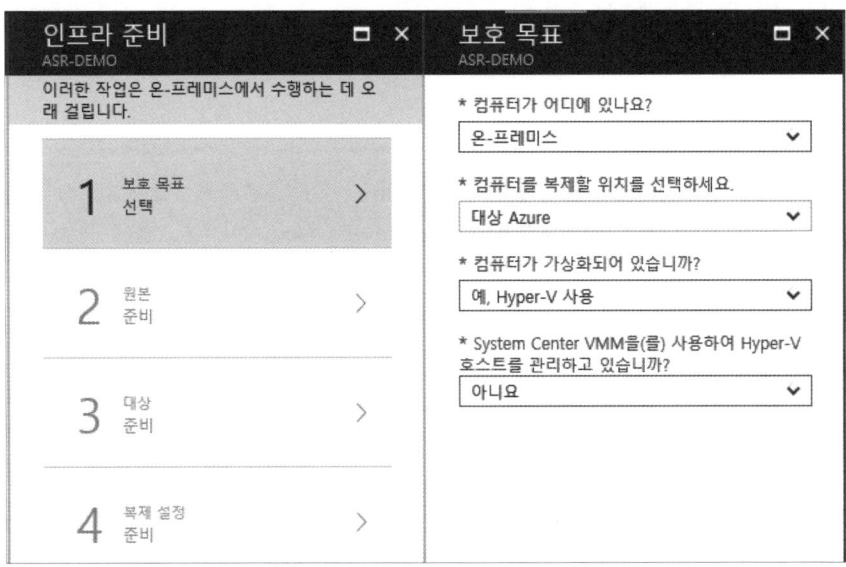

2단계: 인프라 준비 – 소스 준비

이번 예제에서는 Azure에 Hyper-V를 만들고 Hyper-V 온프레미스를 이 사이트에 추가한다.

1. 인프라 준비 블레이드에서 소스 준비를 선택하고 다음 화면에 보이는 것처럼 상세 내용을 채우고 확인을 클릭한다.

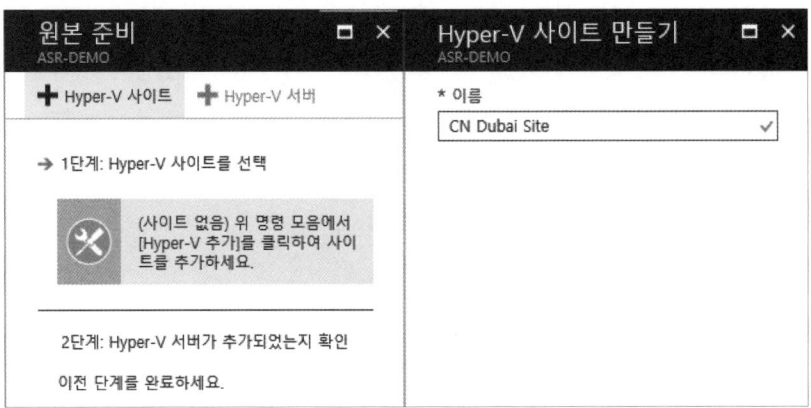

〈조직 이름〉〈위치〉 사이트와 같은 설명 이름을 입력해 Hyper-V 사이트를 생성할 것이다. 예를 들면 구성하려는 Hyper-V 사이트 'CN Dubai Site'는 Hyper-V 사이트가 모든 Hyper-V 서버가 주어진 위치에 있다는 것을 나타낸다.

2. 소스 준비 블레이드에서 +Hyper-V 서버를 클릭하고 다음 화면에 보이는 것처럼 등록 단계를 진행한다.

 마이크로소프트 Azure Site Recovery 공급자의 최신 버전을 설치해서 Hyper-V 온프레미스를 준비하고 Azure Site Recovery 서버를 등록한다.

3. 다음으로 블레이드 페이지에서 Microsoft Azure Site Recovery 공급자의 설치 관리자에서 다운로드를 선택한다. 그런 다음 설치 파일을 로컬 머신 혹은 나중에 보호하려는 Hyper-V 서버에 직접 저장한다.

```
download.microsoft.com의 AzureSiteRecoveryProvider.exe(45.4MB)을(를) 실행하거나 저장하시겠습니까?   실행(R)  저장(S) ▼  취소(C)  ×
```

4. Hyper-V 사이트의 호스트에 등록하기 위해 자격증명 모음 등록 키 다운로드를 클릭한 후 나타나는 팝업 창에서 다운로드를 클릭한다. 그런 다음 로컬 컴퓨터 혹은 나중에 보호하고 싶은 Hyper-V 서버에 직접 저장한다.

```
ms.portal.azure.com의 ASR-DEMO_CN Dubai Site_Fri Jun 30 2017.VaultCredentials을(를) 열거나 저장하시겠습니까?   ×
                                                                                    열기(O)  저장(S) ▼  취소(C)
```

5. Hyper-V 호스트 온프레미스에 공급자를 설치하고 자격증명 모음에 호스트를 등록하기 위해 등록 키를 사용한다.
6. 보호하고 싶은 Hyper-V 서버에 관리자 자격증명으로 로그온한다.
7. Hyper-V 서버에서 AzureSiteRecoveryProvider.exe를 실행한다. 이것은 Azure Site Recovery Provider 설치 마법사를 실행할 것이다.
8. 설치 마법사의 첫 번째 단계에서 마이크로소프트 업데이트에 관해 Off(Do not automatically check for updates)를 선택한다. 주의: 운용 환경에서 윈도우 업데이트를 어떻게 다루고 관리하는지에 따라 On으로 둘 수도 있다. 다음을 클릭한다.

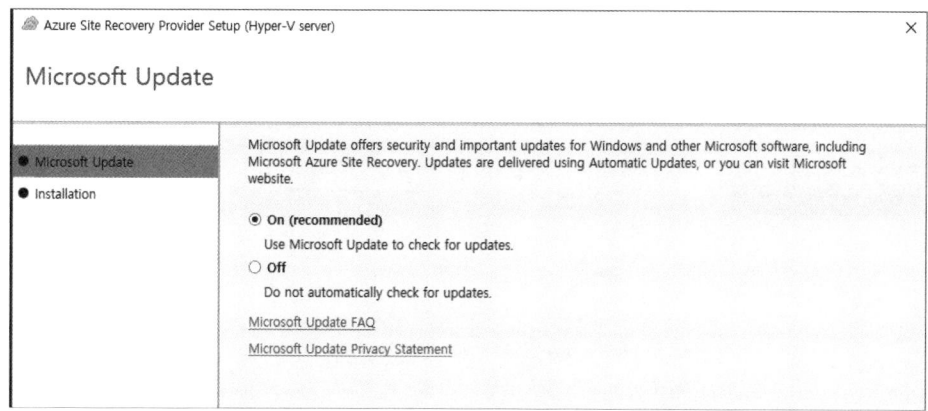

9. Provider Installation 설치에서 제안하는 기본 설치 폴더로 유지하고 설치를 클릭한다.

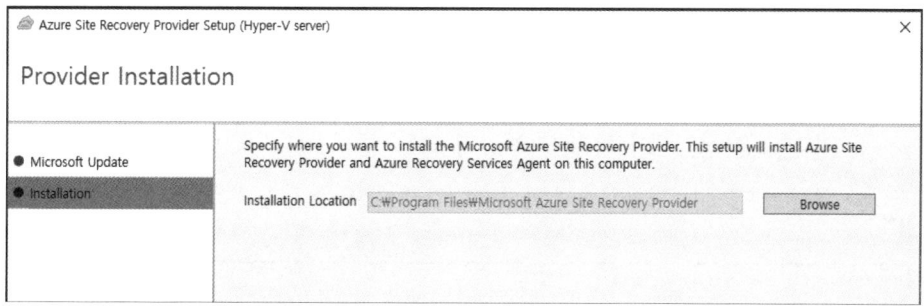

10. 설치 프로세스가 일단 시작하면 얼마 후에 설치가 성공했다는 메시지가 나올 것이다.

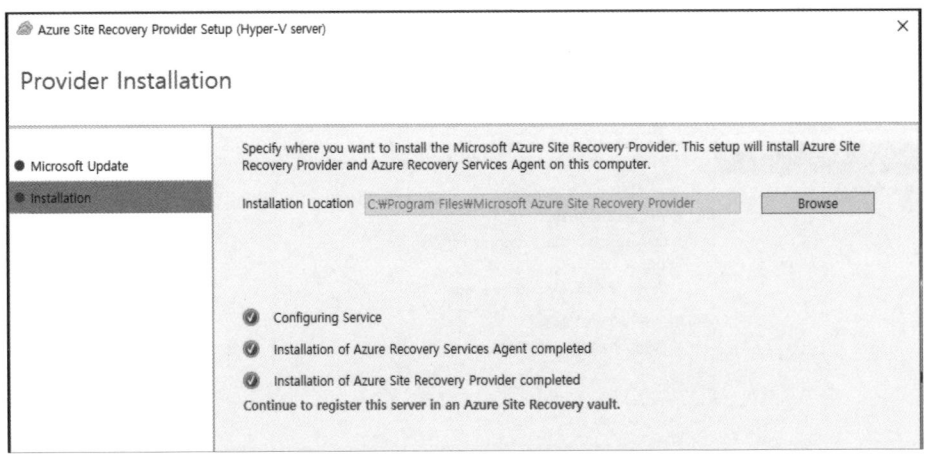

11. 등록 버튼을 클릭해 Azure Site Recovery 자격증명 모음에 이 서버를 등록을 진행하라. 이것은 Microsoft Azure Site Recovery 등록 마법사를 시작할 것이다.

12. 등록 마법사의 첫 번째 부분에서는 Azure Site Recovery 포털에서 다운로드한 키 파일을 선택해야 하고, 자격증명 모음 설정을 지정해야 한다. 여기서부터 이전 단계에서 다운로드했던 등록 키를 찾아 설정을 확인한다.

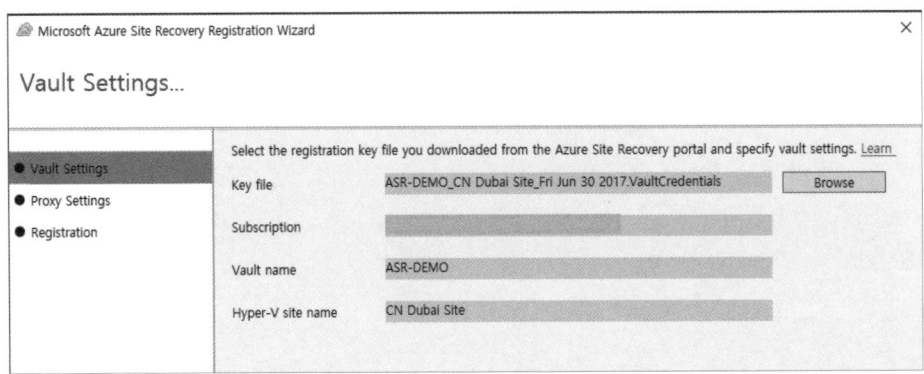

13. 계속하기 위해 다음을 클릭한다. 자신의 환경에 적절한 프록시 설정을 선택한다(이번 데모에서는 프록시 사용 없이 인터넷으로 직접 연결된다. 다음과 같다).

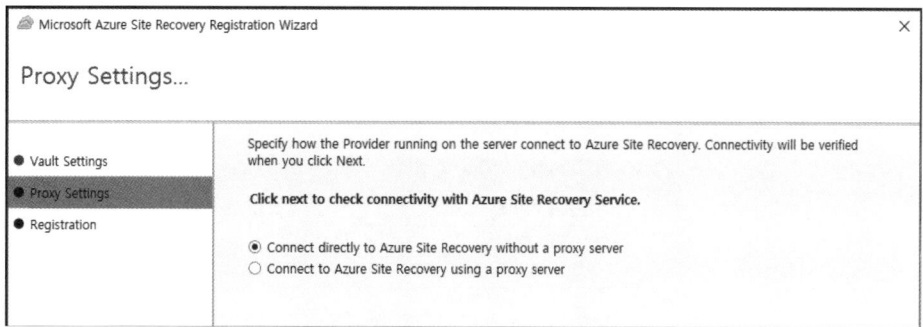

14. 계속하기 위해 다음을 클릭한다. 이는 이번 예제에서 생성한 Azure Site Recovery 자격증명 모음에 Hyper-V 서버의 등록을 초기화한다. 등록은 몇 분 걸린다. Azure Site Recovery 자격증명 모음에 서버가 성공적으로 등록이 됐음을 확인할 수 있다.

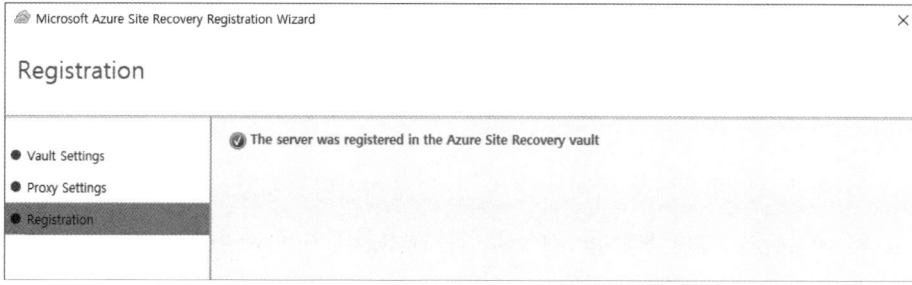

15. Azure Site Recovery 등록 마법사를 닫기 위해 마침을 클릭한다.
16. https://portal.azure.com에서 이제 Azure 포털로 전환하고 Hyper-V 서버가 추가됐는지 확인한다. 언급한 것처럼 이 단계를 마치려면 대략 15분에서 30분 정도 걸린다. 다음 화면에 보이는 것처럼 Hyper-V 서버가 보이면 확인을 클릭한다.

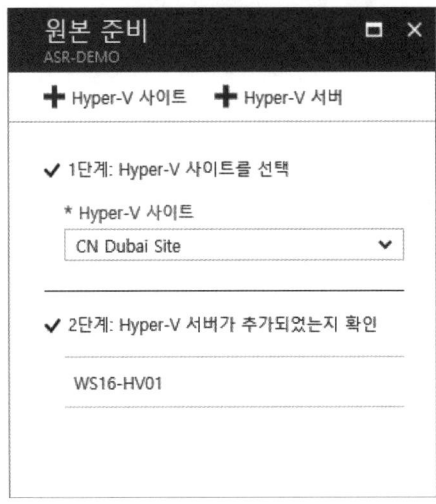

2단계: 인프라 준비 – 대상 준비

이번 예제에서는 전체 Azure Site Recovery 구성 절차에 필요한 구성 요소인 Azure 가상 네트워크뿐만 아니라 Azure 저장소 계정을 구성한다.

1. 대상 블레이드에서 아직 인프라 준비 중이라면 +저장소 계정을 클릭한다.
2. 소문자로 Azure Storage 계정을 위한 고유한 URL을 제공하고 저장소 복제가 지역 중복 설정이 됐는지 확인한다. 저장소 생성 버튼을 클릭한다.

> 마이크로소프트에서 새로운 업데이트가 발표돼 이제 지역 중복 저장소 대신 로컬 중복 저장소(LRS, Locally Redundant Storage) 계정으로 부하를 복제할 수 있다. LRS는 두 번째 지역으로 데이터를 복제하는 지역 중복 저장소(GRS, Geo-Redundant Storage)와 달리 동일 지역 내에서 데이터를 복제한다. 비용 관점에서 LRS는 GRS와 비교해 낮은 가격을 제시하며, 더 높은 처리량을 보인다.
>
> 일반적으로 마이크로소프트는 전체 지역 장애에도 데이터에 대한 내구성을 갖기 위해 GRS 계정을 사용하도록 권고한다.
>
> VMware 가상 컴퓨터와 물리 컴퓨터를 Azure의 프리미어 저장소 계정(높은 부하를 감당하기 위해 80,000 IOPS까지)으로 보호하고 복제할 수 있다. 이것을 읽을 시점에는 마이크로소프트는 Hyper-V 시나리오에도 적용할 수 있게 확대할 것이다.

몇 초 후에 저장소 계정이 성공적으로 생성이 될 것이다. 이 절차 후에 Azure 포털에서 저장소 계정을 선택하면 생성된 저장소 계정을 볼 수 있다.

3. 대상 블레이드에서 아직 인프라 준비에 있다면 +네트워크를 클릭한다.
4. 네트워크를 위한 고유한 이름(예를 들면 ASRHV 네트워크)을 입력하고, 서브넷 주소 범위 필드에 네트워크 서브넷을 지정해서 주소 공간 필드에 적절한 IP 서브넷을 제공한다. 구성이 적용되도록 확인을 클릭한다.

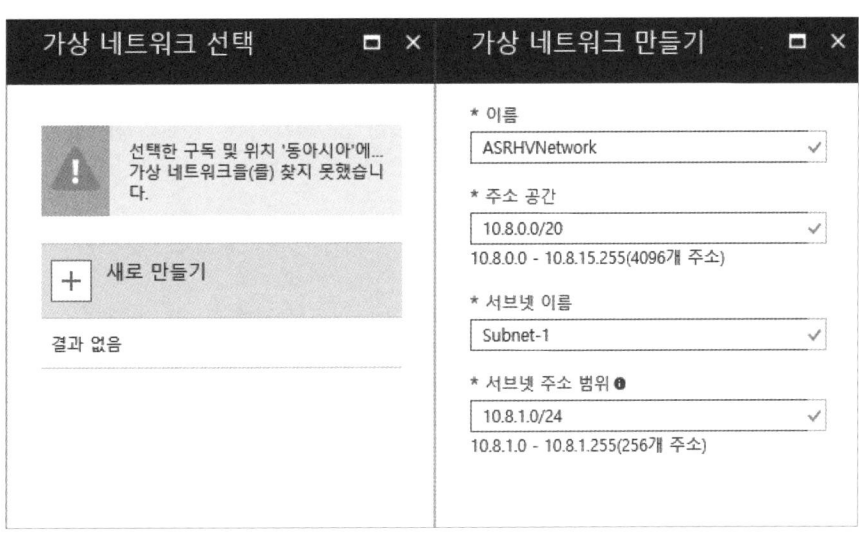

Azure 포털에서 Networks로 가서 가상 네트워크가 생성된 것을 보고 구성을 확인할 수 있다.

2단계: 인프라 준비 – 복제 설정

이번 예제에서는 정책을 생성하고 복제 설정을 구성해 복제 요구에 충족하도록 용량 계획을 완료한 후 Hyper-V 서버를 위한 구성을 마무리한다.

1. 복제 정책 블레이드의 인프라 준비에서 복제 정책을 생성하기 위해 +만들기 및 연결 버튼을 클릭한다.
2. 이것은 방금 생성한 Hyper-V 사이트를 위한 새로운 정책을 생성하고 연결한다. 여기서부터 고유한 정책 이름(예를 들면 ASR-HVDXBPloicy)을 입력하고, 원본과 대상 지역 사이 얼마나 자주 데이터를 동기화할 것인지(30초, 5분 혹은 15분)와 복구 지점 보존을 지정한다.
3. 복구 지점이 몇 시간이 보존될지, 0에서 24 사이의 유효한 숫자를 지정한다. 0을 지정하면 추가적인 복구 지점 없이 마지막 지점으로만 장애 조치를 할 수 있다.

> 복구 지점으로 몇 시간이 보존될지 0에서 24 사이의 유효한 숫자를 지정한다. 0을 지정하면 추가적인 복구 지점이 없이 마지막 지점으로만 장애 조치를 할 수 있다.

이제 앱 일치 스냅숏 주기를 지정한다(Hyper-V 복제와 같은 규칙이다).

> VM을 위해 애플리케이션 일관성 스냅숏이 만들어지는 주기다. 0에서 12 사이의 유효한 숫자를 지정하라. 0으로 지정하면 장애 조치 동안 애플리케이션 연속성 스냅숏 지점이 없다.

마지막으로 최초 복제 시작 시간을 지정한다. 구성이 적용되도록 확인을 누른다.

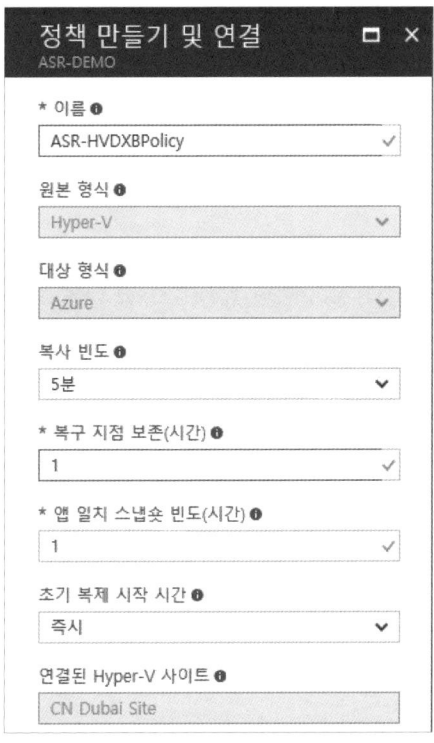

정책 생성에 시간이 잠시 소요되고, 복제 정책에 Hyper-V 복제 사이트가 연결된다. 완료되면 확인을 클릭한다.

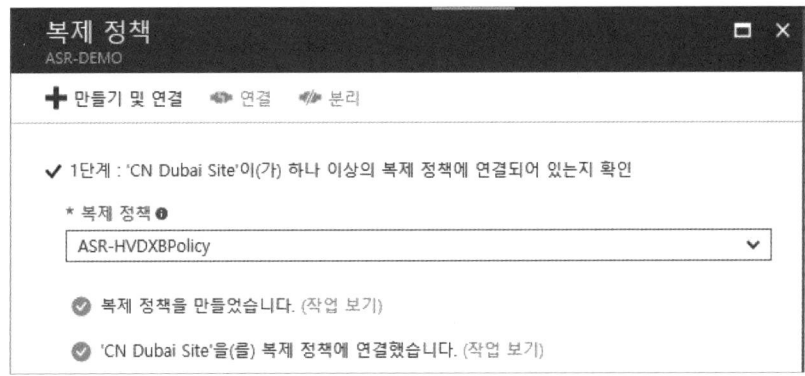

2단계: 인프라 준비 – 용량 계획

2단계의 마지막인 이 예제에서는 용량 계획이 완료된 것을 확인한다. 시작에서 제공됐던 시작 단락의 용량 계획을 참고하라.

1. 다음 화면에 보이는 것처럼 용량 계획 블레이드에서 용량 계획과 복제 요구에 맞추기 위한 다른 요구 사항을 완료했는지 확인한다.

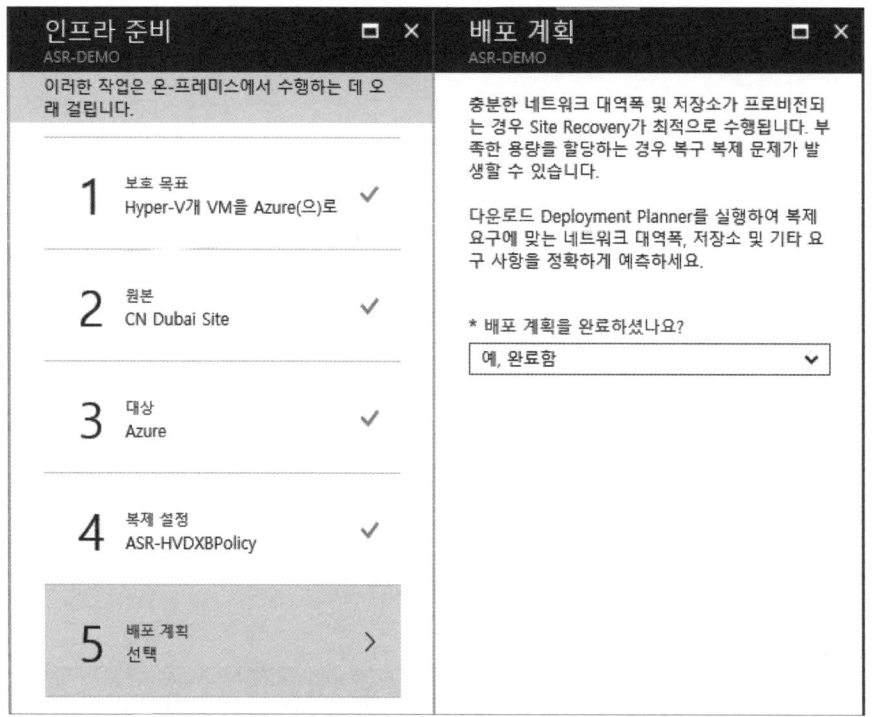

2. 확인을 클릭한다.

3단계: 애플리케이션 복제

이번 단계에서는 2단계에서 생성한 Hyper-V 사이트 소스를 지정해 복제 설정을 구성한다. 이제 Azure 배포 모델, 원하는 Azure 저장소 계정, 그리고 Azure 가상 네트워크를 선택한다. 다음으로, 보호하려는 가상 컴퓨터를 선택하고 복제 정책을 지정해 마지막으로 복제를 활성화한다.

1. 1단계에서 생성한 복구 자격증명 모음으로 이동해 응용 프로그램 복제를 클릭한다.
2. 원본 블레이드에서 소스 구성을 선택하고 다음의 화면에서 보여주는 것처럼 Hyper-V 사이트를 선택한 후 확인을 클릭한다.

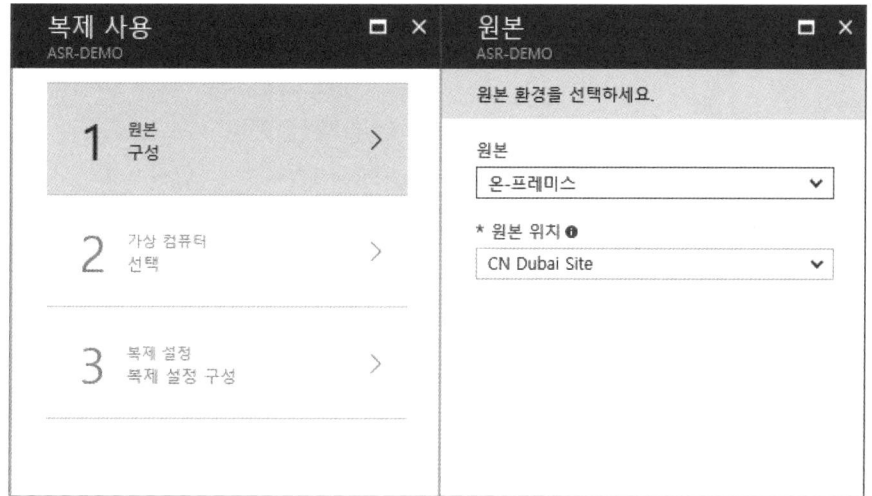

3. 대상 블레이드에서 ASR을 위해 이용할 구독을 선택하고 자신의 가상 컴퓨터가 장애 조치할 사후 장애 조치 리소스 그룹을 선택한 후 사후 장애 조치 배포 모델도 선택한다. 이번 예제에서는 ARM을 이용하지만 Classic 모델을 선택할 수도 있다. 어쨌든 새로운 ARM 모델을 이용해 시작할 것을 권고한다. 사후 장애 조치에 이용될 Azure 네트워크와 서브넷을 포함한 저장소 계정을 선택한 후 확인을 클릭한다.

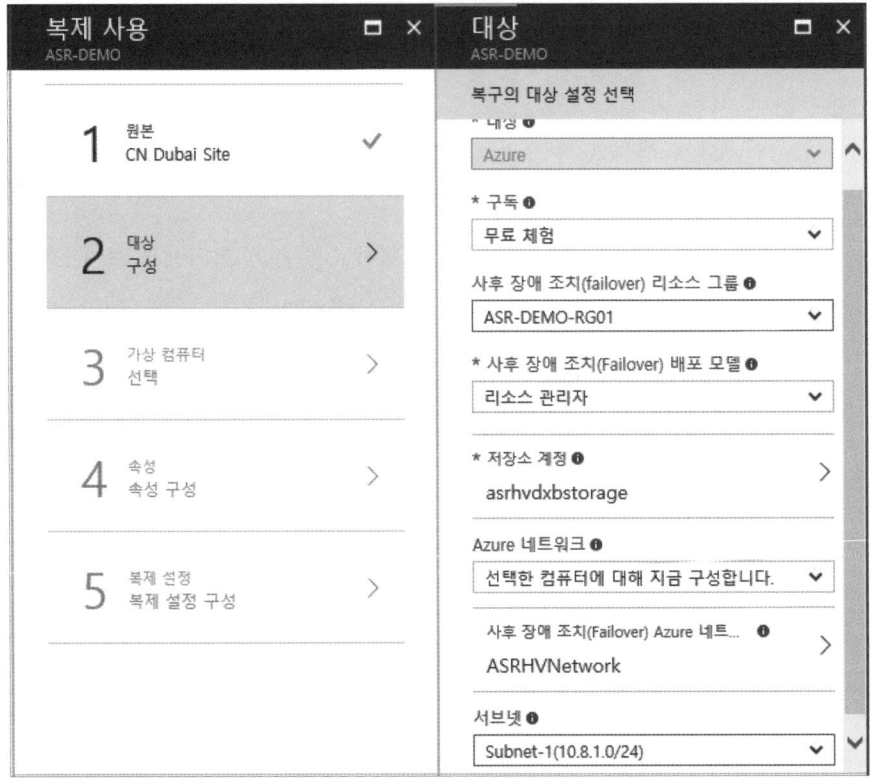

4. 가상 컴퓨터 선택 블레이드에서 보호하려는 VM을 선택하고 확인을 클릭한다.
5. 속성 구성 블레이드에서 OS 타입(Windows 혹은 Linux), OS 디스크, 그리고 마지막으로 복제할 디스크(복제에서 예외로 할 디스크를 선택할 수 있다. 예를 들면 페이지 파일 쓰기, 마이크로소프트 SQL 서버 tempdb 쓰기 등)를 선택한다. 확인을 클릭한다.

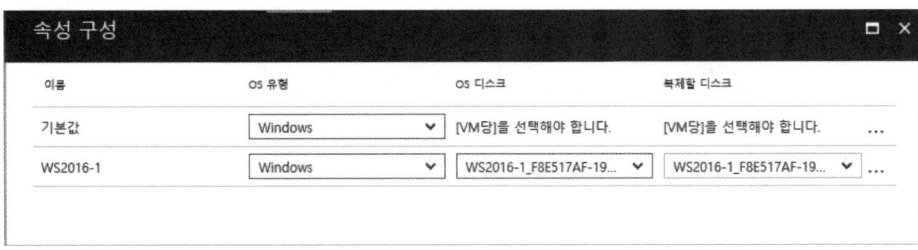

6. 복제 설정 구성 블레이드에서 다음 화면에 보이는 것처럼 원하는 복제 정책을 선택하고 확인을 클릭한다.

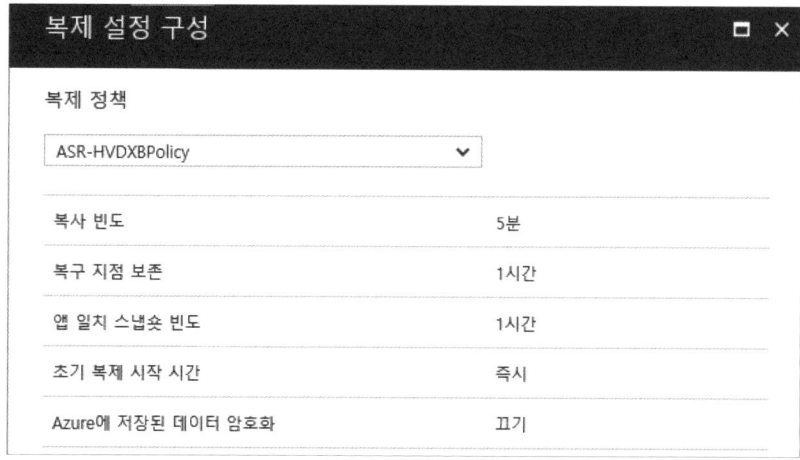

7. 복제 사용 버튼을 클릭해 선택을 확인한다. 주어진 가상 컴퓨터에 대한 보호가 활성화될 것이다.

 온프레미스 Hyper-V 서버에서 Azure 사이트 복구 자격 모음으로 가상 컴퓨터 이미지에 대한 초기 복제가 시작될 것이며, 선택한 가상 컴퓨터의 크기와 네트워크 대역폭에 따라 조금 시간이 걸릴 것이다.

Hyper-V 서버를 변경하면 다음 화면처럼 초기 복제가 시작하는 것을 보게 될 것이다.

Azure 포털의 Recovery Services 자격증명 모음 > 복제된 항목 아래를 본다면 동기화 상태를 볼 수 있다.

9장 Hyper-V를 위한 Azure 사이트 복원과 Azure 백업 | 479

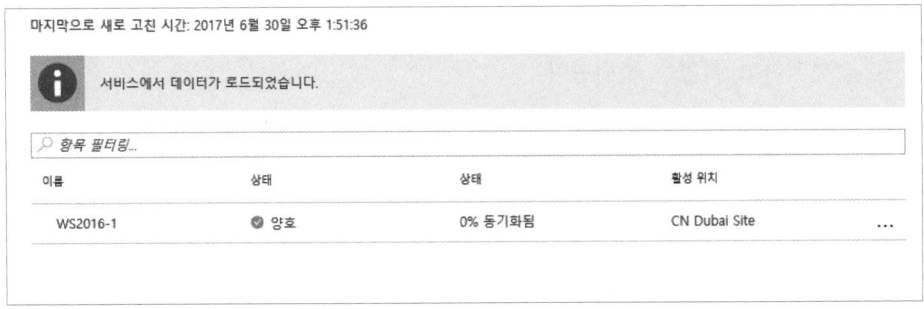

4단계: 복구 계획 관리 - 복구 계획 생성

이번 예제에서는 장애 조치할 하나 이상의 가상 컴퓨터들을 묶은 정리된 그룹이 포함된 복구 계획을 생성한다.

1. 1단계에서 생성한 복구 자격증명 모음으로 이동해 Recovery Plan 관리를 클릭한다.

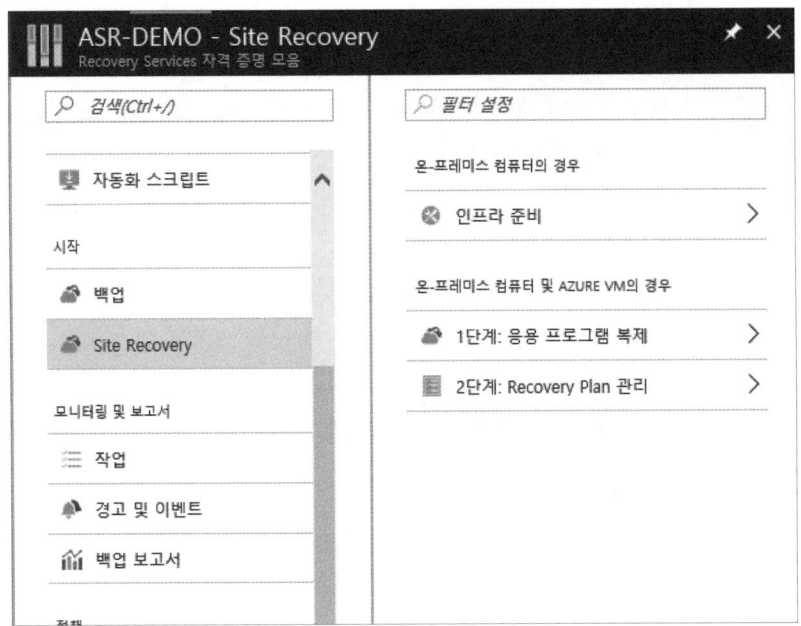

2. 상위 메뉴에서 +복구 계획을 선택하면 복구 계획 생성 블레이드가 시작될 것이다.
3. 첫 번째 단계에서 복구 계획의 고유한 이름을 제공한다. 원본은 온프레미스에 있는 Hyper-V 사이트이고, 대상은 마이크로소프트 Azure다. 다음으로 복구 계획을 위한 배포 모델을 선택한다. 이번 예제에서는 리소스 관리자 모델을 이용한다.
4. 항목 선택 블레이드에서 항목 선택 버튼을 클릭하고 복구 계획에 포함시킬 가상 컴퓨터를 선택한 후 확인 버튼을 눌러 복구 계획 생성 단계를 마무리한다.

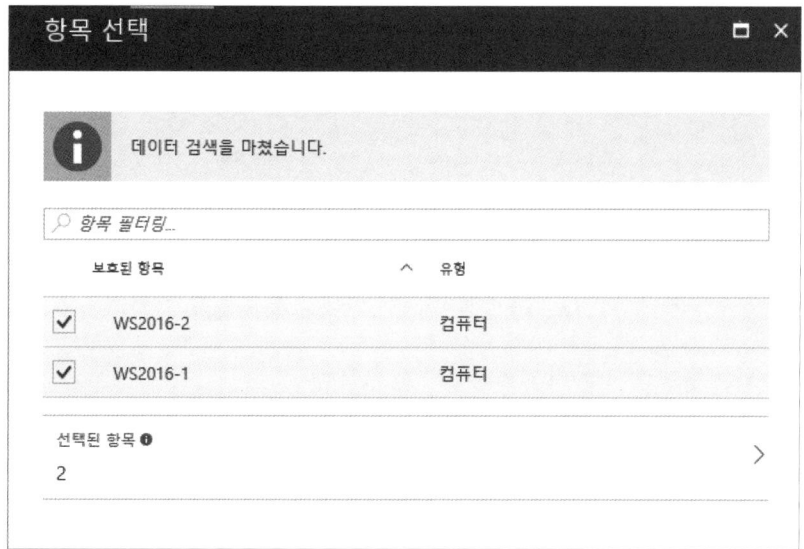

5. 복구 계획이 생성될 때까지 기다린다. 몇 초 정도 걸릴 것이다.

4단계: 복구 계획 관리 - 복구 설정 사용자 지정

4단계의 마지막인 이 예제에서는 이전에 생성한 복구 계획 내의 특정 설정을 구성한다. 이 설정은 실제 재난 상황에서 장애 조치 절차를 위한 베이스라인을 형성한다. 임의 작업을 추가하듯이 Azure 자동화 계정을 생성해서 장애 조치 시퀀스에

PowerShell 스크립트를 불러들일 것이다.

1. 이전 예제에서 생성한 복구 계획을 선택하고, 오른쪽 편에 있는 세 점(…)을 클릭해 사용자 지정을 선택한다. 이것은 다음 화면에 보이는 것처럼 사전 구성된 모든 그룹 종료, 모든 그룹에의 장애 조치, 그리고 그룹 1: 시작 항목을 포함한 기준이 되는 복구 계획 구조를 보여준다.

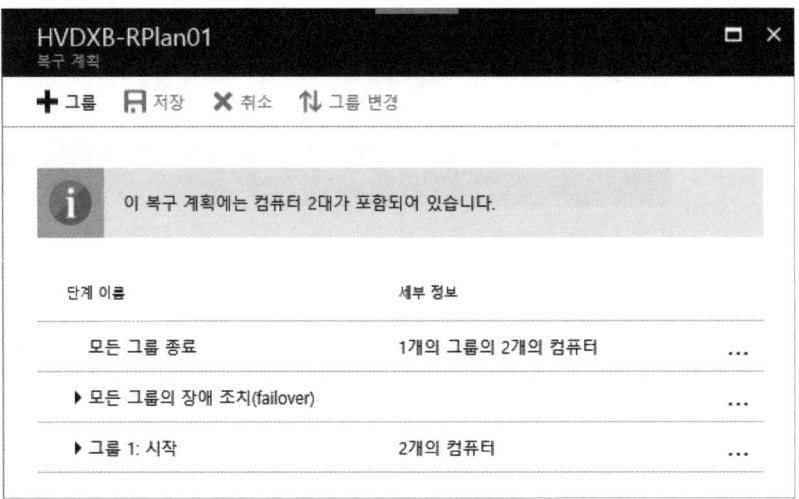

2. 모든 그룹의 장애 조치 섹션을 선택하고, (…) 버튼을 클릭한다. 그런 다음에 사후 작업 추가 옵션을 선택한다.

3. 이 구독에 Azure Automation 자동화 계정이 없습니다.라는 메시지가 나타난다. 이것은 스크립팅된 runbook을 구성하기 위한 요구 사항으로 일반적인 것이다.
4. 마이크로소프트 Azure 홈페이지로 변경한 후 추가 서비스를 클릭하고 Automation 계정을 찾는다.
5. Automation 계정 블레이드에서 +추가를 클릭한다.

6. 예제에서 **RPAutomationAccount**처럼 이 계정에 대한 고유한 이름으로 필드를 채운다. 필요하다면 Azure 실행 계정 만들기를 선택하고 생성을 클릭한다.

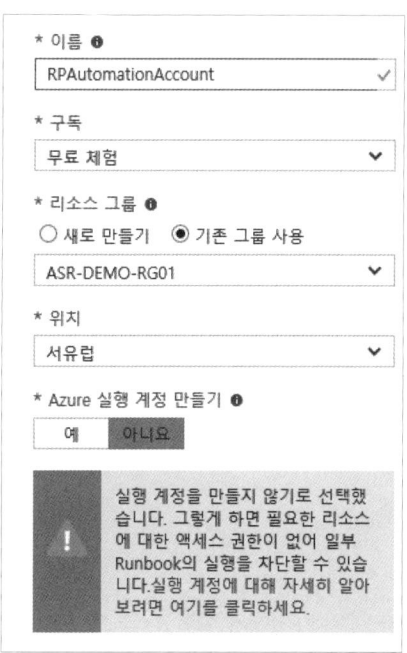

7. 자동화 계정이 생성될 때까지 기다린다. 단지 몇 분이 소요될 것이다.

8. 블레이드를 다시 보기해서 자동화 계정이 만들어졌으면 나타난 블레이드에서 이름으로 클릭해 선택하고 Runbook을 선택한다.

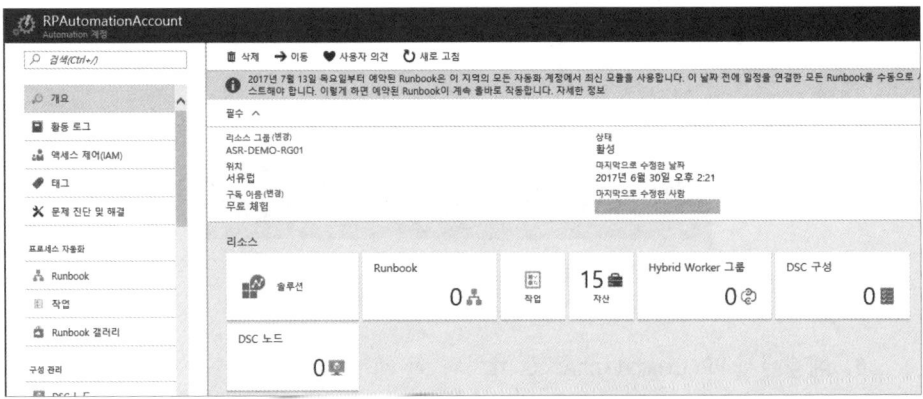

9. Runbook 블레이드에서는 갤러리 찾아보기를 클릭한다.

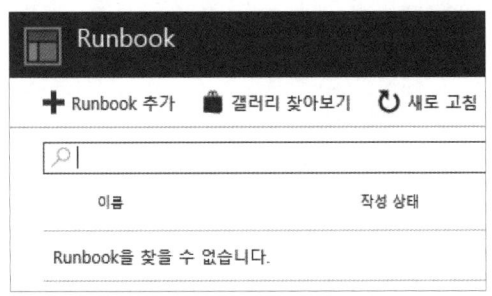

10. 이것은 갤러리 마법사에서 Runbook을 불러올 수 있게 한다. 검색 목록에서 disaster recovery를 입력하고, 복구 계획에 Open Remote Desktop port on a VM을 선택한다.

> 주의: 이것은 복구 계획에서 VM의 원격 데스크톱 종점을 열기 위한 방법을 제공하는 간단한 PowerShell runbook이다. 이는 복구 계획 절차에 사용자 지정 스크립트를 어떻게 통합하는지 보여주는 쉬운 예다.

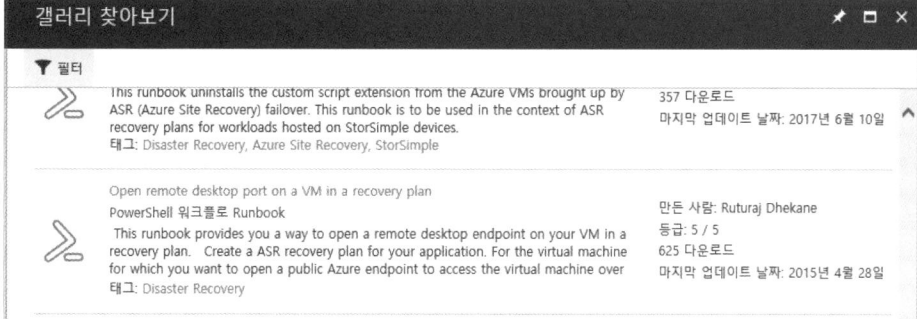

11. 이것은 PowerShell 스크립트 창을 보여준다. 스크립트를 진행하고 상위 블레이드에서 가져 오기를 클릭한다.

12. 가져 오기 블레이드에서 runbook을 위한 고유한 이름을 입력하고 확인을 클릭한다.

13. runbook을 불러오기 할 때 상위 메뉴에서 편집 옵션을 선택한다. 이것은 실제 PowerShell 스크립트를 편집할 수 있게 허용한다. 이번 예제에서는 스크립트를 그대로 둘 것이다. 어쨌든 복구 계획 내에서 이 스크립트를 이용하기 전에 배포를 할 필요가 있다. 이를 위해 다음 화면에 보이는 것처럼 창 아래쪽에서 배포 버튼을 클릭한다.

다음 물음에 예를 누르고 runbook이 배포되기를 기다린다.

14. 새로 생성된 복구 계획 ▶ 모든 그룹 장애 조치로 이동해 (…) 버튼을 클릭한다. 다음으로 모든 그룹 장애 조치 후에 사후 액션을 추가하기 위해 옵션을 선택한다. 이는 복구 계획의 사이드 창에 스크립트 추가 창을 보여줄 것이다. 스크립트를 위한 의미 있는 이름을 제공하고 자동화 계정과 이전 단계에서 배포한 runbook 스크립트를 선택한다. 그 후 확인을 클릭한다.

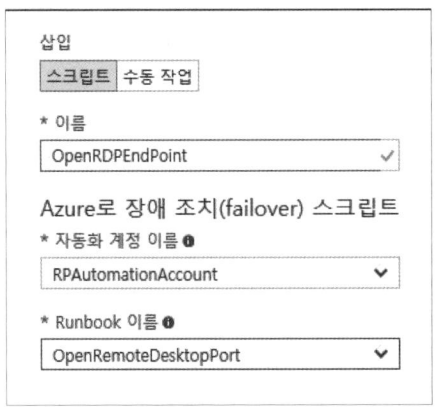

15. 복구 계획 블레이드에서는 일반에서 복구 스크립트와 복구 계획을 저장하기 위해 저장 버튼을 클릭한다.

5단계: 테스트 장애 조치 실행

나머지 몇 단계에서는 구성이 제대로 됐는지 확인하기 위해 테스트 장애 조치를 수행한다.

 주의: 테스트 장애 조치를 시작하기 전에 온프레미스에서 Azure로 동기화가 완료됐는지 확인하라.

1. 복구 계획 블레이드로 돌아가 이번 예제에서 구성한 복구 계획을 선택하고, 오른편에서 있는 세 점(…)을 클릭한 후 메뉴에서 테스트 장애 조치를 선택한다.

2. 테스트 장애 조치 블레이드에서 복구 지점(최신, 가장 최근에 처리됨 혹은 최신 앱 일치)을 선택한다. **최신** 옵션을 선택했다면 장애 조치는 모든 데이터가 서비스로 처리된 후에 시작될 것이다.

3. 마지막으로, 원하는 Azure 가상 네트워크(테스트 장애 조치를 위해 운용 네트워크와 다른 네트워크를 이용할 것을 권장한다)를 선택한 후 **확인**을 클릭한다. 온프레미스 사이트에서 Azure로 장애 조치가 수행됨에 주의하자.

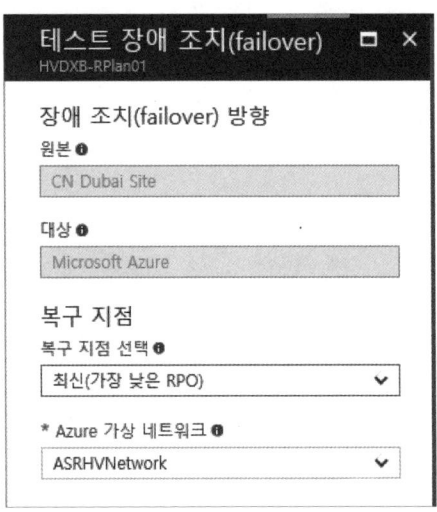

4. 장애 조치가 시작되기를 기다리면 작업 섹션에 자세한 단계가 진행될 것이다.

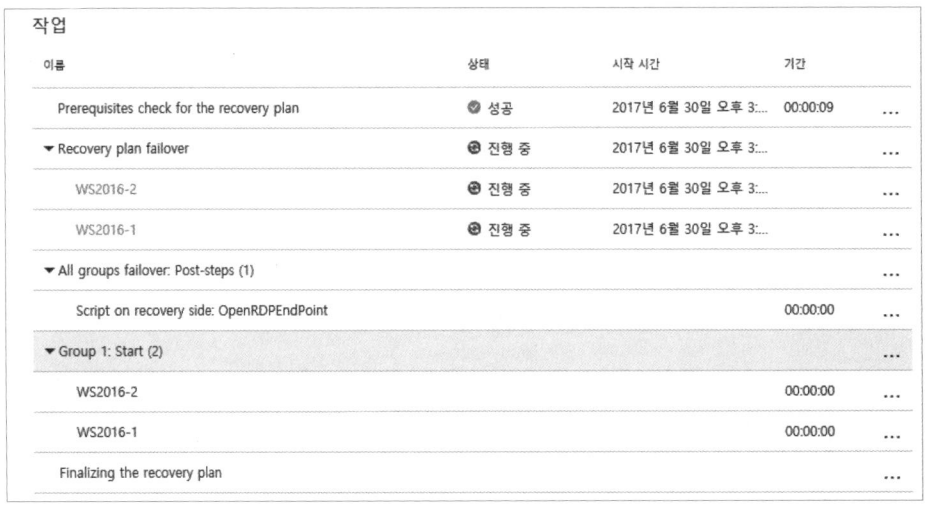

복구 계획 구성의 부분이 되는 가상 컴퓨터는 온프레미스에서 Azure로 장애 조치가 수행될 것이다. 이 과정에서 운용 환경은 영향을 받지 않는다. 장애 조치 절차가 성공적으로 완료될 때까지 기다리거나 실행되도록 그대로 두어라.

가상 컴퓨터 블레이드로 변경하면 VM이 실행되고 있는 것을 볼 수 있다.

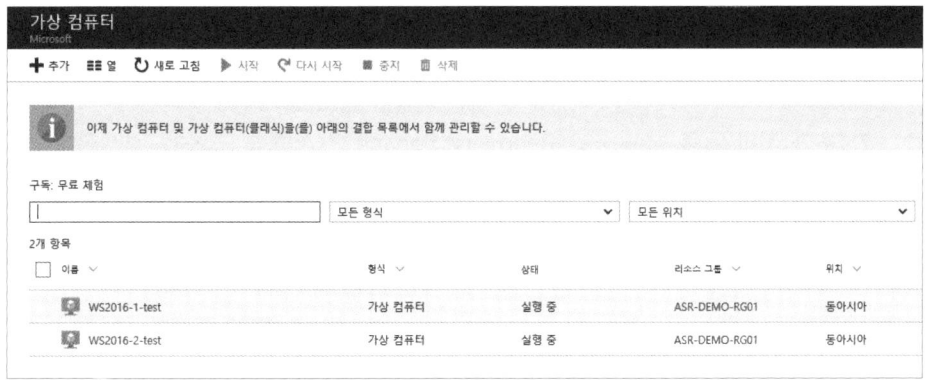

5. 마치면 서비스를 테스트하고, 테스트 완료를 클릭하거나 테스트 장애 조치를 정지할 수 있다.

테스트 장애 조치는 리소스 그룹에 리소스를 생성한다. 리소스 그룹의 테스트 가상 컴퓨터는 삭제될 것이고, 리소스 그룹 내 추가적으로 생성된 리소스는 삭제되지 않을 것이다.

6단계: Azure 사이트 복구 모니터링 - 작업, 경고, 이벤트

이번 예제에서는 작업 블레이드를 자세히 살펴보고, 경고와 이벤트를 조사해본다.

1. 마이크로소프트 Azure 포털인 https://portal.azure.com에 로그온한다.
2. 추가 서비스)를 클릭하고 Recovery Service 자격증명 모음을 검색한다.
3. 1단계에서 구성한 Recovery Service 구성 요소를 선택해 클릭한다.
4. Recovery Service 자격증명 모음 블레이드에서 작업 > Site Recovery 작업으로 이동한다.

이름	상태	유형	항목	시작 시간	기간
Test failover	성공	복구 계획	HVDXB-RPlan01	2017년 6월 30일 오후 3:46:46	00:12:34
Update the virtual machine	성공	보호된 항목	WS2016-2	2017년 6월 30일 오후 3:43:28	00:00:00
Update network settings	성공	보호된 항목	WS2016-2	2017년 6월 30일 오후 3:41:23	00:00:00
Finalize protection on the virt...	성공	보호된 항목	WS2016-2	2017년 6월 30일 오후 3:27:16	00:00:22
Enable replication	성공	보호된 항목	WS2016-2	2017년 6월 30일 오후 3:10:35	00:00:54
Disable replication	성공	보호된 항목	WS2016-2	2017년 6월 30일 오후 3:03:03	00:01:03
Save a recovery plan	성공	복구 계획	HVDXB-RPlan01	2017년 6월 30일 오후 2:43:44	00:00:02
Save a recovery plan	성공	복구 계획	HVDXB-RPlan01	2017년 6월 30일 오후 2:06:00	00:00:00
Enable replication	성공	보호된 항목	WS2016-2	2017년 6월 30일 오후 2:03:16	00:00:35
Finalize protection on the virt...	성공	보호된 항목	WS2016-1	2017년 6월 30일 오후 1:58:06	00:00:46

5. 작업 상세에서 하나를 선택하고 **이름**을 클릭한다. 이것은 선택한 특정 작업의 좀 더 자세한 단계를 보여줄 것이다.

작업			
이름	상태	시작 시간	기간
Prerequisites check for the recovery plan	성공	2017년 6월 30일 오후 3:...	00:00:09
▶ Recovery plan failover	성공	2017년 6월 30일 오후 3:...	00:10:21
▶ All groups failover: Post-steps (1)	성공	2017년 6월 30일 오후 3:...	00:00:40
▶ Group 1: Start (2)	성공	2017년 6월 30일 오후 3:...	00:01:12
Finalizing the recovery plan	성공	2017년 6월 30일 오후 3:...	00:00:00

6. Recovery Service 자격증명 모음 설정으로 돌아가 경고 및 이벤트 > Site Recovery 이벤트를 선택한다. 이것은 선택한 복구 자격증명 모음과 관련된 모든 이벤트를 보여줄 것이다. 경고/이벤트를 받기 위해 전자 메일 알림을 활성화할 수 있음을 알아두자.

6단계: Azure 사이트 복구 모니터링 - 일반 모니터링

6단계의 마지막인 이 예제에서는 일반 모니터링 상세와 Azure 사이트 복구-복구 자격증명 모음과 관련된 로깅된 정보에 대해 살펴본다.

1. Azure 사이트 Recovery Service 자격증명 모음을 선택한다. 이 블레이드는 솔루션의 인프라 구성 요소와 관련된 상세한 정보를 보여준다.

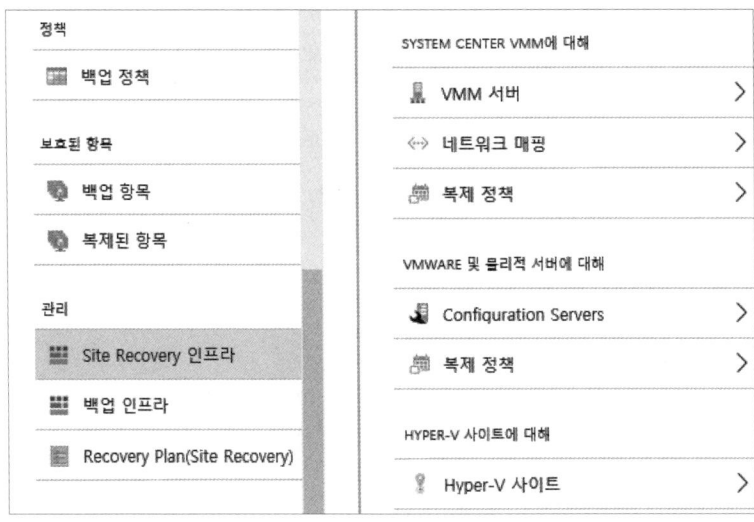

2. 예를 들면 여기에서 온프레미스와 Azure 클라우드에 얼마나 많은 가상 컴퓨터가 보호되고 있는지 볼 수 있다. 최근 작업의 대부분에 대한 요약도 보여줄 것이다.
3. 아무 때나 사이트 복구 인프라를 관리하거나 업데이트도 할 수 있다.

4. 복제 정책을 변경하거나 업데이트할 수도 있다. 이번 예제에서는 5분에서 15분으로 복제 주기를 업데이트했다.

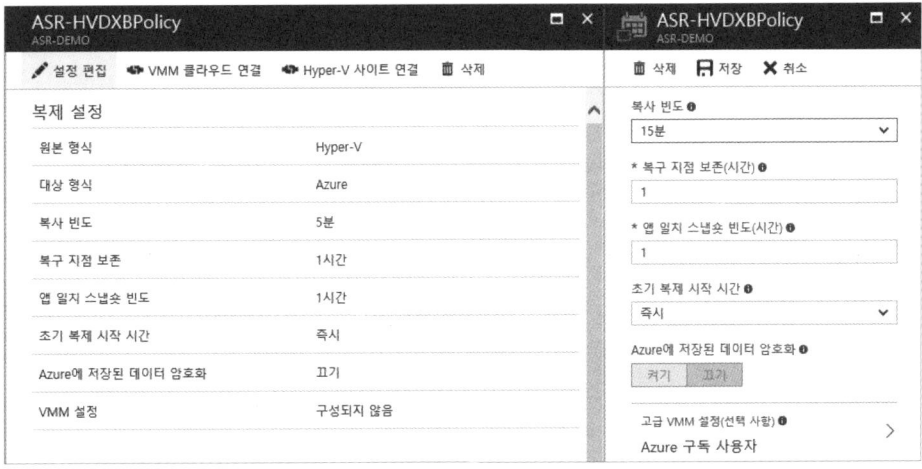

몇 분 후에 다음 화면에 보이는 것처럼 복제 정책은 변경이 되고 Hyper-V 서버 온프레미스로 전달이 될 것이다.

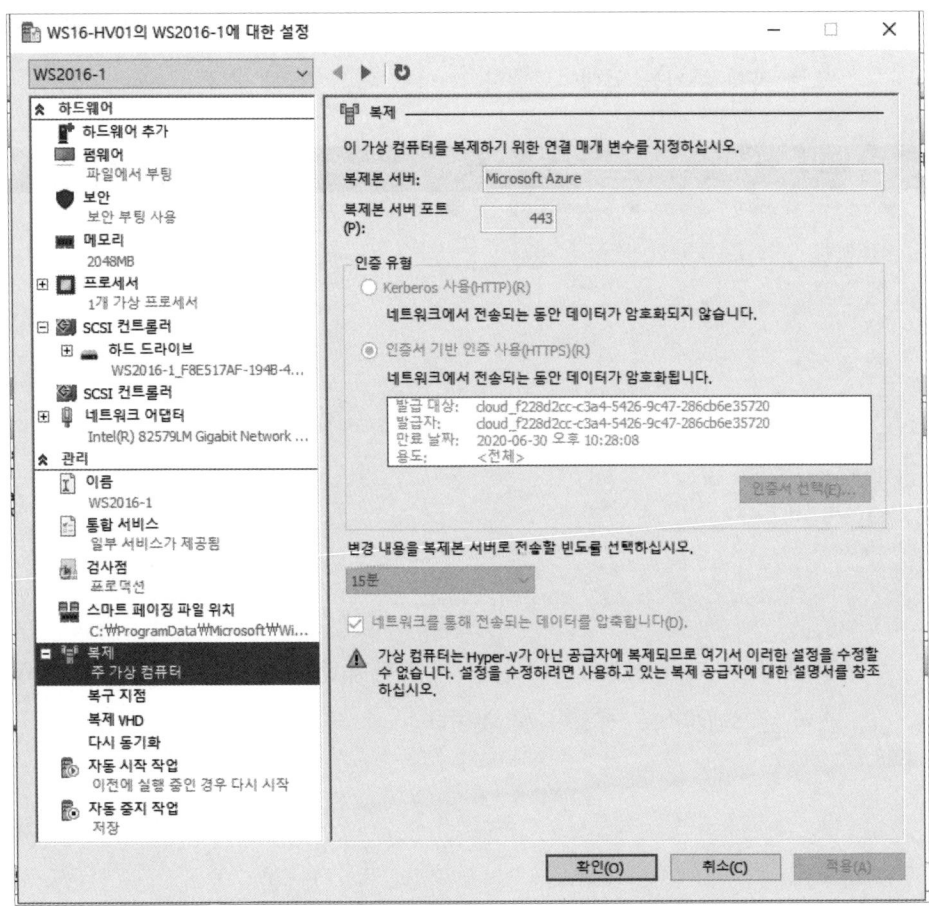

온프레미스와 Azure 사이에 연결을 활성화하는 데는 정말 많은 단계가 포함되지만, 이 절차는 한 번만 하면 된다. 이제부터 구성 변경, 테스트, 그리고 장애 조치 수행까지 단일 웹 포털에서 쉽게 가능하다.

예제 분석

이 워크플로는 보호, 복제, 모니터링, 그리고 Hyper-V 컴퓨터를 Azure로 장애 조치하는 절차를 보여준다.

1단계: 빠른 시작 마법사를 통해 쉬운 몇 번의 단계를 포함해 사이트 복구 자격증명 모음을 설정한다.

2단계: Azure Recovery Service 자격증명 모음이 한 번 생성되면 대상 환경(가상 컴퓨터를 복제하고 싶은 곳)을 지정하고, 동일 물리적 위치(예를 들면 Dubai 사이트)에 속해 있는 하나 이상의 Hyper-V 서버를 모아 Hyper-V 사이트를 생성한다. Hyper-V 서버나 VMM 서버는 하나의 Hyper-V 사이트 혹은 하나의 VMM 클라우드에 포함될 수 있고, Hyper-V 호스트에 Azure 사이트 복구 제공자를 다운로드하고 설치해서 Hyper-V 서버를 추가할 수 있다.

등록 키는 안전한 방법으로 Hyper-V 호스트 온프레미스를 Azure로 연결한다. 하나 이상의 Hyper-V 서버를 추가하기 원한다면 동일한 단계를 따를 필요가 있고, Hyper-V 클러스터 노드의 경우에는 ASR 제공자와 등록 키가 모든 노드에 설치돼 있어야 한다.

Azure 사이트 복구 제공자는 Hyper-V 호스트와 사이트 Recovery Service 사이에 통신을 관리한다. ASR 제공자는 SCVMM의 요구 사항 없이도 호스트에 설치된다.

Recovery Service 에이전트는 Hyper-V 호스트와 사이트 Recovery Service 사이에 통신을 관리한다. Recovery Service 에이전트는 Hyper-V 호스트 서버에 설치되며, SCVMM 없이 Hyper-V 호스트와 Azure를 보호할 때 이용된다.

그리고 기존 저장소 계정을 생성하고 지정해서 리소스를 준비하고, 저장소 계정은 LRS 혹은 GRS, 표준 혹은 프리미엄 저장소일 수 있으며, IP 주소 공간과 네트워크 서브넷을 정의해 Azure 가상 네트워크를 생성한다.

3단계: Azure에 Hyper-V 서버가 한 번 등록되면 원본 환경(Hyper-V 사이트)을 지정하고 저장소 계정과 2단계에서 생성한 Azure 가상 네트워크를 연결해서 대상으로 Azure를 구성하고 난 후 속성(OS와 데이터 디스크)을 구성해 보호가 필요한 가상 컴퓨터를 선택하고 '복사 주기', '복구 지점 보존', 앱 일치 스냅숏 빈도, 그리고 '초기 복제' 시작

시간을 지정함으로써 복제 정책을 만든다. VM은 오직 하나의 복제 정책의 구성원일 수 있다. 초기 복제가 한 번 시작되면 가상 컴퓨터 스냅숏이 만들어지고, 가상 하드 디스크는 Azure로 모두 복사될 때까지 하나씩 복제된다. VM 크기, 네트워크 대역폭, 그리고 초기 복제 방법에 따라 완료되는 시간이 필요하다.

보호 활성화라고 불리는 작업이 시작되고 **작업** 탭에서 모니터된다.

Azure 사이트 복구는 가상 컴퓨터에 대한 일반 보호일 경우 Azure에 VM을 생성하지 않는다. 대신 Azure 저장소 계정에 VHD가 저장되고, 구성된 복제 주기에 따라 Hyper-V 복제 로그(HRL) 파일이 온프레미스에서 저장소 계정으로 보내진다. VHDX는 현재 Azure에서 지원되지 않는다. 사이트 복구는 Azure로 장애 조치가 실패할 때 자동으로 VHDX를 VHD로 변환한다. 온프레미스로 장애 조치를 할 때 가상 컴퓨터는 계속해 VHDX 포맷을 이용하게 된다.

초기 복제 진행 중에 디스크 변경이 발생하면 Hyper-V 복제본 복제 추적자는 디스크로 동일 폴더에 위치한 HRL에 따라 이러한 변경을 추적한다. 각 디스크는 두 번째 저장소로 보낼 연관된 HRL 파일을 갖고 있다. 스냅숏과 로그 파일은 초기 복제가 진행되는 동안 디스크 리소스를 소모한다. 초기 복제가 끝나면 VM 스냅숏은 삭제되고, 로그에 있는 델타 디스크 변경이 동기화되고 병합된다.

복사본의 대상이 되는 Azure 저장소 계정을 살펴보면 다음 화면에 보이는 것처럼 VHD와 HRL 폴더는 복제된 Hyper-V VM을 포함한다.

Azure로 장애 조치 발생 시 HRL 파일은 즉시 장애 조치 절차의 부분으로 적용된다.

보호된 온프레미스 VM이 2세대 VM이라면 마이크로소프트 Azure는 장애 조치 동안 VM을 1세대로 변환해 가상 컴퓨터가 생성되고, 저장소에 첨부된다. Azure에 프로비저닝된 VM을 사용할 시점이다.

4단계: 보호가 한 번 활성화되면 첫 번째 복구 계획 생성을 시작할 수 있다. 복구 계획은 자동화된 장재 조치 절차로 같이 장애 조치 혹은 장애 복구가 필요한 모든 보호된 가상 컴퓨터의 그룹을 포함한다. 예를 들어 웹 서버와 데이터베이스 서버를 가진 2계층 웹 응용 프로그램을 갖고 있다면 장애 조치 절차에서는 웹 서버가 온라인이 되기 전에 데이터베이스 서버가 먼저 켜져야 한다.

복구 계획은 이번 예제에서 보여준 것처럼 Azure로 VM 장애 조치 이후에 원격 데스크톱 연결 포트를 열기 위해 Azure 자동화 계정을 이용한 PowerShell 스크립트를 삽입한 것처럼 사용자 지정이 될 수 있다. 또한 수동 작업을 정의할 수도 있다. 단일 복구 계획을 위해 7개까지 그룹을 생성할 수 있다. 그룹으로 추가되는 시점에 맞춰 순차적으로 번호가 매겨진다. 보호된 VM은 하나의 복구 계획에만 속할 수 있다. 스크립트는 복구 그룹의 작업 전이나 후에 실행되도록 Azure 자동화를 활용한 자동화 방법에서 구성될 수 있다. Azure 자동화는 클라우드 플랫폼을 관리하는 부분으로 매뉴얼과 반복 주기를 자동화하게 방법을 제공한다. Azure 자동화는 runbook을 기반으로 한다. Runbook은 자동 절차를 실행하는 작업의 세트로, 실제 자동 절차의 모음이라 할 수 있다. Runbook 자체는 PowerShell 워크플로우를 기반으로 하며, 마이크로소프트에서 운영되는 공용 갤러리나 커뮤니티 혹은 자신만의 runbook을 만들어 갤러리에 게시한 것을 다시 불러오기 할 수 있다. Azure 자동화에서 불러오기 한 스크립트는 복구 계획의 어느 구성 요소에 속해 있느냐에 따라 복구 계획에서 보일 수 있다. 예를 들면 이번 예제에서 선택한 스크립트나 runbook이 가상 컴퓨터에서 작업을 하는 것이면 스크립트는 가상 컴퓨터 레벨에서만 선택을 했을 때 장애 조치 계획 구성 동안에만 유효하게 된다. 스크립트가 오류를 만들어내거나 실행되지 않으면 600초 이후에 시간 제한이 된다. 복구 계획에 통합하기 전에 수동으로 스크립트를 테스트하고 실행해보기를 강력하게 권고한다. 장애 조치 절차 중에 수동 작업을 정의할 수도 있다. 수동 작업은 복구 그룹의 작업 전이나 후에 실행되게 구성될 수 있지만, 수동으로 초기화를 할 필요가 있다.

5단계: 한 번 모든 가상 컴퓨터와 데이터가 동기화 및 Azure로 복제되면 테스트 장애 조치, 계획된 장애 조치, 그리고 계획되지 않은 장애 조치, 세 가지 다른 종류의 장애 조치를 실행할 수 있다.

계획된 장애 조치를 실행하면 원복 VM 온프레미스는 종료되면서 데이터 손실이 없다. 복사본 VM이 생성되면 보류 중인 상태가 커밋된다. SAN으로 복제 없이 장애 조치를 완료하기 위해 커밋을 할 필요가 있다. 커밋이 자동인 경우 주 사이트가 올라와 작동되면 장애 복구가 발생한다. Azure로 복제가 됐다면 역으로 복제는 자동으로 일어난다. 그렇지 않을 경우에 반대 복제는 임의로 실행한다.

테스트 장애 조치는 Azure 네트워크 없이 할 수 있다. 이 경우에 VM이 Azure에 온라인이 됐는지 확인할 수는 있지만, 어떤 Azure 네트워크에도 연결되지 않으며, Azure

네트워크로 장애 조치를 테스트할 수 있다. 이런 시나리오에서 전체 복제가 Azure에서 발생하므로 VM은 별도 분리된 Azure 네트워크의 구성에서 지정된 Azure 복구 네트워크로 연결이 돼 있는지 확인돼야 한다.

작업 탭에서 장애 조치 절차를 추적할 수 있다. 장애 조치가 테스팅 완료 단계에 도달하면 테스트 장애 조치를 끝내기 위해 **테스트 완료**를 클릭한다.

테스트 장애 조치 동안 다음과 같은 과정이 일어나며 Windows 가상 컴퓨터가 완료되는 데 약 15분 정도 걸린다.

- 장애 조치를 위한 사전 요구 사항 확인
- 테스트 환경 생성
- 테스트 가상 컴퓨터 생성
- 가상 컴퓨터 준비
- 가상 컴퓨터 시작
- 테스트 완료
- 테스트 가상 컴퓨터 정리
- 테스트 환경 정리
- 테스트 장애 조치 마침

6단계: Azure 사이트 복구 모니터링은 매우 쉽다. 첫 번째 부분은 Recovery Service 자격증명 모음을 모니터링하는 것으로, 포털에서 복구 자격증명 모음을 선택할 때 즉각적으로 복구 작업을 포함한 복제 항목과 같이 사이트 복구 상태의 현재 정보를 화면에 보여준다. Azure 사이트 복구에서 수행되는 모든 작업이 작업 블레이드에 추적된다. 어쨌든 경고 및 이벤트는 정보나 ASR 이벤트와 관련된 경고 피드백을 보여주는 별도의 창에 기록된다.

Azure 사이트 복구 작업 상태는 다음과 같은 옵션을 제공한다.

- 작업 기록 보기
- 실패 작업 이해. 자세한 경고 보기
- 모든 각 작업의 상세 절차 추적
- 실패 작업 재시작
- 엑셀로 작업 요약 내보내기

알림 메일을 보내기 위한 모니터링 이벤트 알림은 경고 및 이벤트 블레이드에서 활성화시킬 수 있다. 이 기능은 ASR에 단독으로 유효하지는 않으며, 전체 Azure 환경을 위한 전반적인 알림 기능이다. 첫 번째 옵션은 Azure 서비스 관리자와 Azure 테넌트에서 선정돼 구성된 부 관리자에게 보내고, 두 번째 옵션은 자신이 가진 별도 이메일 주소로 이메일을 보내는 것이다.

Azure 사이트 복구는 자체로 자신의 원본 인프라 온프레미스(Hyper-V, VMM, VMWare)를 모니터하지 않으며, 두 환경 간의 네트워크 연결을 모니터하지도 않는다. 전체 ASR 구조에서 온프레미스 원본이 중요한 구성 요소이므로, 이벤트 로깅을 포함한 Hyper-V 관리자 혹은 PowerShell과 System Center Operations Manager를 이용해 복제 상태를 모니터할 수 있다.

어쨌든 마이크로소프트 OMS, Azure 사이트 복구 로그 컬렉션 도구, 마이크로소프트 기술 지원 및 Azure 피드백 포럼 같은 다른 클라우드 서비스와 도구가 있다.

무료 Azure 사이트 복구 로그 도구는 마이크로소프트 기술 지원에서 제공되며, 배포 시나리오에 따라 다음의 링크에서 이 도구를 다운로드할 수 있다.

VMM 사이트 보호를 위해서는 필요한 로그를 수집하기 위해 SDP[Support Diagnostics Platform]를 이용한 ASR 로그 컬렉션을 참고하라.

https://social.technet.microsoft.com/wiki/contents/articles/28198.asr-data-collection-and-analysis-using-the-vmm-support-diagnostics-platform-sdp-tool.aspx

Hyper-V 사이트를 보호하기 위해 로그를 수집하기 위한 도구를 다운로드하고, Hyper-V에서 실행할 수 있다.

https://dcupload.microsoft.com/tools/win7files/DIAG_ASRHyperV_global.DiagCab

VMWare/Physical 시나리오를 위해서는 필요한 로그를 수집하기 위해 VMWare와 Physical을 위한 Azure 사이트 복구 로그 컬렉션을 참조하라.

https://social.technet.microsoft.com/wiki/contents/articles/30677.azure-site-recovery-log-collection-for-vmware-and-physical-site-protection.aspx

Microsoft OMS$^{Operations\ Management\ Suite}$는 전체 데이터센터 환경(온프레미스, 클라우드, 하이브리드, Azure, VMWare, AWS)를 모니터하고 관리할 수 있게 하는 클라우드 서비스다. OMS는 System Center Operations Manager 온프레미스와 완벽하게 통합될 수 있다. OMS는 매우 간단하며, 관리해야 할 어떤 인프라 없이도 모든 작업을 모니터하고 관리할 수 있는 단일 포털이다.

OMS는 다음과 같은 네 가지 주요 시나리오를 지원한다.

- **로그 분석:** 로그 분석은 로그 데이터를 수집하고 검색하고 작업하는 데 도움을 준다. 데이터센터와 공용 클라우드를 아우르는 통합 관리를 제공하는 실시간 운영 통찰력을 제공한다. 마이크로소프트는 솔루션 갤러리를 통해 데이터 분석을 위한 솔루션을 발전시키고 있다.
- **자동화:** Azure 자동화는 하이브리드 클라우드 환경에서 반복되는 복잡한 작업을 통합하고 관리하게 도움을 줌으로써 오류를 줄이고 운영 비용을 줄이는 효과를 극대화한다.
- **백업과 재해 복구:** 백업과 재해 복구는 재해 발생에 대비하기 위해 모든 서버와 중요한 응용 프로그램을 위한 Azure 사이트 복구와 Azure 백업을 모니터함

으로써 데이터센터를 보호하고 확장한다.

- **보안과 규정 준수:** OMS 보안과 규정 준수 솔루션은 모든 서버에 대한 식별, 접근, 보안 위험 완화를 중앙화해 조정한다. 모든 보안 관련 이벤트는 보안 이슈에 대한 빠른 대응을 위한 깊은 분석을 받기 위해 법정, 감사, 위반 분석이 수행되도록 수집될 것이다. 보안과 규정 준수는 빠진 업데이트 및 멀웨어의 상태 또한 감지할 수 있다.

다음 URL에서 무료로 OMS를 테스트할 수 있다.

https://www.microsoft.com/ko-kr/cloud-platform/operations-management-suite-trial

마지막으로 중요한 하나는 다음 링크로 가서 자신의 ASR 지원 티켓을 생성할 수 있다.

http://aka.ms/getazuresupport

보충 설명

Azure PowerShell은 커맨드라인 셸로 시스템 관리 작업을 자동화하도록 돕기 위한 스크립팅 언어다.

Windows PowerShell에 대해 더 많은 정보를 원한다면 『Getting Started with Windows PowerShell』을 참고하라.

https://msdn.microsoft.com/powershell/scripting/getting-started/getting-started-with-windows-powershell

『Using Azure PowerShell with Azure Resource Manager』 대해서도 좀 더 많은 정보를 참고할 수 있다.

https://docs.microsoft.com/ko-kr/azure/azure-resource-manager/powershell-azure-resource-manager

Azure 사이트 복구 PowerShell 명령은 ARM을 위한 Azure PowerShell에 유효하며, 자동화, 보호, 그리고 Azure에서 서버 복구에 도움을 준다.

온프레미스 Hyper-V와 Azure 사이 복제를 위해 Windows PowerShell 이용

Azure 사이트 복구를 위한 ARM PowerShell 명령은 다음과 같은 사이트 복구 시나리오를 구성하게 허락한다.

- Hyper-V 사이트에서 Azure로
- 하나의 VMM$^{Virtual\ Machine\ Manger}$ 사이트에서 또 다른 사이트로
- VMM 사이트에서 Azure로

더 진행하려면 컴퓨터에 다음과 같은 사전 요구 사항이 설치됐는지 확인하라.

- **Azure PowerShell V1.0.** 발표 정보와 설치 방법은 Azure PowerShell 1.0을 확인하라.
- **AzureRM.SiteRecovery와 AzureRM.RecoveryServices 모듈.** PowerShell 갤러리에서 이 모듈들의 최신 버전을 구할 수 있다.

사전 요구 사항이 설치되면 PowerShell 콘솔을 열고 다음의 링크에서 마이크로소프트에 의해 문서화된 과정을 따른다.

https://docs.microsoft.com/ko-kr/azure/site-recovery/site-recovery-deploy-with-powershell-resource-manager

이 기사는 ARM에서 PowerShell을 이용해 온프레미스 Hyper-V 가상 컴퓨터와 Azure를 어떻게 보호하고, 장애 조치하고 복구하는지 설명한다.

Azure 사이트 복구 제공자를 설치하는 동안 제대로 설치되지 않는다는 것을 알게 될 것이다. 이 이슈는 ASR 제공자가 이미 설치돼 있으면 발생한다. Hyper-V 호스트의 프로그램 추가 제거에서 구성 요소를 제거하는 것으로 충분하지 않다. Hyper-V 호스트에서 다음과 같은 레지스트리 키에 저장된 복구 자격증명 모음 정보를 임의로 지워야 한다.

HKLM\Software\Microsoft\Azure Site Recovery\Registration

Azure로 백업

백업과 복제를 구별하는 것은 매우 중요하다. 두 개는 완전히 다른 기술이다.

백업은 날짜와 시간으로 지정된 RPO 내에서 정기적으로 백업이 되는 데이터의 '오프라인' 모음이다. 백업 데이터는 즉시 사용할 수 없으며, 복구해 운영이 재개되기까지는 많은 시간이 소요되므로 결과적으로 높은 RTO를 야기한다.

백업은 주로 '싼/더 싼' 비용 옵션이며, 덜 중요한 응용 프로그램 혹은 빠르게 변하지 않는 데이터를 가진 애플리케이션에 알맞다.

백업과 장기간 데이터 보존을 가진다는 것은 재해 복구 계획은 아니지만, 백업을 갖는 것 자체로 도움이 된다.

Azure 백업을 이용하려면 백업 소프트웨어가 Azure 백업을 당연히 지원해야 한다.

MABS$^{\text{Microsoft's free Azure Backup Server}}$는 Hyper-V, SQL 서버, SharePoint 등 마이크로소프트 부하를 보호하는 무료 온프레미스 백업 서버로, 디스크-투-디스크-투-클라우드 백업을 수행한다. 물론, 무료다.

System Center DPM$^{\text{Data Protection Manager}}$과 친숙하다면 Azure 백업 서버는 부하 백업을 위한 DPM의 동일 기능을 상속받았다. 어쨌든 Azure 백업 서버는 테이프 보호나 System Center와 통합은 제공하지 않는다.

Azure 백업 서버 이면의 실제 내용은 다음과 같다.

- 완전 무료다. 사용한다면 Azure 저장소 사용량에 대해서만 지불한다.
- 설치에 구성을 위한 Azure 백업 자격증명 모음을 요구하지만, 온라인 보호를 활성화하지 않으면 사용할 필요가 없다.
- DPM의 최신 버전을 구입하기 위해서는 어떤 라이선스도 요구하지 않는다.
- Hyper-V, Windows 서버와 데스크톱, SQL 서버, SharePoint, Exchange 서버, VMWare VM 백업을 지원한다.
- 로컬 디스크나 클라우드로부터 디스크-투-디스크-투-클라우드[D2D2C] 복원을 위해 디자인됐다.
- 마지막 백업으로부터 하루당 하나 혹은 두 개의 복권 지점을 포함해 디스크에 로컬 보호를 연속적으로 수행 가능하다.
- 하나의 데이터 복사는 로컬 디스크 온프레미스에 저장되고, 동일한 데이터에 대한 세 가지 복사는 LRS로 Azure에, GRS의 경우에는 다른 Azure 지역에 세 개 이상의 복사를 갖게 된다.
- MABS를 위한 무료 SQL 서버 라이선스가 포함된다.
- 로컬 콘솔에서 관리한다. 이 책을 읽을 시점에 마이크로소프트는 웹 포털 관리 또한 지원할 것이다.
- DPM 업데이트 롤업은 MABS에 적용되지 않고, 테이프는 지원하지 않는다.
- 백업 저장소 풀을 위한 디스크는 DPM과 동일하다. 보호하려는 데이터의 1.5배 크기가 필요하다.

마이크로소프트 Azure 백업 서버를 위해 Azure 백업은 두 번째 백업 대상으로 작동한다. MABS를 위한 주 백업 대상은 로컬 탑재된 디스크지만, Azure 백업은 오프사이트 저장소와 장기 보존 옵션으로도 이용될 수 있다. 단일 Azure 에이전트와 암호화 키가 Azure 백업 서버에 설치될 것이다. 다음 화면에 보이는 것처럼 온라인 보호 사용 옵션을 체크해 MABS에서 보호 그룹 단위로 오프사이트 보존을 위한 Azure 구성을 한다.

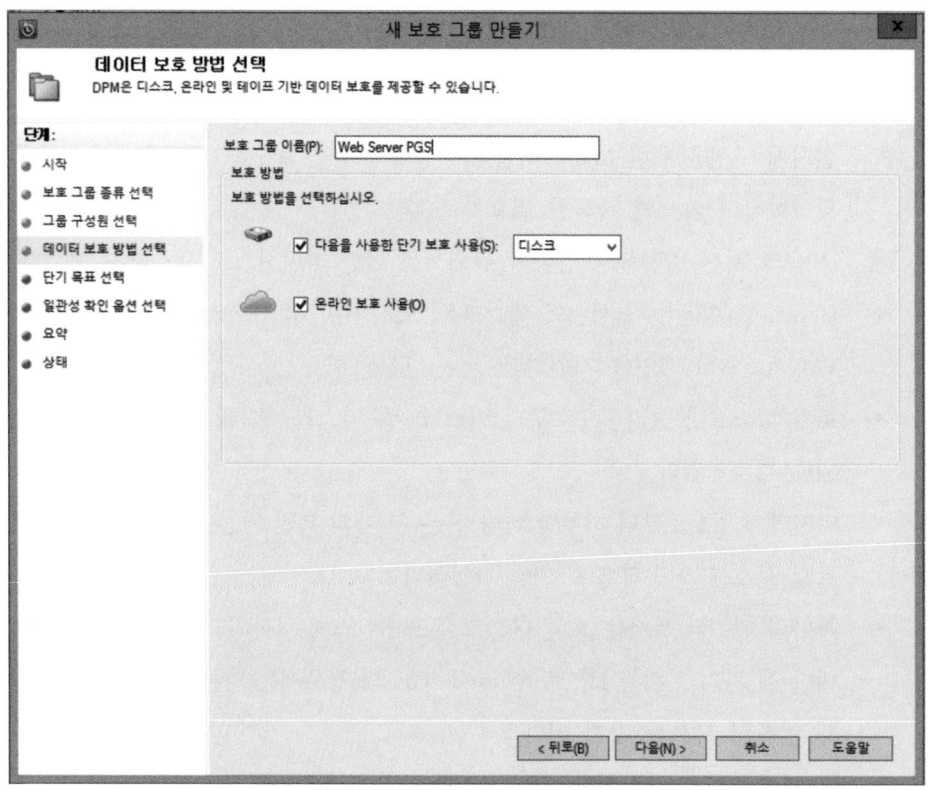

다음 화면에 보이는 것처럼 클라우드 보호의 특정 항목이 구성될 수 있다.

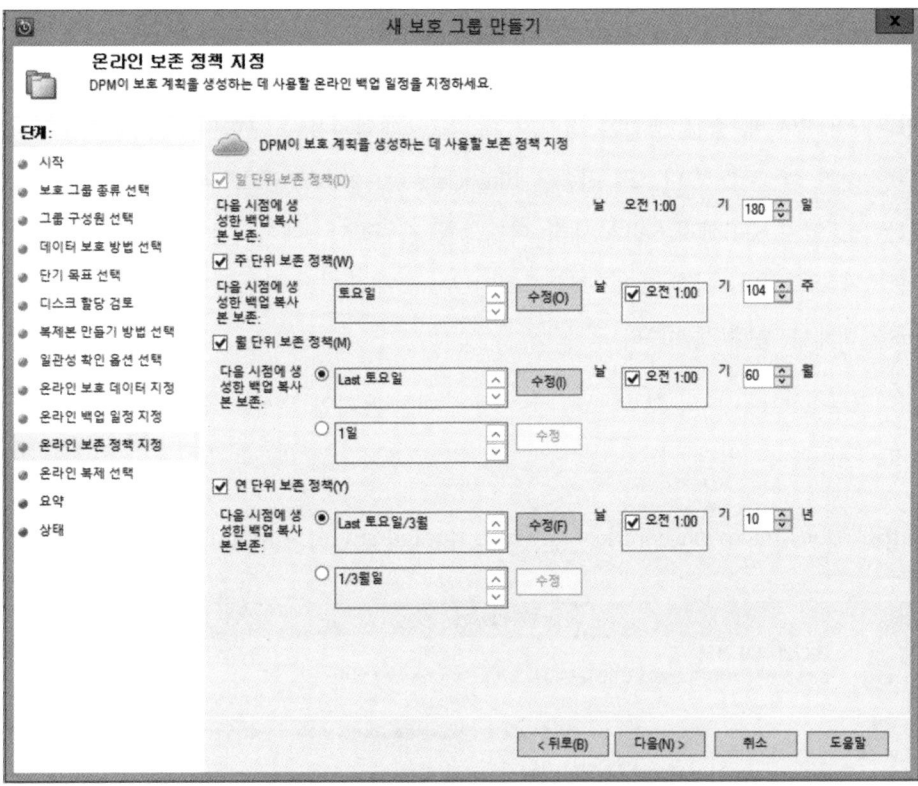

데이터는 온프레미스 사이트를 떠나기 전에 전체로 암호화되고 압축된다.

원하는 대로 복구 지점을 많이 만들 수 있고, 각각은 보호된 데이터의 각 시점 상태가 된다. 백업 데이터는 저장된 포인트로부터 변경된 내용만으로 효율적으로 저장한다. 예를 들면 Azure에 9,999일 백업을 유지하기 위해 매일 복원 지점을 원할 수도 있다.

장기간 보존을 위해 Azure를 이용하면 주간 복원 지점이나 월 복원 지점을 위해 매 4주마다 복원 지점을 구성할 것이다. 극단적 예로 매 4주마다 복원 지점을 정하고 279,972일(7일 × 4주 × 9,999 복원 지점) 혹은 9,999년을 활성화할 수 있다. 이것은 엄격한 백업 보전 요구 사항을 가진 조직일지라도 충분할 것이다.

Azure로 백업해야 할 데이터의 양이 많다면 다음 화면에 보이는 것처럼 보호 그룹 생성 중 초기 시딩seeding을 디스크로 저장하기 위해 오프라인 백업 옵션을 이용할 수 있다. 그리고 선택에 따라 마이크로소프트 Azure 지역으로 택배를 통해 보낼 수도 있다. 이 경우에 증분 백업은 작아져 더 적은 대역폭을 요구한다. 첫 번째 백업을 위한 대역 외out-of-band 디스크 전송은 BitLocker(AES 256)로 암호화된다. 대역 외 디스크는 3.5인치 8TB까지 SATA 내장 디스크를 지원한다. 데이터를 로드하려면 SATA 독dock이 필요하다. 이후 마이크로소프트가 Azure에 데이터 불러들이기를 마치면 디스크를 택배를 통해 돌려준다.

마이크로소프트는 대역 외 디스크 전송 팁에 대한 온라인 문서를 게시했다. 이는 다음 URL에서 볼 수 있다.

https://docs.microsoft.com/ko-kr/azure/storage/storage-import-export-service

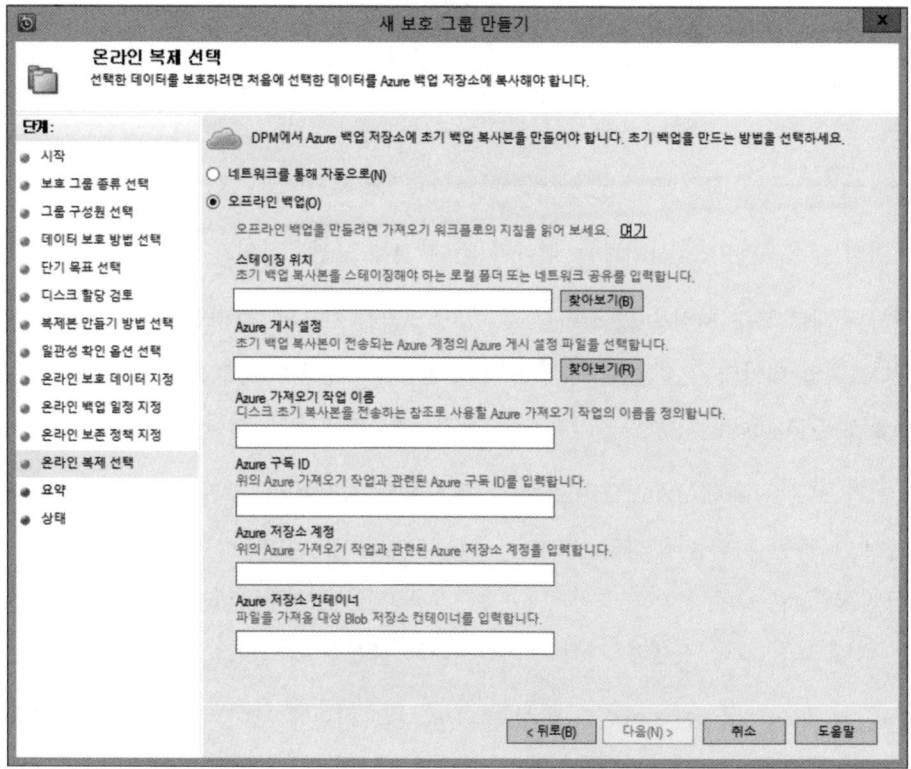

무료 Azure 백업 서버는 다음 링크에서 다운로드할 수 있다.

https://www.microsoft.com/en-us/download/details.aspx?id=49170

마이크로소프트 Azure 백업 서버를 어떻게 배포하는지 단계별 내용을 설명해 두었으므로, 참고해 Hyper-V 가상 컴퓨터 온프레미스를 Azure로 보호할 수 있을 것이다.

https://charbelnemnom.com/2015/10/the-venusian-how-to-backup-recover-hyper-v-virtual-machines-using-microsoft-azure-backup-server-hyperv-azure-dpm/

참고 사항

- 8장의 'Hyper-V 복제본 구성' 예제

10

Hyper-V 모니터링, 튜닝, 문제 해결

10장에서 다루는 내용은 다음과 같다.

- 실시간 모니터링 도구 이용
- 로그된 모니터링을 위해 Perfmon 이용
- VM 모니터링 이용
- Hyper-V 복제본 모니터링
- 리소스 계량 이용
- Hyper-V 서버 튜닝
- Hyper-V 문제 해결을 위한 이벤트 뷰어 이용

▌소개

Hyper-V에서 실행되는 가상 컴퓨터는 회사의 모든 시스템과 기간 업무[LOB] 응용 프로그램에 책임이 있다. 필요하다면 가상화와 클라우드 관리자로서 응용 프로그램을 모니터링해 호스트와 가상 컴퓨터의 상태를 살펴보고, 부하 증가를 확인하기 위해 리포트를 추출하고, 더 나은 성능 향상을 얻기 위해 가능한 운영 튜닝을 할 책임이 있다.

물리와 가상 서버를 모니터링하고 기대한 대로 작동하는지 확인할 것을 권장한다. 일부 도구와 유틸리티들은 무언가 잘못됐을 때 알 수 있게 해줘서 튜닝이 필요한지 혹은 문제가 존재하는지 발견하게 도움을 준다.

일부 경우에 오류가 발생하면 즉각적으로 대처해야 한다. 모니터링 솔루션은 이를 알려주고, 가능한 한 빨리 문제를 해결하기 위한 절차를 시작할 수 있게 해준다.

10장에서는 물리와 가상 서버를 모니터링할 수 있는 Windows Server 2016의 기본 도구를 이용하는 방법과 Hyper-V 서버를 어떻게 문제 해결하고 튜닝하는지를 살펴본다.

▌실시간 모니터링 도구 이용

서버 모니터링 절차는 모든 서버 관리자의 중요한 작업이다.

물리와 가상 서버의 성능을 모니터링함으로써 부하와 영향을 이해할 수 있는 데이터를 획득하고, 병목과 리소스 경향을 확인하고, 이슈를 진단하고, 시스템을 최적화할 수 있다.

시스템을 모니터링하기 위해서는 두 가지 옵션이 있는데, 실시간 모니터링과 로그된 모니터링이다.

실시간 모니터링은 문제 해결 목적으로 서버 성능을 확인하기 위해 주로 사용되는데, 예를 들면 낮은 성능의 원인을 빠르고 쉽게 확인하기 위함이다.

로그된 모니터링은 성능 데이터를 평가하고 수집하기 위해 이용되며, 부하 문제와 경향을 확인할 수 있다.

이번 예제에서는 실시간 모니터링을 위해 이용되는 몇 가지 기본적인 도구를 살펴본다.

준비

시작하기 전에 자신의 계정이 로컬 관리자 계정의 구성원인지 확인한다. Performance Monitor Users 그룹 또한 이용할 수 있다(모니터링 목적으로만).

예제 구현

다음 과정에서는 작업 관리자를 열고 탐색하는 방법을 보여주며, 초기 높은 수준에서 실시간 모니터링 작업을 진행할 수 있다.

1. 작업 관리자를 열려면 시작 메뉴를 열고 task manager라고 입력한다. 결과 목록에서 작업 관리자를 선택한다.
2. 작업 관리자 창에서 다음 화면에 보이는 것처럼 숨겨진 탭과 고급 옵션을 보기 위해 자세히를 클릭한다.

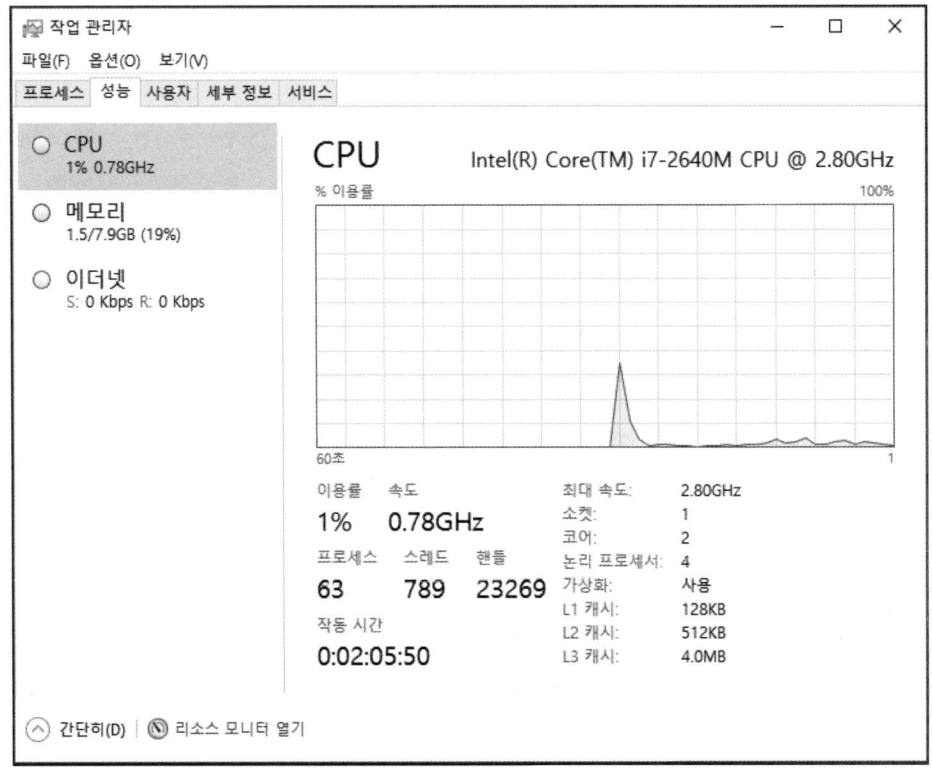

작업 관리자

3. 현재 정보를 확인하기 위해 프로세스, 성능, 사용자, 세부 정보, 서비스 탭을 살펴보자.

다음 과정에서는 리소스 모니터를 열고 탐색하는 방법을 보여준다.

1. 리소스 모니터를 열려면 시작 메뉴를 열고 resource monitor라고 입력한다. 결과 목록에서 리소스 모니터를 선택한다.
2. 리소스 모니터 창에서 다음 화면에 보이는 것처럼 개요, CPU, 메모리, 디스크, 네트워크 탭을 이용해 세부 정보를 확인한다.

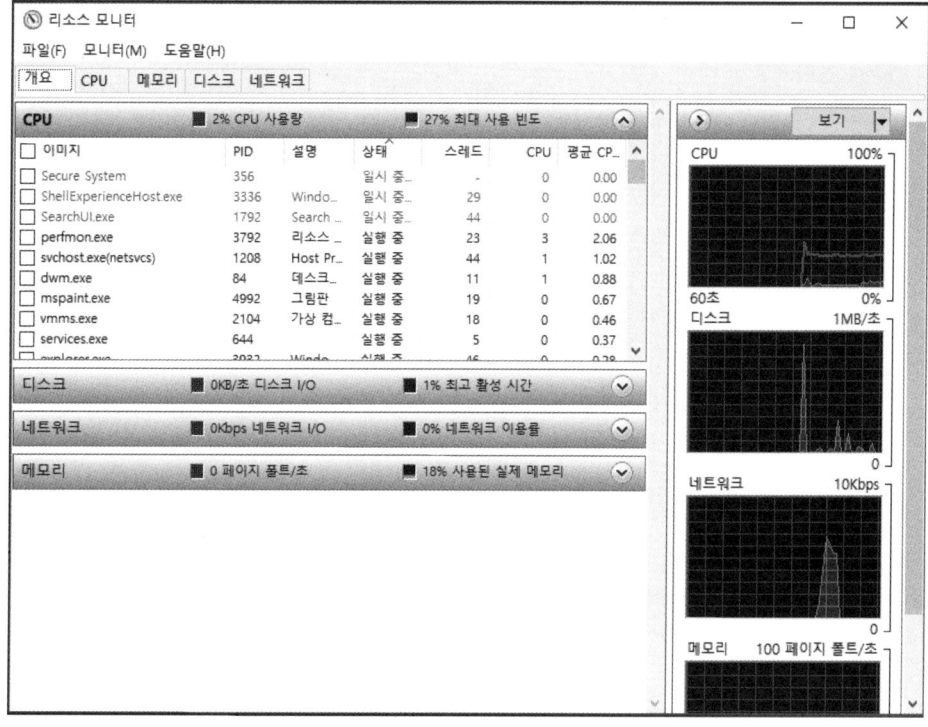

리소스 모니터

3. 실행되는 프로세스 혹은 응용 프로그램을 관리하려면 목록에서 개체를 오른쪽 클릭하고 프로세스 끝내기, 프로세스 트리 끝내기, 대기 체인 분석, 프로세스 일시 중단, 프로세스 다시 시작 혹은 온라인 검색과 같은 가능한 옵션 중에 하나를 선택한다.

다음 과정에서는 성능 모니터를 열고 탐색하는 방법을 보여준다.

1. 성능 모니터를 열려면 시작 메뉴에서 performance monitor를 입력하고 엔터를 누른다.
2. 성능 모니터 창에서 성능 아래 성능 모니터를 클릭한다.
3. 모니터 영역에서 오른쪽 클릭을 하고 카운터 추가를 클릭한다.
4. 카운터 추가 창에서 모니터링하고 싶은 카운터를 선택한다.

5. 필요시 선택한 개체의 인스턴스 아래에서 모니터하고 싶은 인스턴스를 선택한다.

6. 다음 화면에 보이는 것처럼 카운터와 인스턴스를 선택하고 **추가**를 클릭한다.

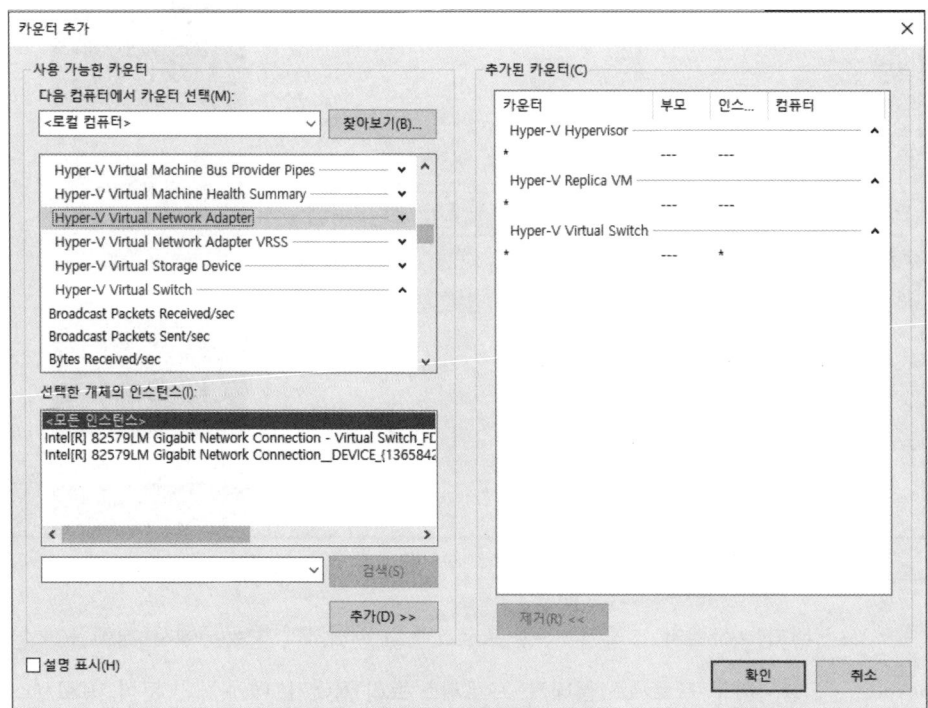

성능 모니터

7. 카운터 추가 후에 확인을 클릭한다. 결과가 모니터링 영역에 표시될 것이다.

8. 다음 화면에 보이는 것처럼 모니터링 동안 **카운터** 목록에서 마지막, 평균, 최소, 최대 그리고 기간과 같은 정보를 확인하고 싶은 카운터를 선택한다.

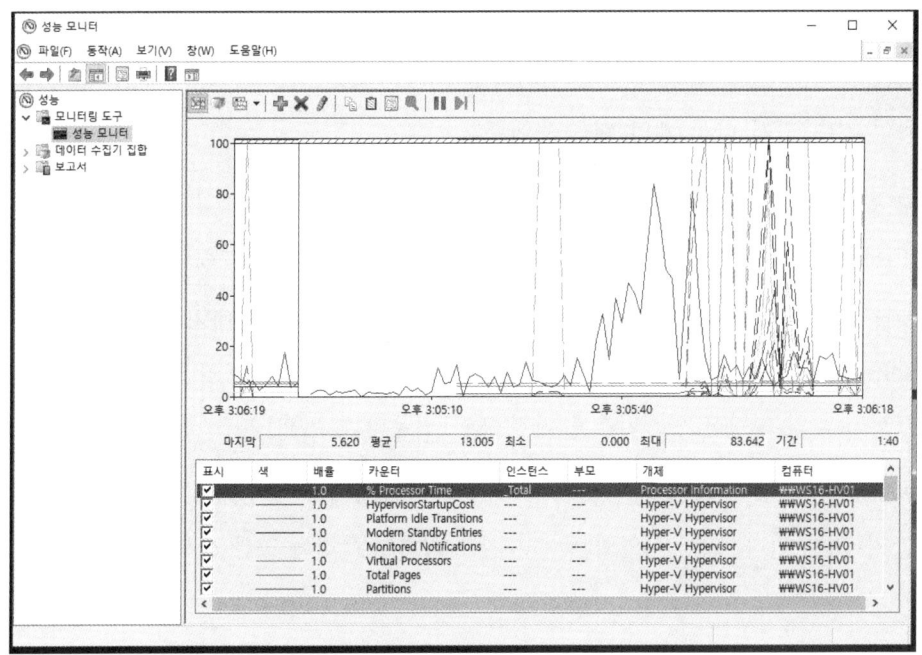

성능 모니터: 요약 값

예제 분석

실시간 도구는 응용 프로그램, 서비스, 역할, 그리고 심지어 하드웨어에 기인해 발생되는 문제를 빠르게 분석하고 확인하기 위한 가장 친숙한 도구다. 서버의 응답이 느려지거나 무언가 동작을 멈추는 경우 실제 어떤 일이 발생하는지 실시간 모니터링 도구로 살펴봐야 한다.

세 가지 다른 수준에서 정보를 얻을 수 있다. 각 수준에 따라 특정한 도구가 있다. 첫 번째와 두 번째는 정보는 적지만 빠르게 시스템 상세 내역을 보여주며, 마지막은 좀 더 고급이고 복잡하지만 서버의 모든 로컬 구성 요소의 거의 모든 조그마한 상세 정보까지 보여준다.

가장 일반적인 첫 번째는 **작업 관리자**다. 새로운 버전에서 두 가지 다른 보기가 있고 기본으로 열리는 간단히 보기에는 실행되는 응용 프로그램만 보여주며, 자세히 보기에서는 좀 더 자세한 내용과 로컬 서버의 프로세스, 성능, 사용자, 세부 정보, 서비스를 확인할 수 있게 다섯 개의 탭을 보여준다.

두 번째 도구는 리소스 모니터다. 이것은 서버의 CPU, 메모리, 디스크, 네트워크의 가장 주요한 서브시스템에 대한 정보를 보여주는 탭을 가진 일종의 고급화된 작업 관리자다.

성능 모니터, 혹은 Perfmon은 고급 모니터링을 위해 이용되는 마지막 기본 도구다. Perfmon은 서비스, 하드웨어, 응용 프로그램, 역할, 그리고 기능 같은 시스템의 모든 구성 요소의 상당한 인스턴스를 가진 많은 카운터를 포함한다.

Perfmon은 또한 원격 모니터링을 지원해 하나의 콘솔에서 여러 대의 서버를 모니터링 할 수 있게 한다. 이것은 앞의 두 도구가 제공하지 못하는 고급 상세 정보가 필요할 때 사용되는 도구다.

이러한 내장된 무료 실시간 모니터링 도구를 이용해 이슈를 빠르게 발견하고, 성능 문제를 시간 내에 쉽게 해결할 수 있다.

보충 설명

VM을 모니터하기 위해 Hyper-V 관리자의 탭을 이용한다.

Hyper-V 관리자 또한 관리자가 가상 컴퓨터의 상태를 좀 더 쉽게 이해할 수 있게 돕기 위한 개선 사항이 포함돼 있다.

Hyper-V 관리자에서 가상 컴퓨터를 클릭하면 VM, 메모리, 네트워크, 그리고 복제에 대한 고급 정보를 볼 수 있다.

이러한 상세 정보는 VM이 선택되면 콘솔의 아래에 있는 네 가지 새로운 탭에 보인다. VM의 통합 서비스를 이용하면 Hyper-V는 (예를 들면) VM 요약, 메모리 이용률, IP 주소, 그리고 복제 상태를 확인한다. 이 옵션은 가상 컴퓨터에 연결할 필요도 없고 상세 정보를 확인하기 위해 고급 도구를 이용할 필요도 없이 매우 간단하게 도움을 준다.

다음 화면은 대부분의 일반적인 복제 데이터를 보여주는 복제 탭의 예제를 보여준다.

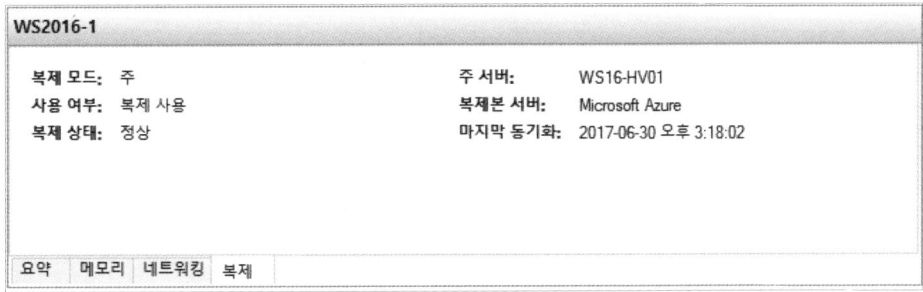

Hyper-V 복제: 모니터링 상태

참고 사항

- 10장의 '로그된 모니터링을 위한 Perfmon 이용' 예제
- 10장의 'VM 모니터링 이용' 예제

로그된 모니터링을 위한 Perfmon 이용

가상 컴퓨터의 모든 사전 구성, 설치, 설정이 끝나면 모든 것이 시작되고, 이상 없이 실행된다. 어쨌든 어떤 것이 정상인지를 고려할 필요가 있을 것이다. 물리 및 가상 서버의 일반적인 성능과 시스템 사용률은 얼마인가?

로그된 모니터링은 이 질문에 대한 답변, 실제 조건을 측정하고, 서버와 하드웨어 업그레이드, 최적화와 경향 분석을 이용한 튜닝의 필요성을 확인하는 데 도움을 준다. 이것은 베이스라인을 이용해 얻을 수 있는 예다. 베이스라인은 자신이 허용하기로 정한 시스템 성능의 수준이다. 일반적으로 이것은 배포 전 계획 단계에서 배포 전에 결정이 된다.

Perfmon에서 데이터 수집기 집합을 이용해 실제적이고 고급 경향의 정보를 얻을 수 있고, 일정을 기반으로 자동으로 시작되고 정지하는 베이스라인을 생성할 수 있다.

이 예제는 물리 및 가상 컴퓨터의 베이스라인을 생성하기 위해 Perfmon을 어떻게 이용할 수 있는지 보여준다.

준비

베이스라인은 특정 기간 동안 서버 활동을 추적해야 만들 수 있다. 일 단위, 주 단위, 월 단위 혹은 필요한 다른 일정으로 기간을 정한다. 시작하기 전에 프로세서, 메모리, 디스크, 그리고 네트워크 등 무엇을 모니터링할지와 얼마나 오랫동안 모니터링할지를 결정해야 한다.

예제 구현

다음 과정에서는 기본 시스템 데이터 수집기 집합과 어떻게 사용자 지정 수집기 집합을 생성하는지 보여준다.

1. 기본 데이터 수집기 집합을 이용하려면 **시작** 메뉴를 열고 performance monitor라고 입력한 후 엔터를 누른다.

2. 성능 모니터 창에서 다음의 화면에 보이는 것처럼 성능 아래 데이터 수집기 집합을 확장해 시스템을 클릭한다.

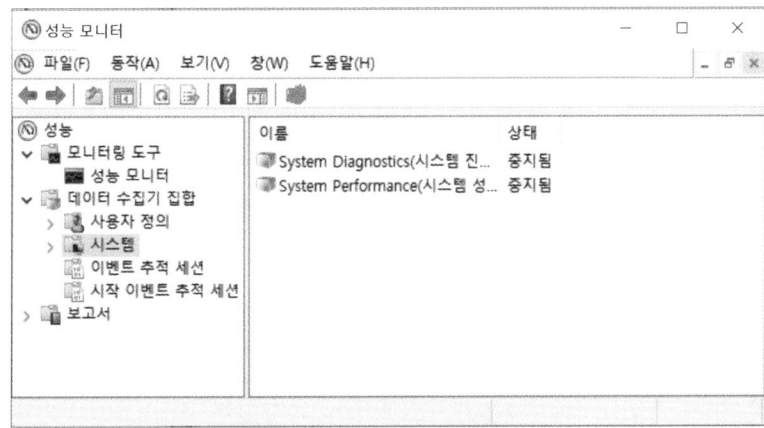

성능 모니터: 데이터 수집기 집합

3. 시스템 진단과 시스템 성능이라 이름 지어진 두 개의 기본 데이터 수집기 집합이 있다. 이것들을 시작하려면 오른쪽 클릭하고 시작을 선택한다.
4. 결과를 보려면 보고서 ▶ 시스템을 확장하고 열고 싶은 보고서를 선택한다.
5. 새로운 데이터 수집기 집합을 생성하려면 데이터 수집기 집합 아래 사용자 정의에서 오른쪽 클릭하고 새로 만들기를 클릭해 데이터 수집기 집합을 선택한다.
6. 새 데이터 수집기 집합 생성 창에서 이름을 입력하고 수동으로 만들기(고급)을 선택하고 다음을 클릭한다.

7. 어떤 형식의 데이터를 포함하시겠습니까?에서 이용하고 싶은 데이터 형식을 선택하고 다음을 클릭한다.

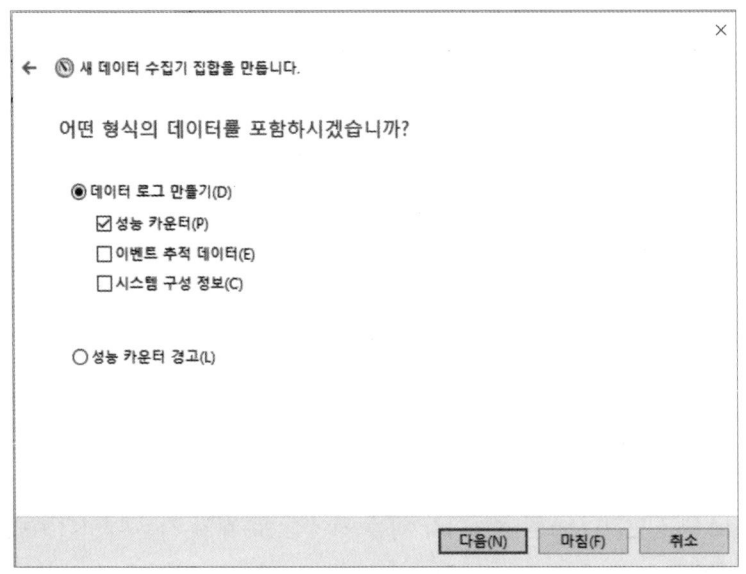

성능 모니터: 데이터 수집기 집합 생성

8. 새로운 창에서 다음 화면에 보이는 것처럼 원격 모니터링을 위해 데이터를 수집하고 싶은 컴퓨터를 선택하고, 추가하고 싶은 카운터와 인스턴스를 선택한 후 추가를 클릭한다. 마치면 확인을 클릭한다.

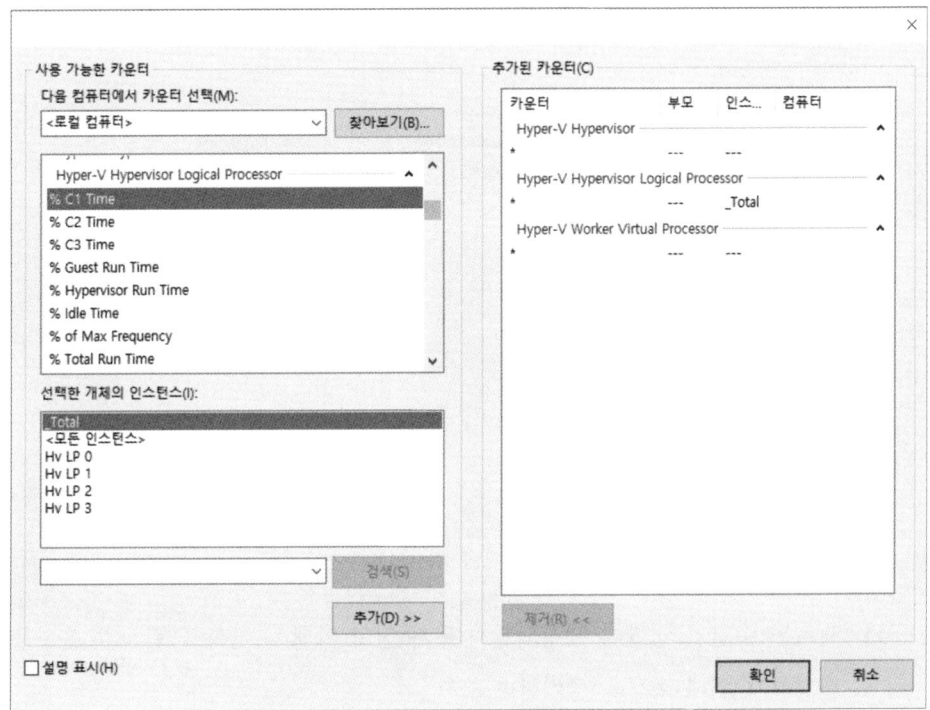

성능 모니터: 데이터 수집기 집합에 카운터 추가

9. 성능 카운터 아래의 샘플 간격 아래에 선택한 카운터를 기록하기 원하는 숫자와 단위를 입력한다.

10. 다음 화면에 보이는 것처럼 선택한 카운터를 확인하고 마침을 클릭한다.

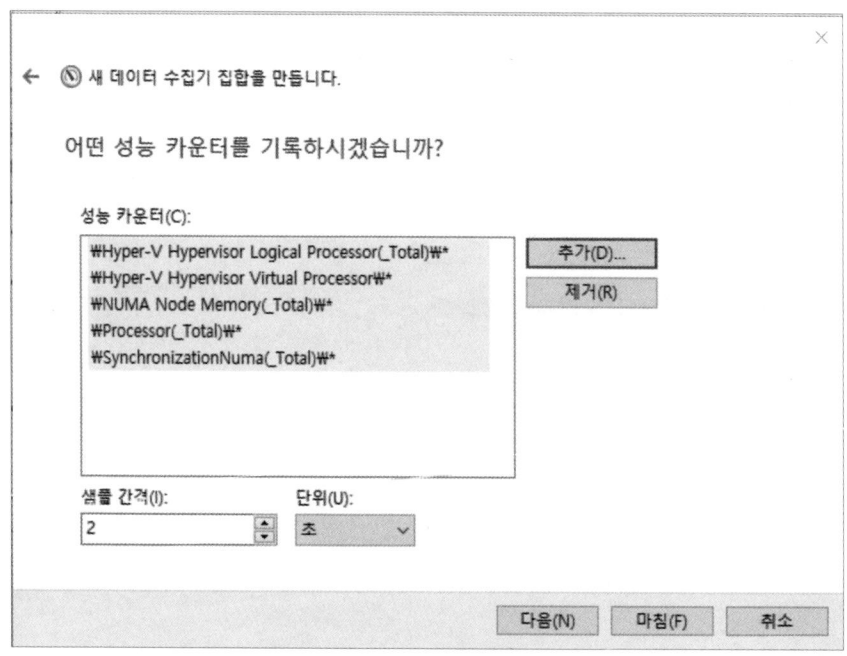

성능 모니터: 기록될 성능 카운터 선택

11. 새로운 수집기 집합이 생성되면 **사용자 정의** 아래 오른쪽 클릭하고 옵션을 변경하기 위해 속성을 클릭한다.

12. 속성 창에서 자동으로 베이스라인을 실행하기 위한 일정을 추가할 수 있고, 중지 조건을 생성할 수 있고 (다음 화면에 보이는 예제처럼) 혹은 **일반 탭, 디렉터리, 보안, 일정, 중지 조건, 작업**을 이용해 다른 옵션을 변경할 수도 있다.

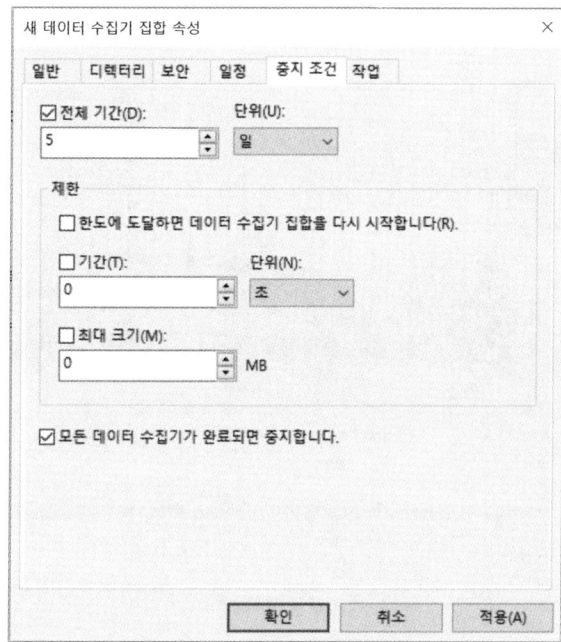

성능 모니터: 데이터 수집기 집합 속성

13. 데이터 수집기 집합이 실행되면 수집된 데이터를 확인하기 위해 성능 모니터 창에서 **보고서 > 사용자 정의** 아래로 이동해 자신이 생성한 수집기를 위한 폴더를 연다.

14. 보고서가 오른쪽 창에 보일 것이다. 다음 화면에 보이는 것처럼 보고 결과 창을 변경하기 위해 도구 모음과 카운터 목록을 이용한다.

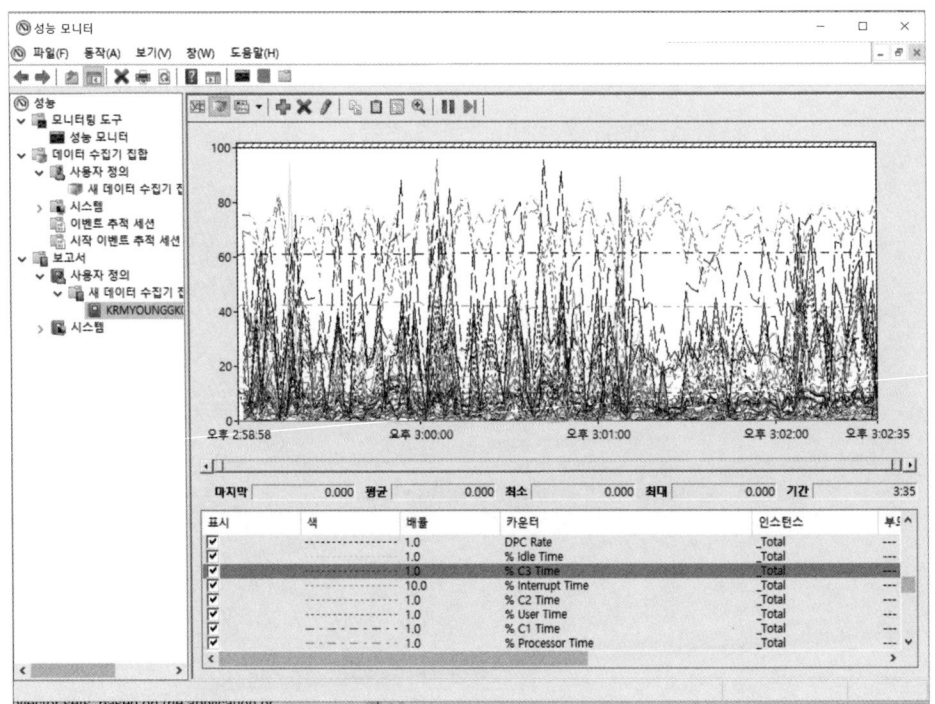

성능 모니터: 수집된 데이터

예제 분석

윈도우 서버에서 Perfmon은 로그된 모니터링에 이용될 수 있는 유일한 내장 도구다. 시스템 진단과 시스템 성능을 보여주는 고급 보고서를 얻을 수 있는 두 개의 시스템-수집기 집합을 가진다.

사용자 정의 아래에서 모니터링하고 싶은 애플리케이션이나 하드웨어 기준으로 자신만의 수집기 집합을 생성할 수 있다.

가상 환경을 위해서는 모든 성능 경향을 분석하기 위해 호스트 부분만을 이용할 수 있지만, 일부 예외로 개별 가상 컴퓨터 내에서 모니터링 방법이 필요할 수도 있다.

Hyper-V는 가상화 스택, 가상 컴퓨터, 호스트 리소스에서 일어나는 모든 일을 알 수 있게 해주는 특정 카운터를 갖고 있다. 일부 카운터는 좀 더 자세한 것을 모니터링해 트리거할 수 있는 인스턴스를 가진다. 예를 들면 Logical Disk 카운터가 이용되면 추가하고 싶은 어떤 디스크(인스턴스)를 선택할 수 있다.

카운터가 많기 때문에 다음의 목록은 모니터링돼야 할 서브시스템 기반으로 해서 일부 Hyper-V 카운터의 모음을 보여준다. 부모와 자식 부분을 모니터하기 위해 결합으로 이용될 수도 있다.

Hyper-V 일반:

- \Hyper-V Hypervisor*
- \Hyper-V Virtual Machine Health Summary*
- \Hyper-V VM Save, Snapshot, and Restore*

물리 및 가상 프로세서:

- \Processor(_Total)*
- \Hyper-V Hypervisor Logical Processor(*)*
- \Hyper-V Hypervisor Root Virtual Processor (*)*
- \Hyper-V Hypervisor Virtual Processor(*)*
- \SynchronizationNuma(*)*
- \NUMA Node Memory(*)*
- \Hyper-V VM Vid Numa Node(*)\

메모리:

- \Hyper-V Hypervisor Partition(*)*
- \Hyper-V Hypervisor Root Partition(*)*
- \Hyper-V Dynamic Memory Balancer(*)*
- \Hyper-V Dynamic Memory Integration Services(*)*
- \Hyper-V Dynamic Memory VM(*)*
- \Hyper-V VM Vid Partition(*)*
- \Memory\Pages / Sec
- \Memory\Available Bytes

디스크:

- \Hyper-V Virtual IDE Controller (Emulated)(*)*
- \Hyper-V Virtual Machine Bus*
- \Hyper-V Virtual Storage Device(*)*
- \Physical Disk(*)\Current Disk Queue Length
- \Physical Disk(*)\Disk Bytes / sec
- \Physical Disk(*)\Disk Transfers/sec
- \Logical Disk(*)\Avg. Disk sec/Read
- \Logical Disk(*)\Avg. Disk sec/Write

네트워크:

- \Network Interface(*)*
- \Hyper-V Virtual Network Adapter(*)*
- \Hyper-V Virtual Switch(*)*
- \Hyper-V Virtual Switch Processor(*)*

- \Hyper-V Virtual Switch Port(*)*
- \IPv4*
- \Hyper-V Legacy Network Adapter(*)*
- \Per Processor Network Activity Cycles(*)*
- \Per Processor Network Interface Card Activity(*)*
- \TCPv4*

베이스라인을 만드는 표준이 정해져 있지는 않다. 각 환경은 천차만별이다. 모니터링해야 할 리소스를 정할 필요가 있고, 자신만의 모니터링 계획을 세워야 한다. 모니터링될 카운터 숫자와 기간 또한 매우 중요하다. 매우 많은 카운터를 가진 데이터 수집기 모음이 짧은 간격으로 이용된다면 성능, 저장소 그리고 네트워크 이슈를 경험하게 될 수도 있다. 길게 모니터링하려면 간격을 길게 잡는다. 예를 들면 하루 단위로 서버를 모니터링하려면 10분 간격을 이용하고, 한 주를 모니터링하려면 1시간 간격을 이용한다.

계획 없이 단지 베이스라인을 추적하고 시스템의 부하를 분석하려면 이전 목록에서 프로세서, 메모리, 디스크 그리고 네트워크의 카운터를 이용한 네 가지 베이스라인을 생성할 수 있다.

이러한 카운터는 단지 각 서브시스템의 일반적인 것이란 점을 기억하자. 하지만 고급 모니터링 시나리오를 위해 이용할 수 있는 매우 많은 다른 옵션이 있다.

이제 로그된 모니터링 단계에서 기존 환경을 분석하고, 조사하고 평가할 수 있으며, 일반적인 베이스라인을 발견하고 이것을 이용해 평소와 다른 점을 쉽게 추적할 수 있다. 베이스라인 결과는 또한 언제 튜닝하거나 업그레이드가 필요한지 확인하는 데 도움을 줄 것이다.

참고 사항

- 10장의 '실시간 모니터링 도구 이용' 예제

VM 모니터링 이용

시스템 모니터링은 물리 및 가상 서버의 문제를 정의하고 발견하는 절차다.

VM 모니터링은 클러스터 환경에서 가상 컴퓨터를 모니터링하는 데 훌륭한 도구이며, 가상 컴퓨터가 위험 상태에서 실행되고 있는지 검색하는 데 도움을 준다. VM 서비스의 상태를 확인하고, 이벤트와 상태 메시지를 이용해 이슈를 식별한다. VM 모니터링은 또한 사용자의 개입 없이 호스트가 사전적인 방법으로 문제를 해결해 작업을 시작하게 해준다. 다른 말로 하면 무언가 잘못된 것이 있다면 확인해 자동으로 문제를 해결하려 시도한다.

이 예제는 VM 모니터링에 이용할 가상 컴퓨터와 관리 OS를 어떻게 준비할지 보여준다.

준비

시작하기 전에 필요한 몇 가지 사전 요구 사항이 있다. 첫 번째는, VM 모니터링은 클러스터에서 실행되는 가상 컴퓨터에만 유효하다. 모든 호스트 컴퓨터 구성은 장애 조치 클러스터 관리 콘솔에서 이뤄져야 한다.

가상 컴퓨터는 관리 OS와 같은 도메인에 부분이어야 하며, 장애 조치 클러스터링의 관리자로 이용될 사용자는 VM의 로컬 관리자 그룹의 구성원이어야 한다.

마지막으로 최소한 VM 모니터링은 Windows Server 2012 이상 버전에서 실행되는 가상 컴퓨터에만 유효하다.

예제 구현

다음 과정에서는 어떻게 VM 모니터링에서 모니터될 가상 컴퓨터를 준비하고, 어떻게 서비스를 모니터하기 위해 호스트로부터 활성화하는지, 어떻게 VM에서 이벤트 뷰어 항목을 모니터하는지, 그리고 어떻게 VM 모니터링 결과를 확인하는지 보여준다.

1. VM 모니터링을 이용해, 모니터링될 VM을 구성하기 위해 클러스터의 한 노드(혹은 장애 조치 클러스터 관리자가 설치된 컴퓨터)의 **시작** 메뉴에서 cluadmin.msc라고 입력하고, 장애 조치 클러스터 관리자를 연다.
2. 장애 조치 클러스터 관리자 창에서 클러스터를 확장하고, 역할을 클릭하고, VM 모니터링을 이용하기 위해 준비할 가상 컴퓨터를 선택하고 오른쪽 창에서 **연결**을 클릭한다.
3. VM이 시작됐는지 확인하고, 로컬 관리자 계정을 이용해 로그인한다.
4. Windows 방화벽 예외를 생성하려면 시작 메뉴를 열고 firewall을 입력한다. 오른쪽 창의 검색 아래에서 Windows 방화벽을 선택한다.
5. 왼쪽 창에서 **앱이 Windows 방화벽을 통해 통신하게 허용**을 클릭한다.
6. 다음 화면에 보이는 것처럼 앱이 Windows 방화벽을 통해 통신하게 허용 아래에서 **가상 컴퓨터 모니터링**을 선택하고 연결된 네트워크를 선택한다.

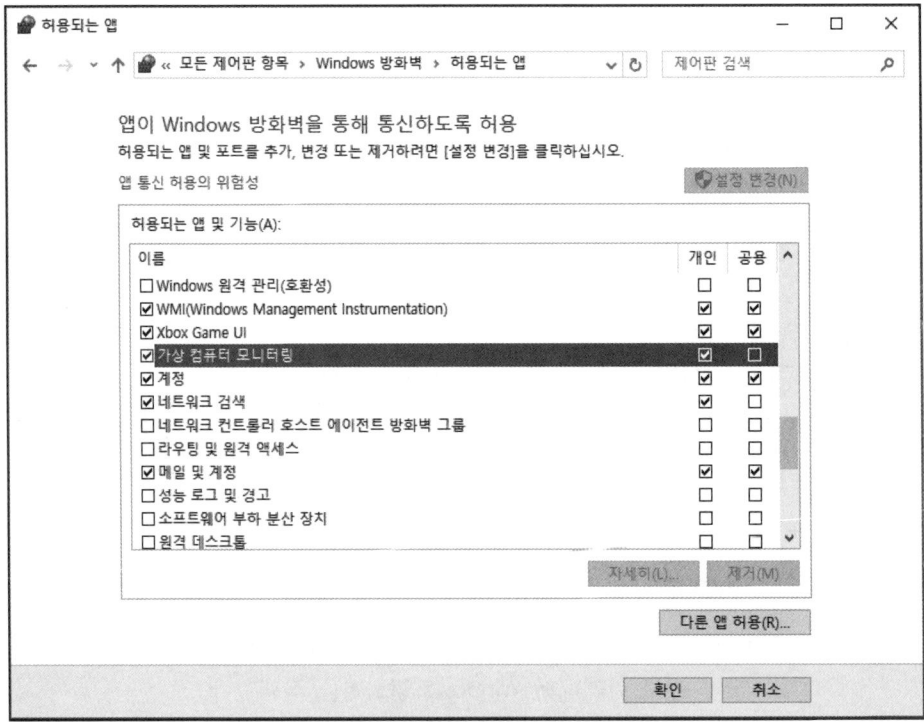

Windows 방화벽: VM 모니터링 구성

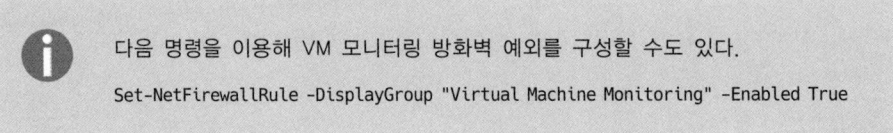

다음 명령을 이용해 VM 모니터링 방화벽 예외를 구성할 수도 있다.

Set-NetFirewallRule -DisplayGroup "Virtual Machine Monitoring" -Enabled True

7. 모니터링되는 서비스에서 복구 서비스 액션을 구성하려면 서비스 콘솔을 열기 위해 시작 메뉴에서 services.msc라고 입력한다.

8. 서비스 콘솔의 서비스 목록에서 모니터를 원하는 서비스를 더블 클릭하고 복구 탭을 클릭한다.

9. 다음의 화면에 보이는 것처럼 **첫째 실패, 둘째 실패, 후속 실패**에서 액션을 선택한다.

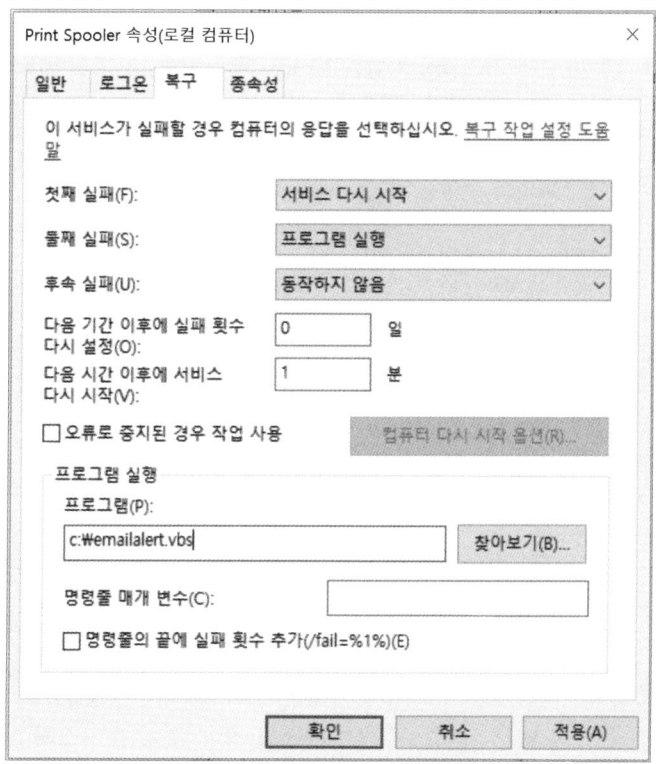

VM 모니터링 구성: 복구 옵션

10. 마치면 모든 창과 가상 컴퓨터 연결을 닫는다.
11. 서비스를 모니터링하기 위한 VM 모니터링을 구성하려면 관리 OS에서 **장애 조치 클러스터 관리자**를 다시 열고, VM 모니터링을 활성화하려는 가상 컴퓨터를 오른쪽 클릭하고, 추가 액션을 선택하고, 모니터링 구성을 클릭한다.
12. 서비스 선택 창에서는 다음 화면에 보이는 것처럼 모니터링하고 싶은 서비스를 선택하고 확인을 클릭한다,

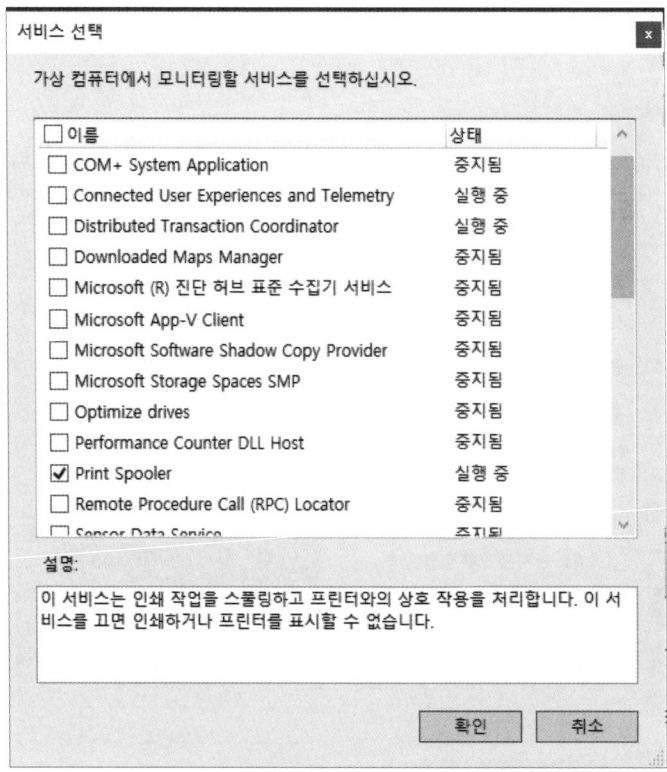

VM 모니터링 구성: 모니터할 서비스 선택

13. 서비스 목록에 없는 서비스를 추가하려면 장애 조치 클러스터 노드 하나에서 다음과 같은 명령을 입력하고, 2012R2를 가상 컴퓨터 이름으로 변경하고, MyApplication을 추가하기 원하는 서비스 이름으로 변경한다.

```
Add-ClusterVMMonitoredItem --VirtualMachine 2012R2 --Service
MyApplication
```

14. VM 모니터링을 구성하기 위해 이벤트 뷰어에서 이벤트를 모니터링하려면 가상 컴퓨터 연결을 다시 연다.
15. VM에서 서버 관리자를 연다.

16. 서버 관리자 창에서 오른쪽 창에 있는 관리를 클릭하고 역할 및 기능 추가를 클릭한다.
17. 역할 및 기능 추가 마법사 창에서 다음을 네 번 클릭한다.
18. 기능 선택에서 다음 화면에 보이는 것처럼 원격 서버 관리 도구 > 기능 관리 도구 > 장애 조치(failover) 클러스터링 도구 > Windows PowerShell용 장애 조치(failover) 클러스터 모듈로 이동해 선택한다. 설치를 시작하기 위해 다음을 클릭하고 마침을 클릭한다.

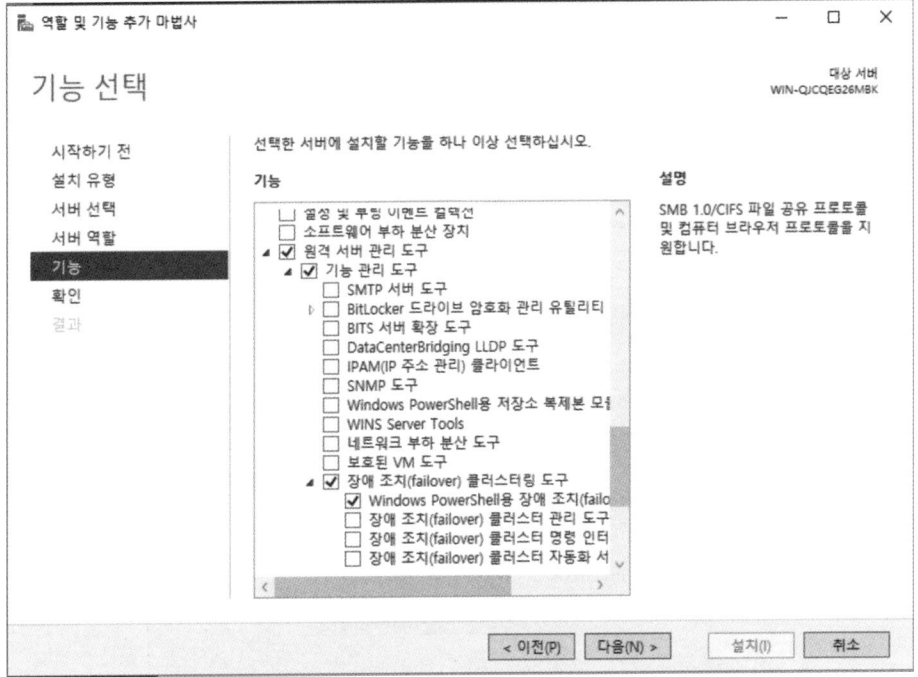

Windows PowerShell용 장애 조치(failover) 클러스터 모듈 추가

19. VM에서 PowerShell을 열고, **MyApplication**은 이용할 이벤트 원본으로 변경하고, **123**은 VM 모니터링이 모니터할 이벤트 ID로 변경하며, 이벤트 로그에서 모니터링하기 원하는 응용 프로그램으로 변경해 다음과 같은 명령을 입력한다.

```
Add-ClusterVMMonitoredItem -EventLog "Application" -EventSource
"MyApplication" -EventID 123
```

20. 모니터링 리소스 하나에서 경고가 발생할 때 호스트 컴퓨터에서 트리거될 기본 액션을 변경하기 위해 장애 조치 클러스터 관리자를 열고 역할에서 가상 컴퓨터를 선택하고 아래의 리소스 탭을 클릭한다.
21. 리소스 탭에서 가상 컴퓨터를 오른쪽 클릭하고 속성을 클릭한다.
22. 가상 컴퓨터의 속성 창에서 정책 탭을 선택하고 리소스 오류에 대한 응답을 구성한다. 다음 화면에 보이는 기본 구성은 구성된 VM 모니터링이 트리거가 되면 가상 컴퓨터를 다시 시작한다. 재시작이 실패하면 VM은 클러스터의 다른 노드로 장애 조치할 것이다.

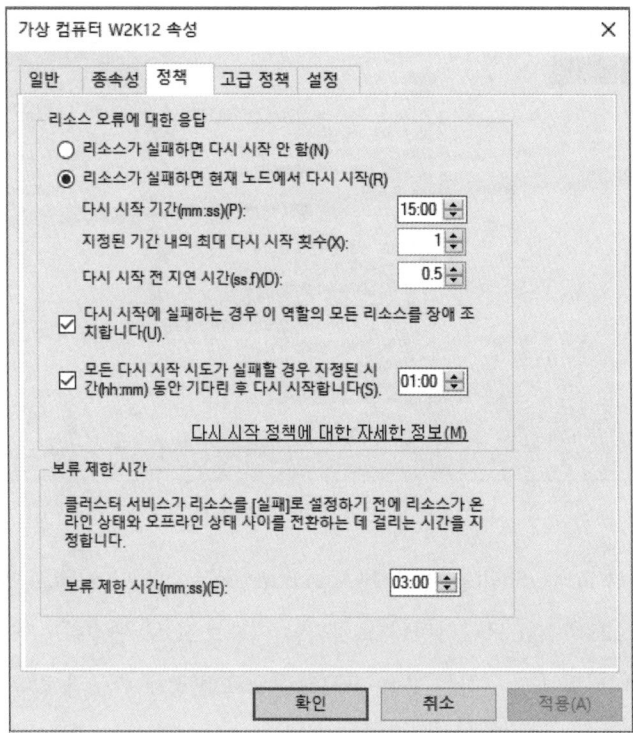

23. 가상 컴퓨터 모니터링 상태를 확인하기 위해서 **장애 조치 클러스터 관리자**에서 가상 컴퓨터를 선택하고 자세한 상태를 확인한다.
24. 가상 컴퓨터가 모니터링되는 옵션 하나에서 트리거되면 상태는 실행 중(VM의 응용 프로그램 요주의)이 표시될 것이다.
25. PowerShell을 이용해 모든 가상 컴퓨터의 상태를 확인하려면 클러스터의 구성원인 한 노드에서 다음과 같은 명령을 입력한다.

```
Get-ClusterResource | fl StatusInformation
```

26. 이벤트 뷰어를 이용해 가상 컴퓨터의 상태를 확인하려면 장애 조치 클러스터 노드 하나에서 이벤트를 연다.
27. 이벤트 뷰어 창에서 Windows 로그를 확장하고 시스템을 클릭한다. ID로 이벤트를 나열하려면 이벤트 ID를 클릭하고, ID 1250 이벤트에서 더블 클릭한다.

예제 분석

VM 모니터링은 상태를 확인하기 위해 VM에 연결할 필요 없이, 호스트 컴퓨터에서 서비스와 이벤트를 모니터하기 위해, 클러스터에서 실행되는 Windows 2012 이상 모든 가상 컴퓨터에서 활성화될 수 있다.

VM 모니터링은 가상 컴퓨터가 호스트 컴퓨터와 같은 동일한 도메인에 있어야 할 필요가 있다. 또한 VM 모니터링을 설정하기 위해 이용될 장애 조치 클러스터 관리자는 VM의 로컬 관리자 그룹의 구성원이어야 한다.

이러한 필수 조건 외에 관리 OS가 VM에 연결할 수 있게 VM 모니터링을 허락하는 방화벽 예외가 생성돼야 한다.

서비스를 모니터링할 때 서비스 콘솔에서 **복구** 탭을 이용해 서비스 실패 경우에 대해

VM 내에서 어떻게 동작할지도 지정할 수 있다. 이것은 다른 순서로 세 가지 행동을 구성할 수 있고, 이메일을 보내거나 문제를 해결하기 위한 스크립트를 실행하는 것과 같이 자동으로 일어나게 할 수 있다.

장애 조치 관리자를 이용하면 모니터링하기 원하는 서비스를 선택해 VM 모니터링을 활성화할 수 있다. 서비스가 보이지 않으면 목록에 추가하기 위해 호스트 컴퓨터에서 **Add-ClusterVMMonitoredItem** 명령을 이용할 수 있다.

그래픽 인터페이스를 이용한 것은 없지만, PowerShell을 이용해 VM에서 이벤트 뷰어 로그는 모니터링될 수 있다. 이벤트 뷰어 모니터링을 활성화하기 위해 필요한 명령은 장애 조치 클러스터링 모듈의 부분이며, VM에 설치돼야 한다.

VM을 가진 클러스터의 노드 구성원에서, 모니터 되는 항목 중에 트리거가 됐는지 확인하기 위해 시스템 로그에서 이벤트 ID 1250을 검색하려면 장애 조치 클러스터 관리자나 이벤트 뷰어를 이용해 상태 정보를 이용할 수 있다.

클러스터에서 문제가 발견되면 기본 값으로 VM이 다시 시작되고, 실패하면 장애 조치 절차가 발생한다. 이러한 실패 동작은 가상 컴퓨터의 속성을 통해 변경될 수 있다. 동작을 취하기보다는 예를 들어 상태 정보를 IT 팀으로 경고를 보내게 이벤트 뷰어 작업을 생성할 수 있다.

VM 모니터링이 매우 유용하지만, 충분하지는 않다. 보고서와 고급 기능을 갖고 전체 인프라에 대한 자세한 정보와 경고를 주는 다른 관리 도구에 대해서 고민하는 것도 중요하다. 모든 서버, 응용 프로그램, 네트워크 장치, 데스크 톱, 그리고 다른 브랜드와 공급자로부터 제공되는 많은 다른 구성 요소에 대한 모니터링 데이터를 중앙화할 수 있는 System Center Operations Manager가 좋은 예다.

추가적으로 이러한 것들은 환경에 대한 깊은 통찰을 얻을 수 있게 OMS[Operations Management Suite]에서 로그 분석을 통해 통합할 수 있다. 임의 지정 통찰을 빠르게 얻기 위해 OMS에서 실시간 및 과거 컴퓨터 데이터와 비교 분석할 수 있다. OMS는 또한 임의 발생 장애 근본 원인 분석과 자동화된 문제 해결에 도움을 주기 위해 강력한 검색 능력을 갖고 있다.

Hyper-V 복제본 모니터링

Hyper-V 복제본은 Hyper-V의 최고 기능 중 하나다. 설정하기 쉽고, 믿을 만하며, 하이브리드 클라우드 배포를 위한 재해 복구 계획을 갖기 위해 필요한 훌륭한 모든 것을 갖고 있다.

재해 상황에 Hyper-V 복제본이 있다면 서버 혹은 전체 데이터센터는 보호될 수 있다. 어쨌든 실패의 경우 마지막 복제 데이터로 서버가 기동하고 실행될 수 있게 보증하기 위해서는 모든 복제본 서버, 가상 컴퓨터, 로그, 성능, 그리고 복제가 바르게 작동하는지 확인해야 한다.

이 예제는 Hyper-V 복제본 상태를 모니터하기 위해 필요한 정보, 상태, 그리고 보고서를 제공하는 Windows Server 2016의 모든 구성 요소를 보여준다.

준비

이 과정들은 기존 Hyper-V 복제본 환경을 기반으로 한다. 주 Hyper-V 서버에서 다음과 같은 과정을 진행한다.

예제 구현

이 예제는 Hyper-V 복제본을 모니터하기 위해서 복제 상태 칼럼, 복제 탭, 복제 상태 창, 이벤트 뷰어, 그리고 Perfmon을 위한 Hyper-V 복제본 카운터, 5개의 옵션을 보여준다.

1. 복제 상태 칼럼을 활성화하려면 Hype-V 관리자를 열고 보기를 클릭하고 열 추가/제거를 선택한다.
2. 열 추가/제거 창에서 사용 가능한 열 아래에서 복제 상태를 선택해 추가를 클릭하고 확인을 클릭한다. 다음 화면에서처럼 열이 보일 것이다.

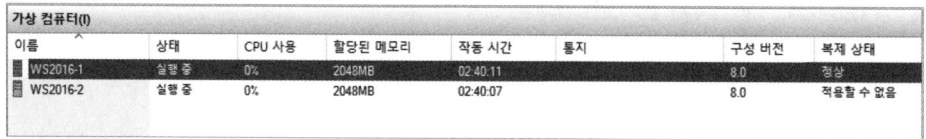

Hyper-V 복제: 복제 상태

3. 복제 탭을 시각화하기 위해 다음 화면에 보이는 것처럼 Hyper-V 관리자에서 가상 컴퓨터를 선택하고 아래의 복제 탭을 클릭한다.

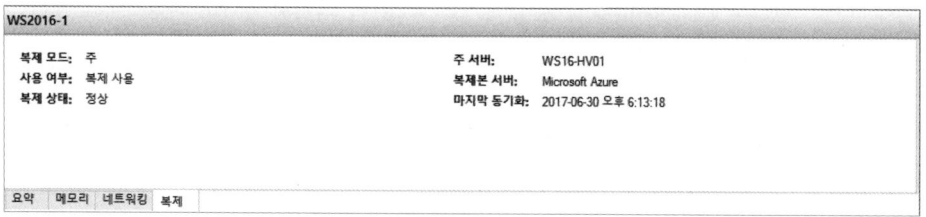

Hyper-V 복제본: 상태 모니터링

4. 복제 상태를 상세하게 보기 위해서는 가상 컴퓨터에서 오른쪽 클릭을 하고, 복제를 선택하고 복제 상태 보기를 클릭한다. VM의 복제 상태가 다음 화면처럼 보일 것이다.

Hyper-V 복제본: 복제 상태

5. Hyper-V 복사제본을 위한 이벤트 뷰어 항목을 확인하기 위해 이벤트 뷰어를 열고 다음 화면에 보이는 것처럼 응용 프로그램 및 서비스 로그 > Microsoft > Windows > Hyper-V-VMMS로 이동하고 Admin을 클릭한다.

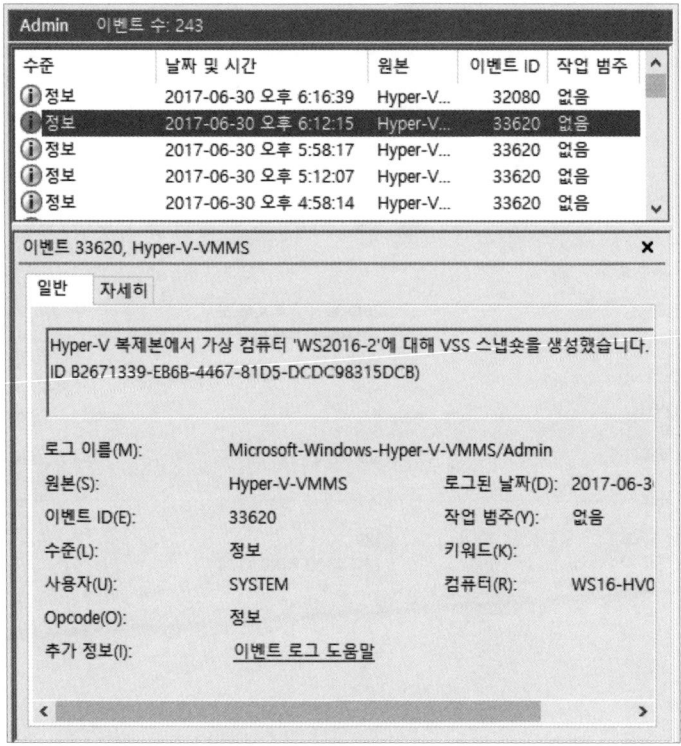

Hyper-V 복제본: 이벤트 뷰어

6. Hyper-V 카운터를 모니터하기 위해서는 Perfmon을 열고, 모니터링 도구 다음에 성능 모니터를 클릭한다.
7. 성능 모니터 보기에서 Ctrl + N 키를 누른다.
8. 카운터 추가 창에서 아래로 스크롤하고 Hyper-V Replica VM을 선택한다.
9. 가상 컴퓨터를 모니터하기 위해 다음 화면에 보이는 것처럼 추가(D) >>를 클릭한다.

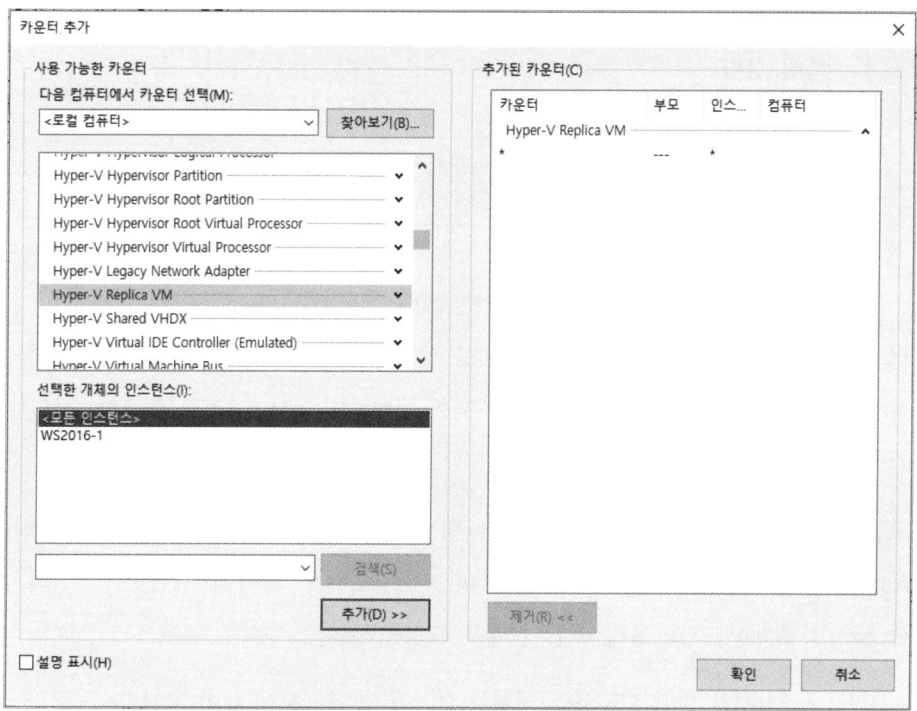

Hyper-V 복제본: 이벤트 뷰어 카운터 추가

예제 분석

Windows Server 2016은 Hyper-V 복제본을 모니터하기 위한 다른 방법이 내장돼 있고, 상태를 확인하기 위해 필요한 정보를 줄 수 있다.

첫 번째 간단한 것은 Hyper-V 관리자의 복제 상태 칼럼이다. 이것은 VM 복제에 문제가 있는지 확인하기 위해 이용될 수 있는 빠르고 쉬운 보기다. 고급 상세 내용은 제공하지 않지만, 무언가 잘못되고 있다면 빠르게 판별할 수 있게 도와준다.

쉽게 복제 상태를 확인하지만 좀 더 자세한 내용을 확인할 수 있는 방법은 Hyper-V 관리자에서 볼 수 있는 복제 탭으로, 다음과 같은 정보를 보여준다.

- 복제 모드
- 복제 상황
- 복제 상태
- 현재 주 서버
- 현재 복사본 서버
- 마지막 동기화 시간

더 나은 Hyper-V를 위한 복제 상태 요약을 얻으려면 복제 상태 창을 이용할 수 있다. 이것은 복제 상세 정보, 통계, 지연된 복제를 보여주며, CSV 파일로 추출할 수 있는 간단한 보고서를 제공한다.

고급 로그와 데이터를 위해서는 Hyper-V-VMMS 아래 이벤트 뷰어 로그 이름이 Admin이라는 곳에서 Hyper-V 복제본의 모든 이벤트 항목을 보여준다. 이것은 Hyper-V 복제본 고급 문제 해결에 매우 도움이 된다.

마지막으로 실시간 및 로그된 모니터링은 Hyper-V 복제본에 대한 모든 것을 모니터하기 위한 Perfmon 내 카운터 그룹으로, 성능 오류를 식별하고, 베이스라인을 생성하고, 복제 발생 시 고급 복제 상세 정보를 얻는 데 도움을 준다.

고급 로그와 카운터를 간략하게 보면 Hyper-V 복제가 기동하고 작동하는지 확인하기 위해 필요한 모든 것을 얻을 수 있게 도와준다.

보충 설명

Hyper-V 복제본을 모니터링하기 위해 PowerShell을 이용할 수 있다. 복제 상세 정보를 얻기 위해 간단한 PowerShell 명령을 이용할 수도 있다. 이러한 데이터를 확인하기 위해 `Get-VMReplication`와 `Measure-VMReplication`라는 두 개의 가용 명령이 있다. 다음 화면은 두 명령의 결과를 보여준다.

Hyper-V 복제본: 상태를 모니터하기 위해 PowerShell 이용

참고 사항

- 8장의 'HTTP 인증을 이용한 세대의 Hyper-V 호스트 간의 Hyper-V 복제본 구성' 예제

리소스 계량

하이브리드 클라우드 환경에서는 각 부서, 영업 단위 혹은 심지어 서비스 공급자에 따른 클라이언트에 따라 다른 시나리오를 갖게 될 것이다. 하이브리드 클라우드의 장점 중 하나는 서비스의 현재 사용률을 기반으로 측정하고 클라이언트에게 요금을 청구할 수 있는 능력이다. 이런 리소스 사용률 추적은 어렵고 복잡하며, 적절한 응용 프로그램과 시스템을 요구한다.

Hyper-V는 리소스 계량을 간단하게 한다. 이것은 가상 컴퓨터와 리소스 풀의 현재 사용률을 추적하고 측정할 수 있게 함으로써 IT 부서에서 클라우드 리소스의 사용률에 기반을 두고 클라이언트에게 비용을 청구하게 할 수 있도록 한다.

리소스 계량으로 수집될 수 있는 몇 가지 메트릭의 예는 다음과 같다.

- 평균, 최소, 그리고 최대 VM 메모리 사용률
- 평균 VM 프로세서 사용률
- VM 디스크 할당 합계
- 네트워크 트래픽 보고서(수신과 발신)
- 풀 내 모든 유형의 리소스에 대한 리소스 풀 측정

리소스 계량으로 가상 컴퓨터와 리소스 풀을 기반으로 해서 회사는 고급 빌링 전략을 구현하고, 리소스 사용률을 추적하기 위해 비용 효율적인 방법을 생성할 수 있다.

이번 예제에서는 가상 컴퓨터와 리소스 풀에 대해 리소스 계량을 활성화하고 결과를 추출하는 방법을 보여준다.

준비

기본으로 구성되지는 않지만, 리소스 계량은 PowerShell을 이용해 Windows Server 2012 이상 버전 내의 모든 가상 컴퓨터에서 활성화될 수 있다. 시작하기 전에 관리자로 PwerShell 창을 열었는지 확인한다.

예제 구현

다음 과정에서는 리소스 계량 PowerShell 명령을 보여준다.

1. 호스트에 있는 모든 가상 컴퓨터에 리소스 계량을 활성화하려면 다음과 같은 명령을 입력한다.

   ```
   Enable-VMResourceMetering -VMName *
   ```

2. 특정 가상 컴퓨터에 대해 활성화하려면 2012R2를 가상 컴퓨터 이름으로 변경해서 다음과 같은 명령을 입력한다.

```
Enable-VMResourceMetering -VMName 2012R2
```

3. 가상 컴퓨터의 상세 측정을 추출하려면 다음 화면에 보이는 것처럼 Measure-VM 명령을 이용한다.

```
$ tar -jxvf <file_name_here> .tar.bz2
```

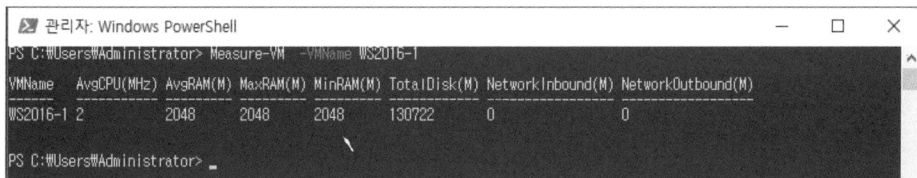

리소스 계량: PowerShell로 측정 데이터 추출

4. 가상 컴퓨터의 더 많은 측정 상세 내용을 보려면 다음 화면에 보이는 명령을 이용한다.

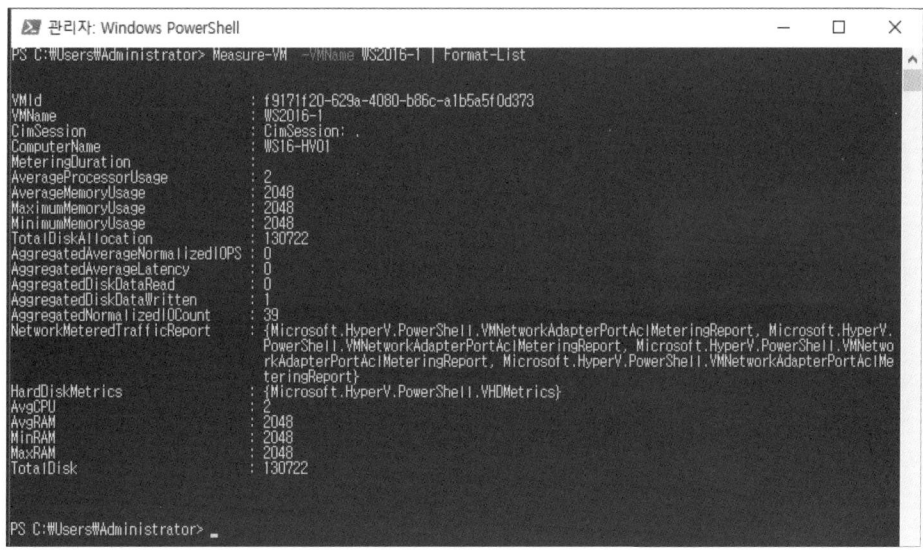

리소스 계량: PowerShell로 상세 측정 데이터 추출

10장 Hyper-V 모니터링, 튜닝, 문제 해결 | 547

5. 어떤 가상 컴퓨터에서 리소스 측정이 활성화됐는지 확인하려면 다음과 같은 명령을 입력한다.

```
Get-VM * | Format-List Name,ResourceMeteringEnabled
```

6. 인바운드와 아웃바운드 네트워크 사용률 트래픽에 대한 상세 내용을 위해 다음 화면에 보이는 명령을 입력한다.

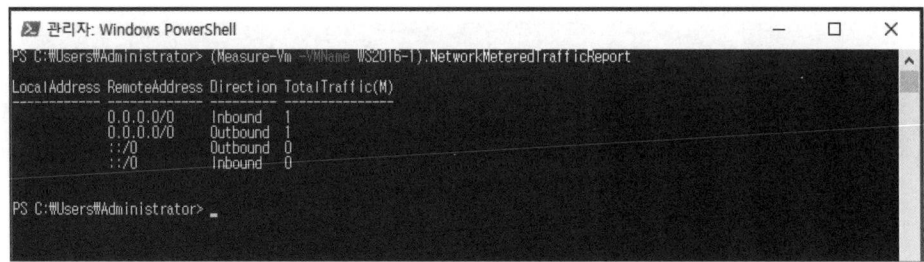

리소스 계량: PowerShell로 네트워크 계량 트래픽 추출

7. 리소스 풀에 대한 리소스 계량을 활성화하려면 Primordial을 리소스 풀 이름으로 변경하고 Memory를 리소스 풀 유형으로 변경한 후 다음의 명령을 입력한다.

```
Enable-VMResourceMetering -ResourcePoolName Primordial-
ResourcePoolType Memory
```

8. 리소스 풀 데이터를 계량하려면 다음 화면에 보이는 것처럼 Measure-VMResourcePool 명령을 이용한다.

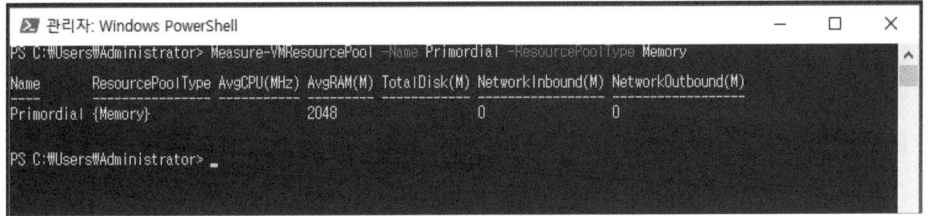

리소스 계량: PowerShell로 메모리 리소스 풀 계량

9. 리소스 계량에 의해 수집되는 리소스 사용률 데이터를 초기화하려면 Reset-VMResourceMetering 명령을 이용한다. 다음의 명령은 2012R2라고 불리는 가상 컴퓨터의 데이터를 어떻게 초기화하는 것을 보여준다.

```
Reset-VMResourceMetering -VMName 2012R2
```

10. 리소스 계량을 비활성화하려면 Disable-VMResourceMetering 명령을 이용한다. 다음의 명령은 2012R2라고 불리는 가상 컴퓨터의 리소스 계량을 어떻게 비활성화하는지 보여준다.

```
Disable-VMResourceMetering -VMName 2012R2
```

예제 분석

구성하기 위한 그래픽 인터페이스는 없지만, 리소스 계량은 PowerShell을 이용해 관리하기에 매우 쉽다. 명령은 가상 컴퓨터와 리소스 풀에 대한 카운터를 활성화, 계량, 초기화, 그리고 비활성화할 수 있게 한다. 또한 클라이언트에 비용을 부과하기 위한 고급 방법을 생성할 수 있게 리소스의 사용률에 기반을 둔 결과 값을 이용한 계량 출력으로 보고서를 쉽게 생성할 수 있게 한다.

VM에서 모니터링될 수 있는 네 가지 리소스는 프로세서(메가헤리츠), 메모리, 네트워크, 그리고 디스크(메가바이트)다.

결과는 회사의 필요에 따라 가상 컴퓨터나 리소스 풀 사용률을 계량하기 위해 언제든지 수집될 수 있고 초기화될 수 있다.

이제 리소스 상세 사용률로 청구 시스템을 생성하거나 가상 컴퓨터와 리소스 풀에서 간편하게 리소스 정보를 추적할 수 있다.

Hyper-V 튜닝

Hyper-V 서버를 개선하기 위해 성능, 보안, 관리를 향상시키려면 어떤 것을 변경할 수 있을지 고민해봐야 한다. 문제는 대부분의 사람들이 어떤 문제가 발생했을 때만 그것을 한다는 점이다.

구현 전이나 혹은 서버가 작동하는 중에도 튜닝 변경과 구성으로 리소스를 보호하고 성능을 향상시킬 수 있다.

이 예제는 다른 예제들과는 조금 다르다. 작업보다는 주요 기능과 서버 튜닝을 도울 수 있는 구성 옵션을 보여주고, 이전 예제로부터 팁이나 모범 사례를 제공한다.

준비

열거된 정보의 대부분은 이미 다른 장과 예제에서 설명했다. 링크와 참조를 위해 (이 예제의 끝에 있는) '참고 사항' 절을 살펴보라.

예제 구현

다음의 모범 사례는 Hyper-V 서버 성능을 향상시키는 데 도움을 준다.

- **가능하다면 서버 코어를 이용**: 낮은 하드웨어 소모 및 적은 업데이트와 리소스의 숫자는 Hyper-V 서버의 성능과 보안을 높이는 데 도움을 준다.
- **Hyper-V를 위한 전용 서버를 이용**: 다른 말로 하면 한 서버에 다른 역할과 합치지 말라. 다른 역할은 Hyper-V로부터 중요한 리소스를 공유하거나 뺏거나 혹은 반대일 수 있다.
- **지원되는 가상 컴퓨터만 이용**: 통합 서비스 때문에 운영 환경에 미지원 VM을 실행한다면 가상 컴퓨터 OS와 버전은 큰 영향을 받게 된다.
- **가상 컴퓨터를 위해 동적 메모리 이용**: 부하가 적은 VM에서 필요한 다른 VM으로 메모리 이동 절차가 자동으로 이뤄진다. VM의 필요에 따라 필요한 메모리만 사용될 수 있게 할 수 있다.
- **VHD 대신에 VHDX 포맷을 이용**: 새로운 포맷은 이전보다 32배나 큰 64TB 한계를 갖는 것뿐만 아니라 다른 개선점으로 좀 더 나은 성능을 위한 네이티브 4K 디스크 맞춤^{alignment}, 큰 블록 크기, 그리고 보안 향상점을 가진다. Windows Server 2016 환경에서 더 이상 VHD를 이용할 이유가 없다.
- **SR-IOV와 네트워크 Teaming 활성화**: 대규모 네트워크 부하와 더 나은 성능을 얻기 위해 가상 스위치를 건너뛰게(SR-IOV) 하고, 하나 이상의 네트워크를 판별해 teaming을 생성하게(네트워크 Teaming) 한다.
- **가상 파이버 채널 어댑터 추가**: 이것은 가상 컴퓨터가 LUN으로 바로 액세스할 수 있게 해 성능 향상을 제공하고, 게스트 클러스터링 시나리오에 좀 더 쉽게 적용할 수 있게 한다.
- **VHD 라이브러리에 데이터 중복 제거**: 디스크 공간을 절약한다. 절약하는 디스크 양은 85%까지 증가할 수 있다.
- **공유 폴더에 VM을 저장하기 위해 SMB 3.1.1 이용**: 네트워크에 있는 파일에 액세스하기 위해 가장 일반적으로 이용되는 새로운 프로토콜로, 이제 공유 폴더에 있는 가상 컴퓨터를 호스트할 수 있다. 가상 컴퓨터에서 낮은 부하로 실행되고, 저장소로 공유 폴더를 이용하는 클러스터를 생성하려는 소규모 회

사를 위한 최적의 옵션이다.

- **저장소 풀 생성 및 이용:** 디스크를 논리적으로 추가하고, 마치 RAID 5와 RAID 1+0처럼 가상 컴퓨터 디스크를 위한 최고 성능으로 고가용성 풀을 생성할 수 있다.
- **PowerShell 이용:** 이 책의 대부분 예제는 Hyper-V를 관리하는 시간을 절약하게 PowerShell 명령(cmdlet) 예제를 갖고 있다. 새로운 버전의 PowerShell은 적용하기 더 쉽다.
- **페이지 파일을 위한 별도 디스크를 생성:** Hyper-V 복제본을 구성할 때 VM 내에 페이지 파일을 위한 별도의 디스크를 생성하고 복제에서 제외시킨다. 페이지 파일은 많은 복제 요청을 발생시키므로 복사본 서버를 위한 많은 양의 성능 소모와 네트워크 사용률을 절약할 수 있다.

예제 분석

이미 알고 있듯이 조그만 구성이라도 추가되고 변경되면 결과는 크게 달라질 수 있다. 타사 제품이 없더라도 내장된 도구와 기능을 이용하면 Hyper-V에서 디스크, 메모리, 보안, 프로세서, 관리, 기타 등등을 향상시킬 수 있다.

다음은 이번 예제에서 이용되는 목록의 요약이다.

- 서버 코어
- 전용 Hyper-V 서버
- 지원되는 가상 컴퓨터
- 동적 메모리
- VHDX
- SR-IOV
- NIC Teaming

- 가상 파이버 채널 어댑터
- 데이터 중복 제거
- SMB 3.0
- 저장소 풀
- PowerShell

이러한 기능은 가상 컴퓨터와 호스트 컴퓨터에서 부하와 필요한 성능의 요구에 따라 이용된다. 모든 서버에 이 기능 모두를 이용하는 것은 권장되지 않으므로, 현재 환경에 최적으로 적용 가능한 것이 무엇인지 분석할 필요가 있다. 몇 가지 예를 들면 성능과 보안 제공의 이유로 모든 호스트 서버를 위해 서버 코어와 전용 Hyper-V 서버가 최적의 모범 사례며, 다른 옵션으로 데이터 중복 제거와 가상 파이버 채널은 특별한 시나리오에만 이용될 수 있다.

동적 메모리와 VHDX는 성능에 도움을 주며, 모든 가상 컴퓨터에 제한 없이 이용될 수 있다.

SR-IOV, NIC Teaming과 가상 파이버 채널은 (성능 입장에서 최고) 훌륭하지만, 어떤 시나리오에는 고비용일 수 있다. 이러한 이유로 SR-IOV는 가상 파이버 채널 어댑터나 NIC Teaming을 이용해 네트워크 어댑터의 고가용성으로 큰 네트워크 I/O가 필요한 가상 컴퓨터에만 이용될 것이다.

Windows Server 2016에서 도움을 줄 수 있는 다른 간단한 기능들은 다음과 같다.

- 디스크 공간을 절약하기 위한, 데이터 중복 제거
- 두 개의 Hyper-V 서버와 단일 공유 폴더를 이용하는 고가용성 가상 컴퓨터를 갖게 하려는 중소규모의 회사를 위한 SMB 3.0
- 풀을 만들기 위해 디스크를 논리적으로 결합한 저장소 풀

마지막으로 중요한 PowerShell이다. 이것은 관리자가 가상 환경을 관리하는 동안 시간과 노력을 절약하기 위해 이용할 수 있는 가장 강력한 관리 도구다.

시나리오에 따라 이러한 모든 기능을 조합하면 서버는 최적의 구성을 갖고 Hyper-V 튜닝의 모범 사례가 될 수 있을 것이다.

참고 사항

- 1장의 'Hyper-V 설치 및 구성'에 있는 Hyper-V에서 그래픽 인터페이스 활성화와 비활성화' 예제
- 3장의 '가상 하드 디스크 생성 및 추가' 예제
- 3장의 '고급 가상 컴퓨터 네트워크 설정 이용' 예제
- 3장의 'vmNIC 추가 및 제거' 예제
- 3장의 'Hyper-V 가상 파이버 채널 저장소 구성 및 추가' 예제
- 4장의 'PowerShell 명령을 이용한 매일 작업' 예제
- 5장, Hyper-V 모범 사례, 팁과 트릭
- 지원되는 Hyper-V 게스트 운영체제는 http://technet.microsoft.com/library/hh831531을 참고하라.
- 데이터 중복 제거는 http://technet.microsoft.com/en-us/library/hh831602.aspx를 참고하라.
- 저장소 공간은 http://technet.microsoft.com/en-us/library/jj713504.aspx를 참고하라.
- SMB 3.0에 대한 더 자세한 정보는 http://support.microsoft.com/kb/2709568 기사를 참고하라.

▍Hyper-V 문제 해결을 위해 이벤트 뷰어 이용

Hyper-V 이슈에 직면해 복구를 해야 할 시간이 올 수 있다. 이럴 때 Hype-V에서 발생한 모든 이슈를 어떻게 해결할지 준비해야 하며, 시작할 수 있는 가장 최선은 Windows에서 이벤트 뷰어$^{event\ viewer}$를 이용하는 것이다.

Hyper-V의 거의 모든 이벤트는 이벤트 뷰어에 기록된다. 어쨌든 다른 이벤트 로그와는 구분된다. 오류에 대한 더 자세한 내용을 어떻게 얻을 수 있는지와 Hyper-V 문제의 경우 어디서 봐야 하는지를 알 필요가 있다.

이 예제에서는 Hyper-V 이벤트 뷰어 항목과 각각이 가진 정보를 찾을 수 있는 방법을 보여준다.

준비

상세 이벤트 뷰어를 보기 위해 관리자 계정을 이용하고 있는지 확인하자. 이벤트 로그를 볼 수 있는 권한이 필요한 사용자를 추가하기 위해서는 Event Log Readers라는 전용 로컬 그룹을 이용할 수 있다.

예제 구현

다음 과정에서는 Hyper-V 이벤트 로그로 찾아가 하나의 뷰에서 모든 이벤트를 확인하는 방법과 장애 조치 클러스터 관리자를 통해 클러스터 이벤트 항목을 보는 방법을 보여준다.

1. 특정 Hyper-V 이벤트 로그를 보려면 시작 메뉴를 시작해 eventvwr을 입력하고 검색 결과 창에서 이벤트 뷰어를 연다.
2. 이벤트 뷰어 콘솔에서 응용 프로그램 및 서비스 로그 ❯ Microsoft ❯ Windows를 확장한다.

3. 다음 화면에 보이는 것처럼 Hyper-V 로그 폴더를 찾을 때까지 아래로 스크롤한다.

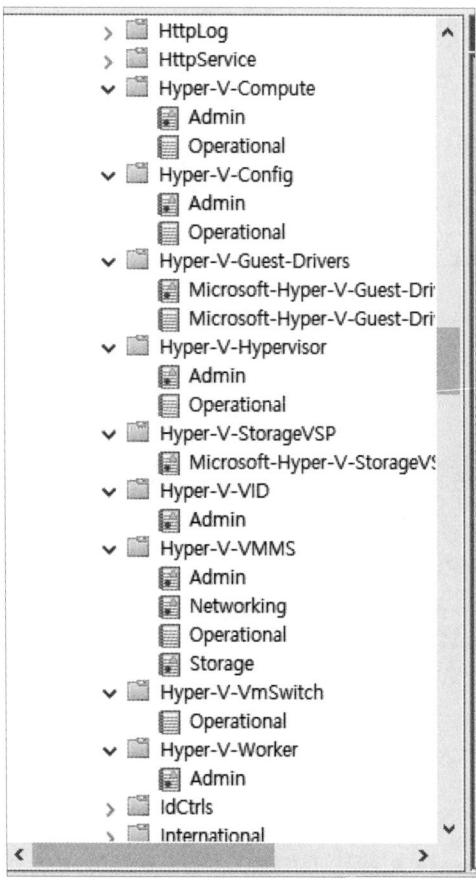

이벤트 뷰어: Hyper-V 문제 해결

4. 단일 뷰에서 모든 Hyper-V 로그를 보여주는 기본 이벤트 뷰어 필터를 이용하려면 다음 화면에 보이는 것처럼 이벤트 뷰어 콘솔에서 사용자 지정 보기를 클릭하고, 서버 역할을 확장해 Hyper-V를 클릭한다.

이벤트 뷰어: 사용자 지정 보기 Hyper-V

5. 클러스터 이벤트를 확인하려면 하나의 노드에서 cluadmin.msc를 입력하고, 장애 조치 클러스터 관리자 콘솔을 연다.
6. 장애 조치 클러스터 관리자 콘솔에서 다음 화면에 보이는 것처럼 클러스터 이벤트를 클릭한다.

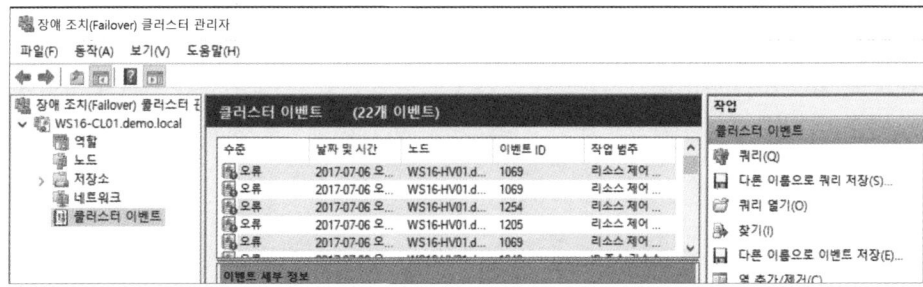

장애 조치 클러스터 관리자: 클러스터 이벤트

예제 분석

호스트 컴퓨터에 Hyper-V가 설치되면 다른 Hyper-V 구성에 대한 상세 정보를 보여주기 위해 설치 동안 이벤트 로그가 생성이 된다. Hyper-V 호스트가 클러스터의 구성원이 되면 Hyper-V-HighAvailabilitylog 또한 생성이 된다.

로그는 관리, 운영, 네트워킹, 저장소 상세 정보를 보여준다. 다음 목록은 로그 항목의 설명을 보여준다.

- **Hyper-V-Config:** 가상 컴퓨터의 구성 파일과 관련된 모든 정보를 포함한다.
- **Hyper-V-High-Availability:** Hyper-V 클러스터 노드에서 유효하고 장애 조치 클러스터링과 관련된 Hyper-V 항목을 보여준다.
- **Hyper-V-Hypervisor:** 하이퍼바이저 활동에 대한 정보를 기록하는 데 이용된다.
- **Hyper-V-Integration:** 통합 서비스에 관한 이벤트를 보여준다.
- **Hyper-V-SynthFC:** 가상 파이버 채널 상세와 관련된다.
- **Hyper-V-SynthNic:** 가상 스위치에 대한 정보를 보여준다.
- **Hyper-V-SynthStor:** 가상 하드 디스크에 대한 상세 정보를 보여준다.
- **Hyper-V-VID:** 가상 인터페이스 드라이버에 관한 로그를 보여준다.
- **Hyper-V-VMMS:** 가상 컴퓨터 관리 서비스에 관련된 정보를 포함한 로그 전용이다.

단일 뷰에서 모든 Hyper-V 이벤트를 보기 원한다면 사용자 지정 뷰가 편리할 것이다. 모든 이벤트 뷰어 로그를 추출하거나 저장하고, 특정 이벤트를 쉽게 찾기 위해 필터로 이용할 수 있다.

이벤트 항목은 정보, 경고, 오류와 같이 다른 수준을 가진다. 모든 항목은 필터에서 이용되거나 온라인 정보를 얻기 위해 ID, 시간, 원본, 사용자, 컴퓨터와 같은 상세 정보를 가진다.

이벤트 뷰어는 눈에 보이는 증상 없이 발생할 수 있는 모든 문제를 분석하기 위해 예방의 부분 혹은 보안 상태 점검으로도 이용될 수 있다. 관리자는 서버와 Hyper-V에서 이슈가 발생하지 않게 하기 위해 이벤트 뷰어 데이터를 지속적으로 모니터링해야 한다.

참고 사항

- 2장의 '가상 컴퓨터 내보내기 및 불러오기' 예제
- 8장의 'Windows Server 백업을 이용한 Hyper-V와 가상 컴퓨터 백업' 예제
- 8장의 'Windows Server 백업을 이용한 Hyper-V와 가상 컴퓨터 복구' 예제

부록

Hyper-V 아키텍처와 구성 요소

가상화는 모든 사람이 지금 당장 자신의 환경에 구축해야 할 새로운 기능이나 기술이 아니다. 실제로 60년대 중반에 하드웨어와 소프트웨어 추상화를 이용해 여러 대의 VM을 기동할 수 있는 IBM M44/44X 같은 가상화를 이용하는 일부 컴퓨터가 이미 있었다. 이것은 최초의 가상화 시스템으로, 가상 컴퓨터라는 용어의 탄생을 알렸다.

Hyper-V는 다섯 번째 버전이지만, 마이크로소프트 가상화 기술은 매우 성숙돼 있다. 모든 것은 1988년 Connectix라고 불리는 회사에서 시작됐다. 그곳은 Mac, Windows, OS/2용 x86 소프트웨어 에뮬레이션인 Connectix Virtual PC와 Virtual Server 같은 혁신적인 제품을 갖고 있었다.

2003년에 마이크로소프트는 Connectix를 인수하고, 연말에 Microsoft Virtual PC와 Microsoft Virtual Server 2006을 발표했다. Viridian이라는 프로젝트에서 아키텍처에

많은 발전이 있은 후 마이크로소프트는 2008년에 Hyper-V를 발표하고, 2009년에 두 번째 버전(Windows Server 2008 R2)이 나오고, 2012년에는 세 번째 버전(Windows Server 2012), 2013년 연말에 네 번째 버전(Windows Server 2012 R2), 2016년에 다섯 번째(Windows 2016) 버전이 발표됐다.

지난해 내내 마이크로소프트는 Hyper-V가 강력하며 서버 가상화에 경쟁적인 솔루션이면서 확장성, 유연한 인프라, 고가용성과 안전성을 가졌음을 증명해 왔다. 다른 가상화 모델과 Hyper-V에서 VM이 어떻게 생성되고, 관리되는지 좀 더 잘 이해하려면 코어, 아키텍처, 구성 요소를 이해하는 것이 매우 중요하다. 이렇게 함으로써 어떻게 작동하는지 이해하고, 다른 솔루션과 비교할 수 있고, 문제를 쉽게 해결할 수 있게 된다.

마이크로소프트는 Hyper-V로 구동되는 Azure 데이터센터를 오래전부터 운영해 오고 있으며, Azure Stack은 자신의 데이터센터에 있는 Windows Server 2016 Hyper-V 위에 Azure를 기동할 수 있게 한다.

Azure Stack에 대한 더 자세한 정보를 얻으려면 다음 링크를 참고하라.

https://azure.microsoft.com/en-us/overview/azure-stack/

마이크로소프트 Hyper-V는 여러 해에 걸쳐 모든 부하를 예외 없이 가상화할 수 있는 확장 가능한 플랫폼으로 증명되고 있다.

이 부록은 다른 버전과 비교해 가장 중요한 Hyper-V 아키텍처 구성 요소를 잘 이해할 수 있는 주제를 다루고 있다.

▌ 하이퍼바이저 이해

하이퍼바이저hypervisor로 알려진 VMM Virtual Machine Manager은 단일 시스템에 복수 VM을 실행시키기 위한 소프트웨어 응용 프로그램이다. 이것은 하이퍼바이저 계층에서 생성, 보존, 분할, 시스템 액세스, VM 관리 실행을 담당한다.

하이퍼바이저의 여러 유형은 다음에 열거돼 있다.

- VMM 유형 2
- VMM 하이브리드
- VMM 유형 1

VMM 유형 2

이 유형은 OS의 최상위에서 하이퍼바이저를 실행한다. 다음 다이어그램에 보이는 것처럼 하드웨어가 아래에 있고, OS 다음에 하이퍼바이저가 최상위에서 실행된다.

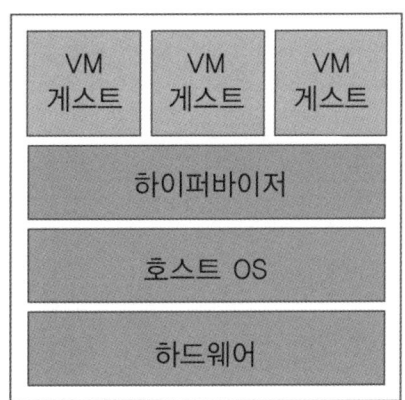

마이크로소프트 Virtual PC와 VMWare 워크스테이션이 VMM 유형 2를 이용하는 소프트웨어의 예다.

VM은 하드웨어 요구를 하이퍼바이저에게 전달하고, 거기에서 호스트 OS로, 그리고 마지막으로 하드웨어에 도착하게 된다. 호스트 OS에 의한 성능 및 관리 한계가 있을 수 있다.

유형 2는 호스트 OS에 설치된 소프트웨어 응용 프로그램을 실행하기 위한 테스트 환경(하드웨어 제약을 가진 VM)에서 일반적이다.

VMM 하이브리드

VMM 하이브리드 유형을 이용하면 다음 다이어그램에 보이는 것처럼 하이퍼바이저는 OS와 같은 수준에서 실행된다. 하이퍼바이저와 OS는 하드웨어에 액세스하기 위해 동일한 우선순위를 갖지만, 충분히 빠르거나 안전하다고 할 수는 없다. 이것은 마이크로소프트 Virtual 서버 2005라고 불린 Hyper-V 전임자에 의해 이용된 유형이다.

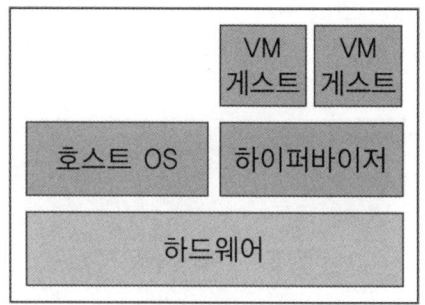

VMM 유형 1

VMM 유형 1은 하드웨어와 파티션 사이의 얇은 소프트웨어 계층에서 실행되며, 하드웨어 액세스를 관리하고 조정하는 하이퍼바이저를 갖고 있다. 다음 다이어그램에 보이는 것처럼 부모 파티션으로 알려진 호스트 OS는 VM으로 알려진 **자식 파티션**과 동일한 위치에서 실행된다. 하이퍼바이저가 하드웨어에 액세스하려는 권한을 가지므로 좀 더 높은 보안, 성능, 파티션 전체에 대한 관리를 제공한다. 첫 번째 Hyper-V 발표

때부터 이 유형이 이용돼 오고 있다.

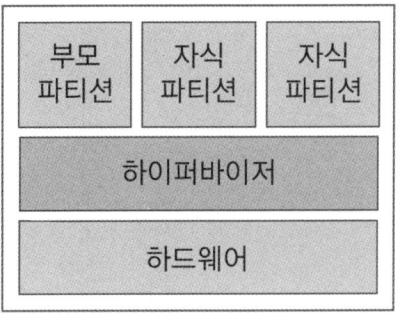

Hyper-V 아키텍처

Hyper-V가 어떻게 작동하고, 아키텍처가 어떻게 이뤄졌는지 아는 것이 개념을 이해하고 운영에 도움을 줄 것이다. 다음 절에서 Hyper-V에서 가장 중요한 구성 요소들을 살펴본다.

Hyper-V 설치 전 Windows

Hyper-V 아키텍처에 깊이 들어가기 전에 Hyper-V가 설치되면 어떤 일이 일어나는지 쉽게 이해하기 위해 다음 다이어그램에 보이는 것처럼 Hyper-V가 없는 Windows를 살펴본다.

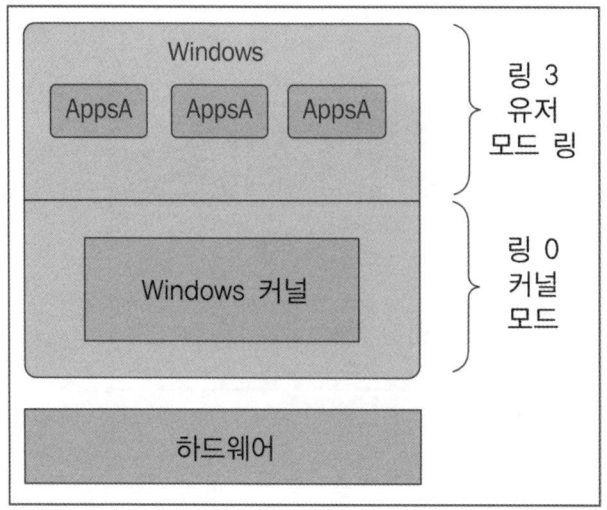

일반적인 Windows 설치에서 명령 액세스는 링^{ring}이라고 불리는 프로세서 내에서 네 가지 권한 수준으로 나눠진다. 가장 중요한 권한 수준은 링 0로, Windows 커널에서 하드웨어로 직접 액세스한다. 링 3은 사용자 수준을 호스팅하며 가장 낮은 권한 액세스를 갖고, 가장 일반적인 응용 프로그램에서 실행된다.

Hyper-V 설치 후 Windows

Hyper-V가 설치되면 링 0보다 높은 권한이 필요하다. 또한 하드웨어에 전용으로 액세스돼야 한다. 이것은 링 1이라고 불리는 다섯 번째 링을 각기 생성해준 Intel-VT와 AMD-V라고 불리는 인텔과 AMD의 새로운 프로세서 능력에 의해 가능해졌다. 다음 다이어그램에 보이는 것처럼 Hype-V는 하이버파이저를 추가하기 위해 이 링을 이용하며, 링 0 아래에서 더 높은 권한을 갖고 물리 구성 요소에 대한 모든 액세스를 조정하며 작동한다.

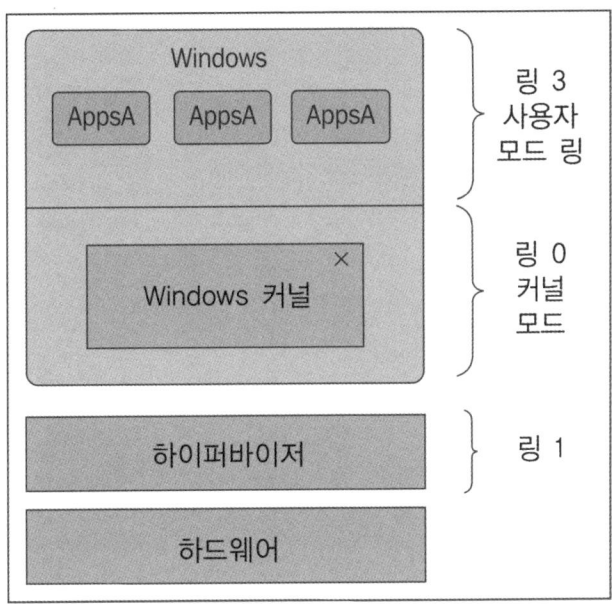

OS 아키텍처는 Hyper-V 설치 후에는 여러 가지가 변경된다. 첫 번째 부트 바로 후에 **운영체제 부트 로더 파일**(winload.exe)은 링 1에서 하이퍼바이저 이미지가 로드돼 이용되고 있는지 확인(인텔 프로세서에서는 Hvix64.exe, AMD 프로세서에서는 Hvax64.exe)한다. 그리고 Windows Server는 하이퍼바이저 상위에서 실행을 시작하고 모든 VM을 실행하게 한다.

Hyper-V 설치 후에 Windows Server는 VM과 동일한 권한 수준을 갖고, 여러 구성 요소를 이용해 VM을 관리하게 된다.

▌Hyper-V 아키텍처 구성 요소

Hyper-V는 VM과 관리 OS를 위한 종단 간 관리 솔루션을 제공하는 많은 구성 요소를 갖고 있다. 다음의 다이어그램은 다음 절에서 설명할 Hyper-V의 가장 중요한 구성 요소를 보여준다.

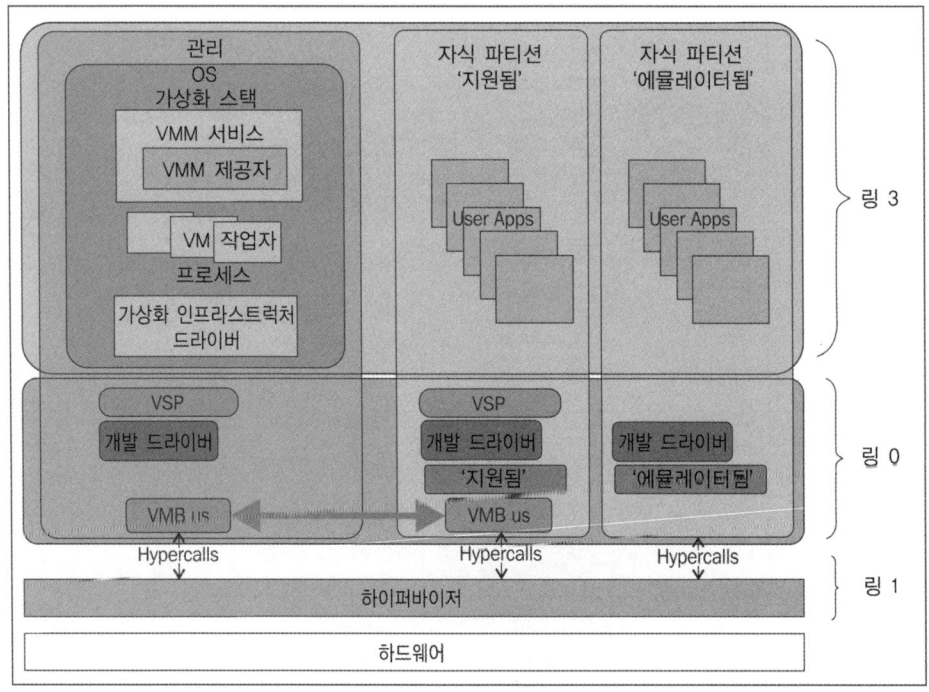

하이퍼바이저

작은 Hyper-V 하이퍼바이저(약 20MB)는 파티션 액세스를 관리, 분리, 조정한다. 또한 보안과 신뢰성을 위해 모든 파티션을 다른 것과 구별한다.

파티션

Hyper-V가 존재하면 호스트 OS와 VM은 하이퍼바이저에 대해 동일한 액세스와 권한을 갖고 실행하고 공유하며, 파티션이라 불린다. 어쨌든 호스트 OS는 VM을 관리하기 위한 구성 요소들을 실행하며, 이러한 이유로 호스트 파티션은 부모 파티션 혹은 관리 파티션이라 불리며, VM은 자식 파티션 혹은 게스트 OS라 불린다.

가상화 스택

VM 생성과 관리는 부모 파티션에서 실행되는 가상화 스택이라고 불리는 가상 장치와 소프트웨어 구성 요소들에 의해 이뤄진다. 이러한 구성 요소들은 하이퍼바이저와의 결합으로 작동한다.

가상화 서비스 제공자^{VSP, Virtualization Service Provider}는 부모 파티션에서 VM 대신에 I/O 요청을 조정하기 위한 소프트웨어 구성 요소다. 가상 컴퓨터 버스^{VMBus, Virtual Machine Bus}는 VSP와 가상화 서비스 클라이언트^{VSCs, Virtualization Service Clients} 사이에 존재하는 전용 채널을 통해 부모와 자식 파티션 간에 데이터 전송, 서비스, 그리고 장치 전달을 담당한다. VSP는 VMBus를 이용해 자식 파티션에서 작동하는 가상 드라이버를 제공하기 위해 VSCs를 이용하는 자식 파티션과 통신한다.

모든 VM이 시작되면 작업자 프로세스는 부모 파티션에 생성된다. 작업자 프로세스와 가상 컴퓨터 관리 서비스^{VMMS, Virtual Machine Management Service}는 부모 파티션에서 VM을 생성, 시작, 중지, 저장, 삭제 가능하게 만들어 주기 위한 사용자 모드 구성 요소다. 이러한 모든 작업은 부모와 지식 파티션 사이에 통신을 관리하는 가상 인프라 드라이버^{VID, Virtual Infrastructure Driver}에 의해 조정된다.

지원됨(고성능)과 에뮬레이터됨(저성능)

파티션과 하이퍼바이저 사이의 액세스는 Hypercall이라고 불리는 특별한 인터페이스에 의해 이뤄진다. 이것은 VM이 VID, VMBus, VSCs, VSP 같은 구성 요소를 이용해 하드웨어를 액세스할 수 있게 해준다. 이런 메커니즘은 통합 구성 요소^{ICs, Integration Components} 설치 동안 존재한다. 일부 Windows와 Linux 운영체제는 그들의 커널에 통합 구성 요소를 이미 갖고 있다. 이러한 구성 요소를 가진 VM을 지원되는 VM^{Enlightened VMs}이라고 부른다. 오래된 것이나 지원되지 않는 OS의 경우는 부모 파티션이 VM 통신을 가로채기해서 Hypercall을 에뮬레이터한다. VM이 하드웨어로 액세스하는 것을 허락하려면 관리 OS는 다리와 같은 역할을 할 필요가 있으므로, 그 결과로 낮은 성능과 하드웨어 액세스에 제한을 갖게 된다. 이런 이유로 모든 VM에서 최신 IC 버전으로 작동하는지 확인하는 것이 중요하다.

백업 개선점

Windows Server 2016 Hyper-V에서 마이크로소프트는 백업 아키텍처에 매우 중요한 변경을 만들었다. 그것은 Hyper-V가 백업 파트너를 포함한 모든 곳을 지원하고, 클라우드가 Hyper-V WMI를 쿼리하고 모든 VM의 **볼륨 새도 복사본 서비스**^{VSS, Volume Shadow Copy Service} 스냅숏 요청을 지원해 전체 백업 과정을 개별적으로 진행할 수 있게 한다.

Windows Server 2016 Hyper-V에서 백업 아키텍처는 다음의 다이어그램과 비슷하게 보일 것이다.

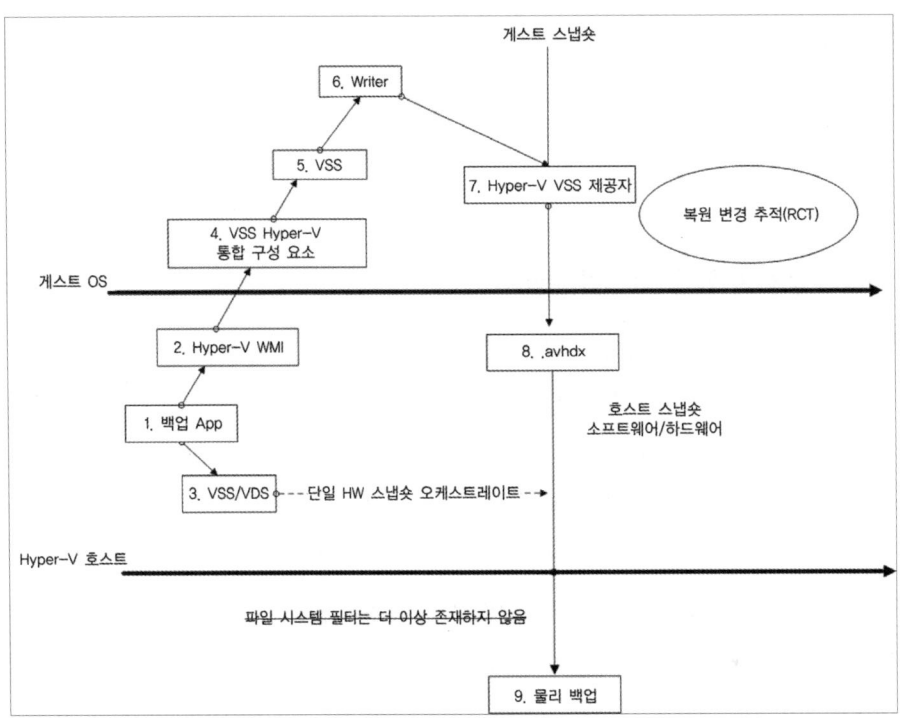

다이어그램에서 볼 수 있듯이 Hyper-V 호스트는 아래에 있다. 백업 응용 프로그램은 백업을 위해 모든 백업 모음이 준비되도록 원하는 모든 VM을 얻기 위해 Hyper-V WMI 호출을 먼저 한 후 저장소 백엔드에 단일 하드웨어 스냅숏을 조정하기 위한 VSS와 가상 디스크 서비스^{VDS}를 호출할 것이다. 여기의 목표는 얼마나 많은 VM을 갖고 있는지, 그리고 어떤 확장 지점에서 실행하는지와 상관 없는 모델을 얻는 것이다. 이렇게 되면 시스템에 영향을 주지 않을 것이다.

이전 Hyper-V 발표와 백업 절차를 비교해 보면 다음과 같은 두 가지 스냅숏이 있다.

- 첫 번째는 VM 스냅숏이고, 두 번째는 깔려 있는 하드웨어 스냅숏이다. 두 작업은 서로 친밀하게 연결돼 있어 다른 하나를 두고 남은 하나를 진행할 수 없다. 어쨌든 Windows Server 2016 Hyper-V에서 백업 응용 프로그램은 데이터 일관성을 갖고, VM 세트를 받기 위해 동일한 양의 시간이 요구된다. 그리고 별도의 작업으로 하드웨어 스냅숏을 진행한다. 이것이 Windows Server 2016에서 중요한 아키텍처 변화다.
- 두 번째 개선점은 마이크로소프트는 **복원 변경 추적**^{RCT}과 ModiFled Region Table^{MRT}이라고 불리는 새로운 기술로 작동한다는 것이다.

RCT와 MRT에는 두 가지 목표가 있다. 첫 번째는 모든 이전 Hyper-V 아키텍처로부터 백업 개선점으로, VM의 가상 하드 드라이버의 전체 백업이다. 이 말은 백업을 할 때 (매일, 시간 혹은 기타)마다 데이터는 각 때마다 네트워크를 통해 보내지므로 이러한 아키텍처는 충분히 확장성을 갖지 못한다. 네트워크를 통한 전체 데이터 전송을 피하기 위해 모든 백업 벤더는 저장소에서 변경된 블록을 추적하기 위해 파일 시스템 필터를 구현했고, 커널 호스트 OS에 구현된 파일 시스템 필터는 시스템 장애를 일으킬 수 있는 잠재적 버그를 가질 수도 있고, 두 번째 이슈는 저장소 성능 프로파일링에 영향을 준다는 것이다. Windows Server 2016에서 마이크로소프트는 파일 시스템 필터를 더 이상 두지 않아도 되는 시스템을 만들었고, 이것은 첫 번째 개선점이었다. 두 번째 개선점은 새로운 아키텍처에 있으며, 백업 응용 프로그램은 개별적으로 VM에 스냅숏 요청을 하면 하드웨어 스냅숏은 별도로 작동된다. 이전 아키텍처는 VM이 .avhdx 파일이나 차등 디스크에서 작동이 되면 느렸었고, 마이크로소프트는 이러한 성능 저하를 없애려고 한다.

Windows Server 2016에서 마이크로소프트는 플랫폼의 부분으로 순수 변경 블록 추적을 제공한다. RCT와 MRT로 모든 가상 하드 디스크(.CHDX) 파일의 블록 지정 테이블을 얻을 수 있고, 변경이 되는 블록에 대한 추적을 유지할 수 있다. 어쨌든 백업 응용 프로그램이 원본 데이터의 복사본을 어느 곳인가 갖고 있으므로 그것은 데이터를 쓰지 않게 되고, 결과로 데이터를 두 번 복사하는 것을 막는다. RCT와 MRT 인프라와 관련해 멋진 것은 VHDX 파일에 연결된다는 점이다. 그래서 파일에 존재하는 곳 어디든지 같이 있고, VM 모빌리티 시나리오에 유연성을 제공하고 VHDX 파일 손상을 줄인다.

MRT 파일은 write-through 모드에서 써지고, coarser tracking granularity를 이용한다. RCT 파일은 FIner granularity를 가지며, 일반 쓰기를 이용한다. write-through 모드는 갑작스런 단전의 경우에도 MRT 파일이 디스크에 무엇이 변경됐는지 기록할 수 있게 한다. RCT 파일은 FIner granularity(16K)를 갖고 일반적인 운영에 필요한 시나리오보다 적합하다. 이러한 파일은 전체 저장소 성능의 향상을 가져다준다. RCT 파일은 6MB 이상 클 수 없고, MRT 파일은 76KB를 넘을 수 없다.

다음의 화면은 Windows Server 2016 Hyper-V에서 백업 작업 중 변경 블록 추적을 보여준다.

Name	Date modified	Type	Size
PDC02_C	11/20/2016 6:42 PM	Hard Disk Image File	16,584,704 KB
PDC02_C.vhdx.mrt	11/20/2016 6:42 PM	MRT File	76 KB
PDC02_C.vhdx.rct	11/20/2016 6:42 PM	RCT File	328 KB
PDC02_C_A2C990D7-C792-46E9-84E7-92EA02D115E8.avhdx	11/20/2016 6:44 PM	AVHDX File	233,472 KB
PDC02_C_A2C990D7-C792-46E9-84E7-92EA02D115E8.avhdx.mrt	11/20/2016 6:41 PM	MRT File	76 KB
PDC02_C_A2C990D7-C792-46E9-84E7-92EA02D115E8.avhdx.rct	11/20/2016 6:44 PM	RCT File	60 KB
PDC02_D	11/20/2016 6:42 PM	Hard Disk Image File	1,052,672 KB
PDC02_D.vhdx.mrt	11/20/2016 6:42 PM	MRT File	76 KB
PDC02_D.vhdx.rct	11/20/2016 6:42 PM	RCT File	72 KB
PDC02_D_B16511D3-EBBD-4EE9-919B-23828F14B44B.avhdx	11/20/2016 6:42 PM	AVHDX File	36,864 KB
PDC02_D_B16511D3-EBBD-4EE9-919B-23828F14B44B.avhdx.mrt	11/20/2016 6:41 PM	MRT File	76 KB
PDC02_D_B16511D3-EBBD-4EE9-919B-23828F14B44B.avhdx.rct	11/20/2016 6:42 PM	RCT File	48 KB

알아야 할 중요한 두 가지가 있다. VM 버전이 5.0이라 Windows Server 2016에서 VHDX 대신에 VHD를 실행시킨다면 RCT 지원에 따른 어떠한 장점도 얻을 수 없다. 버전 5.0 구성을 가진 VM은 Windows Server 2012 R2 호스트에서 만들어지며, 2012 R2는 RCT를 지원하지 않는다. 그래서 이러한 상황이라면 마이크로소프트는 RCT를 이용하지 않으므로 백업을 진행하는 동안 성능 이슈를 맞게 될 것이고, 대신 (Windows Server 2012 R2와 동일하게) 차등 디스크를 이용하게 될 것이다. 마이크로소프트는 RCT 인프라를 이용해 Windows Server 2016에서 게스트 클러스터의 백업을 지원하고, 게스트 클러스터는 공유 가상 하드 디스크를 가진 VM의 그룹이다. 어쨌든 마이크로소프트가 VHDS$^{VHD\ Set}$라고 불리는 새로운 파일 포맷을 소개했고, VHDS는 자체에 .avhdx 파일 조각을 가진 매우 작은 파일이다.

VHD 세트 파일의 소개로 마이크로소프트는 저장소 스냅숏에 대한 장점을 갖게 됐고, 올바른 구성을 참조하기 위해 VM 구성을 업데이트했다. VHDS 파일은 참조 포인터 파일이며, 체크포인트 메타데이터를 갖고 있다. VHDS 파일에는 사용자 데이터가 저장돼 있지 않다. Windows Server 2012 R2에서, 두 개의 VM이 공유된 VHDX 파일을 이용한다면 각 VM이 각자의 구성 파일을 가지면서 메타데이터를 업데이트하고, 모든 변경을 재동기화하려 하면 문제를 발생시킬 수 있으므로 VHDS 파일을 VM(게스트 클러스터) 사이의 외부 공유 구성 파일로 생각할 수 있다. 어쨌든 Windows Server 2016에서 두 개의 게스트 클러스터 VM이 있고, 공유된 VHDS 파일에 각자 자신의 구성을 가지면 근본적으로 구성 파일은 저장소에 변경이 있을 시점에 하나의 저장소에서 업데이트되게 허락할 수 있다. VHD 세트 파일은 단일 VHD 세트 파일로 VHD 파일 경로를 중앙화해 모든 VM 구성 설정을 업데이트하는 데 조정하며 연관된 문제를 해결할 수 있게 해준다. VHD 세트 파일은 또한 GUI 혹은 PowerShell에서 이용되는 친숙한 파일 이름으로 제공된다. VHD 세트 파일은 다른 VHD 파일과 비슷하게 이용될 수 있고, 쿼리, 마이그레이션, 탑재가 가능하다. VHD 세트 파일VHDS의 주목적은 게스트 클러스터의 백업을 지원하기 위함이다.

 저장소 실시간 마이그레이션, Hyper-V 관리자나 PowerShell을 통한 공유 체크포인트 혹은 운영 체크포인트는 VHD 세트에 의해 아직은 지원되지 않는 점을 주의하자. 어쨌든 체크포인트 복구는 백업과 복제에만 지원된다.

Windows Server 2016 Hyper-V, Hyper-V 서버, Hyper-V 클라이언트, VMWare의 차이점

Windows Server 2016(코어 혹은 전체 서버)에 설치되는 역할, Hyper-V 서버라고 불리는 무료 버전, 그리고 Hyper-V 클라이언트라고 불리는 Window 10의 Hyper-V는 세 가지 다른 버전의 Hyper-V다. 다음 절에서는 모든 버전과 Hyper-V의 경쟁자, VMWare를 비교 설명한다.

Hyper-V 한계 개선점

Hyper-V는 첫 번째 버전 이후로 많은 개선이 돼 왔다. 이전 버전과 비교한 새로운 한계는 16배 이상 커졌다. 세 번째 발표에서 큰 인상적인 개선이 있었다.

다음의 표는 Windows Server 2008 R2의 Hyper-V를 기반으로 한 개선점을 보여준다.

리소스	Windows Server 2008 R2 Hyper-V	Windows Server 2012 R2 Hyper-V	Windows Server 2016 Hyper-V
논리 프로세서	64	320	512
물리 메모리	1TB	4TB	24TB
호스트당 가상 CPU	512	2,048	2,048
VM당 가상 CPU	4	64	240
VM 메모리	64GB	1TB	12TB
호스트당 활성 VM	384	1,024	1,024
클러스터당 노드	16	64	64
클러스터당 최대 VM	1,000	8,000	8,000

Windows Server 2016 Hyper-V

Hyper-V는 Windows Server 2016에서 가장 매력적이고 향상된 기능 중 하나다. Windows Server 2016 Hyper-V의 버전은 가상화를 뛰어 넘어 클라우드 환경을 호스트할 수 있는 적절한 인프라를 제공하는 데 도움을 준다.

Hyper-V는 Windows Server Standard와 Datacenter 에디션에 역할로 설치될 수 있다.

Windows Server 2012와 2012 R2의 유일한 차이점은 Standard 에디션이 두 개의 무료 Windows Server OS 라이선스를 포함하고, Datacenter 에디션은 무한대의 라이선스를 포함한다는 점이다.

어쨌든 Windows Server 2016에서는 두 에디션 사이에 의미심장한 차이가 있다.

다음의 표는 Windows Server 2016 Standard와 Datacenter 에디션의 차이를 보여준다.

리소스	Windows Server 2016 Datacenter 에디션	Windows Server 2016 Standard 에디션
Windows Server의 기본 기능	예	예
OS 수/Hyper-V 컨테이너	무한대	2
Windows Server 컨테이너	무한대	무한대
저장소 공간 다이렉트와 저장소 복제본을 포함한 소프트웨어 정의 데이터센터를 위한 저장소 기능	예	N/A
보호된 VM	예	N/A
소프트웨어 정의 데이터센터를 위한 네트워킹 스택	예	N/A
라이선스 모델	코어 + CAL	코어 + CAL

앞의 표에서 볼 수 있듯이 Datacenter 에디션은 가상화된 시설과 하이브리드 클라우드 고급 환경을 위해 디자인됐고, Standard 에디션은 소규모 혹은 비가상화(물리) 환경을 위한 것이다.

Windows Server 2016에서 Standard와 Datacenter 에디션을 위해 마이크로소프트는 프로세서에서 코어당 라이선스로 라이선스 모델을 변경했다.

다음 항목들은 Windows Server 2016 Standard와 Datacenter 에디션 라이선스에 대해 안내해준다.

- 서버에 있는 모든 물리 코어는 라이선스 대상이다. 다른 말로 하면 서버는 물리 서버에 있는 프로세서 코어의 개수를 기반으로 라이선스된다.
- 서버당 최소한 16코어 라이선스가 필요하다.
- 각 물리 프로세서당 최소 8코어 라이선스가 필요하다.
- 코어 라이선스는 두 개 묶음인 팩으로 팔린다.
- 8개의 2코어 팩은 각 물리 서버를 라이선스하기 위한 최소 요구 사항이다.

각 에디션에서 2코어 팩은 Windows Server 2012 R2 에디션의 2 프로세서 라이선스의 8분의 1 가격이다.

- Standard 에디션은 서버에 있는 모든 물리 코어에 라이선스가 매겨졌을 때 2개의 OS 혹은 Hyper-V 컨테이너에 최적을 제공한다. 두 개의 VM 추가될 때마다 서버의 모든 코어는 다시 라이선스돼야 한다.
- Windows Server 2016 Datacenter와 Standard 에디션의 16코어 라이선스 가격은 Windows Server 2012 R2 버전의 동일한 에디션의 2 프로세서 가격과 동일하다.
- Software Assurance 계약 아래에 있는 기존 사용자 컴퓨터는 문서화에 따른 필요 코어에 대해 승인을 받는다.

다음의 표는 2코어 팩 라이선스 숫자에 따른 새로운 라이선스 모델을 도식화한다.

	필요한 2 코어 팩 라이선스 숫자 (최소 프로세서당 8코어; 서버당 16코어) 프로세서당 물리 코어				
서버당 프로세서	2	4	6	8	10
1	8	8	8	8	8
2	8	8	8	8	10
4	16	16	16	16	20

■ 라이선스 금액
■ 추가 라이선스 필요

Windows Server 2016 Standard 에디션은 추가 라이선스가 필요할 것이다.

마이크로소프트 Hyper-V 서버 2016

Hyper-V 서버 2016은 마이크로소프트의 무료 가상화 솔루션으로, RemoteFX를 제외한 Windows Server 2016 Hyper-V에 포함된 모든 기능을 갖고 있다. 다른 말로 하면 원격 데스크톱 가상화 호스트[RDVH]는 무료 Hyper-V 서버에서는 지원되지 않는다.

유일한 차이점은 마이크로소프트 Hyper-V 서버는 VM 라이선스와 그래픽 인터페이스를 포함하고 있지 않다는 점이다. 관리는 PowerShell을 이용하거나 다른 Windows Server 2016 혹은 Windows 10의 Hyper-V 관리자를 통해 원격으로 이뤄진다.

장애 조치 클러스터, Shared Nothing 실시간 마이그레이션, Discrete 장치 할당, Hyper-V 복제본을 포함한 Windows Server 2016의 다른 모든 Hyper-V 기능과 제한이 Hyper-V 무료 버전에 포함돼 있다.

Hyper-V 클라이언트

Windows 8에서 마이크로소프트는 첫 번째 Hyper-V 클라이언트 버전을 소개했고, 세 번째 버전이 Windows 10에서 발표됐다. 사용자는 데스크톱이나 태블릿상에서 Windows Server 2016 Hyper-V와 같은 동일한 경험을 할 수 있어 좀 더 쉽게 테스트나 개발 가상화 시나리오를 만들 수 있게 됐다.

Windows 10의 Hyper-V 클라이언트는 가상화 자체를 넘어 Windows 개발자가 Windows 10으로 Hyper-V 컨테이너를 가져가 컨테이너를 이용할 수 있게 한다. 이것은 개발자가 Windows 내 네이티브 컨테이너 기능으로부터 훌륭한 클라우드 응용 프로그램 장점을 만들 수 있게 기여한다.

Hyper-V 컨테이너는 Windows 커널의 자체 인스턴스를 사용해서 커널로 모든 것을 이동하게 하므로 진정한 서버 컨테이너다. 게다가 Windows 컨테이너 런타임(Windows Server 컨테이너 혹은 Hyper-V 컨테이너)의 유연성으로 인해 Windows 10에 내장된 컨테이너는 Windows Server 컨테이너 혹은 Hyper-V 컨테이너이든

Windows Server 2016에서 작동된다.

Hyper-V 기능은 활성화돼야 하며, Windows 10은 Hyper-V 컨테이너만 지원한다.

Hyper-V 클라이언트는 Windows 10 프로 혹은 엔터프라이즈 버전에만 존재하고, 두 번째 수준 주소 변환[SLAT]이라고 불리는 Windows Server 2016과 같은 동일한 CPU 기능이 요구된다.

Hyper-V 클라이언트가 서버 버전과 매우 비슷하지만, Windows 2016 Hyper-V에만 존재하는 몇 가지 구성 요소가 있다. 다음은 서버 버전에서만 발견할 수 있는 구성 요소의 목록이다.

- Hyper-V 복제본
- GPU 가상화를 위한 Remote FX 기능
- Discrete 장치 할당[DDA]
- 실시간 마이그레이션과 Shared Nothing 실시간 마이그레이션
- ReFS 가속 VHDX 작업
- SR-IOV 네트워크
- 원격 직접 메모리 액세스[RDMA]와 스위치 Embedded Teaming[SET]
- 가상 파이버 채널
- 네트워크 가상화
- 장애 조치 클러스터링
- 보호된 VM
- VM 모니터링

이러한 한계가 있지만, Hyper-V 클라이언트는 저장소 마이그레이션, VHDX, SMB 3.1 파일 공유에서 작동하는 VM, PowerShell 통합, Hyper-V 관리자, Hyper-V 확장 스위치, Quality of Services, 프로덕션 체크포인트, Windows Server 2016 Hyper-V와 동일한 VM 하드웨어 한계, 동적 메모리, 런타임 메모리 크기 조절, 중첩 가상화, DHCP

가드, 포트 미러링, NIC 장치 명명 기타 등등 다양하고 흥미로운 기능을 가진다.

■ Windows Server 2016 Hyper-V와 VMware vSphere 6.5

VMWare는 Hyper-V의 현존하는 경쟁자로 현재 버전 6.5는 VMware vSphere를 무료와 독립형 하이버파이저, vSphere Standard, Enterprise, Enterprise Plus로 제공된다.

다음의 표는 Hyper-V 무료 버전에 존재하는 기능을 VMware Sphere와 Enterprise Plus와 비교한다.

기능	Windows Server 2012 R2	Windows Server 2016	VMware vSphere 6.5	VMware vSphere 6.5 Enterprise Plus
논리 프로세서	320	512	576	576
물리 메모리	4TB	24TB	12TB	12TB
호스트당 가상 CPU	2,048	2,048	4,096	4,096
VM당 가상 CPU	64	240	8	128
VM당 메모리	1TB	12TB	6,128GB	6,128GB
호스트당 활성 VM	1,024	1,024	1,024	1,024
게스트 NUMA	예	예	예	예
최대 노드	64	64	N/A	64
클러스터당 최대 VM	8,000	8,000	N/A	8,000
VM 실시간 마이그레이션	예	예	아니오	예
VM 실시간 마이그레이션 압축	예	예	N/A	아니오

(이어짐)

기능	Windows Server 2012 R2	Windows Server 2016	VMware vSphere 6.5	VMware vSphere 6.5 Enterprise Plus
RDMA를 이용한 VM 실시간 마이그레이션	예	예	N/A	아니오
1GB 동시 실시간 마이그레이션	무제한	무제한	N/A	4
10GB 동시 실시간 마이그레이션	무제한	무제한	N/A	8
실시간 저장소 마이그레이션	예	예	아니오	예
클러스터 롤링 업그레이드	예	예	N/A	예
VM 복사본 핫/에드 가상 디스크	예	예	N/A	아니오
순수 4KB 디스크 지원	예	예	아니오	아니오
최대 가상 디스크 크기	64TB	64TB	2TB	62TB
최대 Pass Through 디스크 크기	256TB+	256TB+	64TB	64TB
확장 네트워크 스위치	예	예	아니오	3자 벤더
네트워크 가상화	예	예	아니오	vCloud 네트워킹과 보안 필요
IPSec 작업 오프로드	예	예	아니오	아니오
SR-IOV	예	예	N/A	예
VM당 가상 NIC	12	12	10	10
VM NIC 장치 명명	아니오	예	N/A	아니오

(이어짐)

기능	Windows Server 2012 R2	Windows Server 2016	VMware vSphere 6.5	VMware vSphere 6.5 Enterprise Plus
게스트 OS 응용 프로그램 모니터링	예	예	아니오	아니오
게스트 클러스터링 실시간 마이그레이션	예	예	N/A	아니오
게스트 클러스터링 동적 메모리	예	예	N/A	아니오
보호된 VM	아니오	예	N/A	아니오
직접 장치 할당(DDA) – GPU pass-through	아니오	예	예	예

자동 가상 컴퓨터 정품 인증

자동 가상 컴퓨터 정품 인증AVMA, Automatic Virtual Machine Activation은 Windows Server 2012 R2에서 소개된 기능이다. AVMA는 VM 정품 인증을 가상화 서버 라이선스와 통합하고, 시작 시 VM을 정품 인증한다. 이것은 라이선스 정보를 입력하고 각 VM을 개별적으로 정품 인증하는 것을 없애준다.

이 기능의 장점을 얻으려면 AVMA는 Windows Server 2012 R2 Datacenter 혹은 이후 버전이어야 하고, 게스트 가상 컴퓨터 OS는 Windows Server 2012 R2 Datacenter, Windows Server 2012 R2 Standard 혹은 이후 버전이어야 한다.

이것은 한 번의 절차만 필요하다. Hyper-V 호스트가 일단 한 번 정품 인증이 되고 (정품 인증 없이) VM이 실행되면 해야 할 한 가지 단계는 게스트 VM(Datacenter 혹은 Standard)에 VMA 키를 설치하는 것이다. 커맨드라인을 이용해 임의로 키를 설치하려면 게스트 OS 내에서 권한 상승을 한 명령 프롬프트에서 다음과 같은 명령을 이용한다.

```
C:\>slmgr.vbs /ipk <AVMA Key>
```

다음 AVMA는 Windows Server 2012 R2용으로 이용될 수 있는 공개 키다.

에디션	AVMA 키
Datacenter	Y4TGP-NPTV9-HTC2H-7MGQ3-DV4TW
Standard	DBGBW-NPF86-BJVTX-K3WKJ-MTB6V
Essential	K2XGM-NMBT3-2R6Q8-WF2FK-P36R2

다음 AVMA는 Windows Server 2016용으로 이용될 수 있는 공개 키다.

에디션	AVMA 키
Datacenter	TMJ3Y-NTRTM-FJYXT-T22BY-CWG3J
Standard	C3RCX-M6NRP-6CXC9-TW2F2-4RHYD
Essential	B4YNW-62DX9-W8V6M-82649-MHBKQ

이 전체 절차는 호스트와 게스트 사이 어떤 종류의 네트워크나 인터넷 연결이 필요 없다.

Hyper-V 기술 비교

Hyper-V 기술을 좀 더 잘 이해하기 위해 벤 암스트롱[Ben Armstrong](Hyper-V 팀의 수석 프로그램 매니저)이 만든 다음 표는 Hyper-V 기능 비교에 이용될 수 있는 시나리오를 도식화한 것이다.

	제로 다운타임	하드웨어 실패에 대한 보호	사이트 실패에 대한 보호	데이터 결함에 대한 보호	실패에 대한 자동 응답	작업 그룹 호환
실시간 마이그레이션	☺	☹	☹	☹	☹	☹
저장소 마이그레이션	☺	☹	☹	☹	☹	☺
불러오기/추출하기	☹	☹	☹	☹	☹	☺
클러스터링	😐	☺	😐	☹	☺	☹
Hyper-V 복사본	☹	☺	☺	😐	☹	☺
백업	☹	☺	😐	☺	☹	☺

참고 자료

- 도메인 컨트롤러 가상화:

  http://technet.microsoft.com/en-us/library/jj574191.aspx

- x86 서버 가상화 인프라의 가트너 매직 쿼드런트: https://info.microsoft.com/magic-quadrant-for-x86-server-virtualization.html

- Hyper-V 네트워크 가상화 개요:

  http://technet.microsoft.com/enus/library/jj134230.aspx

- Windows Server 2016 가격과 라이선스:

  http://download.microsoft.com/download/7/2/9/7290EA05-DC56-4BED-9400-138C5701F174/WS2016LicensingDatasheet.pdf

- Windows Server 2016 코어 팩 라이선스 계산기:

  https://docs.com/user622954/6465/basic-windows-server-2016-core-pack-caculator

- 마이크로소프트 무료 온라인 코스:

  http://www.microsoftvirtualacademy.com/Home.aspx

- 뉴스, 기사 및 Hyper-V, Windows Server, System Center, 마이크로소프트 Azure, 마이크로소프트 Azure Stack 그리고 하이브리드 Cloud에 관한 개인 블로그: https://charbelnemnom.com

찾아보기

ㄱ

가상 NUMA 219
가상 TPM 311
가상 네트워크 144
가상 스위치 38, 140
가상 스위치 관리자 141
가상 컴퓨터 561
가상 컴퓨터 관리 서비스 222
가상 컴퓨터 내보내기 67
가상 컴퓨터 대기열 149
가상 컴퓨터 런타임 상태 447
가상 컴퓨터 마이그레이션 39
가상 컴퓨터 바로 등록 69
가상 컴퓨터 버스 569
가상 컴퓨터 보안 부팅 307
가상 컴퓨터 복사 69
가상 컴퓨터 복원 69
가상 컴퓨터 저장소 복원력 378
가상 컴퓨터 큐 138, 151
가상 컴퓨터 호스트 235
가상 컴퓨터의 저장소 이동 88
가상 하드 디스크 106
가상화 서비스 제공자 569
가상화 서비스 클라이언트 569
가상화 스택 569
개인 네트워크 145
개인 네트워크 영역 199
검사점 174, 443
검사점 병합 448
고가용성 129
고급 세션 모드 정책 55
고정 디스크 110
고정 크기 110
공유 SAS 107

공유 VHDX 107
공유 가상 하드 디스크 92
관리자 신뢰 증명 313, 319
구성 버전 95
구성 버전 업그레이드 97
그래픽 가상화 245
그래픽 모드 우선 사용 259
그룹 정책 196
그룹 정책 개체 281, 295
기본 저장소 39

ㄴ

내부 네트워크 144
네트워크 방화벽 287
네트워크 주소 변환 241
노드 flapping 378

ㄷ

다중 테넌트 234
단순 권한 부여 272
단일 루트 I/O 가상화 151
대역폭 관리 145
데스크톱 가상화 호스트 261
데이터 실행 방지 35
독립 스위치 모드 139
동시 실시간 마이그레이션 82
동적 디스크 110
동적 메모리 209, 210, 211
두 번째 수준 주소 변환 31, 579
들어오는 실시간 마이그레이션 82
디스크 편집 93
디스크 핫 추가/제거 414

ㄹ

라우트 가드 알림 사용 150
런타임 메모리 크기 조정 209, 229
레거시 네트워크 어댑터 145
로그된 모니터링 513
로컬 서버 51
로컬 중복 저장소 473
로컬 파일 시스템 감사 305
롤링 클러스터 업그레이드 352, 418
리눅스 통합 서비스 71
리소스 계량 545
리소스 모니터 514, 518
리소스 풀 124
링 566
링크 집계 제어 프로토콜 137

ㅁ

마이그레이션 75
메모리 버퍼 227
메모리 가중치 211, 228
메모리 버퍼 211
명령 예측 178
모듈 164
모범 사례 분석기 202, 203
무선 네트워크 어댑터 144
물리 NUMA 노드 209

ㅂ

버전 간 공유 자원 없이 실시간 마이그레이션 82
베이스 VHD 160
베이스 디스크 110
벤 암스트롱 163, 222
변환 마법사 95
변환 색인 버퍼 35
보안 부팅 306
보호된 VM 312
보호된 네트워크 345
보호된 호스트 320

복구 시간 목표 454
복구 지점 목표 403, 454
복제 서버 419
볼륨 섀도 복사본 서비스 390, 570
부모 디스크 110
부모 파티션 41
부하 분산 130
부하 분산 알고리즘 137
블록 저장소 336

ㅅ

서명 검사 메커니즘 307
서버 관리자 51
서버 구성 47
서버 코어 42
성능 모니터 515
세션 구성 파일 284
소프트웨어 정의 네트워킹 138
수신 측 배율 138
스냅숏 174
스마트 페이징 227
스위치 독립 팀 구성 136
스크립트 실행 정책 179
시스템 준비 도구 162
시작 RAM 227
신뢰 컴퓨팅 그룹 BIOS 292
신뢰 플랫폼 모듈 291
실시간 내보내기 65
실시간 마이그레이션 54, 63, 77, 364, 367
실시간 모니터링 512

ㅇ

안티바이러스 265
앱 리모팅 시나리오 254
업데이트 및 복구 274
에이전트 기반 보호 268
역할 기능 파일 283
역할 기반 액세스 제어 281, 286
외부 네트워크 144

용량 계획 도구 421
원격 Hyper-V 호스트 192
원격 PowerShell 탭 181
원격 기능 180
원격 데스크톱 가상화 호스트 43, 246
원격 데스크톱 서비스 254
원격 메모리 220
이벤트 뷰어 555
인증 프로토콜 82
인텔 VT-x 243
인텔 프로세스 식별 유틸리티 31
인텔리센스 178

ㅈ

자동 VHDX 107
자동 개인 IP 주소 50
자식 파티션 41
작업 관리자 517
장기 서비스 분기 273
장애 조치 130
장애 조치 클러스터 관리자 216, 344
장애 조치 클러스터 환경 마이그레이션 64
장치 이름 지정 155
저장소 QoS 118
저장소 공간 다이렉트 327
저장소 마이그레이션 87
전역 파이버 채널 124
전체 서버 설치 42
전체 업그레이드 58, 59
정적 MAC 주소 152
제한된 위임 84
주 서버 419
주소 편집 124
주소 해시 배포 모드 136
중첩 가상화 234
중첩된 가상화 235
즉시 추가 153
증명 서비스 312, 320
증명 호스트 그룹 316
지역 중복 저장소 473

ㅊ

차이점 디스크 110
채널 SAN 121
최대 IOPS 120
최대 저장소 QoS 176
최소 IOPS 120
최소 IOPs 176
최소 서버 인터페이스 60
축약형 231

ㅋ

커버로스 83
클라우드 감시 335
클라우드 보안 268
클라이언트 액세스 지점 426
클러스터 인식 업데이트 354, 358
클러스터 환경 마이그레이션 64
키 보호 서비스 312, 319

ㅌ

통합 서비스 73
트림 109

ㅍ

파이버 채널 121
파이버 채널 HBA 121
파이버 채널 SAN 121
파티션 41, 568
페이징 파일 227
포트 ACL 287
포트 미러링 151, 152
표준 검사점 444
풍선 알림 209
프로덕션 검사점 444

ㅎ

하드웨어 보안 모듈 313
하드웨어 인코딩 260
하드웨어 토폴로지 사용 219
하이브리드 클라우드 58
하이퍼바이저 563, 568
호스트 기반 보안 269
호스트 리소스 보호 322
호스트 보호자 Hyper-V 지원 310
호스트 보호자 서비스 312
확장 NUMA 노드 220
확장 가능한 스위치 147
확장 복제 서버 419

A

Add-AdGroupmember 314
Add-VMAssignableDevice 253
Add-VMFibreChannelHba 173
Add-VMHardDiskDrive 111, 171
Add-VMNetworkAdapter 153, 154, 171, 172
Add-VMNetworkAdapterAcl 288
Add-VMScsiController 117
Add-WindowsPackage 73
AMD-V System Compatibility Check 32
AntiOVirus 265
APIPA 50
ASR 455
Attestation Host Group 316
Attestation Service 312
Automatic Private IP Address 50
Automatic Virtual Machine Activation 582
AV 265
AVC 420 258
AVC 444 258
AVC 444 옵션 254
AVC/H.264 258, 260
AVHDX 447
avhdx 107
AVMA 582

Azure Site Recovery 455
Azure 사이트 복원 455

B

Backup Operator 286
Ballooning 209
Basic Input-Output System 35
Ben Armstrong 163, 222
Best Practices Analyzer 202
BgInfo 52
BIOS 35
BitLocker 드라이브 암호화 291, 293
BitLocker 켜기 294
bonding 130
BPA 202, 203
BPA HTML 보고서 207

C

CAP 426
Capacity Planner 462
CAU 358, 362
CBB 273
CDN 131, 155
Checkpoint-VM 174
cifs 85
Citrix Xen Server 235
Client Access Point 426
Cluster-Aware Updating 358
ComputerName 183
Connect-PSSession 183
Connect-VMNetworkAdapter 171
Connectix 91
Consistent Device Naming 131, 155
Convert-VHD 95
Coreinfo 32
CredSSP 82, 199, 365
cscript scregedit.wsf 276
CSV 347
CSV 캐시 350

CSV 프록시 파일 시스템 349
CSVFS 349
Current Branch for Business 273

D

Data Execution Prevention 35
Data Protection Manager 504
DDA 246, 261, 263
DEP 35
DeviceNaming 155
DHCP 가드 사용 150
DHMM 229
DirectX 11 258
DirectX 진단 도구 31
Disable-PnpDevice 251
Disaster Recovery as a Service 454
Discrete Device Assignment 246
Disk2vhd 99, 100
Dismount-VMHostAssignableDevice 251, 252, 253
DM 209, 210
DNS Administrator 286
DPM 504
DRaaS 454
DSIM 명령 73
dxdiag 31
Dynamic Host Memory Management 229
Dynamic Memory 209

E

Enable-BitLocker 298
Enable-PSRemoting 181, 191, 196
Enable-VMMigration 84
Enable-WindowsOptionalFeature 193
Enable-WSManCredSSP 196
Enter-PSSession 183, 185
event viewer 555
eventvwr.exe 299
Exit-PSSession 183
Export-GPRegistryPolicy 276

Export-PfxCertificate 315
Export-VM 67, 175
Export-VMSnapshot 175
extended replica server 419

F

FC 121
Fibre Channel 121

G

Get-BPAResult 206
Get-Command 165
Get-Help 168
Get-HgsClientConfiguration 319
Get-HGSTrace -RunDiagnostics 318
get-hotfix 75
Get-PnpDevice 252
Get-PnpDeviceProperty 251, 252
Get-PSSession 183
Get-PSSessionConfiguration 285
Get-TPM 311
Get-VMFirmware 307
Get-VMHostNumaNode 224
Get-VMHostNumaNodeStatus 226
Get-VMHostSupportedVersion 170
Get-VMIdeController 117
Get-VMNetworkAdapterAcl 290
Get-VMProcessor 238
Get-VMRemoteFxPhysicalVideoAdapter 257
Get-VMResourcePool 129
Get-VMScsiController 112, 117
Global Unique Identifier 69
gpedit.msc 258, 276
GPO 281, 295
GPU 245
GPU 파티셔닝 264
GPU 파티션 264
gpupdate /force 295
Graphical User Interface 43

Graphics Processing Unit 245
GRID vGPU 264
GUI 42
GUID 69
GVT-g 264

H

H.264 258
Hardware Security Module 313
HGS 312
HGS 보호자 메타데이터 321
HGS 서버 314
HGSGuardian.xml 321
Host Guardian Service 312
hot-add 153
HSM 313
hvboot.sys 41
Hyper-V 가상 NUMA 210
Hyper-V 가상 컴퓨터 관리 서비스 222
Hyper-V 관리자 189
Hyper-V 로그 299
Hyper-V 모듈 164
Hyper-V 복제본 402, 539
Hyper-V 복제본 브로커 426, 429
Hyper-V 서버 43
Hyper-V 이벤트 298
Hyper-V 컨테이너 234
Hyper-V-Worker 221
hypervisor 563
hypervisorlaunchtype 34

I

IDE 114
IDE 컨트롤러 115
IHV 드라이버 246
Image Factory for Hyper-V 163
Initialize-HGSServer 315
input/output operations per second 176
Install-HgsServer 314, 318

Install-WindowsFeature 314
Intel Processor Identification Utility 31
Internet Small Computer System Interface 327
Invoke-BpaModel 206
Invoke-CimMethod 279
Invoke-Command 185
Invoke-WebRequest 321
IOMMU 262
IOPS 118, 119, 176
IPSec 작업 오프로딩 149, 151
iSCSI 327
iSCSI 가상 디스크 336
iSCSI 초기자 336

J

JAE 지원 WMF 282
JEA 187, 281
Just Enough Administration 187, 281

K

Kerberos 83
Key Protection Service 312, 319
KPS 319, 320

L

LACP 137
LBFO 130
Link Aggregation Control Protocol 137
Live Migration 63
Locally Redundant Storage 473
Long Term Servicing Branch 273
LRS 473
LTSB 273

M

MABS 504
MAC 스푸핑 152

MAC 주소 설정 152
MAC 주소 스푸핑 239
MachineSLATStatusCheck 32, 34
Manage-BDE 298
MDT 42
Microsoft Deployment Toolkit 42
Microsoft Hyper-V 서버 2016 42
Microsoft IHV 드라이버 246
Microsoft UEFI 인증기관 보안 부팅 템플릿 307
Microsoft Virtual Machine Converter 102
Microsoft Virtual System Migration Service 85
Microsoft Windows 보안 부팅 템플릿 307
Microsoft 소프트웨어 업데이트 서비스 273
Microsoft 하이퍼바이저 40
Microsoft's free Azure Backup Server 504
MIMO 범위 251
Move-VM 84
Move-VMStorage 91, 175
MRT 571
Msvm_ResourcePool 129
MxGPU 264

N

NAT 236
NAT 가상 스위치 241
netdom trust 316
Network Address Translation 236
New-ADGroup 314
New-CimInstance 279
New-NetLbfoTeam 135
New-PSRoleCapabilityFile 283
New-PSSession 183, 185
New-PSSessionConfigurationFile 284
New-SelfSignedCertificate 315
New-VHD 170
New-VM 98, 168
New-VMResourcePool 126
New-VMSwitch 139, 171, 241
NIC 본딩 130
NIC 팀 130

Non-Uniform Memory Architecture 스패닝 54
NPIV 121
NUMA 구성 옵션 217
NUMA 스패닝 54, 220
NUMA 토폴로지 218, 224
NVMe 263
N_Port ID Virtualization 121

O

ocsetup 41
OMS 501, 538
OpenCL 1.1 API 258
OpenGL 4.4 258
Operations Management Suite 501, 538

P

Perfmon 518
Personal Information Exchange 313
PFX 313
PowerShell 158
PowerShell ISE 178
PowerShell 다이렉트 184
PowerShell 모듈 V1.1 197
PowerShell 모듈 V2.0 197
PowerShell 원격 연결 180
primary server 419
PSSession 183

Q

QoS 117
QoS 정책 145
Quality of Service 117, 176

R

RAM 227
RBAC 187, 281, 286
RCT 571

RDP 258
RDSH 258
RDSH 호스트 254
RDVH 43, 246, 261
Receive Side Scaling 138
Recovery Point Objective 403, 454
recovery time objective 454
ReFS 448
ReFS over NTFS 350
Register-PSSessionConfiguration 285
Remote Desktop Protocol 258
Remote Desktop Session Host 258
Remote Desktop Virtualization Host 246, 261
Remote FX 54
RemoteFX 258, 262
RemoteFX 3D 비디오 어댑터 256
RemoteFX vGPU 247, 254, 256
Remoting 기능 180
Remove-VMNetworkAdapter 153, 154
Remove-VMNetworkAdapterAcl 289, 290
Remove-VMScsiController 117
Remove-VMSwitch 139
Rename-VMNetworkAdapter 171
replica server 419
Resize-VHD 112
ResourcePoolType 127
ring 566
ring-1 40
role-based access control 187, 281, 286
RoleCapabilities 283
RPO 403, 454
RSS 138
RTO 454
Runbook 498
Runtime Memory Resize 209

S

S2D 337
sconfig 47, 48, 275
SCSI 디스크 114
SCSI 컨트롤러 114, 115
SCVMM 42, 159
SDN 138
SDP 500
Second-Level Address Translation 31
Security IDentifier 162
Servermanagercmd 41
SET 130, 131
Set-ExecutionPolicy 179
Set-HgsClientConfiguration 319
Set-Item 196
Set-VM 174, 175, 230
Set-VMHardDiskDrive 120, 176
Set-VMMemory 175
Set-VMMigrationNetwork 84
Set-VMNetworkAdapter 136, 152, 172, 240
Set-VMProcessor 239, 323
Set-VMRemoteFx3dVideoAdapter 257
Set-VMRemoteFxPhysicalVideoAdapter 257
Set-VMSwitch 139
Shared Nothing 실시간 마이그레이션 63
Show-Command 167
SID 162
Simple Authorization 272
Single Root I/O Virtualization 135, 265
Single Root IO Virtualization 106, 151
SLAT 31, 35, 579
Smart Paging 227
SMB 3.0 112
SMB 3.1.1 90
SNO 63
Software Defined Networking 138
SR-IOV 106, 135, 149, 151, 265
SR-IOV PCIe 265
Start-VM 174
Stop-VM 99, 174
Support Diagnostics Platform 500
SurveyDDA.ps1 248, 251
Switch Embedded Teaming 130, 131
Sysprep 159, 160
System Center 159
System Center Virtual Machine Manager 42, 159

T

TCG BIOS 292
TLB 35
TPM 291
TPM 관리 콘솔 292
TPM 신뢰 증명 313
TPM 칩셋 292
tpm.msc 292
Translation Lookaside Buffer 35
Trusted Computing Group BIOS 292
Trusted Platform Module 291, 311

U

UEFI 명세 308
UNC 113
Universal Naming Conversion 113
Update-Help 164
Update-VMVersion 76, 99

V

vCPU 220
VDI 350
VHD 92, 93, 106, 109, 573
VHDS 92, 573
VHDX 92, 106, 109, 350
Virtual Desktop Infrastructure 350
Virtual Hard Disk Set 92
Virtual Local Area Network 145
Virtual Machine Bus 569
Virtual Machine Manager 159, 563
Virtual Machine Queues 138
Virtual Machine Runtime State 447
Virtualization Service Clients 569
Virtualization Service Provider 569
VLAN 145
VM Compute 복원력 375
VM 로드 부하 분산 372
VM 리소스 할당 226

VM 모니터링 530
VM 우선순위 370
VM 호스트 235
VMBus 184, 569
VMCX 447
VMGUEST.ISO 64
VMM 159, 563
vmms.exe 222
VMQ 138, 149, 151
VMRS 447
VMware ESXi 235
vNUMA 220, 226
Volume Shadow Copy Service 570
VSCs 569
VSP 569
VSS 390, 570
VSS 복사본 백업 390
VSS 전체 백업 390
VT-x 34
vTPM 297, 309

W

Wait-VM 174
Whatif 178
Windows Management Framework 282
Windows Server Backup 382, 396
Windows Server 마이그레이션 도구 64
Windows 부트 41
Windows 서버 컨테이너 234
winload.exe 41
WinRM 198
WMF 282
WMI V2 네임스페이스 198
WMI 클래스 129
World Wide Names 124
WS-MAN 프로토콜 198
WSB 382
WSUS 73, 273
WSUS 서버 277
WWN 124

에이콘출판의 기틀을 마련하신 故 정완재 선생님 (1935-2004)

Windows Server 2016 Hyper-V 쿡북 2/e
65개의 레시피로 배우는 Hyper-V 서버 핵심 가이드

발 행 | 2018년 8월 22일

지은이 | 패트릭 라운즈 · 차르벨 넴놈 · 레안드로 카르발류
옮긴이 | 김 도 균 · 김 명 관

펴낸이 | 권 성 준
편집장 | 황 영 주
편 집 | 조 유 나
디자인 | 박 주 란

에이콘출판주식회사
서울특별시 양천구 국회대로 287 (목동)
전화 02-2653-7600, 팩스 02-2653-0433
www.acornpub.co.kr / editor@acornpub.co.kr

한국어판 ⓒ 에이콘출판주식회사, 2018, Printed in Korea.
ISBN 979-11-6175-187-0
ISBN 978-89-6077-210-6 (세트)
http://www.acornpub.co.kr/book/hyper-v-cookbook-2

이 도서의 국립중앙도서관 출판시도서목록(CIP)은 서지정보유통지원시스템 홈페이지(http://seoji.nl.go.kr)와
국가자료공동목록시스템(http://www.nl.go.kr/kolisnet)에서 이용하실 수 있습니다.(CIP제어번호: CIP2018025432)

책값은 뒤표지에 있습니다.